COLLECTION

Raymond TAVERNIER

Claude LIZEAUX

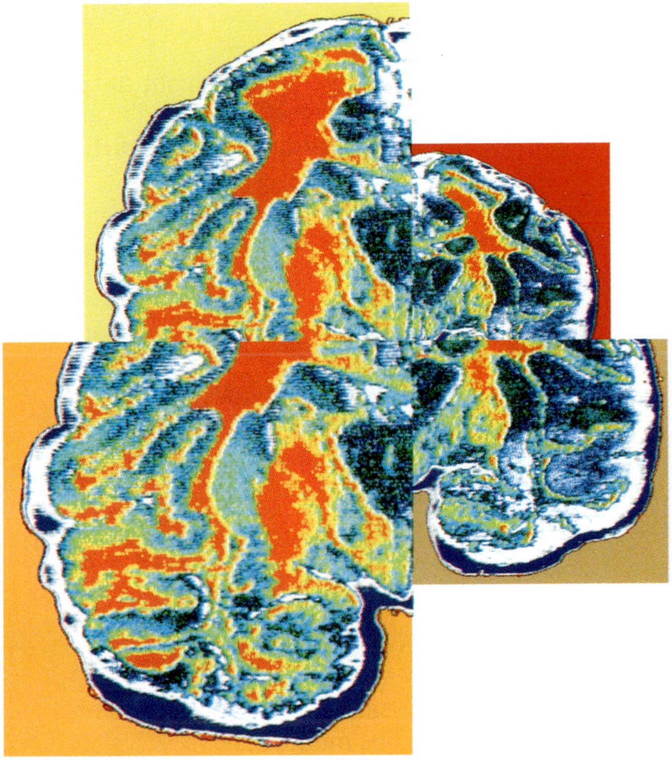

Sciences de la Vie et de la Terre

1re S

D. BAUDE
C. FABRE
J.-P. FLOC'H
C. LIZEAUX
C. PEYRIDIEU
P. ROGER
M. SAUTEREAU
R. SOULAT
R. TAVERNIER
A. VAREILLE

PROGRAMME
2001

BORDAS

Les SVT en classe de Première S

L'enseignement des Sciences de la Vie et de la Terre constitue, en classe de Première S, un élément clef de la formation scientifique. S'appuyant sur les **acquis** des classes précédentes, le programme permet d'établir des connaissances fondamentales, en mettant l'accent sur le **raisonnement scientifique**, les **démarches expérimentales** et la **mise en œuvre de techniques**.

Pour répondre à ces objectifs, ce manuel a été conçu comme un outil de travail en classe, avec le professeur, mais aussi en autonomie comme support des notions essentielles à mémoriser.
Pour en faciliter l'utilisation, chacun des chapitres est structuré de la même façon :

- une **page d'ouverture** qui expose la problématique ;
- une double page permettant de **faire le point des acquis** avant de poser les **nouveaux problèmes à résoudre** ;
- des pages « **Activités pratiques** », comportant des documents variés et originaux, dont l'analyse en classe permet de développer différentes compétences et d'établir les notions fondamentales ;
- un texte de **synthèse**, clair et structuré, avec une terminologie scientifique simple, suivi d'un **schéma bilan** permettant de mieux mémoriser à long terme les notions essentielles ;
- des pages « **Pour mieux comprendre** » qui peuvent être, pour les élèves intéressés, un prolongement aux études réalisées en classe mais qui peuvent aussi être intégrées, par le professeur, dans sa progression pédagogique ;
- de nombreux **exercices** permettant une auto-évaluation (**Tester ses connaissances**) mais aussi de consolider l'acquisition de différentes compétences (**Utiliser des connaissances et des méthodes**).

Ce manuel est un outil simple et très accessible : la richesse des documents qu'il contient s'explique par la volonté de laisser une liberté de choix à chaque professeur en fonction de sa propre démarche pédagogique.

Les auteurs remercient pour leur collaboration :

- J.-P. Brun, Géosciences, Rennes.
- Y. Caraglio, CIRAD/INRA Montpellier.
- A. Cazenave, Laboratoire de Géophysique et Océanographie Spatiale (LEGOS/CNES) Toulouse.
- F. Galactéros, Hôpital Henri Mondor, Créteil.
- A. Hamon, laboratoire de neurophysiologie, Faculté des Sciences d'Angers.
- IFREMER, Brest.
- Institut Français de l'Environnement (IFEN), Orléans.
- G. Hervé, CNRS, Université Pierre et Marie Curie.
- M. Joseph-Beaudouin, aide de laboratoire, Limoges.
- C. Joseph et D. Hagège, Université d'Orléans.
- Jacques Kornprobst, Centre de Recherches volcaniques, Université de Clermont-Ferrand II.
- P. Label, INRA Orléans.
- Pr D. Le Bars, Unité de Recherche de Physiopharmacologie du Système Nerveux, Paris.
- V. Legué, Université Henri Poincaré, Nancy.
- J.-C. Leplé, INRA, Orléans.
- Dr V. Lizeaux-Parneix, dermatologue, Limoges.
- Dr J.-L. Parneix, gastro-entérologue, Limoges.
- Dr C. Prost - Squarcioni, Hôpital St Louis, Paris
- Pr J.-Y. Salle, Rééducation fonctionnelle, CHU de Limoges.
- E. Stutzmann, Institut de Physique du Globe (IPGP), Paris.
- J.-R. Thibault, Université Laval, Québec.
- Francis Vasseur, Institut Pasteur, Lille.
- C. Vidal, directrice de recherche à l'Institut Pasteur.
- A. Videaud, IPR.
- C. Villoutreix, aide de laboratoire, Limoges.
- Dr Wajcman, INSERM Hôpital Henri Mondor, Créteil.
- M. Zibovicius, CEA, Orsay.

I.S.B.N. 2-04729411-8

SOMMAIRE

Sciences de la Vie

Extrait du B.O. n° 7 du 31 août 2000, hors série.

SCIENCES DE LA VIE

Du génotype au phénotype, relations avec l'environnement

(durée indicative : 6 semaines)

• La diversité des phénotypes

Le phénotype peut se définir à différentes échelles : de l'organisme à la molécule.
Les phénotypes alternatifs sont dus à des différences dans les protéines concernées.

• Des protéines actives dans la catalyse : les enzymes

Les protéines enzymatiques sont des catalyseurs biologiques. Elles présentent une double spécificité : spécificité d'action et de substrat. Les modalités de leur action reposent sur la formation du complexe enzyme-substrat. Les propriétés des enzymes dépendent de leur structure spatiale. Des modifications de structure spatiale, déterminées soit par des changements de la séquence des acides aminés, soit par des conditions du milieu (pH, température, ions...), modifient leur activité.
L'activité des enzymes contribue à la réalisation du phénotype.

Limites : l'étude des coenzymes, l'étude de l'allostérie, les lois de la cinétique enzymatique, ne sont pas au programme.

• La synthèse des protéines

La séquence des acides aminés des protéines est imposée par l'information génétique située dans la molécule d'ADN. Un gène est défini comme une séquence de nucléotides d'un brin d'ADN déterminant la séquence d'un polypeptide donné.
La molécule d'ADN d'un chromosome est le support de très nombreux gènes.
L'expression de l'information génétique se fait en deux étapes : transcription et traduction.
Au cours de la transcription, un ARN messager complémentaire du brin transcrit de l'ADN est synthétisé.
La traduction permet la synthèse cytoplasmique de chaînes polypeptidiques. La séquence des acides aminés est gouvernée par celle des nucléotides de l'ARN messager suivant un système de correspondance, le code génétique.
Ce code génétique est universel et dégénéré.
La traduction débute au codon d'initiation et s'arrête au codon stop.

Limites : la notion de gène morcelé, l'étude détaillée des mécanismes de la transcription et de la traduction ainsi que la maturation des ARN et des protéines, ne sont pas au programme.

• Complexité des relations entre gènes, phénotypes et environnement

Un phénotype macroscopique donné résulte de processus biologiques gouvernés par l'expression de plusieurs gènes. La mutation de l'un seulement de ces gènes peut altérer ce phénotype. Un même phénotype macroscopique peut donc correspondre à plusieurs génotypes.
Chez un individu donné, l'effet des allèles d'un gène va dépendre également de l'environnement.

La morphogenèse végétale et l'établissement du phénotype

(durée indicative : 5 semaines)

• La diversité morphologique des végétaux

La morphologie d'un végétal dépend en partie des caractéristiques génétiques de l'espèce. En fonction de leur environnement, des individus d'une même espèce peuvent avoir une morphologie différente.
Des réponse morphologiques semblables peuvent être obtenues avec des végétaux d'espèces différentes placés dans un même environnement.

• La morphogenèse associe la division et la croissance cellulaire au niveau de territoires spécialisés

La mitose est localisée dans les méristèmes.
Elle permet de produire :
– des cellules qui vont ensuite se différencier et participer à la croissance et à la structuration de l'organisme (feuilles, tiges, racines) ;
– des cellules qui restent indifférenciées et qui vont à leur tour constituer des méristèmes (apical ou axillaire).

Limites : la description détaillée des cellules différenciées, les mécanismes de la différenciation cellulaire et de l'organogénèse, la morphogénèse des feuilles, le contrôle du fonctionnement du méristème et la croissance en épaisseur, ne sont pas au programme.

• La mitose est un processus commun aux cellules eucaryotes

Au cours de l'interphase du cycle cellulaire, la réplication de l'ADN s'effectue selon un mécanisme semi-conservatif, fondé sur la complémentarité des bases.
Les structures cellulaires se modifient lors de la mitose.
Chaque cellule fille issue de la mitose contient le même patrimoine génétique que la cellule initiale.

Limites : le contrôle du cycle cellulaire n'est pas au programme.

- **Dans la tige, la croissance cellulaire est contrôlée par une hormone : l'auxine**

La paroi des cellules végétales en extension est essentiellement composée de polysaccharides, dont la cellulose et les hémicelluloses.
La pression de turgescence cellulaire et la plasticité pariétale permettent la croissance cellulaire.
L'auxine, facteur de croissance ou hormone végétale, contrôle la croissance cellulaire.
Elle est synthétisée par l'apex des tiges. Elle possède une double action :
– une action à court terme sur la plasticité pariétale ;
– une action à plus long terme sur l'expression de gènes qui participent aux divers événements du métabolisme nécessaires à la croissance.

Limites : les détails des mécanismes de synthèse et de construction de la paroi (métabolisme de la cellulose, de la construction de la paroi ainsi que la diversité des molécules qui la composent), les mécanismes détaillés des échanges hydriques et la notion de potentiel hydrique, les mécanismes moléculaires détaillés de l'action de l'auxine sur la paroi, ne sont pas au programme.

- **Le développement du végétal est influencé par la répartition des hormones en interaction avec les facteurs de l'environnement**

La répartition inégale de l'auxine dans les tissus, conséquence d'un éclairement anisotrope, permet une croissance orientée. Les ramifications naturelles ou provoquées sont sous la dépendance d'un changement de répartition des hormones dans le végétal qui conduit à un changement de morphologie.
La totipotence des cellules végétales permet le clonage.
Les proportions des différentes hormones (rapport des concentrations d'auxine et de cytokinine) contrôlent l'organogénèse (tige, racines).

Limites : les mécanismes d'action des cytokinines ne sont pas au programme.

La régulation de la glycémie et les phénotypes diabétiques
(durée indicative : 3 semaines)

- **L'homéostat glycémique**

Malgré des variations importantes (prise alimentaire discontinue, consommation énergétique variable), la glycémie (grandeur réglée de l'homéostat) oscille en permanence autour d'une valeur physiologique voisine de $1 g.L^{-1}$ (grandeur de consigne).
Cette homéostasie glycémique nécessite une gestion des réserves de l'organisme.
Les cellules α et β du pancréas endocrine sont des capteurs de la glycémie. En fonction des variations de la glycémie, elles émettent des messagers chimiques, les hormones glucagon et insuline.
Le message hormonal est codé par la concentration plasmatique de l'hormone.
Les cellules cibles expriment les récepteurs spécifiques à ces hormones.
Sous l'action de l'insuline, le glucose est stocké sous forme de glycogène dans le foie et les cellules musculaires squelettiques, ainsi que sous forme de triglycérides dans le foie et les adipocytes.
Sous l'action du glucagon, le glucose est libéré par le foie dans le plasma.
Cellules pancréatiques (α et β), hormones (glucagon et insuline) et cellules cibles constituent le système réglant de l'homéostat glycémique.

Limites :
– les mécanismes de transfert transmembranaire du glucose,
– les autres paramètres stimulateurs de la sécrétion d'insuline et du glucagon,
– l'augmentation de la capture des acides aminés et de la synthèse des protéines sous l'effet de l'insuline,
– les autres hormones qui interviennent dans la régulation de la glycémie,
– la régulation de la prise alimentaire et la physiologie du jeûne prolongé,
– les mécanismes de la lipogenèse, ne sont pas au programme.

- **Les phénotypes diabétiques**

Au niveau métabolique, le phénotype diabétique est défini par une hyperglycémie (glycémie à jeun supérieure à $1,26 g.L^{-1}$). Sur le plan clinique, on distingue deux phénotypes : le diabète de type 1 et le diabète de type 2.
Au niveau cellulaire, le diabète de type 1 est caractérisé par la destruction totale des cellules β sécrétrices d'insuline.
Le diabète de type 2 est dû à une insulinorésistance des cellules cibles de l'insuline ainsi qu'à un déficit de l'insulinosécrétion.
De nombreux gènes sont impliqués dans le développement des diabètes.
On peut avoir une prédisposition génétique à un phénotype diabétique. Les diabètes résultent de l'interaction entre ces gènes et des facteurs de l'environnement, en particulier l'alimentation. Dans la majorité des cas, le diabète de type 2 se développe à la suite d'une obésité.
La connaissance précise des gènes de susceptibilité aux diabètes et de leur polymorphisme entre dans le cadre de la médecine prédictive. L'utilisation de cette connaissance soulève des problèmes éthiques importants.

Limites : l'étude détaillée du diabète de type 1, l'étude détaillée des divers polymorphismes géniques associés au diabète de type 2, ne sont pas au programme.

La part du génotype et la part de l'expérience individuelle dans le fonctionnement du système nerveux
(durée indicative : 6 semaines)

- **Les propriétés intégratrices des centres nerveux et le fonctionnement des neurones**

Les circuits neuroniques médullaires mobilisés au cours du réflexe myotatique

Le réflexe myotatique assure le tonus musculaire nécessaire au maintien de la posture.
Le réflexe myotatique repose sur des populations neuronales :
– les neurones afférents qui ont leurs corps cellulaires dans les ganglions des racines dorsales ; les extrémités de ces neurones afférents sont en liaison avec des récepteurs sensoriels : les fuseaux neuro-musculaires ;
– les motonourones des muscles étirés et les motoneuneurones des muscles antagonistes dont les axones aboutissent aux fibres musculaires effectrices ;
– les interneurones inhibiteurs assurant les connexions entre les neurones afférents et les motoneurones des muscles antagonistes.

Limites : l'étude détaillée du récepteur sensoriel et de la plaque motrice, l'étude détaillée de la structure et du fonctionnement des fibres musculaires, ne sont pas au programme.

Les potentiels d'action et les messages nerveux

– Les signaux émis par les neurones sont des potentiels d'action.
La genèse de potentiels d'action repose sur l'existence d'un potentiel dit de repos, propriété commune à toutes les cellules.
Un potentiel d'action est une inversion transitoire de la polarisation membranaire.
Au cours de sa propagation le long d'une fibre, le potentiel d'action conserve toutes ses caractéristiques.

Limites : les mécanismes ioniques sous-tendant la genèse du potentiel de repos et du potentiel d'action, la propagation des potentiels d'action par les courants locaux, ne sont pas au programme.

– Les messages nerveux
Les messages nerveux (afférents et efférents) se traduisent au niveau d'une fibre par des trains de potentiels d'action, d'amplitude constante. Les messages nerveux sont codés par la fréquence des potentiels d'action et le nombre de fibres mises en jeu.

Limites : les mécanismes de la transduction (potentiels de récepteurs, potentiels générateurs) ne sont pas au programme.

– Caractéristiques du fonctionnement des synapses.
Un message nerveux est transmis d'un neurone à d'autres neurones ou à des cellules effectrices par des synapses.
Au niveau d'une synapse, le message nerveux pré-synaptique, codé en fréquence de potentiels d'action, est traduit en message chimique codé en concentration de neurotransmetteur.
Les molécules de neurotransmetteur se fixent sur des récepteurs de la membrane post-synaptique ; cette fixation induit une modification de l'activité du neurone post-synaptique. Ce changement d'activité est à l'origine d'un nouveau message.

Limites : les mécanismes ioniques liés à l'activité des synapses ne sont pas au programme.

– Activité du centre nerveux
Le traitement des messages afférents, en réponse au stimulus d'étirement à l'origine du réflexe myotatique, modifie la fréquence des potentiels d'action des motoneurones. Celle des motoneurones du muscle étiré est augmentée alors que celle des motoneurones des muscles antagonistes est diminuée, voire annulée.
Les motoneurones et les interneurones du réflexe myotatique sont en connexion avec d'autres neurones que les neurones afférents issus des fuseaux neuro-musculaires.
Dans certaines limites, la stimulation d'autres récepteurs sensoriels (par exemple les récepteurs nociceptifs) ou une commande volontaire peuvent inhiber le réflexe myotatique.

Limites : les notions de potentiel post-synaptique excitateur et de potentiel post-synaptique inhibiteur ne sont pas au programme.

La part du génotype dans le fonctionnement du système nerveux

Le phénotype comportemental des réflexes (par exemple le réflexe myotatique et le réflexe nociceptif d'évitement) est la conséquence de la mise en place, au cours du développement, des chaînes de neurones, sous le contrôle de l'information génétique.

• Le cortex sensoriel et la plasticité du système nerveux central

L'information sensorielle générée à la périphérie est transmise au cortex sensoriel. Dans le cortex somatosensoriel, chaque territoire de l'organisme est représenté.
Cette représentation est déformée par rapport à la surface des territoires corporels.
Les zones corticales concernées sont constituées de neurones interconnectés et organisés en colonnes.
Des modifications de l'activité neuronale à la périphérie régulent l'organisation dynamique du cortex. Elles se traduisent par un remodelage des connexions synaptiques, témoin de la plasticité neuronale.
La neuroplasticité est une propriété générale du système nerveux central.

Limites : les détails de l'organisation anatomique du cortex cérébral ne sont pas au programme.

Sciences de la Terre

Structure et composition chimique de la Terre interne

(durée indicative : 3 semaines)

• Origine, différenciation et structure interne de la Terre

L'étude de la propagation des ondes sismiques montre que la Terre est structurée en enveloppes concentriques de tailles, masses et masses volumiques différentes : la croûte (continentale ou océanique), le manteau et le noyau. Les enveloppes sont séparées par des discontinuités physiques et/ou chimiques. La lithosphère se distingue de l'asthénosphère sous-jacente par un comportement rigide.
La température, la pression et la masse volumique varient avec la profondeur.
Cette structure de la Terre résulte, d'une part de sa formation par accrétion de petits corps dont les météorites de type chondrite sont les vestiges, d'autre part de sa différenciation.

Limites : l'étude détaillée des météorites n'est pas au programme.

• Composition chimique de la Terre : des échantillons naturels aux matériaux inaccessibles

Seuls les matériaux de la croûte et du manteau supérieur sont observables à la surface de la Terre. Les enveloppes de la Terre, accessibles par échantillonnage, ont des compositions

chimiques différentes que l'on détermine à partir de l'étude de roches représentatives. Ces roches sont formées de minéraux et/ou de verre.
La composition chimique des enveloppes de la Terre est dominée par un nombre limité d'éléments dits « majeurs » (Si, O, Mg, Fe, Ca, Na, K, Al).
Les principaux minéraux qui hébergent ces éléments sont : olivines, pyroxènes, feldspaths, quartz, amphiboles et micas.
La composition chimique des roches est présentée en % massique d'éléments chimiques.
Les matériaux du manteau profond et du noyau sont inaccessibles.
On peut néanmoins, par des modèles et des raisonnements qui tiennent compte de la formation de la Terre à partir des chondrites, préciser leurs compositions.

Limites : la structure détaillée des minéraux et la minéralogie exhaustive ne sont pas au programme.

La lithosphère et la tectonique des plaques
(durée indicative : 2 semaines)

• Découpage de la lithosphère en plaques d'épaisseur variable, peu déformables à l'exception de leurs limites

Le relief de la Terre, la distribution géographique des volcans et des séismes, les contours des bordures continentales sont des signatures de la tectonique des plaques.

• Mouvements relatifs des plaques : divergence au niveau des dorsales océaniques où elles se forment, convergence dans les zones de subduction et de collision où elles disparaissent, coulissage le long des failles transformantes

Différentes données géologiques (âges des sédiments des fonds océaniques, alignement des volcans de points chauds, anomalies magnétiques) permettent de reconstruire les directions et les vitesses des mouvements des plaques ainsi que leurs variations pour les 180 derniers millions d'années de l'histoire de la Terre.
Ces directions et vitesses sont mesurables sur des échelles de temps de quelques années par les techniques de positionnement par satellites (GPS : Global Positioning System).
Le modèle de la cinématique globale des plaques, fondé et construit sur des observations géologiques et géophysiques, est validé et affiné par ces mesures pratiquement instantanées. L'étude de la divergence se fait en classe de première.
La convergence est présentée en classe de première et sera développée en classe terminale.

Limites : les détails des techniques de positionnement GPS ne sont pas au programme.

Divergence et phénomènes liés
(durée indicative : 3 semaines)

• Formation et divergence des plaques lithosphériques au niveau des dorsales océaniques. Activités tectoniques et magmatiques associées

– Tectonique : la morphologie, la présence de séismes et les failles normales qui structurent les dorsales océaniques attestent de mouvements en extension.
– Magmatisme : les dorsales océaniques sont le siège d'une production importante de magma : de l'ordre de 20 km^3 par an. Ces magmas sont issus de la fusion partielle des péridotites du manteau induite par décompression. Ils sont de nature basaltique. La fusion partielle leur donne une composition chimique différente de celle de la roche source. Le refroidissement plus ou moins rapide des magmas conduit à des roches de textures différentes (basaltes/gabbros).
En s'éloignant de la dorsale, la lithosphère océanique se refroidit, s'hydrate et s'épaissit.
– Marges passives des continents : elles sont structurées par des failles normales et sont le siège d'une sédimentation importante. Elles ont enregistré l'histoire précoce de la rupture continentale et de l'océanisation. L'activité des failles normales, héritage de rifts continentaux, témoigne de l'amincissement de la lithosphère et de sa subsidence.

La machinerie thermique de la Terre
(durée indicative : une semaine)

• Dissipation de l'énergie interne de la Terre

Le flux de chaleur en surface en est la manifestation principale. La chaleur interne a pour origine essentielle la désintégration de certains isotopes radioactifs.

• Convection du manteau terrestre

La fabrication de la lithosphère océanique, la subduction et les mouvements des plaques lithosphériques sont les manifestations d'une convection thermique à l'état solide du manteau (transport de chaleur par mouvement de matière). Les dorsales océaniques traduisent des courants montants chauds de matériel du manteau. Les plaques en subduction traduisent des courants descendants froids.

• Points chauds

Le magmatisme lié aux points chauds marque la remontée ponctuelle de matériel du manteau profond. Il s'exprime par des éruptions massives de laves basaltiques (plateaux océaniques, trapps, alignements insulaires).

La classe sur le terrain, une démarche scientifique
(durée indicative : une semaine)

La sortie de terrain a pour objectif d'observer des affleurements, de s'approprier logiquement l'information géologique et les questions qu'elle soulève, de sensibiliser l'élève à l'importance de la collecte des données de terrain. Le contexte et les problèmes géologiques choisis doivent se rattacher au contenu du programme.
Cette sortie géologique a également pour objectif une approche concrète de la diversité morphologique des végétaux en liaison avec leur environnement.

SCIENCES de la Vie

- Du génotype au phénotype, relations avec l'environnement
- La morphogenèse végétale et l'établissement du phénotype
- La régulation de la glycémie et les phénotypes diabétiques
- La part du génotype et la part de l'expérience individuelle dans le fonctionnement du système nerveux

Sciences de la Vie

THÈME GÉNÉRAL : Des phénotypes à différents niveaux d'organisation du vivant

La partie du programme consacrée aux Sciences de la Vie s'articule autour des relations existant entre le génotype d'un organisme et son phénotype.
Dans tous les cas, le phénotype, c'est-à-dire l'ensemble des caractères « apparents » d'un individu, est défini à différentes échelles : macroscopique, cellulaire, et moléculaire.
L'établissement d'une part du rôle fondamental des protéines dans la réalisation du phénotype, d'autre part de la relation gènes – protéines est le prolongement logique du programme de Seconde.
En revanche, comprendre que la diversité phénotypique résulte d'interactions complexes entre variabilité génétique et environnement est l'aboutissement logique de la progression en classe de Première scientifique.

PARTIE I : Du génotype au phénotype, relations avec l'environnement
Cette partie du programme permet d'approfondir les relations entre l'information génétique et les conséquences phénotypiques de son expression.
Un premier chapitre montrera l'importance des protéines, en particulier des protéines enzymatiques, dans la réalisation du phénotype. Un second établira clairement la relation entre gènes et protéines. Un troisième enfin soulignera le rôle des facteurs de l'environnement dans l'expression des gènes et donc dans la réalisation du phénotype.

PARTIE II : La morphogenèse végétale et l'établissement du phénotype
Chez les végétaux comme chez les animaux, le phénotype est le résultat des interactions entre l'expression du génotype et son contrôle par l'environnement. L'établissement de ce phénotype, en particulier la genèse de la forme d'une plante, met en jeu un ensemble de processus biologiques dont des gènes sont responsables (mitose, action d'hormones, …) mais aussi des facteurs externes (altitude, lumière, …) dont la variabilité s'ajoute à la diversité des gènes pour aboutir à une diversité phénotypique individuelle.

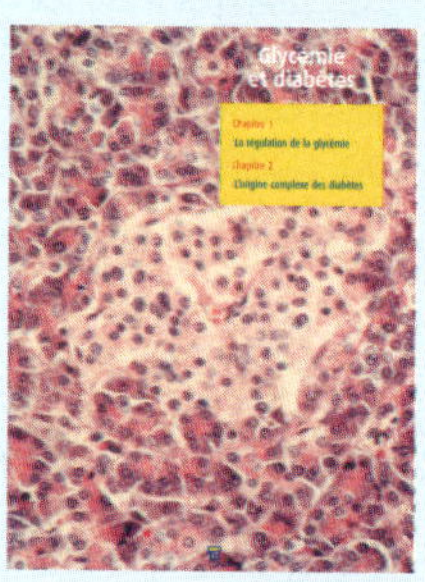

PARTIE III : La régulation de la glycémie et les phénotypes diabétiques
Cette partie du programme permet tout d'abord d'insister sur l'importance de la constance du taux de glucose sanguin ou glycémie. Le maintien de cette constance est le résultat de la mise en jeu d'un mécanisme autorégulé complexe faisant intervenir une communication hormonale entre différents organes.
La régulation normale de la glycémie est l'expression d'une information génétique multiple (gènes codant pour des hormones, des enzymes, …). Dans certains cas (dans certaines formes de diabète par exemple) des facteurs environnementaux tels que les déséquilibres alimentaires peuvent modifier cette régulation.

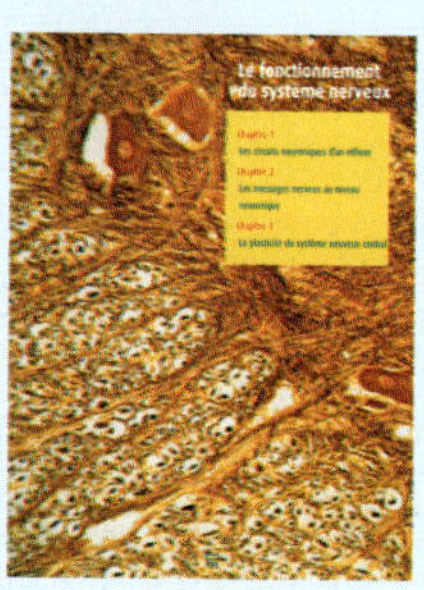

PARTIE IV : La part du génotype et la part de l'expérience individuelle dans le fonctionnement du système nerveux
Ce dernier thème a un double objectif : d'une part, permettre l'acquisition de notions de base sur la communication nerveuse, d'autre part élargir la compréhension des relations entre le phénotype et le génotype d'un organisme.
Les réactions comportementales, les représentations du monde que se construit un organisme grâce à son système nerveux sont des aspects de son phénotype au même titre que ses caractéristiques physiques. Elles sont en partie déterminées génétiquement, en partie le fruit d'un remodelage des circuits nerveux qui s'effectue tout au long de la vie et qui ouvre donc l'architecture du cerveau sur l'environnement physique et social.

Du génotype au phénotype

Du génotype au phénotype

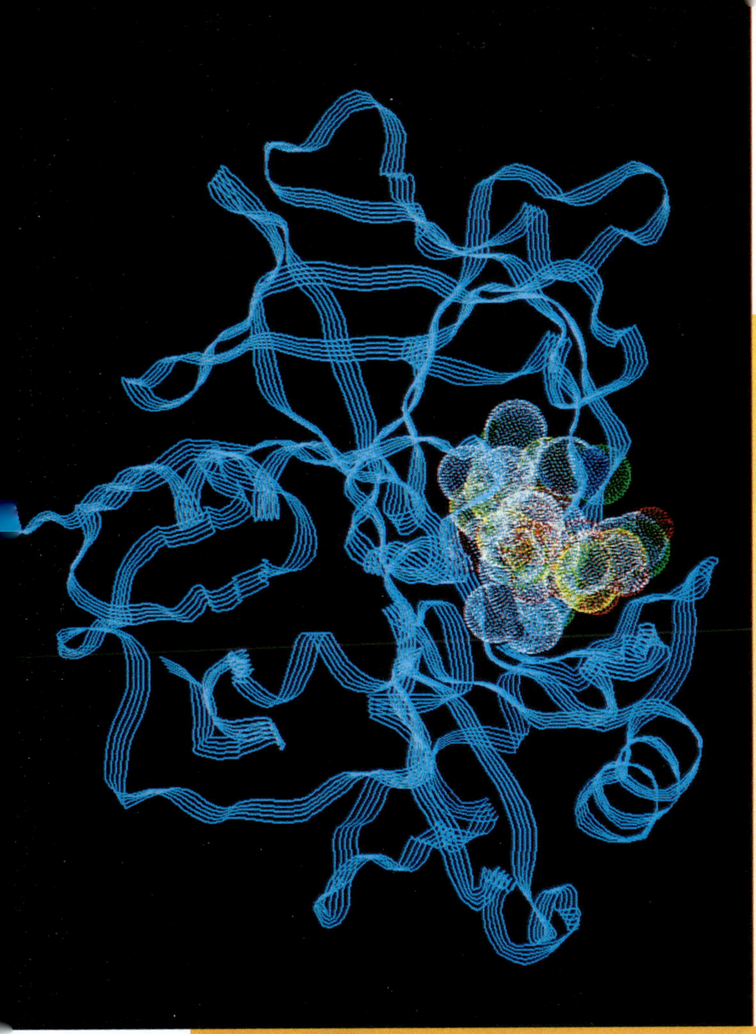

Du génotype au phénotype

Chapitre 1

Le phénotype dépend des protéines

Le phénotype d'un individu (son apparence) est étroitement dépendant des protéines qu'il est capable de produire. Parmi ces dernières, certaines jouent un rôle majeur dans l'ensemble des réactions chimiques dont les cellules sont le siège : ce sont les enzymes.

L'objectif de ce chapitre est de comprendre le rôle des protéines dans la réalisation du phénotype.

Photographie : modélisation moléculaire d'une enzyme (la rénine) et de son substrat.

Tous les êtres humains appartiennent à la même espèce. Tous possèdent des caractères communs qui définissent l'espèce humaine : avoir des cheveux, des yeux, un nez, des lèvres, des incisives, mais aussi un groupe sanguin, des hématies remplies d'hémoglobine, etc. Pour chaque caractère, on observe des variations individuelles : ainsi, les cheveux peuvent-ils être bruns, blonds ou roux, raides ou frisés, le groupe sanguin A, B, O ou AB... L'ensemble de ces caractères, qui participent directement à la construction et au fonctionnement de chaque organisme, constitue le phénotype.

1 Ces adolescents présentent des phénotypes différents. Que signifie cette expression ? Pourquoi dit-on que, malgré ces différences, ils appartiennent à la même espèce ?

Dans une cellule humaine, il existe probablement 20 000 protéines différentes, ce sont des protéines de structure, des protéines fonctionnelles (des enzymes, des anticorps, des protéines de transport...). Bien entendu, chacune de ces protéines existe dans la cellule en un très grand nombre d'exemplaires.

Photographie : modèle d'une protéine (représentation en ruban, chaque couleur correspond à un acide aminé).

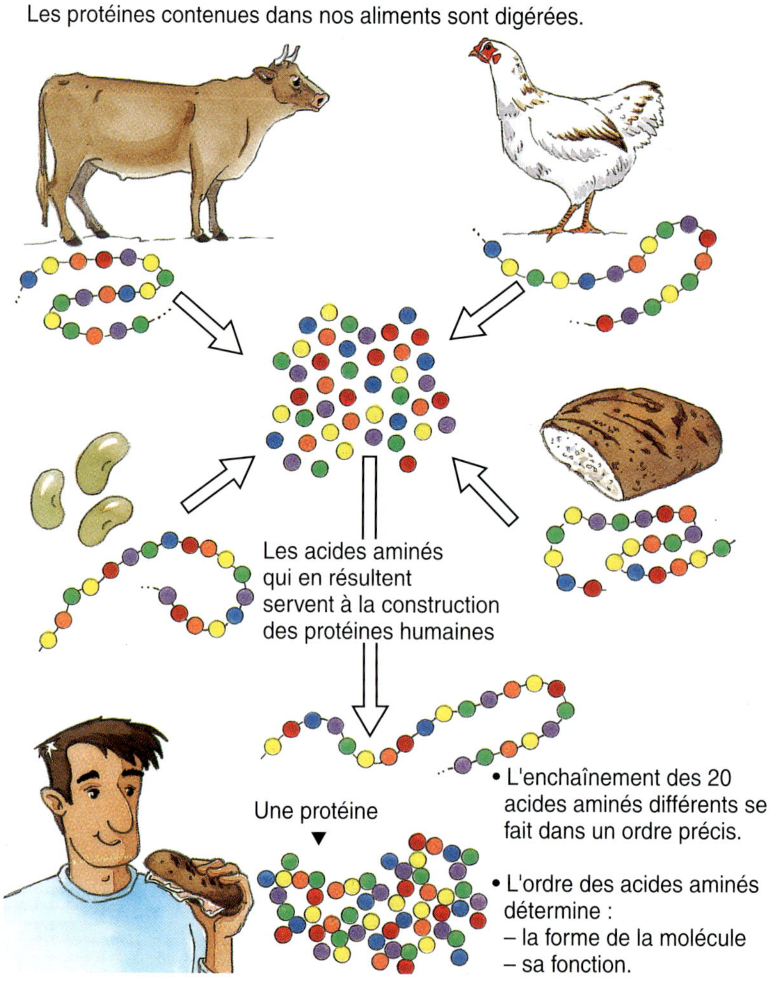

2 Les protéines sont des molécules qualifiées de spécifiques. Que savez-vous de la structure d'une protéine ? Précisez le sens du mot « spécifique ».

• 4 gouttes sont déposées sur une plaque

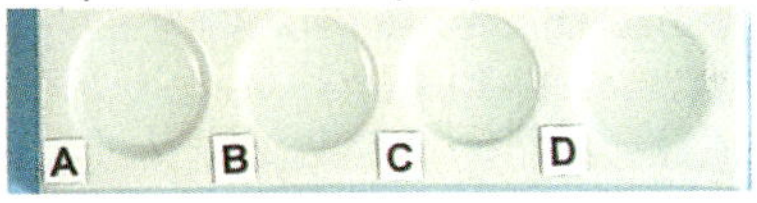

A : eau + glucose. C : eau + saccharose.
B : eau + maltose. D : empois d'amidon.

• On ajoute une goutte d'eau iodée dans chaque goutte

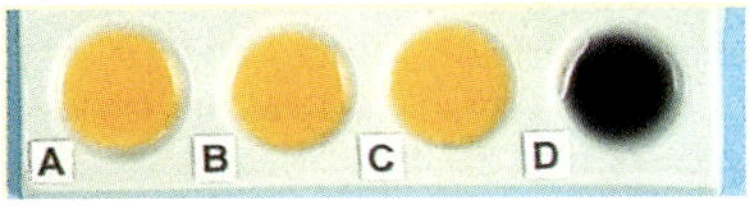

3 Quelle propriété de l'eau iodée est révélée par cette expérience ?

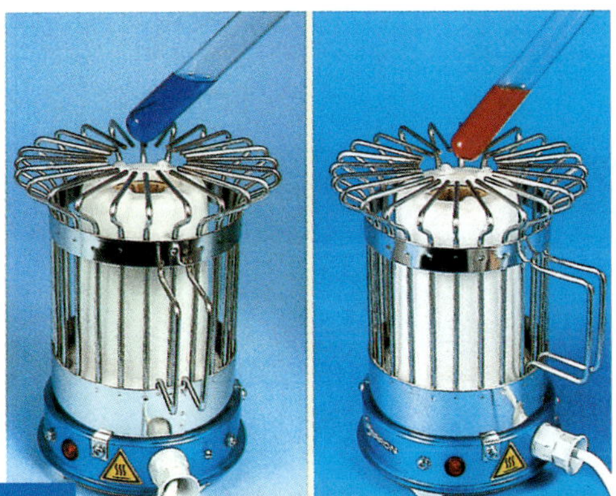

4 Quel type de sucre est mis en évidence par une réaction positive à la liqueur de Fehling ?

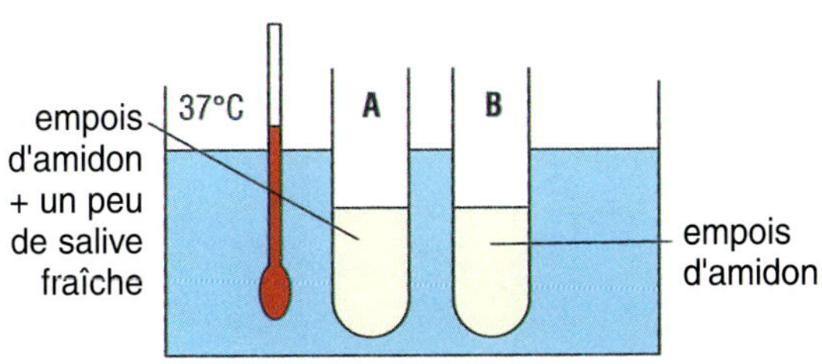

	Tube	Test à l'eau iodée	Test à la liqueur de Fehling
t_o	A	+	–
	B	+	–
t_o + 10 min	A	–	+
	B	+	–

5 Une expérience de digestion in vitro. Commentez les résultats obtenus.

Les acquis en quelques lignes

Fonctionnement de l'organisme (SVT 3e)

• Au cours de la digestion, les molécules de grosse taille et de nature variée (glucides, lipides, protéines) contenues dans les aliments sont fragmentées en un nombre réduit de petites molécules, les nutriments. Cette simplification moléculaire s'effectue sous l'action d'enzymes digestives.

• Selon leur information génétique, les cellules produisent à partir des nutriments de nouvelles molécules nécessaires à leur fonctionnement et à leur renouvellement : c'est l'assimilation.

Unité et diversité des êtres vivants (SVT 3e)

• Chaque individu présente les caractères de l'espèce à laquelle il appartient avec des variations qui lui sont propres. C'est le résultat de l'expression de son programme génétique et de l'influence des conditions de vie.

• Les chromosomes portent les gènes, unités d'information génétique qui déterminent les caractères héréditaires.

Des nouveaux problèmes à résoudre

• Quelles relations peut-on établir entre les caractères héréditaires et les protéines dans la mesure où ils dépendent tous les deux directement des gènes ?

• Comment les protéines, notamment les enzymes, contribuent-elles à la diversité des phénotypes ? Quel est leur mode d'action ?

• La catalyse enzymatique n'est-elle indispensable que pour certaines réactions biologiques, comme celles de la digestion, ou s'agit-il d'un phénomène commun à tous les processus biologiques ?

• Quelles sont les principales caractéristiques des enzymes ? Pourquoi dit-on qu'elles ont une double spécificité ?

• En quoi les facteurs du milieu sont-ils capables de modifier la catalyse enzymatique ?

De l'organisme à la molécule,

L'ensemble des caractères apparents d'un individu constitue son phénotype. Ces caractères sont observables directement sur l'organisme mais également aux niveaux cellulaire et moléculaire. ■ Un lien existe-t-il entre ces diverses échelles de phénotype ? L'étude de la drépanocytose, une maladie génétique, permet de rechercher ce lien.

A Le phénotype à l'échelle de l'organisme et de la cellule.

La drépanocytose est la plus fréquente des maladies de l'hémoglobine. Elle touche des millions d'individus dans le monde (notamment en Afrique équatoriale et au sein de la population noire des Etats-Unis) et des milliers en France.

• **Signes cliniques**

Extérieurement, rien ne distingue un sujet malade d'un individu sain. Les principales manifestations sont :
– une grave anémie*chronique, liée à une diminution du taux d'hémoglobine, entrecoupée de crises d'anémie aiguë avec brusque augmentation de volume de la rate ;
– des crises douloureuses en particulier au niveau des articulations.
La mortalité est élevée dans l'enfance par atteinte des fonctions de la rate (hémorragies) et à l'âge adulte à cause des complications vasculaires (thrombose*). Cependant, l'infection pulmonaire représente l'ennemi n°1 pour le drépanocytaire et demeure, malgré les progrès des traitements antibiotiques, la première cause de mortalité.

• **Aspect des hématies**

Observées au microscope électronique à balayage, les hématies humaines normales ont la forme de disques biconcaves. Chez des individus atteints de drépanocytose, elles prennent une forme de faucille, d'où le nom donné à cette maladie (en grec : *drepanon* = serpe). Les hématies en faucille sont plus rigides et plus fragiles que les hématies normales. Ceci explique qu'elles se cassent fréquemment dans le courant sanguin et qu'elles subissent une destruction anormalement rapide, d'où l'anémie. Elles sont aussi moins souples et moins déformables ; ainsi, elles peuvent se bloquer dans de fins capillaires, d'où les crises douloureuses.

1 Deux niveaux de définition du phénotype pour une même maladie.

× 17 000

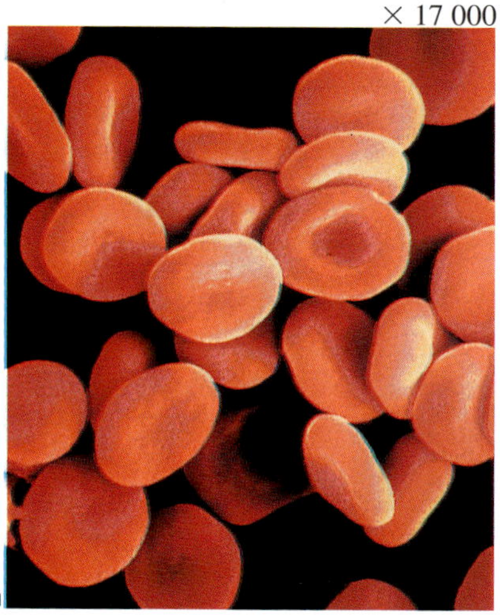

a

× 17 000

b

2 Hématies humaines observées au microscope électronique (fausses couleurs).
a – Hématies normales. b – Hématies drépanocytaires.

• Diamètre d'un globule rouge normal : 7 µm.
• Calibre d'un capillaire : 7 à 8 µm (juste ce qu'il faut pour laisser passer les globules à la file).
• Les globules rouges drépanocytaires, en forme de faucille, sont très raides et peuvent bloquer la circulation dans les capillaires.

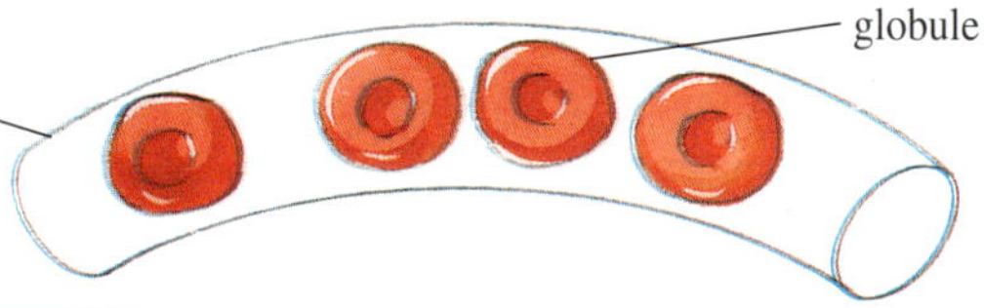

× 1 000

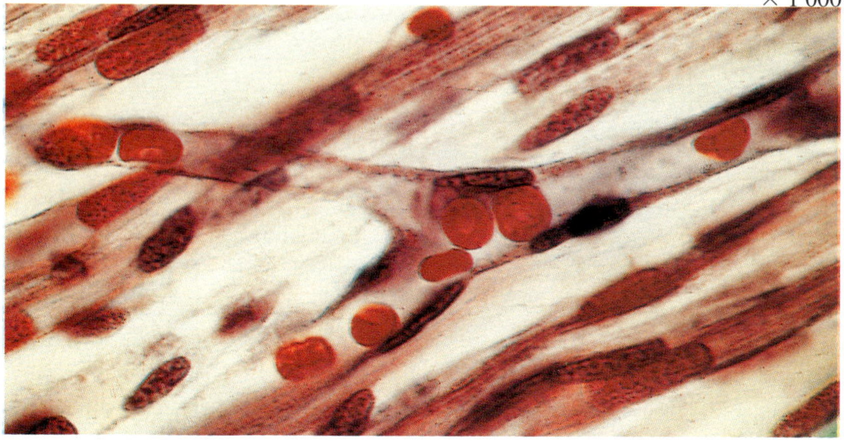

3 Les crises douloureuses au niveau des articulations résultent de l'occlusion des vaisseaux par les globules rouges déformés. La microphotographie représente un capillaire avec des hématies normales.

B Le phénotype à l'échelle moléculaire.

Chaque hématie contient environ trois cents millions de molécules d'hémoglobine. L'hémoglobine est une protéine résultant de l'assemblage de 4 chaînes polypeptidiques*, 2 globines alpha de 141 acides aminés et 2 globines bêta de 146 acides aminés. Elle donne sa couleur rouge au sang.

	1	2	3	4	5	6	7	8	9	
chaîne β de l'hémoglobine HbA : (individu normal)	Val	His	Leu	Thr	Pro	Glu	Glu	Lys	Ser	- - -
chaîne β de l'hémoglobine HbS : (individu atteint de drépanocytose)	Val	His	Leu	Thr	Pro	Val	Glu	Lys	Ser	- - -

Tous les autres acides aminés sont identiques.

4 La drépanocytose, une maladie de l'hémoglobine.

Vu au microscope électronique (**a**), le globule rouge drépanocytaire apparaît rempli de fibres longues de 1 à 15 micromètres. Ces fibres sont constituées par des polymères d'hémoglobine S (flèches sur la photographie). En effet, le remplacement de l'acide glutamique (Glu) par une valine (Val) modifie la solubilité des molécules d'hémoglobine : alors que les molécules normales restent indépendantes (donc solubles), les molécules d'hémoglobine S adhèrent les unes aux autres et forment des filaments insolubles. En **b** : deux molécules d'hémoglobine S (modélisation 3D).

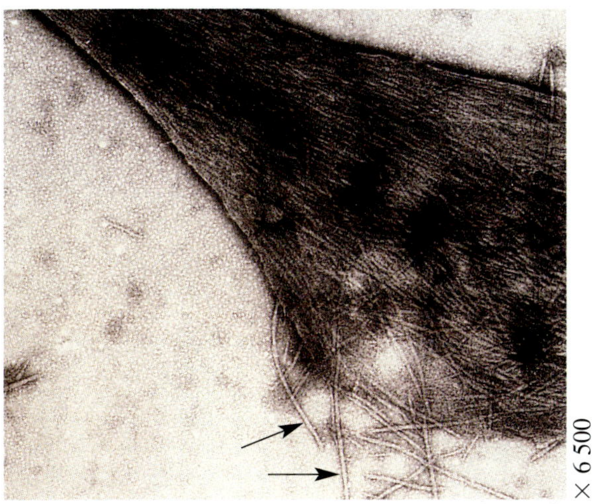

a

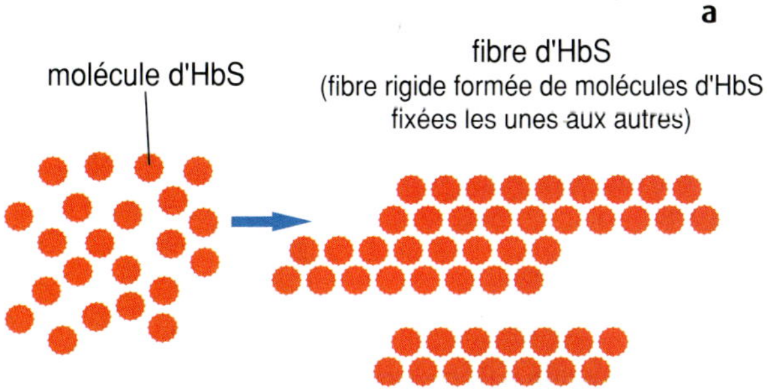

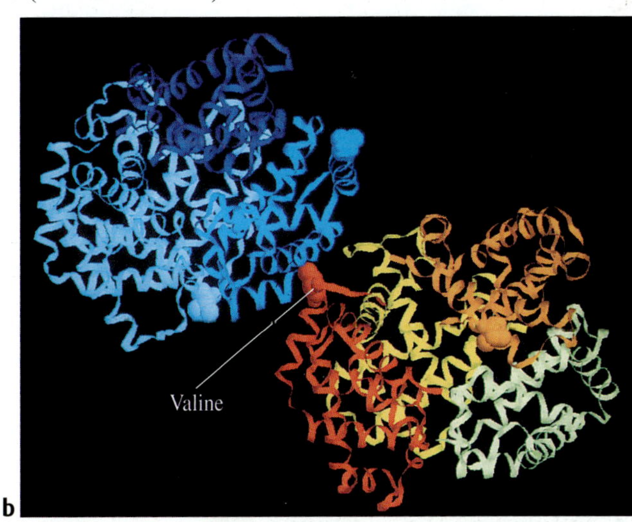

b

5 L'hémoglobine drépanocytaire (HbS) est moins soluble que l'hémoglobine normale (HbA) et forme des chaînes rigides aboutissant à la déformation du globule.

Lexique

- **Anémie :** teneur du sang réduite en hémoglobine.
- **Thrombose :** formation d'un caillot dans un vaisseau sanguin.
- **Chaîne polypeptidique :** suite d'acides aminés.

Pistes d'exploitation

1 - Doc 1 à 5 : Dégagez pour chaque échelle de phénotype ses caractéristiques tant chez un individu sain que chez un individu drépanocytaire. Vous pouvez établir un tableau comparatif.

2 - Doc 5 à 1 : Montrez que les caractéristiques des diverses échelles de phénotype chez un individu découlent les unes des autres. Vous pouvez commencer par le niveau moléculaire chez un individu drépanocytaire.

3 - Synthèse : Justifiez l'expression : « le phénotype dépend des protéines ».

Des protéines indispensables à la

Chaque cellule peut être considérée comme une minuscule usine chimique dans laquelle se réalisent plusieurs milliers de réactions à chaque seconde. Ces réactions sont catalysées par des protéines spécialisées appelées enzymes*.

■ Pourquoi cette classe particulière de protéines a-t-elle un rôle si important dans la réalisation du phénotype d'un individu ? Nous allons le voir sur un exemple.

A Etude d'un exemple : la pigmentation de la peau.

La quantité de mélanine* contenue dans la peau est responsable des différences de couleur entre les différentes parties du corps d'un individu mais également des différences de couleur de peau entre individus.

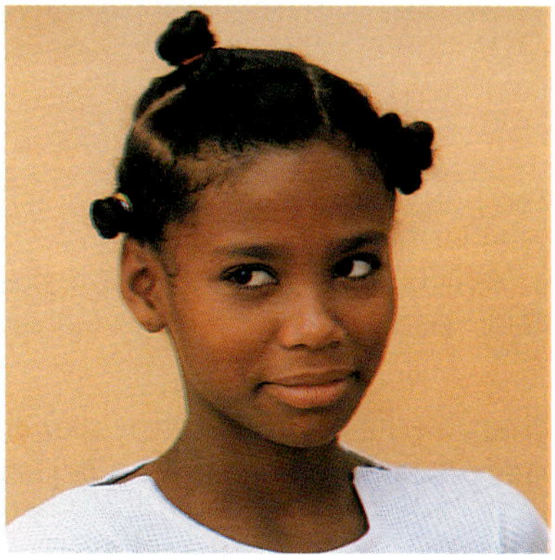

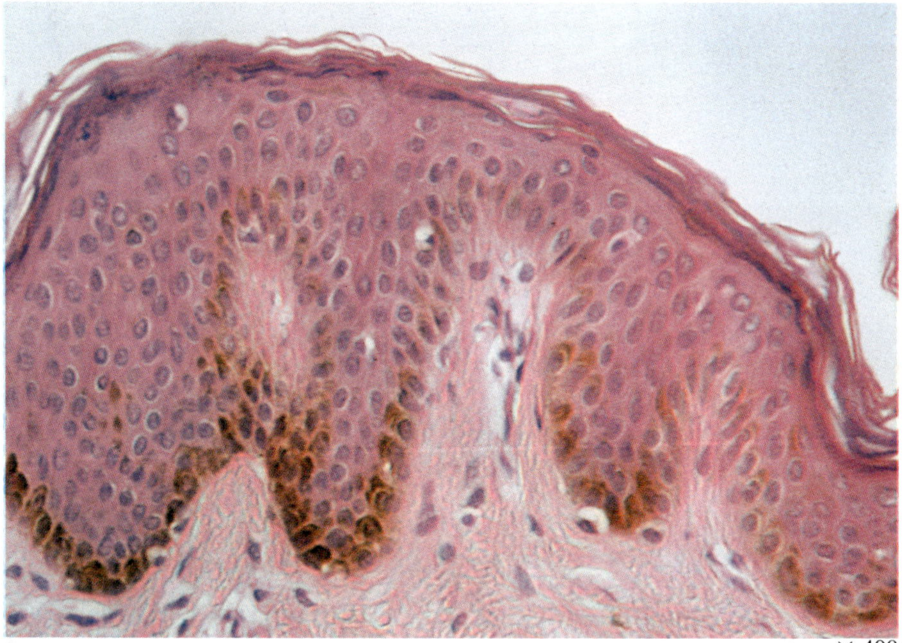

a × 400

La mélanine est synthétisée par des cellules spécialisées, les mélanocytes, situées dans les parties profondes de l'épiderme. La mélanine se forme dans des granules cytoplasmiques appelés mélanosomes. Le pigment gagne ensuite les cellules épidermiques environnantes. Dans ces dernières, les granules de mélanine s'accumulent à la surface du noyau et le protègent des effets dévastateurs des rayons ultraviolets (UV) du soleil. Le nombre de mélanocytes est à peu près le même chez tous les individus quelle que soit la couleur de la peau. Les différences de couleur dépendent de la quantité de mélanine produite par les mélanocytes. La lumière solaire intensifie cette production.

b × 600

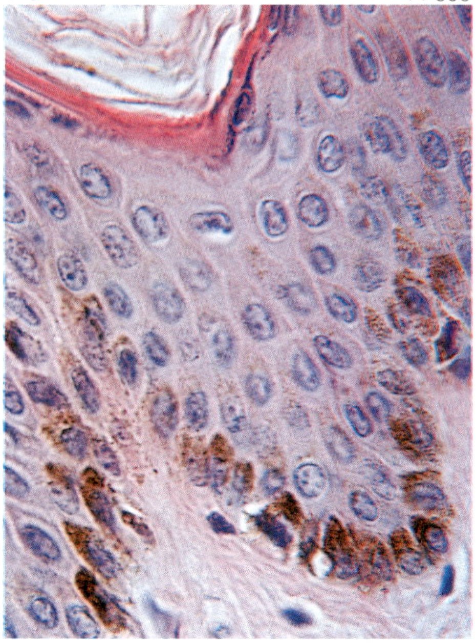

Photographies : Coupes microscopiques de peau. **a** – peau d'un individu africain avec mélanine très abondante. **b** – peau plus claire.

1 La quantité de mélanine* présente dans la peau détermine sa couleur.

B L'intervention des enzymes dans la réalisation du phénotype.

× 500

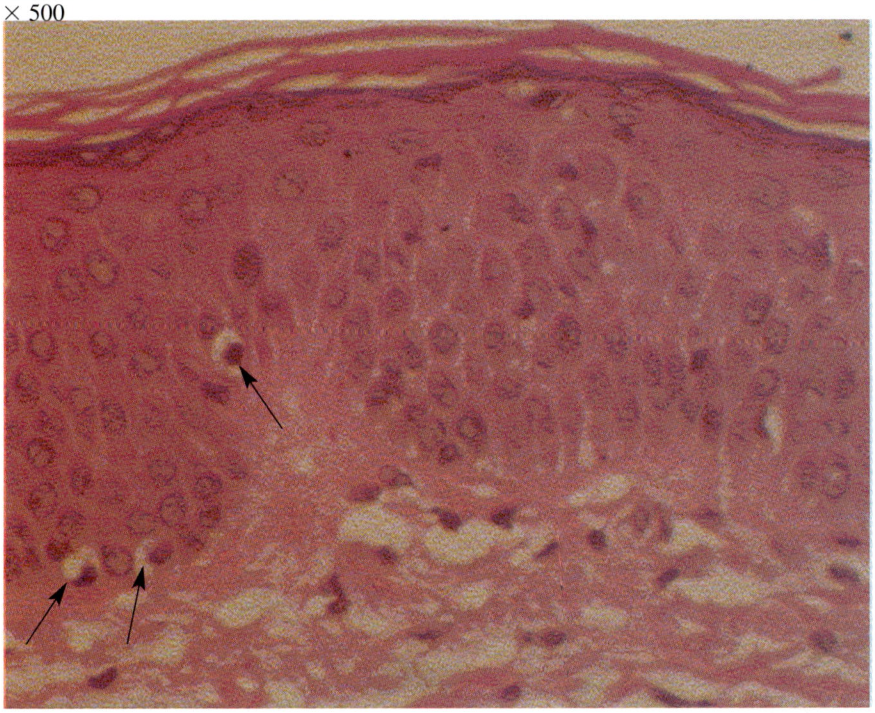

× 6 000

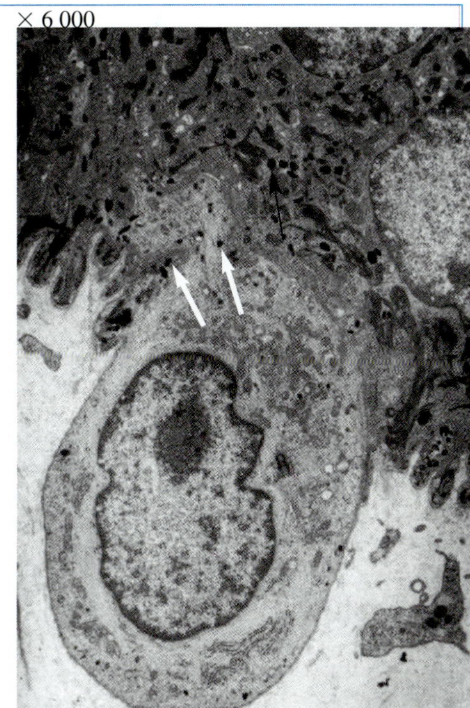

La synthèse de mélanine se déroule dans le cytoplasme des mélanocytes. Une succession de réactions chimiques aboutit à la production de mélanine à partir de la tyrosine. Chaque réaction de cette chaîne de biosynthèse* nécessite l'intervention d'une enzyme.

Photographies : **a** - Coupe microscopique de peau avec mélanocytes bien visibles (indiqués par des flèches). **b** - Un mélanocyte observé au microscope électronique avec des mélanosomes à différents stades de maturité (flèches).

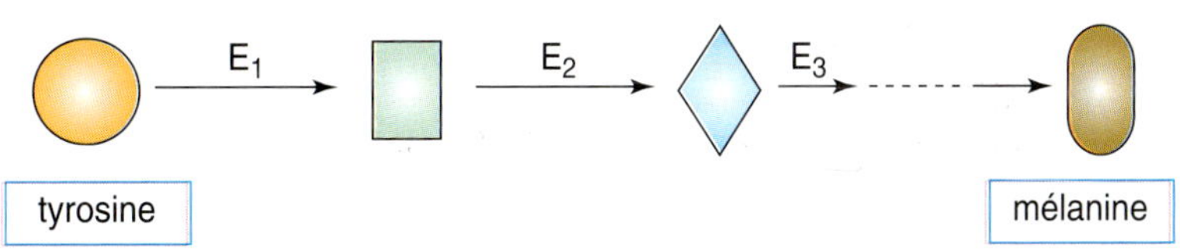

(E_1, E_2, E_3... : enzymes différentes)

2 Plusieurs enzymes sont nécessaires pour réaliser la synthèse de mélanine.

Chaque cellule est une usine chimique

Chaque cellule d'un organisme est une « usine chimique » dans laquelle plusieurs milliers de réactions chimiques se produisent à chaque seconde. Les réactions, comme nous venons de le voir pour la synthèse de mélanine, se succèdent en général de façon séquentielle et un groupe d'enzymes agissant en série transforme la molécule initiale en molécule finale.

3 Des milliers d'enzymes différentes dans une cellule !

Lexique

- **Enzyme :** protéine qui catalyse une réaction chimique précise.
- **Biosynthèse :** production biologique d'un composé.
- **Mélanine :** pigment synthétisé par des cellules spécialisées de la peau, les mélanocytes.

Pistes d'exploitation

1 - Doc 1 : Quelle molécule est directement responsable de la pigmentation de la peau ? Comment explique-t-on la différence de coloration entre une peau claire et une peau foncée ?

2 - Doc 2 : Quelle pourrait être la conséquence de l'absence d'une des enzymes intervenant dans cette chaîne de biosynthèse ?

3 - Doc 3 : Ce document illustre l'importance des enzymes dans la réalisation du phénotype. Expliquez.

ACTIVITÉS pratiques 3

Les enzymes sont des catalyseurs

La plupart des réactions chimiques se déroulant dans l'organisme nécessitent l'intervention d'enzymes*. Ces dernières sont des catalyseurs biologiques. Vous savez qu'un catalyseur* est un composé qui a pour fonction d'accélérer la vitesse d'une réaction sans en modifier le bilan.

- Les enzymes répondent-elles à cette définition ?
- Possèdent-elles des caractéristiques catalytiques propres ?

A Un exemple de réaction catalysée par une enzyme : l'hydrolyse* du saccharose.

× 2 000

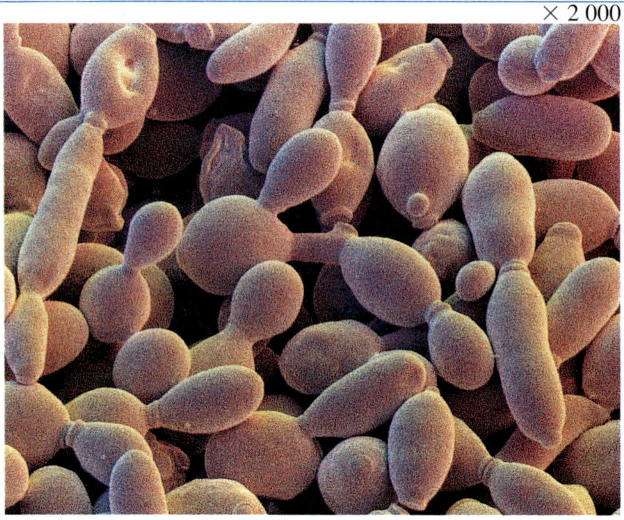

La levure de bière est un champignon unicellulaire (photo ci-contre) qui ne peut se développer que sur des milieux contenant des substances organiques. Parmi ces molécules organiques, le saccharose est utilisé. La levure digère le saccharose en produisant une enzyme, la saccharase, qu'elle déverse dans le milieu où elle agit. En présence de cette enzyme, le saccharose est hydrolysé en fructose et en glucose. Les glucides ainsi formés sont ensuite absorbés puis utilisés par la levure. Afin de tester l'activité enzymatique de la saccharase de la levure, on peut réaliser l'expérience ci-dessous de digestion in vitro.

1 Une source de saccharase : les cellules de la levure de bière.

PROTOCOLE EXPÉRIMENTAL

1. Quelques heures avant la manipulation, cultiver des levures (100 $g.L^{-1}$ d'eau) dans un bécher en oxygénant bien le milieu.

2. Réaliser une solution de saccharose à 0,1 $mol.L^{-1}$ puis préparer cinq tubes à essais de la façon suivante.
- **tube 1 :** 2 mL de solution de saccharose ;
- **tube 2 :** 2 mL de solution de saccharose + 2 mL de culture de levures ;
- **tube 3 :** 2 mL de solution de saccharose + 2 mL du filtrat obtenu en versant un peu de cette culture sur du papier filtre ;
- **tube 4 :** préparé comme le tube 3, puis porté à ébullition ;
- **tube 5 :** 2 mL de la culture de levures.

3. Placer les cinq tubes au bain-marie à 30 °C environ.

RÉSULTATS

Voir le document 3, page 21.

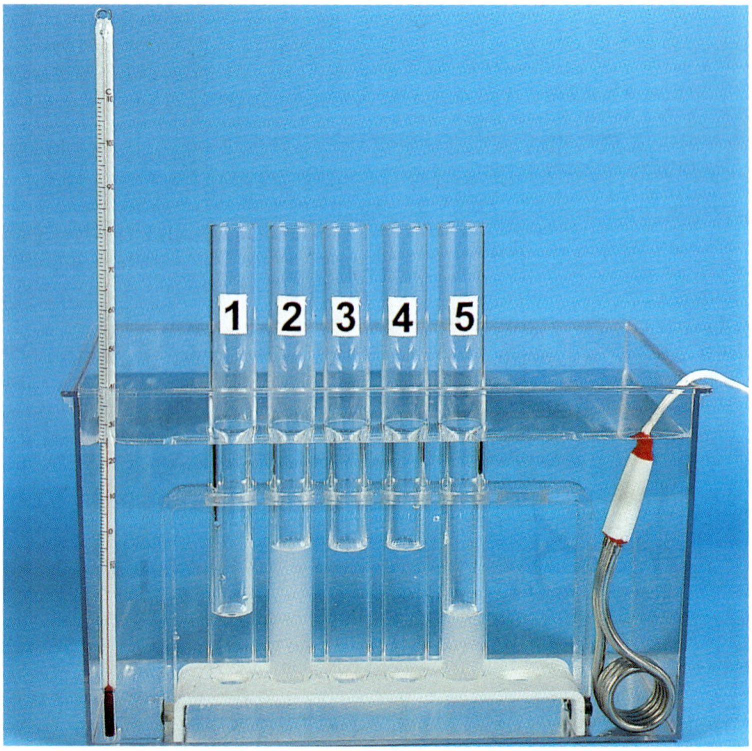

2 Etude expérimentale de l'hydrolyse enzymatique du saccharose.

B Catalyseur biologique et catalyseur chimique : une comparaison intéressante.

• On peut suivre la réaction d'hydrolyse du saccharose en utilisant des bandelettes réactives spécifiques du glucose. Pour cela, à intervalles réguliers d'une minute, on prélève une goutte et on la dépose sur la bandelette en suivant les indications du fabricant. La comparaison avec les couleurs de référence donne la concentration en glucose.

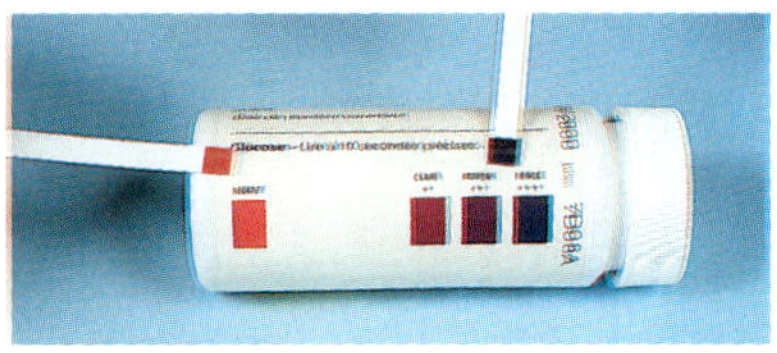

Le tableau donne un exemple de résultats obtenus.

	Présence de glucose
Tube 1	Au bout de plusieurs jours
Tube 2	Au bout de 1 minute
Tube 3	Au bout de 1 minute
Tube 4	Négatif
Tube 5	Négatif

• La présence de glucose peut également être mise en évidence avec la liqueur de Fehling. Ce réactif donne à chaud un précipité rouge brique en présence d'un sucre comme le glucose, alors qu'il reste bleu en présence de saccharose.

3 Les résultats de l'hydrolyse du saccharose par la saccharase.

PROTOCOLE EXPÉRIMENTAL

1. Verser quelques gouttes de catalyseur, l'acide chlorhydrique, dans un bécher contenant une solution de saccharose à 1%.

2. Porter à ébullition car à température ambiante la réaction n'a pas lieu.

3. Faire des prélèvements toutes les 2 minutes pour mettre en évidence la présence éventuelle de glucose. Pour cela, on utilise des bandelettes spécifiques ou de la liqueur de Fehling. Dans ce cas, refroidir puis neutraliser avec une solution de soude à 1%. La neutralisation est nécessaire à l'action du réactif.

RÉSULTATS

– A la température de 100°C (photographie ci-contre), la présence de glucose est décelable au bout de 6 minutes environ.

– A la température ambiante ou à 37°C, on ne détecte pas de glucose au bout de 6 minutes.

4 Une comparaison intéressante : l'hydrolyse chimique du saccharose.

Lexique

• **Catalyseur :** substance qui accélère une réaction chimique sans subir elle-même de modification.

• **Enzyme :** protéine produite par un être vivant et qui catalyse une réaction spécifique. Une enzyme agit à faible dose, à une température compatible avec la vie. Elle accélère une réaction chimique et se retrouve intacte à la fin de celle-ci.

• **Hydrolyse :** clivage d'une liaison avec addition d'eau (–H est ajouté à l'une des molécules résultant du clivage et –OH à l'autre).

Dans un tube qui ne contient que de l'eau saccharosée, sans saccharase, des molécules de glucose apparaissent cependant au bout de quelques jours. Quelques mois plus tard, tout le saccharose serait hydrolysé. Ainsi, l'enzyme accélère considérablement une réaction qui pourrait se produire spontanément, mais qui, sans elle, serait extrêmement lente. Certaines réactions chimiques sont ainsi accélérées plusieurs milliards de fois par la présence d'une enzyme.

5 Le rôle fondamental de l'enzyme.

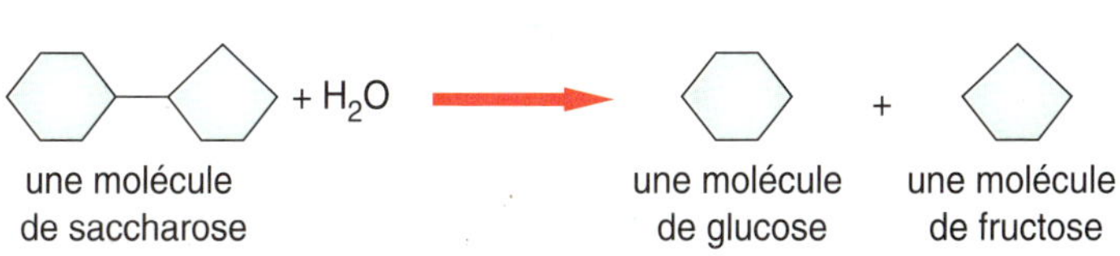

6 Schématisation de l'hydrolyse du saccharose.

Pistes d'exploitation

1 - Doc 1 à 5 : Analysez chacun de ces documents et précisez pour chacun d'eux quelles caractéristiques sont mises en évidence.

2 - Doc 1 à 5 : Quelles caractéristiques des enzymes données dans le lexique ne sont pas illustrées par ces documents ?

3 - Doc 6 : Quelle espèce chimique indispensable à la réaction n'est pas représentée ici ?

ACTIVITÉS pratiques 4

La double spécificité des enzymes :

Nous avons vu que la saccharase catalyse l'hydrolyse du saccharose en deux autres glucides : le fructose et le glucose.

■ Cette enzyme n'agit-elle que sur le saccharose ou bien peut-elle agir sur d'autres molécules ? En d'autres termes, existe-t-il une spécificité de substrat* ?

■ Par ailleurs, une même enzyme catalyse-t-elle plusieurs types de réactions ?

A Recherche expérimentale d'une spécificité de substrat.

Le maltose est un glucide très commun, notamment dans l'orge germé, ou malt, à la base de la fabrication de la bière. De même formule chimique globale que le saccharose ($C_{12}H_{22}O_{11}$), il résulte de l'association de deux molécules de glucose.

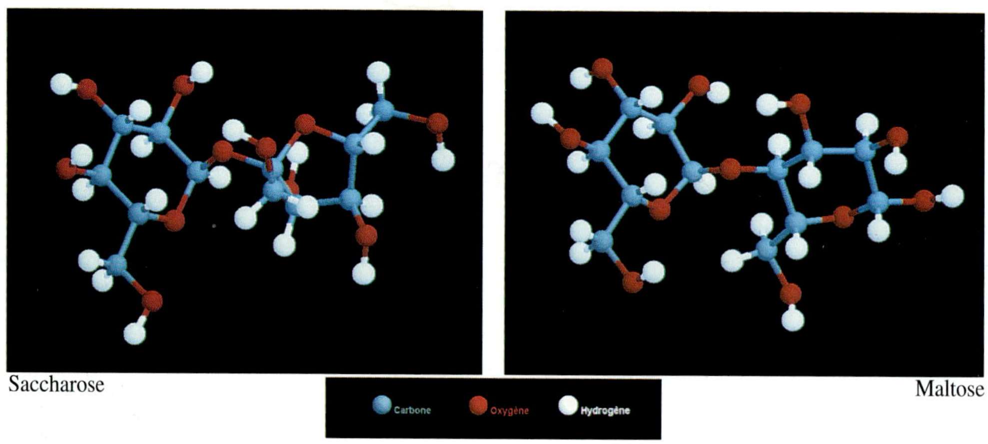

1 Saccharose et maltose sont deux glucides chimiquement très proches.

Les levures de bière possèdent un équipement enzymatique varié dont une saccharase mais aussi une maltase. La saccharase est libérée spontanément dans le milieu extérieur. En revanche, la maltase reste dans le cytoplasme.

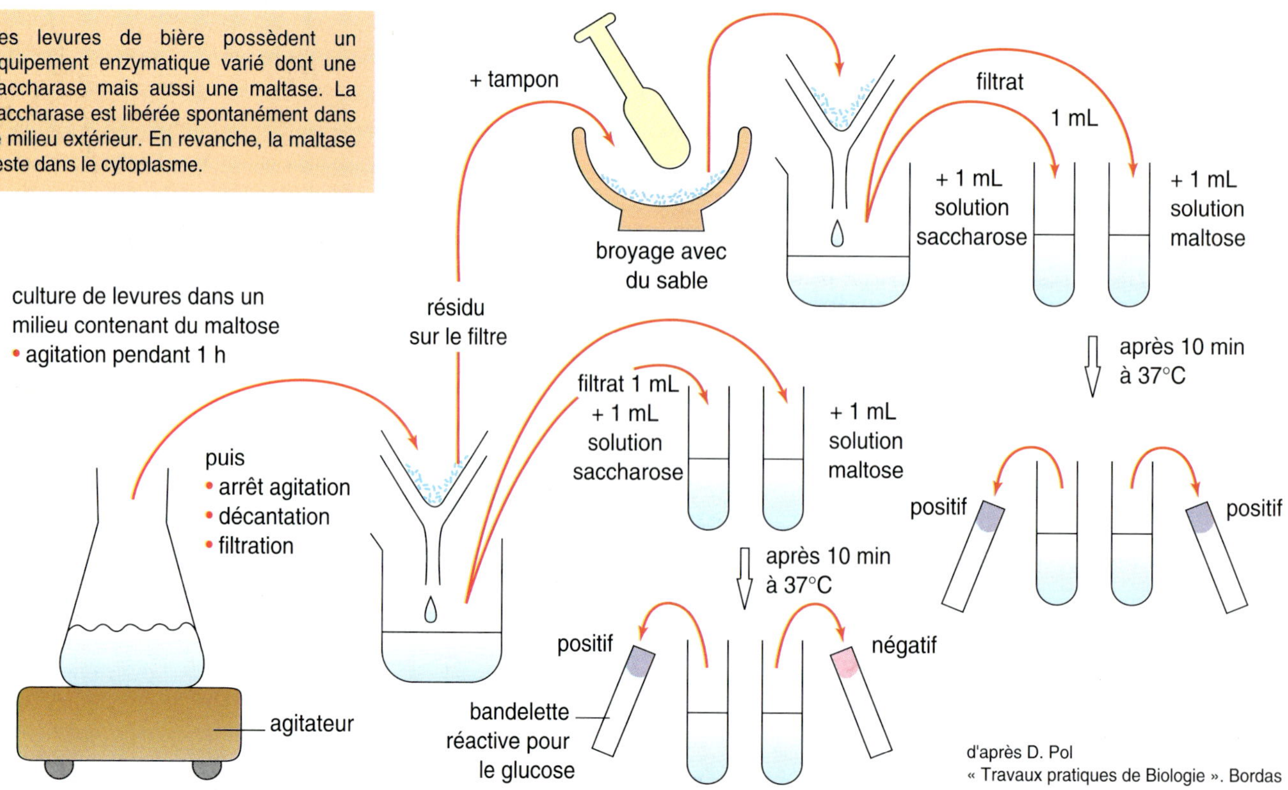

d'après D. Pol « Travaux pratiques de Biologie ». Bordas

2 Les effets de la saccharase et de la maltase sur le saccharose et le maltose.

B Recherche d'une spécificité d'action.

La tyrosine est un acide aminé utilisé par de nombreuses cellules dont les trois présentées ici. Cette molécule intervient dans des réactions chimiques différentes selon le type cellulaire. Ces réactions sont précisées de manière simplifiée pour chaque type cellulaire. Les enzymes requises sont appelées arbitrairement E_1, E_2, E_3...

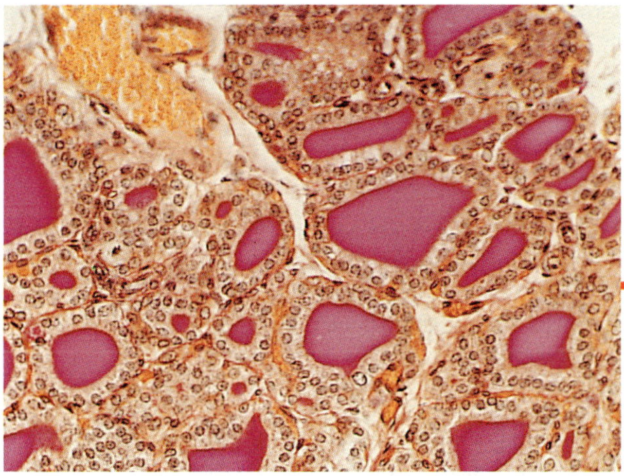

× 200

Dans une cellule de la thyroïde : synthèse d'une hormone*
tyrosine + globuline $\xrightarrow{E_1}$ thyroglobuline

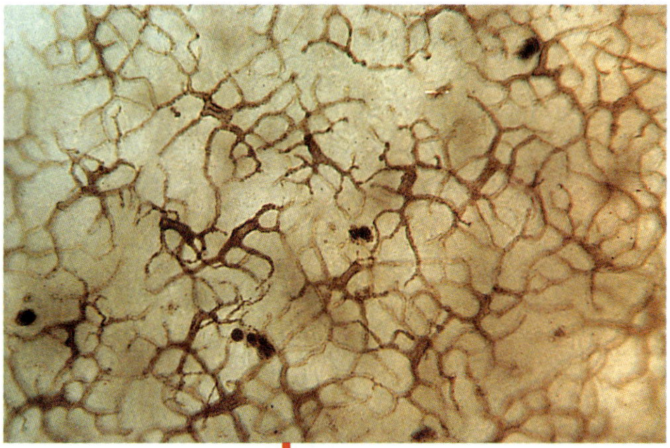

× 300

Dans un mélanocyte : synthèse du pigment de la peau
tyrosine $\xrightarrow{E_2}$ dopa $\xrightarrow{E_3}$ dopaquinone $\xrightarrow{E_4}$ mélanine

× 1 000

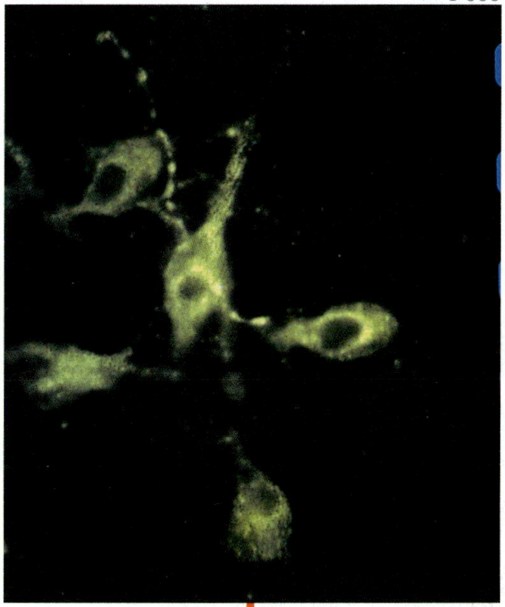

Dans une cellule nerveuse : synthèse d'un neurotransmetteur
tyrosine $\xrightarrow{E_2}$ dopa $\xrightarrow{E_5}$ dopamine $\xrightarrow{E_6}$ noradrénaline

3 A partir d'un même substrat, selon les enzymes dont elles disposent, les cellules réalisent des réactions chimiques différentes.

Lexique

- **Substrat :** molécule sur laquelle agit une enzyme.
- **Hormone :** molécule produite par des cellules, libérée directement dans le sang et agissant sur d'autres cellules.
- **Neurotransmetteur :** molécule permettant la circulation du message nerveux entre deux neurones.

Pistes d'exploitation

1 - Doc 1 : En quoi maltose et saccharose sont-ils chimiquement proches ?

2 - Doc 2 : L'étude expérimentale montre-t-elle une spécificité de substrat ? Pour vous aider à répondre, pensez à déterminer le contenu en enzymes de chaque filtrat.

3 - Doc 3 : Ces informations témoignent-elles d'une spécificité de la réaction catalysée par une enzyme ?

4 - Bilan : Le qualificatif de « double spécificité » attribué à une enzyme vous semble-t-il justifié ?

ACTIVITÉS pratiques 5

La formation du complexe

Une enzyme agit spécifiquement sur un substrat et un seul. Pour l'expliquer, on peut formuler l'hypothèse que substrat et enzyme se lient momentanément de manière complémentaire. En conséquence, on peut donc penser que si les molécules d'enzymes sont suffisamment abondantes dans le milieu, la vitesse de réaction enzymatique sera plus grande avec l'augmentation de la concentration de substrat. Vérifions-le expérimentalement.

A Une étude expérimentale assistée par ordinateur.

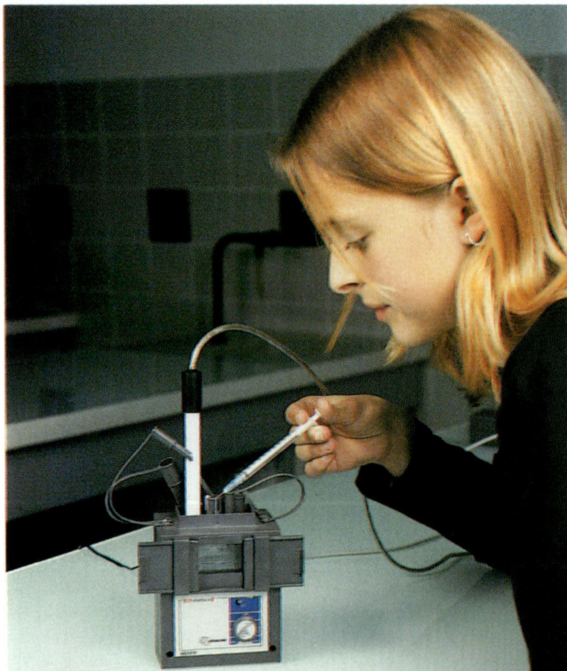

La glucose-oxydase est une enzyme qui catalyse l'oxydation du glucose en deux produits. Cette réaction chimique consomme du dioxygène et cette consommation peut être détectée par la sonde à dioxygène. A partir de la baisse de la teneur en dioxygène du milieu, le logiciel calcule la quantité des produits formés en fonction du temps et l'affiche à l'écran. La vitesse initiale de chaque réaction est également calculée et affichée dans le tableau.
Différentes mesures sont réalisées pour des concentrations variées de substrat mais avec une concentration d'enzyme constante (voir « Le suivi d'une réaction enzymatique par ExAO » pages 34 et 35).

1 Principe de l'étude menée.

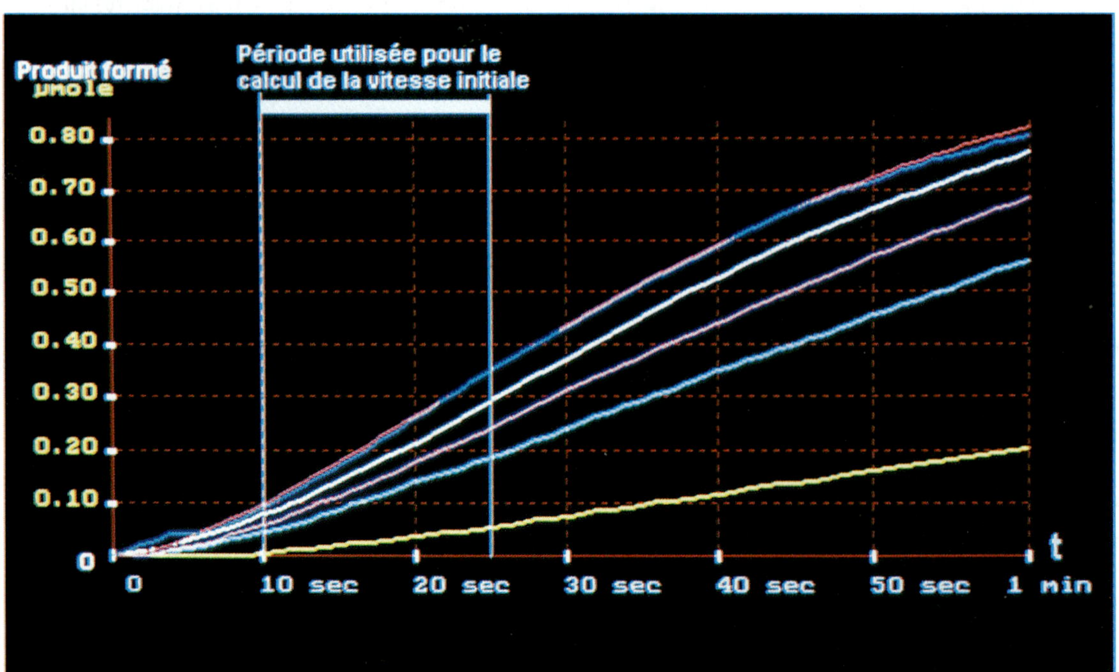

Vi µmoles /min	[S] µmoles /min
0.23	7.5
0.61	30
0.80	60
0.95	120
1.03	240
1.04	480

2 Enregistrements obtenus.

B Les aspects moléculaires de la fixation de l'enzyme sur le substrat.

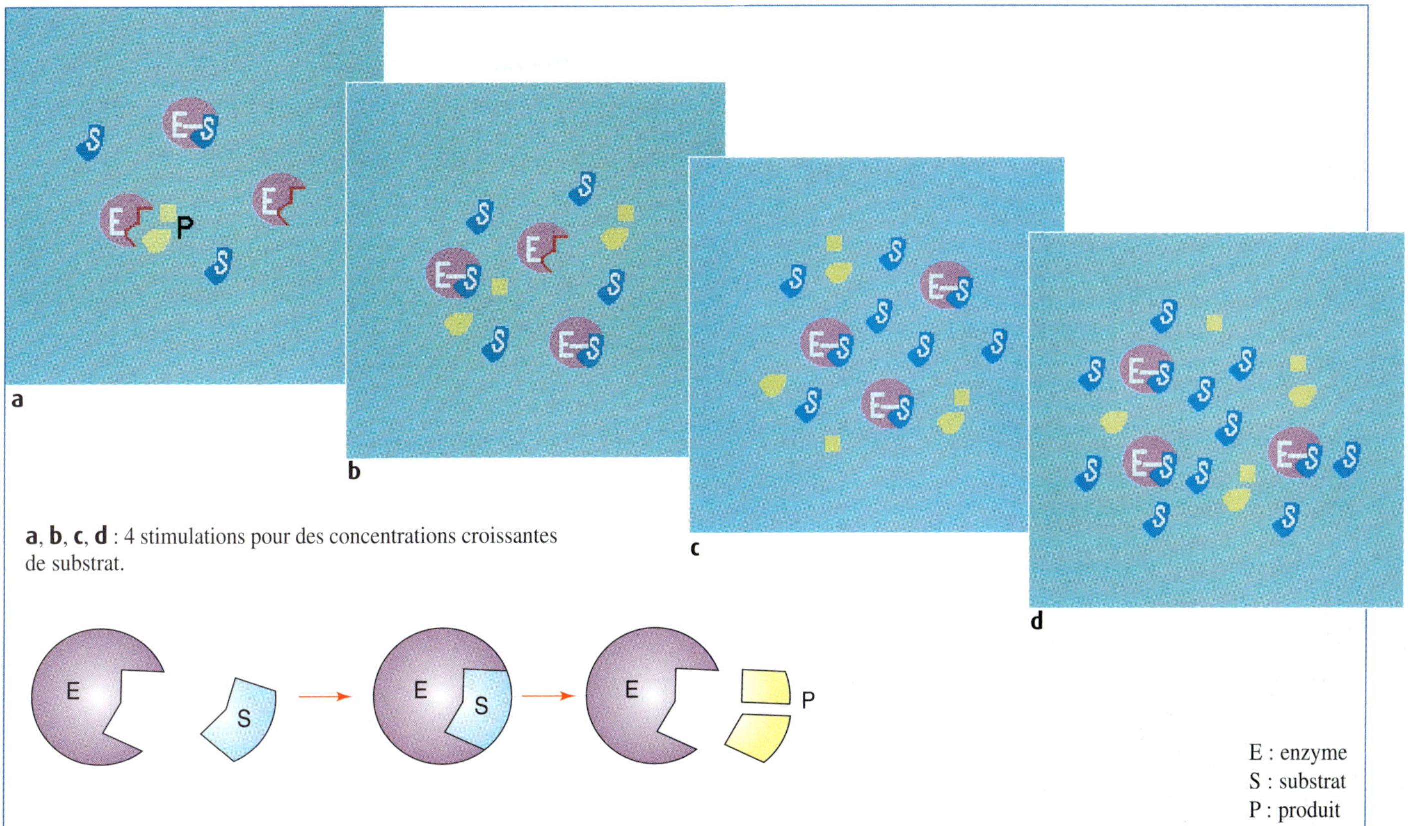

3 Simulation de la formation des complexes « enzyme-substrat ».

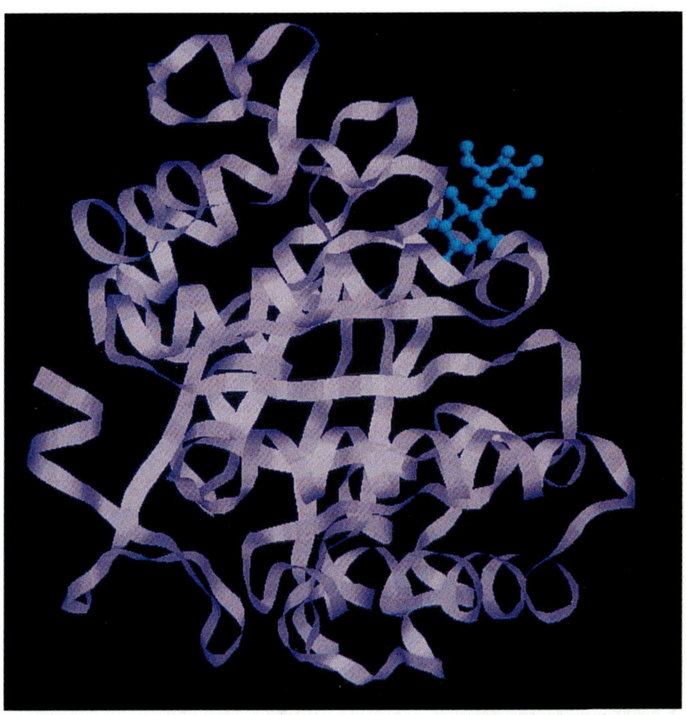

L'enzyme modélisée ici est une maltase, son substrat étant le maltose. La liaison entre les deux molécules se fait au niveau d'une région précise de l'enzyme, le site actif.

4 Modèle moléculaire d'un complexe entre une enzyme et son substrat.

Pistes d'exploitation

1 - Doc 1 et 2 : Après avoir analysé les résultats expérimentaux obtenus, pouvez-vous valider l'hypothèse formulée en introduction de cette double page ? Pour vous aider, construisez le graphe représentant la vitesse initiale de la réaction en fonction de la concentration de substrat.

2 - Doc 3 : Précisez dans quelle circonstance la vitesse initiale de réaction n'augmentera plus.

3 - Doc 3 et 4 : Définissez le site actif d'une enzyme. Vous mentionnerez au moins deux caractéristiques dans votre définition.

ACTIVITÉS pratiques 6

La relation entre l'activité

Les capacités catalytiques d'une enzyme requièrent sa liaison avec le substrat, notamment au niveau du site actif*. Or, comme toutes les molécules, enzyme et substrat possèdent une forme caractéristique dans l'espace.

■ Cette forme intervient-elle dans l'activité catalytique ?

A Mise en évidence de la relation entre la forme de l'enzyme et son activité.

La photographie ci-dessous présente la forme d'une enzyme, la ribonucléase. Comme toute protéine, la ribonucléase est constituée d'un enchaînement d'acides aminés (dessin ci-contre). Le long de cette chaîne, les acides aminés successifs sont unis entre eux par une liaison covalente : la liaison peptidique. Par ailleurs, d'autres liaisons de force variable (liaison hydrogène, pont disulfure) s'établissent entre certains acides aminés plus ou moins éloignés le long de la chaîne et contribuent à donner à la molécule sa forme dans l'espace.

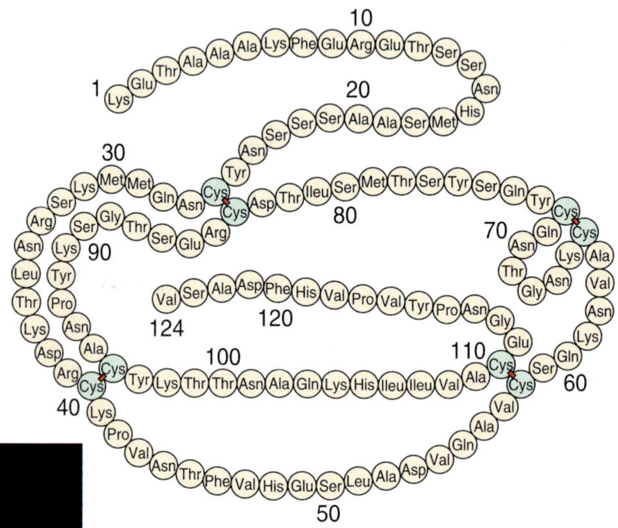

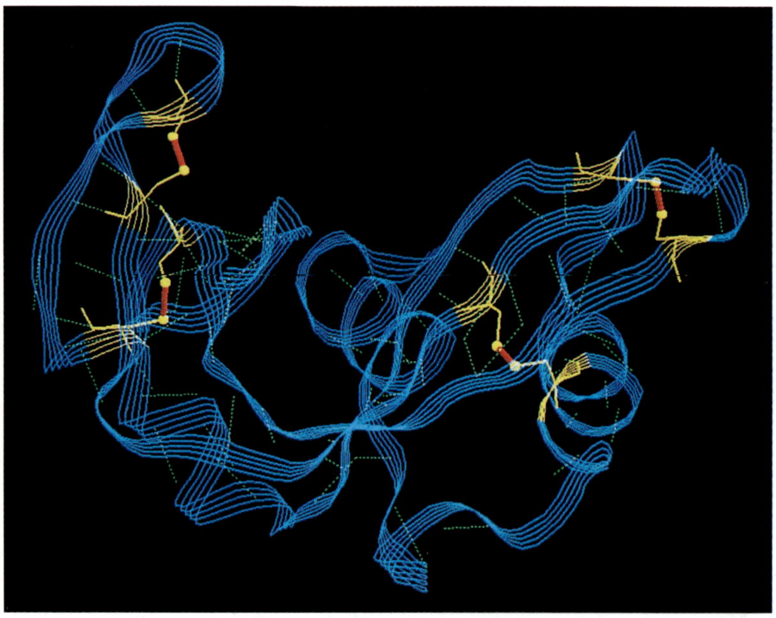

.... Liaison hydrogène de force faible.

▬ Pont disulfure, liaison de covalence se formant entre deux cystéines* et jouant un rôle majeur dans la cohésion moléculaire.

1 Une forme déterminée par des liaisons chimiques.

Les schémas ci-contre représentent l'expérience réalisée par White et Anfinsen : la ribonucléase (**a**) est mise en contact avec de l'urée et du mercaptoéthanol (**b**). Ces produits rompent de nombreuses liaisons sauf les liaisons peptidiques. Parallèlement, l'activité enzymatique est testée ; la forme (**b**) de la ribonucléase se révèle être inactive.

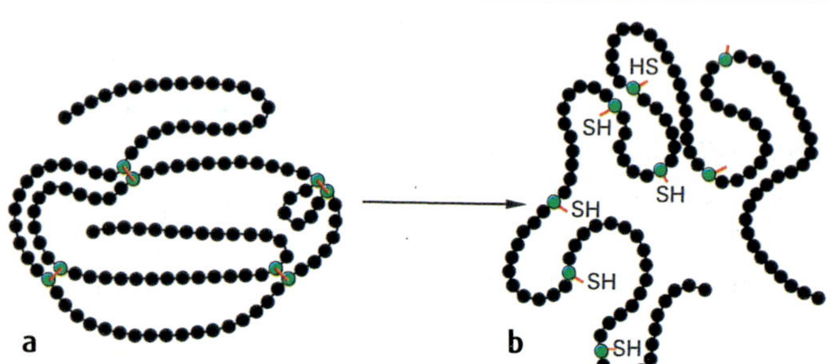

2 Les conséquences d'une modification expérimentale de la forme.

B Une étude précise au niveau du site actif*.

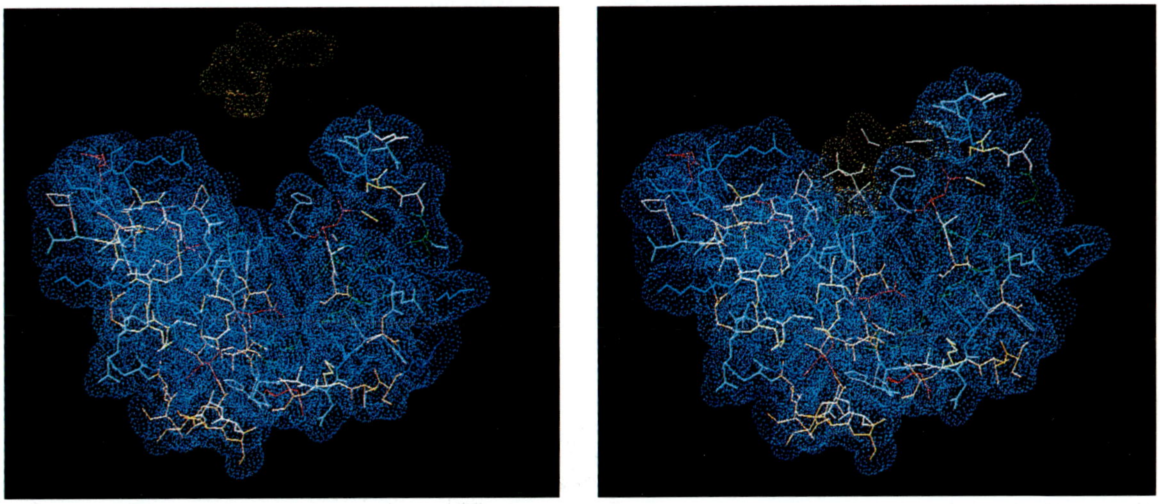

3 Modèle moléculaire de la ribonucléase et fixation du substrat : un acide ribonucléique.

Le lysozyme est une enzyme présente dans les larmes, la salive, le blanc d'œuf... Deux formes de lysozyme sont présentées ici. Une forme est active, l'autre se révèle être inactive suite à une mutation. Cette différence d'activité est due à un changement d'un acide aminé près du site actif. La forme active de l'enzyme possède un acide glutamique (en bleu), alors que la forme inactive possède un acide aspartique (en vert).

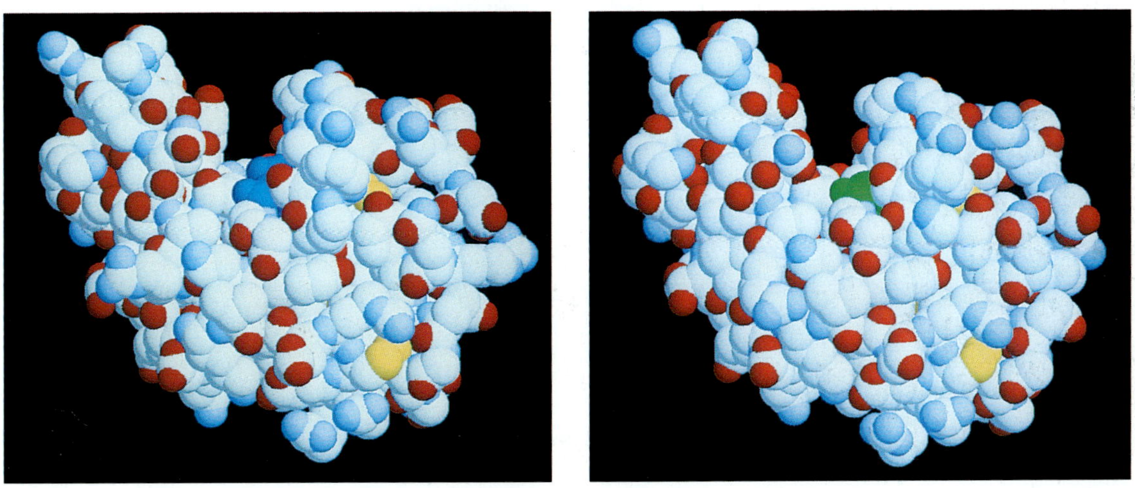

4 Deux modèles moléculaires de lysozyme dont le site actif est différent.

Lexique

- **Site actif :** région d'une enzyme où s'effectue la catalyse, souvent une cavité ou un sillon.
- **Cystéine :** acide aminé contenant du soufre.

Pistes d'exploitation

1 - Doc 1 : Décrivez le plus précisément possible la molécule de ribonucléase. Vous pouvez compter les acides aminés, recenser les liaisons, orienter la molécule...

2 - Doc 2 : En quoi l'expérience présentée atteste-t-elle d'une relation entre la forme de la ribonucléase et son activité ? Il s'agit d'établir une relation de causalité.

3 - Doc 3 et 4 : Pouvez-vous encore mieux préciser la relation découverte ? Examinez bien l'effet de la mutation au niveau du site actif du lysozyme, puis proposez une hypothèse pour expliquer l'inactivité suite à la mutation.

L'influence des conditions du milieu

De nombreuses enzymes restent dans les cellules qui les produisent, d'autres sont exportées vers le milieu extérieur. Quel que soit le milieu où les enzymes exercent leur activité catalytique, ce milieu peut voir son pH, sa température, sa composition ionique varier.

■ En quoi ces variations influencent-elles l'efficacité de la catalyse enzymatique ?

A PH du milieu et catalyse enzymatique.

La transformation de la tyrosine en mélanine, un pigment brun, se fait par étapes successives. Plusieurs étapes se déroulent en présence d'une enzyme, la tyrosinase. Au cours de ces réactions, des produits de plus en plus colorés apparaissent.

La solution initiale de tyrosine est incolore ; la dopaquinone, avant-dernier produit formé, est rose et la mélanine brun-noir. Un colorimètre permet de suivre indirectement la formation de ces produits dans plusieurs conditions de pH (voir « Le suivi d'une réaction enzymatique par ExAO » pages 34 et 35).

1 Une expérience de colorimétrie assistée par ordinateur.

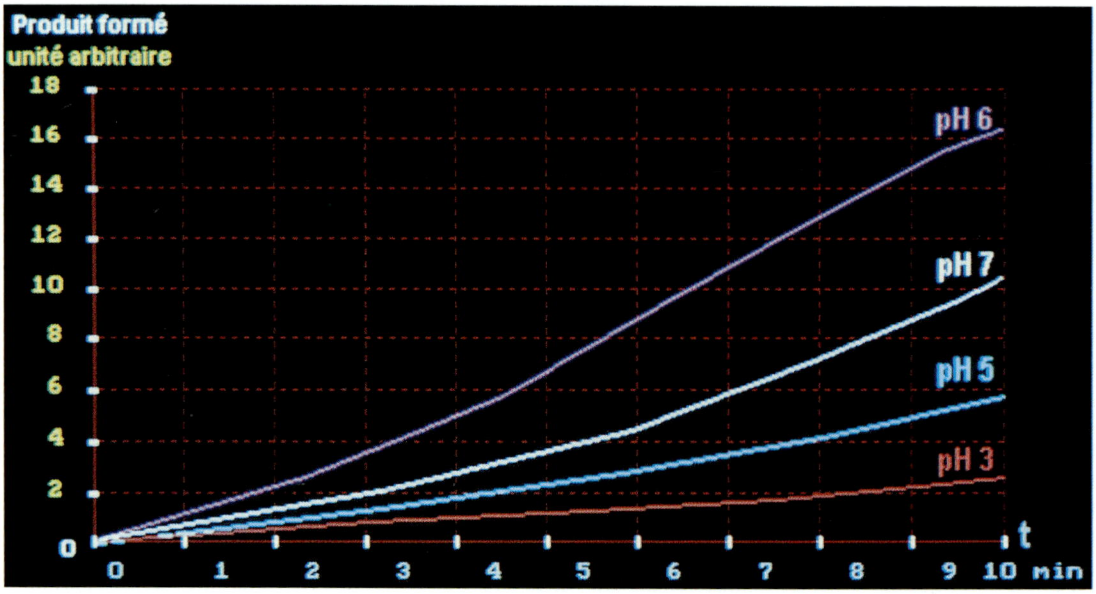

2 Résultats obtenus pour différents pH (courbes lissées d'après enregistrements ExAO).

B Température du milieu et catalyse enzymatique.

PROTOCOLE EXPÉRIMENTAL

• Extraction des enzymes

1. Peler le tubercule de pomme de terre préalablement placé au réfrigérateur, le couper en morceaux puis broyer au mixeur 70 g de ces morceaux dans 50 mL d'eau distillée.

2. Filtrer le broyat sur un entonnoir refroidi et récolter le filtrat dans un bécher placé dans la glace. Le filtre doit arrêter l'amidon.

3. Vérifier, avec de l'eau iodée, l'absence d'amidon dans le filtrat (l'amidon se colore en noir en présence d'eau iodée).

4. Conserver au froid le filtrat contenant les enzymes.

• Réalisation de l'expérience

1. Verser 1 mL de filtrat dans chaque tube à essais d'une série de 6 tubes.
Verser 1 mL de solution de glucose-1-phosphate à 1% dans chaque tube d'une seconde série.

2. Porter pendant 3 minutes 1 tube de chacune des deux séries aux températures suivantes : 0, 20, 40, 60, 80 et 100°C.

3. Au temps 0, mélanger les deux tubes portés à la même température.

4. Rechercher toutes les deux minutes la présence d'amidon ; pour ce faire, prélever avec une baguette de verre une goutte de mélange, déposer la dans un puits du plateau de coloration en présence d'une goutte d'eau iodée.
Afin de savoir si l'effet de températures « extrêmes » est réversible, reprendre les tubes mis à 0 et 100°C, les placer à 40°C puis pratiquer les mêmes opérations.

L'amidon est le glucide de réserve le plus répandu chez les végétaux. Il est stocké dans les amyloplastes, organites cytoplasmiques, par enchaînement de molécules de glucose. Cette polymérisation est catalysée par des phosphorylases.
Les amyloplastes sont particulièrement abondants dans les cellules de tubercule de pomme de terre. On peut donc utiliser ce matériel pour réaliser l'expérience présentée.

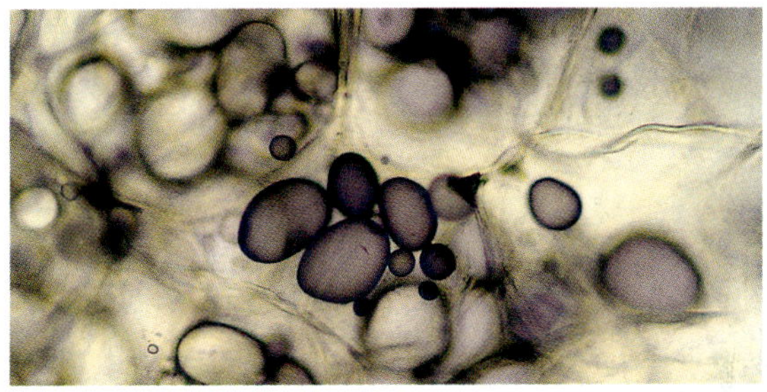

RÉSULTATS

Les résultats obtenus sont présentés dans le « tableau » ci-dessous.

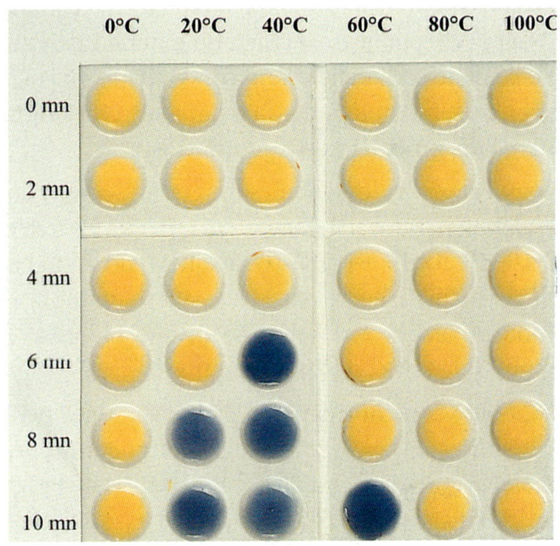

3 Étude expérimentale montrant les effets de la température sur la vitesse de la réaction enzymatique.

Pistes d'exploitation

1 - Doc 1 et 2 : Donnez la preuve que le pH influence l'efficacité de la tyrosinase puis indiquez celui où l'activité enzymatique est optimale.

2 - Doc 3 : Après avoir réalisé ou analysé l'étude expérimentale sur les phosphorylases de pomme de terre, représentez graphiquement l'effet de la température sur leur activité. On pourra tracer la vitesse de synthèse de l'amidon en fonction de la température ; cette vitesse sera considérée comme étant le volume de substrat utilisé divisé par le temps d'apparition de l'amidon.

A quelle(s) température(s) l'action enzymatique est-elle la plus efficace ?

Les températures « extrêmes » ont-elles les mêmes effets sur la catalyse enzymatique? Prenez bien en compte les derniers résultats obtenus.

Le phénotype dépend des protéines

L'ensemble des caractères observables d'un individu constitue son **phénotype**. Ces caractères sont morphologiques (couleur de la peau, taille...), physiologiques (capacité à digérer le lait ou non...) ou biochimiques (groupes sanguins, groupes tissulaires...).

I La réalisation du phénotype

1• Le phénotype peut se définir à différentes échelles

L'exemple de la drépanocytose, une maladie héréditaire du sang, montre trois niveaux de définition du phénotype : le niveau de l'**organisme** ou macroscopique, le niveau **cellulaire** et le niveau **moléculaire**.

Au niveau de l'organisme, un individu peut être sain ou affecté par la drépanocytose. Bien qu'extérieurement, rien ne distingue un individu sain d'un individu malade, ce dernier présente notamment une anémie chronique et des douleurs articulaires sous forme de crises.

Au niveau cellulaire, les globules rouges présentent un aspect caractéristique en forme de faucille chez les malades. Cette forme est réalisée lorsque la pression en dioxygène est faible. En revanche, le sujet sain montre des globules rouges en forme de disque biconcave quelles que soient les conditions environnantes.

L'hémoglobine contenue dans les globules rouges permet d'identifier le niveau moléculaire du phénotype. Cette molécule protéique est différente chez les malades et chez les sujets sains. Cette différence est pourtant minime : l'hémoglobine drépanocytaire (Hb S) ne se distingue de l'hémoglobine normale (Hb A) que par le changement d'un seul acide aminé ! Le sixième acide aminé des chaînes β de l'hémoglobine est une valine chez les malades alors que, normalement, un acide glutamique est présent à ce niveau.

Les trois niveaux du phénotype découlent les uns des autres. Chez un malade, les molécules d'hémoglobine S s'unissent les unes aux autres lorsque le dioxygène se raréfie. Cette union ou polymérisation forme des longues fibres qui déforment les globules rouges ; ces derniers prennent alors un aspect en faucille. Les globule rouges déformés deviennent plus fragiles et subissent une destruction anormalement élevée d'où l'anémie constatée chez les malades.

2• La réalisation du phénotype nécessite des protéines

De nombreux exemples montrent que la réalisation du phénotype dépend étroitement de l'intervention des protéines.

• Qu'est-ce qu'une protéine ?

Chaque protéine est une molécule réalisant une fonction biologique précise. A titre d'exemples, l'hémoglobine transporte le dioxygène, la myosine intervient dans la contraction musculaire, la lactase est une enzyme qui permet de digérer le sucre du lait... De nombreuses **enzymes** interviennent dans la réalisation du phénotype. Une protéine est toujours constituée d'un enchaînement d'**acides aminés**. Le nombre d'acides aminés constitutifs varie d'une protéine à l'autre. Comme vingt acides aminés principaux existent dans le monde vivant, on peut entrevoir l'extrême diversité de ces dernières. Ainsi l'enchaînement de 100 acides aminés offre théoriquement 20^{100} possibilités pour l'ordre dans lequel ces acides aminés se succèdent !

• La variabilité des phénotypes est due aux protéines.

La diversité des protéines est à l'origine de la diversité des caractères phénotypiques. Il en est de même pour les phénotypes alternatifs d'un même caractère : ils sont dus à des différences dans la protéine concernée. Ainsi, la drépanocytose relève de la possession d'une hémoglobine S au lieu d'une hémoglobine A ; la mucoviscidose est associée au fonctionnement défectueux d'une protéine membranaire ; les groupes sanguins A et B sont dus à une protéine enzymatique agissant différemment...

II Des protéines essentielles : les enzymes

1• Les enzymes sont des biocatalyseurs

Comme tout **catalyseur**, une enzyme est une substance qui, à faible dose, accélère une réaction chimique et se retrouve intacte à la fin de celle-ci. De surcroît, le préfixe « bio » témoigne du fait qu'une enzyme est toujours fabriquée par des organismes vivants (bactéries, champignons, végétaux, animaux...).

• Une action à faible concentration.

Il suffit d'une très faible quantité d'enzyme pour que la réaction ait lieu. Cette propriété est liée au fait que le biocatalyseur se retrouve intact à l'issue de la réaction et se trouve ainsi immédiatement disponible pour catalyser une nouvelle réaction.

• **Une action à « grande vitesse ».**

La durée d'une réaction enzymatique est de l'ordre de 10^{-3} seconde. En une seconde, une molécule d'enzyme peut donc catalyser la transformation de mille molécules ! Sans enzyme, une réaction chimique aurait lieu en plusieurs minutes, heures, voire jours ou serait impossible à réaliser.

• **Une action dans les conditions biologiques.**

L'immense majorité des réactions chimiques se déroulant dans un organisme vivant sont biocatalysées. Les enzymes agissent donc dans des conditions compatibles avec la vie. A titre d'exemple, des bactéries du sol utilisent des enzymes pour fixer le diazote atmosphérique ; cette fixation a lieu avec une température du sol de 5 à 30 °C et à la pression atmosphérique (10^5 Pa). Par comparaison, l'industrie des engrais azotés réalise cette réaction en utilisant le fer comme catalyseur : les conditions nécessaires sont alors une température de 550 °C et une pression de 25.10^6 Pa.

2• Les enzymes ont une double spécificité

• **Spécificité de substrat.**

On appelle substrat la molécule dont l'enzyme catalyse la transformation. Une enzyme donnée ne peut agir que sur **un seul substrat**.

Le nom de l'enzyme indique la nature du substrat sur lequel elle agit : la maltase catalyse l'hydrolyse du maltose, la saccharase l'hydrolyse du saccharose... Sur un substrat donné, plusieurs enzymes peuvent agir mais chacune d'elles agit sur une partie différente du substrat.

• **Spécificité d'action.**

Pour un substrat donné, une enzyme ne peut catalyser qu'**un seul type de réaction chimique**. A titre d'exemple, la tyrosine est hydroxylée en dopa par l'action de la tyrosine-hydroxylase alors que les tyrosine-kinases assurent le transfert d'un groupement phosphate sur cette tyrosine. La nature des réactions chimiques catalysées constitue le critère essentiel de classification des enzymes. Ainsi, on distingue des hydrolases, des isomérases, des transférases...

3• Un mode d'action fondé sur la formation du complexe enzyme-substrat

L'activité catalytique d'une enzyme nécessite sa fixation temporaire sur le substrat. Suite à cette fixation, la réaction chimique se déroule. Dès que cette dernière a eu lieu, le **complexe enzyme-substrat** se dissocie en libérant le ou les produits formés ainsi que l'enzyme.

L'activité enzymatique s'évalue expérimentalement en mesurant la vitesse de la réaction catalysée. Cette vitesse s'apprécie par la quantité de substrat transformé (ou par la quantité de produit formé) par unité de temps. La vitesse de la réaction enzymatique :
– est directement proportionnelle à la concentration de l'enzyme ;
– augmente avec la concentration initiale du substrat jusqu'à un palier pour lequel la vitesse initiale de la réaction (V max) atteint son maximum. Ce palier est atteint lorsque toutes les molécules d'enzymes sont liées à des molécules de substrat.

La formation du complexe enzyme-substrat a lieu au niveau d'un domaine précis de l'enzyme : le **site actif**. A ce niveau, le substrat est mis en place dans une situation géométrique donnée qui favorise la réaction chimique. Cette complémentarité est souvent modélisée sous forme d'une clé et d'une serrure ; en réalité, le site actif de l'enzyme et le substrat ajustent mutuellement leurs formes respectives qui ne deviennent complémentaires qu'après fixation du substrat.

III La forme d'une protéine enzymatique détermine son activité

1• La séquence d'acides aminés impose la forme

Les enzymes sont dans leur immense majorité des protéines. L'analyse chimique révèle la nature et l'enchaînement des acides aminés constitutifs de la protéine. Cet enchaînement d'acides aminés, unis entre eux par des **liaisons peptidiques**, constitue la structure primaire de la protéine. C'est la structure primaire qui conditionne la forme spatiale de l'enzyme par suite de l'établissement de diverses liaisons et interactions entre les acides aminés plus ou moins voisins. Ces liaisons sont les **liaisons hydrogènes**, les **liaisons ioniques** (entre acides aminés chargés), les **ponts disulfures**... Ces derniers se forment entre deux cystéines, acide aminé contenant des atomes de soufre, en réalisant une liaison S-S ; ils assurent ainsi un rôle important dans la cohésion moléculaire de l'enzyme. Actuellement, la forme peut être modélisée grâce au traitement informatique des données obtenues à partir des analyses physiques de la molécule (diffraction des rayons X, spectroscopie).

2• Un changement de séquence modifie cette forme

Grâce au progrès de la biologie moléculaire, on peut modifier au choix certains acides aminés de la séquence dont ceux proches du site actif. Les expériences de modification par mutagenèse dirigée constituent une voie d'approche actuelle. Cette modification est souvent associée à un changement de la forme de l'enzyme. Ce changement de forme peut conduire à la perte de sa capacité catalytique ou à son augmentation.

3• Les conditions du milieu modifient cette structure

• L'influence de la température.

La température a un effet double sur une réaction enzymatique. D'une part , elle accélère la vitesse de réaction, d'autre part elle agit sur la configuration spatiale de l'enzyme. Sur une représentation graphique, ce double effet se traduit par une courbe généralement dissymétrique passant par une valeur maximale appelée **température optimale**. Cette dernière est généralement celle du milieu cellulaire, 37 à 40 °C chez l'homme. Au-delà de cette température, l'enzyme est dénaturée (elle perd sa forme spatiale) plus ou moins rapidement et perd définitivement sa fonction catalytique. En revanche, aux basses températures, l'enzyme est seulement inactivée et retrouve ses propriétés si la température s'élève.

Signalons que certains micro-organismes disposent d'enzymes actives aux températures extrêmes. Par exemple, des bactéries thermophiles se développent dans des sources volcaniques chaudes proches de 100 °C ; leurs enzymes présentent des modifications mineures par rapport aux enzymes « banales » mais qui, additionnées, les rendent thermostables.

• L'influence du pH.

L'activité des enzymes varie selon les conditions de pH du milieu. L'amylase salivaire est active à pH neutre, la pepsine gastrique en milieu fortement acide (pH 2) et la trypsine pancréatique en milieu légèrement basique (pH 8). Plus généralement, chaque enzyme possède un pH pour lequel son activité est maximale : le **pH optimum**. De part et d'autre de ce pH optimum, l'activité catalytique diminue. Cette diminution s'explique par le changement d'ionisation des acides aminés du site actif qui voit son fonctionnement modifié. Pour des valeurs encore plus éloignées du pH optimum, les charges des chaînes latérales des acides aminés sont modifiées et l'enzyme perd sa forme et devient inactive.

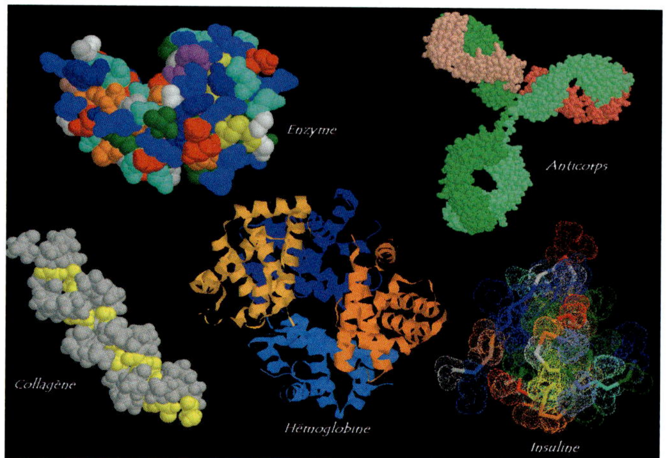

Les protéines : une diversité de structures et de fonctions.

L'essentiel

• La réalisation du phénotype, ensemble des caractères observables d'un individu, se déroule à diverses échelles : moléculaire, cellulaire et de l'organisme. Elle nécessite l'intervention de protéines. Ces protéines interviennent, d'une manière ou d'une autre , dans des réactions chimiques qui contribuent à l'établissement du phénotype. La diversité des caractères phénotypiques repose sur la diversité des protéines. Parmi elles, les protéines enzymatiques ont un rôle majeur.

• Les enzymes sont des biocatalyseurs, elles accélèrent le déroulement des réactions chimiques ayant lieu dans les cellules sans en modifier le bilan. Elles sont spécifiques d'un substrat, composé chimique qu'elles transforment, et d'un seul type de réaction. Pour agir, elles se lient de manière transitoire au substrat au niveau de leur site actif.

• Les enzymes agissent dans les conditions biologiques compatibles avec la vie. En effet, si la température ou le pH du milieu varient de manière importante, la forme spatiale de l'enzyme change. Ce changement peut modifier la configuration du site actif et empêcher ainsi la liaison avec le substrat, ce qui interdit la catalyse.

Schéma-bilan

LE PHÉNOTYPE SE DÉFINIT À DIFFÉRENTES ÉCHELLES

(1) à l'échelle de l'individu

(2) à l'échelle cellulaire

(3) à l'échelle moléculaire

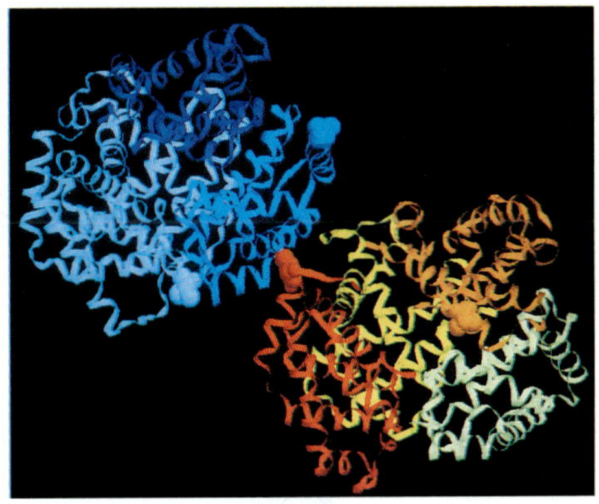

LA RÉALISATION DU PHÉNOTYPE REQUIERT L'INTERVENTION DE PROTÉINES ENZYMATIQUES

■ **Une enzyme est spécifique d'un substrat et ne catalyse qu'un seul type de réaction chimique**

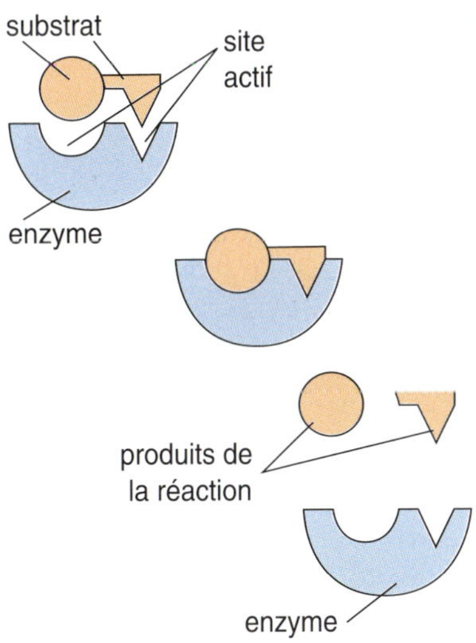

Les propriétés des enzymes dépendent de leur structure spatiale

Leur action repose sur la formation d'un complexe enzyme-substrat

L'enzyme se retrouve intacte à la fin de la réaction

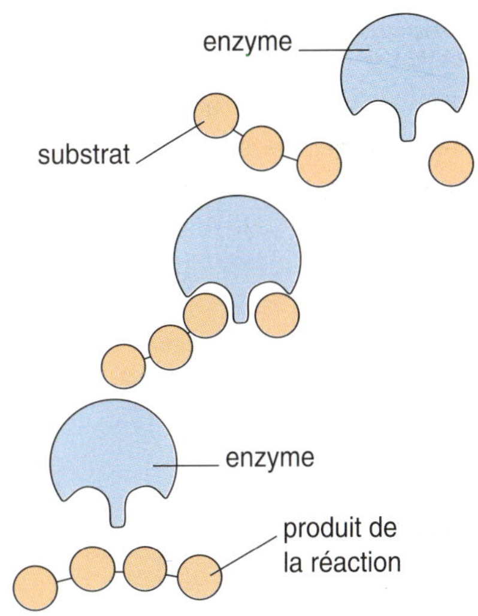

■ **Les conditions du milieu modifient l'activité enzymatique**

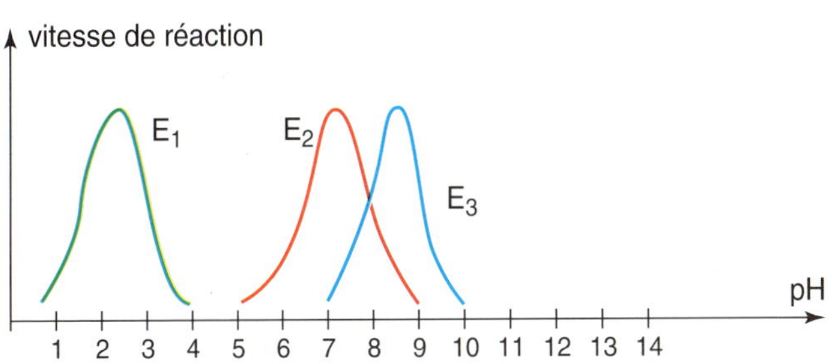

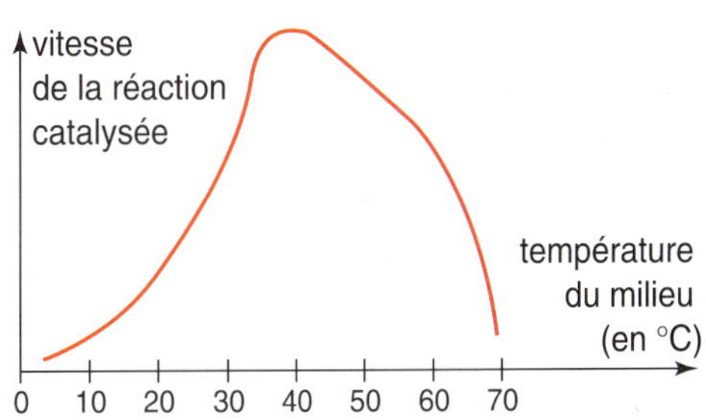

A Dispositifs expérimentaux et méthodes utilisés.

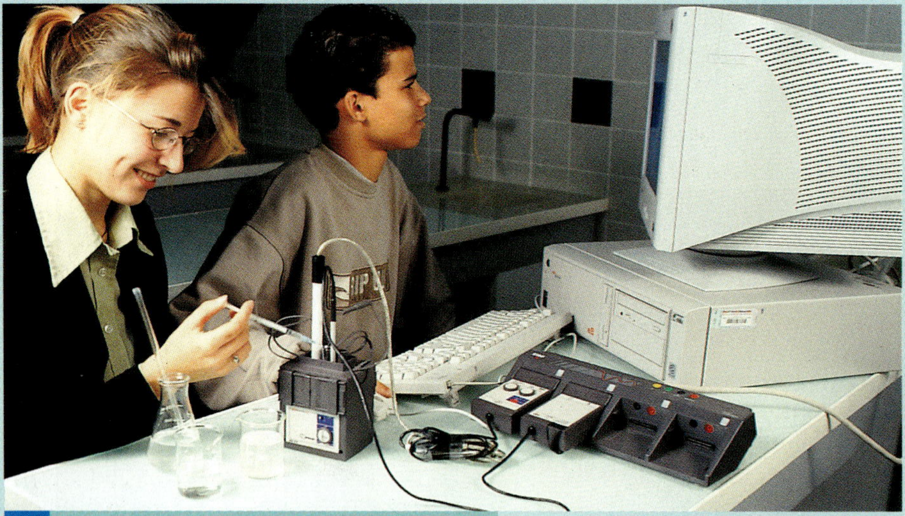

1 L'utilisation d'une chaîne d'ExAO.

Il est possible de suivre le déroulement d'une réaction enzymatique au cours du temps à l'aide d'une chaîne d'ExAO. Le capteur utilisé dépend de la réaction étudiée : beaucoup de réactions peuvent être suivies à l'aide d'un colorimètre, d'autres en utilisant un oxymètre. Les paramètres ainsi mesurés sont convertis en valeurs numériques. L'ordinateur permet d'afficher les mesures en temps réel sous forme de courbes et propose différents traitements des résultats.

Certaines réactions enzymatiques utilisent le dioxygène comme co-substrat ou au contraire produisent du dioxygène. La concentration en dioxygène du milieu est donc une variable indicatrice de la réaction. La réaction se fait dans un bioréacteur et le suivi de la concentration en dioxygène du milieu est assuré grâce à un oxymètre. En pratique, on introduit d'abord la solution de substrat dans le bioréacteur et on injecte l'enzyme au début de la mesure à l'aide d'une seringue.

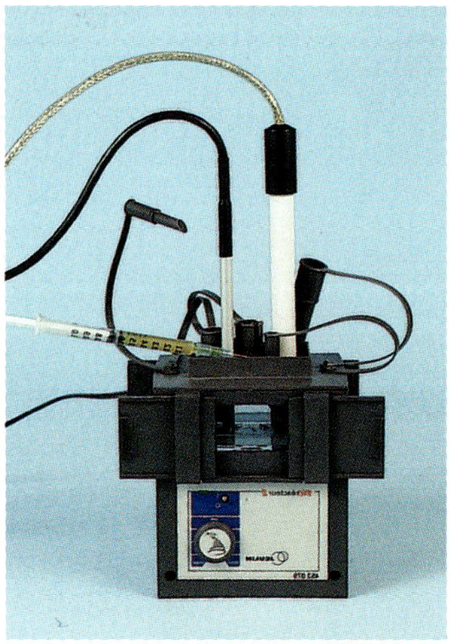

2 Mesures par oxymétrie*.

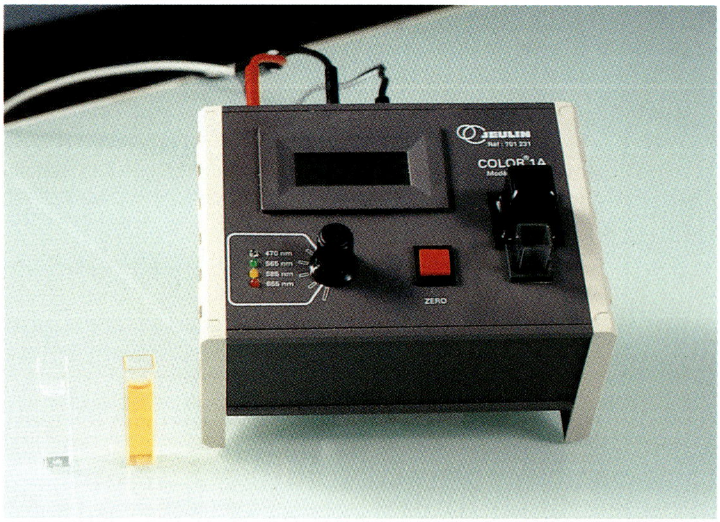

Beaucoup de réactions enzymatiques se traduisent par des variations de couleur ou de transparence du milieu réactionnel, directement liées à l'augmentation de la concentration en produit ou bien à la diminution de la concentration en substrat. Dans ce cas, c'est la variation de la quantité de lumière absorbée par le milieu, ou absorbance, qui est la variable permettant de suivre la réaction. Elle est mesurée à l'aide d'un colorimètre qui détermine le % de lumière traversant une cuve transparente contenant les réactifs. La cuve est éclairée par un faisceau de lumière monochromatique (on choisit la longueur d'onde correspondant aux radiations les plus absorbées par la solution). Comme en oxymétrie, les mesures se font généralement sur un temps court et la vitesse sera déterminée en début de réaction, de façon à prendre en compte la vitesse maximale (voir doc 4).

3 Mesures par colorimétrie*.

B Etudes de la cinétique* enzymatique.

Pour une réaction enzymatique, la vitesse est définie comme la quantité de substrat transformé ou de produit formé par unité de temps. Elle s'exprime généralement en µmol.min^{-1}. La mesure de la quantité de produit formé au cours du temps fournit donc une courbe représentative de la cinétique de la réaction. La vitesse peut alors être déterminée : à chaque instant, elle correspond à la pente de la droite tangente à la courbe. On constate alors que la vitesse est maximale (Vmax) au début de la réaction (vitesse initiale, Vi) : en effet, pendant cette période le nombre de molécules d'enzymes « occupées » à transformer le substrat est maximal.

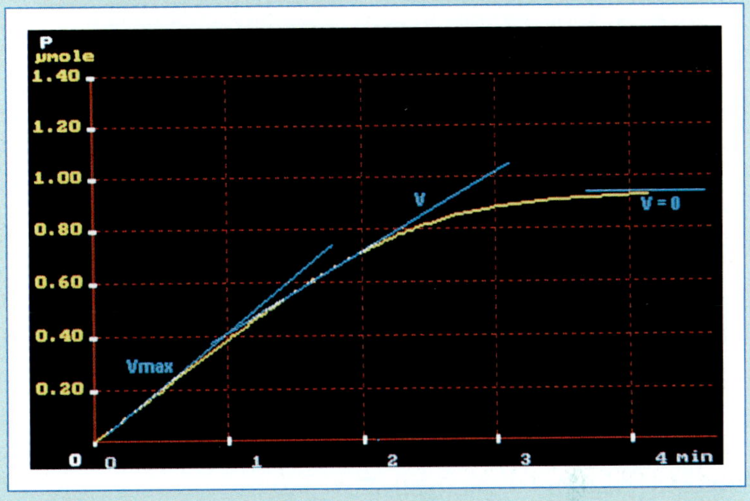

4 La vitesse maximale est la vitesse initiale.

Il est intéressant de réaliser plusieurs déterminations de la vitesse maximale en faisant varier un paramètre susceptible d'intervenir dans la cinétique de la réaction : concentration en substrat, concentration en enzyme, pH, température. Pour que l'expérience soit rigoureuse, il est indispensable de ne faire varier qu'un seul paramètre à la fois, tous les autres restant constants. Le logiciel peut alors afficher l'ensemble des résultats, présentant ainsi les différentes vitesses mesurées en fonction du paramètre que l'on a choisi de faire varier. Par exemple, la figure ci-contre montre les variations de la vitesse maximale en fonction de la concentration en substrat (résultats des 6 mesures présentées p. 24).

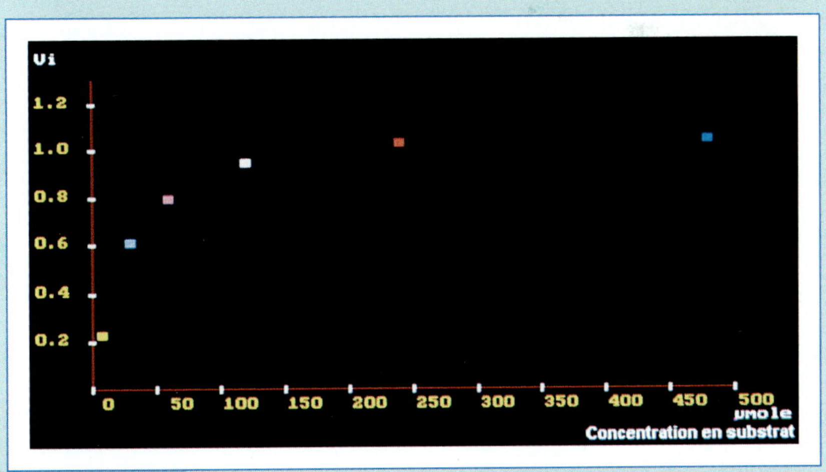

5 De nombreuses études expérimentales sont possibles.

Lexique

- **Oxymétrie :** mesure des variations de la concentration en dioxygène à l'aide d'un capteur.
- **Colorimétrie :** mesure de la variation de la quantité de lumière absorbée par une solution.
- **Cinétique :** ensemble des lois qui régissent la vitesse d'une réaction chimique. La cinétique relie la vitesse d'une réaction avec la concentration des réactifs et divers paramètres. Cette description de l'évolution d'un système chimique est une approche permettant de comprendre le mécanisme d'une réaction.

TESTER SES CONNAISSANCES

A. Indiquez le mot qui correspond à chaque définition.

a. Molécule biologique catalysant une réaction chimique.

b. Molécule sur laquelle agit une enzyme.

c. Ensemble des caractères d'un individu.

B. Définissez les mots ou expressions :

Catalyseur, spécificité d'action, site actif, complexe enzyme-substrat, pH optimum, phénotype.

C. Exprimez des notions importantes...

... en rédigeant une phrase utilisant chaque groupe de mots :

a. Enzyme, réaction chimique, spécifique, catalyse.

b. Forme spatiale, catalyse, enzyme.

c. Phénotype, cellulaire, moléculaire, organisme, échelles.

d. Action, substrat, double, enzyme, spécificité.

e. Protéine, phénotype, réalisation.

D. Corrigez des affirmations inexactes.

Les affirmations suivantes sont fausses ; modifiez les pour les rendre exactes.

a. L'élévation de température augmente l'activité d'une enzyme.

b. Une enzyme fournit de l'énergie à la réaction qu'elle catalyse.

c. Un changement de forme de l'enzyme est sans conséquence sur son activité.

d. La diminution de la quantité de substrat disponible accélère une réaction enzymatique pour une même quantité d'enzyme.

E. Questions à choix multiples.

Dans chaque série d'affirmations, repérez celles qui sont exactes.

1. Les enzymes sont :
- **a.** des cellules ;
- **b.** des organites ;
- **c.** des molécules ;
- **d.** des protéines.

2. La spécificité de substrat d'une enzyme est liée :
- **a.** à la structure spatiale de l'enzyme ;
- **b.** à la complémentarité du substrat avec le site actif ;
- **c.** à une température optimale de réaction ;
- **d.** à la nature chimique du substrat.

3. A la température de 100 °C , les enzymes sont :
- **a.** inactivées ;
- **b.** détruites ;
- **c.** modifiées de manière réversible ;
- **d.** beaucoup moins actives.

F. Elaborez un résumé scientifique.

Sujet 1.

Qu'est-ce qu'une enzyme ?
Vous en préciserez la nature , la fonction, le mode d'action, la structure, les conditions d'activité... Un résumé d'une vingtaine de lignes accompagné d'un schéma est attendu.

Sujet 2.

Le phénotype dépend des protéines.
Avec l'exemple de la drépanocytose, illustrez cette affirmation en vous aidant de schémas.

UTILISER DES CONNAISSANCES ET DES MÉTHODES

1 Les pepsines gastriques sont-elles des enzymes ?

« La digestion des protéines contenues dans nos aliments commence dans l'estomac. Certaines cellules de la paroi de cet organe libèrent dans sa cavité des substances appelées pepsines. Comme beaucoup de substances impliquées dans la digestion protéique, les pepsines sont fabriquées puis libérées sous forme de précurseurs inactifs. C'est seulement dans la lumière de l'estomac que les pepsines deviennent actives. Elles hydrolysent alors les protéines et uniquement les protéines. Cette hydrolyse est cependant très sélective dans la mesure où seules les liaisons peptidiques entre un acide aminé dit aromatique (tyrosine, phénylalanine) et l'acide aminé qui le suit sont rompues. De cette manière, les produits de la digestion obtenus sont des polypeptides de tailles très diverses. L'action des pepsines s'achève lorsque le contenu de l'estomac arrive dans le duodénum, premier segment de l'intestin grêle. En effet, le pH du contenu duodénal est environ 6,5 alors que celui de l'estomac est à peu près 2... »

D'après Ganong, « Physiologie médicale ».

Questions 1 (Utiliser les connaissances et dégager les informations utiles)

De quelle enzyme s'agit-il dans le texte ? Quelles caractéristiques d'une enzyme sont mises en évidence ? Vous pouvez indiquer dans un tableau les éléments relevés dans le texte d'une part, les caractéristiques retrouvées d'autre part.

Questions 2 (Faire des déductions)

Quels seront les produits de l'hydrolyse, dans l'estomac, du fragment de protéine suivant ? Tyrosine-Glutamine-Acide aspartique- Glycine- Alanine-Phénylalanine-Valine -Glycine...

2 A la recherche d'une amylase végétale dans un grain de blé.

Lors de la germination d'un grain de blé, les molécules d'amidon stockées dans la graine sont utilisées pour le développement de l'embryon. L'amidon est hydrolysé en présence de l'eau absorbée par la graine. Afin de connaître la nature du produit obtenu lors de l'hydrolyse de l'amidon et pour savoir si cette réaction est biocatalysée, une série d'expériences est réalisée.

- **Première expérience**

Une boîte de Petri est remplie de gélose additionnée d'empois d'amidon. Des grains de blé en cours de germination sont coupés dans le sens de la longueur puis déposés dans la boîte, face sectionnée au contact de la gélose. Quelques jours plus tard, de l'eau iodée est versée sur la gélose. Les résultats de ce test à l'eau iodée sont visibles sur la photographie.

- **Deuxième expérience**

La gélose immédiatement au contact des grains sectionnés est introduite dans un tube à essais et soumise à un test à la liqueur de Fehling : un précipité rouge brique apparaît dans le tube.

- **Troisième expérience**

Des grains de blé en germination sont broyés en présence d'eau distillée. Après avoir laissé les grains au contact de l'eau pendant une demi-heure environ, le mélange est filtré (le filtre retient l'amidon). Le filtrat ainsi récupéré est versé dans un tube à essais dans lequel on ajoute de l'empois d'amidon. Un test à l'eau iodée effectué quelques minutes après ne révèle pas de coloration.

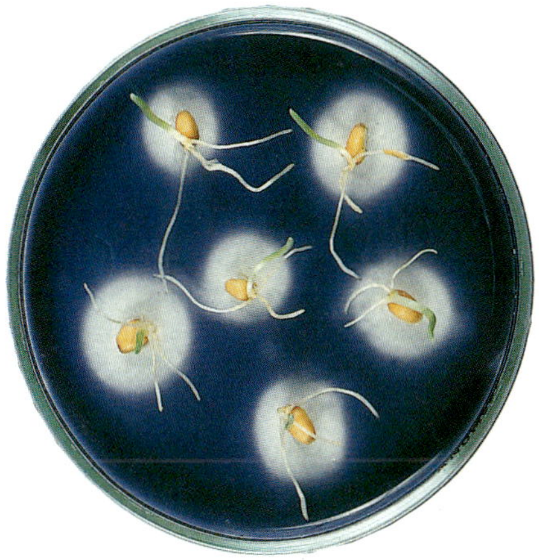

Question 1 (Utiliser les connaissances)

A quoi correspondent les zones claires visibles sur la photographie autour des grains sectionnés ?

Question 2 (Faire des déductions)

Quel est le produit de cette digestion ?

Question 3 (Analyser une expérience)

Cette hydrolyse est-elle catalysée par une enzyme ? Argumentez votre réponse.

3 Les diverses échelles de phénotype associées au *Xeroderma pigmentosum*.

Le *Xeroderma pigmentosum* de type B est une maladie génétique rare qui se manifeste par la présence de nombreuses taches brunes sur la peau. Les information suivantes permettent de dégager les caractéristiques de cette maladie.

- Les rayons ultraviolets (UV) sont des agents mutagènes puissants qui provoquent des modifications de la structure de l'ADN. Ces modifications consistent en la réalisation d'une nouvelle liaison entre deux thymines situées sur le même brin d'ADN. Ces deux thymines forment alors un dimère de thymine qui perturbe le bon fonctionnement des cellules de la peau et provoque leur mort.

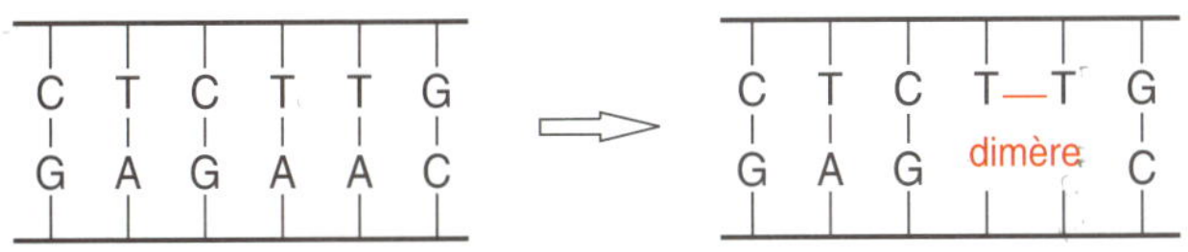

- Des cellules n'ayant pas été préalablement exposées aux UV sont prélevées chez un individu malade et chez un individu sain. Ces cellules sont ensuite exposées à des doses de rayons ultraviolets de plus en plus fortes. Au bout de 24 heures, le nombre des dimères de thymine obtenus en fonction de la dose d'UV est mesuré. Les résultats sont indiqués dans le graphique.

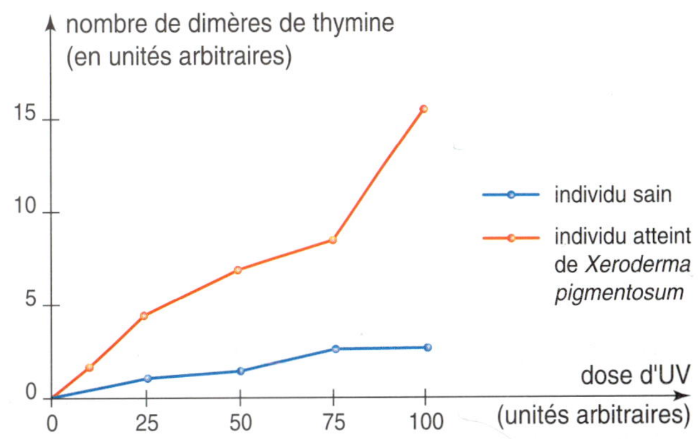

- Les cellules de peau contiennent une enzyme appelée ERCC3. Cette enzyme a pour substrat l'ADN et son action consiste à supprimer les dimères de thymine éventuellement formés après exposition aux UV. Chez les individus atteints de *Xeroderma pigmentosum,* l'action enzymatique d'ERCC3 est très réduite voire nulle.

Question 1 (Etablir des relations de causalité)

Comment les taches peuvent-elles apparaître sur la peau d'un individu atteint de *Xeroderma* ?

Question 2 (Utiliser les connaissances)

Définissez pour un individu sain et pour un individu malade les phénotypes moléculaire, cellulaire et macroscopique.

4 Les phénotypes associés à une enzyme : la G6PD.

La glucose-6-phosphate déshydrogénase (G6PD) est une enzyme présente dans toutes les cellules humaines. Elle catalyse la première réaction d'une chaîne dite « voie des pentoses phosphates ». Diverses formes de l'enzyme existent dans les populations : depuis la forme très active (100%) à la forme quasiment inactive (3%). Dans ce dernier cas, de l'eau oxygénée H_2O_2 s'accumule dans les cellules et entraîne leur mort. Cette situation est particulièrement dramatique dans les globules rouges. Cependant, la déficience n'étant jamais totale chez un malade déficient en G6PD, ce dernier ne présente pas de symptômes visibles en dehors des crises de destruction des globules rouges.

Question (Dégager des informations utiles et utiliser des connaissances)

Quels sont les phénotypes moléculaire, cellulaire et macroscopique associés à la G6PD ?

5 Une bien curieuse enzyme…

Escherichia coli et *Pyrococcus abyssi* sont deux bactéries. La première est une bactérie non pathogène présente dans l'intestin des mammifères, la seconde vit en milieu marin à l'intérieur d'une source profonde (fumeur noir) des fonds océaniques. La vitesse de croissance de chacune de ces bactéries a été mesurée en fonction de la température de leur milieu de vie. Le graphique exprime ces résultats.

Ces deux bactéries possèdent une enzyme appelée aspartate transcarbamylase. La figure montre la superposition des deux modèles de l'enzyme aspartate transcarbamylase : en orange l'enzyme d'*Escherichia* coli et en bleu celle de *Pyrococcus abyssi*. Les parties communes apparaissent en jaune. Par ailleurs, l'analyse chimique a montré que l'aspartate transcarbamylase de *Pyrococcus abyssi* possède environ deux fois plus d'acides aminés chargés, négativement ou positivement, qui stabilisent la forme de la molécule.

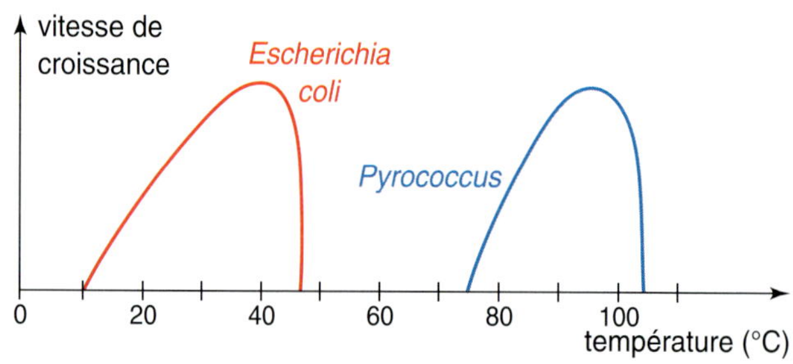

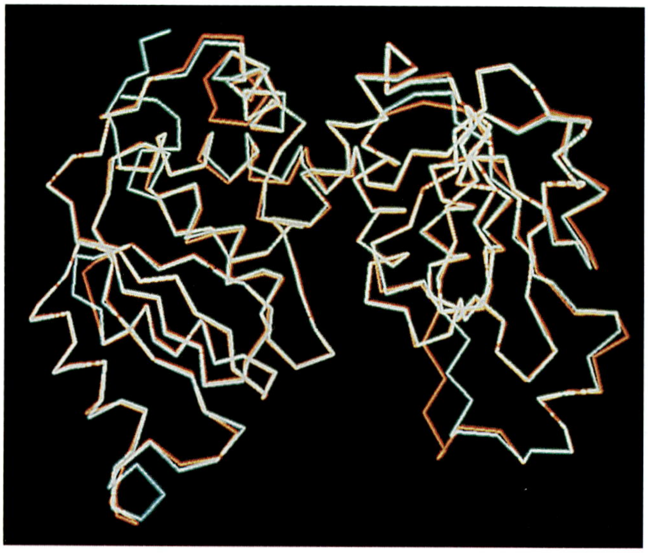

Question 1 (Analyser un graphique et formuler un problème biologique)

Comparez la vitesse de croissance des deux bactéries. Quel problème apparaît si l'on met en relation les conditions de vie de *Pyrococcus abyssi* et ce que l'on sait des propriétés des enzymes ?

Question 2 (Proposer une hypothèse explicative)

Quelle solution à ce problème suggèrent ces données ?

6 Comprendre l'effet d'une substance sur une réaction enzymatique.

La lactase est une enzyme qui catalyse l'hydrolyse d'un substrat, le lactose, en glucose et galactose. La vitesse initiale de la réaction d'hydrolyse a été déterminée en fonction de la concentration en substrat du milieu de réaction (courbe 1). Lors d'une seconde série d'expériences, du thiolactose a été ajouté au milieu de réaction (courbe 2).

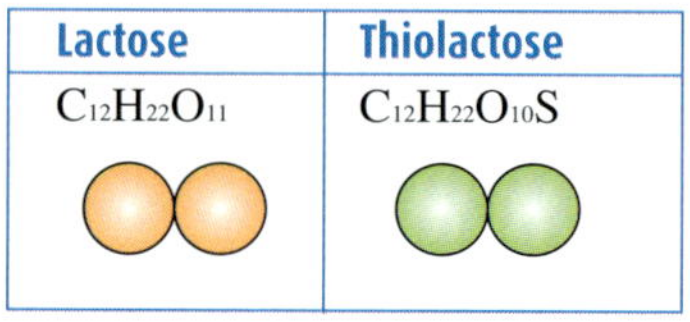

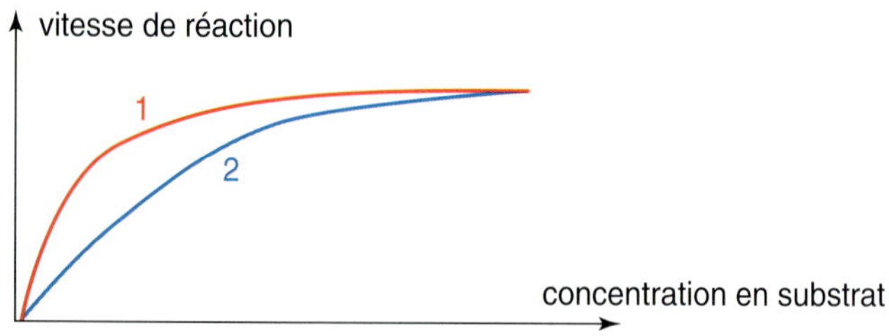

Question 1 (Analyser un graphique)

Quel est l'effet sur la réaction de l'ajout de thiolactose ?

Question 2 (Formuler une hypothèse explicative)

Comment le thiolactose peut-il agir ?

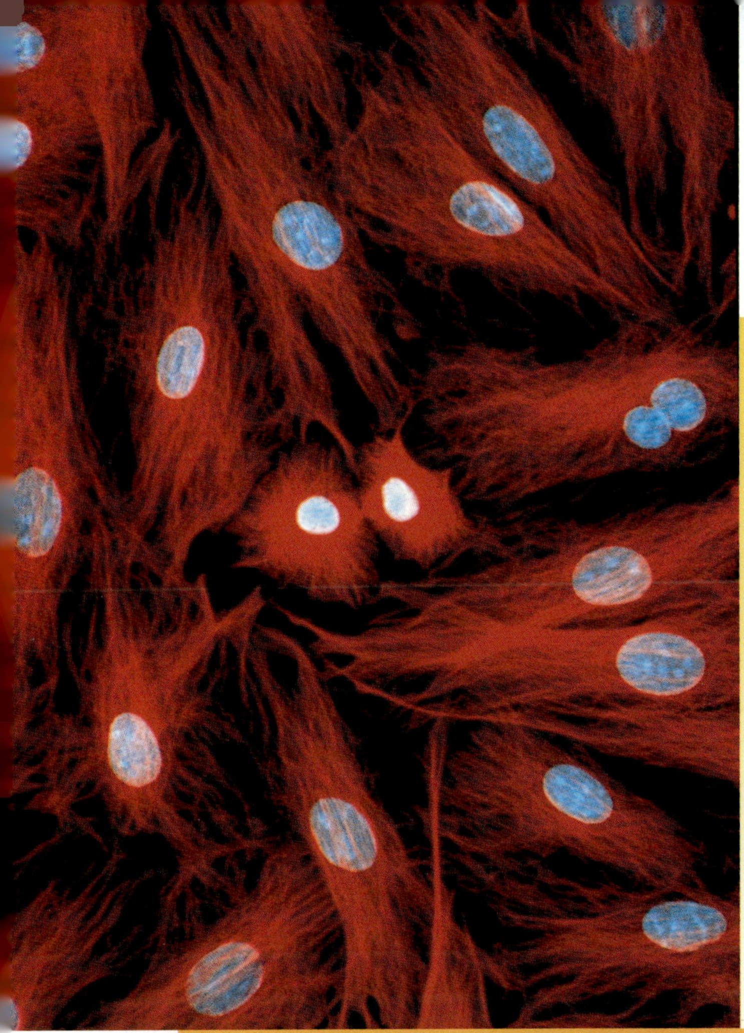

Du génotype au phénotype

Chapitre

2

La synthèse des protéines

Les instructions nécessaires à la synthèse des protéines sont stockées dans chaque cellule sous forme de gènes. Un gène est une portion d'une très longue molécule d'ADN. L'information génétique est donc codée dans la séquence des nucléotides A,T,G et C. L'objectif de ce chapitre est d'expliquer les mécanismes par lesquels les cellules utilisent l'information codée dans l'ADN pour fabriquer des protéines.

Photographie : fibroblastes de rat colorés par immunofluorescence.

Voici, à titre d'exemple, une protéine humaine formée de 191 acides aminés.

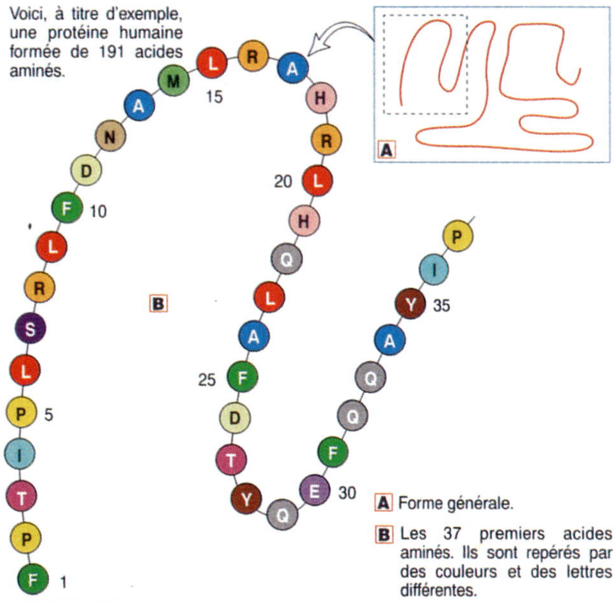

A Forme générale.

B Les 37 premiers acides aminés. Ils sont repérés par des couleurs et des lettres différentes.

20 acides aminés différents

Il existe 20 acides aminés différents. Les protéines sont constituées d'acides aminés. Chacun d'eux porte un nom. Pour pouvoir les désigner plus facilement, on leur a attribué une abréviation et un symbole. Par exemple :

Nom	Abréviation	Symbole
Alanine	Ala	A
Arginine	Arg	R
Asparagine	Asn	N
Cystéine	Cys	C

Chaque protéine est spécifique ; elle se distingue de toutes les autres par :
- le nombre total d'acides aminés qui la constitue ;
- le nombre de chacun des acides aminés ;
- l'ordre dans lequel sont placés ces acides aminés.

1 Les protéines sont des assemblages d'acides aminés. Pourquoi dit-on que ces molécules sont spécifiques ?

• Les chromosomes sont le support de l'information génétique

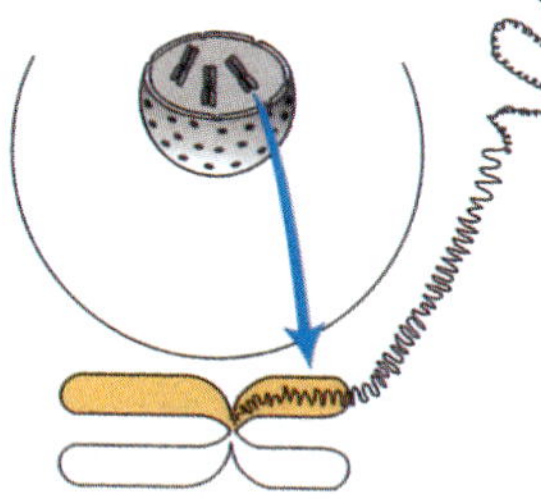

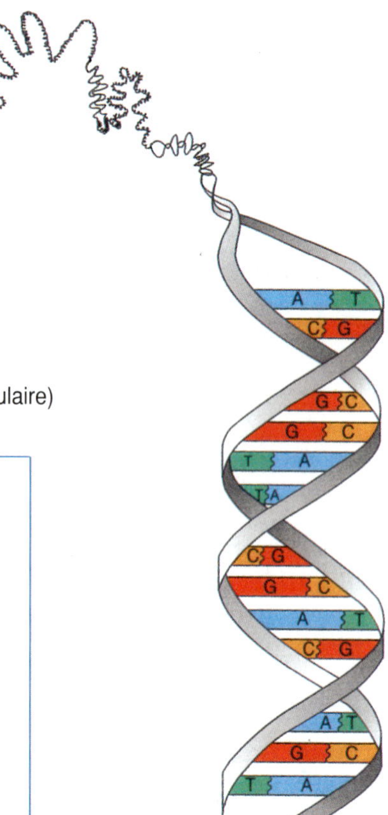

chromosome double (visible au moment de la division cellulaire)

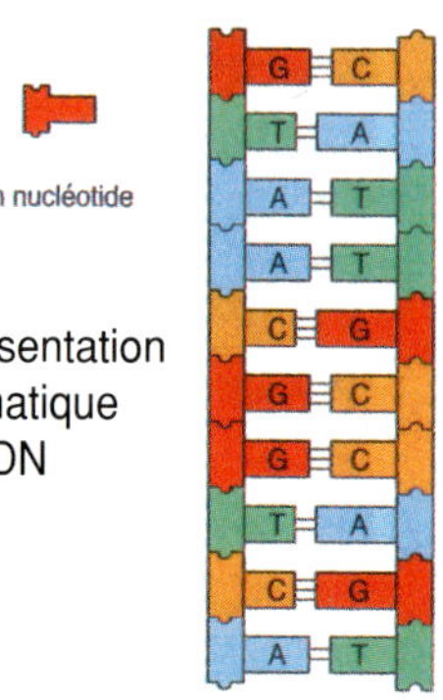

Représentation schématique de l'ADN

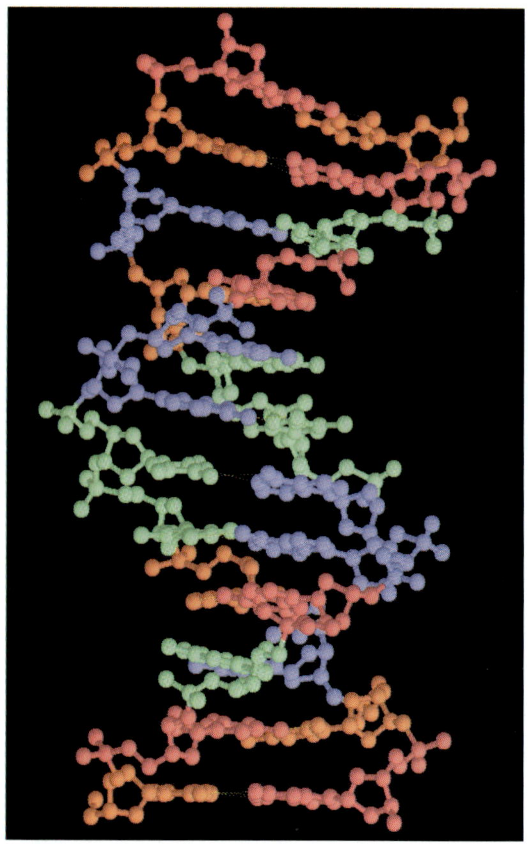

Sur les modèles d'ADN présentés ici, chaque type de nucléotide est représenté par une couleur : A en bleu, G en rouge, C en orange, T en vert.

2 La molécule d'ADN est constituée de deux séquences de nucléotides. Qu'est-ce qu'une séquence de nucléotides ? Comment ces deux séquences sont-elles liées l'une à l'autre pour former une molécule ?

TTAAGGAGACCAATAGAAACTGGGCATGTG
GAGACAGAGAAGACTCTTGGGTTTCTGATA
GGCACTGACTCTCTCTGCCTATTGGTCTAT
TTTCCCACCCTTAGGCTGCTGGTGGTCTAC
CCTTGGACCCAGAGGTTCTTTGAGTCCTTT
GGGGATCTGTCCACTCCTGATGCTGTTATG
GGCAACCCTAAGGTGAAGGCTCATGGCAAG
AAAGTGCTCGGTGCCTTTAGTGATGGCCTG
GCTCACCTGGACAACCTCAAGGGCACCTTT
GCCACACTGAGTGAGCTGCACTGTGACAAG
CTGCACGTGGATCCTGAGAACTTCAGGGTG
AGTCTATGGGACCCTTGATGTTTTCTTTCC
CCTTCTTTTCTATGGTTAAGTTCATGTCAT
AGGAAGGGGAGAAGTAACAGGGTACAGTTT
AGAATGGGAAACAGACGAATGATTGCATCA
GTGTGGAAGTCTCAGGATCGTTTTAGTTTC
TTTTATTTGCTGTTCATAACAATTGTTTTC
TTTTGTTTAATTCTTGCTTTCTTTTTTTTT
CTTCTCCGCAATTTTTACTATTATACTTAA
TGCCTTAACATTGTGTATAACAAAAGGAAA
TATCTCTGAGATACATTAAGTAACTTAAAA
AAAAACTTTACACAGTCTGCCTAGTACATT
ACTATTTGGAATATATGTGTGCTTATTTGC
ATATTCATAATCTCCCTACTTTATTTTCTT
TTATTTTTAATTGATACATAATCATTATAC

3 L'ADN : un message codé. Que signifie cette expression ?

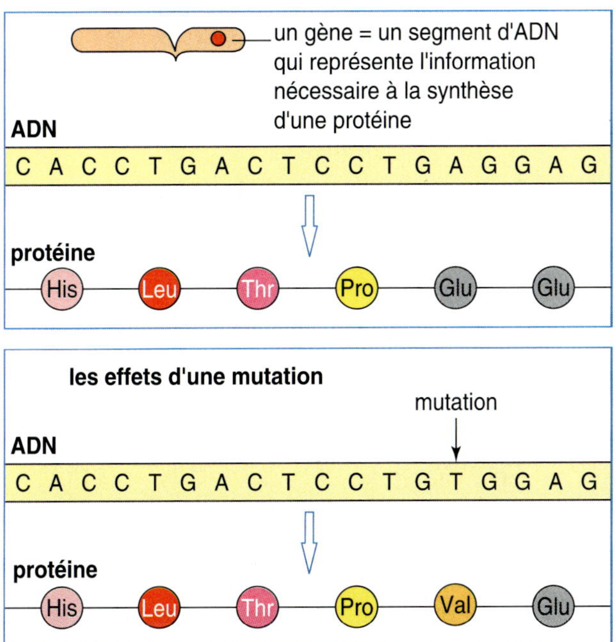

4 En comparant la séquence d'ADN et le fragment de protéine correspondant, montrez que le message de l'ADN est codé.

Les acquis en quelques lignes

Universalité et variabilité de la molécule d'ADN (SVT 2de)

- L'information génétique est contenue dans les chromosomes.
- Chez tous les êtres vivants, l'ADN, constituant majeur des chromosomes, est le support universel de l'information génétique.
- Une molécule d'ADN est une « double hélice » constituée de deux chaînes. Chaque chaîne comporte une succession de nucléotides de quatre types désignés par les lettres A, T, G et C. Les chaînes sont unies entre elles par des liaisons uniquement entre A et T d'une part, entre C et G d'autre part. Le nombre des nucléotides, et surtout leur ordre, sont différents d'une molécule d'ADN à une autre.
- Un gène est un fragment de molécule d'ADN. La séquence des nucléotides d'un gène constitue un message codé : c'est l'information qui indique l'ordre d'assemblage des acides aminés de la protéine « gouvernée » par ce gène.
- Des mutations peuvent modifier les séquences des nucléotides de l'ADN. De cette manière se forment de nouveaux allèles. Les mutations permettent ainsi une variabilité de l'ADN.

Des nouveaux problèmes à résoudre

- Un gène est « écrit » en nucléotides, une protéine en acides aminés. Comment passe-t-on d'un « langage » à un autre ? En d'autres termes, en quoi consiste le code génétique permettant cette traduction ?
- Où et comment se déroule l'assemblage des acides aminés d'une protéine dans la cellule ?
- Quelles relations existe-t-il entre le bagage génétique d'un individu et son phénotype ?
- Un caractère phénotypique résulte-t-il de l'expression d'un ou de plusieurs gènes ?
- L'expression d'un gène est-elle indépendante du milieu où vit le porteur de ce gène ou bien peut-elle être influencée par l'environnement ?

L'expression de l'information

Les gènes sont les « plans de construction » des protéines. Or, chez les eucaryotes*, l'ADN est localisé dans le noyau des cellules et les « ateliers de construction » des protéines sont situés dans le cytoplasme. L'ADN ne dirige donc pas directement l'assemblage des acides aminés.

■ Comment l'information est-elle transmise du noyau au cytoplasme ?

A Un intermédiaire est indispensable.

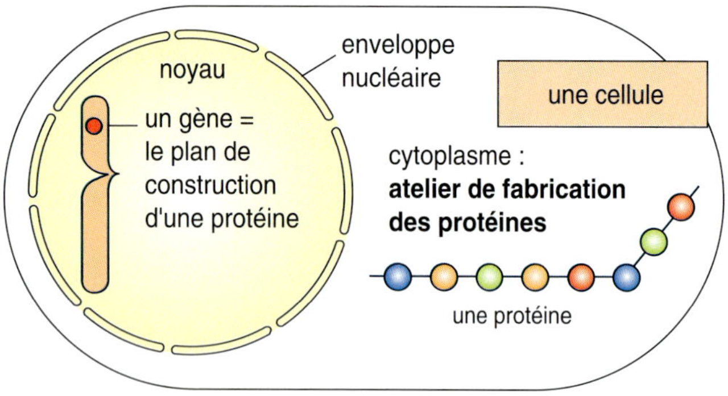

1 L'ADN, support de nombreux gènes , ne sort pas du noyau.

Les cellules contiennent des molécules chimiquement très proches de l'ADN, appelées ARN*. Le vert de méthyle-pyronine, mélange de deux colorants, permet de mettre en évidence d'une part l'ADN, d'autre part l'ARN : le vert de méthyle colore l'ADN en bleu-vert et la pyronine colore l'ARN en rose. La photographie ci-dessous présente des cellules de pancréas. Ce sont des cellules qui produisent des protéines en grande quantité.

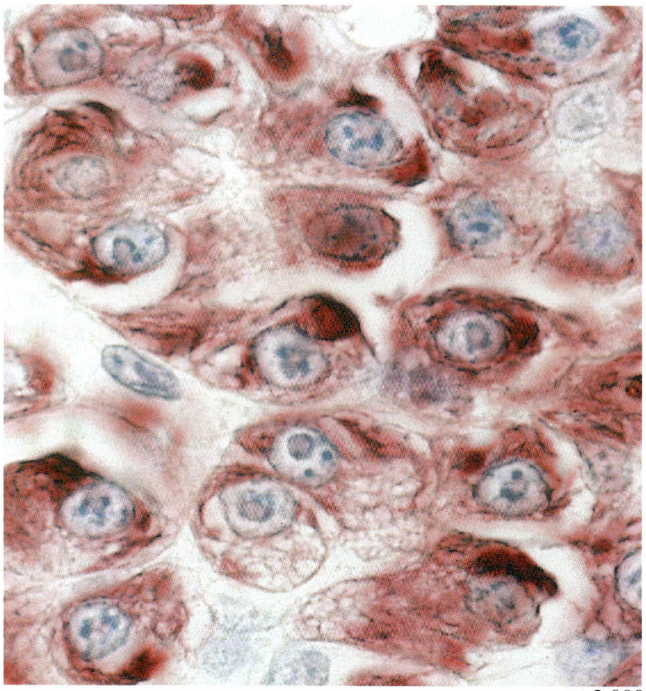

× 2 000

2 Cellules colorées au vert de méthyle-pyronine.

Les deux photographies ci-dessous présentent des autoradiographies* de cellules qui ont été cultivées en présence d'un précurseur radioactif spécifique de l'ARN. Chaque tache noire repère un endroit où se trouve de l'ARN ayant incorporé le précurseur radioactif :

Le **cliché a** présente l'autoradiographie d'une cellule après 15 minutes de culture sur un milieu contenant le précurseur radioactif de l'ARN.

Le **cliché b** correspond à l'autoradiographie d'une cellule qui a été d'abord cultivée pendant 15 minutes sur un milieu contenant un précurseur radioactif de l'ARN puis pendant une heure et demie sur un milieu contenant des précurseurs non radioactifs de l'ARN.

*Autoradiographie : tehnique qui permet de localiser un élément radioactif par mise en contact et impression d'un support photographique

× 6 000

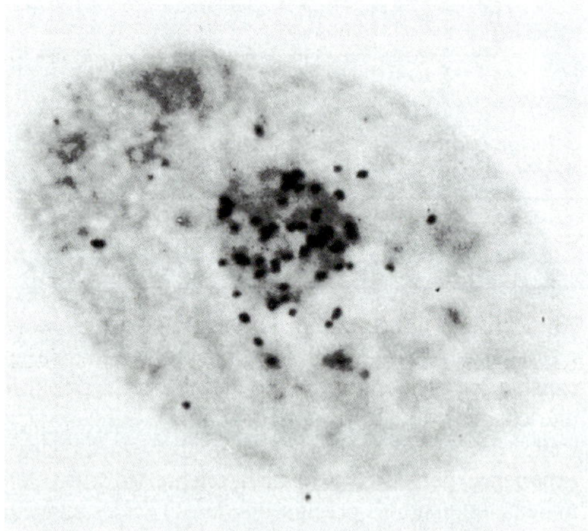

a

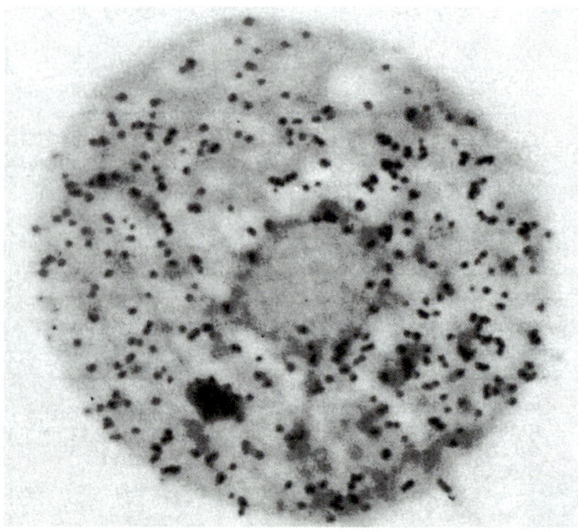

b

3 Une expérience qui révèle une propriété de l'ARN.

B Le rôle de l'ARN messager (ARNm).

A partir de bactéries, on prépare des extraits cellulaires contenant tous les éléments cytoplasmiques mais dépourvus d'ADN et d'ARN. In vitro, on ajoute à ces extraits des acides aminés. Par ailleurs, on prépare des ARN solubles obtenus à partir du cytoplasme cellulaire.
Aux temps $t = 0$ et $t = 30$ min, on ajoute aux extraits cellulaires une même quantité d'ARN. On mesure en fonction du temps:
- la quantité d'ARN présent dans le milieu;
- la quantité d'acides aminés incorporés dans des protéines synthétisées.

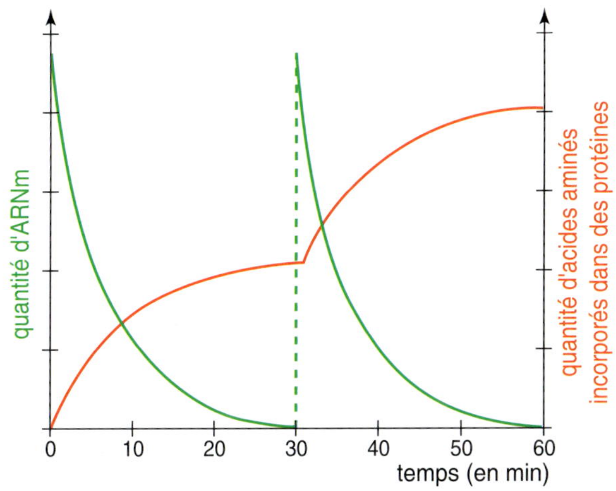

4 Une expérience de synthèse de protéines in vitro.

[redacted]

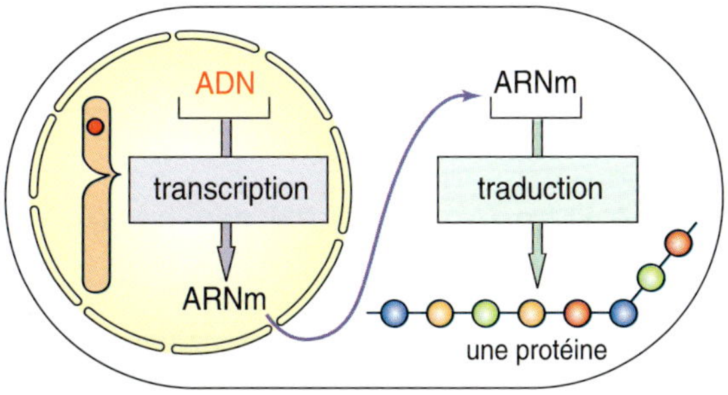

Noyau d'une cellule observée au M.E.B. Les pores de la membrane nucléaire sont nettement visibles. Ils permettent aux ARNm de sortir du noyau vers les « ateliers de fabrication ».

5 Les deux grandes étapes de l'expression d'un gène.

Lexique

- **Eucaryotes :** organismes dont les cellules possèdent un noyau et d'autres organites séparés du cytoplasme par une membrane.
- **ARN :** acide ribonucléique.

Pistes d'exploitation

1 - Doc 1 : Expliquez pourquoi l'ADN ne peut pas diriger directement la synthèse des protéines.

2 - Doc 2 : Que montre la coloration des cellules au vert de méthyle-pyronine ?

3 - Doc 3 : Où se forment les molécules d'ARN ? Où les voit-on deux heures plus tard ? Quelle hypothèse peut-on formuler ?

4 - Doc 4 : Comment expliquer les variations de la quantité d'acides aminés incorporés dans des protéines ? Quelles propriétés des ARN injectés sont ici mises en évidence ?

5 - Doc 5 : Justifiez le terme de « messager » donné aux ARN ici étudiés. Proposez une définition pour les mots : transcription, traduction.

6 - Doc 6 : Quelles caractéristiques de l'expression de l'information génétique sont illustrées par ce dessin ?

ACTIVITÉS pratiques 2

Première étape : la transcription,

La synthèse d'une protéine n'utilise pas directement le message codé sous forme d'ADN mais une molécule d'ARN messager formée dans le noyau cellulaire et dont l'existence est éphémère.

- Comment l'information génétique est-elle codée dans l'ARN ?
- Comment s'effectue cette transcription du gène à exprimer ?

A Le langage de l'ARN messager.

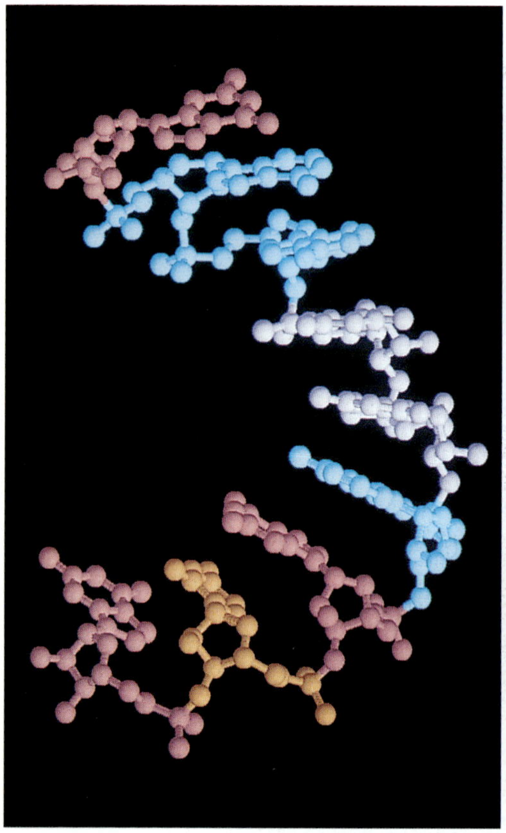

Les quatre nucléotides de l'ARN.

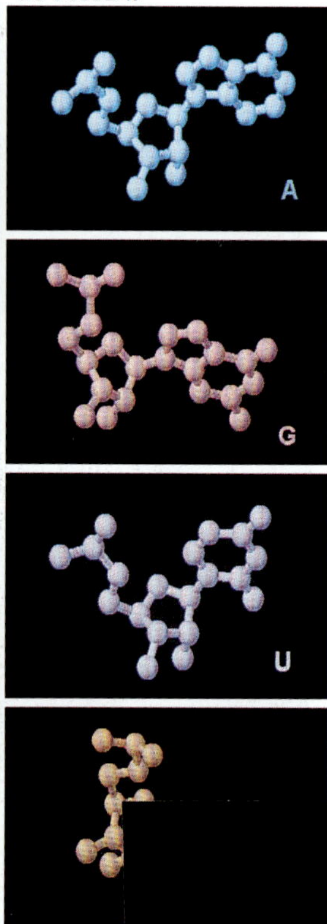

L'ARN messager (ARNm) est l'une des catégories d'ARN découvertes dans les cellules. Les ARN sont chimiquement très proches de l'ADN. Comme l'ADN, une molécule d'ARN résulte de l'assemblage de nucléotides de quatre types différents. D'une molécule d'ARN à une autre, seule la séquence des nucléotides est susceptible de varier.

L'ARN diffère cependant de l'ADN :

– le sucre (qui entre dans la composition de chaque nucléotide) est du ribose et non du désoxyribose comme dans l'ADN ;

– dans l'ARN, on ne trouve pas le nucléotide T mais le nucléotide U, chimiquement très proche ;

– une molécule d'ARN n'est formée que d'une seule chaîne de nucléotides et non de deux brins complémentaires ;

– une molécule d'ARN est beaucoup plus courte qu'une molécule d'ADN : une molécule d'ADN porte les instructions nécessaires à la construction de milliers de protéines différentes alors qu'une molécule d'ARNm porte typiquement l'information d'un seul gène codant pour une seule protéine.

[redacted]

1 Modèle 3D d'un fragment d'ARNm (visualisation avec le [redacted]

	153 160 170
Bêta-globine:	
ADN brin 1	CCTGATGCTGTTATGGGCAACCCT[redacted]
ADN brin 2	GGACTACGACAATACCCGTTGGGA[redacted]
ARNm	CCUGAUGCUGUUAUGGGCAACCCU[redacted]
Groupe sanguin A:	
ADN brin 1	TGCATGGCTGTTAGGGAACCTGAC[redacted]
ADN brin 2	ACGTACCGACAATCCCTTGGACTG[redacted]
ARNm	UGCAUGGCUGUUAGGGAACCUGAC[redacted]

2 Utilisation d'une banque de données : pour deux gènes, [redacted] dant (traitement des données par le logiciel « Anagène [redacted]

B La transcription de l'ADN en ARN messager.

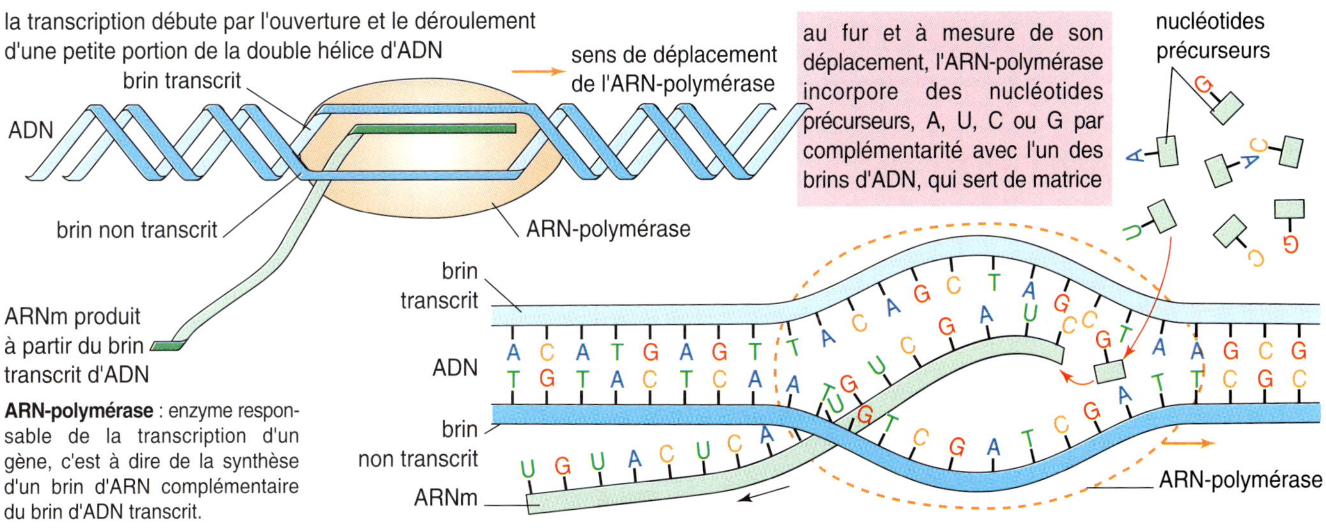

3 Le mécanisme de la transcription de l'ADN en ARN.

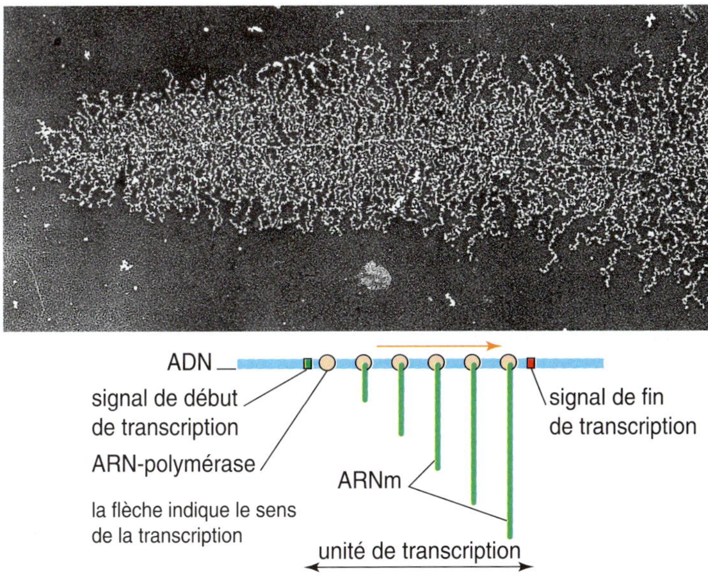

Chaque filament visible au microscope électronique correspond à un ARNm en cours de synthèse, à un stade plus ou moins avancé (on ne peut cependant pas les observer sur toute leur longueur).

4 Transcription d'un gène observée au microscope électronique.

Lexique

- **Brin transcrit :** chaîne de l'ADN qui, par complémentarité des nucléotides, sert de « modèle » pour la synthèse de l'ARN messager.
- **Brin non transcrit :** deuxième brin d'ADN, complémentaire du brin transcrit.

Pistes d'exploitation

1 - Doc 1 : Relevez la séquence de nucléotides constituant cet ARN messager.

2 - Doc 1 et 2 : Pourquoi peut-on dire que l'ARN messager est le support de la même information génétique que l'ADN ?

3 - Doc 3 et 4 : Quelle propriété fondamentale des nucléotides permet d'obtenir, sous forme d'ARN messager, des copies du gène à exprimer ?

4 - Doc 4 : Pourquoi peut-on dire que les molécules d'ARN-polymérase « travaillent à la chaîne » le long d'un gène ?

Bilan : Donnez une définition et expliquez le mécanisme de la transcription.

Le code génétique : un système

Comme l'ADN, l'ARN est un polymère linéaire fait de 4 nucléotides différents. Le langage de l'ARN et celui de l'ADN sont donc les mêmes et chaque nucléotide peut être considéré comme une lettre d'un alphabet à 4 lettres.

■ Comment des séquences de 4 types de nucléotides seulement peuvent-elles désigner chacun des 20 types d'acides aminés d'une séquence protéique ?

A Des mécanismes universels.

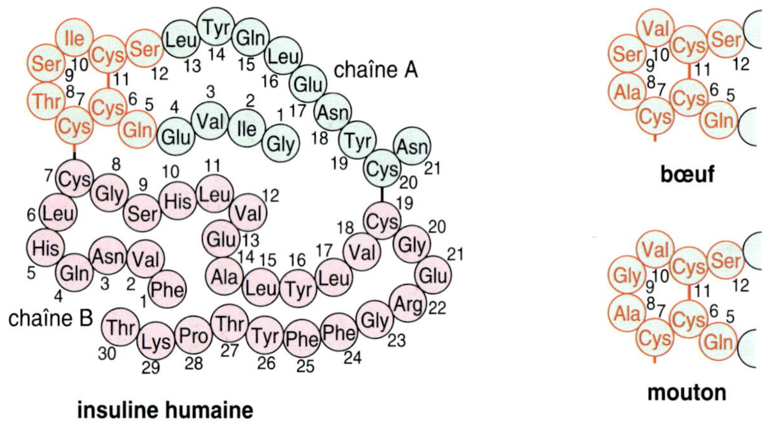

L'insuline est une hormone de nature protéique constituée de deux chaînes d'acides aminés. Elle est chimiquement assez peu différente d'un mammifère à l'autre et joue le même rôle dans l'organisme. Pour soigner les diabétiques, dont le pancréas ne peut produire d'insuline, on peut injecter des hormones d'origine animale. Cependant, on préfère actuellement utiliser de l'insuline humaine : celle-ci est produite par des bactéries, auxquelles on a injecté une séquence d'ADN correspondant au gène de l'insuline humaine. L'insuline ainsi obtenue est strictement identique à celle naturellement produite par l'homme.

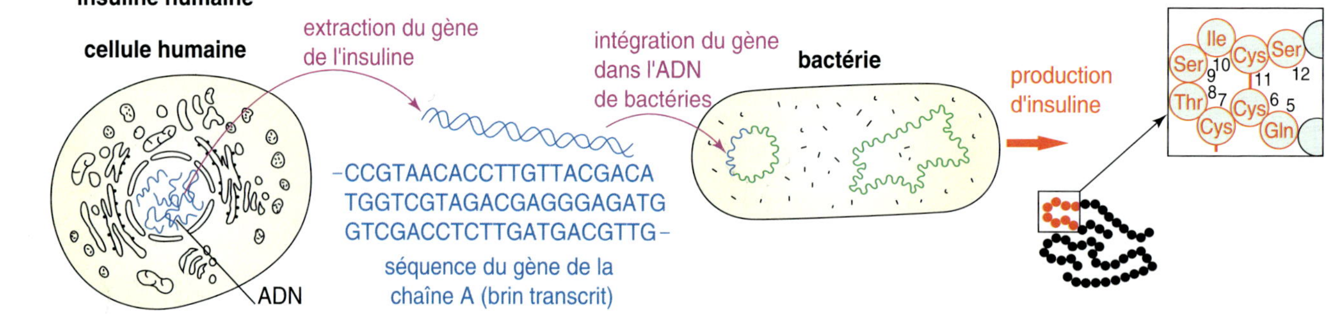

1 Analyse d'une expérience de transgénèse.

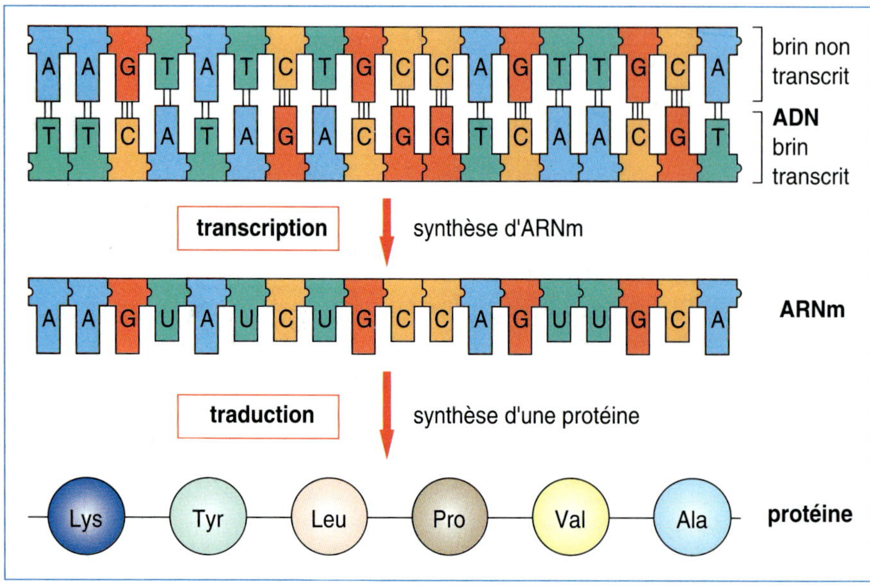

2 Pour tous les êtres vivants, transcription et traduction sont les mécanismes qui permettent de « lire » et d'« exprimer » leurs instructions génétiques.

B La correspondance entre nucléotides et acides aminés.

	1 3 6 9 12 15 18 21 24 27 30
Bêta-globine Hb A (Homme) :	
ARN m	GUGCACCUGACUCCUGAGGAGAAGUCUGCCGUUACUGCCCUGUGGGGCAAGGUGAACGUGGAUGAAGUUGGUGGUGAGGCCCUGGGCA
Protéine	ValHisLeuThrProGluGluLysSerAlaValThrAlaLeuTrpGlyLysValAsnValAspGluValGlyGlyGluAlaLeuGlyA
Bêta-globine Hb S (Homme) :	
ARN m	GUGCACCUGACUCCUGUGGAGAAGUCUGCCGUUACUGCCCUGUGGGGCAAGGUGAACGUGGAUGAAGUUGGUGGUGAGGCCCUGGGCA
Protéine	ValHisLeuThrProValGluLysSerAlaValThrAlaLeuTrpGlyLysValAsnValAspGluValGlyGlyGluAlaLeuGlyA
Hormone FSH (Homme) :	
ARN m	AAGACACUCCAGUUUUUCUUCCUUUUCUGUUGCUGGAAAGCAAUCUGCUGCAAUAGCUGUGAGCUGACCAACAUCACCAUUGCAAUAG
Protéine	LysThrLeuGlnPhePhePheLeuPheCysCysTrpLysAlaIleCysCysAsnSerCysGluLeuThrAsnIleThrIleAlaIleG
Tyrosinase (Homme) :	
ARN m	CUCCUGGCUGUUUUGUACUGCCUGCUGUGGAGUUUCCAGACCUCCGCUGGCCAUUUCCCUAGAGCCUGUGUCUCCUCUAAGAACCUGA
Protéine	LeuLeuAlaValLeuTyrCysLeuLeuTrpSerPheGlnThrSerAlaGlyHisPheProArgAlaCysValSerSerLysAsnLeuM
Enzyme bactérienne (Escherichia coli) :	
ARN m	ACCAUGAUUACGGAUUCACUGGCCGUCGUUUUACAACGUCGUGACUGGGAAAACCCUGGCGUUACCCAACUUAAUCGCCUUGCAGCAC
Protéine	ThrMetIleThrAspSerLeuAlaValValLeuGlnArgArgAspTrpGluAsnProGlyValThrGlnLeuAsnArgLeuAlaAlaH

3 Pour quatre gènes, séquence d'ARN messager et séquence protéique correspondante (Analyse d'une banque de données avec le logiciel « Anagène »).

1er nucléotide	2ème nucléotide : U	C	A	G	3ème nucléotide
U	UUU phénylalanine	UCU sérine	UAU tyrosine	UGU cystéine	U
U	UUC phénylalanine	UCC sérine	UAC tyrosine	UGC cystéine	C
U	UUA leucine	UCA sérine	UAA codon(s)-stop	UGA codon(s)-stop	A
U	UUG leucine	UCG sérine	UAG codon(s)-stop	UGG tryptophane	G
C	CUU leucine	CCU proline	CAU histidine	CGU arginine	U
C	CUC leucine	CCC proline	CAC histidine	CGC arginine	C
C	CUA leucine	CCA proline	CAA glutamine	CGA arginine	A
C	CUG leucine	CCG proline	CAG glutamine	CGG arginine	G
A	AUU isoleucine	ACU thréonine	AAU asparagine	AGU sérine	U
A	AUC isoleucine	ACC thréonine	AAC asparagine	AGC sérine	C
A	AUA isoleucine	ACA thréonine	AAA lysine	AGA arginine	A
A	AUG méthionine	ACG thréonine	AAG lysine	AGG arginine	G
G	GUU valine	GCU alanine	GAU acide aspartique	GGU glycine	U
G	GUC valine	GCC alanine	GAC acide aspartique	GGC glycine	C
G	GUA valine	GCA alanine	GAA acide glutamique	GGA glycine	A
G	GUG valine	GCG alanine	GAG acide glutamique	GGG glycine	G

Codon : séquence de 3 nucléotides de l'ARN messager à laquelle correspond un acide aminé.

Triplet : séquence de 3 nucléotides.

4 Le code génétique : chaque acide aminé est codé de façon non ambiguë par un triplet* de nucléotides.

Pistes d'exploitation

1 - Doc 1 : Qu'est-ce qui détermine les différences de séquence observées entre les insulines de différents mammifères ?

2 - Doc 2 : Formulez une hypothèse pour rendre compte du fait qu'une séquence de 4 types de nucléotides sur le gène peut guider sans ambiguïté la mise en place d'une séquence de 20 types d'acides aminés dans une chaîne protéique.

3 - Doc 3 : Sélectionnez un codon* (par exemple « CUG »), recherchez le dans chacune des séquences et relevez le ou les acides aminés qui lui correspondent ; que constatez-vous ? Peut-on trouver des codons différents pour un même acide aminé ?

4 - Doc 3 : Comment expliquer l'origine de la drépanocytose (maladie étudiée p. 12) ?

5 - Doc 1 et 4 : Identifiez les triplets* de nucléotides du gène de l'insuline humaine correspondant aux acides aminés 8, 9 et 10. A l'aide du code génétique, vérifiez que les acides aminés qui occupent cette position correspondent bien à ces triplets.

6 - Doc 1 à 4 : Recherchez des arguments qui témoignent du caractère universel du code génétique.

ACTIVITÉS pratiques 4

Deuxième étape : la traduction

Dans le cytoplasme, l'ARN messager doit être décodé pour permettre l'assemblage des acides aminés, en respectant le système de correspondance qu'est le code génétique.

■ Quels organites* cytoplasmiques sont responsables de la synthèse protéique ?

■ Comment se déroule la traduction de l'ARN messager en protéine ?

A Localisation de la traduction : expérience et observations.

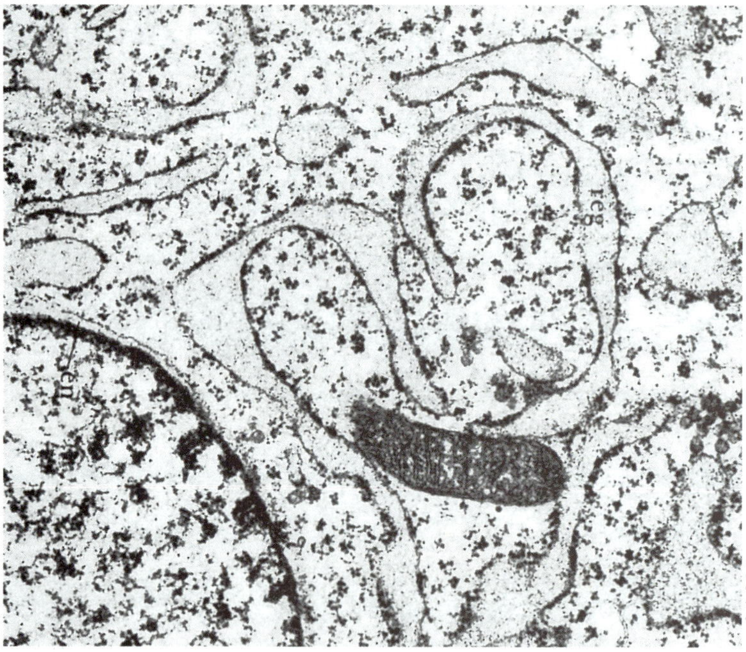

× 25 000

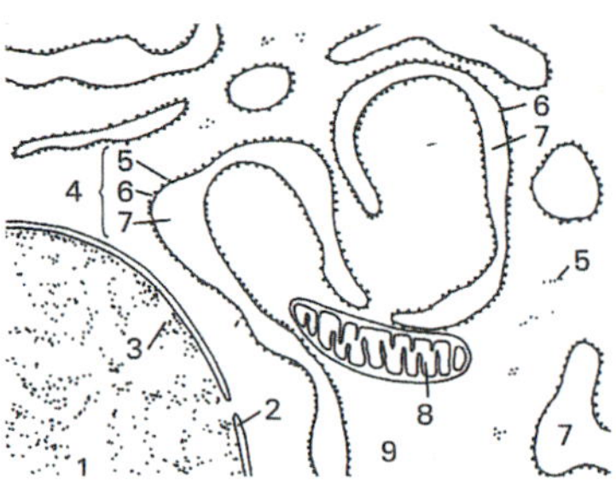

1. noyau - 2. enveloppe nucléaire - 3. chromatine - 4. réticulum endoplasmique granulaire (REG) - 5. ribosome - 6. membrane - 7. cavité de réticulum - 8. mitochondrie - 9. cytoplasme.

Une expérience d'autoradiographie*.

Après injection d'acides aminés radioactifs dans une cellule, on constate que les éléments marqués se retrouvent dans le cytoplasme, incorporés dans des protéines. Une étude précise montre, grâce à une autoradiographie, que la radioactivité se concentre en premier lieu au niveau de structures formant de petits grains dans le cytoplasme des cellules. Ces « grains », souvent regroupés en ensemble de plusieurs unités, sont les ribosomes.

× 75 000

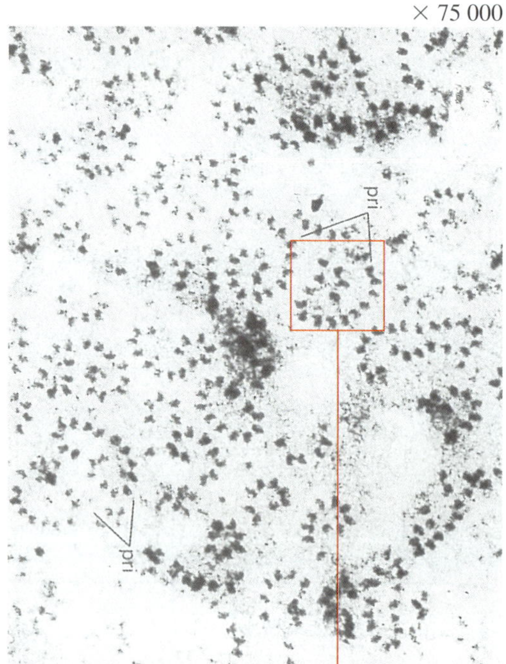

× 400 000

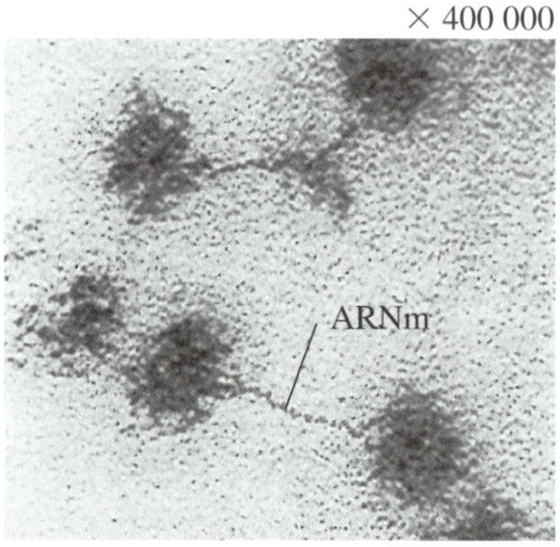

× 240 000

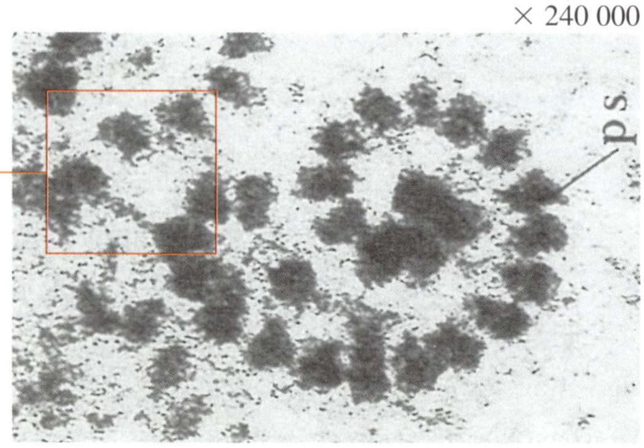

ps = pri
polysomes ou
polyribosomes

1 Les ribosomes, ateliers de synthèse des protéines : observations au microscope électronique (sur ces clichés, les protéines ne sont pas visibles).

B Le déroulement de la traduction.

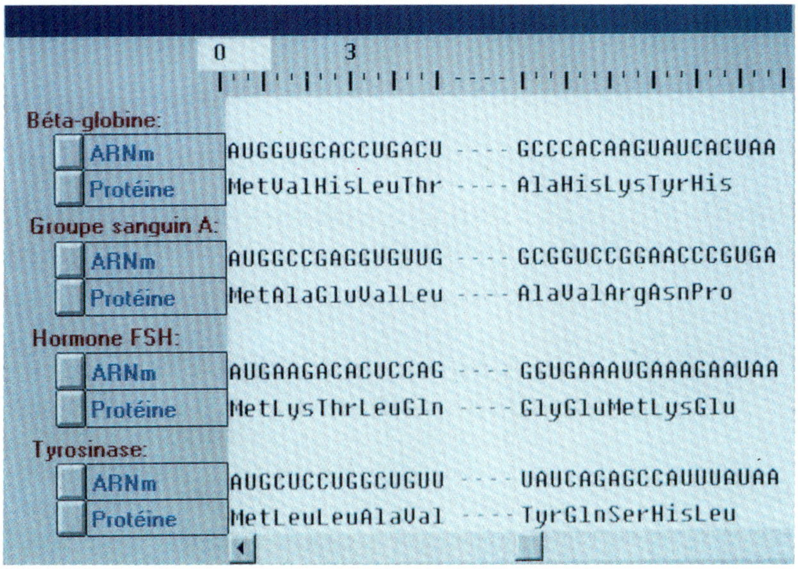

L'outil informatique permet le traitement et la comparaison de données fournies par des banques de séquences. Les séquences ci-contre présentent, pour quatre gènes, les premiers et les derniers codons de l'ARN messager traduits.

2 Initiation et terminaison de la traduction.

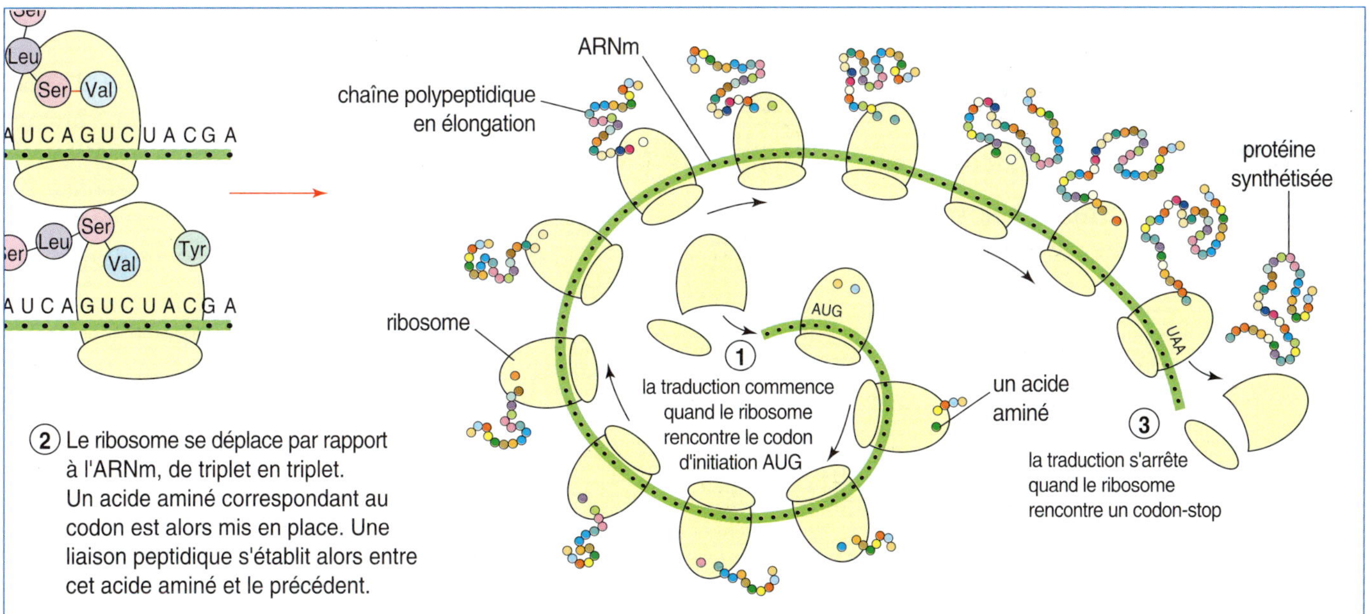

3 « Lecture » de l'ARN messager et assemblage des acides aminés.

Lexique

- **Organite :** structure intracellulaire de forme et de fonction bien définies.
- **Autoradiographie :** voir p. 42.
- **Polysome (ou polyribosome) :** « chapelet » de plusieurs ribosomes.

Pistes d'exploitation

1 - Doc 1 : Que montre l'expérience d'autoradiographie ? En admettant que chaque ribosome effectue la synthèse d'une protéine, que peut-on dire des protéines formées au sein d'un même polysome* ?

2 - Doc 2 : Comment débute et comment s'arrête la traduction ? (Vérifiez sur le code génétique p. 47).

3 - Doc 3 : En quelques phrases, expliquez le mécanisme de la traduction.

La synthèse des protéines

A l'échelle moléculaire le phénotype dépend des protéines, notamment de l'activité des protéines enzymatiques. Ces molécules sont constituées d'une séquence d'acides aminés et de cette séquence précise dépend la fonction de la protéine. Plusieurs exemples ont montré que la substitution d'un seul acide aminé par un autre, sur une chaîne qui en comporte plusieurs dizaines, peut avoir des conséquences phénotypiques très importantes.

Dans une cellule, les protéines sont synthétisées à partir des acides aminés provenant de la digestion des aliments mais c'est l'information génétique qui impose l'ordre dans lequel les acides aminés doivent être assemblés. Les acteurs et les principaux mécanismes de cette synthèse sont bien connus. Ces modalités, quasiment universelles quelle que soit la cellule considérée, soulignent une fois de plus l'unité du monde vivant.

I Un intermédiaire et deux grandes étapes

1• La transcription et la traduction sont les deux grandes étapes de l'expression génétique

Le noyau de chacune des cellules renferme l'intégralité de l'information génétique d'un organisme : chaque molécule d'ADN du noyau est le support de nombreux gènes. Cependant, seuls quelques gènes s'expriment à un instant donné, c'est-à-dire dirigent la synthèse des protéines. C'est d'ailleurs ainsi que s'explique la spécialisation des cellules : toutes n'expriment pas les mêmes gènes.

Chez les procaryotes, l'ADN est libre dans le cytoplasme cellulaire mais chez les eucaryotes l'ADN est toujours localisé dans le noyau cellulaire, séparé du cytoplasme par l'enveloppe nucléaire. A aucun moment cet ADN ne quitte le noyau et c'est pourtant dans le cytoplasme que s'effectue la synthèse des protéines : cette synthèse peut néanmoins être dirigée par l'information génétique grâce à des « copies » du gène à exprimer.

Ces copies sont fabriquées dans le noyau, sous forme d'**ARN**, une molécule très proche de l'ADN : cette étape est la **transcription**. Les ARN ainsi produits quittent alors le noyau cellulaire : en effet, le noyau est perforé et la petite taille des ARN, comparée à celle de l'ADN, leur permet de passer à travers les pores de l'enveloppe nucléaire. C'est la raison pour laquelle ces ARN sont qualifiés de **messagers** (ARNm).

La deuxième étape est la **traduction** : dans le cytoplasme, les acides aminés sont assemblés en chaînes polypeptidiques, dans l'ordre imposé par l'information véhiculée par les ARNm.

2• L'ARN messager : un système de codage de l'information semblable à celui de l'ADN

L'ARN messager est une molécule qui sert d'intermédiaire au cours de l'expression d'un gène. Cette molécule est très comparable à l'ADN : comme celui-ci l'ARN est constitué d'une succession de nucléotides de quatre types possibles. Trois des nucléotides sont les mêmes que ceux de l'ADN : **A**, **C** et **G**. Le nucléotide **U**, quatrième nucléotide constitutif des ARN, possède des propriétés très comparables à celles du nucléotide T de l'ADN. Il a notamment la capacité de pouvoir former une liaison avec le nucléotide A.

Cependant, les ARN sont des molécules constituées d'**un seul brin** alors que l'ADN est formé de l'assemblage de deux brins complémentaires. Les molécules d'ARNm sont beaucoup plus courtes que les molécules d'ADN : en effet, alors qu'une molécule d'ADN d'un chromosome est le support de milliers de gènes, un ARNm ne porte typiquement que l'information correspondant à un seul gène. Une autre différence concerne la durée de vie : celle des ARN est très courte, de l'ordre de quelques minutes ou dizaines de minutes.

De cette grande similitude, il résulte que le système de codage de l'ARNm possède exactement les mêmes potentialités que celui de l'ADN.

II Un système de correspondance : le code génétique

1• Gène et polypeptide, deux molécules ordonnées

Un gène, c'est-à-dire un segment d'ADN (ou bien sa copie sous forme d'ARNm), est une structure moléculaire caractérisée par un enchaînement ou **séquence de nucléotides**. Il gouverne la synthèse d'un polypeptide qui est, lui aussi, une structure moléculaire séquentielle mais cette fois-ci constituée par un **enchaînement d'acides aminés**.

La relation existant entre ces deux molécules ordonnées paraît simple : l'ordre dans lequel s'enchaînent les nucléotides du gène détermine l'ordre dans lequel sont associés les acides aminés du polypeptide. Il existe donc une correspondance entre gène et protéine : chaque acide aminé doit être représenté, codé, par une zone précise de la séquence de nucléotides du gène.

2• Le code génétique

Chaînes polypeptidiques, ADN et ARN, sont édifiés à partir de matériaux différant par leur nature et par leur nombre : **20** sortes d'acides aminés différents constituent les chaînes polypeptidiques tandis qu' ADN et ARN sont construits à partir de **quatre** type de nucléotides. Il est impossible de désigner chaque acide aminé par un seul nucléotide (4 possibilités seulement) ou même par une association de deux nucléotides (16 possibilités).

Des expériences ont permis de vérifier que le système de codage est bien conforme à la logique la plus simple : le code génétique est basé sur la correspondance entre un **triplet** de nucléotides, ou **codon**, et un acide aminé. Par analogie avec le langage, on peut dire que si les nucléotides sont les « lettres » du langage génétique, les triplets en sont les éléments signifiants, c'est à dire les « mots ».

3• Un système redondant mais univoque et universel

Il existe mathématiquement 64 triplets de nucléotides différents. De ce fait, plusieurs triplets de nucléotides peuvent désigner le même acide aminé (souvent ces triplets ne diffèrent que par leur dernier nucléotide) : le code génétique est donc **redondant** (on dit parfois « dégénéré »). Mais cette particularité n'enlève en rien sa propriété fondamentale : le code génétique est en effet **univoque**, c'est-à-dire non ambigu. A un triplet de nucléotides correspond un acide aminé et un seul, toujours le même.

Les expériences de transgénèse montrent qu'un organisme peut produire une protéine caractéristique d'une autre espèce à condition de posséder l'information génétique qui code pour celle-ci. Ainsi, non seulement ADN (ou ARN) et protéines sont les molécules fondamentales de tous les êtres vivants mais le système de correspondance entre ces molécules est également le même. Cette **universalité** du code génétique est un argument supplémentaire en faveur d'une origine commune des êtres vivants. Elle est également riche d'applications concrètes : par exemple, des bactéries auxquelles on a transféré le gène humain de l'insuline produisent de l'insuline dont les caractéristiques sont celles de l'espèce humaine.

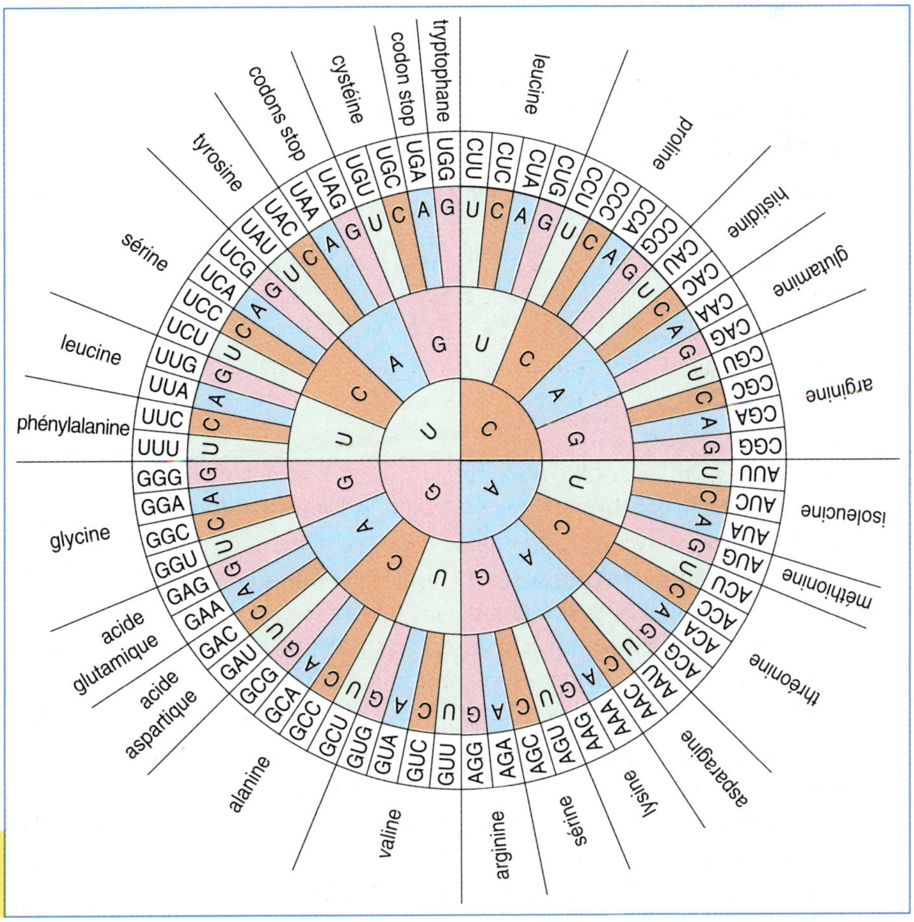

1. **Une représentation originale du code génétique.**

III Les mécanismes de la synthèse des protéines

1• La transcription

La transcription est l'opération qui consiste à copier (« transcrire ») une information, codée par l'ADN, en une information identique, codée sous forme d'ARNm. Dans toutes les cellules cette opération se déroule au contact de l'ADN c'est à dire, pour les eucaryotes, dans le noyau des cellules. La transcription débute par l'ouverture et le déroulement d'une petite portion de la double hélice d'ADN. De proche en proche, un brin d'ARNm est synthétisé à partir d'un brin d'ADN qui sert de matrice.

L'opération de transcription est catalysée par un complexe enzymatique : l'**ARN-polymérase**. Au fur et à mesure de sa progression le long de l'ADN, l'ARN-polymérase incorpore des nucléotides précurseurs par complémentarité avec l'un des brins de l'ADN : G se place en face de C, C en face de G, A en face de T et U en face de A. Le brin d'ARN ainsi produit est donc complémentaire du brin d'ADN qui a servi de matrice, appelé **brin transcrit**. Par conséquent, le message de l'ARN est identique à celui du brin non transcrit d'ADN (à la différence du nucléotide U qui, sur l'ARN, occupe la place du nucléotide T de l'ADN).

Plusieurs ARN-polymérases se succèdent le long d'un même segment d'ADN et entament la fabrication « à la chaîne » d'ARNm identiques entre eux qui constituent autant de copies d'un gène.

Il existe sur l'ADN des signaux qui indiquent où l'ARN polymérase doit commencer et finir la transcription et quel brin elle doit copier. Quels gènes seront transcrits et à quels moments ? Ces questions, qui sont celles de la régulation de l'expression de l'information génétique, font aujourd'hui l'objet de nombreuses recherches.

2• La traduction

L'assemblage des acides aminés pour former une chaîne polypeptidique se déroule dans le cytoplasme. Les acides aminés provenant de l'alimentation sont fournis aux cellules par le sang et le « plan de fabrication » est apporté depuis le noyau par les ARN messagers. Ce sont de petits organites cytoplasmiques, les **ribosomes**, qui sont les « ateliers d'assemblage » des protéines. Le mécanisme de cette synthèse comporte trois étapes :

– l'**initiation**, caractérisée par la fixation d'un ribosome sur un triplet de l'ARNm qui est toujours le codon AUG **(codon initiateur)**.

– l'**élongation** du polypeptide, par déplacement relatif du ribosome et de l'ARNm après chaque incorporation d'un nouvel acide aminé correspondant au codon rencontré par le ribosome. Cette élongation de la chaîne se réalise par l'établissement d'une **liaison peptidique** entre le nouvel acide aminé et le précédent.

– la **terminaison**, provoquée par l'arrivée du ribosome au niveau d'un **« codon stop »**, c'est-à-dire de l'un des trois codons pour lesquels il n'y a pas d'acide aminé correspondant. Le ribosome se dissocie alors de l'ARNm et libère le polypeptide formé.

Plusieurs ribosomes effectuent la synthèse de protéines à partir d'un même ARNm. Ils se succèdent sur le brin d'ARN et forment un ensemble caractéristique appelé polysome. Chaque molécule d'ARNm gouverne ainsi la synthèse de 10 à 20 molécules polypeptidiques puis est détruite ; c'est donc une copie très éphémère du gène. Bien entendu, toutes les protéines synthétisées à partir d'un polysome sont identiques. Ces protéines synthétisées dans la cellule pourront être utilisées dans la cellule elle-même ou exportées hors de celle-ci. Elles participent ainsi à la réalisation du phénotype cellulaire et macroscopique.

L'essentiel

• La synthèse d'une protéine nécessite que les acides aminés qui la constituent soient assemblés dans un ordre précis.

• L'information nécessaire à cette synthèse est un gène; elle est codée par la séquence des nucléotides d'un fragment de l'ADN des chromosomes.

• Le système de correspondance entre la séquence des nucléotides du gène et la séquence des acides aminés de la protéine est appelé code génétique. A trois nucléotides correspond un acide aminé bien déterminé. Le code génétique est le même pour tous les êtres vivants : il est universel.

• L'expression de l'information génétique fait intervenir deux étapes :

- une transcription qui produit une série de copies éphémères du gène, les ARN messagers;
- une traduction au cours de laquelle l'information apportée par chaque ARNm dans le cytoplasme est décodée pour assembler les acides aminés. Cet assemblage est réalisé par des organites, les ribosomes.

Schéma-bilan

LA SYNTHÈSE DES PROTÉINES DANS UNE CELLULE

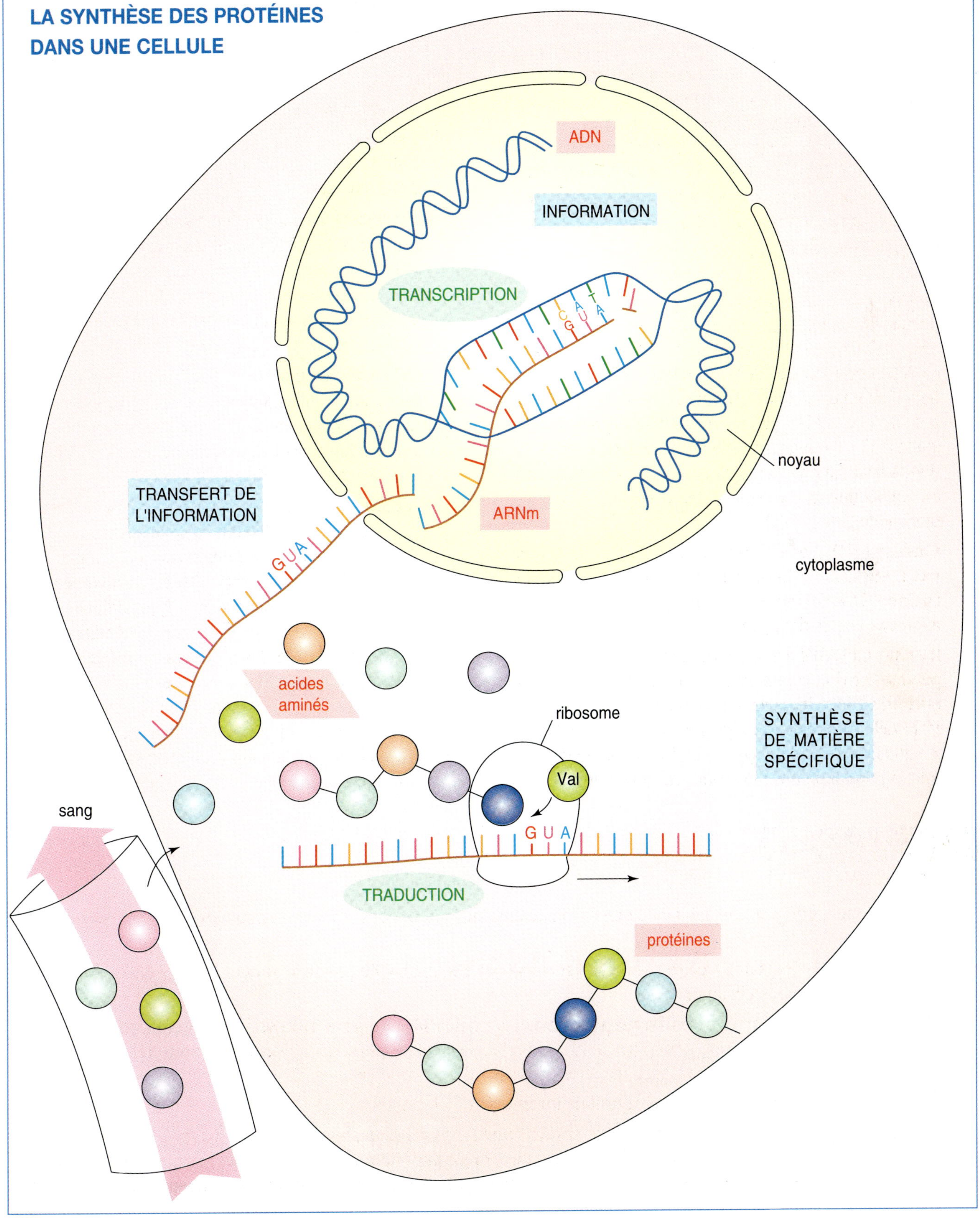

TESTER SES CONNAISSANCES

A. Retrouvez le mot qui correspond à chaque définition.

a. Molécule support de très nombreux gènes.

b. Les deux étapes constitutives de l'expression de l'information génétique.

c. Un composant spécifique de l'ARN messager.

B. Définissez les mots ou expressions :

Gène, codon, transcription, traduction, ARN polymérase, ribosome, polysome, code génétique, brin transcrit d'ADN.

C. Exprimez des notions importantes...

... en rédigeant une ou deux phrases utilisant chaque groupe de mots ou expressions :

a. Codon d'initiation, traduction, débute.

b. Transcription, gène, ARN messager, nombreuses copies.

c. Cytoplasme, ribosomes, traduction, organites.

d. Brin transcrit, ADN, fabriqué, ARN messager complémentaire.

e. Code génétique, séquence d'acides aminés, séquence de nucléotides, système de correspondance.

D. Questions à réponses courtes.

a. Dans quel compartiment cellulaire la transcription a-t-elle lieu ? La traduction ?

b. Quelle est la fonction d'un ribosome ?

c. Quelles sont les différences de composition des molécules d'ADN et d'ARN ?

d. A quoi sert un codon stop ?

e. Pourquoi dit-on que le code génétique est universel ?

E. Vrai ou faux ?

Repérez les affirmations exactes. Corrigez ensuite les affirmations inexactes.

a. Chaque codon de l'ARN messager est traduit en un acide aminé.

b. Le brin transcrit de la molécule d'ADN est celui qui sert de matrice pour la synthèse de l'ARN messager.

c. La synthèse des protéines a lieu dans le noyau.

d. La transcription d'un gène aboutit à une copie unique d'ARN.

F. Questions à choix multiples.

Chaque série d'affirmations peut comporter une ou plusieurs réponses exactes. Repérez les affirmations correctes, corrigez les autres.

1. L'ARN messager :

a. est une molécule formée de deux brins ;

b. est fabriqué dans le noyau ;

c. a une durée de vie brève ;

d. comporte les mêmes composants que l'ADN ;

e. permet la synthèse de nombreuses copies identiques d'une même protéine.

2. Le code génétique :

a. est le système de correspondance entre l'ARN messager et les protéines ;

b. n'est pas le même pour tous les êtres vivants ;

c. associe un acide aminé quelconque à un triplet de nucléotides ;

d. est redondant ;

e. comporte 64 triplets de nucléotides.

3. Les ribosomes :

a. assurent l'assemblage des chaînes polypeptidiques ;

b. sont strictement localisés dans le noyau ;

c. associent un acide aminé à un triplet de nucléotides de l'ADN ;

d. commencent la traduction au codon d'initiation.

G. Elaborez un résumé scientifique.

Sujet 1.

Que savez-vous sur la transcription ?
Vous en préciserez les « acteurs », la localisation, le mécanisme, le résultat... Un schéma intégré au texte est attendu.

Sujet 2.

Montrez comment la séquence de nucléotides d'un gène peut déterminer la séquence en acides aminés d'une protéine et d'une seule.

UTILISER DES CONNAISSANCES ET DES MÉTHODES

1 Synthèse d'hormones et code génétique.

L'ocytocine et l'hormone antidiurétique (ADH) sont deux hormones produites par l'hypophyse des mammifères. L'ocytocine favorise les contractions de l'utérus, l'ADH agit sur l'élimination d'eau par les reins. Le document indique la séquence de l'ARN messager permettant la synthèse de ces deux hormones.

Ocytocine : UGCUACAUCCAGAACUGCCCCCUGGGC
ADH : UGCUACUUCCAGAACUGCCCAAGAGGA

Question (Analyser un document et utiliser les connaissances)

A l'aide du code génétique (page 47 ou 51), établissez la séquence d'acides aminés de chacune de ces deux hormones. Représentez les gènes codant pour ces deux hormones (légendez les brins de l'ADN et expliquez votre réponse).

2 Peut-on déterminer la séquence d'un gène par simple analyse de la protéine codée ?

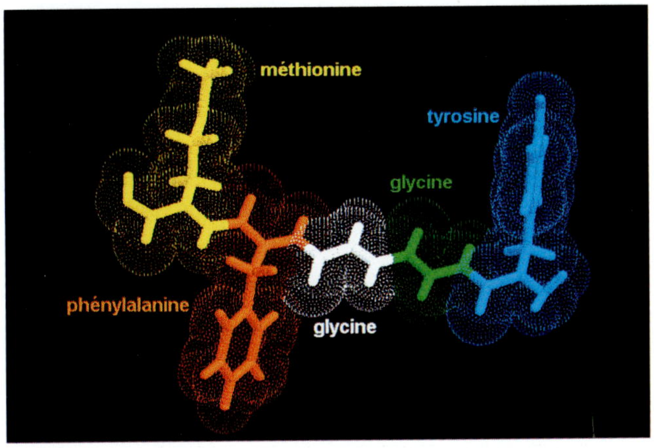

La mét-enképhaline est une petite molécule peptidique qui intervient dans le fonctionnement de certaines cellules nerveuses. Le modèle moléculaire montre la séquence constitutive d'acides aminés de la mét-enképhaline ainsi que sa forme.

Question 1 (Utiliser les connaissances et faire des déductions)
A l'aide du code génétique (page 47 ou 51), montrez pourquoi vous ne pouvez pas déterminer précisément la séquence de nucléotides du gène de la mét-enképhaline.

Question 2 (Faire un calcul simple)
Précisez combien de possibilités de séquences de ce gène existent.

3 La synthèse des protéines dans les cellules du foie de rat.

Le rat est utilisé pour diverses études, à des fins thérapeutiques, dont la régénération cellulaire.

Diverses études expérimentales ont été réalisées. Elles consistent à utiliser des marqueurs moléculaires radioactifs : de la leucine tritiée (acide aminé) d'une part, de l'uridine tritiée (nucléotide uracile) d'autre part.

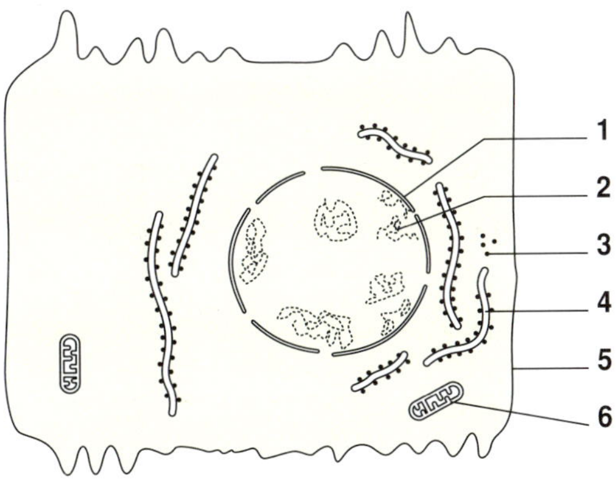

Schéma d'une cellule de foie vue au MEB.

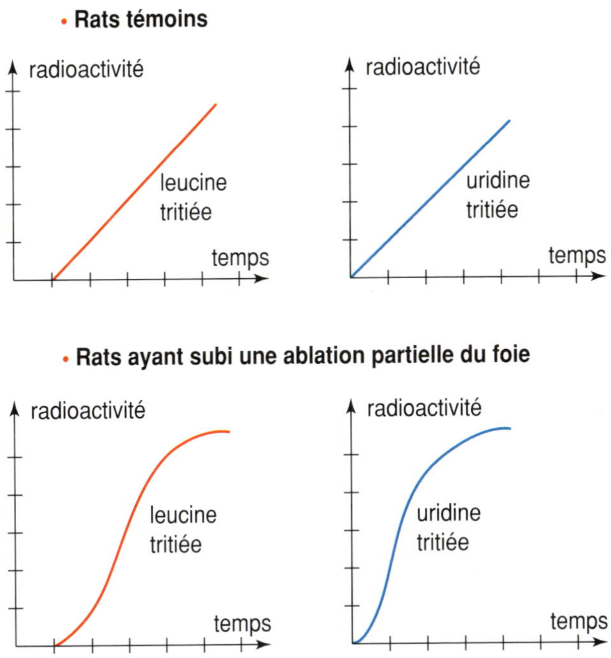

Ces marqueurs sont injectés à des rats de même âge : une moitié reçoit de la leucine tritiée, l'autre moitié de l'uridine tritiée. Puis, à intervalles réguliers, des rats de chacune des moitiés sont sacrifiés. Les molécules marquées sont extraites du foie et leur radioactivité mesurée. Le même protocole est suivi pour des rats ayant subi l'ablation partielle du foie. Les résultats sont donnés dans les graphiques.

Question 1 (Communiquer en réalisant un schéma et utiliser les connaissances acquises)
Après avoir reproduit le schéma, indiquez les éléments nécessaires à la synthèse des protéines en mentionnant brièvement leur rôle.

Question 2 (Utiliser les connaissances)
Quelle molécule pourra être identifiée par chacun des marqueurs radioactifs utilisés (leucine tritiée, uridine tritiée) ?

Question 3 (Analyser des résultats expérimentaux)
Comparez la synthèse des protéines dans les deux types de cellules de foie (cellules normales et cellules en régénération) : quantité, vitesse...

4 L'influence d'une mutation sur la synthèse d'une protéine.

La myopathie de Duchenne est une maladie génétique due à un seul gène. Ce gène, situé sur le chromosome X, comporte plus de 2 millions de paires de nucléotides. Il permet la synthèse d'une protéine musculaire, la dystrophine.

Le fragment de brin transcrit d'ADN ci-dessous correspond aux acides aminés 109 à 114 de la dystrophine.

...CCAAACTAAACCTTATAT...

Suite à diverses mutations, la séquence des nucléotides du gène peut changer. La myopathie de Duchenne est due à un de ces changements.

Question 1 (Appliquer ses connaissances et faire des déductions)
En vous aidant du code génétique (page 47 ou 51), indiquez quels sont les acides aminés 109 à 114 de la dystrophine.

Question 2 (Appliquer ses connaissances)
Pour bien comprendre les effets possibles d'une mutation, déterminez les conséquences sur la séquence polypeptidique formée si :

- le gène possède un nucléotide T au lieu de C en position 12 ;

- le gène possède un nucléotide T au lieu de A en position 15 ;

- le gène possède un nucléotide T au lieu de C en position 6.

5 Le cycle de réplication du virus du SIDA.

Le SIDA est une maladie due à un virus, le VIH (Virus de l'Immunodéficience Humaine). Ce virus possède une information génétique « originale » : elle est constituée de deux molécules identiques d'ARN. Le VIH se réplique dans des cellules immunitaires , les lymphocytes T4. Le cycle simplifié de réplication est donné dans le schéma ci-contre.

Pour se répliquer, ce virus se fixe sur un lymphocyte T4 et son enveloppe fusionne avec la membrane de la cellule. Le contenu du virus, dont les deux molécules d'ARN et diverses enzymes, est alors injecté dans le cytoplasme cellulaire. L'ARN est ensuite copié en ADN sous l'influence d'une enzyme virale, la transcriptase inverse. L'ADN viral pénètre dans le noyau de la cellule infectée et s'intègre dans l'ADN du lymphocyte. La transcription de l'ADN viral suit l'intégration. Les copies obtenues d'ARN viral passent dans le cytoplasme où elles sont traduites en protéines constitutives de l'enveloppe, en protéines enzymatiques... Finalement, chaque enveloppe formée enferme deux molécules d'ARN viral et diverses protéines. Les nouveaux virus ainsi assemblés sortent de la cellule.

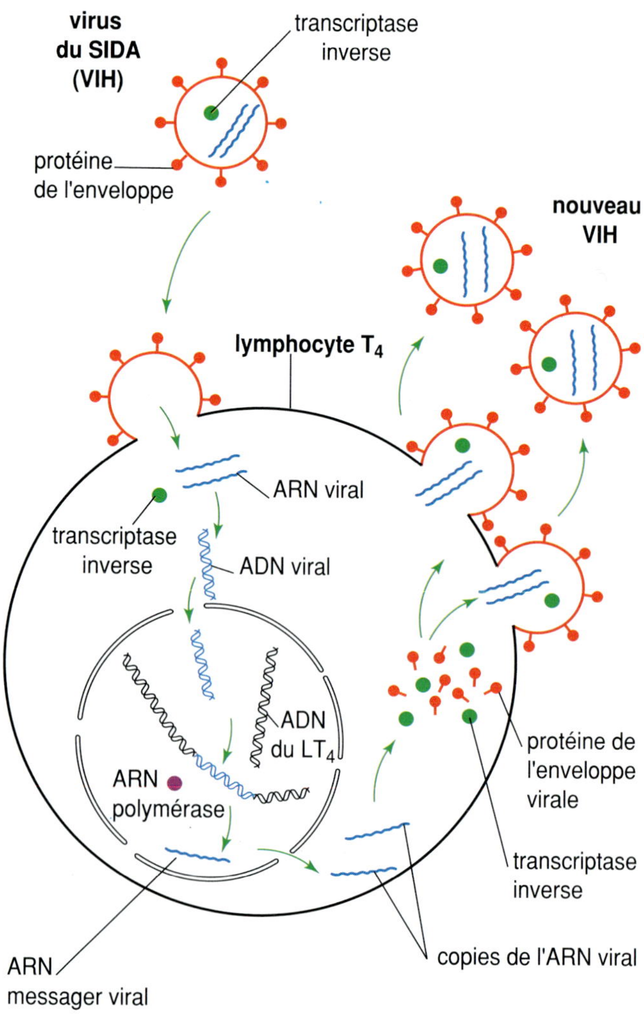

Question 1 (Mobiliser ses connaissances et dégager des informations utiles)
Après avoir rappelé ce qu'est l'ARN polymérase, comparez son rôle avec celui de la transcriptase inverse du VIH.

Question 2 (Communiquer par une série· de schémas)
Soit le brin d'ARN viral ...UGCGGGCUU..., montrez que cette séquence se retrouve à l'identique dans l'ARN viral formé. Pour ce faire, schématisez le devenir de l'ARN lors du cycle viral.

Question 3 (Utiliser les connaissances)
Sur quelle propriété du code génétique repose la possibilité pour une cellule humaine de fabriquer des protéines virales?

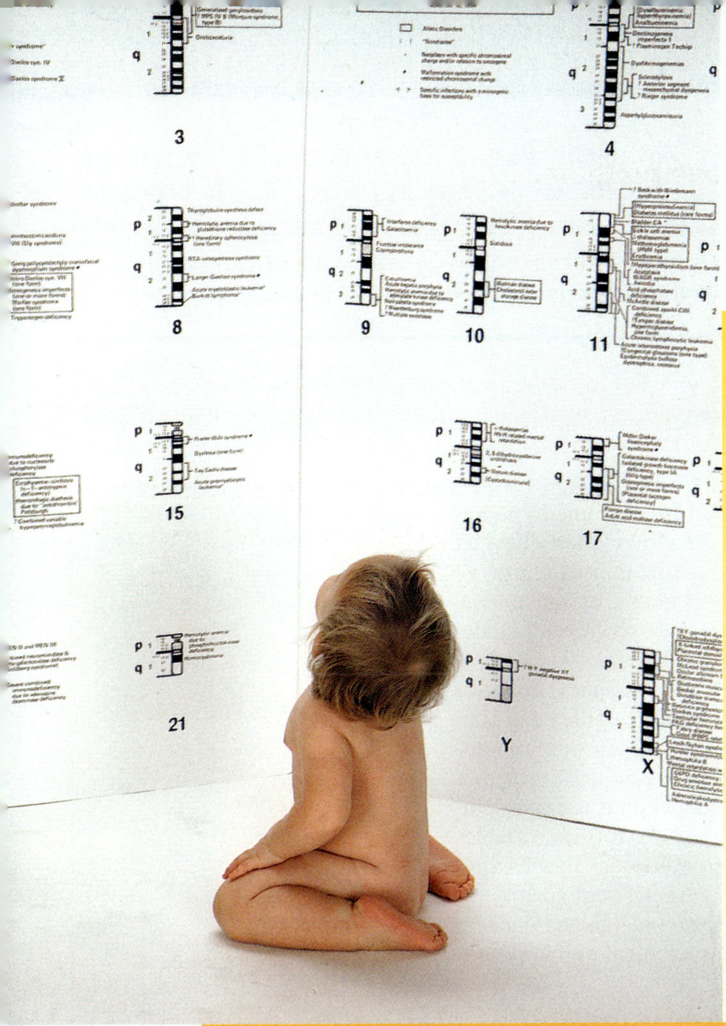

Du génotype au phénotype

Chapitre 3

Les relations entre gènes, phénotypes et environnement

En dirigeant la synthèse des protéines, les gènes jouent un rôle fondamental dans l'établissement du phénotype. Cependant, un caractère phénotypique dépend en partie de facteurs externes.

A travers quelques exemples concrets, ce chapitre permet d' étudier les rôles respectifs des gènes et de l'environnement dans la réalisation du phénotype

Photographie : sommes-nous uniquement le produit de nos gènes ?

Un même phénotype,

Les maladies génétiques sont souvent plus complexes qu'il n'y paraît. En effet, un caractère phénotypique dépend généralement de l'expression de plusieurs gènes. Ainsi, le phénotype « albinos », par exemple, peut être la conséquence d'anomalies ou erreurs génétiques différentes.

■ Comment des anomalies génétiques distinctes peuvent-elles conduire à l'albinisme ?

A Un exemple d'anomalie génétique : l'albinisme.

L'albinisme résulte d'une hypopigmentation générale : les cheveux sont blancs, la peau, très claire, ne bronze pas et reste très sensible au soleil. L'iris et la rétine sont également dépigmentés : la réflexion de la lumière sur les vaisseaux sanguins donne parfois aux pupilles une couleur rouge. L'examen ophtalmologique révèle souvent des problèmes de vision. Cependant il existe plusieurs degrés et des formes variables d'albinisme. Toutes les formes d'albinisme se caractérisent néanmoins par l'absence de mélanine* dans les cellules normalement pigmentées.

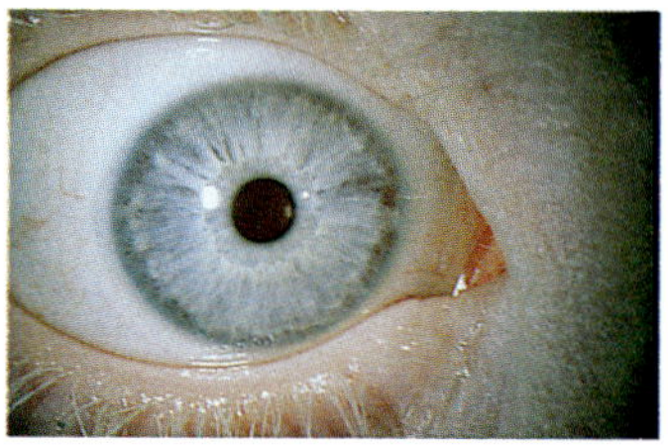

1 L'albinisme : une anomalie de la pigmentation.

La mélanine* est produite par des cellules spécialisées situées à la base de l'épiderme : les mélanocytes*. Cette production fait intervenir une enzyme, la tyrosinase, qui catalyse plusieurs réactions aboutissant à la synthèse du pigment (voir p. 18). Les vésicules chargées de mélanine, ou mélanosomes*, doivent alors migrer de la périphérie du noyau vers les extrémités de prolongements cytoplasmiques. Cette migration s'effectue grâce à une protéine, la myosine*Va. Les mélanosomes sont alors absorbés par les kératinocytes* de la peau qui acquièrent ainsi leur pigmentation. On compte environ 1 mélanocyte pour 36 kératinocytes.

Sur *la photographie ci-contre*, les mélanocytes (indiqués par des flèches) et leurs expansions dendritiques se distinguent des cellules environnantes.

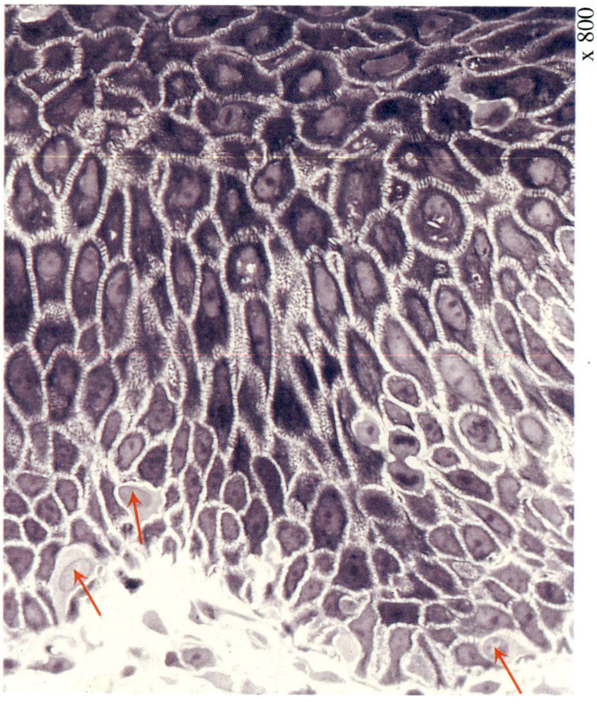

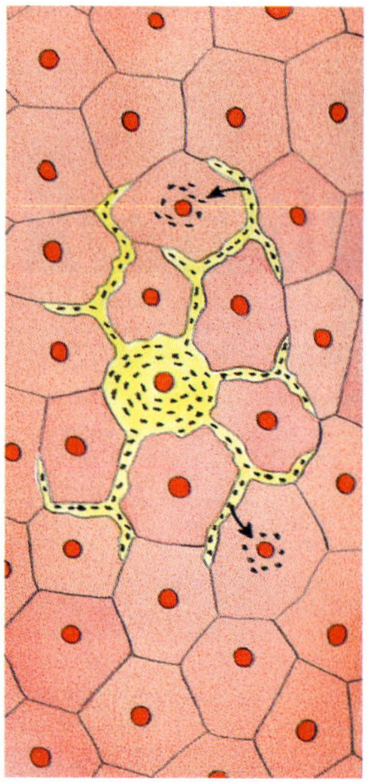

▲
En jaune : un mélanocyte.
En rose : des kératinocytes.

2 Les étapes de la mélanogenèse*.

B La mélanogenèse*, un processus qui implique plusieurs gènes.

On connaît plusieurs allèles du gène de la tyrosinase, enzyme qui compte normalement 528 acides aminés. Les séquences ci-dessous présentent (en partie) les brins transcrits d'un allèle normal et d'un allèle à l'origine d'un phénotype albinos ainsi que les séquences d'acides aminés correspondantes.

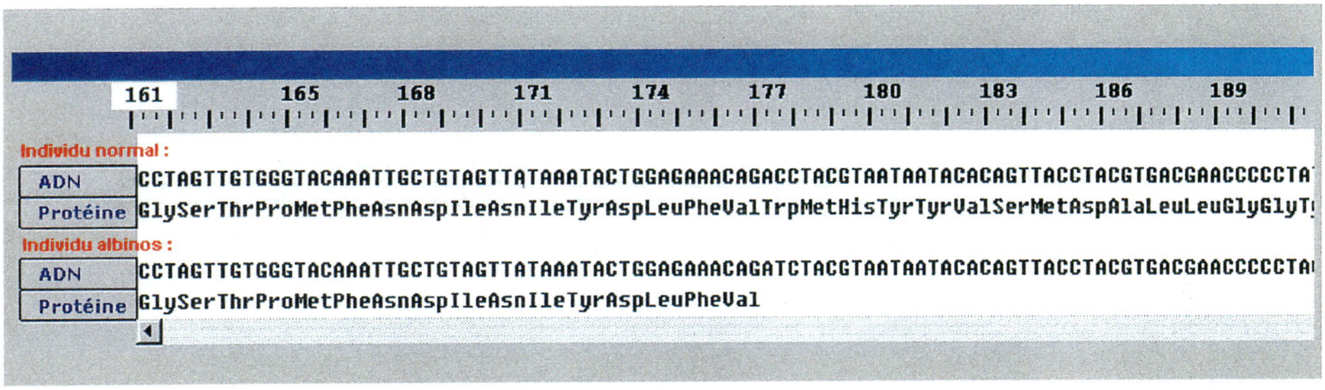

3 Une mutation du gène de la tyrosinase.

Pour tester l'activité de la tyrosinase, on peut pratiquer un test (DOPA réaction). Des coupes de peau sont incubées en présence du précurseur de la mélanine puis observées au microscope : une coloration sombre des mélanocytes traduit alors la production de mélanine. Dans certaines formes d'albinisme ce test révèle que la tyrosinase est fonctionnelle. C'est le cas de la maladie de Griscelli qui se traduit pourtant par une hypopigmentation de la peau (et d'autres symptômes plus importants). Dans cette maladie rare, on constate une accumulation de mélanosomes* dans les mélanocytes*. Des mutations du gène de la myosine Va ont été identifiées chez les patients.

Photographie ci-dessous : un mélanocyte accumulant anormalement des mélanosomes.

× 7 000

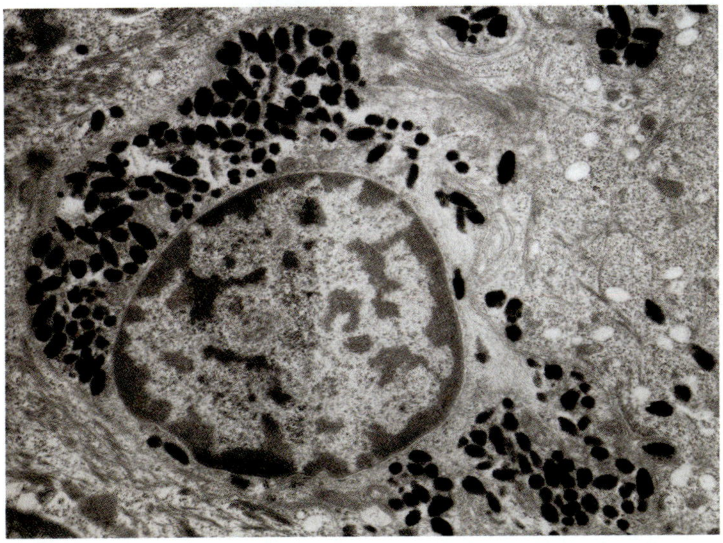

4 Des cas d'albinismes différents.

Lexique

- **Mélanine :** (du grec *melanos*, noir) famille de pigments de couleur brun clair à noir.
- **Mélanogenèse :** processus qui permet l'acquisition de mélanine par l'épiderme.
- **Mélanocytes :** cellules situées à la base de l'épiderme, productrices de mélanine.
- **Kératinocytes :** cellules superficielles de l'épiderme, pigmentées par la mélanine, mais non productrices du pigment.
- **Mélanosomes :** vésicules absorbées par les kératinocytes, contenant la mélanine produite par les mélanocytes.
- **Myosine :** protéine qui permet des mouvements intracellulaires.

Pistes d'exploitation

1 - Doc 1, 2 et 3 : A l'aide des connaissances acquises dans le chapitre précédent, proposez une explication au phénotype albinos.

2 - Doc 4 : Comment peut-on être albinos alors que le gène de la tyrosinase est fonctionnel ?

3 - Doc 1 à 4 : Montrez que deux génotypes différents peuvent conduire au phénotype albinos.

ACTIVITÉS pratiques 2

L'effet des allèles d'un gène

Le génotype joue un rôle déterminant dans la réalisation du phénotype. Pour autant, la possession d'un allèle a-t-elle des conséquences inéluctables ?
L'exemple de la drépanocytose (maladie présentée p. 16) montre que l'effet des allèles d'un gène peut dépendre de facteurs environnementaux.

A Les conditions de la polymérisation* de l'hémoglobine S*.

Dans une hématie, des forces répulsives localisées à la surface des 300 millions de molécules d'hémoglobine les empêchent d'entrer en contact les unes avec les autres : elles restent ainsi en solution. Dans certaines conditions, l'hémoglobine des drépanocytaires (appelée hémoglobine S) peut polymériser : des fibres se constituent et les hématies se déforment : ce processus est à l'origine des crises aiguës dont souffrent les malades. Quels sont les mécanismes et les conditions de cette polymérisation ?

L'hémoglobine a pour propriété de se combiner de façon réversible au dioxygène :

$$\underset{\text{désoxyhémoglobine}}{Hb} + O_2 \longleftrightarrow \underset{\text{oxyhémoglobine}}{HbO_2}$$

C'est à l'état désoxygéné que se constituent les polymères d'hémoglobine S. Ainsi, la diminution de la concentration en dioxygène suffit à déclencher le processus ; une période de latence (qui peut varier de quelques secondes à plusieurs jours) correspond à la formation de quelques agrégats d'hémoglobine. Comme cette première étape a notamment comme conséquence de diminuer l'oxygénation, il s'ensuit une croissance très rapide (dite autocatalytique*) des polymères fibreux.

Cette réaction dépend de la température : elle est facilitée par une élévation thermique.

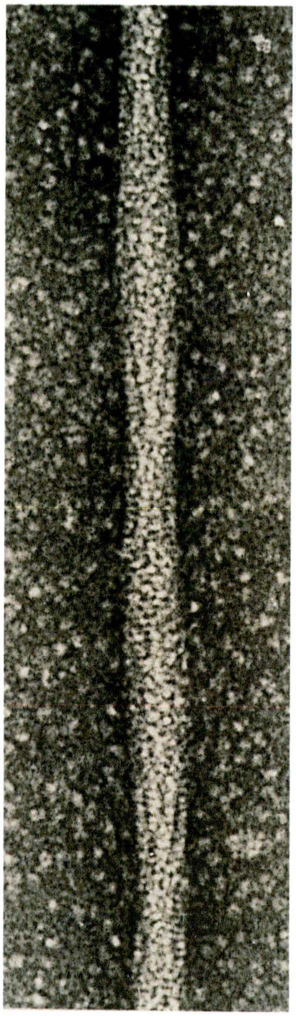

×400 000

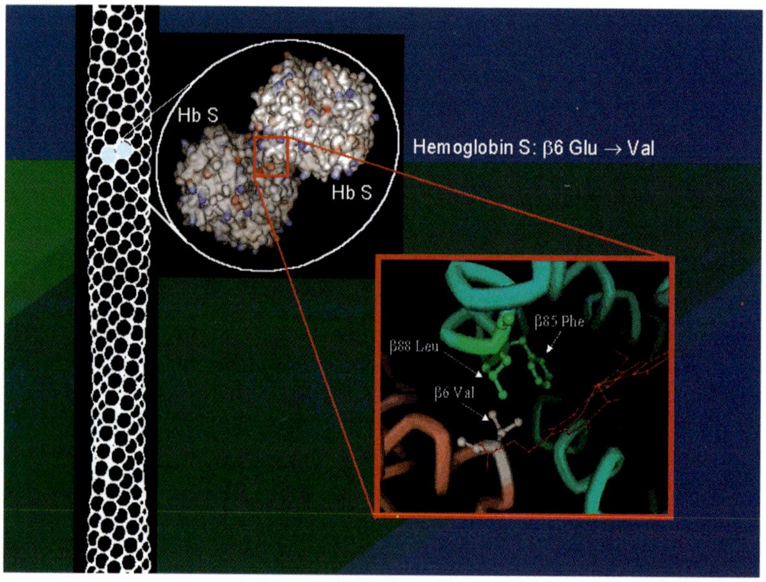

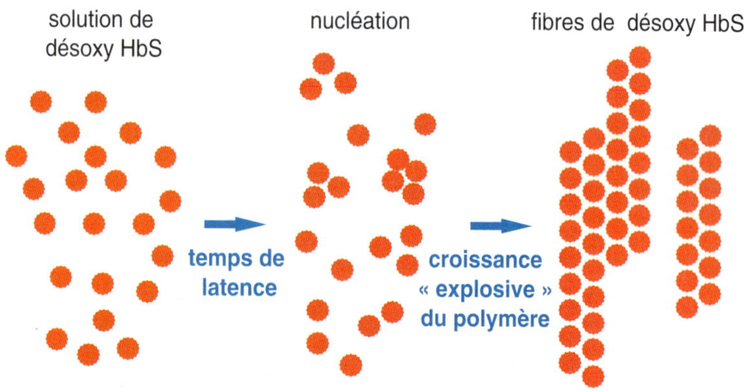

Ci-contre : Fibre de désoxyhémoglobine*, résultat de la polymérisation de l'hémoglobine S (MET).

1 **La falciformation des hématies survient dans les tissus lorsque le dioxygène est délivré par les globules rouges et que l'hémoglobine devient désoxyhémoglobine.**

B La drépanocytose expliquée aux jeunes malades.

L'association SOS Globi a édité sous la forme d'une bande dessinée, un fascicule qui a pour objet d'expliquer certains aspects de la maladie et d'amener ainsi les jeunes malades à mieux comprendre les précautions à prendre pour éviter les crises.

- **Il te faut de l'eau :** bois très souvent, ne reste pas trop au soleil, rien ne vaut les jeux calmes à l'ombre...
- **Il te faut de l'oxygène :** aère ta chambre, porte des vêtements non serrés, évite le froid (qui ralentit la circulation...). Tu peux faire de la gymnastique à l'école, mais dès que tu es essoufflé il faut arrêter.
- **Il ne faut pas de fièvre :** les microbes sont tes ennemis, ce sont eux qui donnent la fièvre (désinfecte les plaies, ne prends pas froid...).

Fais équipe avec le médecin (vaccination à jour,...).

SOS Globi

ASSOCIATION DE PRÉVENTION ET DE LUTTE CONTRE LES MALADIES HÉRÉDITAIRES DU GLOBULE ROUGE : DREPANOCYTOSE ET THALASSÉMIES

Laboratoire de Biochimie
Hôpital Henri Mondor 94000
Créteil

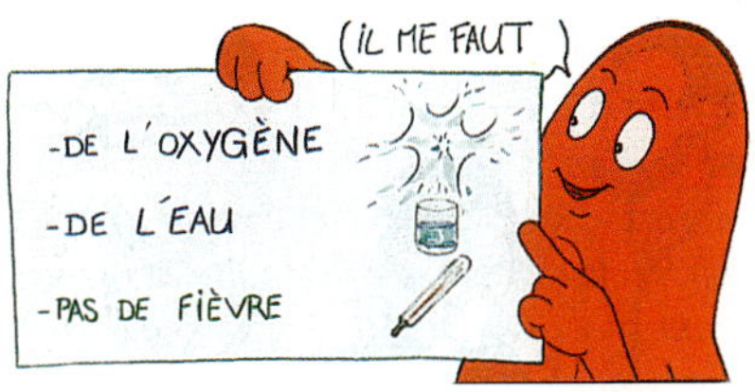

2 Des précautions pour éviter les crises : quelques extraits de la bande dessinée éditée par « SOS » Globi ».

Lexique

- **Polymérisation :** formation de polymères, c'est-à-dire de grosses molécules constituées de l'assemblage de molécules identiques.
- **Hémoglobine S :** nom donné à l'hémoglobine des sujets drépanocytaires (la drépanocytose est aussi appelée sicklémie).
- **Désoxyhémoglobine :** hémoglobine à l'état désoxygéné.
- **Autocatalytique :** se dit d'une réaction facilitée par l'un de ses propres produits.

Pistes d'exploitation

1 - Doc 1 : A quelles conditions les hématies d'une personne subissent-elles la déformation caractéristique de la drépanocytose ?

2 - Doc 1 et 2 : Quels liens peut-on établir entre les conseils donnés aux malades et les conditions de polymérisation* de l'hémoglobine S* ? Commencez par déterminer deux conditions qui favorisent la polymérisation de l'hémoglobine.

ACTIVITÉS pratiques 3

Le phénotype dépend de multiples

Les caractères phénotypiques déterminés exclusivement par un seul gène sont peu nombreux. Bien souvent le phénotype implique de nombreux gènes qui peuvent interagir entre eux et dépend également de plusieurs facteurs environnementaux.

■ On parle souvent de prédisposition génétique et de détermination multifactorielle* : que recouvrent ces expressions ?

A Une prédisposition génétique : exemple du cancer du sein.

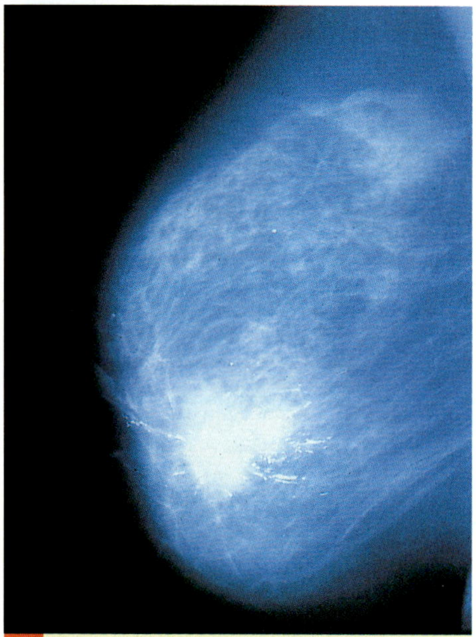

1 La mammographie permet de dépister de nombreux cancers du sein.

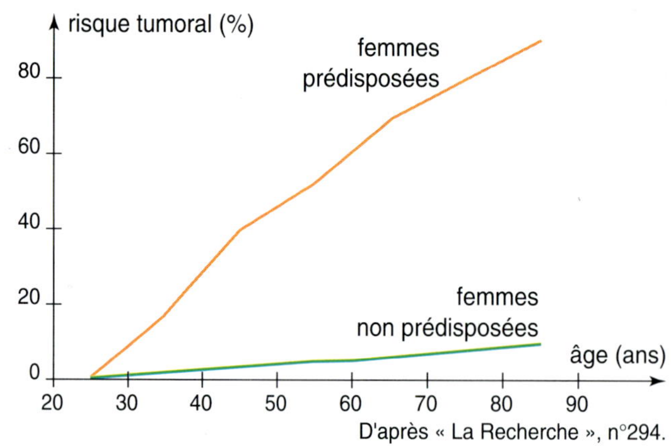

2 Risque tumoral chez les femmes présentant ou non une prédisposition génétique au cancer du sein.

« Dans les pays riches, le cancer du sein est le cancer féminin le plus répandu ; depuis quarante ans sa fréquence augmente régulièrement. Grâce à la prévention (surveillance et examens réguliers), la mortalité par cancer du sein a pu être stabilisée et elle a même reculé dans certains pays. Depuis 1990, grâce à la collaboration de familles comptant plusieurs cas de cancer du sein, l'existence d'une prédisposition génétique a pu être établie.

Un premier gène a été localisé sur le chromosome 17 : une mutation de ce gène (appelée mutation BRCA1) est à l'origine d'une prédisposition au cancer du sein. Quatre ans plus tard, un second gène de susceptibilité a été identifié sur le chromosome 13 et l'existence d'un troisième gène est très probable. Le rôle physiologique des protéines codées par ces gènes n'est pas encore établi.

La possession d'un allèle de prédisposition est un facteur de risque mais il s'agit d'une probabilité et non d'une certitude. En effet, on estime que 10 à 20% des femmes qui possèdent la mutation BRCA1 ne présenteront pas de cancer du sein. Inversement, 7 à 10% des femmes n'ayant pas de prédisposition génétique connue seront cependant atteintes d'un cancer du sein. »

D'après « *La Recherche* », n° 294, janvier 1997.

.	Absence de mutation gène BRCA1	Présence d'une mutation du gène BRCA1
Incidence cumulée (0-75ans) de cancers (tous types confondus)	25 - 30 %	90 - 93 %
Incidence cumulée (0-75 ans) de cancer du sein	7 - 10 %	80 - 90 %
Age d'apparition de cancer du sein	59 ans	43 ans

Risque tumoral (0-74 ans) selon la présence ou non de mutation du gène BRCA1		
	Sans	Avec
Sein	7 %	85 %
Ovaire	1,5 %	40 à 60 %
Côlon	3 %	3 à 12 %
Col utérin	1,1 %	1,1 %
Estomac	0,6 %	0,6%

Des études très récentes tempèrent et relativisent la portée des résultats précédents : on a recensé plus de 300 mutations du gène BRCA1 et toutes n'ont pas les mêmes conséquences. De plus, on estime que seuls 5 à 15 % des cancers du sein sont d'origine génétique. La plupart des cancers du sein sont sans antécédents familiaux.

3 Risque tumoral et mutation « BRCA1 ».

B L'infarctus : un risque multifactoriel.

Les maladies cardio-vasculaires, particulièrement l'infarctus, sont dans certains pays une des principales causes de mortalité.
Un des premiers stades de la maladie est l'athérosclérose : une « plaque » (athérome) se forme dans la paroi d'une artère. Cette plaque est constituée d'un dépôt graisseux (cholestérol notamment) enchâssé dans une enveloppe rigide. Si cette plaque se rompt, un caillot risque de se former en aval et peut obstruer l'artère : c'est l'infarctus.

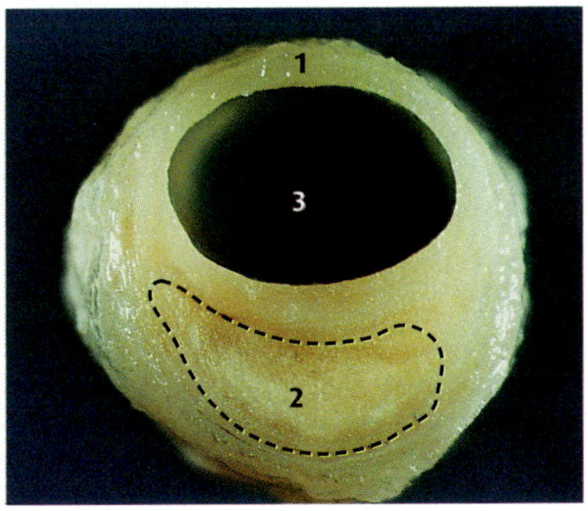

1. Paroi de l'artère.
2. Plaque d'athérome.
3. Lumière du vaisseau.
4. Caillot.

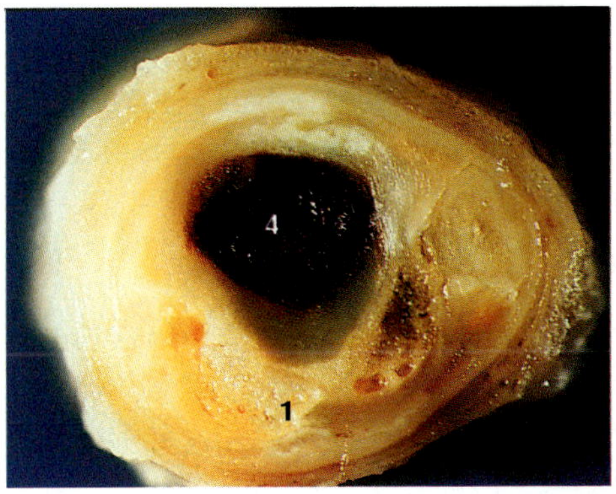

4 Développement d'une plaque d'athérosclérose dans une artère coronaire.

• Plusieurs gènes connus peuvent jouer un rôle dans le développement des maladies cardio-vasculaires (voir doc. 6). C'est aussi le cas du gène codant pour la protéine qui effectue le transport du cholestérol dans l'organisme (protéine ApoAI). Ce gène présente plusieurs allèles. L'allèle le plus courant chez les personnes présentant une cholestérolémie normale est l'allèle e3. Les allèles e2 et e4 de ce gène (dont les fréquences dans la population sont respectivement de 5 et 15%) dérivent de l'allèle e3 par une seule mutation ponctuelle. La conséquence de la mutation e2 est une diminution du taux de cholestérol sanguin. Au contraire, l'allèle e4 est hypercholestérolémiant et accroît donc le risque d'infarctus.

• De nombreux autres facteurs jouent un rôle dans la survenue des maladies cardio-vasculaires. Ils peuvent être soit « protecteurs » ou sont au contraire défavorables. Par exemple, une alimentation riche en graisses d'origine animale est un facteur accroissant le risque. Certaines études récentes suggèrent que des bactéries pourraient favoriser la formation de plaques d'athérosclérose. Le mode de vie (alimentation, stress, pratique d'un sport, consommation de tabac...) est également déterminant.

5 De multiples facteurs de risque.

La lipoprotéine **a** [Lp(a)] est une des protéines spécialisées dans le transport sanguin des lipides. Son taux est constant chez un individu mais variable d'une personne à l'autre.

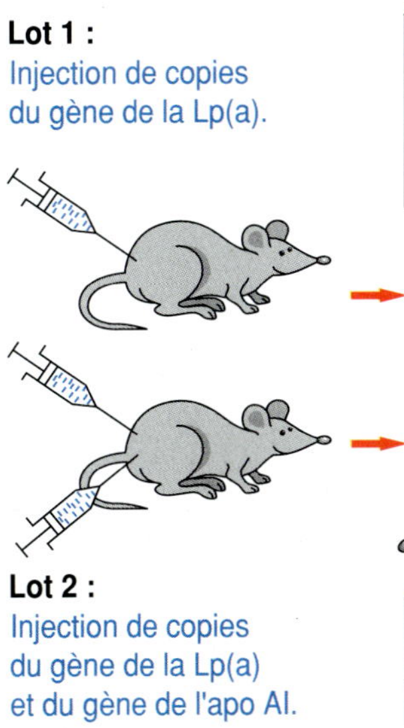

L'apo AI est une protéine qui joue un rôle majeur dans le transport du cholestérol vers le foie, son lieu d'élimination.

6 Des interactions entre les gènes.

Pistes d'exploitation

1 - Doc 1 et 2 : Pourquoi parle-t-on de prédisposition pour une maladie ? Relevez un chiffre significatif. Quel conseil suivre ?

2 - Doc 3 : Exposez les conséquences aujourd'hui connues de la possession de la mutation « BRCA1 ». Formulez quelques-uns des avantages et des problèmes que peut poser la recherche de prédispositions génétiques chez une personne.

3 - Doc 4 à 6 : Pourquoi dit-on du risque d'infarctus qu'il est multifactoriel ?

4 - Doc 6 : La possession du gène Lp(a) suffit-elle à définir une prédisposition génétique ?

Les relations entre gènes, phénotypes et environnement

Qu'il soit cellulaire ou macroscopique, le phénotype repose en définitive sur les propriétés des protéines synthétisées. Or ce sont les gènes qui codent pour les protéines spécifiques responsables des caractères phénotypiques. On pourrait donc penser qu'il existe une relation linéaire entre un gène et un caractère, le premier déterminant inéluctablement le second. En réalité, les relations entre génotype et phénotype sont souvent plus complexes.

I Les phénotypes multigéniques

1• Plusieurs gènes pour un caractère

• Un caractère est qualifié de **monogénique** s'il ne dépend que d'un seul gène. La plupart de ces caractères sont connus par l'étude des maladies génétiques : l'existence d'allèles défectueux de ce gène se traduit alors par une absence ou un dysfonctionnement de la protéine correspondante. Ces maladies monogéniques telles que la mucoviscidose ou la myopathie de Duchenne sont très étudiées, dans la perspective de la mise au point de thérapies ou de tests de dépistage. Cependant les caractères monogéniques, associés ou non à des maladies, sont rares. On estime qu'ils concernent environ 5 000 gènes (dont 1 000 sont aujourd'hui identifiés) sur les 30 000 à 100 000 que possèderait un être humain.

• La plupart des caractères visibles, comme la couleur des yeux ou de la peau, la forme d'un organe, dépendent de plusieurs gènes qui collaborent à la mise en place du caractère concerné. Ces caractères sont qualifiés de **multigéniques** (ou **polygéniques**). L'exemple des voies métaboliques permet de comprendre comment un caractère peut dépendre de plusieurs gènes. La synthèse d'une substance, comme par exemple la mélanine qui donne à la peau sa couleur, résulte souvent d'une succession de réactions biochimiques qui transforment, étape par étape, un produit initial. Or, comme nous l'avons vu, chacune de ces réactions est catalysée par une enzyme spécifique et chacune de ces enzymes est codée par un gène différent.

• Bien souvent, l'établissement d'un caractère phénotypique est encore plus complexe. La couleur de la peau en est à nouveau une illustration : pour que la peau prenne sa couleur, il faut non seulement une synthèse de mélanine par des cellules spécialisées (les mélanocytes) mais aussi l'exportation de cette mélanine vers les cellules superficielles de l'épiderme. La synthèse de mélanine résulte déjà d'une voie métabolique impliquant plusieurs gènes mais l'exportation des vésicules contenant la mélanine synthétisée nécessite une protéine particulière (une forme de myosine) qui résulte de l'expression d'un autre gène... Ainsi, pour un caractère (qu'il soit cellulaire ou macroscopique) il n'y a pas un gène mais plusieurs gènes mis en jeu.

2• Plusieurs génotypes possibles pour un même phénotype

Dans le cas des caractères monogéniques, la relation est linéaire entre génotype et phénotype : le phénotype observé est le résultat de l'expression d'un gène. Il n'en est pas de même pour les caractères polygéniques. Dans le cas d'une voie métabolique, il suffit qu'un seul gène codant pour l'une des enzymes intervenant dans la chaîne de réactions soit défectueux pour que le produit final ne soit pas synthétisé. Des anomalies génétiques concernant différents gènes de la même chaîne métabolique auront donc la même conséquence.

La couleur de la peau est un exemple de caractère polygénique : la mutation d'un gène, celui qui code pour la tyrosinase, une enzyme déterminante pour la synthèse de mélanine, se traduit par l'absence de pigmentation de la peau (cette anomalie est appelée albinisme). Mais la mutation d'un gène très différent, qui code pour une protéine de la famille des myosines, ne permet plus l'exportation des vésicules de mélanine vers les cellules épidermiques : cette anomalie se traduit également par une absence de pigmentation de la peau.

Cet exemple montre que des **génotypes différents** peuvent conduire à un **même caractère phénotypique.** Il en résulte que dans le cas des caractères polygéniques (c'est-à-dire la plupart des caractères) la simple observation du phénotype ne permet pas de déduire le génotype.

II Phénotypes et environnement

1• L'influence de l'environnement sur l'expression des gènes

Si chaque cellule d'un organisme contient bien l'intégralité de l'information génétique, seuls certains gènes s'expriment dans une cellule, lui conférant ainsi ses caractères propres. Cette expression est également variable au cours du temps : elle peut être stoppée, activée, ralentie ou stimulée. On dit que l'expression de l'information génétique est **régulée** (les mécanismes de la régulation de l'expression génétique ne sont pas au programme de 1re S ; ils sont d'ailleurs encore incomplètement connus et font actuellement l'objet d'importantes recherches. L'influence de **facteurs environnementaux** sur l'expression génétique peut être constatée : si la peau bronze sous l'effet du rayonnement solaire, c'est bien que ce dernier exerce une influence sur les mécanismes responsables de la synthèse de mélanine.

2• L'effet des allèles d'un gène dépend de l'environnement

Les gènes codent pour des protéines qui sont directement responsables de l'établissement du phénotype. Néanmoins, l'intervention d'une protéine dans la **réalisation du phénotype** est elle-même dépendante de facteurs environnementaux. Ainsi, une mutation en un endroit précis du gène de la β-globine se traduit obligatoirement par la synthèse d'une hémoglobine anormale (HbS). Cependant, les conséquences pour un individu de la présence de cette hémoglobine sont dépendantes des facteurs environnementaux : c'est seulement quand la concentration en dioxygène diminue (hypoxie), ou bien si la température s'élève, que cette hémoglobine polymérise et déforme les hématies, engendrant alors une crise drépanocytaire. En tenant compte de ces facteurs dans le mode de vie (par exemple en évitant les élévations de température, les pertes d'eau, les situations d'hypoxie) il est possible de modérer les effets néfastes de cette anomalie génétique.

Il existe des caractères déterminés directement par des gènes, sans que d'autres facteurs entrent en jeu. Mais souvent les **effets des gènes** sont modulés par des **facteurs environnementaux**. Une action sur l'environnement peut même corriger les effets d'une anomalie génétique.

III Des relations complexes

1• Les gènes de prédisposition

L'existence de **gènes de prédisposition** à tel ou tel caractère (en général une maladie, car les recherches concernent avant tout les problèmes de santé) est établie grâce à un constat fait sur un grand nombre de sujets : celui d'une association statistique, avec une corrélation plus ou moins importante, de certains allèles et du développement d'une maladie. Dans certains cas, la conséquence de la possession de l'allèle identifié est connue

Les enjeux éthiques de la génétique

Le danger est grand que tous ceux qui sont déjà persuadés que le destin humain est déterminé par sa dimension biologique se trouvent confortés dans leurs préjugés par une certaine présentation du programme génome humain et par l'interprétation rapide de nombre d'études génétiques, en particulier celles portant sur les comportements. On apprend en effet qu'ont été localisés, identifiés, voire manipulés, les gènes de l'amour maternel, de la violence, de la curiosité intellectuelle, de la fidélité masculine, de l'homosexualité... voire de l'intelligence. En fait, les progrès récents de la génétique et de la neurobiologie moléculaire ne disent rien de tel. Ce que gouvernent les gènes humains, c'est la plasticité cérébrale, c'est-à-dire la sensibilité du cerveau de l'homme aux impressions laissées par le milieu socioculturel. Ils sont ainsi le moyen de desserer l'étau des comportements innés auxquels sont si étroitement assujettis les mammifères non humains. A ce titre, les gènes humains sont plus le moyen de la liberté que sa limite.
Il n'empêche qu'il serait également déraisonnable de refuser toute forme de déterminisme génétique : les gènes, et c'est là leur définition, sont bien des déterminants de propriétés biologiqes. Le fait que celles-ci dépendent souvent de l'intervention de plusieurs gènes et varient en fonction du contexte de l'environnement n'enlève rien à cette réalité qui fonde la science génétique.
En médecine, cela se manifeste par le fait qu'il est possible de ranger toutes les maladies humaines sur une échelle. A gauche de celle-ci se trouvent les affections qui sont presque totalement déterminées par l'altération d'un gène. Toute personne ayant hérité d'un ou de deux gènes altérés de ses parents, suivant le type de transmission génétique, développera la maladie. Tel est le cas de l'hémophilie, de la mucoviscidose, de la myopathie de Duchenne, de la chorée de Huntington, etc.
Un peu à droite de cette position se placent des maladies qui sont très dépendantes de l'altération d'un gène, mais dont la «pénétrance», c'est-à-dire ici le risque associé, n'est pas totale. Ainsi, des personnes ayant hérité d'une copie d'un gène muté de susceptibilité au cancer du sein ou du côlon auront entre 50 % et 75 % de risques de développer de telles tumeurs, mais certaines personnes y échapperont.
Encore plus à droite se situent nombre d'affections communes qui sont en partie déterminées par la constitution génétique, souvent par plusieurs gènes, mais également en très grande partie par les habitudes de vie et l'environnement. On peut citer ici la sensibilité aux infections, à de très nombreux cancers, aux maladies cardiovasculaires, à l'athérosclérose, à l'hypertension artérielle, aux formes communes du diabète et de l'obésité et, probablement, à nombre de maladies psychiatriques.
Enfin, tout à fait à droite de notre échelle, on range des maladies sans fondement génétique, d'origine avant tout toxique ou accidentelle.
La grande fréquence des affections possédant des déterminants génétiques, absolus ou relatifs, est à l'origine de l'essor de ce qui a été appelé « médecine prédictive », ou bien, pour utiliser une désignation mieux appropriée, médecine de prévision. Lorsque la possibilité de prévoir la survenue d'une maladie permet de l'éviter, ou bien d'en atténuer la gravité, une telle prévision génétique constitue un plein succès de la médecine. Cependant, fréquentes sont les situations où prévoir ne permet pas encore de prévenir. Lourdes de menaces pour l'équilibre psychique des personnes, de telles prévisions débouchant sur l'impuissance thérapeutique n'ont guère d'intérêt médical.
Cependant, la possibilité de prévoir le destin biologique des individus a un intérêt considérable pour nombre de secteurs d'activité : l'assurance privée, qui gagnerait à établir des groupes homogènes de risques dont les membres seraient assujettis à des tarifs différentiels, la sélection des candidats à un emploi salarié, si les tests génétiques permettaient d'optimaliser l'adéquation entre les employés et le poste de travail ; le prêt bancaire, etc. La généralisation de telles pratiques, dont la logique économique est indéniable, aboutirait ni plus ni moins à un bouleversement de nos sociétés. En effet l'illusion selon laquelle tous les hommes naissent et demeurent égaux en dignité et en droit serait abandonnée puisque les droits réels des personnes ne seraient plus que ceux que leur laissent leurs gènes.

Axel Khan, *Le Monde daté du mardi 15 février 2000.*

et explique, au moins en partie, le développement possible de la maladie. Dans d'autres cas, le constat est purement empirique et on ignore le rôle exact joué par le gène en question.

La possession d'un allèle de prédisposition à un caractère signifie que le sujet qui le possède a une **probabilité** plus grande que la moyenne de la population de présenter le caractère. Mais la possession d'un gène de prédisposition n'a **rien d'inéluctable**. Inversement, l'absence de gène de prédisposition à un caractère ne signifie pas que l'individu ne présentera pas le caractère concerné...

2• Interactions entre gènes

On constate souvent des différences importantes pour un caractère donné entre des individus qui possèdent pourtant un même gène de prédisposition. En effet, pour déterminer précisément les effets d'un gène il faut tenir compte de multiples autres facteurs et notamment des interactions possibles entre gènes. Par exemple, dans le cas des maladies cardiovasculaires comme l'athérosclérose, on a identifié plusieurs gènes jouant un rôle : certains augmentent le risque (gènes d'athérosusceptibilité) tandis que d'autres ont au contraire un rôle protecteur (gènes d'athéroprotection). Mais on a également pu montrer que certains gènes d'athérosusceptibilité n'exerçaient pas leur rôle négatif en présence de certains gènes athéroprotecteurs...

3• Le phénotype est multifactoriel

La relation entre génotype et phénotype est donc complexe. Le rôle des gènes est de gouverner la synthèse de protéines qui sont responsables de la construction et du fonctionnement de l'organisme : dans ce sens, tout caractère, du plus simple au plus complexe, dépend des gènes. Mais la réalisation du phénotype dépend aussi de nombreux autres facteurs : interactions entre les différents gènes, influence du milieu extérieur, de l'alimentation, du mode de vie. Le risque inhérent aux maladies cardiovasculaires en est une bonne illustration : il dépend de plusieurs facteurs génétiques mais est aussi déterminé par la richesse de l'alimentation, la pratique ou non d'activités physiques, la consommation de tabac.

L'élaboration d'un caractère intègre le plus souvent de nombreux facteurs : on parle alors de phénotype multifactoriel.

4• Vers une médecine prédictive ?

La complexité des relations entre génotype et phénotype fait qu'il est souvent très difficile de prédire avec précision un phénotype à partir de la connaissance du génotype. Cependant, on identifie de plus en plus de gènes et on comprend de mieux en mieux leur rôle. La recherche de gènes possédés par un individu, ou diagnostic génétique, peut permettre de prévenir certaines maladies : par exemple, une personne qui possède une prédisposition génétique l'exposant aux maladies cardiovasculaires peut réduire ce risque d'un facteur 20 en s'abstenant de fumer ou en surveillant son alimentation.

Si le risque le justifie, le **diagnostic génétique** peut être pratiqué avant la naissance : le recours à l'interruption médicale de la grossesse évitera alors la naissance d'un enfant portant une grave anomalie génétique.

L'essentiel

- Un caractère phénotypique dépend souvent de plusieurs gènes et non d'un seul. Il suffit qu'un seul de ces gènes soit muté pour modifier le phénotype. De ce fait, plusieurs génotypes différents peuvent conduire à un même phénotype. La connaissance du phénotype ne permet pas de déduire directement le génotype.
- Beaucoup de caractères, bien que dépendants des gènes, sont également influencés par des facteurs environnementaux. Ces derniers peuvent agir sur l'expression et le fonctionnement des gènes mais aussi sur le rôle des protéines résultant de l'expression génétique.
- Les relations entre génotype et phénotype sont souvent complexes : il existe parfois des gènes de prédisposition à un caractère mais ceux-ci n'ont pas d'effet inéluctable. Les gènes peuvent interagir entre eux et avec de nombreux facteurs environnementaux tels que l'alimentation ou le mode de vie : le phénotype est multifactoriel.
- Il est souvent difficile de prédire précisément un phénotype à partir de la connaissance du génotype. Cependant cette possibilité ouvre des applications pour le diagnostic de certaines maladies. Cette médecine prédictive pose à l'homme des questions d'ordre bioéthique.

Schéma-bilan

RELATIONS ENTRE GÈNES, PHÉNOTYPES ET ENVIRONNEMENT

Un phénotype donné résulte de processus biologiques gouvernés par l'expression de plusieurs gènes.

- Le phénotype dépend des versions alléliques possédées par chaque individu.

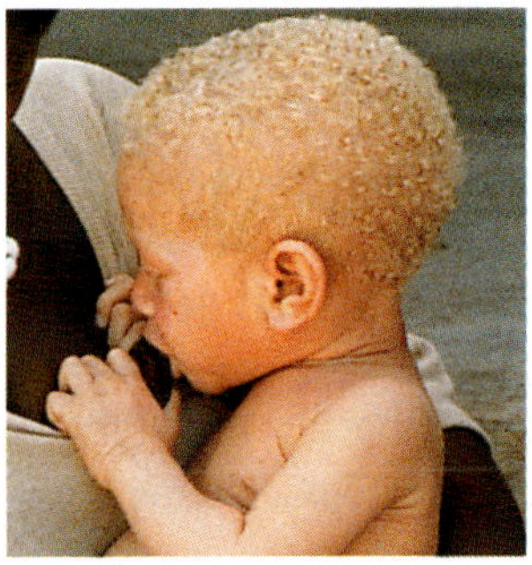

- La mutation d'un gène peut altérer le phénotype.

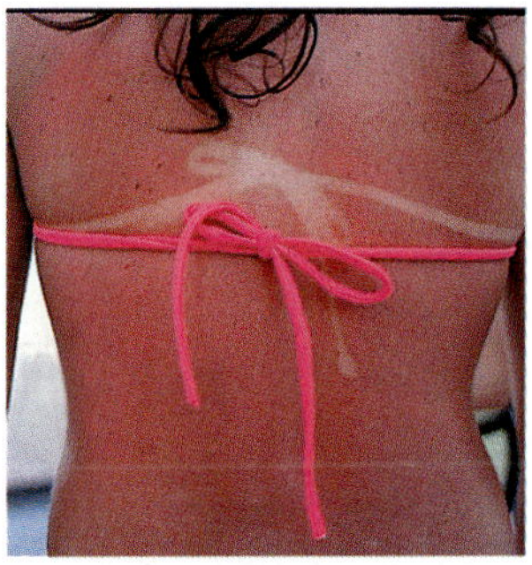

- L'effet des allèles d'un gène dépend de l'environnement.

L'expression d'un gène peut dépendre des facteurs de l'environnement.

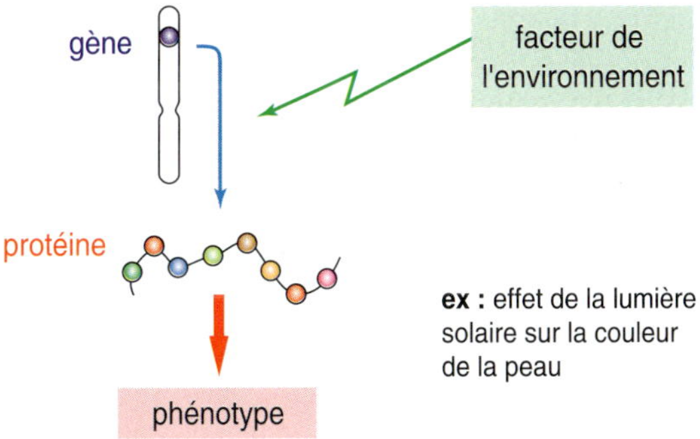

ex : effet de la lumière solaire sur la couleur de la peau

Les facteurs de l'environnement peuvent influencer l'activité des protéines dans la réalisation du phénotype.

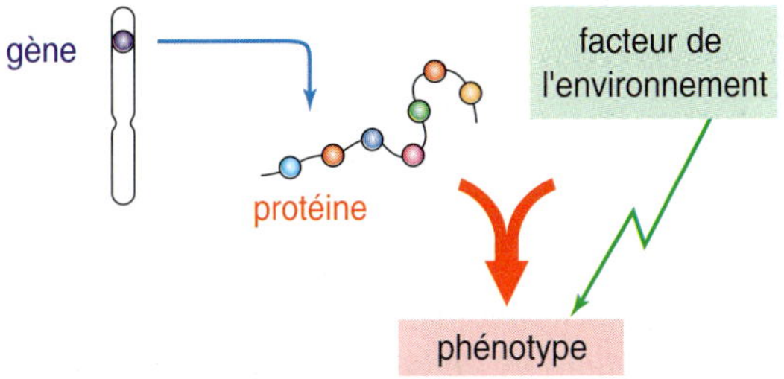

ex : une hématie devient drépanocytaire si elle possède de l'hémoglobine S et si le sang s'apauvrit en dioxygène

Un seul caractère peut dépendre de l'interaction de plusieurs gènes.

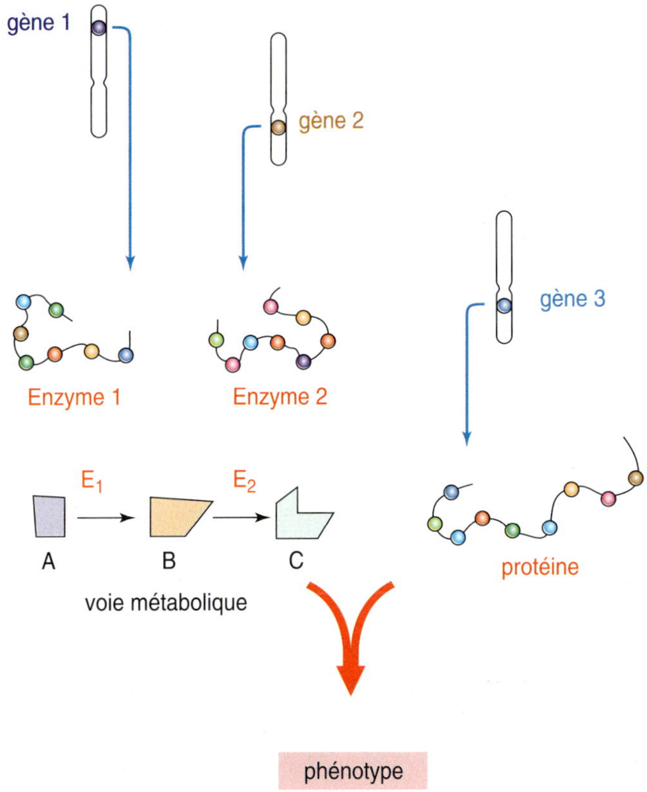

ex : la couleur de la peau résulte de la production de mélanine mais aussi de son exportation vers les cellules superficielles

TESTER SES CONNAISSANCES

A. Définissez les mots ou expressions :

Phénotype monogénique, phénotype multigénique, maladie multifactorielle, gène de prédisposition, médecine prédictive.

B. Vrai ou faux ?

Certaines affirmations sont exactes, recopiez-les. Corrigez ensuite les affirmations inexactes.

a. Des génotypes différents peuvent conduire au même phénotype.

b. Un caractère phénotypique donné est toujours déterminé par un seul gène.

c. L'effet d'un allèle est indépendant des facteurs externes.

d. Un même allèle n'aura pas nécessairement le même effet chez deux individus différents.

e. Les gènes agissent indépendamment les uns des autres.

C. Quelle différence y a-t-il entre ...

a. ... une maladie polygénique et une maladie monogénique ?

b. ... une maladie strictement génétique et une maladie multifactorielle ?

D. Expliquez pourquoi ...

a. ... le génotype n'est pas directement déductible de la connaissance d'un phénotype.

b. ... la connaissance d'un génotype ne suffit pas toujours pour prédire un phénotype.

c. ... on peut dire que le cancer du sein est une maladie multifactorielle.

E. Exprimez des notions importantes ...

... en rédigeant une ou deux phrases utilisant chaque groupe de mots ou expressions :

a. Gènes, expression, phénotype multigénique.

b. Génotypes différents, même phénotype.

c. Phénotype, gènes, facteurs de l'environnement.

d. Risque, gène de prédisposition, maladie.

e. Tests génétiques, phénotype, génotype, prédiction.

F. Elaborez un résumé scientifique.

Sujet 1.

Phénotype et facteurs de l'environnement.

En vous appuyant sur deux exemples (à rechercher dans les documents proposés dans ce chapitre ou bien dans d'autres sources), montrez qu'un caractère phénotypique résulte du génotype mais aussi de facteurs de l'environnement.

Sujet 2.

Complexité des relations entre génotype et phénotype.

En vous appuyant sur des exemples simples et concrets, montrez d'une part que le génotype n'est pas toujours déductible de l'observation d'un phénotype et d'autre part que la connaissance d'un génotype ne permet pas nécessairement de prédire le phénotype.

UTILISER DES CONNAISSANCES ET DES MÉTHODES

1 Effets de l'environnement sur le phénotype.

Les chats siamois possèdent un phénotype très caractéristique : les yeux sont bleus et affectés d'un léger strabisme, la fourrure très claire sur le corps est de couleur brun foncé sur la queue, les extrémités des pattes, les oreilles, le museau. On constate cependant d'importantes variations phénotypiques : les chats élevés sous des climats froids ou bien à l'extérieur sont plus foncés que ceux élevés sous climat chaud ou en intérieur. Plusieurs données permettent de comprendre l'origine de tels phénotypes :

- Les chats siamois sont obtenus par croisements à partir de parents possédant eux-mêmes ces caractéristiques.
- Les extrémités de l'organisme (queue, pattes, oreilles, museau) ont une température corporelle inférieure à celle du reste du corps.
- Si des poils sombres sont arrachés de la queue et si le chat est placé à une température plus élevée que la normale, le nouveau pelage qui repousse est clair.
- Inversement, si on enlève quelques poils clairs situés sur le dos et si l'on refroidit cette zone, les poils qui repoussent sont foncés.

Question 1 (Analyser des données)

Expliquez les variations de couleur prises par le pelage des chats siamois à la surface du corps ainsi que les variations phénotypiques souvent constatées.

Question 2 (Pratiquer un raisonnement, faire une synthèse)

En définitive, à quoi est due la couleur du pelage des chats siamois ?

2 L'intolérance au lactose : une affaire d'enzyme ?

Le lactose est un sucre naturellement présent dans le lait de tous les mammifères et dans de nombreux produits alimentaires, laitiers ou non. En effet, il est également employé pour son pouvoir sucrant et sa solubilité dans la fabrication de confiseries et de plats cuisinés. Par ailleurs, 21% des médicaments prescrits en contiennent. Pourtant, de nombreuses personnes présentent une intolérance à ce produit.

• Les manifestations de l'intolérance au lactose

Lorsque le lactose n'est pas dégradé au cours de la digestion, il se retrouve dans le gros intestin où il est fermenté. Ces fermentations provoquent des douleurs abdominales ainsi que la formation de gaz dont le dihydrogène. Ce dernier est en partie réabsorbé puis éliminé par voie pulmonaire. Un test permet de mesurer la quantité de ce gaz présent dans l'air expiré donc d'évaluer indirectement l'intolérance au lactose. Le graphique montre cette production de dihydrogène pour trois sources alimentaires de lactose.

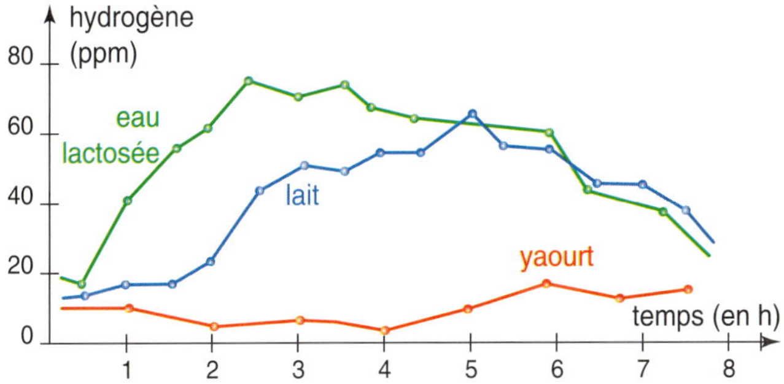

(D'après «La Recherche » n°198)

• Les formes d'intolérance au lactose

Le niveau d'intolérance varie. Certains intolérants ne peuvent même pas tolérer une cuillerée de lait dans une tasse de café ! Trois types d'intolérance au lactose ont été identifiées :

1) l'intolérance congénitale, rare, causée par une absence totale de lactase à la naissance ;

2) l'intolérance temporaire due à un virus ou une maladie ayant perturbé les capacités digestives ;

3) l'intolérance causée par une diminution normale de l'activité de la lactase au cours de la vie.

• La fabrication des yaourts

Un yaourt de 125 g contient 12,5 milliards de bactéries lactiques. Lors de la fabrication d'un yaourt, ces bactéries transforment une partie du lactose contenu dans le lait en acide lactique. La production d'acide lactique entraîne sa coagulation et le développement des arômes. Ces transformations sont catalysées par diverses enzymes dont une lactase. Cette lactase permet l'hydrolyse du lactose en deux autres sucres, le glucose et le galactose.

Questions 1 (Analyser un graphique et formuler une hypothèse explicative)

Quel(s) produit(s) laitier(s) les intolérants au lactose peuvent-ils néanmoins consommer ? Comment expliquez-vous ce phénomène ?

Question 2 (Dégager des informations utiles et réaliser une synthèse)

Montrez que la digestion du lactose, quelle que soit son origine alimentaire, est bien une affaire d'enzyme.

3 Déterminisme génétique et influence de l'environnement.

La phénylalanine hydroxylase (PAH) est une enzyme qui permet normalement la transformation d'un acide aminé issu de l'alimentation, la phénylalanine, en un autre composé qui sera métabolisé, la tyrosine. Si l'enzyme est inactive, la phénylalanine s'accumule dans le sang ; or ce composé est toxique pour les neurones. Les personnes atteintes de cette maladie (appelée phénylcétonurie) accusent un retard mental important.

Document :

« Un comportement à forte héritabilité serait-il donc fixe et immuable ? Même pour un trait comme une maladie due à la mauvaise fonction d'un seul gène, une modification appropriée de l'environnement est susceptible, dans certains cas, de corriger totalement l'effet du gène mutant. Prenons le cas de la phénylcétonurie, une maladie due à la mutation d'un gène unique : elle se caractérise par l'accumulation d'un composé dévastateur pour la fonction cérébrale. Cependant, si on la détecte chez le nouveau-né grâce à une technique de dépistage génétique, on est en mesure de prévenir complètement l'arriération mentale potentielle en donnant à l'enfant un régime alimentaire modifié. Ainsi, un trait (l'arriération mentale) qui, dans une situation donnée, se manifeste chez les individus porteurs du gène pathologique, disparaît avec une modification relativement simple de l'environnement.

Un comportement tel que « l'intelligence » est à l'évidence plus complexe qu'une maladie monogénique. La plupart des généticiens du comportement s'accordent pour reconnaître qu'il résulte de l'action de nombreux gènes et de l'environnement. Alfred Binet, l'inventeur du test du QI, savait déjà que le « score d'intelligence » peut se modifier si l'on change le milieu éducatif de l'enfant. Quant à la question encore plus ardue du libre arbitre, il n'est pas possible de la résoudre avec des arguments d'ordre génétique car le terme d'environnement englobe le milieu que l'individu crée pour lui-même ».

Jonathan Beckwith et Joseph S. Alper
La Recherche, n° 311, juillet-août 1998.

Question 1 (Mobiliser et utiliser ses connaissances)

Expliquez comment la mutation d'un gène peut déterminer le phénotype phénylcétonurique.

Question 2 (Saisir des informations et pratiquer un raisonnement)

En vous appuyant sur des informations tirées du texte, montrez qu'un phénotype dépend de l'interaction entre gènes et facteurs de l'environnement.

4 Plusieurs gènes pour un phénotype.

Le système de groupes sanguins le plus important est le système A B O. Ce système correspond à la présence éventuelle de marqueurs A ou B à la surface des hématies. La synthèse de tels marqueurs nécessite la transformation d'une substance appelée substance H. Comme toute réaction biochimique, cette transformation est catalysée par une enzyme : l'enzyme de type A transforme la substance H en marqueur A, tandis que l'enzyme de type B transforme la substance H en marqueur B. Chez la plupart des personnes de groupe O, cette enzyme est inactive et en conséquence, il n'y a ni marqueur A, ni marqueur B. Cependant la substance H est elle-même produite à partir d'un précurseur et cette transformation est aussi catalysée par une enzyme ; la plupart des personnes produisent l'enzyme H permettant cette synthèse mais on connaît de très rares cas où une mutation a pour conséquence l'inactivité de cette enzyme.

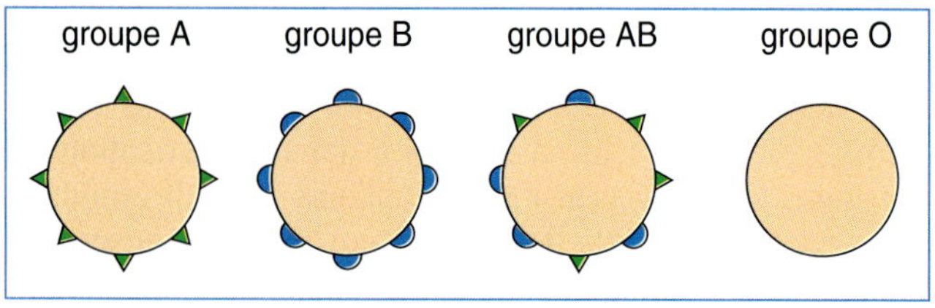

Questions 1 (Dégager les informations utiles, établir une relation de causalité)

a. Quel est l'équipement enzymatique nécessaire à la biosynthèse du marqueur A ? du marqueur B ?

b. A quoi est dû, en général, le phénotype O ? Montrez qu'un autre cas, bien que rare, est néanmoins possible.

Question 2 (Pratiquer un raisonnement déductif, faire une synthèse)

A l'aide de cet exemple, démontrez que des génotypes différents peuvent conduire au même phénotype.

5 Cancers, génétique et facteurs de l'environnement.

« Des gènes très particuliers, les oncogènes, ont une fonction très importante dans nos cellules, même s'ils sont souvent au repos. En temps normal, seuls des signaux de détresse, comme ceux qu'émettent des tissus blessés, les font réagir. Ils vont alors faire fabriquer une protéine qui déclenche la multiplication cellulaire pour boucher la plaie.

Lorsqu'une mutation dérègle l'un de ces gènes et l'active à plein temps, les cellules qui les hébergent ont tendance à proliférer sans raison et de manière désordonnée. Si rien ne les arrête, elles peuvent alors former de gros agrégats de cellules que l'on appelle « tumeur ». Ainsi, depuis quinze ans, de nombreux oncogènes ont été identifiés, dont la stimulation est à l'origine de différents types de cancers. Cette stimulation peut avoir différentes origines : émissions radioactives, excès d'ultraviolets, substances chimiques cancérigènes contenues dans les aliments ou certains solvants... Elle peut être aussi le fruit d'une division cellulaire mal contrôlée. Parfois, ces gènes déclenchant une prolifération cellulaire anarchique sont importés par des organismes étrangers et parasites, les virus. Plus récemment, les chercheurs ont découvert une autre famille de gènes jouant un rôle dans la cancérisation, les anti-oncogènes. Eux aussi, comme les oncogènes, ont une fonction biologique normale dans l'organisme : ils inhibent la multiplication des cellules. Ils sont là pour freiner l'action des oncogènes. Si l'un d'eux s'emballe, ils interviennent pour juguler ses débordements. Le problème est que lorsque l'un d'eux, suite à une mutation, s'affaiblit, les cellules sont alors sous l'emprise des oncogènes qui à tout moment peuvent déclencher une multiplication cellulaire incontrôlée. Aujourd'hui, on pense qu'il faut plusieurs mutations pour qu'une cellule devienne cancéreuse. Certaines pour activer un oncogène, d'autres pour réduire au silence les anti-oncogènes... »

D'après « Les dossiers de Science et Vie Junior », n°18, octobre 1994

Questions 1 (Dégager les informations utiles)

a. Quel est le rôle biologique normal d'un oncogène ? Et celui des gènes qualifiés « d'anti-oncogènes » ?

b. Relevez dans le texte tous les facteurs mentionnés susceptibles d'être à l'origine du dysfonctionnement d'un oncogène.

Questions 2 (Faire une synthèse et communiquer sous forme de schéma)

a. A l'aide de cet exemple, illustrez la complexité des relations entre génotype et phénotype : montrez qu'un cancer peut être d'origine génétique, dépendre de l'interaction de plusieurs gènes mais aussi de facteurs environnementaux.

b. Appuyez votre exposé par un schéma explicatif.

La morphogenèse végétale

La morphogenèse végétale

La morphogenèse végétale

Chapitre

1

La construction d'une plante

Chez les végétaux, l'embryon contenu dans la graine n'est qu'une ébauche dont la forme ne permet guère d'avoir une idée de ce que sera la plante adulte. Le développement de cette plantule va progressivement mettre en place les caractéristiques de l'espèce. La morphogenèse va se poursuivre durant toute la vie de la plante. Ce chapitre présente quelques aspects importants de cette morphogenèse.

ACTIVITÉS pratiques 1

Observation de la morphologie de

Les individus d'une même espèce peuvent présenter des phénotypes différents. L'observation du port* de quelques végétaux au cours d'une sortie dans la nature permet de distinguer des caractères propres à l'espèce ainsi que d'autres manifestement liés à l'action de facteurs environnementaux.

■ Les documents ci-dessous s'ajouteront à vos propres constatations.

A Observation de ports différents chez des végétaux de même espèce.

1 Deux chênes de la même espèce (à gauche : arbre isolé ; à droite : arbre au milieu d'une futaie*).

En plaine

En haute montagne

• **Expérience complémentaire :** La forme de haute montagne prend l'aspect de la forme de plaine quand elle est plantée en plaine et inversement. Il ne s'agit donc pas de mutations.

2 Deux pissenlits issus d'un même pied coupé en deux : le premier a été planté en plaine, l'autre en haute montagne.

B L'influence de facteurs externes sur le développement : d'autres exemples.

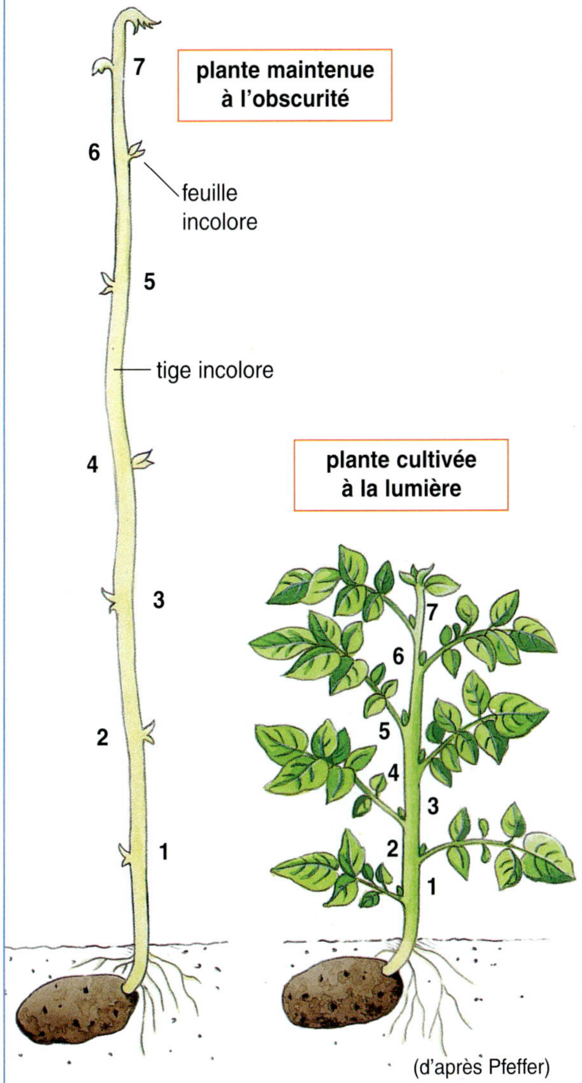

Les chiffres indiquent dans les deux cas le niveau de chaque nœud (nœud = point d'attache des feuilles).

3 Développement de deux tubercules de pomme de terre issus du même pied.

4 Deux arbres poussant dans une région soumise à un fort vent dominant. a – Un pin « en drapeau ». b – Un hêtre.

Lexique

- **Futaie :** groupe d'arbres de haut fût (fût = partie du tronc située entre le sol et la première grosse branche) dans une forêt.
- **Port :** aspect, forme générale caractéristique d'un végétal. Pour un arbre, le port peut être dressé, en boule, pleureur, en drapeau...

Pistes d'exploitation

1 - Doc 1 : Présentez, pour les deux chênes et pour d'autres espèces végétales, les caractères généraux de l'espèce et des caractères particuliers observés sur quelques individus.

2 - Doc 2 : Pourquoi précise-t-on que les deux pieds de pissenlit ont été obtenus à partir du même plant initial coupé en deux ?

3 - Doc 3 et 4 : Précisez, pour chaque document, quel facteur de l'environnement est responsable de la forme observée. Enumérez les principales différences entre les deux pieds de pomme de terre.

4 - Bilan : En une ou deux phrases, expliquez de quoi dépend la morphologie des végétaux.

ACTIVITÉS pratiques **2**

Observation des processus biologiques

La morphogenèse (du grec *morphê* = forme ; *genesis* = naissance) correspond à l'ensemble des mécanismes qui participent à l'édification d'un organisme (et sont finalement responsables de sa forme).

■ Quels processus interviennent dans le développement du système racinaire et de la partie aérienne d'une plante?

A Observations de la croissance en longueur d'une plante annuelle.

Mettre des graines de fève (ou de pois, de lentille...) à germer dans un mélange de sable et de terreau. Pour observer le développement du réseau racinaire, il suffit d'arracher délicatement les plantes.

Photographies ci-dessus : début de la formation du réseau des racines ; *ci-dessous :* observation du fonctionnement du bourgeon terminal. (Les photographies ne sont pas toutes à la même échelle.)

1 Observation de la croissance en longueur de la fève.

B Observation de la croissance des arbres.

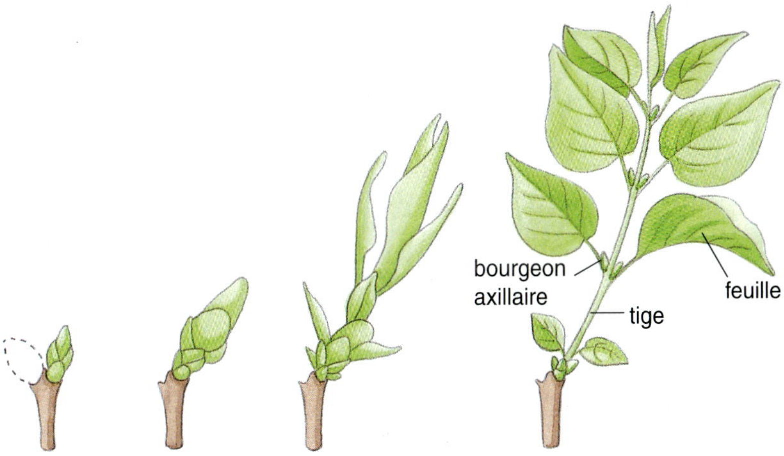

2 Eclosion d'un bourgeon de lilas.

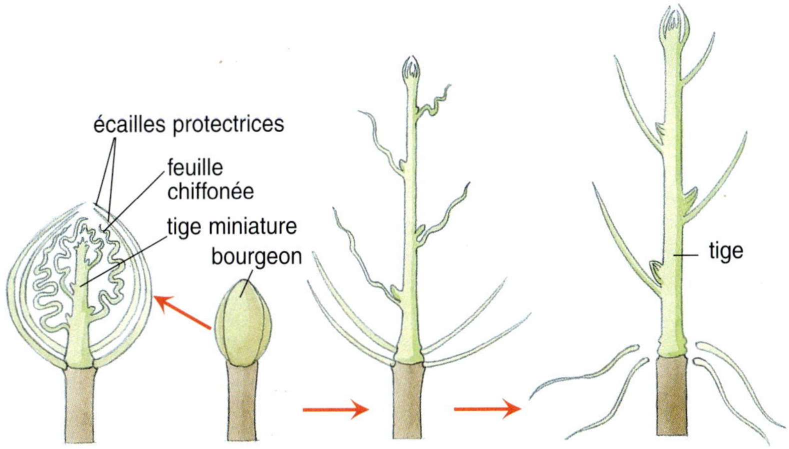

3 Dans le bourgeon : une tige feuillée en miniature.

Lexique

- **Système caulinaire** (du latin *caulis* = tige) **:** ensemble des tiges, feuilles, bourgeons. (c'est-à-dire de la partie aérienne d'une plante).
- **Bourgeon apical :** bourgeon situé à l'extrémité d'une tige.
- **Bourgeon axillaire :** bourgeon situé à l'aisselle d'une feuille.
- **Nœud :** point d'une tige d'où se détachent des organes latéraux (feuille, rameau).
- **Entre-nœud :** segment de tige compris entre deux nœuds successifs.

Pistes d'exploitation

1 - Doc 1 : Quels processus biologiques visibles sur les clichés interviennent dans la formation du système racinaire ?

2 - Doc 1 à 3 : Quels organes de la plante résultent du fonctionnement d'un bourgeon ? Expliquez comment est assurée la ramification de la partie aérienne.

3 - Doc 2 et 3 : Pourquoi parle-t-on de croissance discontinue pour les arbres ?

ACTIVITÉS pratiques 3

Etude pratique de la croissance en

Pendant toute la vie d'une plante, les racines s'allongent, grossissent et se ramifient pour former un réseau de plus en plus complexe et de plus en plus long.

- **Quelle partie de la racine s'allonge ?**
- **Quels processus assurent cet allongement ?**

A Des expériences permettent de localiser la zone de croissance.

PROTOCOLE EXPÉRIMENTAL

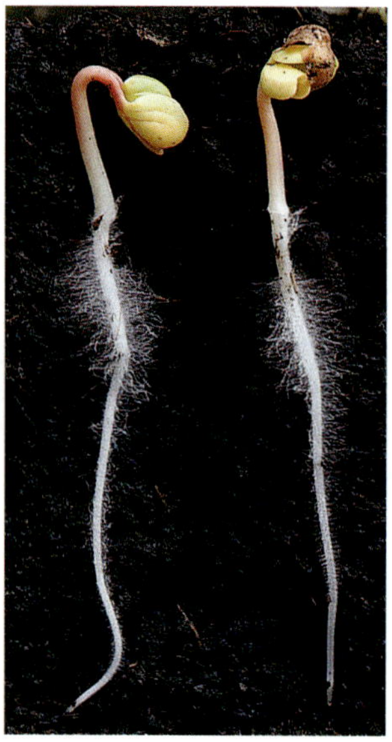

Lorsque la jeune racine des plantules a atteint quelques centimètres, on prélève quelques graines en germination. A l'aide d'un « feutre » indélébile très fin (ou d'un pinceau très fin et de l'encre de Chine) on trace une série de traits aussi régulièrement espacés que possible (tous les millimètres par exemple) à l'extrémité des racines.

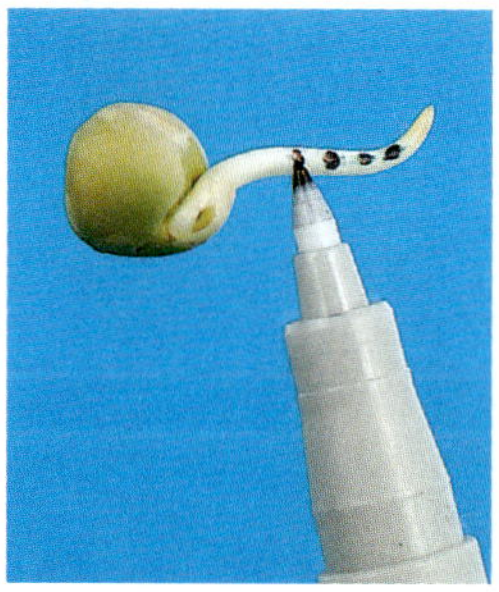

Puis on replace les graines sur le milieu humide. On observe les résultats quelques jours plus tard.

RÉSULTATS

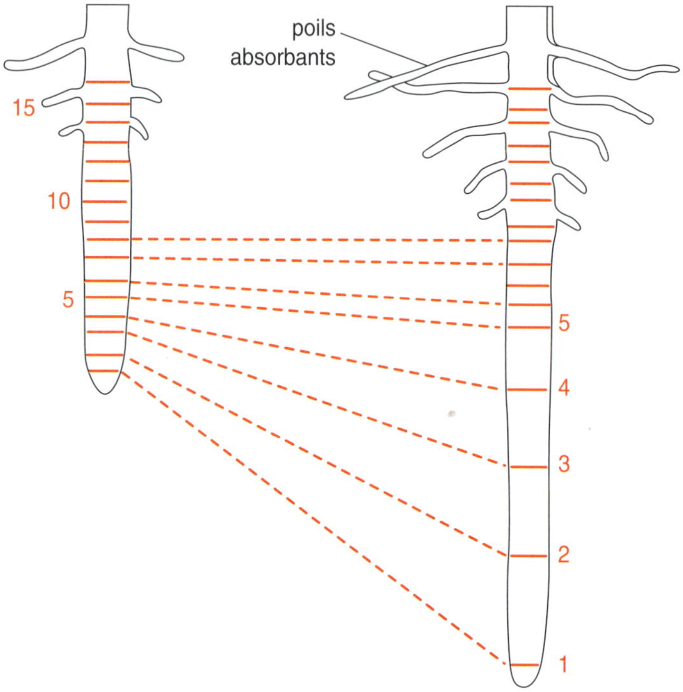

Lexique

- **Méristème :** (du grec *meristos* = partager) tissu végétal constitué de jeunes cellules qui sont le siège de nombreuses divisions cellulaires. Les méristèmes primaires assurent la croissance en longueur des racines et des tiges ; les méristèmes secondaires assurent la croissance en diamètre.
- **Mitose :** division d'une cellule en deux cellules filles qui possèdent chacune le même patrimoine génétique que la cellule-mère.

1 La croissance en longueur permet aux racines de s'enfoncer dans le sol.

B Observation au microscope d'une coupe longitudinale dans la zone de croissance.

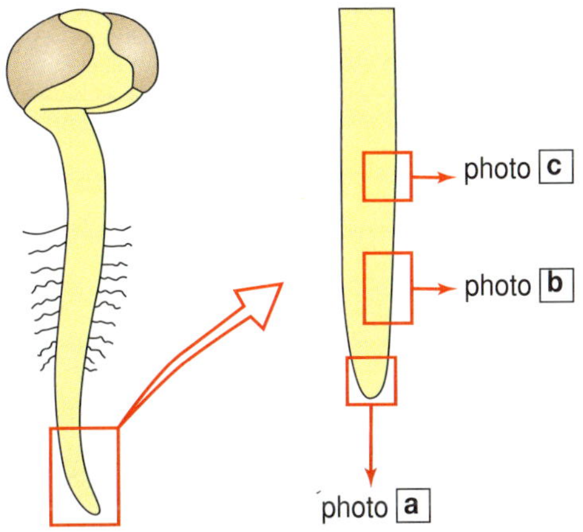

a
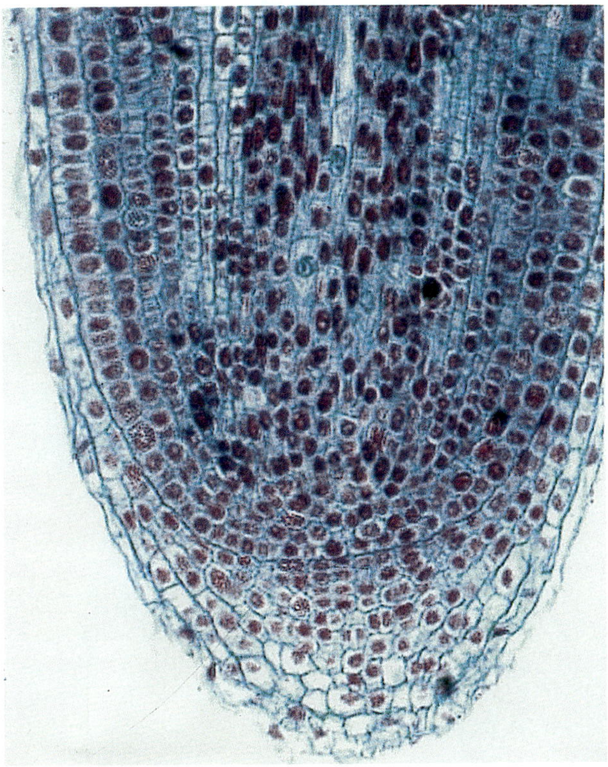
×200

×200
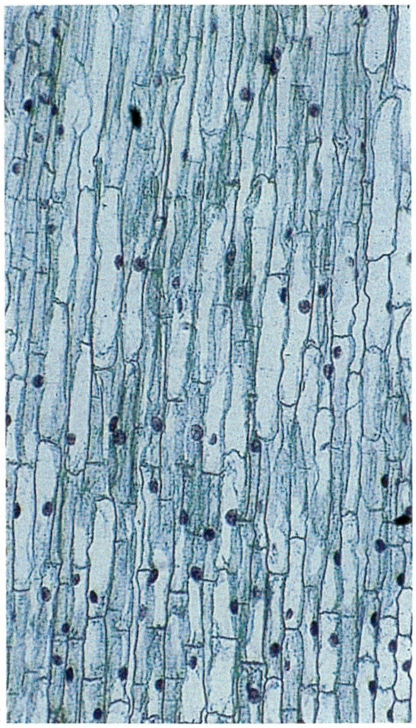
c

×200
b

2 Coupes d'une extrémité de racine.

Pistes d'exploitation

1 - Doc 1 : Quelle zone de la racine est le siège d'une croissance en longueur ?

2 - Doc 2 : La croissance en longueur des racines est le résultat de deux mécanismes : des divisions cellulaires très actives et un allongement des nouvelles cellules formées. D'après les documents proposés, précisez dans quelles zones ont lieu ces mécanismes.

3 - Bilan : Montrez que les informations fournies par les documents 1 et 2 sont en accord les unes avec les autres. Pourquoi dit-on que la croissance des racines est « indéfinie » ?

Les bourgeons sont responsables de

Les bourgeons sont non seulement responsables de la croissance en longueur des tiges mais ils sont aussi responsables de la constitution de nouvelles feuilles et de nouveaux bourgeons.

- Comment est organisé et comment fonctionne un bourgeon ?
- Observe-t-on sur une coupe de bourgeon un méristème primaire analogue à celui observé sur une coupe de racine ?

A Observation au microscope optique d'une coupe de bourgeon.

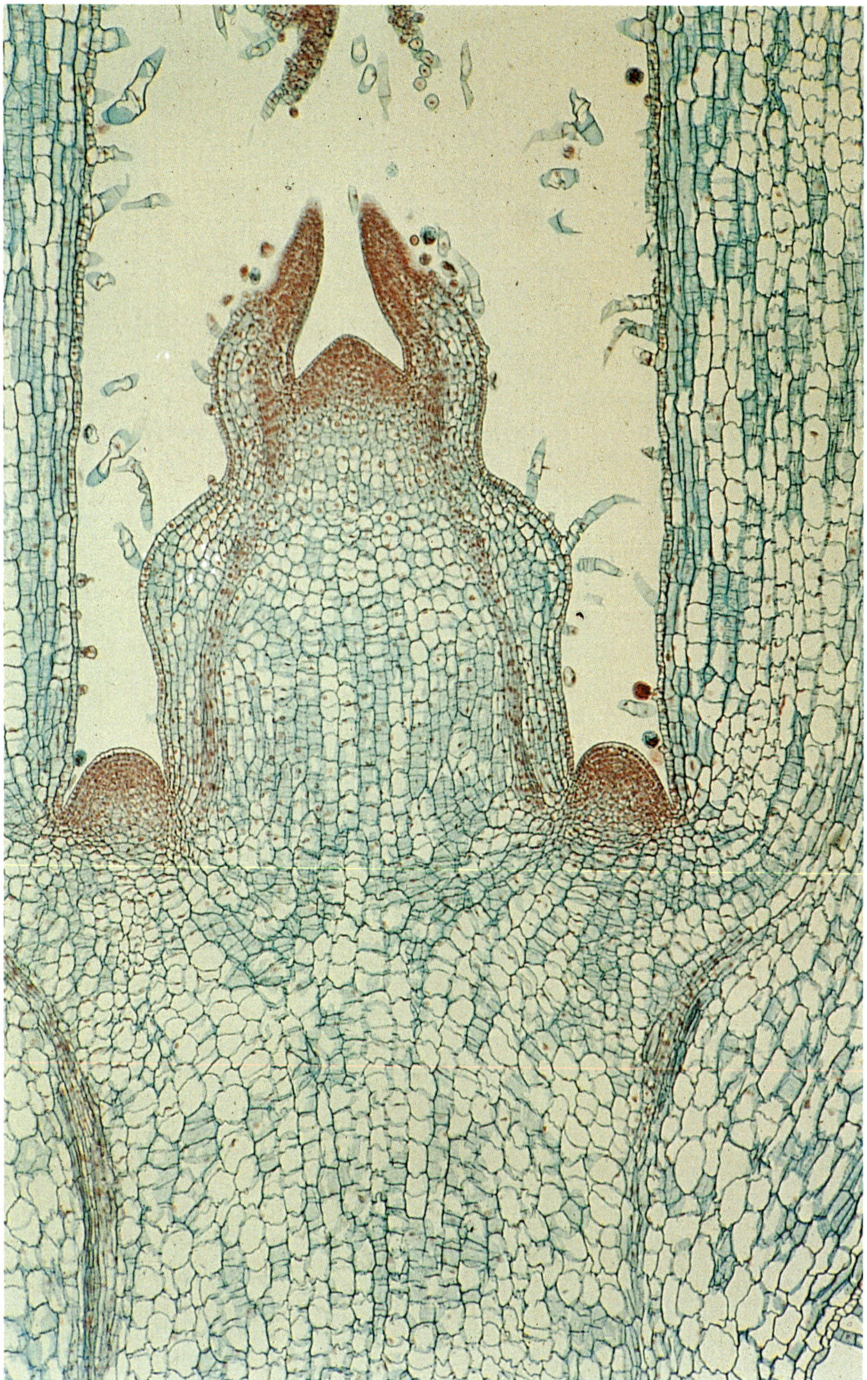

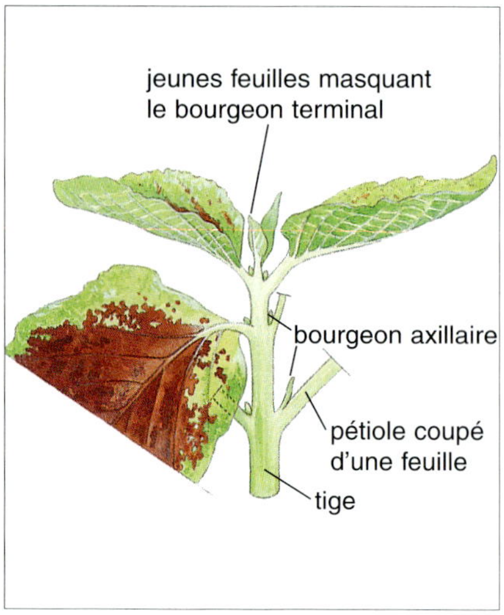

1 Coupe longitudinale dans un bourgeon de coleus : observation au microscope optique.

B Quelques documents complémentaires.

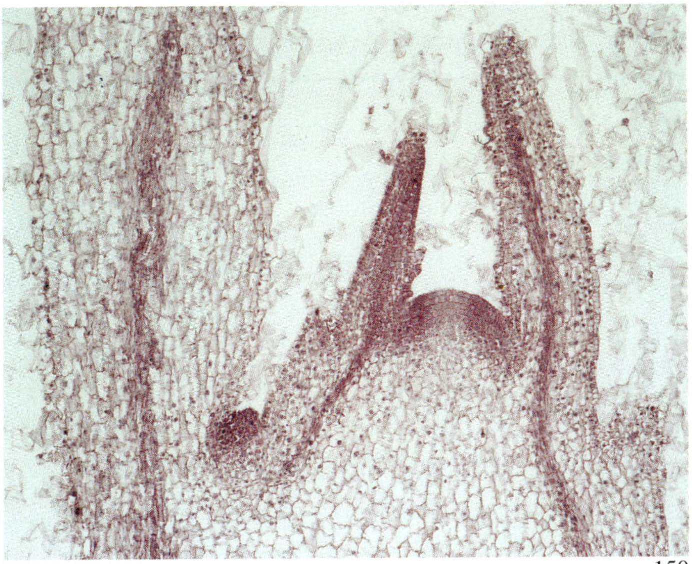
×150

2 Coupe longitudinale dans un bourgeon de tabac.

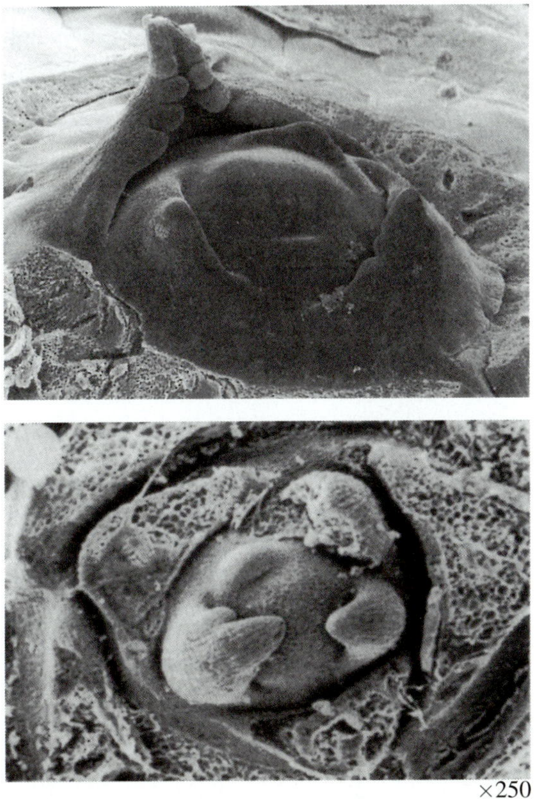
×250

4 Observation au MEB de l'apex d'un bourgeon. Le dôme du méristème est entouré de crêtes, chacune étant une ébauche de feuille.

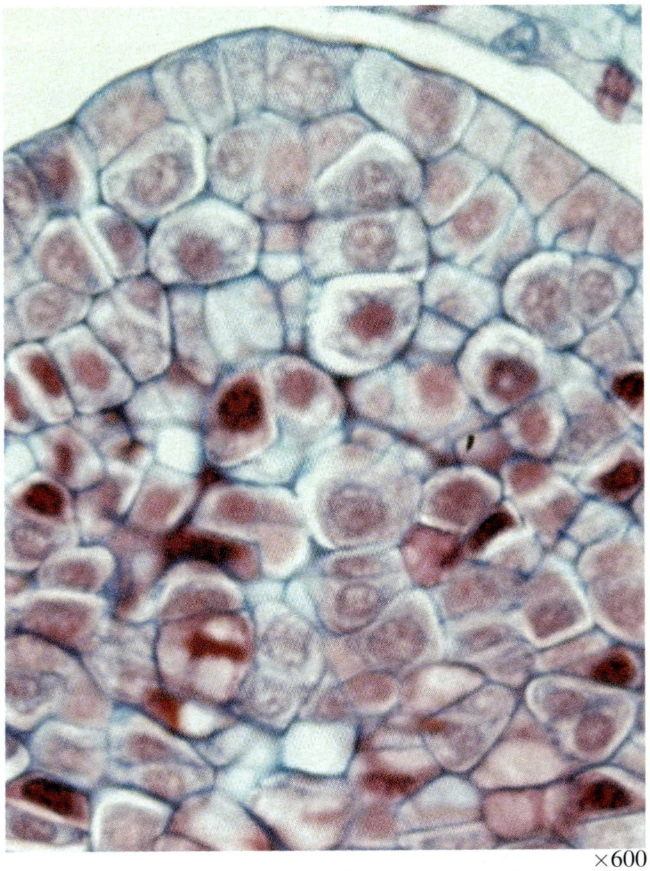
×600

3 Méristème apical observé au fort grossissement du microscope optique.

Pistes d'exploitation

1 - Doc 1 : Faites un dessin du document proposé. Sur votre dessin, écrivez les légendes : méristème apical, ébauche de bourgeon axillaire, ébauche de feuille. Le bourgeon photographié ici appartient-il à une plante à feuilles alternes ou à feuilles opposées ?

2 - Doc 1 et 2 : Comparez ces deux documents. Repérez les feuilles les plus jeunes. Où sont-elles situées par rapport à l'apex ? Comment l'expliquez-vous ?

3 - Doc 3 : Recherchez les principales caractéristiques des cellules d'un méristème.

4 - Doc 1 à 4 : Quels organes de la plante résultent du fonctionnement d'un méristème apical ? Quel mécanisme assure la croissance des entre-nœuds et l'épanouissement des feuilles au moment de l'éclosion d'un bourgeon ?

5 - Bilan : D'où proviennent les cellules méristématiques d'un bourgeon axillaire ? Quel est leur devenir ? Expliquez comment se construisent les ramifications latérales d'une tige.

Les cellules acquièrent des

La croissance primaire d'une plante implique trois processus : 1° une prolifération cellulaire au niveau des méristèmes primaires ; 2° un allongement des cellules formées ; 3° une différenciation* des cellules qui prennent des caractères morphologiques et physiologiques particuliers.

- Observe-t-on chez les plantes des regroupements de cellules spécialisées en tissus ?
- Comment une cellule non spécialisée se transforme-t-elle en cellule spécialisée ?

A Des cellules spécialisées assurent des fonctions précises.

× 60

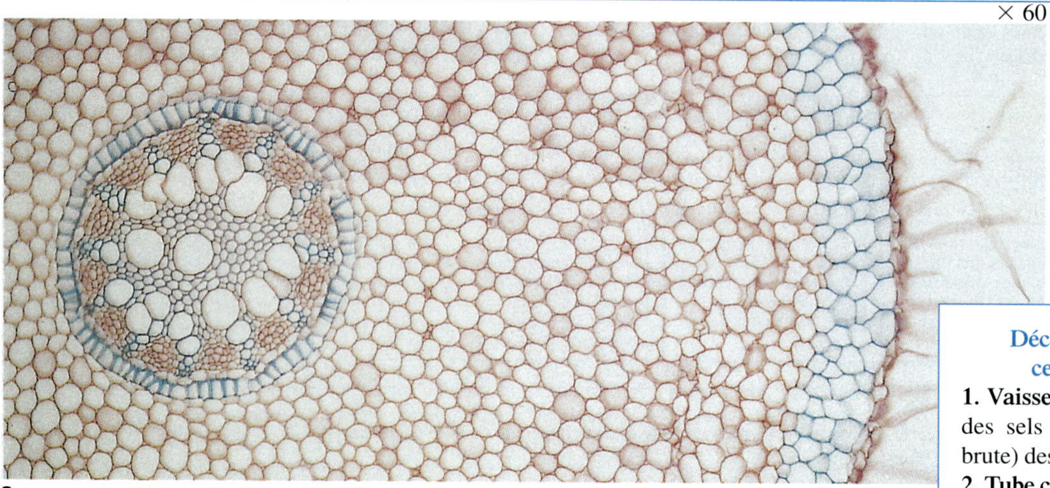

a

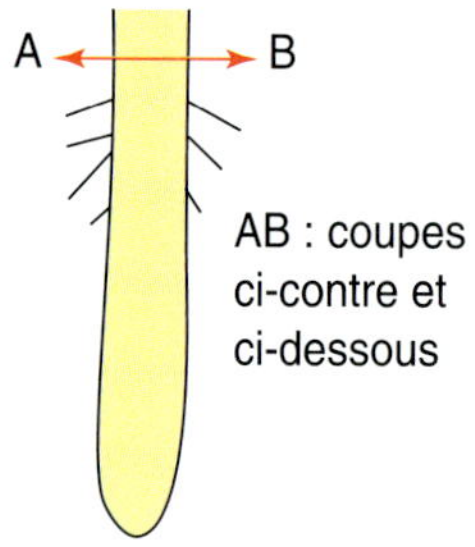

Découverte de quelques cellules spécialisées

1. Vaisseau : transport de l'eau et des sels minéraux dissous (sève brute) des racines vers les feuilles.
2. Tube criblé : transport de la sève sucrée des feuilles aux autres organes.
3. Cellule de stockage de réserves.

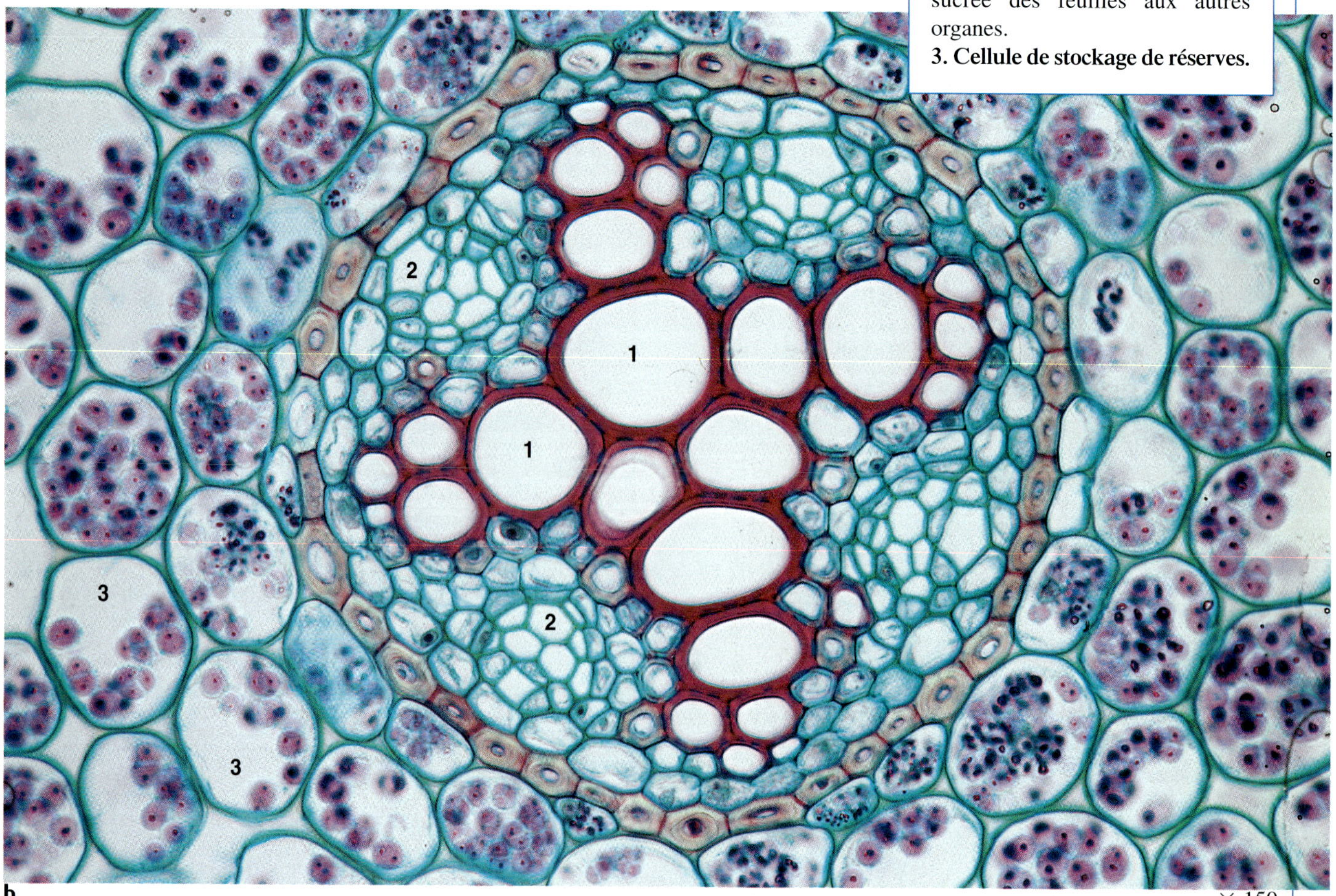

b

× 150

1 Observation de quelques cellules spécialisées sur une coupe transversale de racine. **a** - Iris. **b** - Renoncule.

B Un exemple de différenciation cellulaire.

× 120

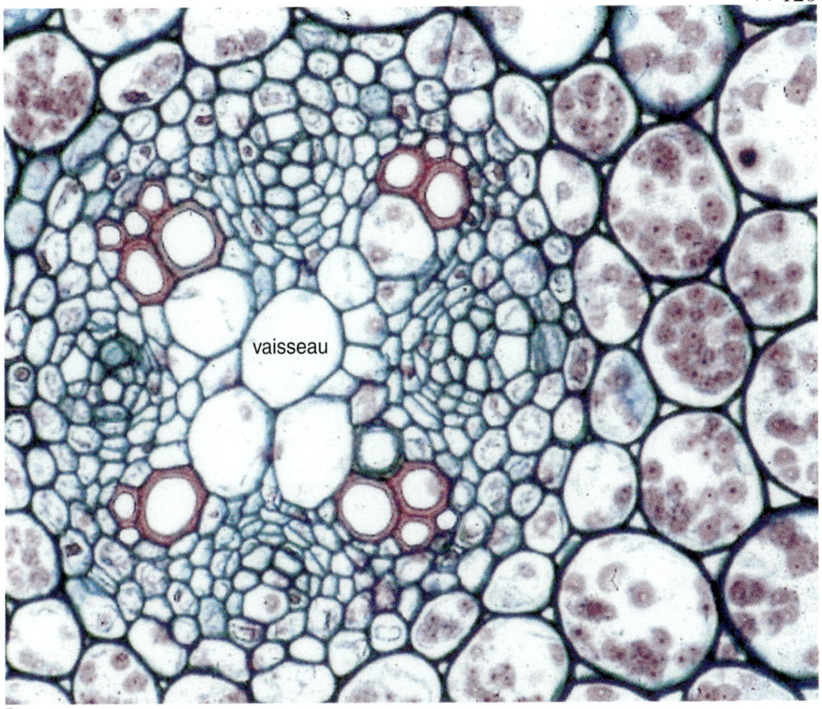

a

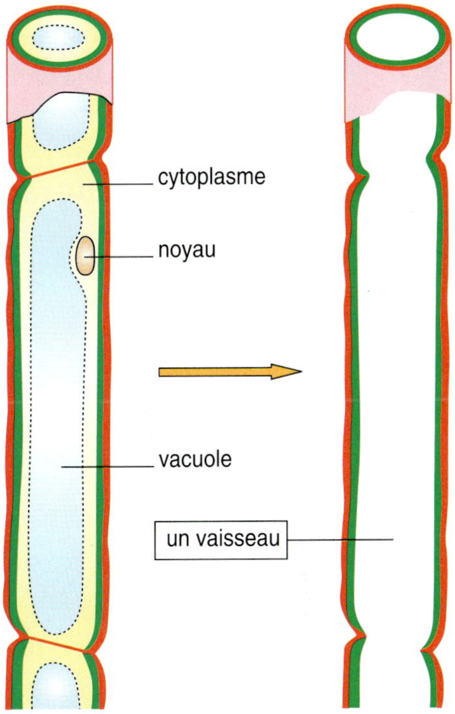

En rouge : paroi cellulaire cellulosique.
En vert : épaississement interne de lignine.

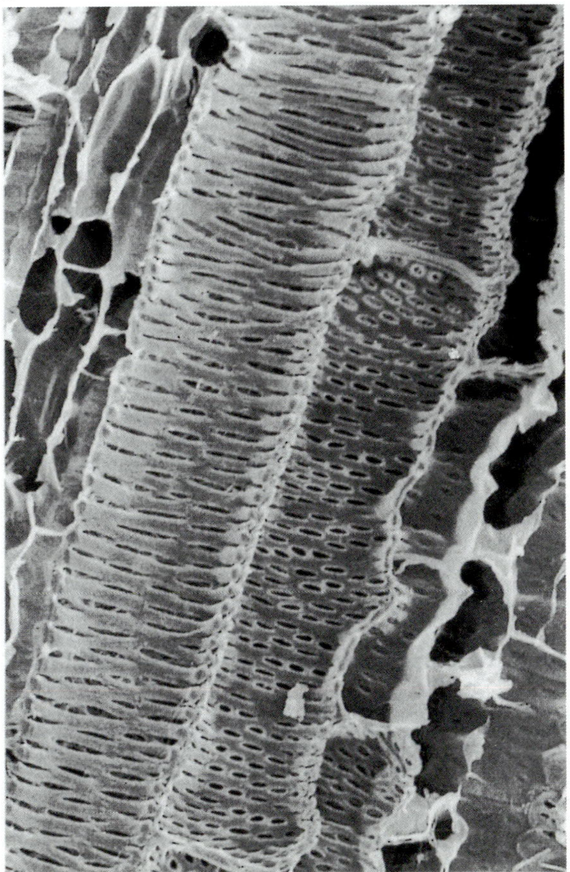

b × 250

2 Vaisseaux du bois. **a** - observés sur une coupe transversale de racine au microscope optique. **b** - en vue longitudinale, au microscope électronique à balayage.

Les trois étapes principales de la formation d'un vaisseau.

1. Des cellules disposées en files s'allongent parallèlement à l'axe de la tige (ou de la racine ou de la nervure d'une feuille).

2. La paroi cellulosique des cellules est renforcée par des épaississements internes de lignine produits par le cytoplasme.

3. Les parois transversales des files cellulaires disparaissent ainsi que le contenu cytoplasmique. Il reste ainsi un tube, le vaisseau, constitué d'une file de cellules mortes.

Lexique

- **Différenciation :** à partir de cellules méristématiques toutes semblables au départ, apparition de cellules aux structures et aux fonctions diverses.
- **Tissu :** ensemble de cellules présentant la même différenciation (même structure, même spécialisation). Exemple : les tissus conducteurs (vaisseaux d'une part, tubes criblés d'autre part) assurent le transport des sèves.

Pistes d'exploitation

1 - Doc 1 : Indiquez les caractéristiques des différents types cellulaires que vous pouvez observer.

2 - Doc 2 : Dégagez les principales caractéristiques d'un vaisseau.

Les plantes ont une

Les méristèmes primaires sont responsables de la croissance primaire des racines et des tiges. Ils sont aussi à l'origine de la construction des feuilles et des nouveaux bourgeons. Quelques points restent à préciser :

- Comment naissent les racines secondaires ?
- Quelles ressemblances et quelles différences y a-t-il entre le fonctionnement des méristèmes primaires des racines et le fonctionnement des méristèmes primaires des bourgeons ?

A A l'extrémité de chaque racine se trouve un méristème primaire.

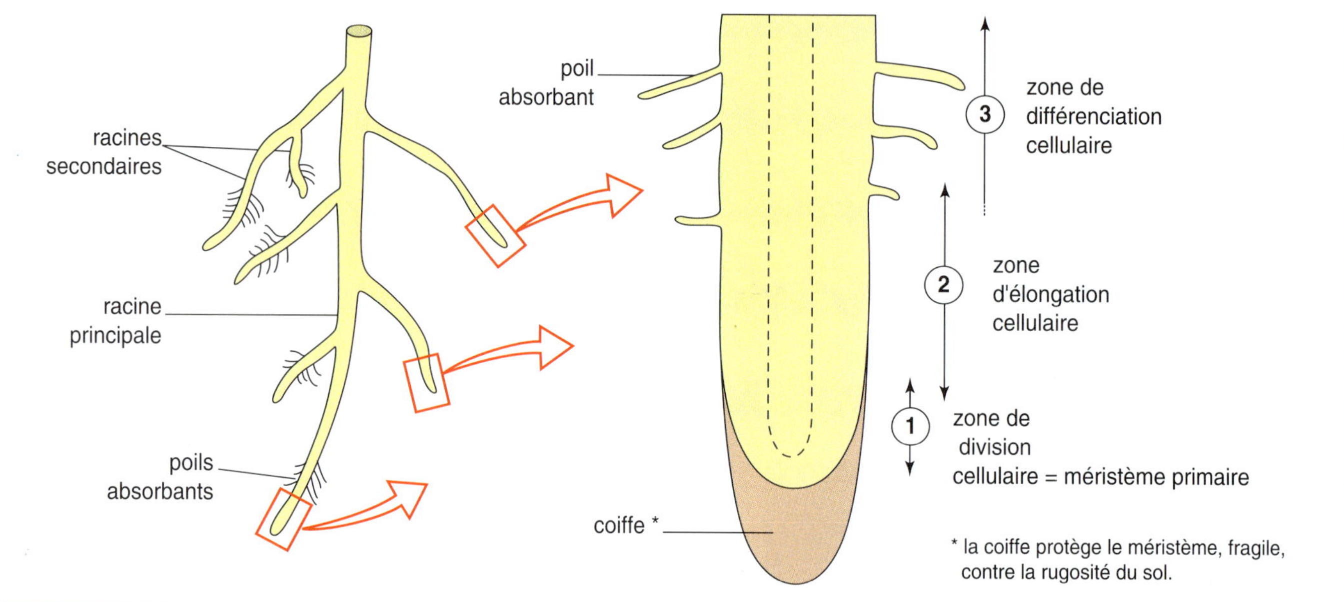

1 Les divisions cellulaires s'opèrent dans des régions très localisées.

Le système racinaire d'une plante se ramifie par formation de racines latérales appelées racines secondaires. La formation d'une racine secondaire se produit à quelques centimètres de l'apex, c'est-à-dire après différenciation cellulaire. Le massif de cellules méristématiques qui donnent naissance à la nouvelle racine provient de la dédifférenciation (une perte de la spécialité) de certaines cellules internes proches des vaisseaux. Celles-ci retournent à l'état embryonnaire et se mettent à se diviser : elles constituent le méristème apical de la nouvelle racine.

Photographie : coupe transversale dans une racine.

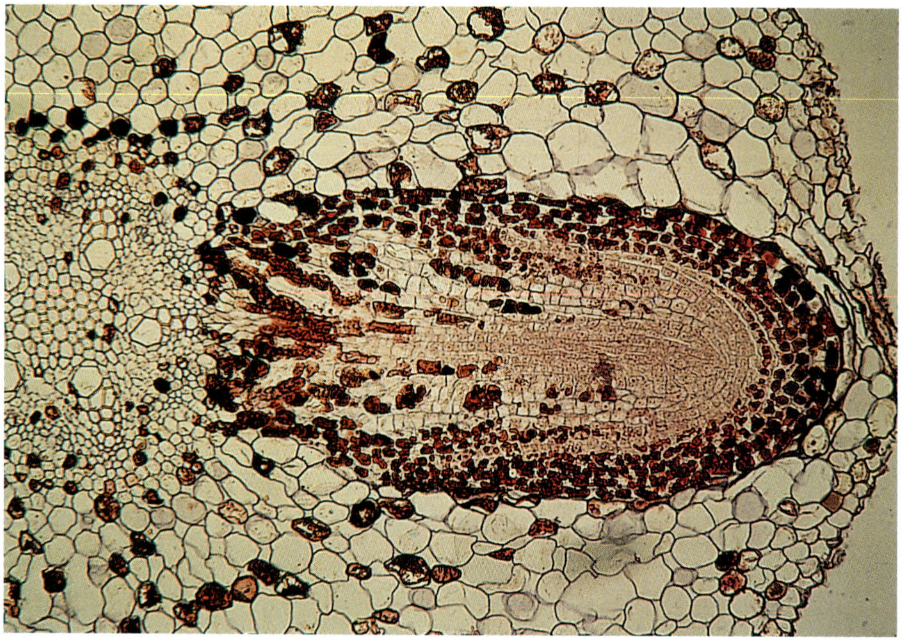

×100

2 La naissance des racines secondaires.

B Pour mieux comprendre le fonctionnement du méristème apical d'un bourgeon.

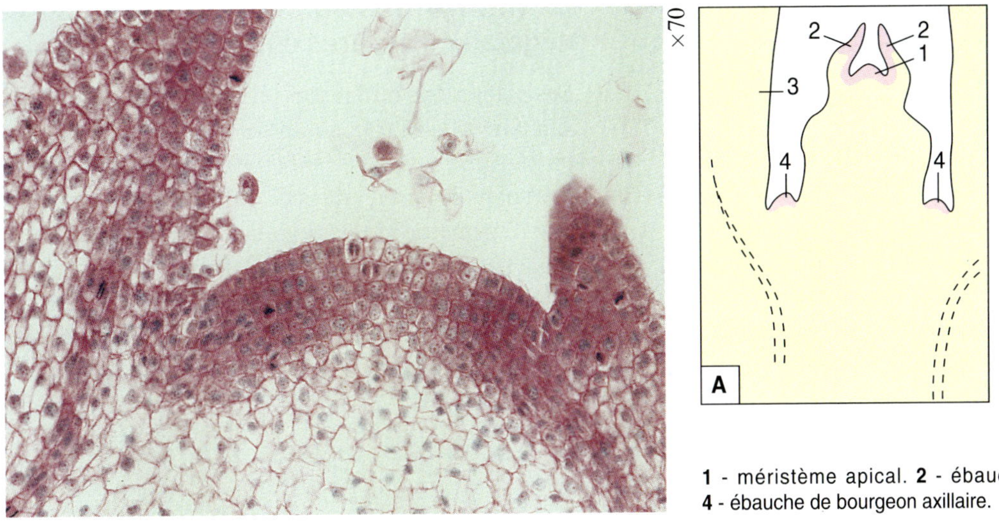

1 - méristème apical. **2** - ébauche de feuilles. **3** - jeune feuille.
4 - ébauche de bourgeon axillaire.

3 Plus une feuille est proche de l'apex, plus elle est jeune.

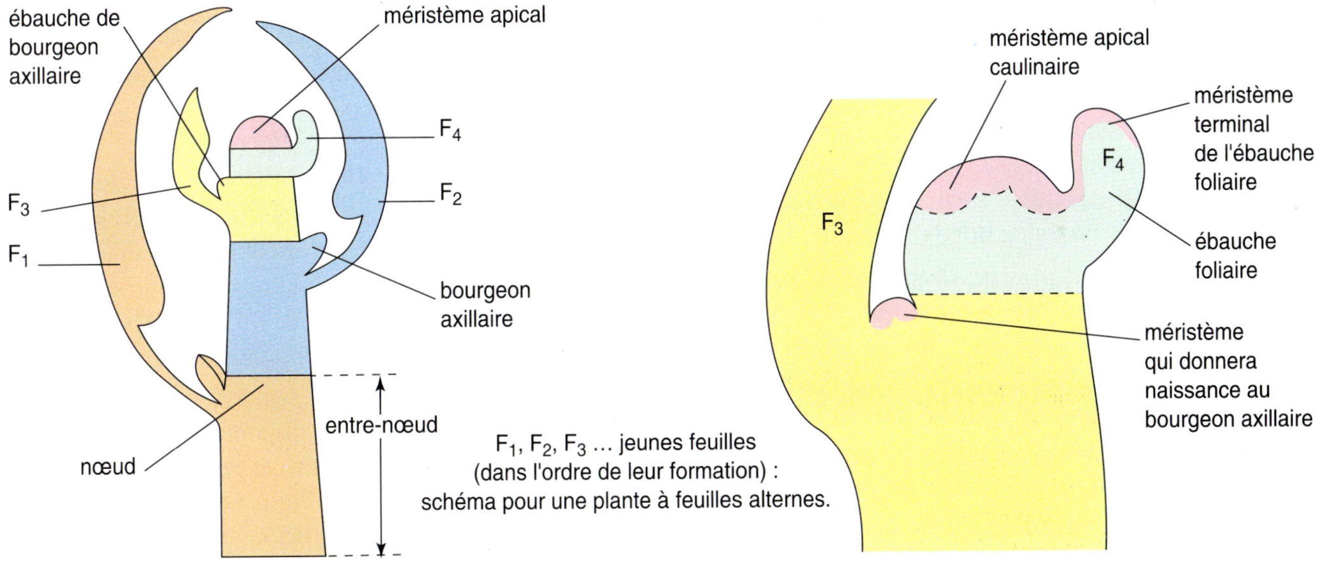

4 Le méristème apical d'un bourgeon produit des unités morphologiques répétitives qui comprennent chacune une (ou deux) feuille(s), un entre-nœud et une ébauche de bourgeon axillaire.

Pistes d'exploitation

1 - Doc 1 et 2 : Expliquez comment se forme le réseau racinaire d'une plante. Quels processus biologiques interviennent ?

2 - Doc 3 et 4 : Quels organes produit le méristème apical d'un bourgeon ? Expliquez en quelques phrases ce que deviennent les ébauches de bourgeons axillaires et comment se forment les ramifications des tiges.

3 - Bilan : Comment peut-on expliquer que les plantes croissent en taille pendant toute leur vie ? Comparez le fonctionnement d'un bourgeon d'une plante annuelle avec le fonctionnement des bourgeons d'un arbre. Comparez le fonctionnement du méristème primaire d'une racine avec le fonctionnement du méristème primaire d'un bourgeon.

La construction d'une plante

Au cours de la croissance, qui dure toute la vie de la plante, des organes se mettent en place : racines, tiges ou tronc et branches, feuilles. On appelle **morphogenèse** cette croissance et cette mise en place progressive des caractéristiques du végétal. La morphogenèse végétale est la réalisation d'un phénotype ; elle correspond à l'expression du génotype propre à chaque espèce ou à chaque individu. Elle dépend également des facteurs de l'environnement. Cependant les mécanismes fondamentaux de cette morphogenèse sont communs à tous les végétaux supérieurs, herbes, arbres ou arbustes.

I La diversité morphologique des végétaux

1• Des ports différents chez des végétaux de même espèce

Le **port** d'un végétal correspond à l'architecture de la plante et se traduit par sa silhouette. Il résulte de la disposition et du développement relatif des différents organes : tige et rameaux, tronc et branches, feuilles.

Cette morphologie dépend des **caractéristiques génétiques** de l'espèce. Ainsi, un sapin présente une silhouette typiquement pyramidale, le chêne est un arbre au tronc et aux ramifications puissantes, le bouleau possède des rameaux secondaires qui pendent, etc.

On peut toutefois constater des différences de morphologie importantes entre des plantes qui appartiennent pourtant à la même espèce. Ainsi, beaucoup d'arbres ont une silhouette différente s'ils sont isolés ou bien s'ils se développent en futaie (une futaie est une forêt provenant de semis ou de plantations, destinée à la production). C'est par exemple le cas du chêne. Isolé, cet arbre développe un feuillage ample et fourni. En futaie, le chêne possède un tronc plus élancé, les branches sont moins développées et le feuillage est situé plus haut (en conséquence, le fût, c'est-à-dire la partie du tronc située avant la première branche, est plus long). Les arbres situés en lisière sont souvent dissymétriques. Ces différences s'expliquent par l'interaction entre les arbres : chacun limite l'espace vital disponible pour les autres et donc la croissance des branches et du feuillage. Les arbres auront tendance à aller « chercher » la lumière, d'où une croissance en hauteur du tronc importante. La faible luminosité peut conduire à un élagage naturel des branches basses.

2• Des morphologies semblables chez des végétaux d'espèces différentes

Des plantes très différentes présentent parfois un aspect similaire si elles sont soumises à un même environnement. Ainsi, sur une île exposée régulièrement à un vent dominant, le port d'arbres de différentes espèces montre une dissymétrie et une orientation de la croissance des branches (port « en drapeau »). De même beaucoup de « fleurs » susceptibles de pousser en plaine ou en montagne possèdent une tige plus réduite et un feuillage très proche du sol quand elles se développent en altitude.

3• L'action des facteurs externes

L'action de la **lumière** sur la morphologie des végétaux est facilement identifiable : un éclairement insuffisant se traduit par un étiolement des plantes : les tiges s'allongent de façon spectaculaire tandis que la croissance des feuilles est inhibée. Un éclairement inégal se traduira par une dissymétrie de la morphologie du végétal : la plante se courbe vers la lumière, (la croissance est plus importante du côté non exposé à la lumière) mais le feuillage est plus fourni du côté exposé. Ce phénomène se constate facilement en lisière de forêt ou bien sur des plantes d'appartement.

Le **vent** est également un facteur qui intervient dans la morphogenèse végétale : les branches les plus développées sont situées dans la direction opposée à celle du vent (offrant ainsi moins de « prise »). D'autres facteurs climatiques comme la pluviosité ou l'enneigement interviennent également.

Les propriétés du **sol** et la disponibilité en **éléments nutritifs** sont aussi des facteurs qui peuvent conditionner la morphogenèse végétale. Enfin, l'**action de l'homme** (taille par exemple) peut modifier considérablement l'aspect d'un végétal.

4• Génotype et phénotype

Ces différents exemples montrent que la morphologie des végétaux résulte bien de l'expression du génotype de l'espèce mais que la réalisation du phénotype est également conditionnée par les facteurs environnementaux. Dans tous ces exemples, une bouture du végétal placée dans un environnement « neutre » (sans caractéristique particulièrement marquée) montre que les facteurs externes qui ont pu influencer la morphogenèse n'ont en rien modifié le génotype de la plante : la bouture ne conserve pas les particularités dues aux facteurs externes observées sur la plante mère.

Dans d'autres cas, on constate que des plantes non apparentées mais se développant dans un même environnement (milieux désertiques, polaires, salins...) présentent des caractéristiques morphologiques similaires. Contrairement aux exemples précédents ces caractères sont génétiquement déterminés (et s'observent donc même si la plante se développe dans un environnement neutre).

II La croissance d'une plante

1• Le développement du réseau racinaire

L'embryon contenu dans une graine comporte déjà une ébauche de racine. Lors de la germination, c'est la croissance de cette radicule qui forme la racine principale. Celle-ci s'allonge à partir de son **extrémité** et s'enfonce dans le sol. A partir de cette racine principale, des **ramifications** se forment latéralement et constituent les racines secondaires. Ainsi se constitue le réseau racinaire de la plante dont la morphologie dépend des caractéristiques génétiques de l'espèce mais aussi des conditions environnementales (propriétés du sol, conditions hydriques...).

2• L'édification des parties aériennes

L'embryon de la graine comporte également une petite tige pourvue d'une ébauche de bourgeon terminal. La tige principale se développe à partir de ce **bourgeon apical** (situé à l'extrémité). Une tige est formée d'une succession de nœuds et d'entre-nœuds ; les entre-nœuds sont les segments dépourvus de feuilles, entre deux nœuds successifs. Les feuilles sont insérées au niveau des nœuds qui comportent également un bourgeon situé à l'aisselle du point d'insertion de la feuille : c'est à partir de ces **bourgeons axillaires** que se développent les rameaux secondaires.

Sous nos climats, les feuilles ont en général une durée de vie limitée. Les bourgeons, en revanche, sont des structures permanentes mais leur fonctionnement n'est pas continu. En hiver, leur développement est ralenti et ils sont abrités des conditions défavorables par des écailles protectrices. Au printemps, des bourgeons vont éclore, assurant une croissance et une ramification de la tige. Certains bourgeons restent dormants. C'est donc du fonctionnement des bourgeons que dépend l'architecture des parties aériennes de la plante.

3• Croissance en épaisseur

La croissance en longueur et la ramification des tiges et des racines s'accompagnent d'une croissance en épaisseur, particulièrement visible chez les plantes pérennes (qui vivent plusieurs années) comme les arbres. C'est ainsi que, d'année en année, la tige principale devient un tronc. Cette croissance en épaisseur ne sera pas étudiée en classe de 1re S.

III Le fonctionnement des zones de croissance

1• La croissance en longueur des racines

Des expériences simples de marquage et de mesures montrent que la zone de croissance des racines est localisée à quelques mm (ou quelques cm tout au plus) de l'extrémité. Toutes les extrémités des racines, qu'elles soient principale ou secondaires) présentent une telle zone de croissance. Cette croissance en longueur associe deux phénomènes :

- des **divisions cellulaires** (mitoses) qui produisent de nouvelles cellules ;
- une **élongation** de chacune des cellules produites.

Les divisions cellulaires sont localisées dans un territoire situé tout à fait à l'extrémité de la racine, sous une « coiffe » protectrice. Ce territoire est un tissu végétal appelé **méristème** : il est caractérisé par des cellules de petite dimension, non allongées, sans disposition particulière. Ces cellules sont encore **indifférenciées** : elles sont susceptibles de donner n'importe quel type cellulaire du végétal. Le méristème est le siège de nombreuses divisions cellulaires. Ainsi, le méristème produit :

- des cellules qui cesseront de se diviser mais participeront à la structuration de la racine ;
- des cellules qui restent indifférenciées dans le méristème et continuent à se diviser.

Dans les quelques millimètres qui suivent le méristème, les cellules, disposées en files parallèles, subissent un allongement progressif important. Cette zone est la **zone d'élongation** cellulaire. Le mécanisme de cet allongement sera étudié dans le chapitre 3.

Enfin, un peu plus loin de l'extrémité, les cellules acquièrent des caractères spécifiques en liaison avec leur fonction. C'est la **différenciation** cellulaire. Certaines cellules situées en périphérie deviennent des poils absorbants. D'autres cellules, en position plus centrale, forment les tissus conducteurs de sève. D'autres encore se spécialisent dans l'accumulation de réserves.

Une **racine secondaire** se forme à partir de la croissance d'un massif cellulaire qui perce les tissus et fait saillie à l'extérieur puis s'allonge. Le massif cellulaire à l'origine d'une racine secondaire se forme par dédifférenciation de certaines cellules qui retournent à l'état embryonnaire et forment le nouveau méristème.

2• Le fonctionnement des bourgeons

Les bourgeons sont situés à l'extrémité des tiges ou des rameaux (bourgeon apical) et à l'aisselle des feuilles (bourgeons axillaires). Chez les espèces pérennes, des écailles protègent le bourgeon. Chaque bourgeon est constitué :

– d'un **méristème apical** situé tout à fait à l'extrémité ;

– d'**ébauches de feuilles** imbriquées et recouvrant le méristème apical, les plus jeunes étant les plus proches du méristème ;

– de **massifs de cellules méristématiques** situés à l'aisselle de chaque ébauche foliaire ;

C'est le méristème apical qui produit et dispose les ébauches foliaires ainsi que les îlots méristématiques situés à leur aisselle. Les cellules produites par le méristème apical sont petites : elles s'allongent puis se différencient. Certaines cellules formeront les cellules chlorophylliennes des feuilles, d'autres constitueront les tissus conducteurs de la tige, etc.

Un bourgeon contient donc déjà tous les éléments constitutifs d'une tige : c'est un rameau « en miniature » dont les entre-nœuds ne sont pas développés. L'éclosion du bourgeon consiste en une élongation des entre-nœuds et un développement des ébauches foliaires.

Les massifs de cellules méristématiques situés à l'aisselle de chaque ébauche foliaire sont à l'origine des bourgeons axillaires.

Les « Faux de Verzy », de curieux hêtres tortueux qui gardent encore une partie de leur mystère : génétique ou influence de l'environnement ?

La structure et le fonctionnement d'un bourgeon axillaire sont en tout point comparables à ceux du bourgeon apical de la tige principale. La formation d'un rameau secondaire est donc semblable au développement de la tige principale.

L'essentiel

• La morphologie d'un végétal dépend des caractéristiques de l'espèce à laquelle il appartient mais aussi de facteurs de l'environnement (lumière, espace vital, vent...).

• Des plantes d'une même espèce mais qui se développent dans des environnements différents peuvent présenter une morphologie différente.

• Des végétaux d'espèces différentes placés dans un même environnement peuvent présenter des formes semblables.

• L'architecture d'une plante résulte de la croissance et de la ramification de la tige et de la racine.

• Les zones de croissance en longueur d'une tige et d'une racine sont localisées à leur extrémité.

• La morphogenèse végétale associe division, élongation et différenciation cellulaires.

• La mitose est localisée dans les méristèmes des bourgeons (apical ou axillaires) et de l'extrémité des racines. Elle produit :

- des cellules qui, en s'allongeant puis en se différenciant, participeront à la construction des organes de la plante (feuilles, tige, racine) ;

- des cellules qui restent indifférenciées et continuent à se diviser dans le méristème.

Schéma-bilan

L'ÉDIFICATION DE LA PARTIE AÉRIENNE

Coupe longitudinale dans un bourgeon

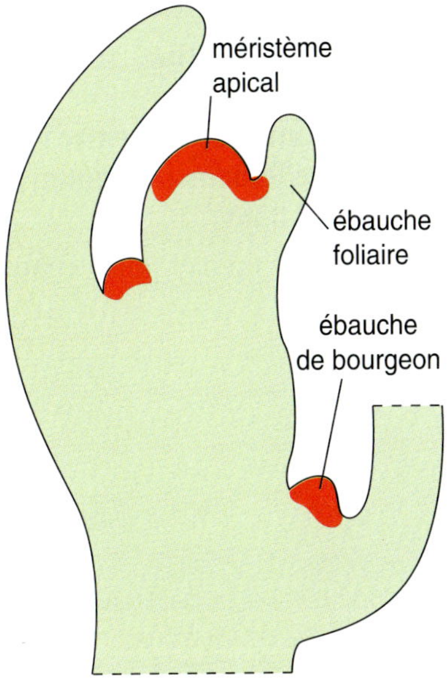

◀ Dans chaque bourgeon : plusieurs îlots de méristèmes (qui proviennent tous du méristème apical).

L'activité de ces méristèmes ▶ est responsable de l'édification de l'appareil caulinaire.

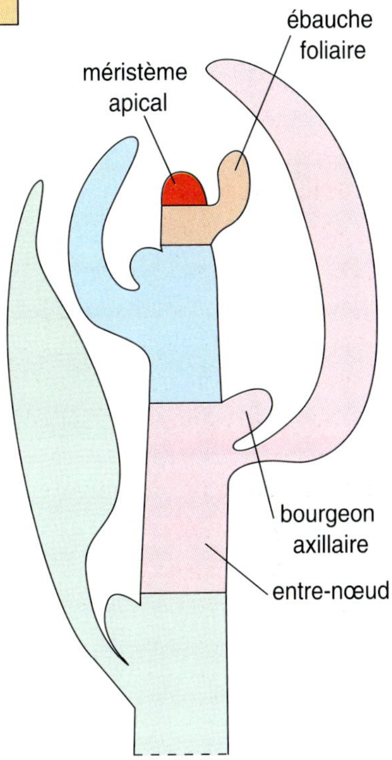

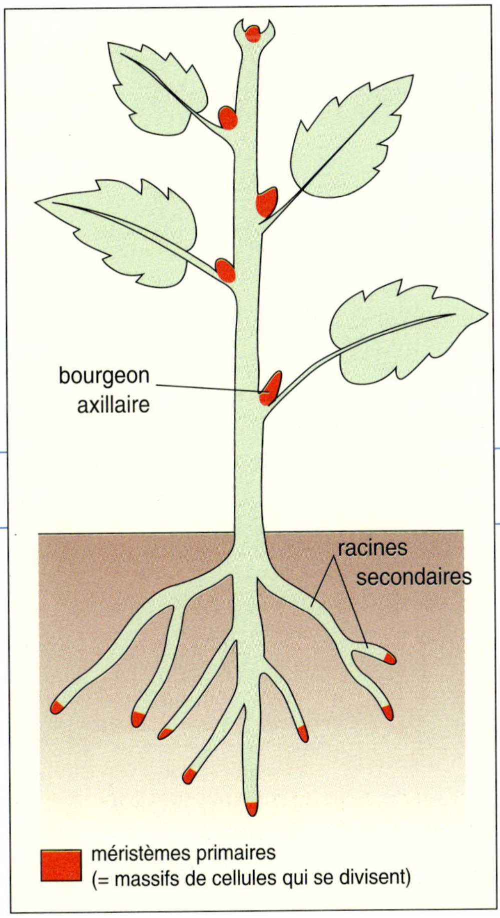

Coupe longitudinale dans une racine

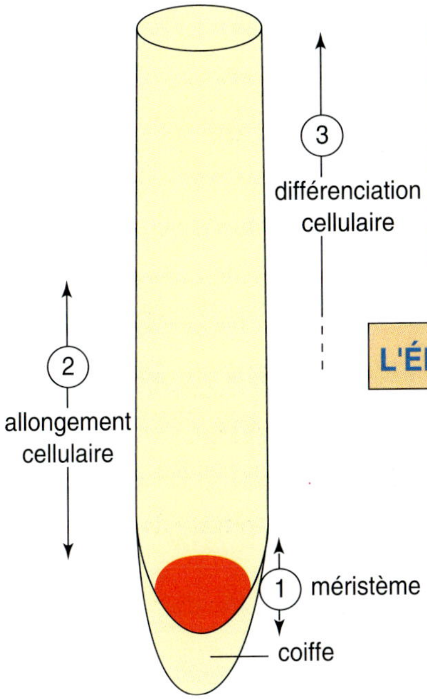

L'ÉDIFICATION DE LA PARTIE SOUTERRAINE

◀ À l'extrémité de chaque racine : un méristème primaire assure la croissance en longueur.

L'apparition de nouveaux îlots ▶ de méristèmes assure la formation des racines secondaires et donc l'édification du « réseau racinaire ».

Coupe transversale dans une racine

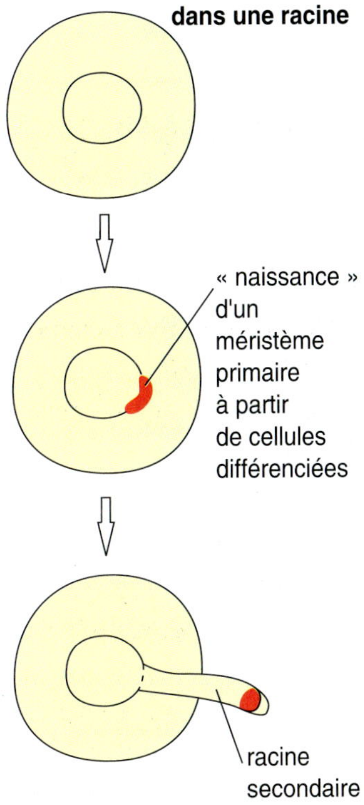

A Travaux pratiques possibles : une « mesure » de l'allongement de jeunes cellules.

1 Première étape du protocole expérimental.

1 – Mettre à germer des graines de soja vert, sur du terreau ou de la vermiculite pendant 5 jours à l'obscurité et à 20 °C.

2 – Prélever une plantule saine. Faire de petites entailles sur l'hypocotyle tous les 5 mm environ. A l'aide d'une pince fine, retirer un fragment d'épiderme entre deux entailles. Monter ce fragment entre lame et lamelle dans une goutte de rouge neutre dilué.

3 – Faire de même pour chaque segment.

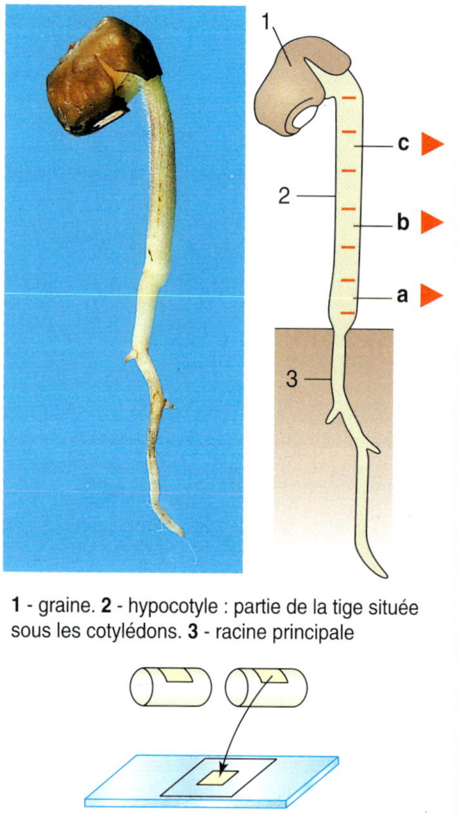

1 - graine. **2** - hypocotyle : partie de la tige située sous les cotylédons. **3** - racine principale

2 Le prélèvement de lambeaux épidermiques.

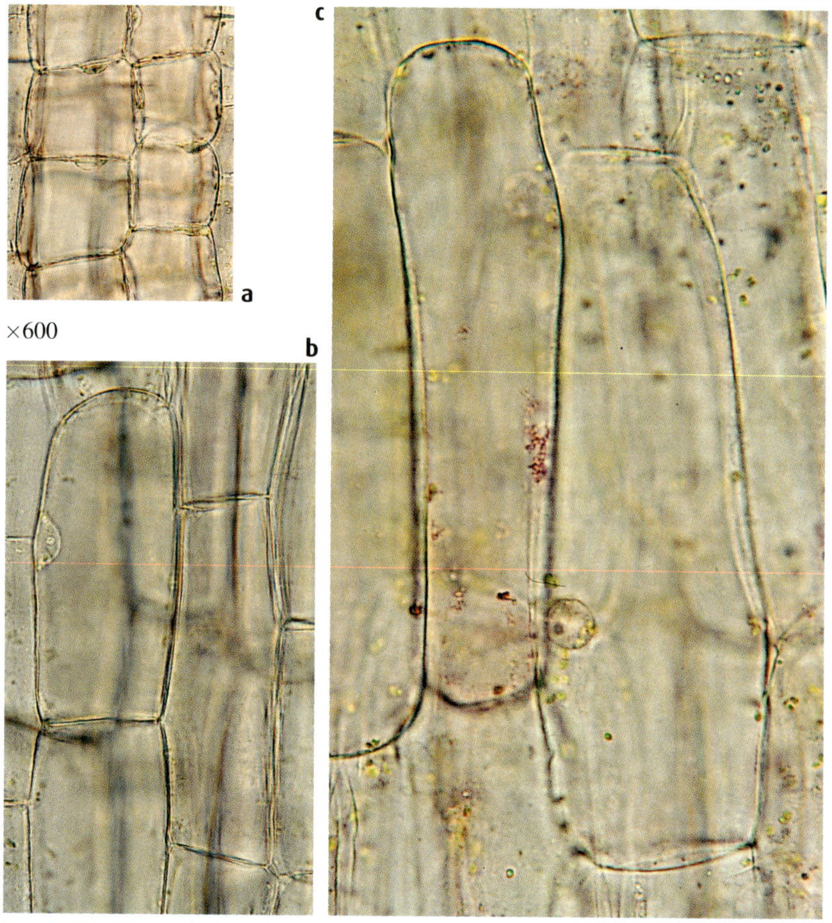

3 Un aperçu des résultats.

B De la prolifération cellulaire aux cellules spécialisées.

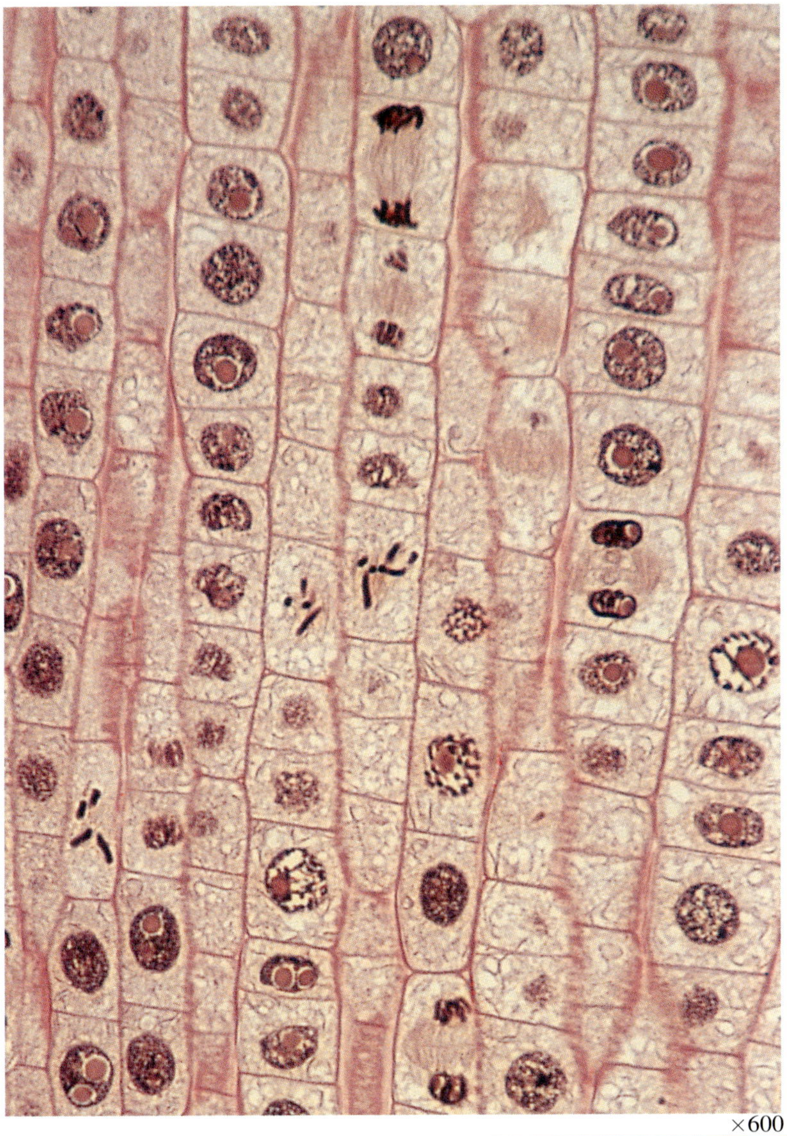

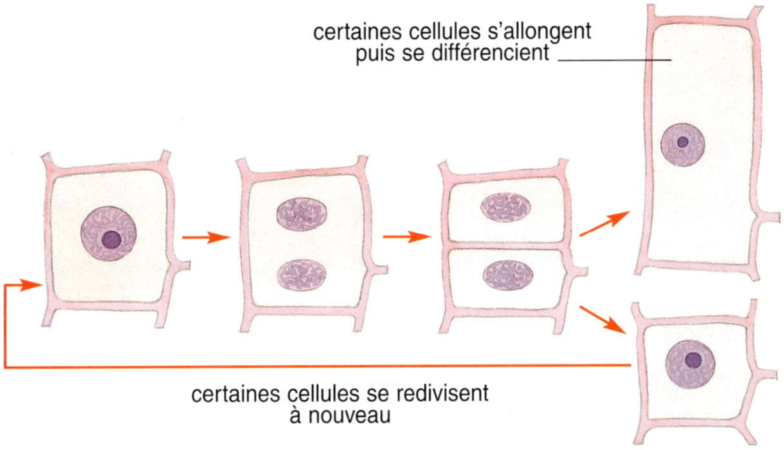

4 Observation de cellules embryonnaires (photographie : méristème primaire d'une racine).

- La vitesse de croissance d'une tige d'asperge peut dépasser 30 cm par jour ; elle atteint 60 cm par jour pour les jeunes pousses de bambou.
- Les jeunes racines de maïs grandissent d'environ 2 mm par heure. Chacune d'elle produit environ 18 500 cellules à l'heure. Les divisions cellulaires ont lieu à l'extrémité, dans les 5 millimètres près de l'apex, à une cadence d'environ une division toutes les heures pour chaque cellule méristématique. Une germination de maïs peut produire en quelques semaines plus de 2 000 racines dont la longueur totale dépasse 50 mètres.

5 Quelques nombres à titre d'exemples.

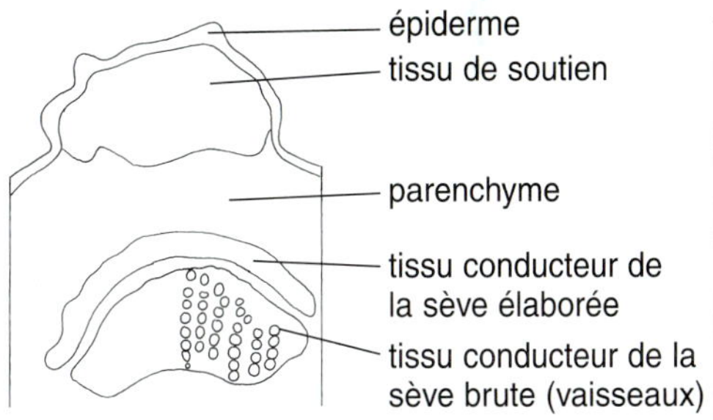

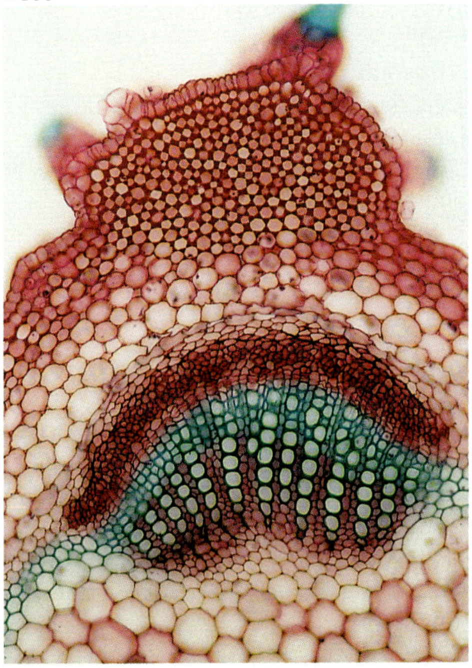

6 Les cellules prennent des caractères morphologiques et physiologiques particuliers.

TESTER SES CONNAISSANCES

A. Retrouvez le mot qui correspond à chaque définition.

a. Ensemble de cellules indifférenciées, siège de nombreuses divisions cellulaires.
b. Acquisition par une cellule de structures spécialisées, en lien avec sa fonction.
c. Développement de la forme et des structures d'un organisme.
d. Disposition des branches et des feuilles d'un végétal, caractéristique de sa silhouette.

B. Définissez les mots ou expressions :

Méristème apical, bourgeon axillaire, zone de croissance, cellule différenciée, futaie.

C. Vrai ou faux ?

Certaines affirmations sont exactes, recopiez-les. Corrigez ensuite les affirmations inexactes.
a. Le port d'un végétal est génétiquement déterminé.
b. Le port d'un arbre est indépendant des facteurs de l'environnement.
c. Des plantes d'une même espèce peuvent avoir une morphologie différente.
d. Dans un bourgeon il n'y a toujours qu'un seul méristème.
e. Les différents types cellulaires d'une racine ont pour origine différents types de méristèmes.
f. Une racine pousse à partir de son extrémité.

D. Questions à choix multiples.

Chaque série d'affirmations peut comporter une ou plusieurs réponses exactes. Repérez les affirmations exactes, corrigez les autres.

1. Un méristème :
a. est constitué de cellules indifférenciées ;
b. est constitué de cellules différenciées ;
c. est constitué de cellules indifférenciées et de cellules différenciées ;
d. est le siège de nombreuses divisions cellulaires.

2. Un bourgeon :
a. apparaît au printemps ;
b. est une structure permanente ;
c. contient plusieurs zones méristématiques ;
d. contient un petit rameau en miniature.

E. Quelle différence y a-t-il entre...

a. ... une cellule différenciée et une cellule méristématique ;
b. ... l'apex d'une tige et l'extrémité d'une racine ;
c. ... le méristème et la zone de croissance d'une racine ;
d. ... le port d'un arbre isolé et le port d'un arbre en futaie.

F. Expliquez comment...

a. ... se forme une nouvelle branche d'un arbre ;
b. ... pousse une racine ;
c. ... se forment les racines secondaires.

G. Rédigez une phrase...

... en utilisant chaque groupe de mots ou expressions :
a. Caractéristiques génétiques, facteurs de l'environnement, port d'un végétal.
b. Bourgeon, rameau, élongation des entre-nœuds, éclosion.
c. Cellules indifférenciées, méristème, mitoses.
d. Racine, allongement des cellules, croissance, divisions cellulaires.
e. Racine, allongement des cellules, divisions cellulaires, méristème apical, zone de croissance.

H. Elaborez un résumé scientifique.

Sujet 1.
En vous appuyant sur quelques exemples précis, montrez que le phénotype macroscopique d'une plante dépend à la fois de facteurs génétiques et de facteurs environnementaux.

Sujet 2.
Qu'est-ce qu'un méristème ? En prenant l'exemple de l'extrémité des racines et des tiges montrez le rôle fondamental des méristèmes dans la morphogenèse végétale.

UTILISER DES CONNAISSANCES ET DES MÉTHODES

1 Une caractéristique de la flore de haute montagne.

La grande marguerite *(Leucanthemum vulgare)* est une plante qui pousse dans les plaines mais que l'on peut rencontrer jusqu'à 2 700 m d'altitude. Ce dessin représente deux pieds de grande marguerite, récoltés l'un dans la région parisienne (**a**), l'autre dans les Alpes à 2 030 m d'altitude (**b**). Ces deux pieds appartiennent bien à la même espèce et sont représentés à la même échelle.

Question 1 (Analyser un dessin)
Comparez ces deux pieds de marguerite.

Question 2 (Utiliser les connaissances acquises, proposer une hypothèse explicative)
Comment peut-on expliquer les différences constatées ?

2 Reconnaître un arbre grâce à sa silhouette.

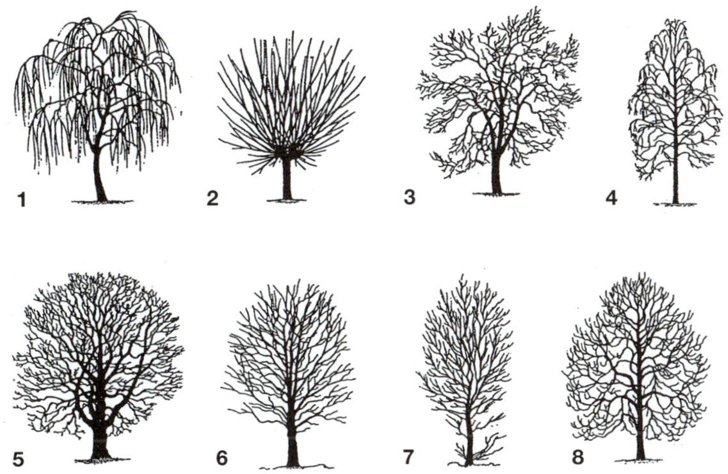

Le port d'un arbre est parfois très caractéristique et constitue un indice, parmi d'autres, permettant son identification. Les schémas 1 à 8 représentent la silhouette de 8 arbres. En dessous se trouve le nom et une courte description de chacun de ces 8 arbres.

Question 1 (Analyser des données)

Mettre en relation chacune des silhouettes avec le nom et la description qui lui correspondent.

Question 2 (Utiliser les connaissances acquises)

Pour quelles raisons la silhouette d'un arbre est elle parfois insuffisante pour permettre son identification ?

a. *Chêne pédonculé :* tronc puissant, houppier fourni et ample, branches souvent tourmentées.
b. *Marronnier :* tronc puissant et droit, houppier* très développé, large, cime* pyramidale.
c. *Saule pleureur :* port gracile, caractérisé par les rameaux secondaires pendants (parfois jusqu'à terre).
d. *Hêtre :* fût droit et assez puissant, houppier souvent haut placé, branches du bas proches de l'horizontale.
e. *Bouleau :* tronc mince et droit, houppier aéré, ovoïde, rameaux secondaires pendants.
f. *Charme :* tronc qui se prolonge nettement dans le houppier dense, ovoïde.
g. *Erable sycomore :* tronc qui se prolonge par des branches ascendantes fortes, houppier large formant un dôme.
h. *Saule rouge :* fût* assez fort et bas, houppier ample constitué par des rameaux dressés en éventail.

*houppier : ensemble des ramifications portées par le tronc d'un arbre.
*cime : sommet, partie supérieure de l'arbre.
*fût : partie du tronc d'un arbre située sous les premières branches.

3 Des images de synthèse qui modélisent la croissance des plantes.

En tenant compte de différents facteurs, il est possible de modéliser la croissance d'un végétal. Des programmes informatiques permettent ainsi de visualiser l'aspect probable d'un parc ou d'un jardin dans un futur de 20 ou 30 ans !

Ce document est une image de synthèse résultant du calcul de l'interaction entre plusieurs arbres d'un bosquet (Unité de recherche sur la modélisation des plantes – Cirad/Inra – Montpellier). L'image **a** est une vue apicale de sept arbres regroupés en bosquet ; l'image **b** modélise l'aspect de l'arbre central ; l'image **c** celui d'un arbre situé sur la périphérie et l'image **d** présente le bosquet en vue latérale.

Question 1 (Utiliser les connaissances acquises)

Quels types de facteurs doit-on intégrer pour modéliser la croissance d'une plante ? Donnez-en quelques exemples.

Question 2 (Exploiter un modèle)

Comparez le port des deux arbres présentés. Quel(s) facteur(s) expliquent le port de chacun de ces deux arbres ?

4 Observation microscopique d'un bourgeon.

Cette photographie présente une coupe longitudinale réalisée dans un bourgeon, observée au microscope.

×150

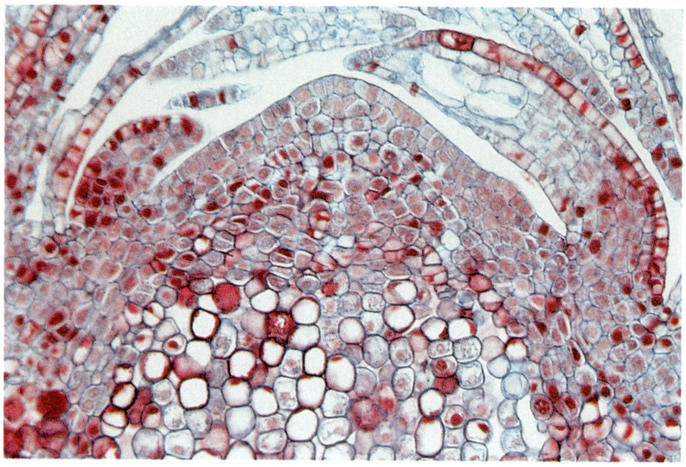

Question 1 (Utiliser les connaissances acquises)

Rappelez quels éléments constituent un bourgeon.

Question 2 (Communiquer sous forme de schéma)

Faites un schéma d'interprétation de cette photographie : délimitez les différents territoires, légendez-les et précisez leurs caractéristiques essentielles.

5 La formation d'une racine secondaire.

Cette photographie présente une coupe longitudinale réalisée dans une racine de courge, observée au microscope.

×100

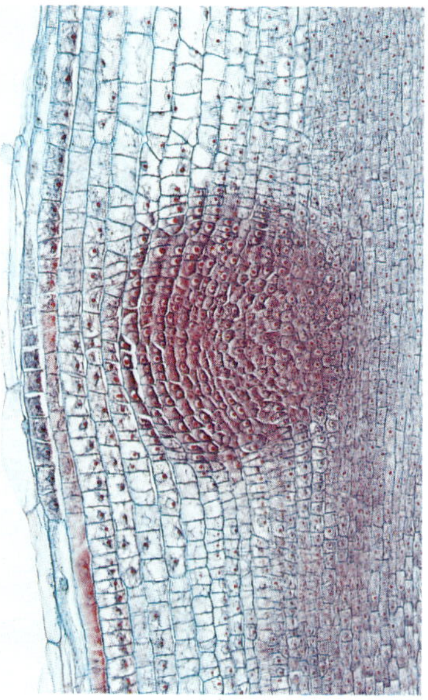

Questions (Communiquer sous forme de schéma)

Réalisez un schéma d'interprétation de cette photographie : mettez en évidence la zone à l'origine d'une racine secondaire. Annotez ce schéma de façon à expliquer comment se forme une racine secondaire.

6 Les plantes des milieux désertiques.

L'*Ecandelabrum* (photo **a**) et le *Cereus* (photo **b**) sont deux plantes de morphologie très particulière, que l'on rencontre dans des milieux où règnent des conditions désertiques. Ces deux plantes ne sont pas apparentées : L'Ecandelabrum appartient à la famille des Euphorbiacées tandis que le Cereus appartient à la famille des Cactacées (famille de plantes communément appelées « cactus »).

Pour chacune de ces deux plantes, on a fait les expériences suivantes :

- **Expérience 1 :** on prélève un fragment de la plante que l'on cultive sur un terreau, dans un appartement. Ces boutures se développent et forment de nouvelles plantes, tout à fait comparables à celles représentées par les photos.
- **Expérience 2 :** ces plantes peuvent fleurir et former des graines. Après semis et développement sur un terreau, dans un appartement, les nouvelles plantes présentent également les mêmes caractères que ceux visibles sur la photo.

a

b

Questions 1 (Analyser des données, pratiquer un raisonnement déductif)

Comparez ces deux plantes, d'après les photographies. Quels facteurs déterminent principalement la morphologie de ces deux plantes ?

Questions 2 (Formuler un problème biologique)

Les biologistes utilisent l'expression « convergence de forme » pour désigner le phénomène présenté par ces deux plantes. Quels problèmes biologiques pose un tel constat ?

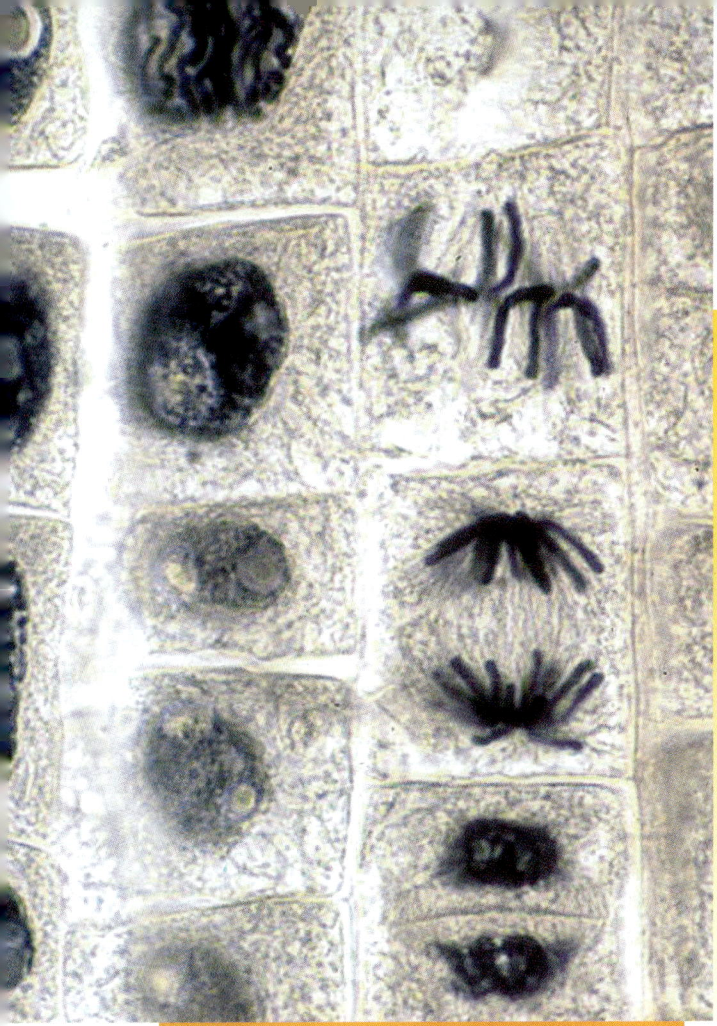

La morphogenèse végétale

Chapitre

2

La mitose, un processus commun aux cellules eucaryotes

Les divisions cellulaires responsables de la croissance des végétaux se déroulent dans des zones spécialisées, les méristèmes. A chaque division, une cellule-mère transmet la totalité de son information génétique à ses deux cellules-filles. Ces dernières sont donc génétiquement identiques entre elles. Comment cela est-il possible ?

Photographie : observation de mitoses sur une coupe longitudinale de racine d'ail.

Observations microscopiques de

La méthode privilégiée pour observer une mitose* est la microcinématographie au ralenti. On peut néanmoins observer au microscope des « instantanés » de ce processus, si des cellules sont en division au moment où la préparation est réalisée.

■ Bien que ce soit un processus continu, on distingue dans la mitose quatre phases caractéristiques : quelles sont-elles ?

A Réalisation et observations de préparations microscopiques.

■ **PROTOCOLE EXPÉRIMENTAL**

1. Faire germer des bulbes d'ail, d'oignon ou de jacinthe sur un flacon rempli d'eau. Dès que les racines mesurent 1 à 3 cm, placer le flacon au réfrigérateur pendant 2 jours.

2. Prélever 0,5 cm de l'extrémité des racines. Mettre les fragments dans des tubes à essais contenant du carmin acétique et porter à ébullition pendant une minute.

3. Monter une extrémité de racine entre lame et lamelle dans une goutte de carmin acétique froid.

4. Appuyer délicatement sur la lamelle avec un bouchon de liège afin de bien dissocier les cellules.

5. Observer au microscope optique à divers grossissements.

× 1 000

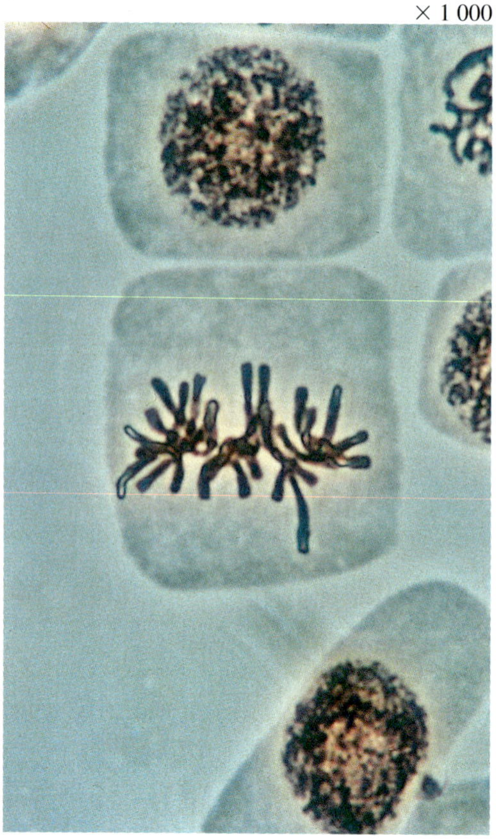

1 Des images de mitose faciles à observer.

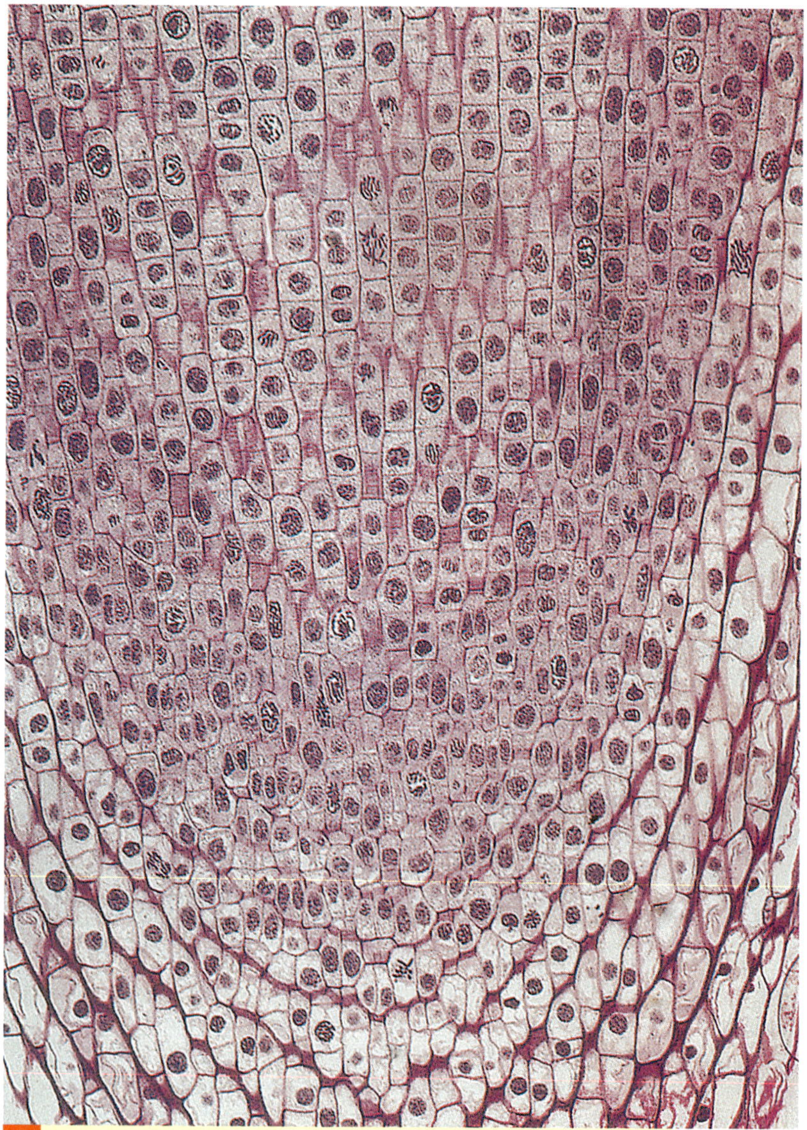

2 Coupe longitudinale dans le méristème d'une racine d'ail. × 150

B Observation précise de la répartition des chromosomes entre les deux cellules filles.

On distingue dans la mitose quatre stades successifs :
a – La prophase. **b** – La métaphase (les chromosomes sont alors placés dans un même plan de la cellule et forment une figure appelée « plaque équatoriale »). **c** – L'anaphase. **d** – La télophase.

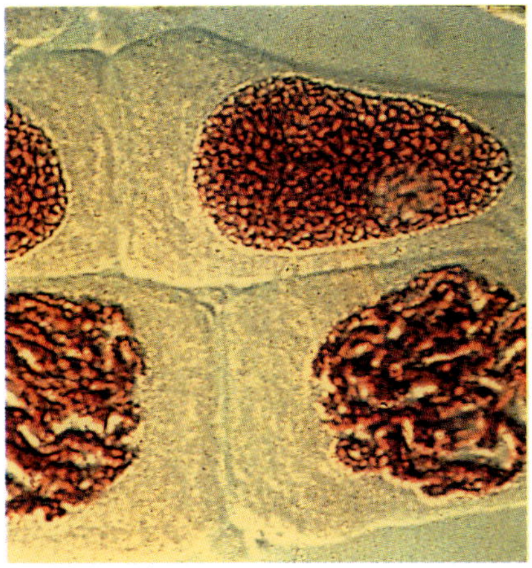

× 1 000

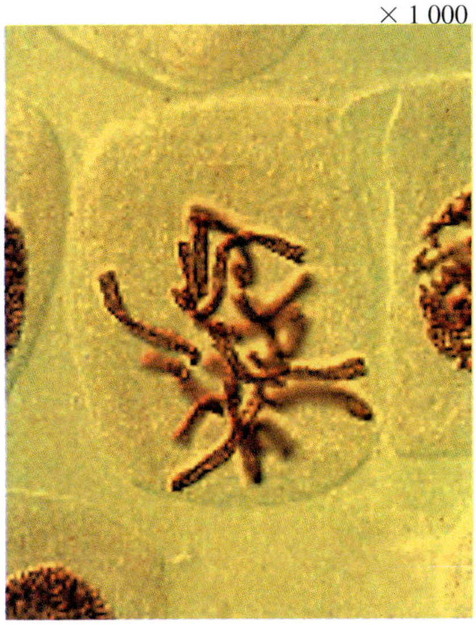

× 1 000

× 1 000

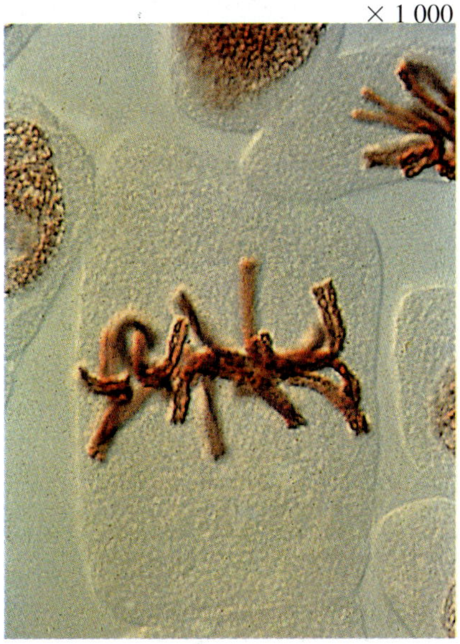

× 1 000

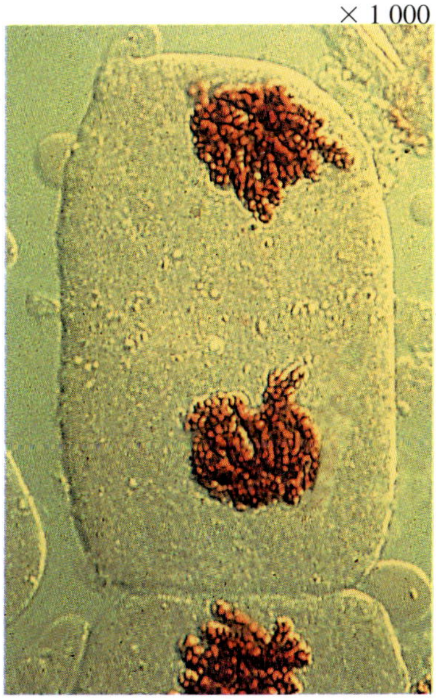

× 1 000

3 Le comportement des chromosomes au cours des quatre phases de la mitose.

- **Le nombre des chromosomes**
Le nombre des chromosomes est caractéristique de chaque espèce biologique.
Chez les végétaux le nombre minimal de chromosomes est observé chez l'épinard (12) et le nombre maximal chez le tilleul (82).
Chez les animaux, le nombre varie de 2 chez l'hématozoaire du paludisme à plusieurs centaines pour la paramécie ! L'homme possède 46 chromosomes.
- **La durée des diverses phases**
Elle varie d'un organisme à l'autre. Par exemple, chez le tradescantia (végétal plus connu sous le nom de misère) : prophase 105 ; métaphase 50 ; anaphase 15 ; télophase 30. Au total : 200 minutes.

Lexique

- **Mitose** (du grec *mitosis* = filament) : division cellulaire assurant à chacune des deux cellules filles un nombre de chromosomes et une information génétique identiques à ceux de la cellule mère.
- **Interphase** : période comprise entre deux mitoses.

Pistes d'exploitation

1 - Doc 1 et 2 : Identifiez les cellules en interphase* ; faites un dessin légendé d'une de ces cellules. A quoi reconnaît-on des cellules en cours de mitose ? Faites un dessin pour chacun des stades que vous pouvez repérer et proposez un ordre chronologique possible.

2 - Doc 3 : Dessinez un chromosome en métaphase, puis schématisez son devenir au cours des stades suivants de la mitose.

Une nécessité préalable à la mitose :

La mitose permet à une cellule de transmettre la totalité de son information génétique à chacune des deux cellules-filles. Or, cette information génétique est contenue dans l'ADN. Par conséquent, avant de se diviser, une cellule doit doubler son ADN afin de disposer de deux exemplaires identiques de son information génétique.

■ A quel moment ce doublement ou réplication intervient-il ? Quel en est le mécanisme ?

A Place de la réplication de l'ADN au cours de la vie cellulaire.

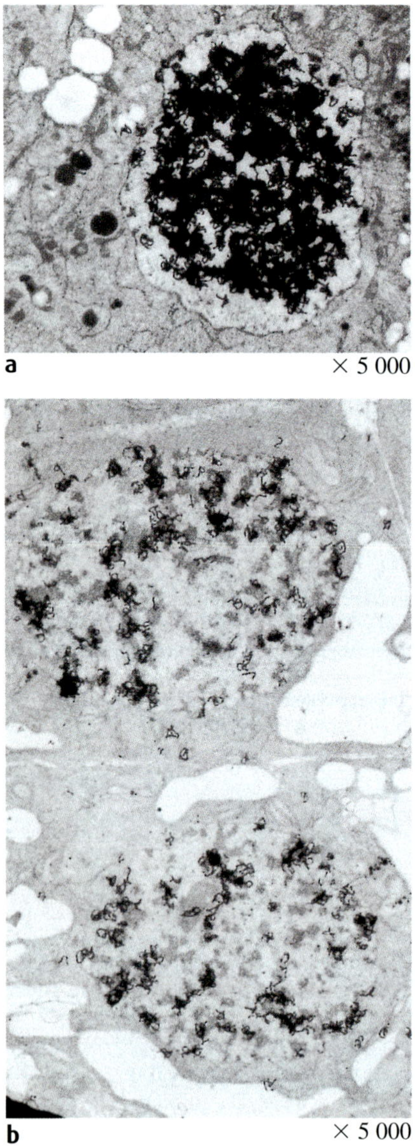

a – Cellule d'une racine de fougère en interphase (ADN marqué). **b** – Deux cellules à la fin de la mitose. Sur les clichés, les taches noires en forme de tortillon indiquent l'emplacement des molécules d'ADN (autoradiographie).

1 La synthèse et le partage de l'ADN peuvent être visualisés.

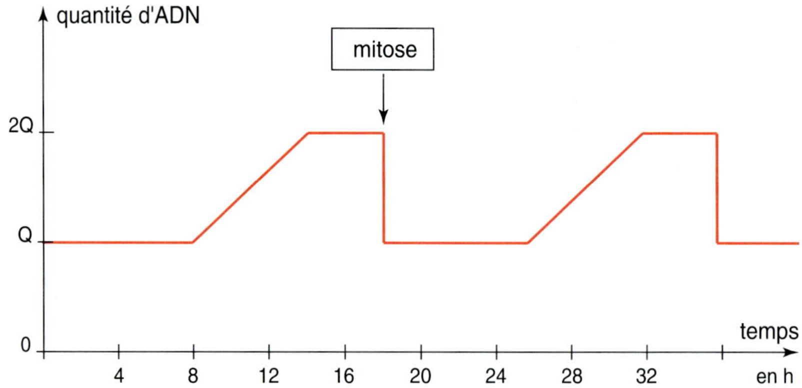

2 Variation de la quantité d'ADN pendant les phases de la vie cellulaire.

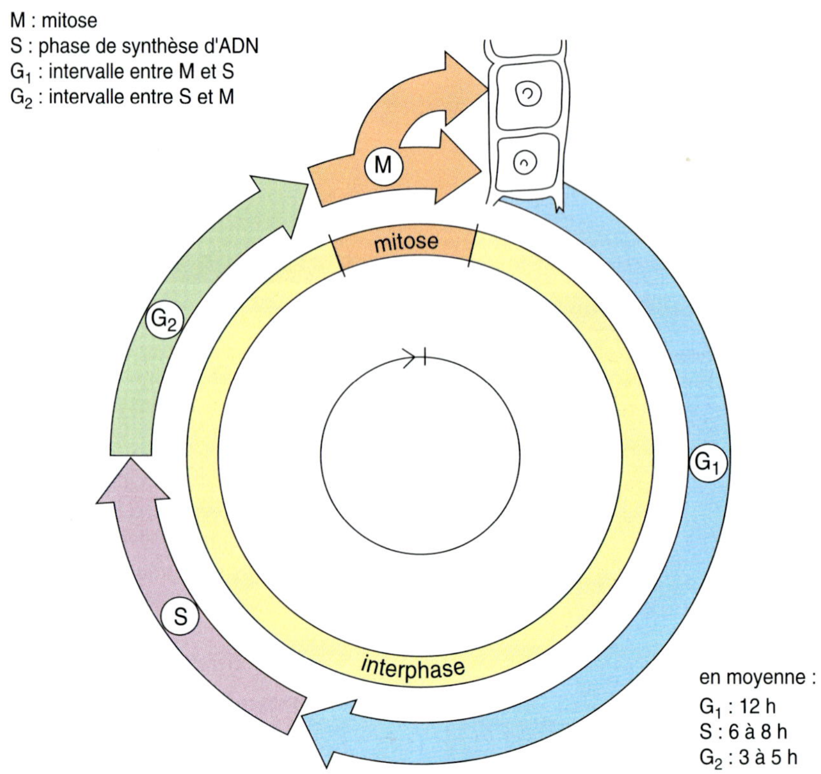

3 Le cycle cellulaire d'une cellule eucaryote comprend plusieurs étapes.

B Le mécanisme de réplication est semi-conservatif.

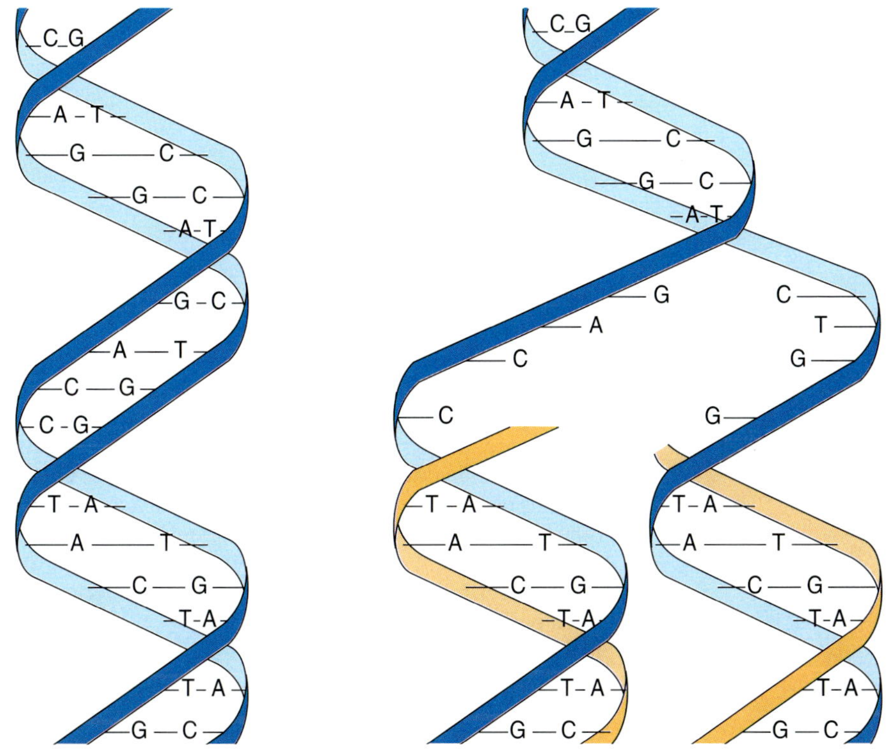

Dès qu'ils eurent déterminé l'architecture moléculaire de l'ADN en 1953, Watson et Crick proposèrent le seul mécanisme de réplication leur semblant possible. Chaque molécule-fille comporte un brin conservé de la molécule mère et un brin néoformé. L'ancien brin sert en quelque sorte de « négatif ». Le nouveau brin se forme par ajout de nucléotides successifs selon la complémentarité A-T et G-C. Un complexe enzymatique appelé ADN polymérase intervient au cours de la réplication : c'est lui qui assure à la fois l'ouverture de la molécule mère d'ADN et la création de liaisons entre les nucléotides pour former les deux nouveaux brins.

4 Une « autoreproduction » de l'ADN.

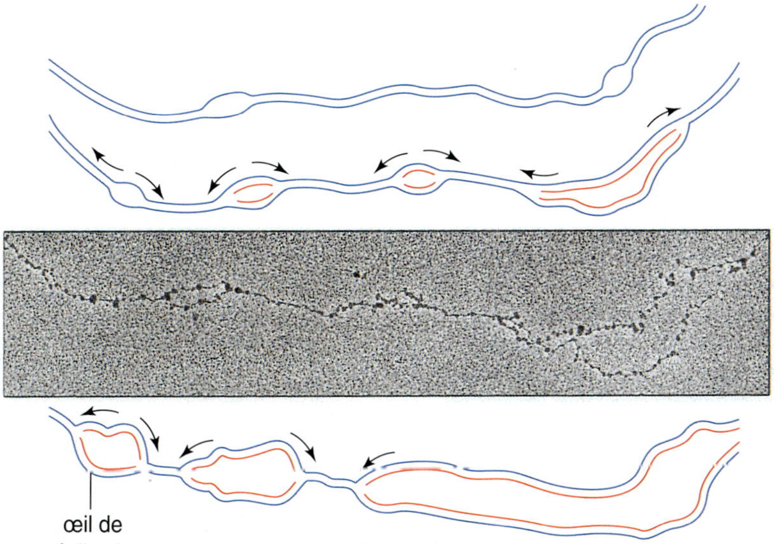

5 La réplication débute à divers endroits de la molécule d'ADN et progresse sur les deux brins de la molécule parentale qui se sont écartés formant des « yeux de réplication ». La réplication est achevée lorsque les « yeux » se rejoignent.

Pistes d'exploitation

1 - Doc 1 : Que montre ce document ? En quoi suggère-t-il qu'une réplication de l'ADN est nécessaire avant toute mitose ?

2 - Doc 2 : Que se passe-t-il au moment de la mitose ? Entre deux mitoses ?

3 - Doc 3 : Reproduisez le graphique du document 2 puis, en utilisant les données du document 3, situez les différentes phases du cycle cellulaire sur ce graphique.

4 - Doc 4 : Pourquoi dit-on que le mécanisme de réplication est semi-conservatif ? Quelle propriété des nucléotides permet l'identité des molécules néoformées ?

Des expériences qui confirmèrent le

Le mécanisme semi-conservatif de réplication de l'ADN (voir p. 99) n'a d'abord été qu'une hypothèse directement inspirée par la structure très particulière de la molécule. Très vite, des expériences utilisant des techniques de marquage de l'ADN ont confirmé l'existence d'un tel mécanisme.

■ Quelles expériences historiques ont démontré le caractère semi-conservatif de la réplication de l'ADN ?

A L'expérience de Taylor (1957).

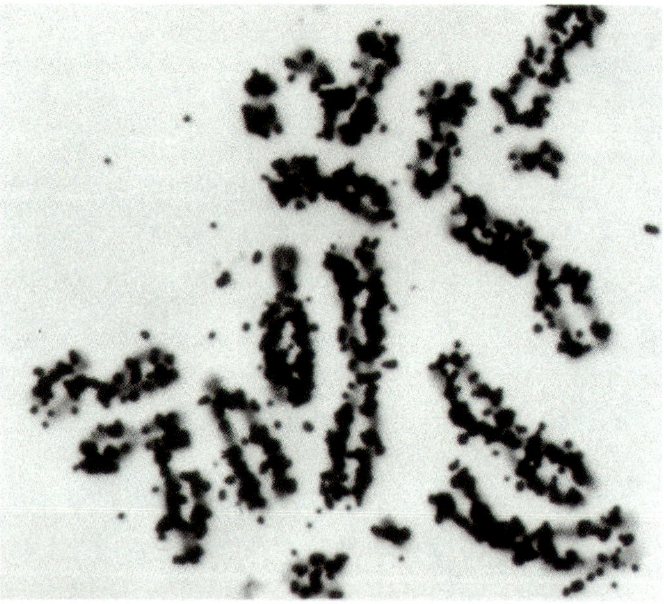

Taylor cultive de jeunes racines de *Bellevalia romana* (plante de la famille du lis) sur un milieu contenant un « précurseur marqué » de l'ADN :

– ce précurseur est un nucléotide typique de l'ADN, la thymidine (T) c'est-à-dire le nucléotide contenant de la thymine ;

– le marquage a consisté à remplacer certains atomes d'hydrogène de T par un isotope radioactif, le tritium (^{3}H), ce qui forme de la thymidine tritiée.

Lorsque les cellules synthétisent de l'ADN, elles incorporent ce précurseur et l'ADN formé est alors radioactif. Cette molécule devient détectable par la technique d'autoradiographie : des cellules cultivées en présence de thymidine tritiée sont écrasées et mises en contact avec un film photographique. Le rayonnement émis par les molécules radioactives impressionne le film et, après développement de la pellicule, des points microscopiques noirs repèrent leur emplacement.

La photographie présente l'aspect des chromosomes d'une cellule cultivée dans le milieu en présence de T tritiée pendant une durée égale à celle d'un cycle cellulaire. Une seule réplication de l'ADN a donc pu avoir lieu.

1 Le principe de l'autoradiographie de l'ADN.

L'expérience est alors poursuivie de la façon suivante : des racines qui ont été cultivées sur un milieu 1, en présence de T tritiée, pendant la durée d'un cycle cellulaire, sont prélevées, soigneusement lavées, puis replacées dans un milieu 2 ne contenant que des précurseurs non radioactifs. Après un temps correspondant à la durée d'un cycle cellulaire supplémentaire, des racines sont prélevées et soumises à une autoradiographie. La photographie présente les résultats observés.

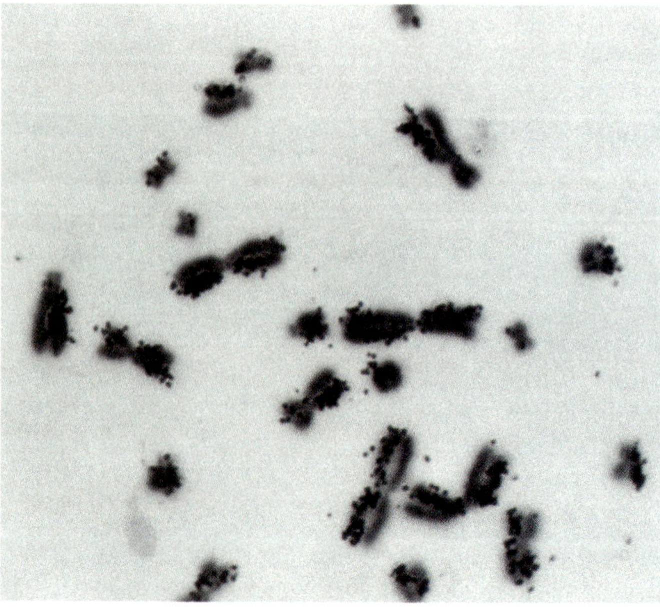

2 Une observation décisive.

B L'expérience de Meselson et Stahl (1958).

LE PRINCIPE GÉNÉRAL DE L'EXPÉRIENCE

Placée sur un milieu de culture favorable, la bactérie *Escherichia coli* (photo), utilisée ici comme matériel biologique, se divise activement (une génération toutes les demi-heures à peu près). La réplication de l'ADN y est donc très active. Les bactéries sont normalement cultivées sur un milieu dans lequel les précurseurs azotés nécessaires à la synthèse de l'ADN contiennent uniquement de l'azote banal (^{14}N). On peut aussi les cultiver sur un milieu contenant des précurseurs « marqués » à l'azote 15, dit aussi azote « lourd » car le nombre de masse de cet isotope ^{15}N est plus important que celui de l'azote « léger » ^{14}N.

On réalise pendant de nombreuses générations deux cultures de *E. coli*, l'une sur un milieu à ^{14}N et l'autre sur un milieu à ^{15}N. On extrait l'ADN de bactéries provenant de chacune de ces cultures et on le centrifuge à grande vitesse, après l'avoir mélangé à une solution de densité appropriée. Les tubes 1 et 2 présentent les résultats observés.

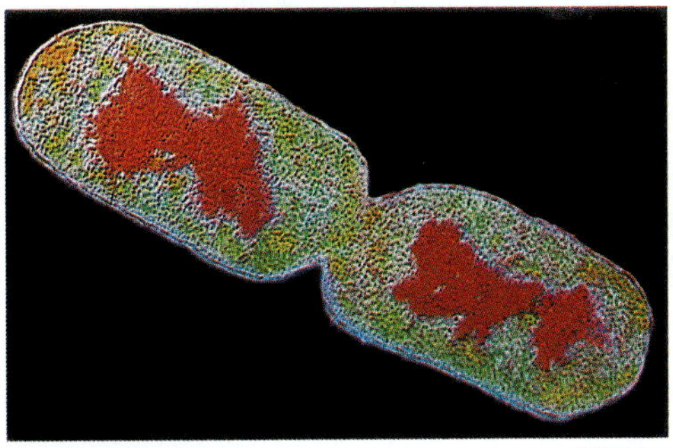

×30 000

LE RÉSULTAT D'UNE CULTURE SUR DEUX MILIEUX SUCCESSIFS DIFFÉRENTS

Des bactéries cultivées depuis de nombreuses générations sur un milieu contenant des « précurseurs ^{15}N » sont prélevées et transférées sur un milieu normal (à ^{14}N).

On prélève alors des bactéries à différents moments après ce transfert et une égale quantité de leur ADN est soumise à centrifugation. Les tubes 3 et 4 représentent les résultats pour l'ADN de bactéries prélevées soit une génération (tube 3), soit deux générations (tube 4) après ce transfert en milieu normal.

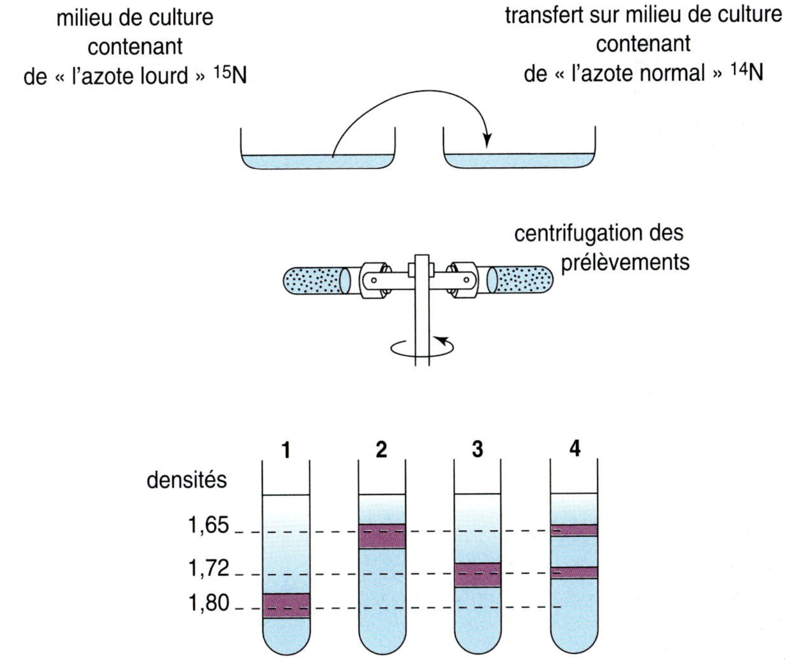

- **Tube 1 :** ADN de bactéries cultivées depuis de nombreuses générations sur un milieu ^{15}N.
- **Tube 2 :** ADN de bactéries cultivées depuis de nombreuses générations sur un milieu ^{14}N.
- **Tube 3 :** ADN de bactéries de la culture sur milieu ^{15}N, une génération après leur transfert sur milieu ^{14}N.
- **Tube 4 :** ADN de bactéries de la culture sur milieu ^{15}N, deux générations après leur transfert sur milieu ^{14}N.

La quantité d'ADN introduite dans un tube à centrifugation est toujours la même.

3 Une expérience plus complexe à analyser.

Pistes d'exploitation

1 - Doc 1 et 2 : Montrez que ces résultats confirment le modèle de réplication semi-conservative de l'ADN.

- on rappelle qu'un chromosome double est formé des deux molécules d'ADN issues d'une réplication et que la molécule d'ADN est constituée de deux brins ;

- on précise qu'il suffit qu'un seul brin soit marqué par T tritiée pour que la molécule d'ADN soit radioactive.

2 - Doc 3 : Expliquez les résultats obtenus. Vous pourrez par exemple représenter les brins d'ADN des différentes molécules centrifugées en utilisant un code de couleur différent suivant qu'ils sont formés de nucléotides à ^{14}N ou de nucléotides à ^{15}N.

Prévoyez quel serait l'aspect du tube à centrifugation si les bactéries sont prélevées trois générations après leur transfert en milieu ^{14}N.

Lors de la mitose, les structures

Le partage des chromosomes dupliqués entre les deux cellules-filles est un aspect capital de la mitose. Cette répartition est rendue possible par de profondes modifications de structures cellulaires dont les chromosomes eux-mêmes.

■ Quels changements observe-t-on à chaque stade de la mitose ? Comment contribuent-ils au partage des chromosomes ?

A Des modifications cellulaires permettent le partage des chromosomes.

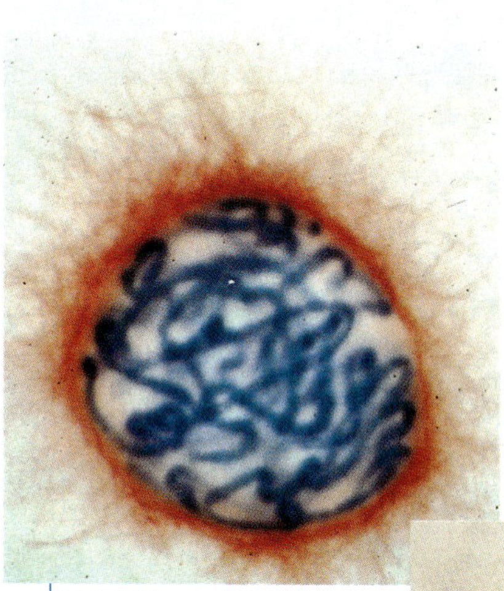

× 1 500

Ces préparations microscopiques de la mitose d'un végétal (le lis) ont été colorées de façon spéciale pour mettre en évidence d'une part les chromosomes (en bleu violet) d'autre part les microtubules du fuseau mitotique* (en rouge). Ce fuseau intervient dans la mitose de toutes les cellules eucaryotes.

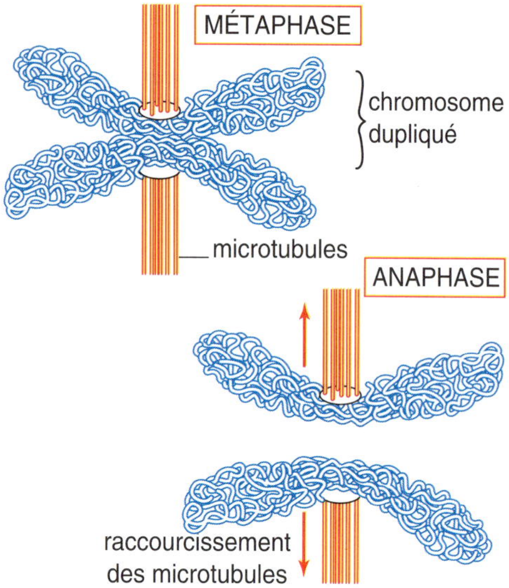

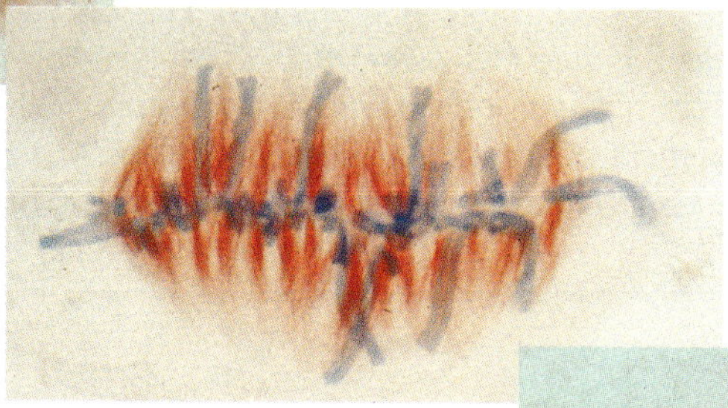

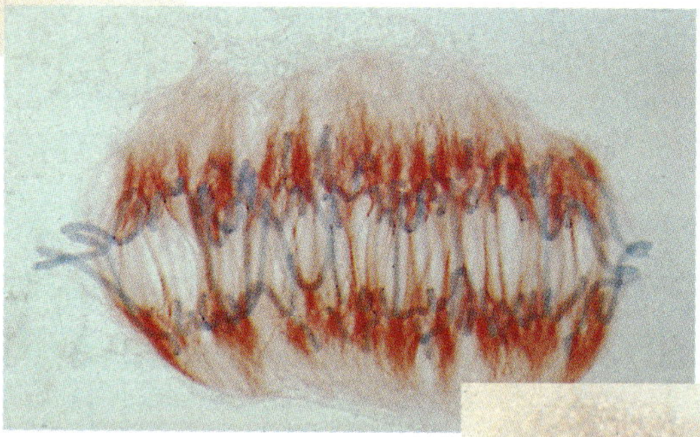

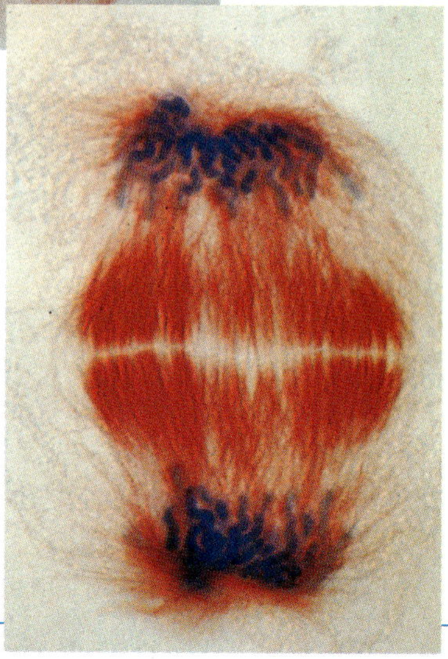

• **Prophase :**
– Les chromosomes, dupliqués au cours de l'interphase, se condensent mais on ne peut pas encore les distinguer individuellement au microscope.
– Les microtubules qui formeront le fuseau mitotique s'assemblent en dehors du noyau.

• **Métaphase :**
– Elle débute par la rupture de l'enveloppe nucléaire qui se morcèle en de petites vésicules membranaires.
– Les chromosomes peuvent alors s'attacher par leur centromère* aux microtubules du fuseau. Ces derniers rassemblent les chromosomes au centre (équateur) du fuseau, à mi-chemin des deux pôles de la cellule.

• **Anaphase :**
– Les chromosomes dupliqués se séparent chacun en deux de façon synchrone : le raccourcissement des microtubules tire chaque chromosome simple vers l'un des pôles de la cellule.

• **Télophase :**
– Une nouvelle enveloppe nucléaire se forme autour de chaque lot de chromosomes.
– Les chromosomes se décondensent et prennent l'aspect diffus caractéristique des noyaux interphasiques.
– En télophase, une nouvelle paroi cellulaire se construit à l'équateur du fuseau. Dans cette région des vésicules s'accumulent. Ces dernières, chargées de substances nécessaires à l'édification de la paroi, fusionnent progressivement les unes aux autres.

1 L'importance de certaines modifications de la structure cellulaire.

cellulaires se modifient

B Le partage du cytoplasme et la formation d'une nouvelle paroi.

a

Le microscope optique (**a** et **b**) et le microscope électronique (**c**) permettent de découvrir comment une cellule végétale rigide peut néanmoins se diviser en deux par formation d'une nouvelle paroi à mi-chemin entre les deux « noyaux fils ».

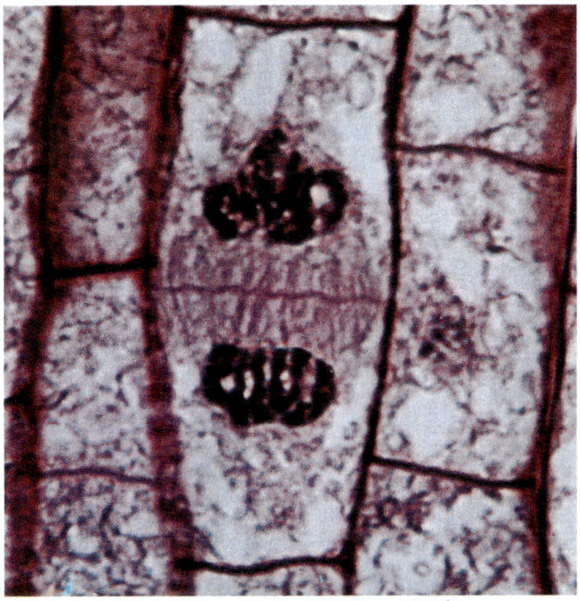
b

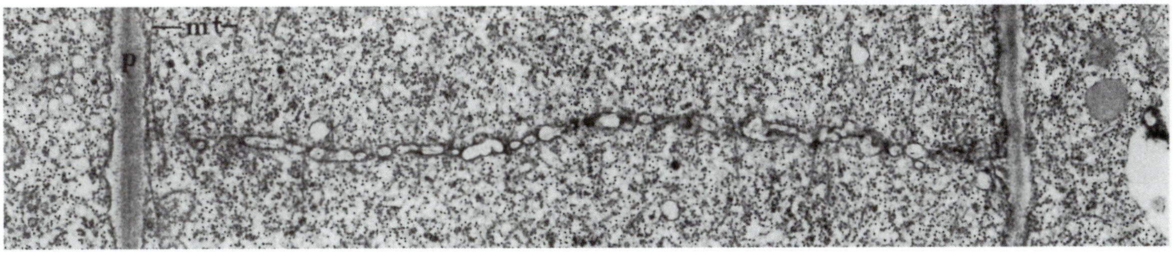

c

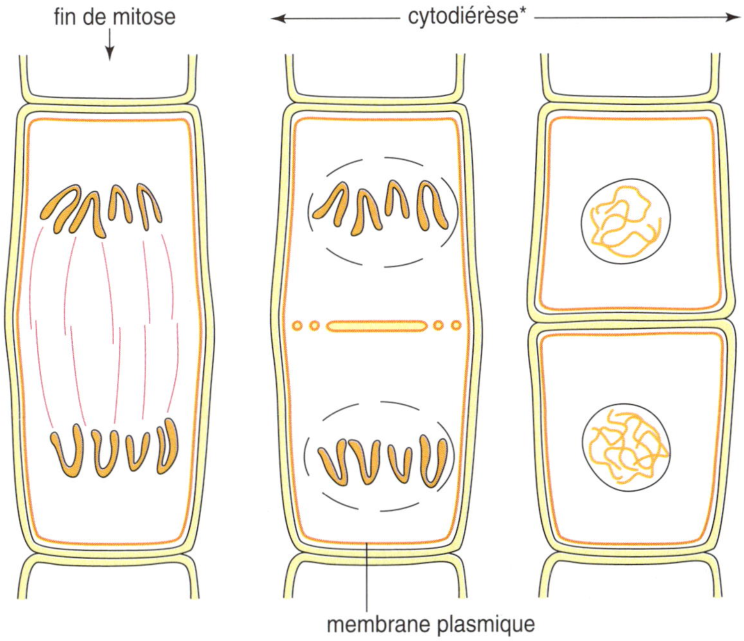

À l'équateur de la cellule, des vésicules remplies de matériaux nécessaires à la construction de la paroi cellulaire fusionnent. La paroi croît du centre vers l'extérieur pour atteindre les parois anciennes et se souder à elles.

* cytodiérèse : division en deux du cytoplasme d'une cellule végétale ou animale

2 La nouvelle paroi cellulaire se forme à l'équateur de la cellule végétale.

Lexique

- **Fuseau mitotique :** fuseau constitué de microtubules, qui se forme entre les deux pôles d'une cellule eucaryote durant la mitose.
- **Centromère :** région particulière de l'ADN, très condensée et ayant la capacité de pouvoir se lier aux microtubules. Après la réplication de l'ADN en interphase, les deux molécules formées restent reliées par leurs centromères.

Pistes d'exploitation

1 - Doc 1 : Quels stades de la mitose reconnaissez-vous sur ces photographies ?

2 - Doc 1 et 2 : Expliquez quelle est l'importance du fuseau mitotique, de la rupture de l'enveloppe nucléaire et de la formation d'une nouvelle paroi toujours dans le plan équatorial.

La mitose, un processus commun aux cellules eucaryotes

Une cellule qui se divise par mitose donne naissance à deux cellules filles qui possèdent le même patrimoine génétique que la cellule mère. Ceci suppose qu'une copie de l'information génétique précède le partage de deux exemplaires réalisés au cours de la mitose. C'est pendant l'interphase qu'intervient cette duplication de l'ADN.

I La duplication de l'ADN

La duplication de l'ADN se déroule à un moment de l'interphase nommé phase S (S = synthèse). Cette phase S fait suite à une phase de croissance de la cellule (la phase G1) et précède une seconde phase de croissance, plus courte (la phase G2).

Les molécules d'ADN en cours de duplication peuvent être observées au microscope électronique ; il est alors possible de voir des zones appelées « yeux de réplication » où la molécule d'ADN semble s'être dédoublée. Chaque œil correspond en fait à deux « fourches de réplication », figures en forme de Y, qui progressent en sens inverse et assurent la réplication de la molécule d'ADN.

Du fait de la progression en sens inverse des fourches de réplication au niveau de chaque œil, les différents yeux finissent par se rejoindre et la molécule d'ADN est ainsi dupliquée. Les deux « copies » restent néanmoins solidaires l'une de l'autre au niveau d'une zone qui formera le centromère du chromosome mitotique.

1• La réplication, mécanisme semi-conservatif de la duplication de l'ADN

• **Le modèle de Watson et Crick.**

Suite à leur découverte de l'architecture de la molécule d'ADN (1953), ces deux chercheurs proposèrent un modèle de réplication, le modèle **semi-conservatif**. Rappelons qu'une molécule d'ADN a la forme d'une double hélice faite de deux brins complémentaires, chaque brin s'associant à l'autre par des liaisons entre leurs nucléotides constitutifs. Un nucléotide A s'unissant avec un nucléotide T et un nucléotide C avec un nucléotide G. Dans ce modèle, chacun des deux brins sert de matrice à la synthèse d'un nouveau brin. Chaque molécule d'ADN formée contient donc un brin « nouveau » et un brin « ancien ». Comme la moitié de la molécule initiale est conservée, le mécanisme de réplication de l'ADN est dit semi-conservatif.

• **Les expériences qui confirmèrent le modèle.**

Meselson et Stahl (1958) sur une bactérie, *Escherichia coli*, puis Taylor (1953) sur des cellules de racine de *Bellevalia*, une plante proche du Lis, vérifièrent expérimentalement le modèle. Dans les deux vérifications expérimentales, des nucléotides marqués, permettant de « suivre » l'ADN au cours des générations cellulaires successives, furent employés.

2• Un complexe enzymatique catalyse la réplication

L'écartement des deux brins de la molécule initiale d'ADN ainsi que l'accrochage des nucléotides les uns aux autres dépendent d'un complexe enzymatique, **l'ADN polymérase**. Cette enzyme est par ailleurs douée d'une fonction de « correction des erreurs » : elle contrôle systématiquement le dernier nucléotide mis en place et, s'il existe une erreur d'appariement, elle retire ce dernier nucléotide et le remplace par le nucléotide convenable. On comprend pourquoi la réplication de l'ADN est un processus très fiable.

II Le déroulement de la mitose

A l'issue de l'interphase, toute cellule contient son programme génétique en double exemplaire, chaque chromosome est ainsi à l'état dupliqué : on dit que c'est un chromosome double (ou encore un chromosome formé de deux chromatides). Lors de la mitose, ce matériel génétique dupliqué est partagé.

1• Les étapes marquantes de la mitose

Bien que la mitose soit un processus continu, elle est classiquement divisée en plusieurs phases permettant de bien comprendre le phénomène : la prophase, la métaphase, l'anaphase et la télophase. Chaque phase est essentiellement caractérisée par l'état des chromosomes et leur localisation dans la cellule.

• **La prophase** (du grec *pro*, en avant).

Les chromosomes dupliqués commencent à se condenser, ils deviennent progressivement visibles dans la cellule. Entre les deux pôles de la cellule apparaît un fuseau mitotique, structure constituée essentiellement de fibres ou microtubules. L'enveloppe nucléaire se déchire et les chromosomes dupliqués peuvent alors s'attacher aux microtubules du fuseau.

• **La métaphase** (du grec *meta*, transformation).

La condensation des chromosomes dupliqués est maximale. Ils sont alignés à l'équateur du fuseau mitotique par leur centromère.

L'ensemble des chromosomes dupliqués ainsi rangés forme une figure appelée plaque équatoriale.

• **L'anaphase** (du grec *ana*, en haut).

Pour chaque chromosome dupliqué, les deux chromosomes simples se séparent après rupture du centromère. Deux lots identiques de chromosomes simples migrent en sens opposé vers chaque pôle cellulaire. Dès la fin de l'anaphase, la séparation du cytoplasme commence.

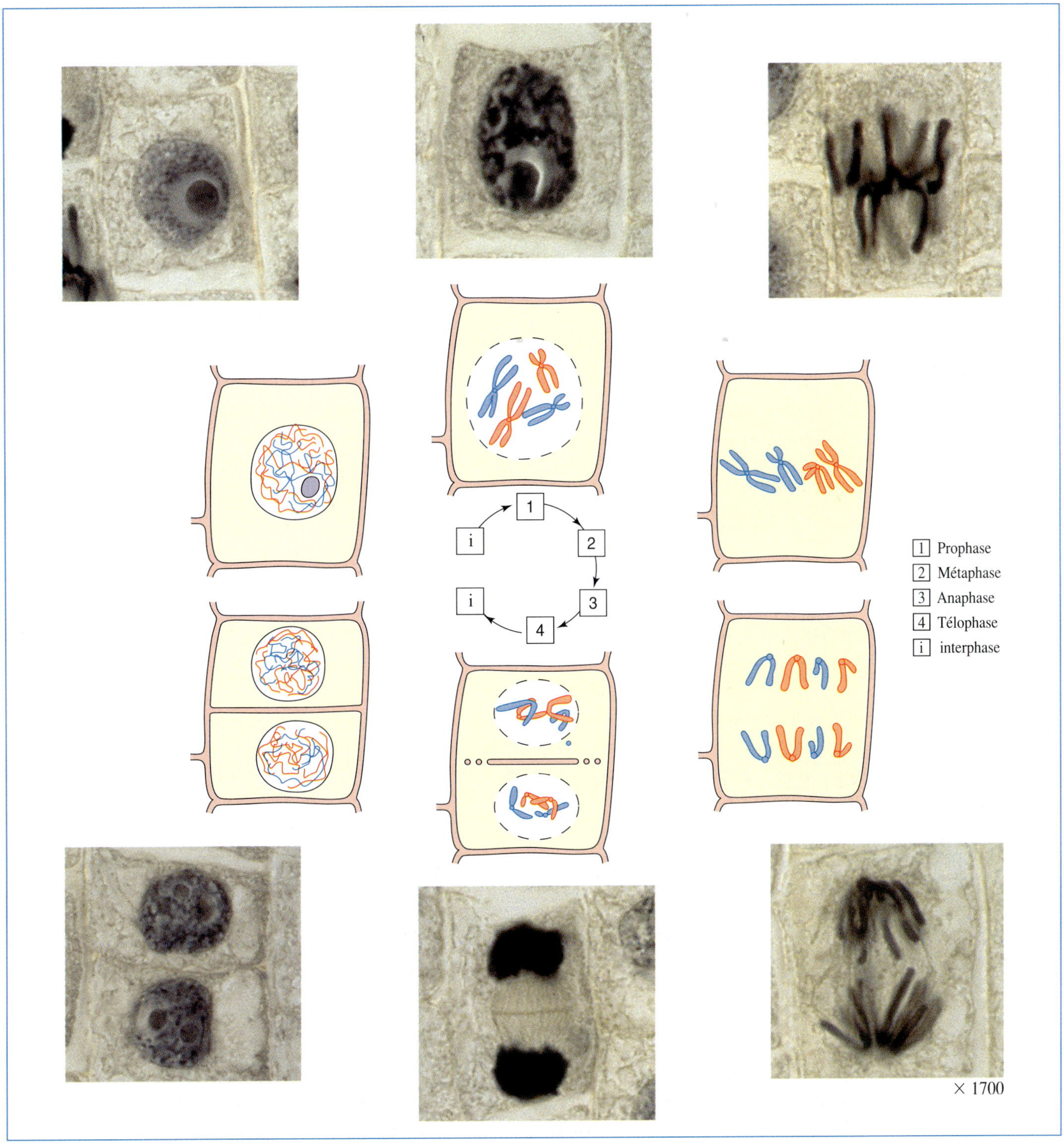

• **La télophase** (du grec *telos*, fin).

Chaque lot de chromosomes simples arrive à un pôle de la cellule et se décondense. Une enveloppe nucléaire se forme autour de chaque lot et achève ainsi la formation des deux noyaux fils , ce qui marque la fin de la mitose. Le fuseau mitotique disparaît et la séparation du cytoplasme continue.

2• Une « copie » complète du programme génétique pour chaque cellule fille

Quelle que soit la durée de la mitose (de une à plusieurs heures) chaque cellule fille issue de la mitose contient le même patrimoine génétique que la cellule mère initiale. Ainsi, à la fin d'un cycle cellulaire, l'information génétique est conservée d'une génération cellulaire à l'autre.

III Lors de la mitose, toute la structure cellulaire se modifie

Si les événements les plus importants (et les plus faciles à observer) concernent les chromosomes, d'autres structures cellulaires subissent d'importantes modifications.

1• L'intervention du fuseau mitotique

Les chromosomes, dupliqués ou simples, se déplacent sans cesse lors de la mitose. Ces mouvements sont permis par le **fuseau mitotique**, véritable « machine à déplacer » les chromosomes. Les **microtubules** qui le constituent se lient avec les chromosomes au niveau d'une région proche du centromère. Dès que les microtubules du fuseau sont fixés à lui, le chromosome correspondant peut se déplacer dans le cytoplasme cellulaire. Apparu en prophase, le fuseau mitotique disparaît en télophase après avoir permis le mouvement des chromosomes durant la métaphase et l'anaphase.

2• Le partage du cytoplasme : la cytodiérèse

• **Chez les végétaux**, la séparation du cytoplasme s'effectue par la construction d'une **nouvelle paroi** à l'équateur de la cellule. Des vésicules limitées par une membrane et remplies de molécules nécessaires à l'élaboration de la paroi, guidées par le fuseau mitotique, se dirigent au centre de la cellule. Ces vésicules fusionnent entre elles et forment une ébauche de paroi. Cette ébauche croît vers l'extérieur et atteint la membrane plasmique et la paroi initiales de chaque côté. La membrane plasmique et la membrane entourant la nouvelle paroi cellulaire fusionnent. Les deux cellules filles sont ainsi complètement séparées.

• **Chez les animaux**, le cytoplasme est divisé en deux par un simple **étranglement** du cytoplasme dans la région équatoriale du fuseau de division.

Quel que soit le mode de séparation du cytoplasme, ce dernier contient dans chaque cellule fille tous les organites nécessaires à la vie de la cellule. A titre d'exemple, le réticulum endoplasmique est morcelé en petits fragments lors de la mitose ce qui augmente la probabilité d'une répartition équitable entre les cellules filles.

L'essentiel

• Au cours de la phase S de l'interphase, l'information génétique d'une cellule est dupliquée. Cette duplication de l'ADN se fait par un mécanisme de réplication semi-conservatif, basé sur la complémentarité des nucléotides. Chaque molécule fille d'ADN, parfaite réplique de la molécule mère, est composée d'un brin ancien et d'un brin néoformé.

• Au cours de la mitose, le matériel génétique précédemment dupliqué est partagé de manière égale entre deux cellules filles. Pour cela, les chromosomes doubles se condensent de façon très importante en prophase puis se disposent à l'équateur de la cellule en métaphase. Chaque chromosome est fixé par son centromère à des microtubules reliés aux deux pôles de la cellule. Au cours de l'anaphase, chaque chromosome double se sépare et chaque chromosome simple migre vers un pôle de la cellule : deux lots identiques de chromosomes simples sont ainsi constitués.

• La séparation du cytoplasme donne naissance à deux cellules filles qui héritent de la totalité de l'information génétique présente initialement dans la cellule mère.

• L'alternance systématique de la réplication de l'ADN (en interphase S) et du partage des deux duplicatas (en anaphase de mitose) assure la conservation de l'information génétique au cours des générations cellulaires successives. Interphase et mitose constituent le cycle cellulaire.

Schéma-bilan

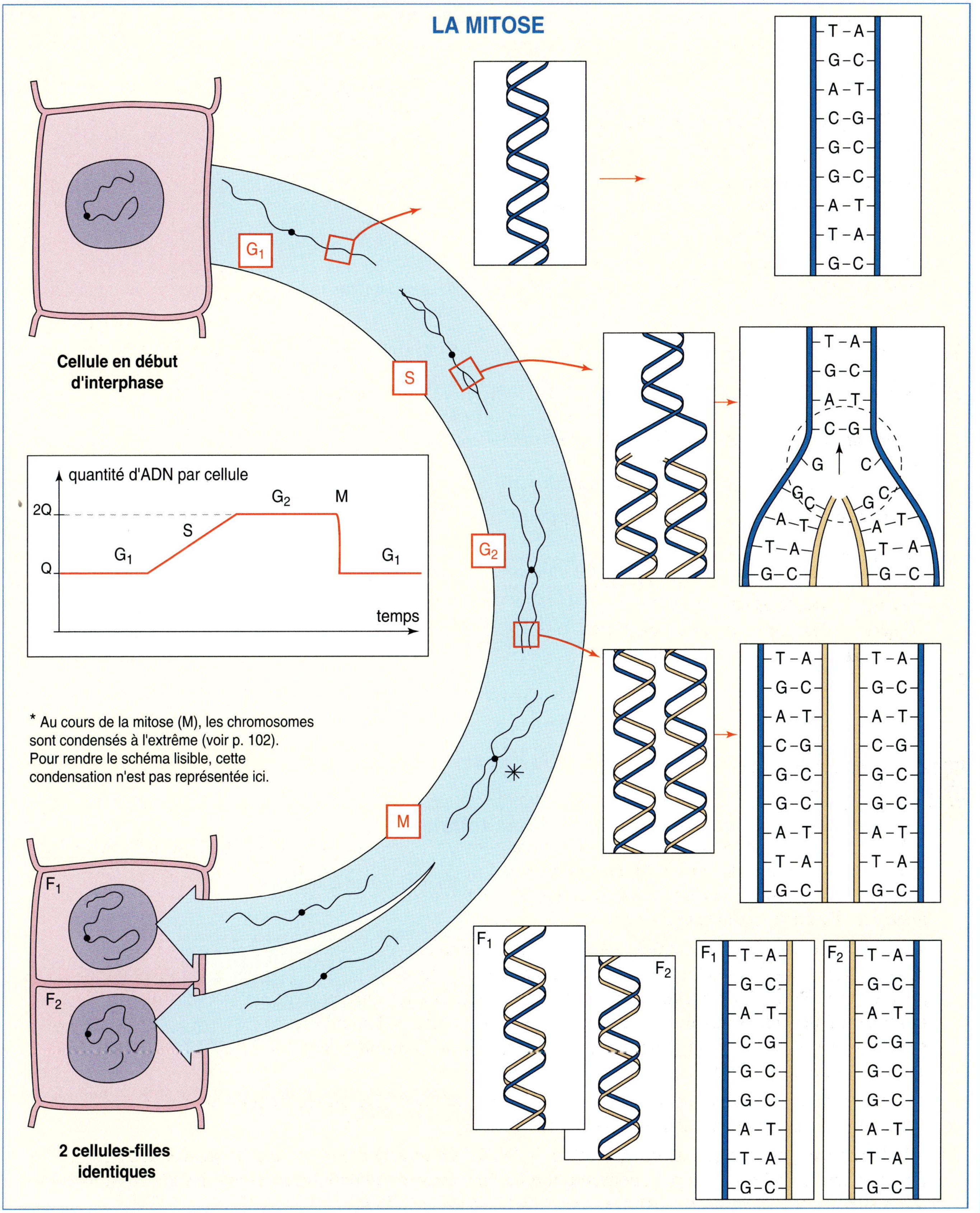

TESTER SES CONNAISSANCES

A. Indiquez le mot qui correspond à chaque définition.

a. Division cellulaire donnant naissance à deux cellules qui possèdent la même information génétique.

b. Moment où s'effectue la réplication de l'ADN.

c. Ensemble de microtubules permettant le déplacement des chromosomes.

B. Définissez les mots ou expressions :

Réplication, cycle cellulaire, chromosome dupliqué, ADN polymérase, prophase, brin néoformé.

C. Exprimez une idée importante...

... en rédigeant une phrase utilisant chaque groupe de mots ou expressions.

a. Réplication, phase S d'interphase, ADN.

b. Phase de la mitose, partage des chromosomes dupliqués, anaphase.

c. Cellules filles, cellule mère, information génétique identique.

d. Chromosomes dupliqués, métaphase, condensation maximale.

D. Questions à réponses courtes.

a. Pourquoi dit-on que la réplication de l'ADN est un mécanisme semi-conservatif ?

b. Dans quel compartiment cellulaire a lieu la réplication ?

c. Quelle « transformation » subissent les chromosomes dupliqués dès la prophase ?

E. Vrai ou faux ?

Certaines affirmations sont exactes ; recopiez-les. Corrigez ensuite les affirmations inexactes.

a. Une mitose suivie d'une réplication de l'ADN constitue un cycle cellulaire.

b. Les chromosomes sont présents en permanence dans les cellules.

c. Les deux molécules d'ADN d'un chromosome dupliqué sont différentes.

d. La séparation du cytoplasme de la cellule-mère débute en prophase.

F. Elaborez un résumé scientifique.

Sujet 1.

La réplication de l'ADN.

Vous préciserez le lieu, le mécanisme, le résultat...de ce phénomène. Un schéma explicatif est attendu.

Sujet 2.

D'une génération cellulaire à l'autre, l'information génétique est conservée.

Exposez les mécanismes biologiques responsables de cette conservation. L'exposé s'appuiera sur une cellule comportant seulement deux chromosomes.

UTILISER DES CONNAISSANCES ET DES MÉTHODES

1 L'identification d'un stade de la vie d'une cellule.

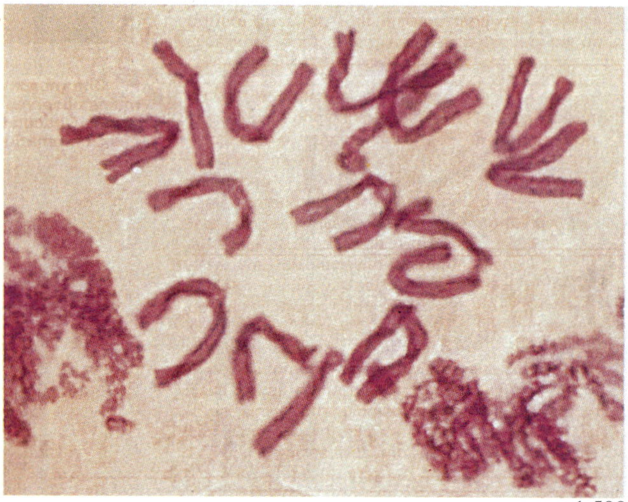

×1 500

La photographie présente une cellule de racine d'ail observée au microscope optique.

Questions 1 (Utiliser les connaissances)

A quel stade du cycle cellulaire se trouve-t-on ? Justifiez votre réponse. Comment se nomme la figure formée par les chromosomes ainsi disposés ?

Questions 2 (Dégager les informations utiles et utiliser ses connaissances)

Combien de chromosomes comporte cette cellule ? Combien de molécules d'ADN ?

Questions 3 (Communiquer par un schéma)

Faites un dessin légendé d'un chromosome observé à ce stade. Que devient-il lors du stade suivant ?

2 Le déroulement de la mitose dans une cellule animale.

Les documents suivants montrent l'aspect au microscope optique d'une cellule sanguine lors d'un cycle cellulaire, essentiellement lors de la mitose. La coloration employée met principalement en évidence les chromosomes.

×1 200

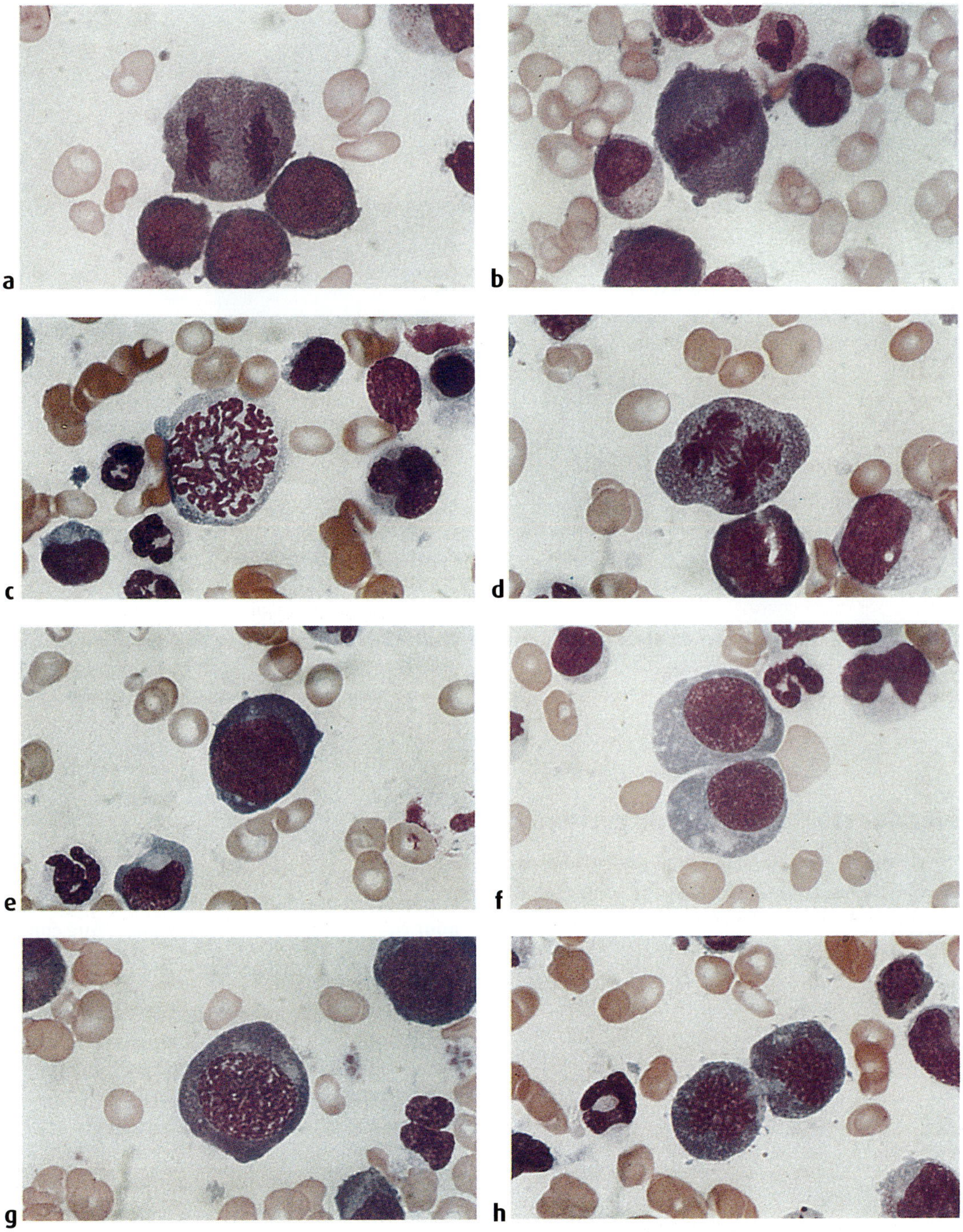

Question 1 (Utiliser les connaissances et faire des déductions)

Classez chronologiquement les huit clichés et donnez un titre à chacun d'entre eux.

Question 2 (Utiliser les connaissances et communiquer sous forme de schéma)

Schématisez le déroulement de cette mitose en vous limitant à quatre chromosomes.

Question 3 (Dégager les informations utiles et utiliser ses connaissances)

Quelle(s) différence(s) et quel(s) point(s) commun(s) constatez-vous entre la mitose d'une cellule animale et celle d'une cellule végétale.

3 Le devenir de l'ADN lors des cycles cellulaires.

Afin de suivre le devenir de l'ADN à travers plusieurs cycles cellulaires, on peut utiliser une substance marquant ce dernier. Cette substance, la bromodésoxyuridine, est incorporée à chaque réplication de l'ADN à la place d'un nucléotide T dans le brin néoformé. Si cette incorporation a eu lieu sur les **deux brins** d'une même molécule d'ADN (et non sur un seul), le chromosome contenant cette molécule devient très peu colorable avec les colorants utilisés classiquement mais hypercoloré en orange avec de l'acridine.

Des cellules de hamster sont cultivées sur un milieu normal pendant plusieurs générations. En tout début d'interphase, des cellules sont prélevées et placées dans un milieu dépourvu de T mais comportant de la bromodésoxyuridine. Au cours d'un des cycles cellulaires suivants, la mitose est arrêtée et une coloration à l'acridine orange est réalisée. Les chromosomes ont alors le même aspect que ceux de la photographie.

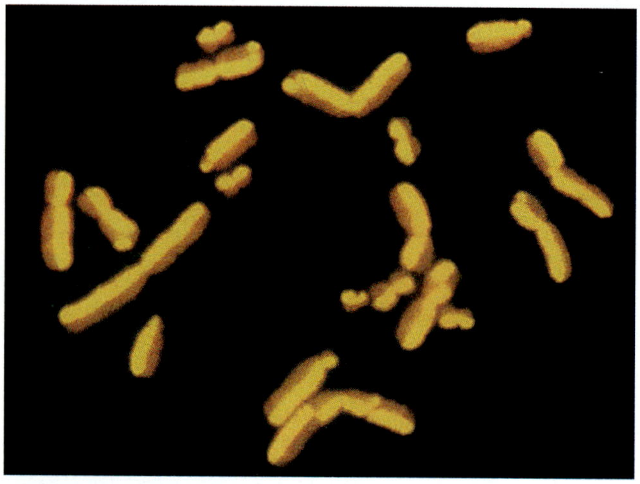

Question 1 (Utiliser ses connaissances et communiquer par un schéma)

Schématisez un fragment d'une molécule d'ADN comportant environ dix paires de nucléotides en début d'interphase.

Question 2 (Utiliser ses connaissances)

A quel moment d'un cycle cellulaire correspond la photographie ?

Question 3 (Faire des déductions et communiquer sous forme de schéma)

Au cours de quel cycle cellulaire, par rapport à celui où ils ont été mis en présence de bromodésoxyuridine, les chromosomes de la photographie ont-ils été observés ? Pour répondre à cette question, il convient de suivre à l'aide de schémas annotés le devenir du fragment de molécule d'ADN dessiné précédemment.

Question 4 (Utiliser un modèle)

Quels seraient les aspects des chromosomes de la photographie si cette coloration avait eu lieu un cycle cellulaire après ?

4 Retrouver des stades repères du cycle cellulaire.

L'ADN peut être rendu fluorescent à l'intérieur des cellules par une coloration spécifique. La fluorescence des cellules sera proportionnelle à la quantité d'ADN présente : plus une cellule contiendra de l'ADN, plus sa fluorescence sera grande.

Des échantillons d'une culture cellulaire sont régulièrement prélevés et la fluorescence des cellules de l'échantillon est évaluée pour chacune. Les résultats obtenus sont partiellement donnés dans le tableau ci-dessous.

Nombre de cellules examinées	4200	250	500	500	1000
Fluorescence par cellule (unités arbitraires)	35	45	50	65	70

Question 1 (Communiquer)

Représentez graphiquement le nombre de cellules obtenues pour chaque niveau de fluorescence. Que constatez-vous ?

Question 2 (Faire des déductions)

Sachant qu'une fluorescence de 35 correspond à une teneur « standard » en ADN, à quel moment du cycle cellulaire se trouvent les cellules ayant d'une part une fluorescence de 35 et d'autre part une fluorescence de 70 ?

Question 3 (Utiliser les connaissances)

Quel phénomène se déroule dans les cellules ayant une fluorescence comprise entre 35 et 70 ?

Question 4 (Formuler une hypothèse explicative et utiliser ses connaissances)

Comment expliquez-vous que les cellules ayant une fluorescence de 35 sont beaucoup plus nombreuses que les cellules possédant une fluorescence de 70 ?

La morphogenèse végétale

Chapitre

3

Croissance cellulaire et contrôle de la morphogenèse

Le développement harmonieux d'une plante nécessite d'une part une croissance des cellules produites par les méristèmes, d'autre part des contrôles s'exerçant à différents niveaux et responsables du port définitif de la plante. Comment est assurée la croissance des cellules ? Quels types de contrôles s'exercent sur la morphogenèse ? L'objet de ce chapitre est de répondre à ces questions.

Photographie : la « construction » de jeunes plantes cultivées en serre.

ACTIVITÉS pratiques 1

L'allongement des jeunes cellules

Certaines observations faciles à réaliser en classe ont permis la croissance en longueur des racines, croissance liée à l'allongement de jeunes cellules (voir page 78). D'autres observations permettent de comprendre le mécanisme fondamental directement responsable de l'accroissement cellulaire.

■ Quel constituant cellulaire augmente le plus de volume quand une cellule grandit ?

A. Une première observation avec coloration des vacuoles.

■ PROTOCOLE EXPÉRIMENTAL

1. Faire germer des grains de blé sur du papier filtre humide, dans une assiette recouverte d'une vitre.

2. Quatre jours plus tard, couper l'extrémité d'une racine (1 cm environ) et la plonger pendant une minute dans du liquide de Ringer additionné de rouge neutre (0,5 $g.L^{-1}$).

3. Monter la racine entre lame et lamelle dans une goutte de la solution. Appuyer doucement sur la lamelle pour dissocier les cellules sans les écraser.

4. Observer au microscope la forme et la taille des cellules d'une part, la taille et l'aspect des vacuoles d'autre part, dans des cellules prélevées à différents niveaux de la racine.

■ OBSERVATION DE CELLULES À DIFFÉRENTS STADES DE CROISSANCE

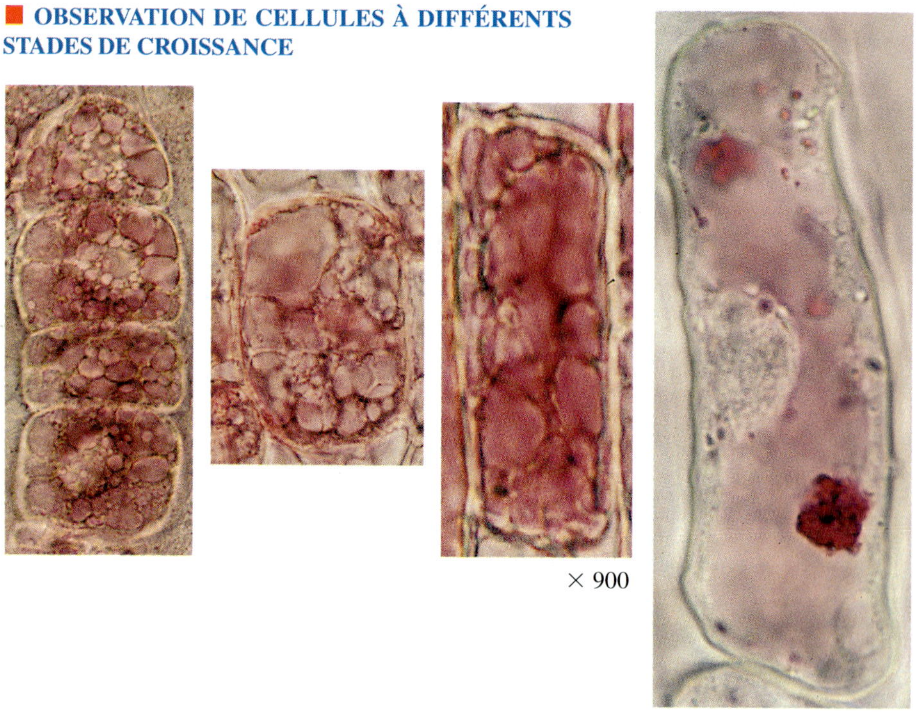

■ RÉSULTATS

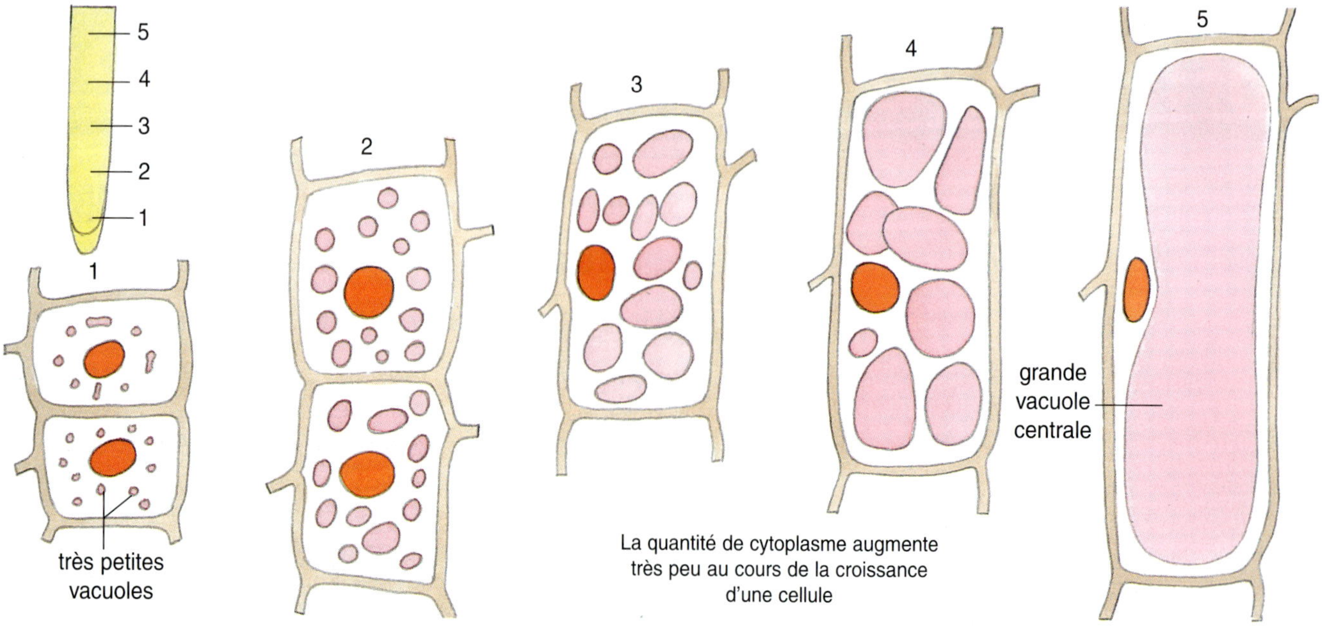

1 La coloration des vacuoles de jeunes cellules en cours de croissance.

est lié à une forte absorption d'eau

B Une observation complémentaire avec coloration du noyau et du cytoplasme.

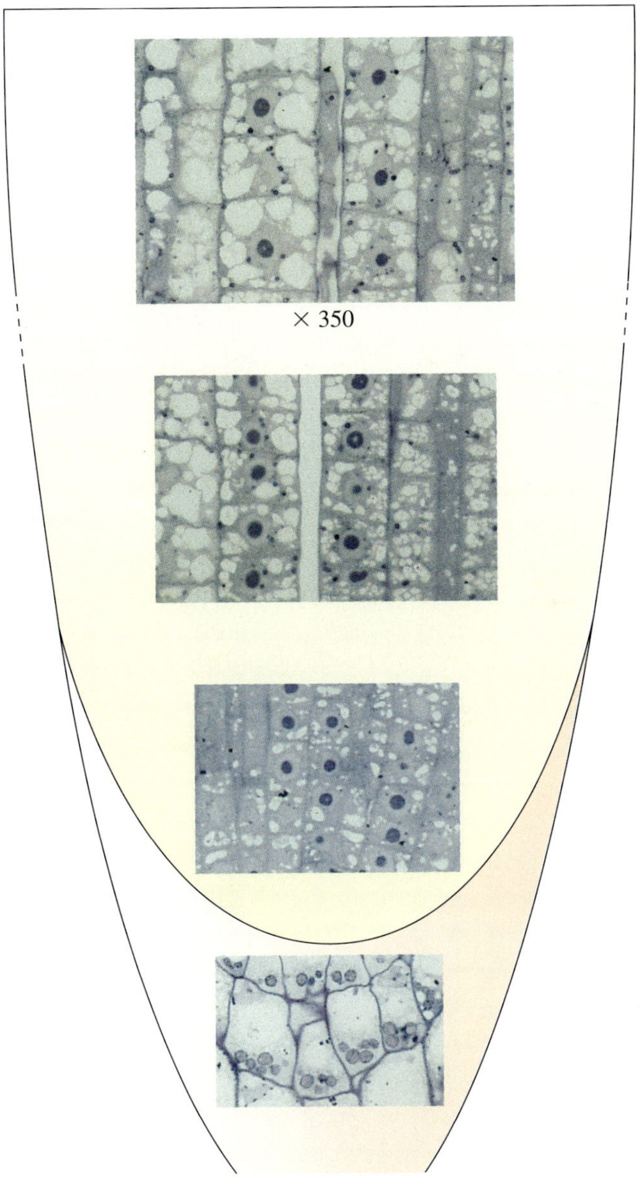

Observation d'une coupe longitudinale de l'extrémité d'une racine de colza colorée au bleu de toluidine ;
bleu foncé : noyau et son nucléole,
bleu clair : cytoplasme,
non coloré : vacuoles.

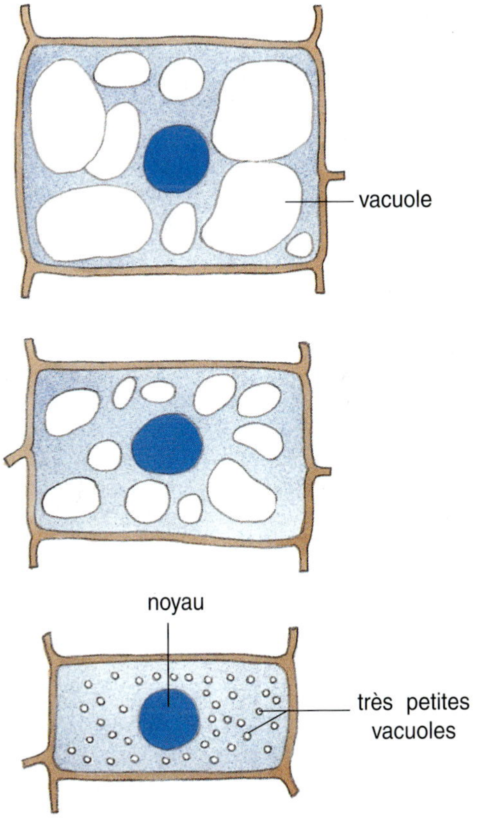

2 Observation microscopique d'une coupe longitudinale de racine.

Lexique

- **Vacuole :** cavité du cytoplasme limitée par une membrane et emplie d'eau contenant diverses substances en solution (ions minéraux, glucides, acides aminés, pigments...).
- **Rouge neutre :** colorant vital (peu toxique pour la cellule) qui donne aux vacuoles une teinte rose tant que la cellule reste vivante.

Pistes d'exploitation

1 - Doc 1 : Que deviennent les vacuoles au cours de la croissance cellulaire ? D'après vous, quelle relation peut-il exister entre l'absorption d'eau et la croissance cellulaire ? Formulez une hypothèse. (La réponse à cette question sera fournie à la page 116.)

2 - Doc 2 : Quels constituants cellulaires augmentent de volume au cours de la croissance d'une cellule ?

ACTIVITÉS pratiques 2

La paroi : une originalité de

Tous les êtres vivants (animaux, végétaux, bactéries) sont constitués de cellules. Parmi les caractéristiques communes à tous les types cellulaires, vous savez qu'une cellule est systématiquement limitée par une membrane plasmique. Chez les végétaux, cette membrane est doublée extérieurement par une paroi plus ou moins complexe.

■ Quelle est l'organisation de la paroi des cellules végétales ?

A Observations au microscope optique de la paroi des cellules végétales.

■ PROTOCOLE EXPÉRIMENTAL

Sur une écaille de bulbe d'oignon rouge, on prélève un lambeau d'épiderme que l'on place dans un liquide de montage approprié et que l'on observe au microscope optique.

La photographie **a** présente des cellules adultes d'oignon rouge montées dans de l'eau. Elles sont dans un état physiologique normal : le cytoplasme est plaqué contre la paroi par une vacuole gorgée de liquide. Une telle cellule est qualifiée de **turgescente**.

La photographie **b** montre ces mêmes cellules plongées dans un liquide de montage hypertonique* (du saccharose à 0,3 $mol.L^{-1}$), c'est-à-dire plus concentré en substances dissoutes que le contenu cellulaire. Les cellules subissent alors une perte d'eau importante et se rétractent : le cytoplasme se décolle de la paroi cellulaire. La cellule est qualifiée de **plasmolysée**.

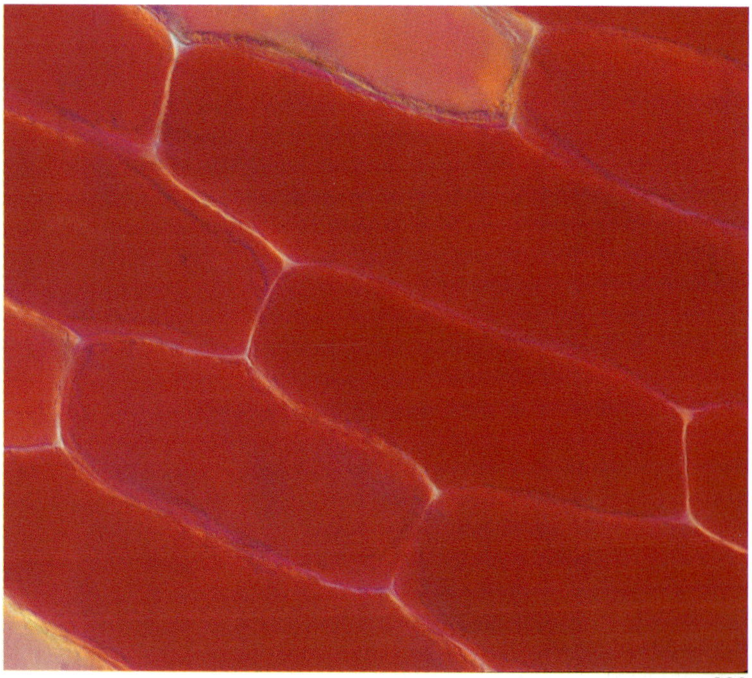

a

× 900

b

× 900

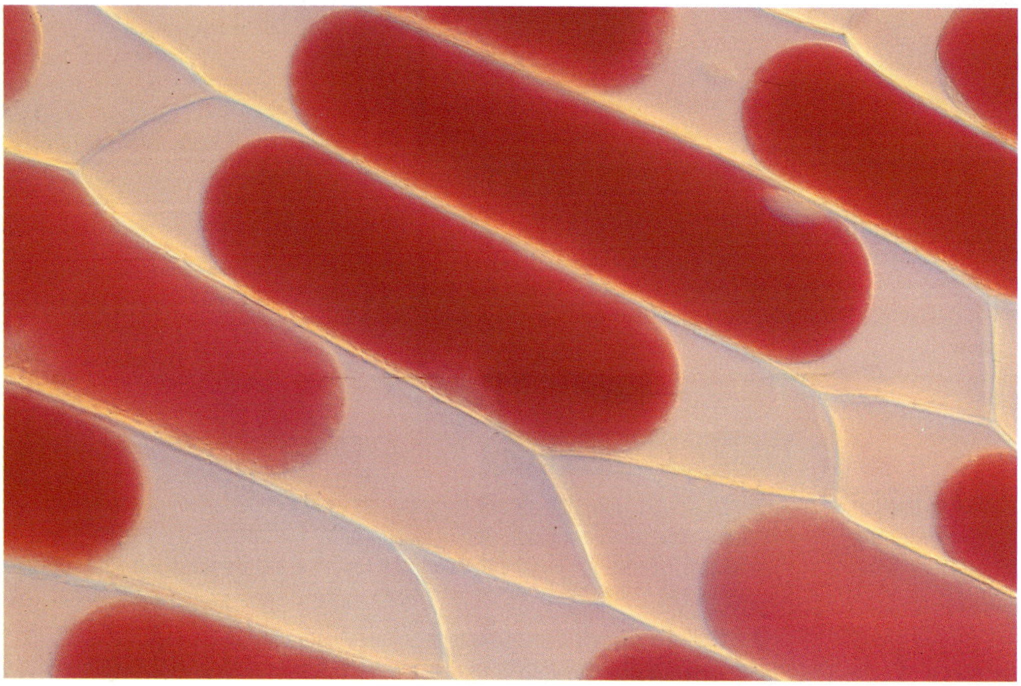

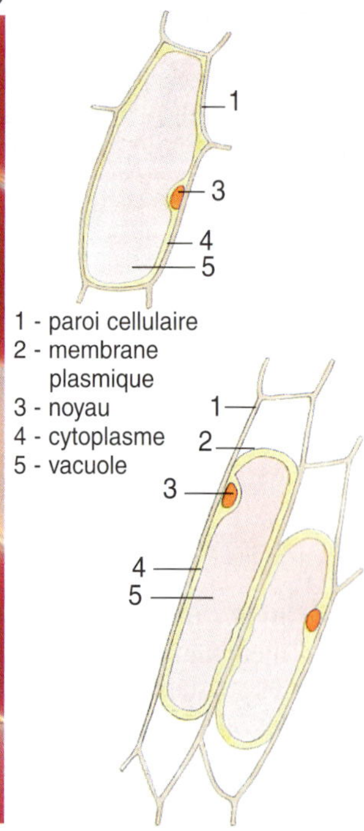

1 On peut provoquer une rétraction des cellules pour mieux voir leur paroi.

B D'autres observations de la paroi cellulaire.

• **Technique de coloration**

– Réaliser avec une lame de rasoir une coupe aussi fine que possible dans un organe végétal (une racine jeune par exemple).
– Placer les coupes pendant un quart d'heure dans de l'eau de Javel (les cellules sont tuées et leur contenu détruit).
– Après rinçage et passage dans de l'acide acétique, plonger les coupes dans une solution de carmin aluné pendant quelques minutes.
– Rincer et monter dans une goutte d'eau entre lame et lamelle.

N.B. Sur une telle coupe, le carmin aluné colore spécifiquement la cellulose en rose.

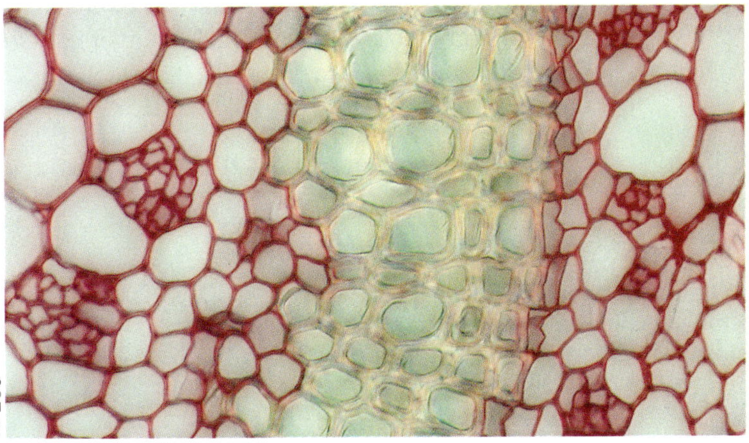

2 La cellulose est le constituant essentiel de la paroi des cellules.

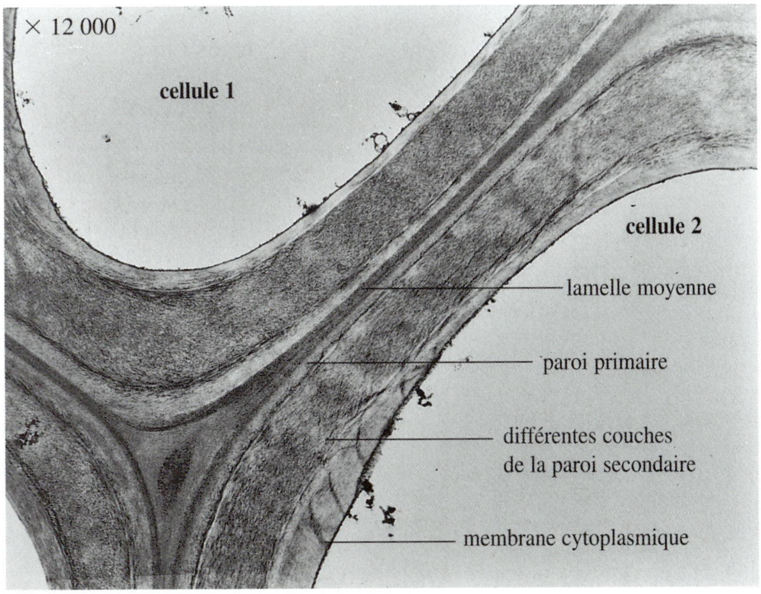

3 La paroi cellulaire observée au microscope électronique.

Une remarque importante

Les parois visibles sur ces documents appartiennent à des cellules ayant terminé leur croissance. Ces parois sont relativement rigides à tel point qu'on parle de paroi squelettique pour les désigner. Une telle structure est incompatible avec une élongation notable de la cellule.
En revanche, la paroi des cellules jeunes (méristématiques par exemple) a une structure plus simple : une telle paroi, douée de plasticité, autorise la croissance de la cellule.
Des informations plus précises sur la structure de la paroi squelettique sont fournies page 130.

Lexique

• **Plasmolyse :** passage d'une partie de l'eau de la vacuole vers le milieu extérieur lorsque la cellule est placée dans un milieu hypertonique.

• **Hypertonique (milieu) :** solution globalement plus concentrée en substances dissoutes que le liquide vacuolaire (inverse : hypotonique).

Pistes d'exploitation

1 - Doc 1 : Comparez une cellule turgescente et une cellule plasmolysée. Quel comportement de la paroi cellulaire est révélé par cette comparaison ?

2 - Doc 2 : Quelle information concernant la nature chimique de la paroi cellulaire apporte cette observation microscopique ?

3 - Doc 1 à 3 : Quelles propriétés de la paroi peuvent faciliter ou au contraire s'opposer à la croissance de la cellule ?

4 - Bilan : Justifiez l'appellation de paroi squelettique donnée à la paroi des cellules végétales.

Le moteur de l'allongement des

Des mouvements d'eau importants interviennent entre une cellule et son milieu et peuvent modifier les dimensions de la cellule. Par exemple, une cellule plasmolysée se rétracte ; en revanche, une cellule turgescente apparaît gorgée d'eau.

- Quelles règles régissent ces mouvements d'eau ?
- La croissance des cellules jeunes est-elle liée à ces mouvements ?

A La paroi cellulaire empêche la cellule végétale d'éclater.

PROTOCOLE EXPÉRIMENTAL

1. Prélever des morceaux d'épiderme interne sur toute la longueur d'une écaille moyenne de bulbe d'oignon.
2. Placer les morceaux dans une solution de saccharose 0,6 M additionnée de rouge neutre pendant quelques minutes afin de plasmolyser les cellules.
3. Placer un morceau d'épiderme plasmolysé dans une goutte de solution sur une lame puis faire des coupes plus ou moins parallèles avec une lame de rasoir.
4. Monter entre lame et lamelle puis observer au microscope optique.

RÉSULTATS

Les résultats sont évidemment aléatoires mais il est possible d'observer plusieurs protoplastes dans la préparation.

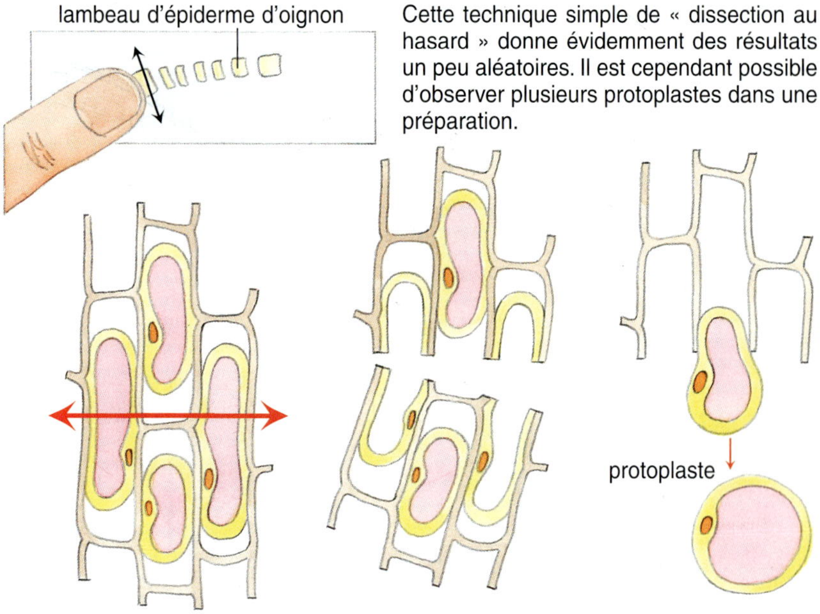

Cette technique simple de « dissection au hasard » donne évidemment des résultats un peu aléatoires. Il est cependant possible d'observer plusieurs protoplastes dans une préparation.

1 Une activité pratique possible : l'obtention de protoplastes*.

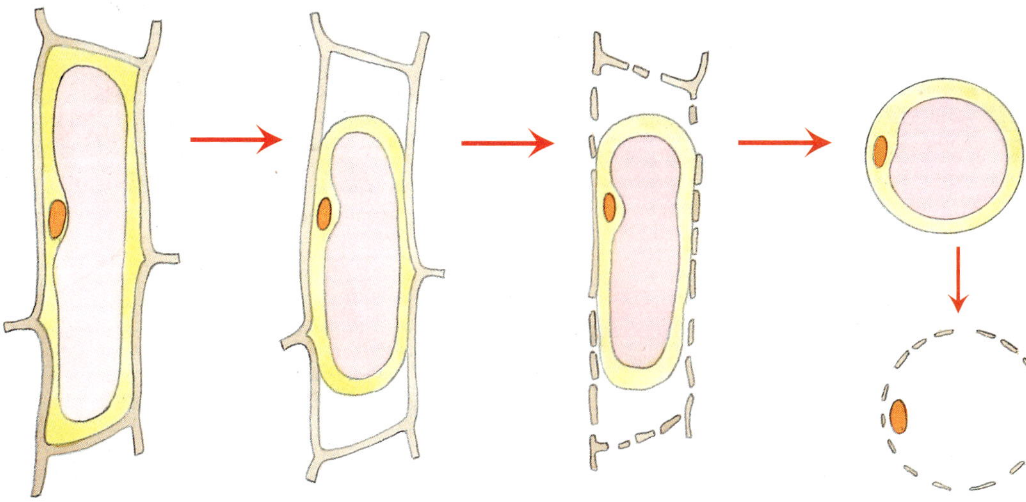

Cellule montée dans l'eau = cellule turgescente (cellule stable).

Cellule montée dans une solution de glucides = cellule plasmolysée.

Addition d'enzymes qui dissolvent la paroi = libération du protoplaste.

Le protoplaste est stable dans une solution de glucides convenablement dosée.

Le protoplaste monté dans l'eau gonfle et éclate.

d'après B. Alberts. « Biologie moléculaire de la cellule ». Ed. Flammarion.

2 Une cellule végétale dépourvue de paroi gonfle et éclate.

B Qu'est-ce que la pression de turgescence ?

PROTOCOLE EXPÉRIMENTAL

1. Prendre un fragment d'épiderme d'oignon plasmolysé obtenu comme précédemment (page 114). Monter ce lambeau entre lame et lamelle dans une goutte d'eau puis observer immédiatement au microscope.
2. Le volume de la vacuole augmente rapidement et la coloration de son contenu devient plus claire.
3. L'augmentation du volume vacuolaire finit par plaquer le cytoplasme contre la paroi cellulaire : la cellule est redevenue turgescente.

× 450

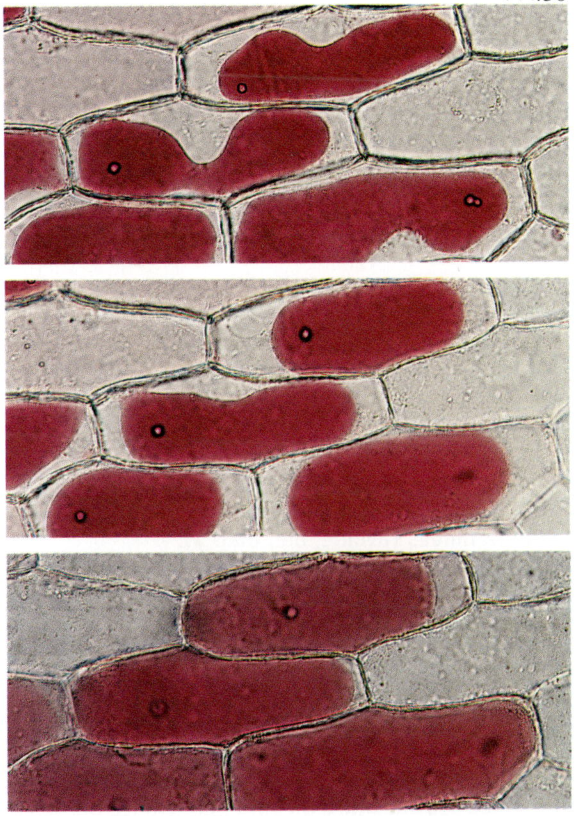

Le mouvement d'eau à travers la membrane plasmique s'effectue toujours du milieu le moins concentré en substances dissoutes (ou hypotonique) vers le milieu le plus concentré (ou hypertonique) conformément à des lois physiques dites lois de l'osmose.

3 La plasmolyse est un état réversible.

Normalement, les cellules d'une plante sont turgescentes et cette turgescence donne aux plantes herbacées leur port dressé. Si, en revanche, ces cellules perdent beaucoup d'eau, elles se plasmolysent et deviennent flasques : la plante se fane. Si l'on n'attend pas trop, l'arrosage rend aux cellules leur turgescence et la plante retrouve son port normal.

4 La turgescence, état physiologique normal.

La vacuole exerce en permanence une pression (P) sur la paroi.

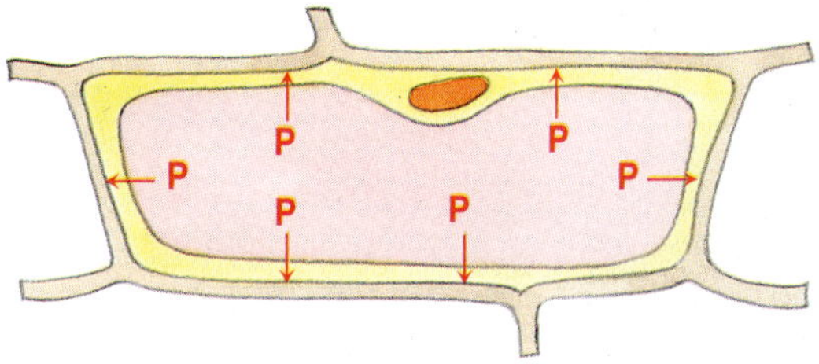

La vacuole d'une cellule contient de nombreuses substances dissoutes. De ce fait, le suc vacuolaire est nettement hypertonique par rapport au milieu environnant. De l'eau a donc tendance à rentrer dans la cellule jusqu'à ce que la paroi cellulaire rigide s'oppose à une entrée d'eau supplémentaire ; le liquide vacuolaire exerce alors sur la paroi une pression équilibrée par la résistance de celle-ci.
Cette pression de turgescence est le moteur de l'allongement de la paroi cellulaire : elle exerce la force motrice nécessaire à l'étirement plastique de la paroi. Cet étirement résulte d'un glissement des éléments constitutifs de la paroi primaire les uns par rapport aux autres (voir page 122).

5 La cellule turgescente, une cellule « sous pression ».

Lexique

- **Pression de turgescence :** pression exercée sur la paroi cellulaire par le liquide vacuolaire qui plaque le cytoplasme contre son enveloppe.
- **Protoplaste :** cellule végétale privée de sa paroi par action enzymatique.

Pistes d'exploitation

1 - Doc 1 et 2 : Que montrent ces observations ? Quelle information sur le rôle de la paroi cellulaire apporte cette observation des protoplastes ?

2 - Doc 3 à 5 : Mettre en relation ces informations et celles de la double page précédente pour expliquer comment est assurée la croissance en longueur des cellules végétales.

Les expériences de la mise

Vous connaissez l'existence d'hormones chez les animaux et vous savez qu'il s'agit de substances chimiques élaborées dans certains tissus et allant agir à distance sur des cellules cibles plus ou moins éloignées.

- Comment a-t-on mis en évidence l'existence de telles substances chez les végétaux ?
- Quel rôle jouent-elles dans la croissance ?

A La courbure du coléoptile d'avoine pose un problème biologique.

Trois jours après le début de la germination, le coléoptile mesure quelques centimètres de long. A ce stade, les cellules du coléoptile ont cessé de se diviser par mitoses et la croissance s'effectue uniquement par élongation des cellules.

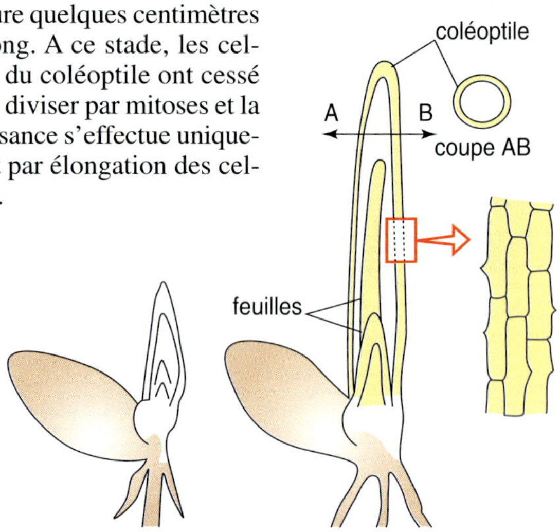

1 Le coléoptile est un étui creux qui enveloppe les premières feuilles des graminées (avoine, blé, maïs...).

• Une observation qui pose un problème biologique

Les coléoptiles des graminées sont sensibles à la lumière : lorsque les germinations sont éclairées latéralement, les coléoptiles en croissance se courbent en direction de la lumière. On dit qu'ils présentent un phototropisme positif.

• Les expériences et la conclusion de Darwin

Darwin réalise les expériences schématisées ci-dessous ; il utilise pour cela le coléoptile d'une graminée des Canaries, l'alpiste.
Il conclut : « Quand les plantes sont librement exposées à la lumière latérale, une certaine influence est transmise du sommet vers les parties inférieures, causant la courbure de ces dernières. »

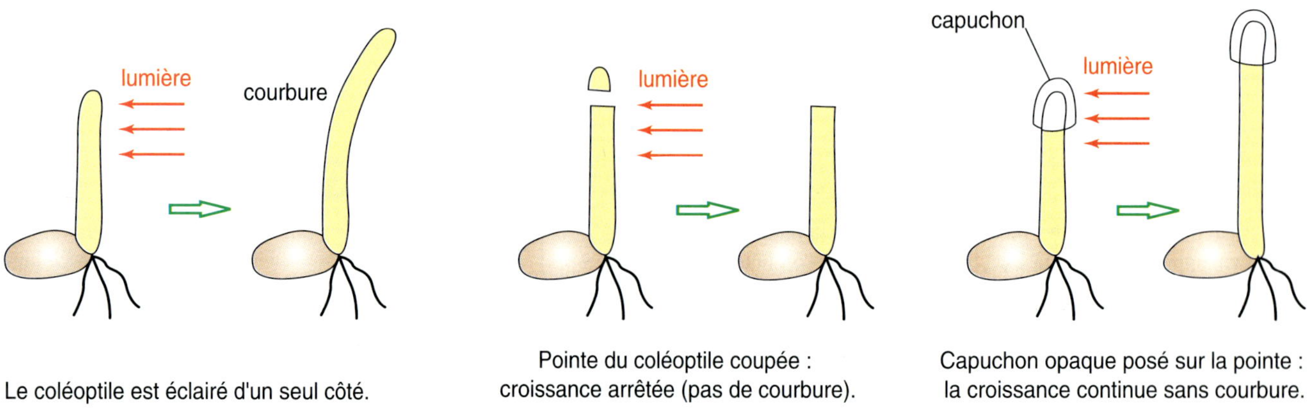

2 Les expériences de Darwin (1880) : des expériences qui mettent en évidence l'importance de la pointe du coléoptile.

B Les premières étapes d'une découverte.

1. Pointe du coléoptile coupée puis remise en place : croissance et courbure en direction de la lumière.

2. Pointe coupée puis remise en place mais séparée de la base par une lame de gélose : croissance et courbure en direction de la lumière.

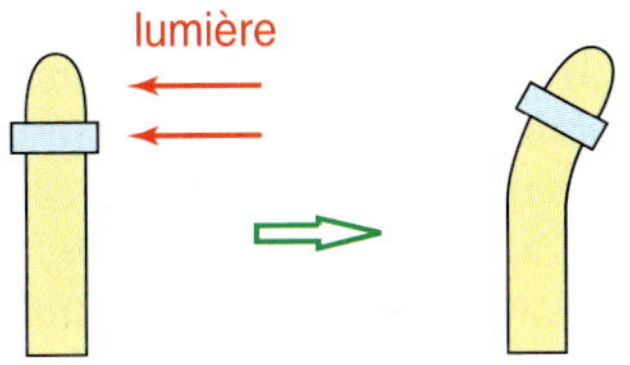

3. Pointe coupée puis remise en place mais séparée partiellement de la base par une lame de mica :
– placée du côté éclairé : courbure en direction de la lumière ;
– placée du côté non éclairé : pas de courbure.

3 Les expériences de Boysen - Jensen (1910 - 1913).

1. Le coléoptile est décapité puis sa pointe est replacée sur la pousse, légèrement de côté : même soumis à un éclairage uniforme, le coléoptile croît et se courbe.

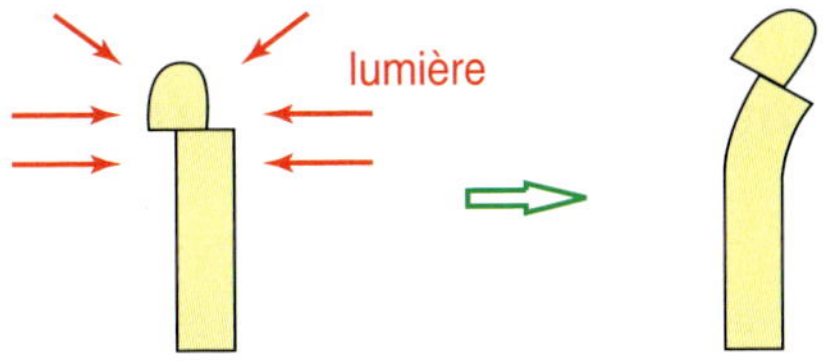

2. On refait la même expérience en interposant une lame de gélose entre la pointe et la base du coléoptile : même résultat qu'en **1**.

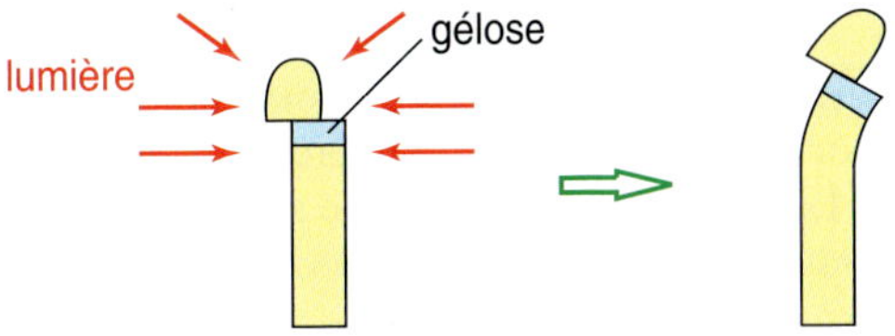

3. Même expérience mais on interpose une lamelle de mica, ou de platine, ou de beurre de cacao : arrêt de la croissance et absence de courbure.

Remarque : la gélose est perméable à des substances solubles dans l'eau (hydrosolubles) ; le beurre de cacao n'est perméable qu'à des substances solubles dans les graisses (liposolubles).

4 Les expériences de Paàl (1919).

Söding étudie la croissance de coléoptiles éclairés de façon uniforme.
1. Coléoptile décapité puis pointe remise en place : croissance rectiligne.
2. Coléoptile décapité ; la pointe est replacée mais on interpose une lamelle
– de gélose : croissance rectiligne ;
– de mica, de platine ou de beurre de cacao : pas de croissance.

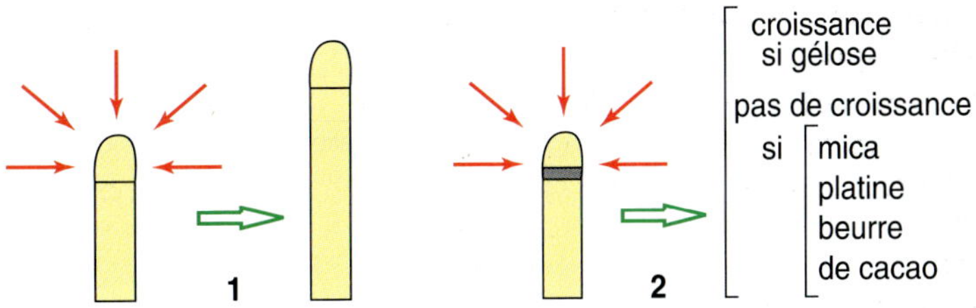

5 Les expériences de Söding (1923 - 1925).

Pistes d'exploitation

1 - Doc 1 et 2 : Utilisez ces résultats expérimentaux pour montrer que le site de réception du signal (la lumière) est distinct de celui de la réponse (la courbure).

2 - Doc 3, 4 et 5 : Utilisez ces résultats expérimentaux complémentaires pour démontrer que :
- la courbure de la tige est la conséquence d'un éclairement non homogène ;
- croissance et courbure sont liées à la diffusion d'une substance qui migre depuis l'apex vers la tige ;
- cette substance est hydrosoluble (et non pas liposoluble) ;
- la courbure sous l'influence de la lumière serait due à une répartition inégale de cette substance dans la tige.

ACTIVITÉS pratiques 5

L'auxine, première hormone

L'hormone végétale contrôlant la croissance a été nommée **auxine** (du grec *auxé* = croissance). Son isolement et son identification ont été rendus possibles grâce à la mise au point par Went d'un test biologique permettant de doser cette hormone.

- En quoi consiste le test de Went ?
- Quelles sont les propriétés fondamentales de l'auxine ?

A L'auxine, une hormone de croissance qui agit à très faible dose.

• **Objectif :** Evaluer une concentration en auxine par les effets biologiques de cette hormone.

• **Extraction de l'hormone :** le tissu végétal, ici une pointe de coléoptile, est posé sur un bloc de gélose ; si de l'auxine est présente, elle va diffuser dans ce bloc (voir expériences page 118).

• **« Test avoine » :** Des coléoptiles d'avoine qui ont germé à l'obscurité sont décapités (et les premières feuilles arrachées à leur base). Le bloc de gélose est placé sur une moitié de la section. Si cette gélose contient de l'auxine, le coléoptile va croître et se courber. Mesurée après 90 minutes de contact, la courbure traduit la concentration en auxine.

C'est donc une véritable mesure biologique de cette concentration qui est ainsi réalisée.

Jusqu'à une époque récente, les méthodes chimiques de dosages étaient beaucoup moins sensibles que ce test biologique : celui-ci permet en effet de détecter des concentrations aussi faibles que 10^{-8} g.mL^{-1} d'auxine. Actuellement, les méthodes modernes d'analyse atteignent des sensibilités comparables.

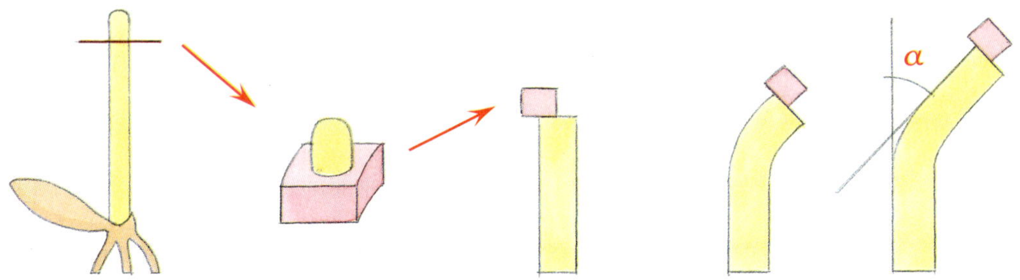

1 Le « test avoine » de Went : une utilisation astucieuse des propriétés de l'auxine.

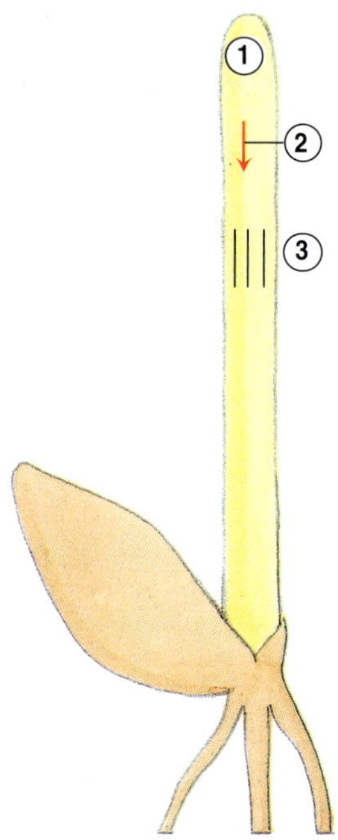

1. apex : zone de production de l'auxine
2. transport
3. zone d'élongation = zone d'action de l'auxine

L'auxine est synthétisée dans les cellules de l'apex des coléoptiles de graminées ; elle l'est aussi dans les méristèmes, dans les feuilles, dans les embryons des végétaux.

À partir du lieu de synthèse, l'auxine est transportée de cellule à cellule, à la vitesse de 2 à 15 mm par heure, vers des cellules cibles qui sont sensibles à son action et dont elle modifie le fonctionnement.

2 L'auxine est une hormone.

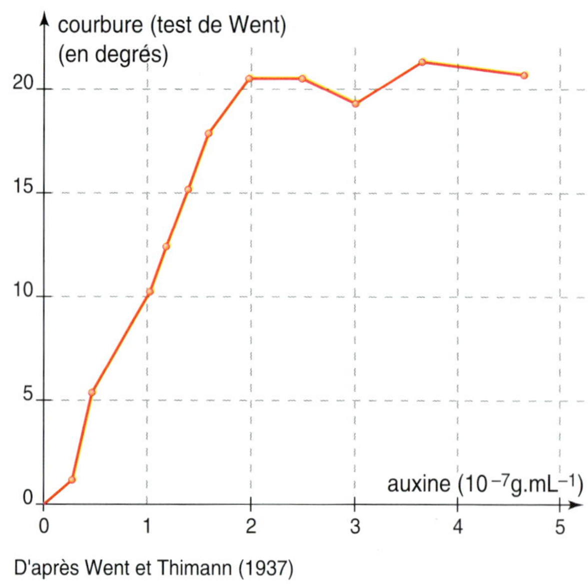

3 Une mesure de l'action de l'auxine en fonction de sa concentration.

B Des expériences pour expliquer la courbure du coléoptile.

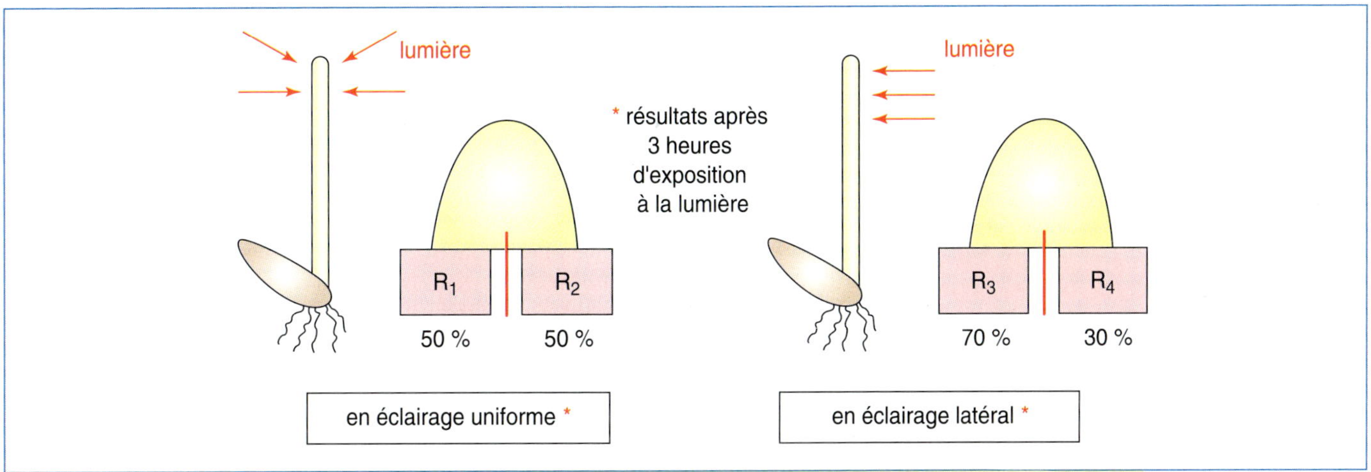

4 Répartition de l'auxine émise par l'apex d'un coléoptile dans deux conditions différentes d'éclairement.

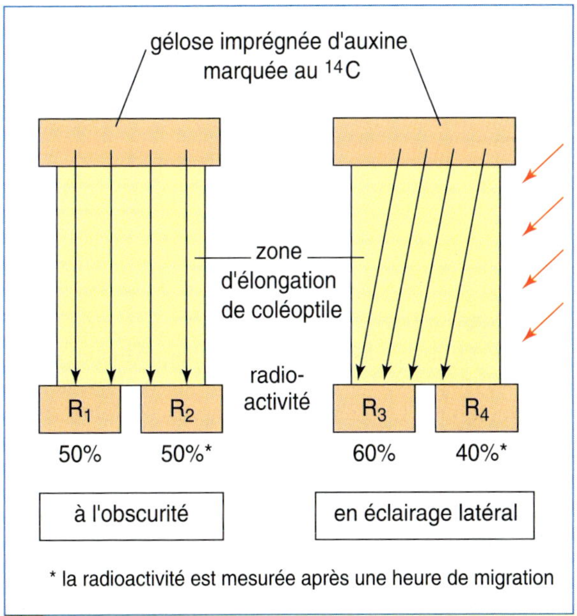

5 Une expérience pour comprendre comment la lumière modifie la répartition de l'auxine.

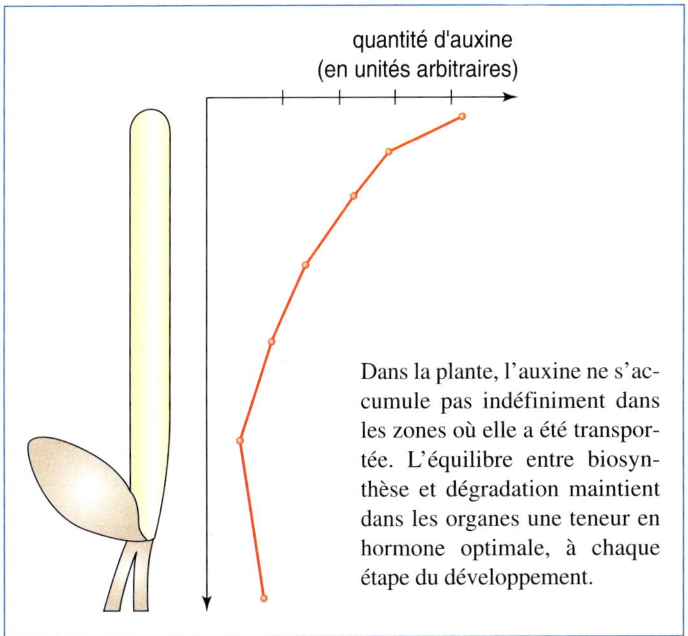

6 Distribution de l'auxine dans la plantule d'avoine, en unités arbitraires (d'après Thimann, 1934).

Pistes d'exploitation

1 - Doc 1 : Expliquez pourquoi le « test avoine » de Went est un outil de travail qui a été utilisé pendant de nombreuses années dans les laboratoires de recherche.

2 - Doc 2 et 3 : Proposez une définition de l'auxine. Le mode d'action de cette substance est-il comparable à celui d'une hormone animale ? (Vous pourrez répondre à cette question après avoir étudié la partie « Glycémie et diabètes » du programme.)

3 - Doc 4 et 5 : Analysez ces expériences et expliquez quelle est la cause de la courbure du coléoptile des graminées. Reprenez alors les expériences historiques de la double page précédente et interprétez chacune d'elles en utilisant vos connaissances.

4 - Doc 6 : En utilisant les informations de cette double page, proposez une méthode expérimentale permettant de construire ce graphe.

ACTIVITÉS pratiques 6

Le rôle de l'auxine dans la régulation

L'auxine, à des concentrations très faibles, favorise la croissance de la tige, donc, comme nous l'avons vu précédemment, l'élongation des jeunes cellules.

- Connaît-on avec plus de précision comment l'auxine agit sur l'élongation des cellules ?
- Cette hormone a-t-elle d'autres actions ?

A Action de l'auxine sur l'élongation cellulaire.

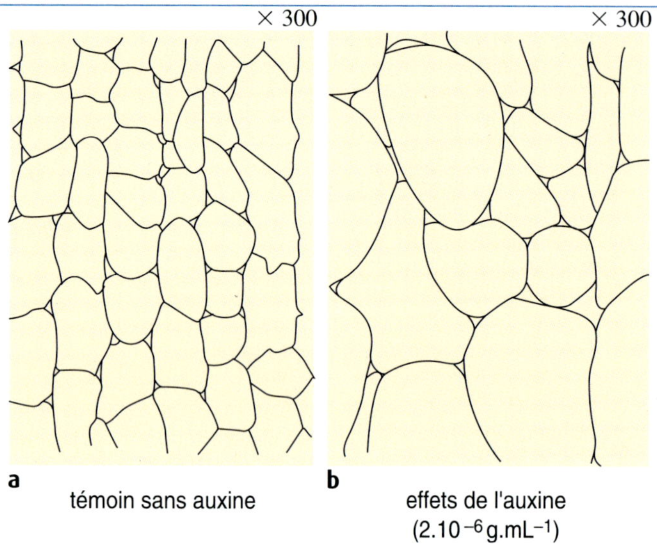

L'auxine possède sur l'élongation de la paroi cellulaire une double action :
– une action à court terme dont les effets sont visibles en une minute ou moins encore ;
– une action à plus long terme dont les effets interviennent après quelques heures.

- **Action à court terme**

L'auxine augmente la plasticité de la paroi. Par un mécanisme complexe, elle atténue la solidité des liaisons établies entre la cellulose et les composés pectiques de la paroi. Elle peut aussi activer la synthèse des enzymes qui rompent ces liaisons, ce qui produit le même résultat.

- **Action à plus long terme**

L'auxine stimule la synthèse de nouveaux matériaux de la paroi cellulaire.

1 Cellules de tabac cultivées in vitro.

En utilisant un acide aminé radioactif, on peut marquer les protéines synthétisées par une cellule pendant un temps donné. On peut ensuite, par électrophorèse bidimensionnelle, séparer les protéines marquées produites par des tissus végétaux soumis ou non à l'action de l'auxine (**a-** sans auxine. **b-** en présence d'auxine).

Cette technique permet donc de visualiser l'apparition ou l'augmentation de taille de certaines taches. Chaque tache correspond à un polypeptide. Parmi les taches nouvelles, certaines sont détectables 15 à 20 minutes après le début du traitement à l'auxine (protéines « précoces ») ; d'autres après deux heures ou plus (protéines « tardives »).

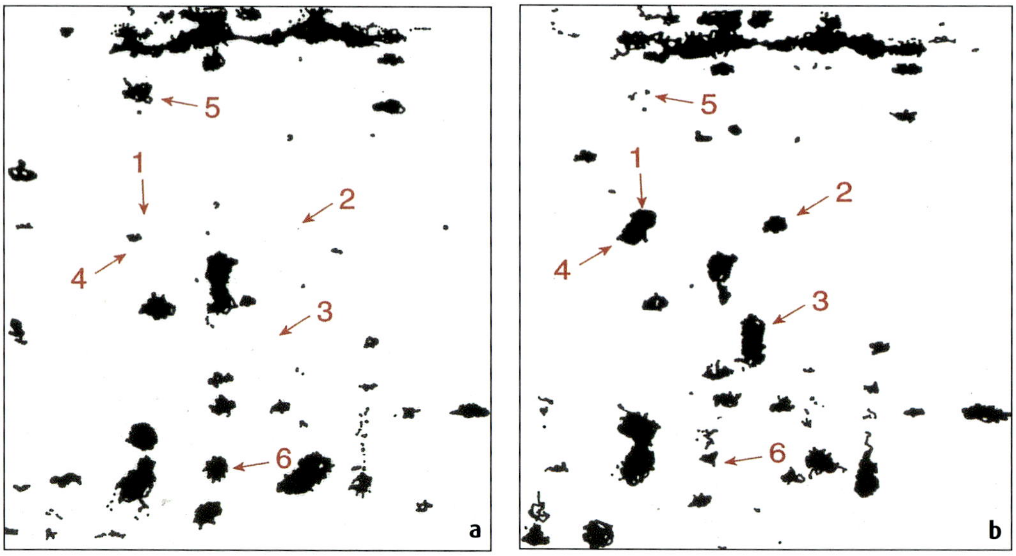

Alors que la plupart des spots sont identiques dans le témoin et le sujet traité à l'auxine, quelques-uns (ex. n°s 1, 2 et 3) n'apparaissent que chez ce dernier ou (n° 4) accusent une nette augmentation de taille, tandis que d'autres (n°s 5 et 6) diminuent.

D'après R. Heller, R. Esnault, C. Lance, Physiologie végétale. Éd. Masson.

2 Une explication de l'action à l'échelle moléculaire.

B La dominance apicale et le port des végétaux.

PROTOCOLE EXPÉRIMENTAL

1. Mettre des graines de haricot à germer. Parmi les germinations obtenues, sélectionner celles dont les deux premières feuilles sont bien développées.

2. Faire 4 lots :
– **lot a**, témoin ;
– **lot b**, couper la tige sous les feuilles ;
– **lot c**, couper les feuilles ;
– **lot d**, couper la tige au-dessus des feuilles.

3. Attendre huit jours et observer.

EXPÉRIENCES

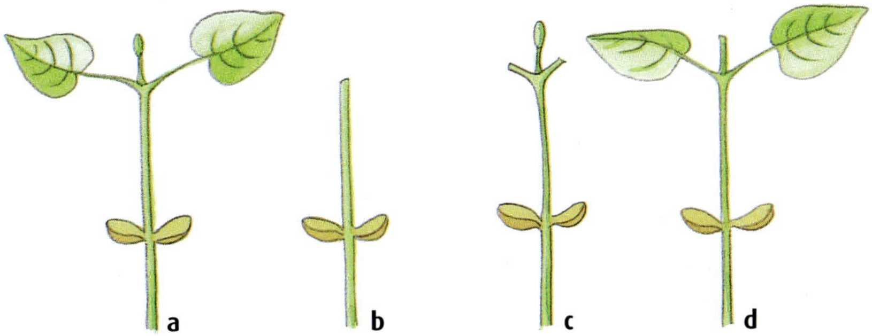

RÉSULTATS (8 jours plus tard)

Lorsque le bourgeon terminal est enlevé, les bourgeons situés à l'aisselle des cotylédons se développent. Si on ne coupe que les feuilles développées, les bourgeons axillaires ne se développent pas.
Tout se passe donc comme si le bourgeon terminal était capable d'inhiber le développement des bourgeons axillaires situés à des niveaux inférieurs de la plante. Les botanistes désignent ce phénomène par l'expression « dominance apicale ».

RÉSULTATS

3 Une expérience simple permet de poser certains problèmes.

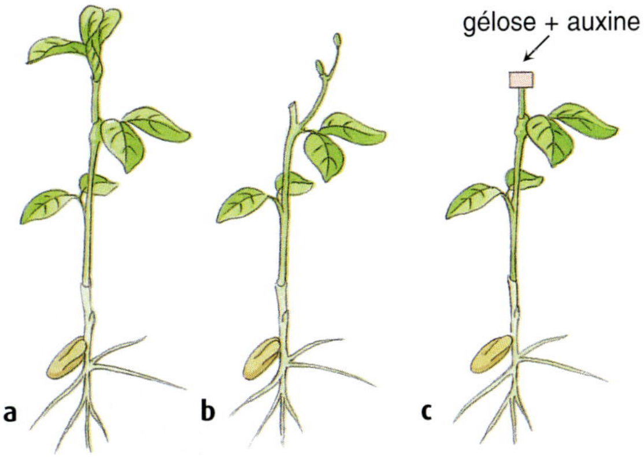

Thimann sectionne le sommet de la tige de plusieurs pieds de fèves. Certains pieds (**b**) sont laissés en état. Chez d'autres (**c**), la section est recouverte d'un bloc de gélose contenant de l'auxine. Les dessins **b** et **c** présentent l'aspect de ces plantes quelques jours plus tard.

4 Expériences de Thimann et Skoog (1934) sur la fève.

Pistes d'exploitation

1 - Doc 1 : Précisez l'action de l'auxine sur l'élongation cellulaire.

2 - Doc 2 : Mettez ce document en relation avec les connaissances acquises dans la première partie du programme (« Du génotype au phénotype ») : en particulier, proposez une hypothèse pour expliquer l'augmentation de la taille et du nombre des « taches » en présence d'auxine.

3 - Doc 3 et 4 : Qu'appelle-t-on « dominance apicale » ? Par quel mécanisme le bourgeon apical exerce-t-il sa « dominance » ?

Maîtriser l'organogenèse* :

De nombreux végétaux peuvent être cultivés in vitro : c'est par exemple le cas du peuplier. Un fragment du végétal cultivé sur un milieu approprié peut régénérer bourgeons et racines et donc former une plante entière. Cette technique permet de produire très facilement par clonage des milliers d'exemplaires du végétal. C'est aussi la possibilité de faire sur ces plantes des recherches fondamentales ou appliquées.

- Comment réalise-t-on la culture in vitro d'un végétal ?
- Quels rôles jouent les hormones végétales dans cette organogenèse* ?

A Etude d'un exemple : la culture in vitro du peuplier.

1 Des expériences réalisables en classe. Résultat obtenu après 2 mois de culture d'un explant*.

A partir d'un vitroplant* de peuplier, on coupe un fragment de tige d'environ 1,5 cm portant deux petites feuilles. Les feuilles sont enlevées en prenant soin de laisser intacts les bourgeons axillaires.
Les manipulations sont à effectuer avec des instruments stérilisés et sous hotte à flux laminaire.

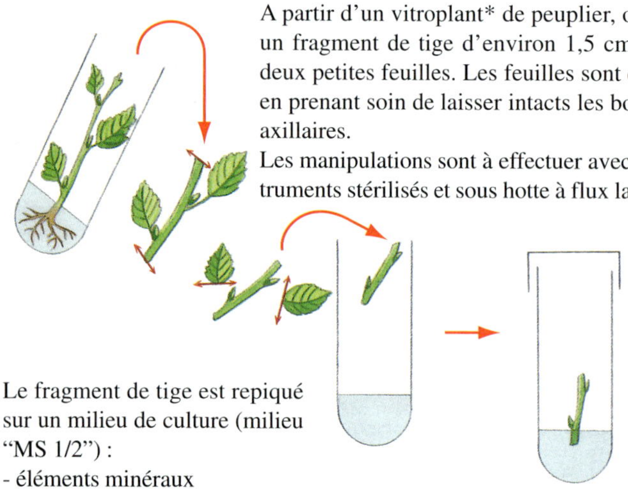

Le fragment de tige est repiqué sur un milieu de culture (milieu "MS 1/2") :
- éléments minéraux
- vitamines
- saccharose (20 $g.L^{-1}$)
- agar (15 $g.L^{-1}$)
- auxine (ANA 0,5 $\mu mol.L^{-1}$).

Les tubes sont placés dans une armoire :
- éclairement 16 h par jour
- température 20 à 24 °C

2 Le protocole est simple mais nécessite de respecter certaines conditions.

L'effet de l'auxine est étudié en faisant varier la concentration en auxine du milieu de culture.

Milieu de culture	Résultats
Milieu MS 1/2 sans auxine	Pas d'enracinement
Milieu MS 1/2 avec auxine 0,5 $\mu mol.L^{-1}$	Formation de racines (photo **a**)
Milieu MS 1/2 avec auxine 2 $\mu mol.L^{-1}$	Formation d'un cal* (photo **b**)

3 Effets de la concentration en auxine du milieu de culture.

B Les hormones végétales contrôlent le devenir des cellules.

1 A partir d'un vitroplant* de peuplier, on prélève des fragments d'entre-nœuds (donc dépourvus de bourgeon).

2 Les explants peuvent être fendus de façon à mettre à nu les tissus internes, ce qui favorisera leur croissance.

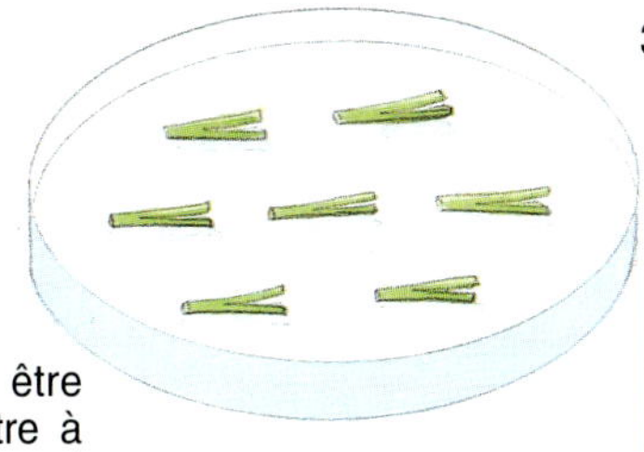

3 Les explants sont déposés sur un premier milieu de culture dans une boîte de Petri.

milieu de culture MS 30
agar : 15 g.L^{-1}
saccharose : 30 g.L^{-1}
éléments minéraux
vitamines
auxine (ANA) : 10 µmol.L^{-1}
cytokinine* (2iP) : 5 µmol.L^{-1}

résultat obtenu après 3 semaines de culture à 24 °C, à l'obscurité (pour éviter les phénomènes de nécrose*)

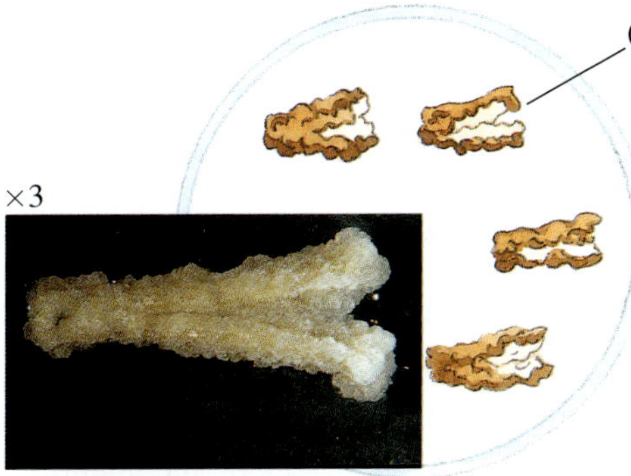

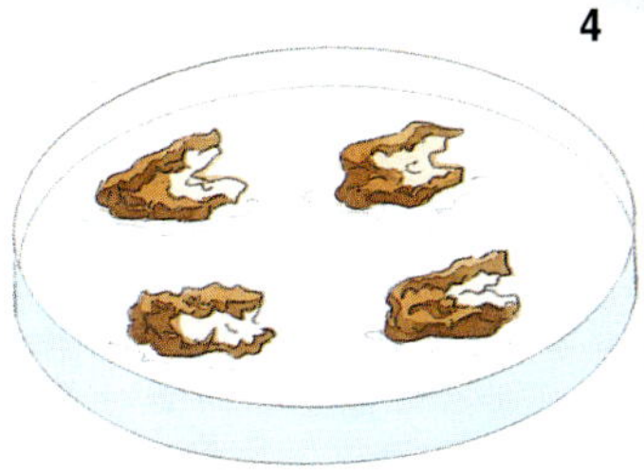

4 Les cals* ainsi induits sont transférés sur un deuxième milieu MS30 auquel on ajoute uniquement une cytokinine* (TDZ) à la concentration de 0,1 µmol.L^{-1} (a) ou de 1 µmol.L^{-1} (b).

résultats obtenus après un mois de culture (16 h de lumière et 8 h d'obscurité par jour)

a cytokinine 0,1 µmol.L^{-1}

b cytokinine 1 µmol.L^{-1}

4 La formation d'un cal suivie de la différenciation de racines et de bourgeons.

Ce peuplier a été produit (à des fins de recherche) par transgénèse : il surexprime le gène d'une cytokinine. Les microboutures ne forment pas de racines mais les pousses sont très ramifiées.

5 Peuplier transgénique.

Lexique

- **Organogenèse :** formation des organes au cours du développement d'un être vivant.
- **Explant :** fragment extrait d'un organisme vivant.
- **Vitroplant :** plante de petite dimension cultivée dans un tube à essai (ou autre verrerie de laboratoire).
- **Cal :** amas de cellules indifférenciées.
- **Cytokinine :** une des principales hormones végétales. Il existe plusieurs sortes de cytokinines, naturelles ou de synthèse.
- **Nécrose :** noircissement et dessèchement qui aboutit à la mort d'un tissu.

Pistes d'exploitation

1 - Doc 1 et 2 : Pourquoi travaille-t-on avec des instruments stérilisés et sous une hotte ?

2 - Doc 2 et 3 : Confrontez les résultats obtenus. Quels rôles de l'auxine sont ainsi mis en évidence ?

3 - Doc 4 : Quel phénomène biologique est à l'origine de la formation d'un cal ? Comparez les deux résultats présentés : quel rôle joue l'apport de cytokinine ?

4 - Doc 1 et 5 : Comparez l'aspect de ces deux peupliers, cultivés dans les mêmes conditions. Expliquez les différences constatées.

Croissance cellulaire et contrôle de la morphogenèse

De par ses caractères structuraux propres, la cellule végétale possède un mode de croissance original. Cette croissance cellulaire est sous le contrôle d'une substance à caractère hormonal : l'**auxine.** L'auxine intervient également dans le développement du végétal en interaction avec d'autres substances hormonales d'une part, avec les facteurs de l'environnement d'autre part.

I La croissance cellulaire

L'architecture des cellules végétales se caractérise notamment par l'existence d'une paroi, cadre plus ou moins rigide entourant de façon permanente chaque cellule. L'existence de cette paroi conditionne la croissance.

1• La paroi cellulaire primaire est une surface extensible

La paroi comporte plusieurs parties mises successivement en place. Suite à la mitose, une cloison primitive s'édifie et sépare les deux cellules filles : la **lamelle moyenne**. De chaque côté de la lamelle moyenne, chaque cellule fille en croissance va élaborer sa propre paroi. Il se forme d'abord une **paroi primaire extensible**, épaisse de 1 à 3 micromètres. La **cellulose**, un glucide complexe, est son constituant essentiel mais elle contient également d'autres glucides comme les hémicelluloses, des composés pectiques et des protéines comme l'extensine.

Les molécules de cellulose sont regroupées en éléments allongés, les microfibrilles, constitués de plusieurs dizaines de molécules de cellulose. Ce **réseau de microfibrilles** est enrobé dans une sorte de pâte faite principalement d'hémicellulose liée à l'extensine. Cette pâte relativement molle rend la paroi primaire extensible.

2• L'allongement des cellules

• Les processus d'allongement

De manière simplifiée, l'augmentation de surface de la paroi primaire nécessite l'intervention de deux processus. Le premier consiste en un relâchement de la pâte qui unit les microfibrilles de cellulose. Une fois la pâte distendue, un second processus ajoute de nouveaux éléments. Ainsi, de nouvelles microfibrilles de cellulose, de nouveaux composés pectiques...intègrent la paroi primaire. La surface pariétale s'accroît et la cellule grandit.

• Le « moteur » de l'allongement cellulaire : la pression de turgescence

Dans une cellule qui grandit, de l'espace nouveau disponible se crée. Cet espace est en grande partie occupé par des **vacuoles**, cavités ménagées dans le cytoplasme. Les vacuoles contiennent un liquide riche en eau dans lequel de nombreuses substances sont dissoutes (ions minéraux, acides aminés, saccharose, ...). Ces substances dissoutes créent un appel d'eau de l'extérieur vers l'intérieur de la cellule. Il en résulte une pression, la **pression de turgescence**, qui s'exerce sur toute la surface de la paroi par l'intermédiaire du cytoplasme. Cette pression de turgescence produit la force nécessaire au gonflement de la cellule et est ainsi le « moteur » de l'extension cellulaire. L'état physiologique normal d'une cellule végétale, en croissance ou non, est l'état turgescent. Quand la cellule perd de l'eau, la vacuole diminue de volume et la cellule devient **plasmolysée**. Une plasmolyse prolongée cause la mort de la cellule.

Par ailleurs, la paroi permet également à la cellule de ne pas éclater sous l'effet de cette pression. La preuve en est fournie par des suspensions de protoplastes. Les protoplastes sont des cellules végétales privées de leur paroi obtenues par un traitement approprié (plasmolyse suivie d'une attaque enzymatique). Dans un milieu où l'eau pénètre dans les protoplastes, ces derniers éclatent.

3• La fonction d'une paroi squelettique

Une fois la taille de la cellule acquise, la **paroi secondaire** se forme par dépôts successifs à l'intérieur de la paroi primaire. Ces dépôts, dépourvus de composés pectiques et d'extensine, comportent des microfibrilles de cellulose extrêmement serrées les unes contre les autres. Ces dépôts ne peuvent plus s'agrandir.

II Les rôles de l'auxine dans la croissance cellulaire

1• L'auxine est une hormone végétale

Les travaux de Darwin en 1880 sont à la base de la notion d'hormone végétale. Il constata chez une graminée qu'un coléoptile (sorte d'étui protecteur des jeunes feuilles) éclairé latéralement grandissait en direction de la lumière. Un demi-siècle de recherches fut nécessaire pour identifier, extraire, comprendre le mode d'action,

fabriquer... la substance responsable de ce phénomène : l'**auxine** (du grec *auxesis* : croissance). Ainsi, l'auxine fut la première **hormone végétale** découverte. Actuellement, pour être considérée comme une hormone végétale, une substance doit remplir plusieurs conditions :
– être fabriquée par la plante elle même, donc ne pas être absorbée dans le milieu de vie ;
– être active à très faible dose, ce qui la distingue des substances nutritives ;
– véhiculer une information à des cellules sensibles à son action, les cellules cibles, dont elle modifie le fonctionnement.

Après avoir agi, une hormone est ensuite dégradée.

2• L'auxine a plusieurs effets physiologiques

Si le terme auxine désigne bien la première hormone végétale découverte, il désigne également un ensemble de substances chimiquement proches qui ont les mêmes propriétés physiologiques. La fabrication de l'auxine se déroule dans les **apex** des tiges, dans les méristèmes et les jeunes feuilles des bourgeons terminaux à partir d'un acide aminé, le tryptophane. Une fois fabriquée, l'hormone migre vers ses cellules cibles. Cette migration s'effectue beaucoup plus facilement des apex vers la base des organes qu'en sens inverse, on dit que le transport de l'auxine est polarisé. La vitesse de migration varie de 5 à 20 $mm.h^{-1}$.

L'auxine contrôle la croissance cellulaire en stimulant l'**augmentation de taille** des cellules. Cette augmentation de taille est principalement due à l'élongation cellulaire. L'élongation des cellules en croissance a lieu pour des concentrations d'auxine de l'ordre de 10^{-7} à 10^{-5} $g.mL^{-1}$. Outre cet effet, l'auxine agit sur la différenciation cellulaire en provoquant la **formation de racines** latérales et de tissus conducteurs.

3• Une double action sur la croissance cellulaire

Deux actions complémentaires de l'auxine sur la stimulation de l'élongation cellulaire peuvent être distinguées, une action à court terme et une action à long terme.

• **Action à court terme sur la plasticité de la paroi.** Le mécanisme de cette action rapide n'est pas encore connu dans le détail. Il est cependant clairement établi que l'auxine abaisse le pH de la paroi et que cette diminution provoque le relâchement pariétal.

• **Action à plus long terme sur l'expression de gènes codant pour des protéines intervenant spécifiquement dans l'élongation cellulaire.** L'emploi de techniques récentes comme l'électrophorèse bidimensionnelle a montré que l'auxine stimule la synthèse d'ARN spécifiques. Ces ARN sont ensuite traduits en protéines enzymatiques nécessaires à la fabrication des composants de la paroi.

UN RAPPEL ILLUSTRÉ DES RÉSULTATS ESSENTIELS
7 germinations d'avoine à comparer

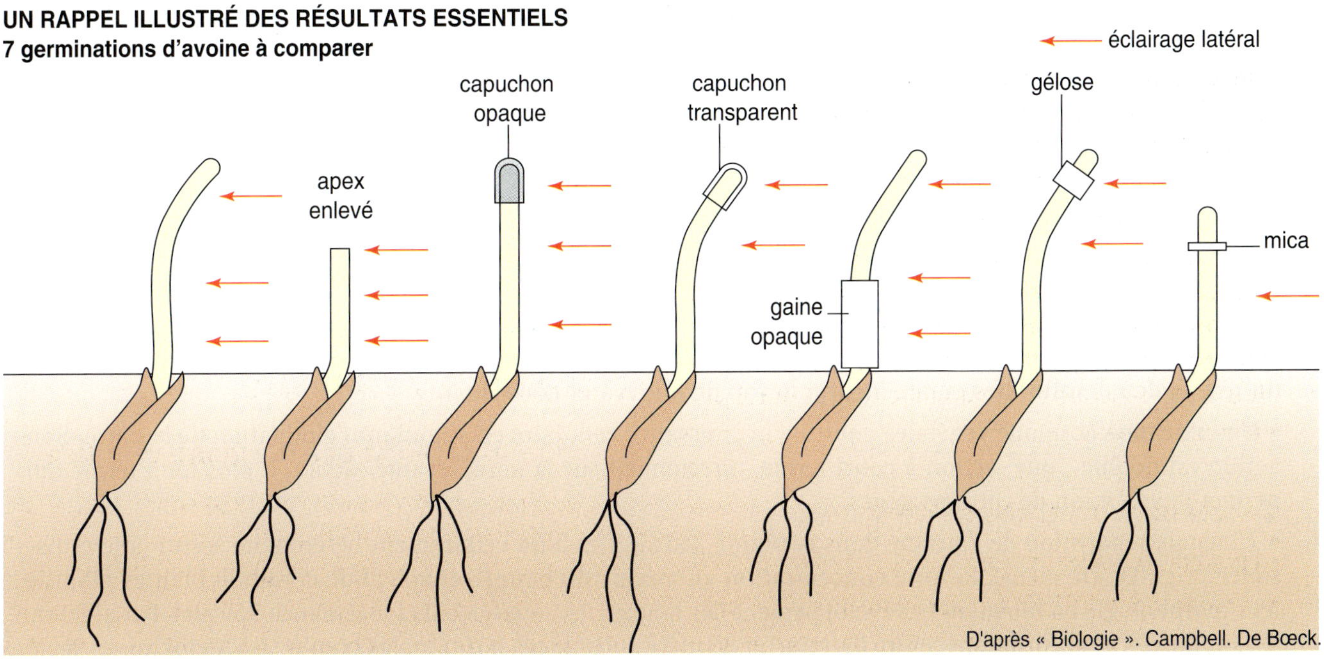

D'après « Biologie ». Campbell. De Bœck.

III Hormones et développement du végétal

1• La répartition de l'auxine modifie le développement

• **L'influence de la lumière.**

Le coléoptile d'une graminée se courbe lorsqu'il est éclairé latéralement, cette courbure résultant uniquement d'une différence de croissance entre la face éclairée et la face sombre. En effet, à ce stade de développement, la croissance s'effectue uniquement par élongation des cellules préexistantes. La face sombre s'allonge davantage du fait qu'elle contient beaucoup plus d'auxine que la face éclairée et que l'auxine stimule l'élongation cellulaire. La lumière modifie donc la répartition de l'auxine dans la plante et permet ainsi une **croissance orientée**. Sous de forts éclairements, cette inégale répartition est directement due à la destruction de l'auxine par la lumière. Pour des éclairements plus faibles, la lumière provoque une migration de l'auxine vers les régions non éclairées de la plante.

• **L'influence du bourgeon terminal.**

Le port des arbres est extrêmement varié dans la nature. Toutes les branches peuvent se développer de manière équivalente ou, à l'opposé, la branche principale se développe plus que les autres. C'est le cas des conifères qui présentent un port « en flèche » aisément identifiable.

Ce port est dû à l'influence exercée par le bourgeon terminal sur les bourgeons sous-jacents. Le bourgeon terminal empêche ces derniers de se développer, on dit qu'il exerce une dominance apicale. Cette **dominance apicale** s'explique par le fait que le bourgeon terminal fabrique de l'auxine qui inhibe indirectement le développement des autres bourgeons. La section du bourgeon terminal modifie donc la répartition de l'auxine dans la plante et lève cette dominance.

2• L'organogenèse, une affaire d'équilibres hormonaux

L'auxine n'est pas la seule hormone végétale nécessaire à la croissance et au développement d'une plante. Plusieurs familles d'hormones « classiques » interviennent : les cytokinines nécessaires à la division cellulaire , les gibbérellines, l'acide abcissique, l'éthylène... La culture in vitro de cellules végétales illustre bien l'intervention conjuguée de ces hormones. Lorsque l'explant (fragment de plant mis en culture) est en présence d'autant d'auxine que de cytokinines, la division cellulaire est stimulée mais il n'y a pas apparition d'organes. On obtient des cals, massifs de cellules indifférenciées. Quand le milieu de culture contient plus d'auxine que de cytokinines, des racines prennent naissance. Dans la situation inverse, ce sont des bourgeons qui apparaissent. La mise en place des organes végétaux est donc contrôlée par les proportions des hormones végétales, auxine et cytokinines essentiellement. L'organogenèse est bien une affaire d'équilibres hormonaux.

L'essentiel

• La croissance cellulaire chez les végétaux n'est pas un simple « gonflement » mais un véritable grandissement. Cette croissance est conditionnée par une particularité structurale, l'existence d'une paroi. Une paroi en croissance est composée de microfibrilles de cellulose incluses dans une pâte amorphe faite d'hémicelluloses, de composés pectiques et de protéines.

• Sous l'action de la pression exercée par le contenu vacuolaire (la pression de turgescence) la paroi primaire élastique croît tant en longueur qu'en épaisseur. Cette croissance est le résultat conjugué d'un relâchement du réseau de microfibrilles et de l'incorporation de nouveaux constituants.

• L'auxine, une hormone végétale, contrôle la croissance cellulaire en stimulant l'élongation de la paroi. Son action est double : une action à court terme, directement sur la paroi, et une action à plus long terme qui permet l'expression de certains gènes.

• L'inégale répartition de l'auxine dans la plante sous l'effet d'un éclairement hétérogène assure une croissance orientée. De même, la forte concentration en auxine du bourgeon apical de certaines plantes modifie leur morphologie en bloquant le développement des bourgeons sous-jacents (dominance apicale). Par ailleurs, le rapport des concentrations entre l'auxine et d'autres substances hormonales comme les cytokinines règle la morphogenèse.

Schéma-bilan

L'ALLONGEMENT CELLULAIRE

- La pression de turgescence cellulaire (P) est le moteur de l'allongement cellulaire.
- La plasticité de la paroi primaire permet la croissance cellulaire.

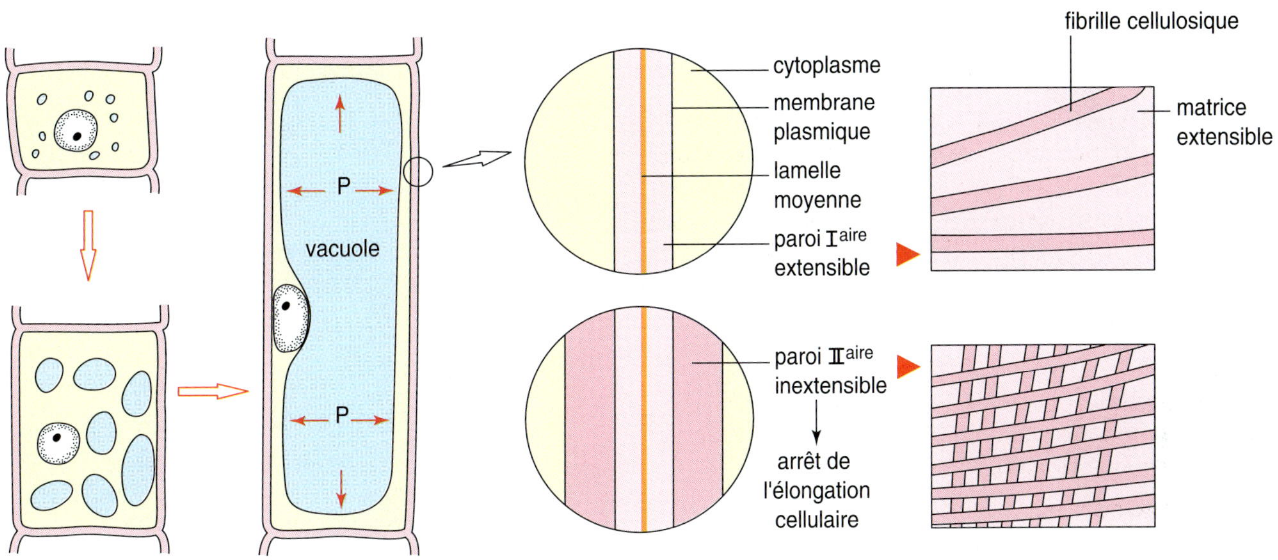

LA CROISSANCE CELLULAIRE EST CONTRÔLÉE PAR UNE HORMONE : L'AUXINE

- **L'auxine diffuse dans la gélose...**
- **La répartition inégale de l'auxine, conséquence d'un éclairement latéral, permet une croissance orientée.**

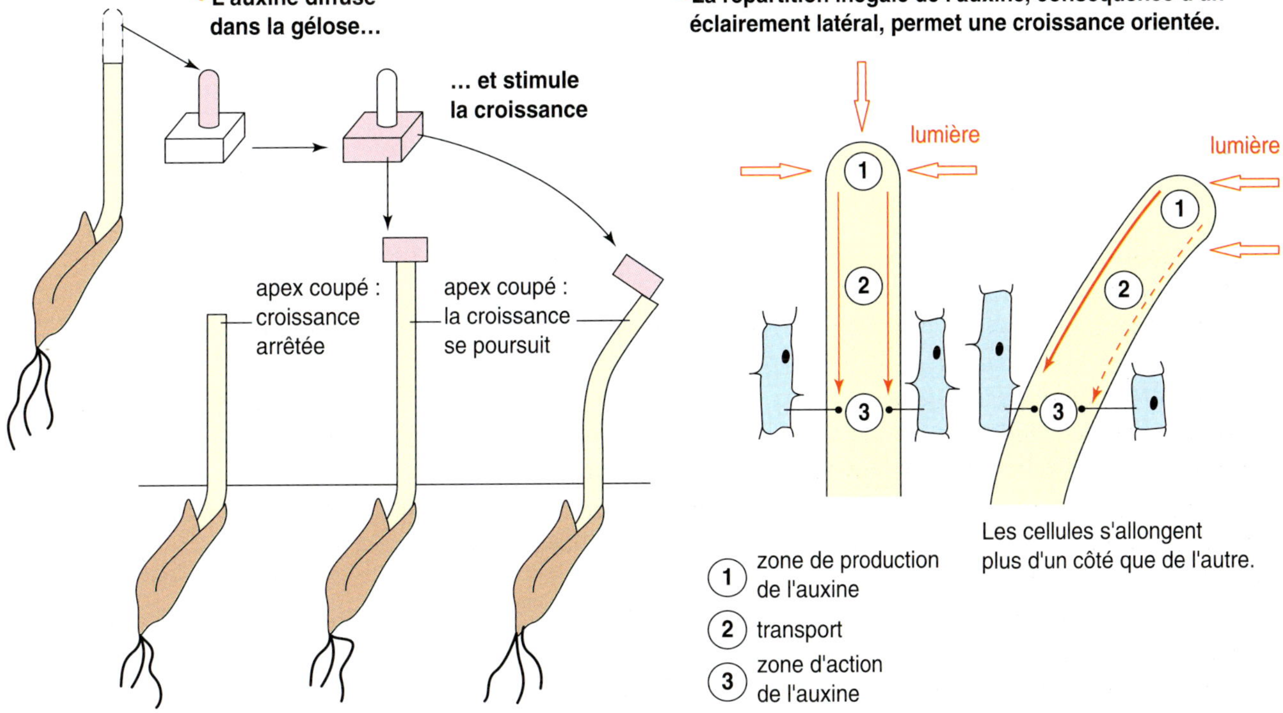

A L'architecture des parois primaires.

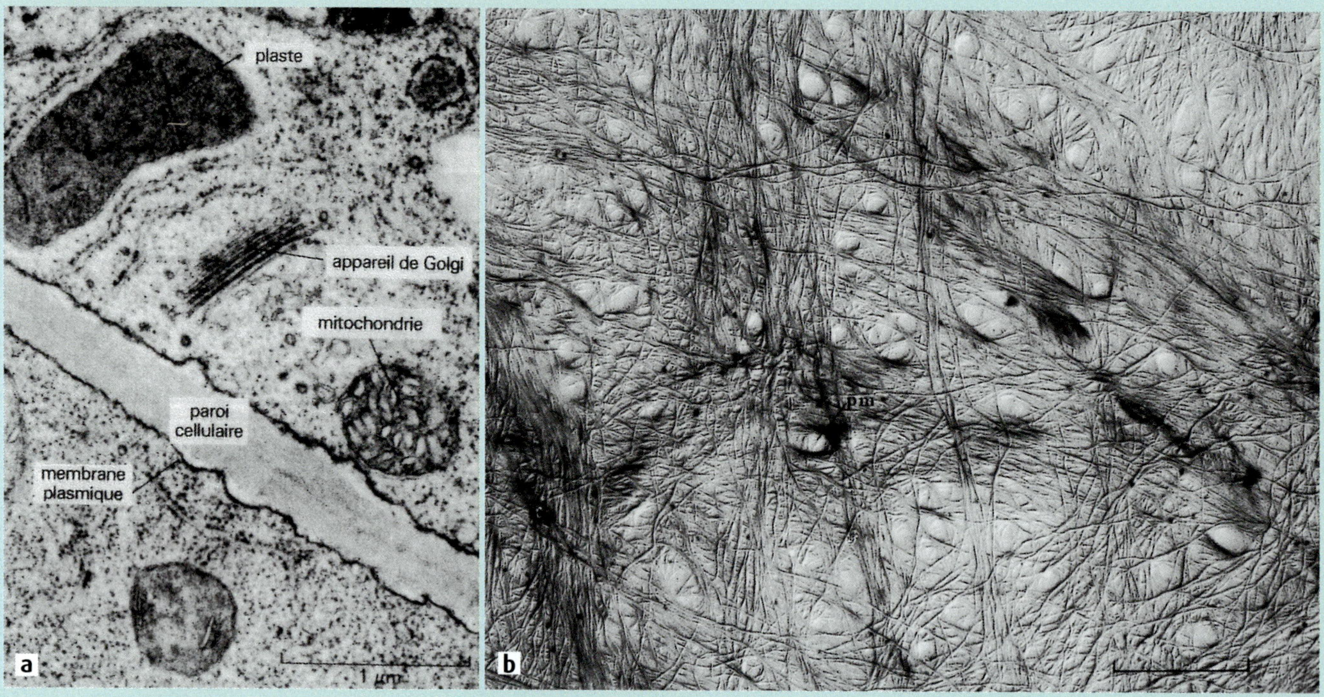

1 Observation de la paroi primaire d'une cellule jeune au microscope électronique. **a** – Coupe transversale. **b** – Vue « à plat » des fibrilles de cellulose constituant cette paroi.

Une jeune cellule végétale grandit. Sa paroi est donc capable de se déformer. Or les fibrilles de cellulose sont peu extensibles. La croissance de la paroi implique donc un déplacement des fibrilles les unes par rapport aux autres. Ce glissement, qui dépend en partie de l'orientation des fibrilles à l'intérieur de la paroi primaire, est rendu possible par les propriétés des macromolécules de la matrice. En effet, celles-ci constituent une pâte relativement molle permettant le glissement des fibrilles de cellulose et rendant la paroi primaire extensible.

Des microfibrilles cellulosiques (1), longues et résistantes, sont noyées dans une sorte de pâte (2) faite de composés pectiques (pectines, hémicelluloses) et de protéines.

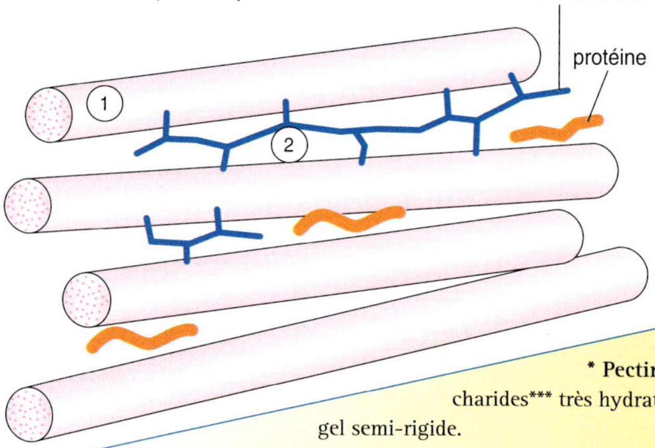

* **Pectines** : polysaccharides*** très hydratés formant un gel semi-rigide.

** **Hémicelluloses** : polysaccharides de la matrice, très ramifiés et liés aux fibres de cellulose par des liaisons chimiques « faibles » (qui ne sont pas des liaisons de covalence).

*** **Polysaccharides** : polymère biologique dont les unités sont des molécules de sucres.

2 Une représentation schématique de la paroi primaire.

de la paroi cellulaire

B L'architecture des parois secondaires.

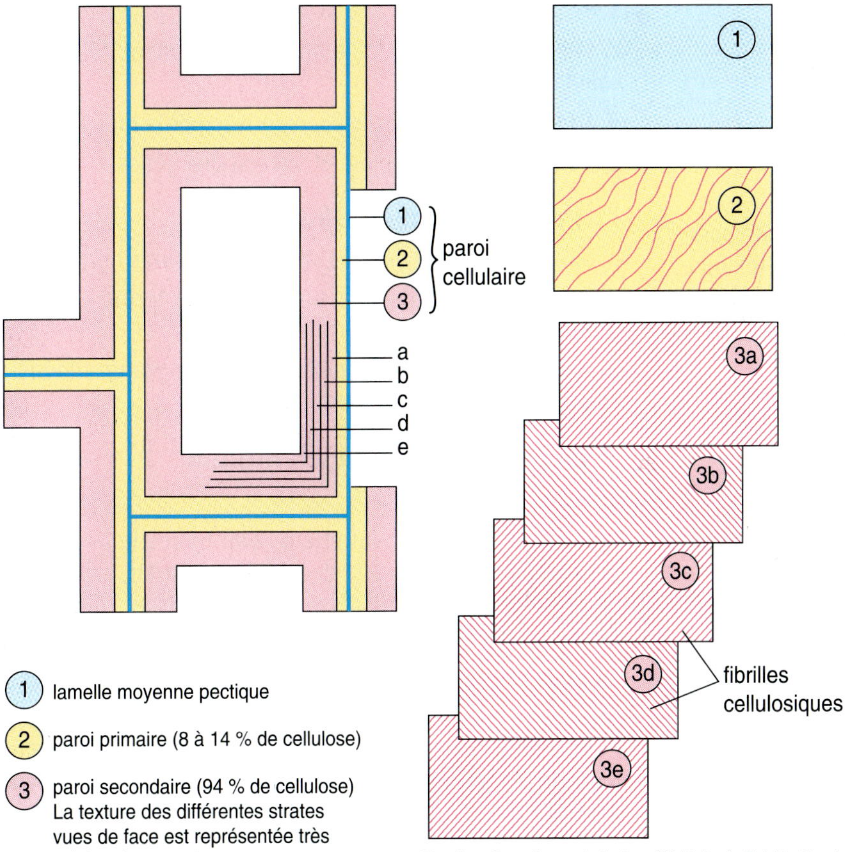

D'après « Botanique générale ». W. Nultsch. Ed. De Bœck

La croissance en épaisseur de la paroi cellulaire se fait par dépôt de couches successives à l'intérieur de la paroi primaire. Ces dépôts constituent la paroi secondaire. Ils ne comprennent plus de composés pectiques : les fibres de cellulose sont jointives et ne peuvent plus glisser les unes par rapport aux autres. La taille de la cellule est alors définitive.

La paroi secondaire peut subir d'autres modifications en rapport avec la différenciation de cellules qui se spécialisent dans telle ou telle fonction. Par exemple, la formation des vaisseaux conducteurs de sève brute (voir page 83) nécessite un dépôt de macromolécules de lignine à l'intérieur de la paroi existante.

3 Une structure de « contreplaqué » : l'orientation du réseau de fibrilles est différente dans chaque couche.

La molécule de cellulose est un polymère linéaire de glucose. Les molécules de cellulose, parallèles entre elles, sont rendues solidaires par des liaisons faibles (liaisons hydrogène). Environ 80 molécules de cellulose s'associent pour former une microfibrille et plusieurs microfibrilles s'assemblent pour former une fibrille de cellulose visible au microscope électronique.

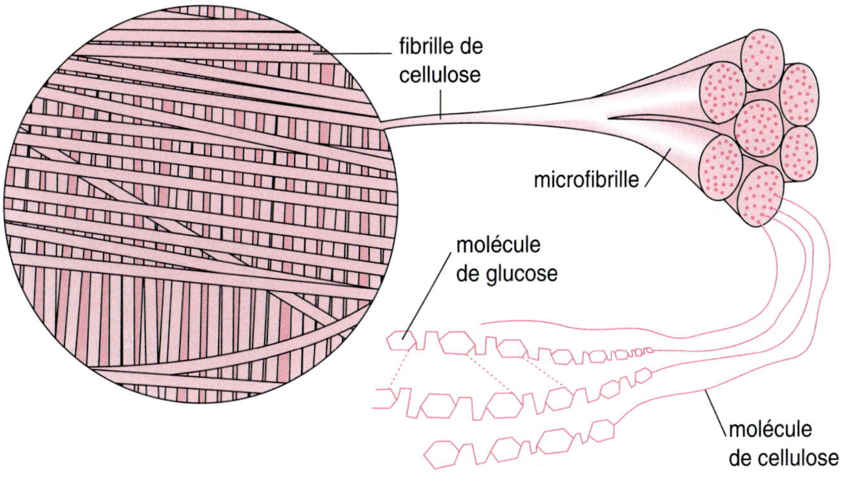

D'après « Biologie ». Campbell. Ed. De Bœck Université.

4 Quelques précisions sur la cellulose, constituant organique le plus abondant sur Terre.

TESTER SES CONNAISSANCES

A. Donnez le nom...

- du constituant chimique essentiel de la paroi secondaire des cellules végétales.
- de l'état d'une cellule très hydratée.
- de l'hormone stimulant l'élongation cellulaire.

B. Définissez les mots ou expressions :

Vacuole, cellule plasmolysée, paroi primaire, plasticité pariétale, protoplaste, hormone végétale, clonage, cytokinine, dominance apicale.

C. Exprimez des notions importantes...

... en rédigeant une phrase utilisant chaque groupe de mots pris dans cet ordre ou dans un ordre différent.

a. Vacuole, eau, cellule turgescente.

b. Apex, tige, auxine, synthèse.

c. Croissance orientée, répartition inégale, éclairement anisotrope, auxine.

d. Cellule végétale isolée, protoplaste, paroi.

D. Vrai ou faux ?

Repérez les affirmations exactes. Corrigez ensuite les affirmations inexactes.

a. La membrane plasmique d'une cellule végétale est indépendante de la paroi.

b. La croissance d'une cellule nécessite qu'elle soit plasmolysée.

c. L'auxine est la principale hormone stimulant l'élongation cellulaire.

d. La synthèse de l'auxine est favorisée par la lumière.

e. L'auxine agit sur la paroi et sur certains gènes.

E. Pourquoi peut-on dire que...

a. ...l'organogenèse est une affaire d'équilibres hormonaux.

b. ...l'auxine possède une action à court terme et à long terme.

c. ...la section du bourgeon terminal d'une plante modifiera la morphologie de cette dernière.

F. Elaborez un résumé scientifique.

Sujet 1.

Une cellule végétale peut être à l'état turgescent ou à l'état plasmolysé. En vous aidant de schémas annotés, expliquez ce que sont ces états d'une part, quels mécanismes permettent de passer d'un état à l'autre d'autre part.

Sujet 2.

Que savez-vous sur les auxines ? Vous en préciserez la nature, la distribution dans la plante, les effets sur la croissance des cellules et des organes... ainsi que tout élément que vous jugerez utile.

UTILISER DES CONNAISSANCES ET DES MÉTHODES

1 L'identification de l'état physiologique d'une cellule.

La cellule ci-contre est une cellule de racine d'oignon, placée dans une solution concentrée de saccharose et observée au microscope électronique à transmission (G : × 5000).

Question 1 (Mobiliser ses connaissances et communiquer par un dessin)

Réalisez un dessin d'observation de cette cellule et légendez les éléments cellulaires connus.

Question 2 (Utiliser les connaissances)

Dans quel état physiologique est cette cellule ?

Question 3 (Faire des déductions)

Expliquez ce que deviendrait une telle cellule si elle était placée dans de l'eau pure.

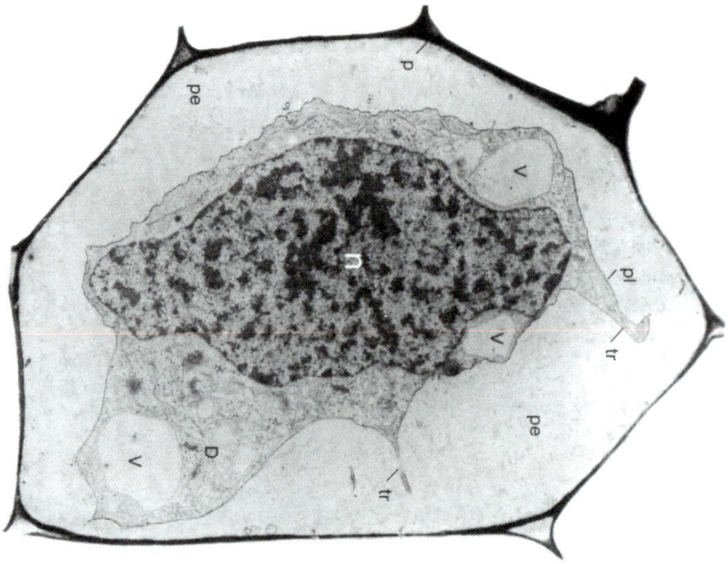

2 Une application pratique des propriétés des auxines.

Le bouturage de diverses plantes est facilité par l'application de pâtes ou de solutions contenant des auxines de synthèse. Les quantités d'auxines contenues dans ces produits doivent être cependant très précises car les effets de ces dernières sur les racines sont contrastés. Quels sont ces effets ? Les expériences suivantes permettent de les comprendre.

• **Première expérience** (Cooper 1935)

Des boutures de citronnier sont trempées dans une solution d'auxine de concentration 10^{-5} g.mL^{-1}. L'aspect des boutures est observé quelques jours après. Une concentration plus faible en auxine ne permet pas d'obtenir ce résultat.

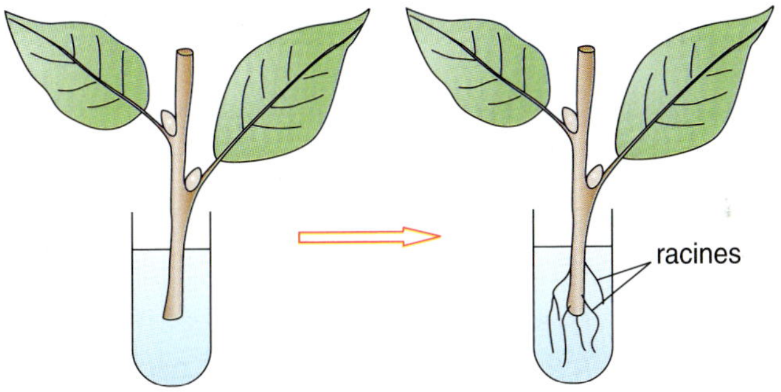

• **Deuxième expérience**

Des cellules de racines sont soumises à diverses doses d'auxine et leur élongation est évaluée. Le graphique indique les résultats.

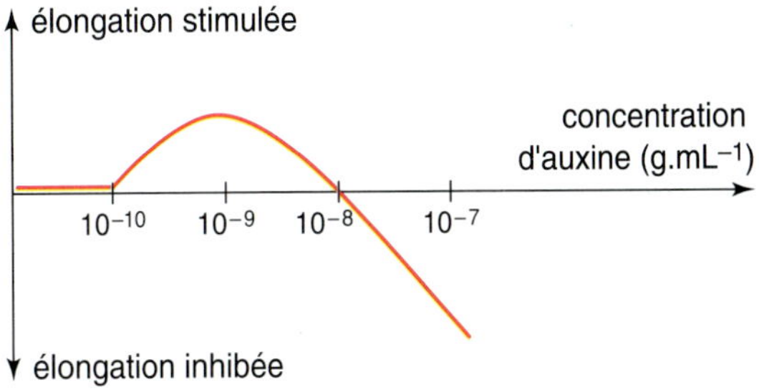

Question 1 (Analyser une expérience)

Quel est l'effet de l'auxine présenté dans la première expérience ?

Question 2 (Analyser un graphique)

Établir une relation entre la dose d'auxine et la croissance des cellules de racines ?

Question 3 (Etablir des relations de causalité)

En tenant compte de vos réponses précédentes, expliquez pourquoi les produits commercialisés sous le terme « hormone de bouturage » contiennent des auxines à forte concentration qui ne doivent être appliquées qu'en une seule fois.

3 La taille des jeunes poiriers.

La taille des jeunes poiriers est pour le jardinier une étape importante : il s'agit d'obtenir un arbuste bien charpenté ayant le moins de vides possibles.

Les dessins montrent un rameau de poirier en hiver (**a**) et ce même rameau, l'hiver suivant (**b**). Les bourgeons ou « yeux » ont évolué différemment suivant leur position :

- 1, 2 et 3 sont devenus des « brindilles » ;
- 5 et 6 sont des « lambourdes » ou bourgeons floraux qui donneront des fleurs au printemps suivant ;
- 4, 7 et 8 sont des rameaux courts ou « dards » qui portent un bourgeon terminal. Au printemps suivant, ils donneront simplement un rameau court et l'année suivante soit une « lambourde », soit un « dard » un peu plus long ;
- 9, 10 et 11 ne se sont pas épanouis, ils sont restés dormants.

Une telle évolution naturelle n'est pas favorable à l'arbre : les bourgeons dormants laisseront des vides sur les rameaux. Pour pallier à cette situation, les arboriculteurs pratiquent une taille qui garde seulement trois bourgeons, la taille trigemme. Un des bourgeons donnera une « brindille » et les deux autres se transformeront en « dard ».

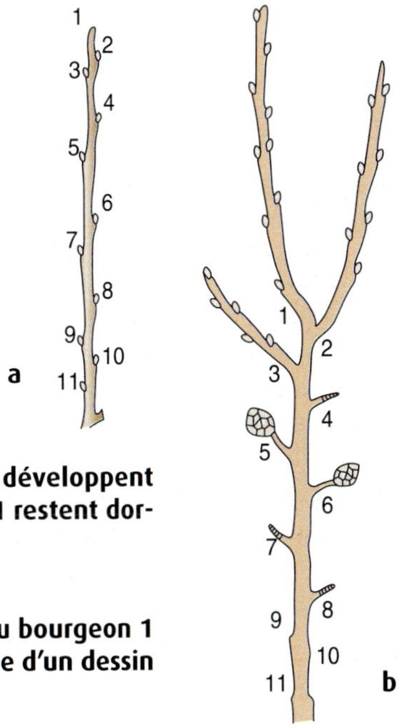

Question 1 (Mobiliser ses connaissances)

Pour quelle raison les bourgeons 1,2 et 3 se développent beaucoup alors que les bourgeons 9, 10 et 11 restent dormants ?

Question 2 (Utiliser un modèle et communiquer)

Quel serait l'aspect de la « brindille » issue du bourgeon 1 un hiver après ? Votre réponse sera sous forme d'un dessin légendé.

Question 3 (Utiliser un modèle et communiquer)

Représentez le rameau qui aurait pu être obtenu si une taille trigemme avait été pratiquée dès le deuxième hiver. Justifiez votre réponse.

4 Les effets de l'éthylène sur la croissance.

L'éthylène est une substance considérée comme une hormone végétale. Elle intervient dans la croissance des organes végétaux. Quels sont ses effets sur la croissance ? Comment agit-elle sur les cellules ? L'étude expérimentale suivante doit vous permettre de répondre à ces questions.

• Première expérience

Des graines de soja vert, *Vigna radiata*, sont mises à germer à l'obscurité. Les graines sont réparties en trois lots déposés dans des barquettes alimentaires sur du coton hydrophile. Au bout de 3 à 5 jours, suivant la température ambiante, les hypocotyles mesurent de 1 à 3 cm. Les jeunes plantes sont alors placées dans des conditions différentes :

- un premier lot est laissé en l'état ;
- un deuxième est placé dans un sac plastique fermé ;
- le dernier lot est lui aussi placé dans un sac plastique fermé mais avec une pomme mûre découpée en morceaux. La pomme est une source d'éthylène car, au moment de la maturation et comme tous les fruits, elle dégage naturellement de l'éthylène dans l'atmosphère.

Les trois lots de soja vert sont de nouveau placés à l'obscurité pendant environ 3 jours.

• Deuxième expérience

Sur des plantules de « soja vert » âgées de 3 jours, on vaporise une substance proche de l'éthylène. Un jour après, des cellules de la crosse de l'hypocotyle sont prélevées sur les plantules traitée d'une part, sur des plantules non traitées d'autre part. Les cellules des plantules traitées à l'éthylène sont quatre fois moins longues que celles des plantules non traitées.

• Au départ de l'expérience, les germinations ont à peu près la même hauteur.

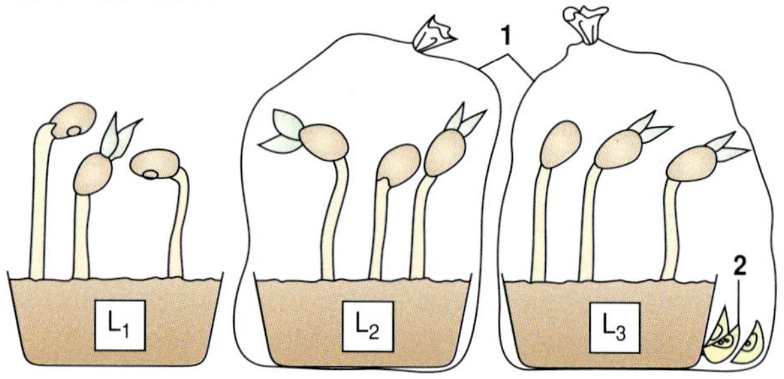

1 - sacs en plastique. **2** - pomme mure coupée en morceaux.

• Quelques jours plus tard

- les plantes L_1 et L_2 sont devenues environ trois fois plus hautes ;
- les plantes L_3 ont peu grandi.

Question 1 (Analyser un protocole expérimental)

Justifiez le protocole expérimental mis en œuvre dans la première expérience.

Question 2 (Etablir des relations de causalité)

Montrez que les effets de l'éthylène sur la croissance cellulaire expliquent bien la croissance observée au niveau des organes.

5 Comprendre la turgescence cellulaire à l'aide d'un modèle physique.

L'extrémité inférieure d'un tube à entonnoir en verre est fermée par une membrane artificielle dite hémiperméable. Cette dernière ne laisse passer à travers ses pores que les seules molécules d'eau. Le récipient est rempli d'un liquide coloré (solution de sulfate de cuivre). Au temps T_0, le récipient est plongé dans un cristallisoir plein d'eau pure. Parallèlement, le même montage est réalisé mais avec de l'eau pure uniquement dans les deux récipients. Plusieurs minutes après, au temps T_1, on observe ce qui est représenté par les schémas.

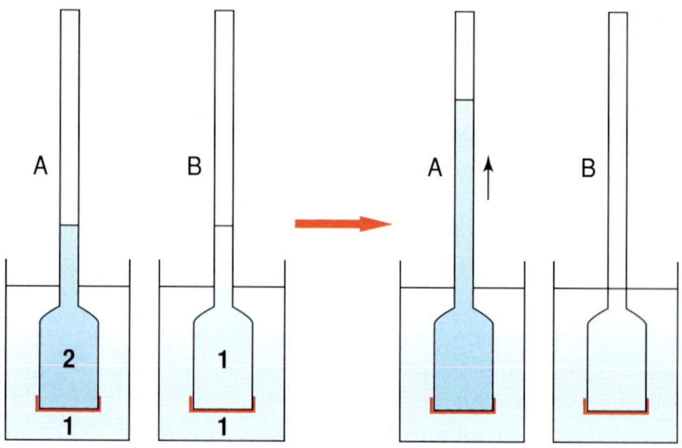

1 - eau distillée
2 - solution de sulfate de cuivre

Question 1 (Dégager des informations utiles)

Que constatez vous entre T_0 et T_1 ? Expliquez les résultats.

Question 2 (Exploiter un modèle)

A quel(s) élément(s) de la cellule végétale correspond la membrane hémiperméable ? Même question pour le récipient contenant la solution colorée.

Question 3 (Faire des déductions)

Pourquoi parle-t-on de pression exercée sur la paroi ?

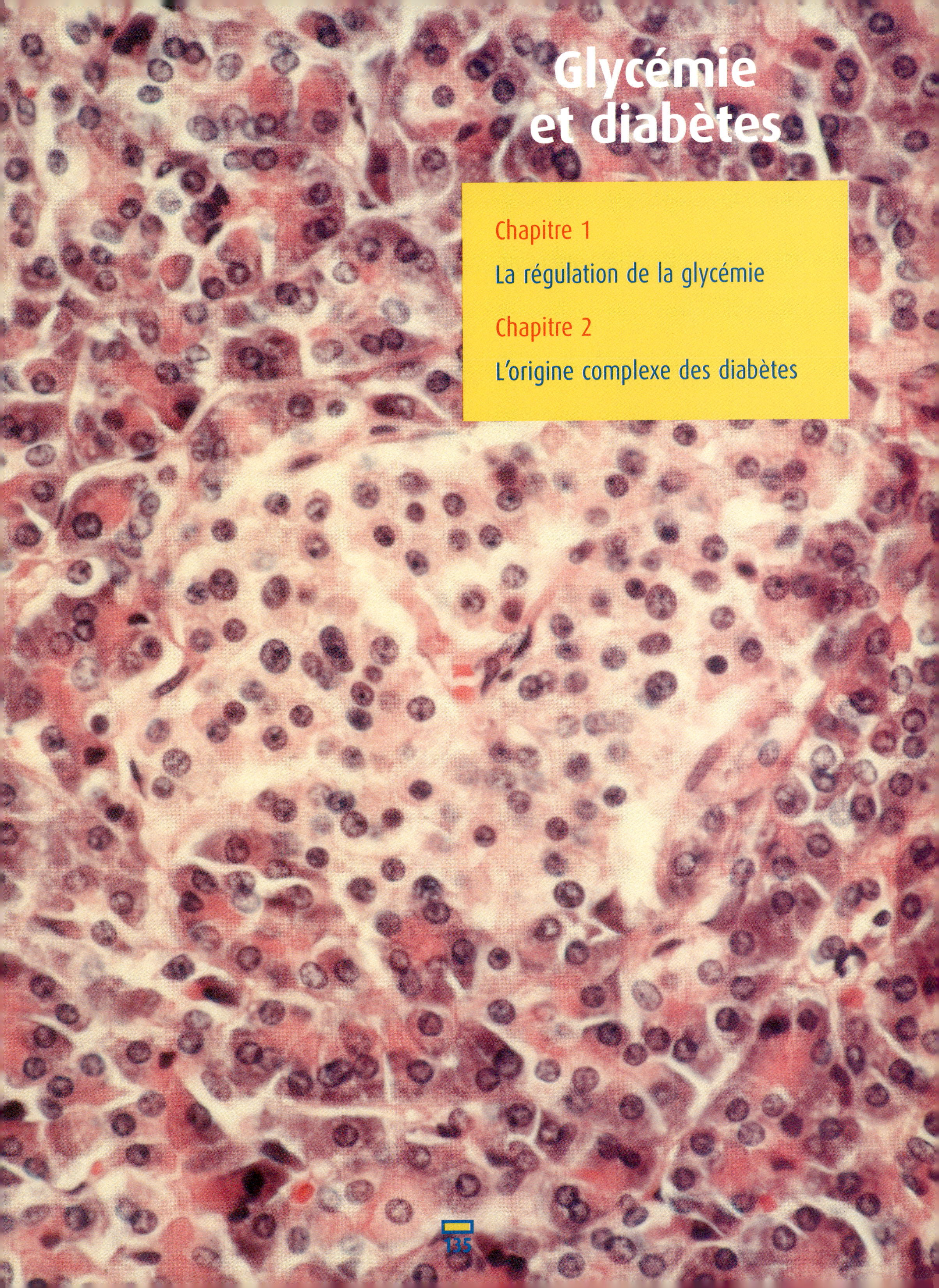

Glycémie et diabètes

Chapitre 1

La régulation de la glycémie

Chapitre 2

L'origine complexe des diabètes

Glycémie et diabètes

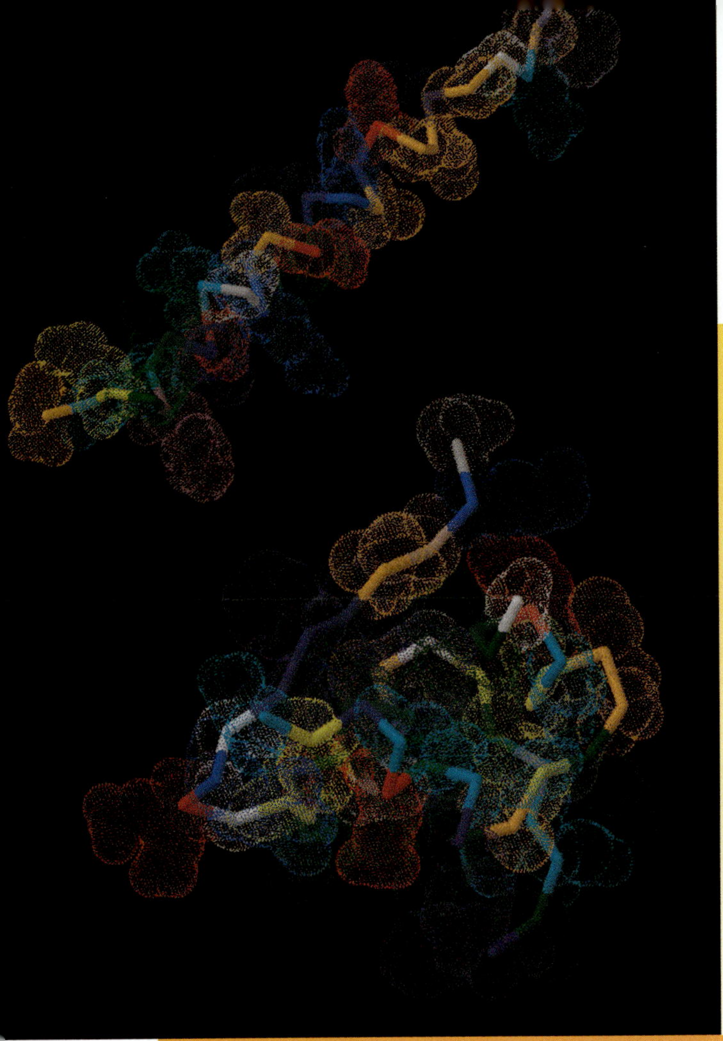

Glycémie et diabètes

Chapitre

1

La régulation de la glycémie

Le taux sanguin de glucose ou glycémie est un paramètre biologique que les médecins font régulièrement doser chez leurs patients. Malgré de nombreuses causes de variations, la glycémie est normalement stable. L'objet de ce chapitre est de montrer quels mécanismes essentiels assurent le contrôle de la glycémie et d'envisager comment information génétique et facteurs environnementaux peuvent influer sur cette régulation.

Photographie : reconstitution 3D d'une molécule d'insuline et d'une molécule de glucagon.

ACTIVITÉS pratiques 1

La glycémie, une constante

La mesure de la glycémie est un examen biologique des plus courants. Cette mesure apporte une information intéressante au médecin car, normalement, le taux de glucose sanguin ne varie que dans une « fourchette » relativement étroite. Une valeur anormale signale donc un trouble qu'il convient de soigner.

■ Quelle est la valeur « normale » de la glycémie et quelles variations anormales peut-on constater ?

■ Quelles sont les causes de variation de cette constante physiologique ?

A Des valeurs normales et des valeurs pathologiques de la glycémie.

La glycémie est mesurée habituellement dans un échantillon de sang prélevé chez un sujet à jeun. Le médecin considère que cette glycémie est normale si elle est comprise entre 0,65 et 1,10 gramme de glucose par litre de plasma.

LABORATOIRES D'ANALYSES MÉDICALES

BIOCHIMIE

Glycémie (g/1)	à jeun : 0,65-1,10
Créatinine (mg/l)	5-12
Calcium (mg/l)	90-105
Sodium (mEq/l)	135-145

La glycémie à jeun a été ainsi mesurée de façon systématique chez 114 individus. L'histogramme ci-dessous présente les résultats de cette étude.

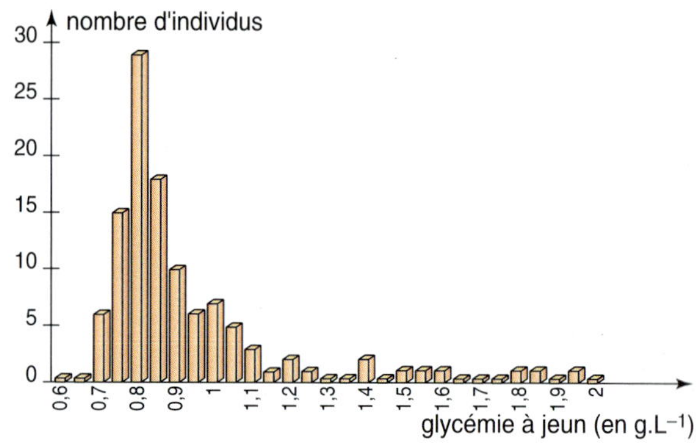

1 Une « fourchette » de valeurs pour la glycémie normale.

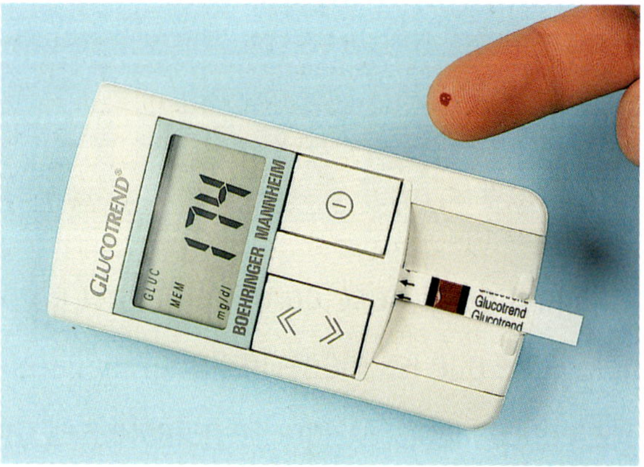

Certaines personnes doivent contrôler régulièrement leur glycémie car elle est systématiquement supérieure à la normale. Une telle hyperglycémie montre que ces personnes souffrent de diabète. Des appareils de mesure permettent de contrôler rapidement leur glycémie plusieurs fois par jour : la valeur affichée sur l'écran est exprimée en mg par dL (pour obtenir la valeur en g par L, il suffit donc de diviser par cent le nombre affiché).

2 Une glycémie élevée : signe majeur du diabète.

• C'est à la fin du premier siècle de l'ère chrétienne qu'Arétée de Cappadoce donne le nom de diabète (du grec *diabêtês* : qui traverse) à une maladie caractérisée par une émission d'urine telle que « l'eau semble traverser le corps du malade sans s'arrêter ». Il décrit cette affection comme « une étrange maladie au cours de laquelle la chair et les os s'évacuent par l'urine ». Des troubles évoquant le diabète sont déjà signalés sur des papyrus égyptiens datant de plus de 1500 avant J.-C. A cette époque, les médecins hindous avaient noté que la maladie était incurable et rapidement mortelle chez le jeune alors qu'elle était d'évolution plus lente chez l'adulte obèse.

• Vers la fin du XIXe siècle, on découvre
– que la présence de sucre dans l'urine est associée à un taux sanguin de glucose excessif,
– que l'ablation du pancréas déclenche un diabète sucré.

• En 1921, deux chercheurs canadiens, Banting et Best, isolent une substance extraite du pancréas (l'insuline) qui est utilisée en clinique humaine dès l'année suivante pour soigner le diabète.

3 Le diabète existe depuis que l'homme existe.

B Des expériences faciles à réaliser en travaux pratiques.

■ PROTOCOLE EXPÉRIMENTAL

1. Prélever vingt à trente grammes de foie frais et laver soigneusement sous le robinet (pour éliminer le sang de l'échantillon).

2. Découper le foie en « dés » de 1 à 2 cm de côté.

3. Placer ces fragments dans un bécher empli d'eau distillée et, après légère agitation du mélange, tremper une bandelette de détection du glucose (**test a**).

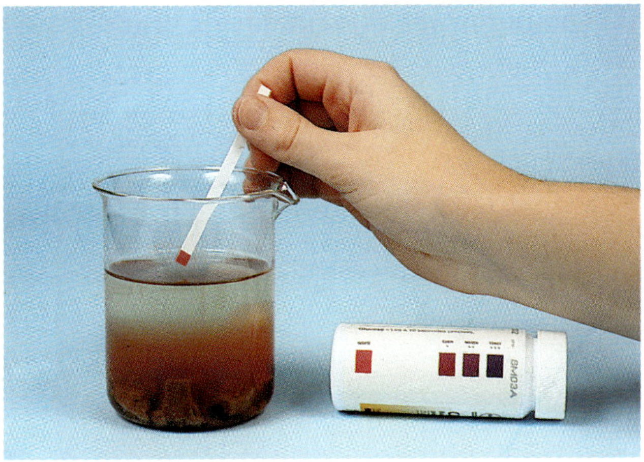

4. Verser les morceaux de foie dans une passoire et les relaver sous l'eau du robinet pendant environ cinq minutes en les remuant de temps en temps.

5. Replacer les morceaux de foie dans un nouveau bécher empli d'eau distillée et réaliser un nouveau test de détection du glucose (**test b**).

6. Abandonner l'ensemble à la température du laboratoire pendant une demi-heure. Refaire un dernier test (**test c**).

■ RÉSULTATS

Test a

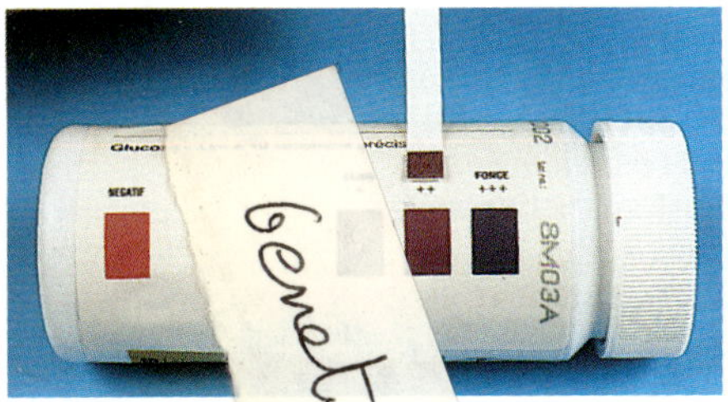

Test b

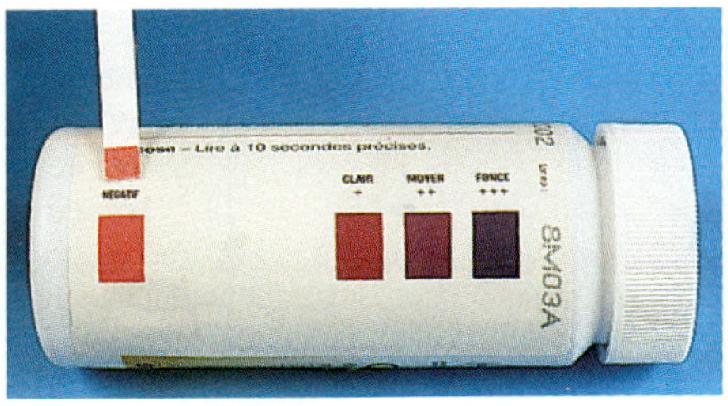

Test c

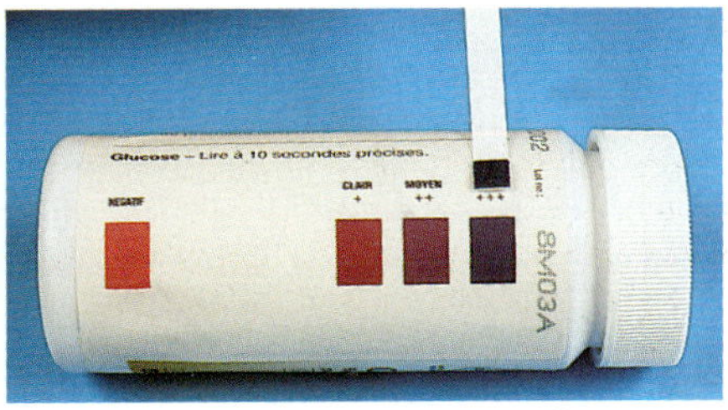

3 Une mise en évidence simple de la libération de glucose par le foie.

Génétique 1S

Pistes d'exploitation

1 - Doc 1 : Quel rôle du foie sur la glycémie est montré par cette expérience ?

2 - Doc 2 : Montrez que l'expérience de Claude Bernard apporte des précisions importantes concernant ce rôle du foie. Quelle information complémentaire apporte la comparaison des dosages de glucose à l'entrée et à la sortie du foie ?

3 - Doc 3 : Justifiez la technique expérimentale utilisée : montrez en particulier l'intérêt des différents tests réalisés. Que préconisez-vous si le test b est positif ?

La mise en réserve du glucose

Les expériences de Claude Bernard ont permis de mettre en évidence le rôle du foie dans le maintien de la glycémie : cet organe stocke le glucose lorsque la glycémie tend à s'élever et le restitue au sang lorsqu'elle tend à s'abaisser.

- Le foie est-il le seul organe capable de stocker l'excédent de glucose ?
- Sous quelle forme chimique le glucose est-il stocké dans le foie ?

A Deux formes principales de stockage du glucose.

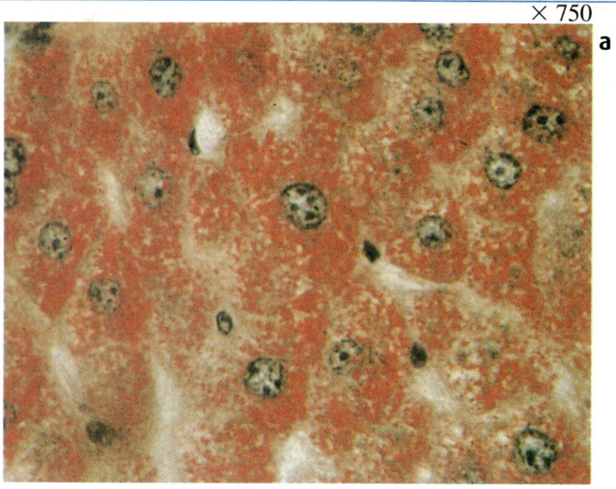

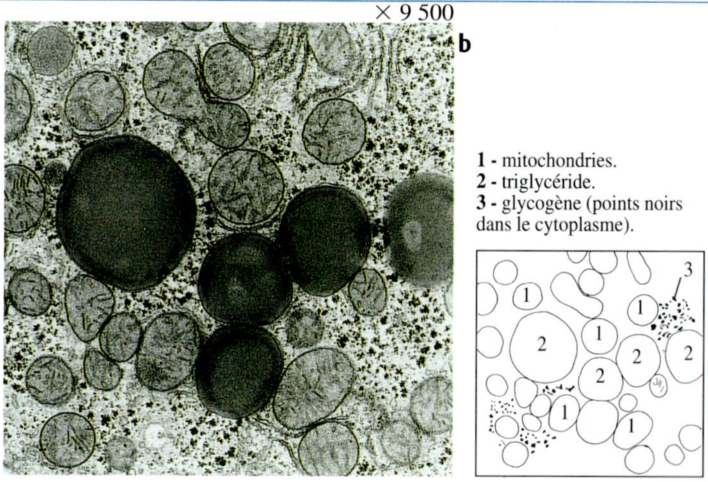

1 Observations microscopiques de coupes de foie. **a** – Au microscope optique avec une coloration spécifique du glycogène* (qui apparaît en rouge). **b** – Au microscope électronique.

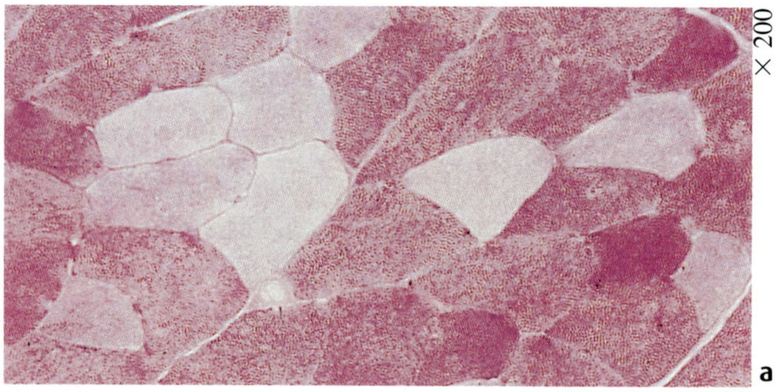

- **Information 1 :** On a pu établir que lorsqu'on mange 100 g de glucose, 55 à 60 g sont retenus « au passage » par le foie et moins de 5 g demeurent dans le plasma et la lymphe.
- **Information 2 :** On estime que la réserve de glycogène hépatique représente de 80 à 100 g, celle de glycogène musculaire de 300 à 350 g.
- **Information 3 :** Une consommation excessive de sucres conduit à l'obésité, c'est-à-dire à un développement excessif du tissu adipeux.
- **Information 4 :** chez l'animal, l'injection de glucose radioactif est suivie d'un stockage de lipides radioactifs dans le tissu adipeux, d'un stockage de glycogène radioactif dans le foie et les muscles.

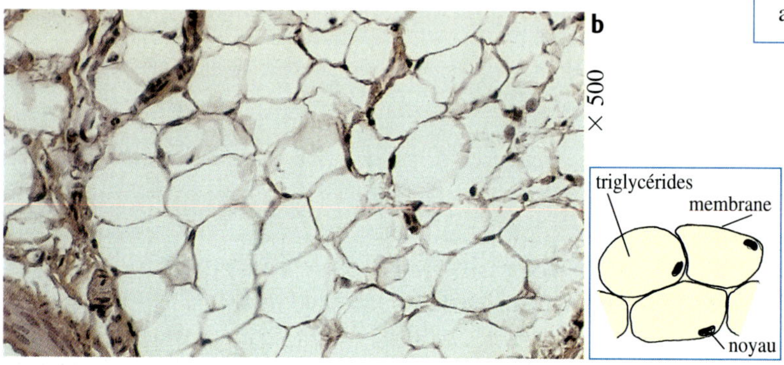

2 **a** – Coupe transversale de muscle avec coloration du glycogène en rouge. **b** – Coupe du tissu adipeux*.

Lexique

- **Glycogène :** grosse molécule glucidique de réserve constituée par l'enchaînement de très nombreuses molécules de glucose. Chez les végétaux, l'amidon est une molécule à la structure et au rôle comparables.
- **Tissu adipeux :** nom scientifique donné à la graisse. Ce tissu est formé d'adipocytes, c'est-à-dire de cellules bourrées de triglycérides.

B Caractérisation et dosage du glycogène.

Le glycogène est un polymère de glucose, de formule chimique $(C_6H_{10}O_5)_n$. Sa molécule est constituée de plusieurs milliers de molécules de glucose unies pour former une chaîne ramifiée. Par hydrolyse, le glycogène redonne du glucose libre.

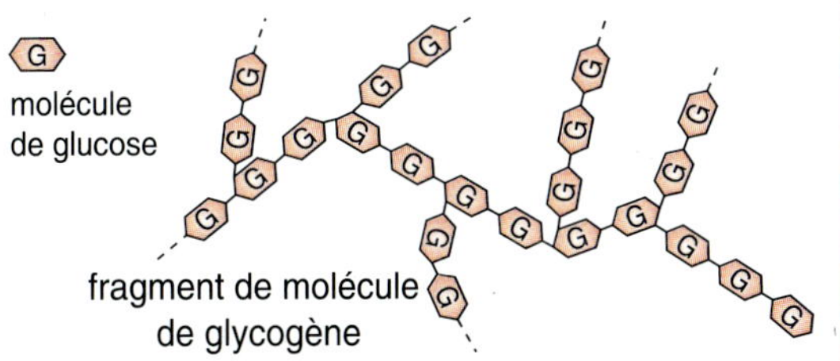

3 Structure de la molécule de glycogène.

Verser dans un tube à essai quelques millilitres de solution de glycogène du commerce et ajouter à l'aide d'une pipette 2 ou 3 gouttes d'eau iodée.

Le réactif, normalement jaune (**a**), vire au brun acajou (**b**).

Attention : le réactif est jaune lorsqu'il est dilué mais plus brun lorsqu'il est concentré. Eviter de verser trop de réactif car le virage caractéristique au brun-acajou sera alors moins visible.

4 Test de mise en évidence du glycogène.

LE PROTOCOLE EXPÉRIMENTAL

• Extraction du glycogène

1. Couper en petits morceaux 10 grammes de foie (très fraîchement prélevé).

2. Après les avoir fait bouillir dans 100 mL d'eau distillée pendant 2 minutes, broyer les morceaux égouttés puis les remettre à bouillir dans l'eau pendant 5 minutes.

3. Filtrer et ajouter quelques gouttes d'acide chlorhydrique au filtrat (filtrer à nouveau si un précipité se forme).

4. Ajouter au filtrat quatre fois son volume d'alcool à 96 % pour précipiter le glycogène contenu dans le filtrat.

5. Filtrer et récupérer à la spatule le glycogène retenu par le filtre ; le dissoudre dans 6 mL d'eau.

Cette solution de glycogène est ensuite dosée par colorimétrie.

• Principe du dosage de la solution de glycogène

Il s'agit de comparer l'absorbance de la solution de glycogène obtenue par extraction à celle d'autres solutions de concentrations connues. A chacune de ces solutions est ajoutée une goutte d'eau iodée et l'absorbance des solutions dans le rouge est mesurée.

Les solutions de référence permettent au logiciel de construire une droite d'étalonnage (variation de l'absorbance en fonction de la concentration en glycogène).

La mesure de l'absorbance de la solution à doser permet alors de déterminer graphiquement la concentration en glycogène correspondante (voir exercice n° 1, page 154).

D'après D. Pol, *Travaux Pratiques de Biologie,* Éd. Bordas

5 Estimation de la quantité de glycogène contenue dans un organe.

Pistes d'exploitation

1 - Doc 1 et 2 : Sous quelles formes chimiques et dans quels tissus l'organisme peut-il stocker le glucose ? La réserve hépatique est-elle la plus importante ?

2 - Doc 3 : En considérant la structure moléculaire du glycogène, montrez quelles réactions chimiques intervenant dans le foie permettent à cet organe de jouer un rôle important dans le maintien de la glycémie.

3 - Doc 4 et 5 : Réalisez l'extraction du glycogène d'un foie et dosez cette substance. Vous pourrez comparer le résultat obtenu avec celui du calcul proposé dans l'exercice 1 page 154.

ACTIVITÉS pratiques 4

Le rôle fondamental du pancréas

Nous savons que la régulation de la glycémie peut être défaillante : l'hyperglycémie chronique des diabétiques est l'anomalie la plus fréquente. Les causes de ces troubles ont commencé à être comprises au XIXe siècle à la suite d'expériences réalisées chez l'animal. Elles ont mis en évidence le rôle clé du pancréas dans cette régulation.

■ Comment cette glande intervient-elle pour contrôler la glycémie ?

A Des expériences anciennes à l'origine de la découverte du rôle du pancréas.

Au siècle dernier, des physiologistes ont réalisé des expériences d'ablation du pancréas chez le chien. Ils ont constaté l'apparition de deux types de troubles :
– des troubles digestifs dus à l'absence du suc pancréatique (dont le rôle dans la digestion des aliments est très important) ;
– une élévation rapide et importante de la glycémie.
En l'absence de traitement, la survie de l'animal opéré n'excède pas quelques semaines.

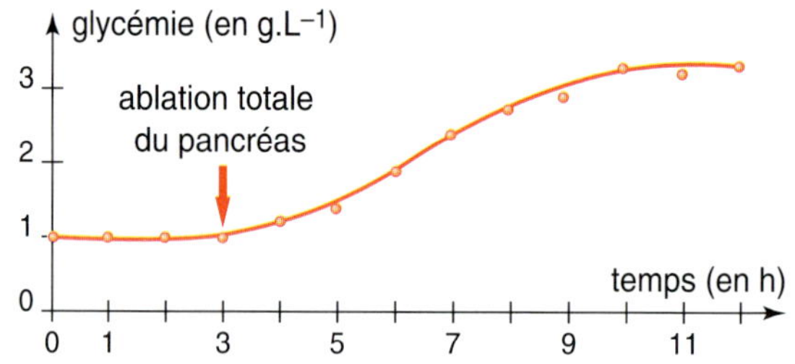

1 Expérience d'ablation du pancréas ou pancréatectomie* chez le chien.

• ***Expérience 1 :*** **greffe d'un pancréas après ablation**
Chez un chien pancréatectomisé depuis quelques heures, on « installe » un pancréas en le raccordant à la circulation sanguine de la région du cou (l'artère pancréatique reçoit le sang de l'artère carotide et la veine pancréatique « se jette » dans la veine jugulaire).

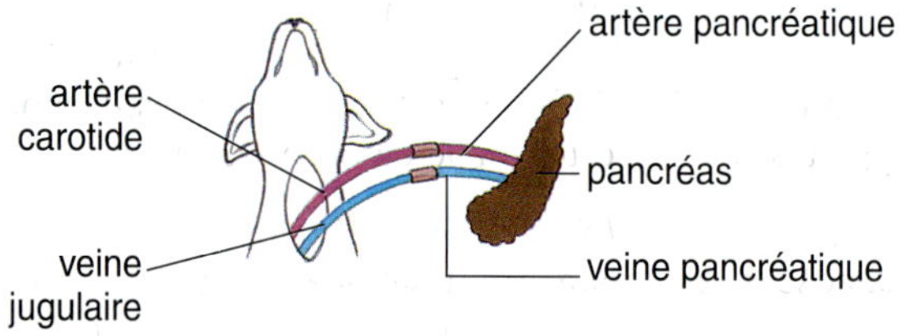

Chez un chien ainsi opéré, des prélèvements sanguins répétés permettent de suivre l'évolution de la glycémie pendant toute la durée de l'expérience.
Après quelques heures, le pancréas est « débranché ».

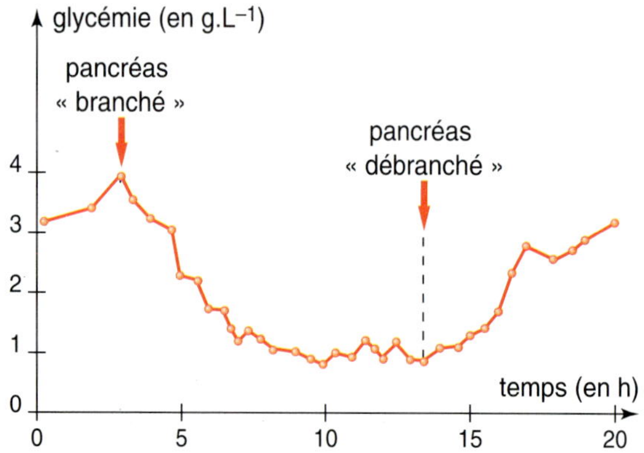

• ***Information 2 :*** **disparition du diabète pendant la gestation**
Chez une chienne diabétique, les troubles du diabète disparaissent pendant la gestation. En revanche, ces troubles réapparaissent après la mise bas (il faut savoir que, si les cellules sanguines ne peuvent pas franchir le placenta, en revanche de nombreuses molécules, qu'elles soient présentes dans le sang maternel ou dans le sang fœtal, peuvent le faire).

• ***Expérience 3 :*** **injections d'extraits pancréatiques**
En 1921, deux chercheurs canadiens, Banting et Best, constatent que des extraits pancréatiques convenablement préparés et injectés dans le sang d'un animal diabétique font rapidement chuter la glycémie.
La substance pancréatique responsable de cet effet hypoglycémiant est nommée insuline.

UNE DÉFINITION INDISPENSABLE
On appelle **hormone** toute substance qui, libérée par certaines cellules de l'organisme, circule dans le sang et modifie l'activité d'autres cellules plus ou moins éloignées qui lui sont spécifiquement sensibles.

2 Des expériences et des constatations pour comprendre comment le pancréas agit sur la glycémie.

B Des cellules pancréatiques spécialisées.

LES DONNÉES DE L'OBSERVATION MICROSCOPIQUE

Au microscope, le tissu pancréatique apparaît constitué de deux structures entremêlées :

– les cellules les plus abondantes (**a**) sont regroupées en nombreuses petites sphères (ou acinus) pourvues chacune d'un petit canal qui se jette dans le canal pancréatique ;

– d'autres cellules, cent fois moins abondantes que les précédentes, forment des amas, les îlots de Langerhans (**b**), qui sont bien irrigués par le sang mais totalement dépourvus de canaux excréteurs.

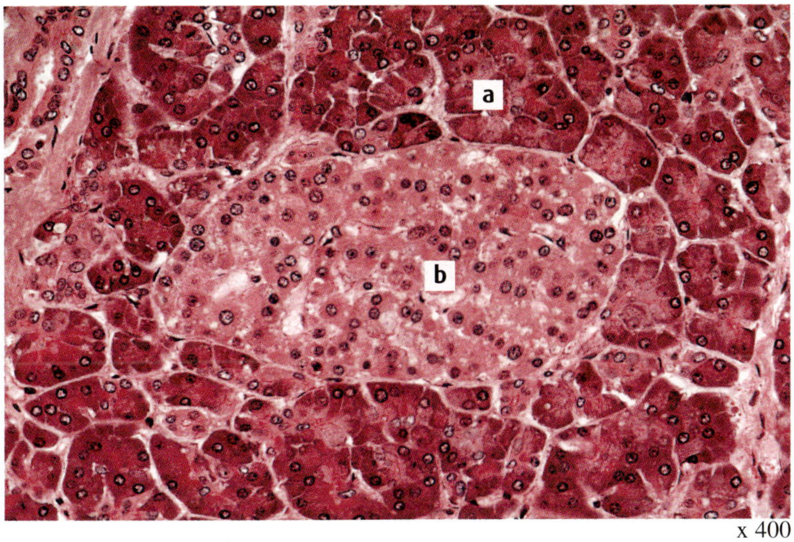

x 400

DES DONNÉES EXPÉRIMENTALES

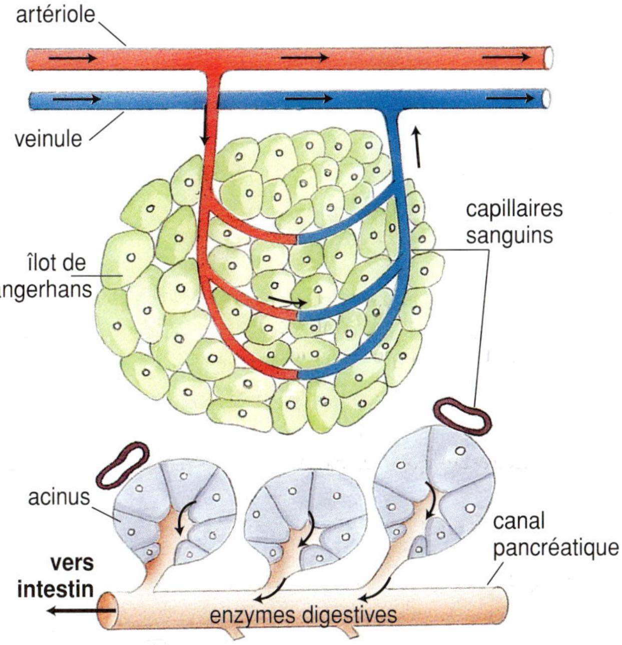

• ***Expérience 1 :* diabète alloxanique**

En 1943, Dunn et ses collaborateurs ont montré que l'alloxane (produit dérivé de l'urée) injecté à un lapin, provoquait un diabète sévère.
L'observation microscopique du pancréas des animaux traités à l'alloxane révèle qu'une petite partie seulement du pancréas est détruite : ce sont les cellules constituant les îlots de Langerhans qui sont nécrosées*, les autres cellules du pancréas restent intactes.
Les troubles du diabète alloxanique sont comparables à ceux constatés à la suite d'une pancréatectomie à une différence importante près : il n'y a pas de troubles digestifs alors qu'ils apparaissent lors d'une pancréatectomie totale.

• ***Expérience 2 :* ligature du canal pancréatique**

La pose d'une ligature obturant le canal pancréatique interrompt la sécrétion du suc pancréatique dans le duodénum*. Des troubles digestifs sévères se manifestent alors. On observe par ailleurs une dégénérescence des cellules constituant les acinus pancréatiques. En revanche, aucun signe de diabète n'apparaît et les îlots sont intacts.

3 Des observations et des expériences pour découvrir le rôle des différentes cellules pancréatiques.

Lexique

• **Pancréatectomie = ablation du pancréas :** les chirurgiens désignent souvent l'opération consistant à enlever un organe en ajoutant le suffixe « ectomie » au nom de l'organe (parfois, en latin). C'est ainsi que l'ovariectomie désigne l'ablation des ovaires, l'hépatectomie celle du foie...

• **Nécrose :** mort d'une cellule ou d'un tissu à l'intérieur d'un organisme vivant.

• **Duodénum :** première partie de l'intestin grêle qui fait suite à l'estomac.

Pistes d'exploitation

1 - Doc 1 : Quel rôle du pancréas sur la glycémie est montré par cette expérience ?

2 - Doc 2 : Après avoir analysé ces résultats expérimentaux, indiquez par quel type de mécanisme le pancréas peut intervenir dans la régulation de la glycémie ?

3 - Doc 3 : Quelle partie du pancréas est responsable du contrôle de la glycémie ?

Une double action du pancréas

Le pancréas libère dans le sang une hormone hypoglycémiante, l'insuline. Nous allons découvrir qu'il sécrète une autre hormone également active sur la glycémie, le glucagon.

- Comment le glucagon agit-il sur la glycémie et quelle région du pancréas le sécrète ?
- Pourquoi ces hormones n'agissent-elles que sur certaines cellules de l'organisme ?

A Deux hormones pancréatiques antagonistes.

a. Variations de la glycémie et du bilan hépatique du glucose suite à une injection d'insuline.

b. Variations de la glycémie et de la teneur du foie en glycogène suite à une perfusion de glucagon.

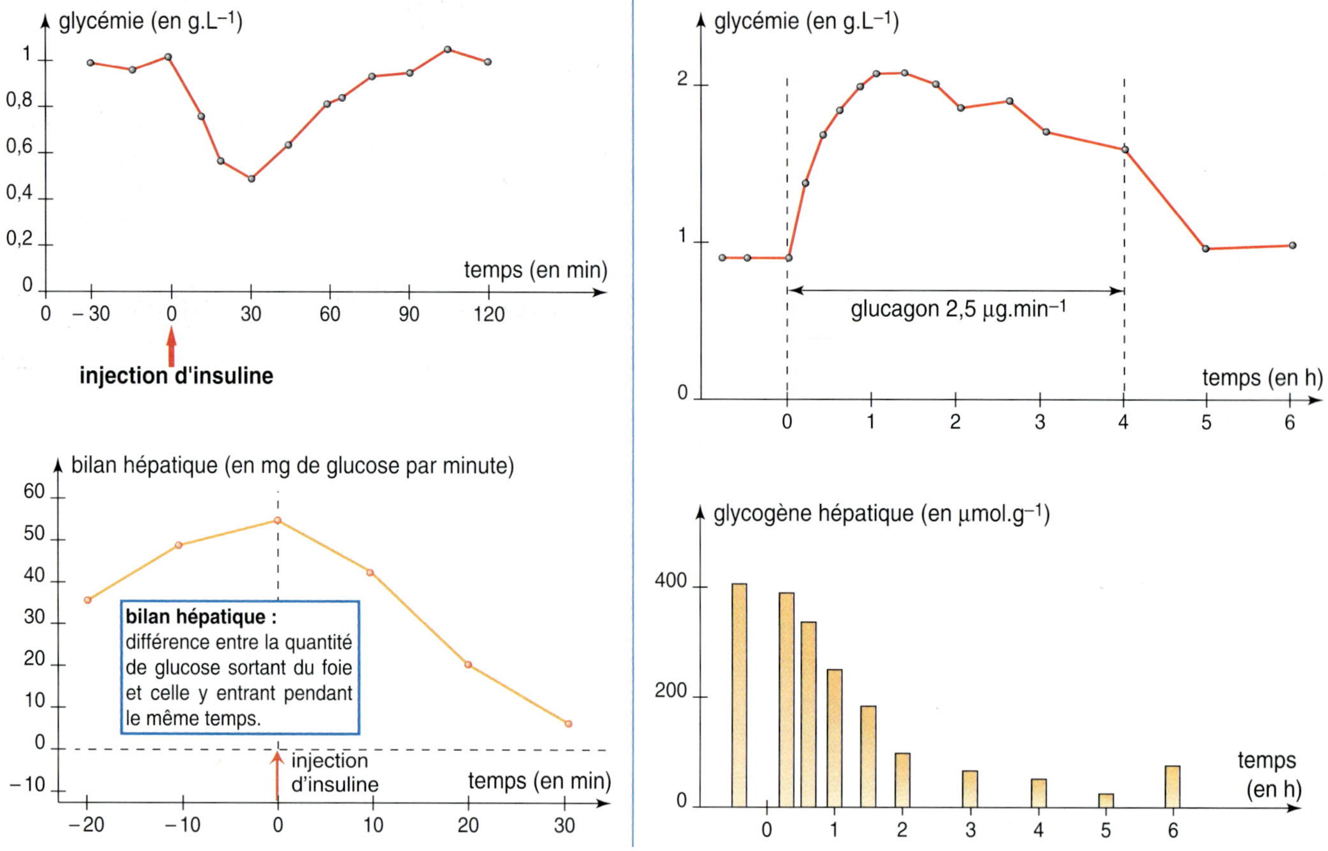

1 Des études expérimentales précisent le rôle de l'insuline et du glucagon.

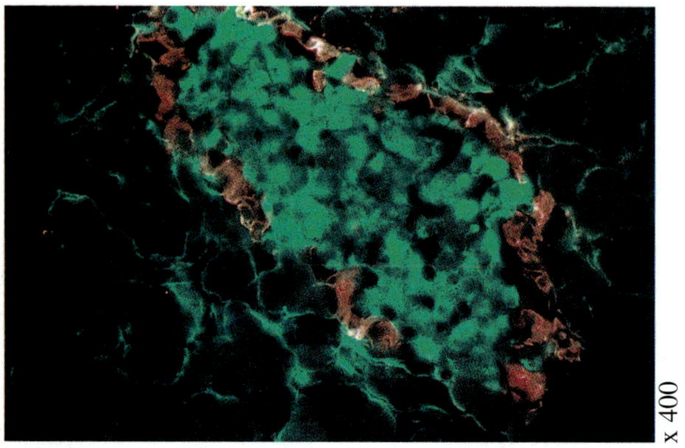

La technique de coloration dite d'immunofluorescence consiste à localiser une molécule donnée dans un tissu en plaçant ce dernier en présence de molécules d'anticorps capables de se lier spécifiquement à cette molécule. Pour pouvoir localiser ces anticorps dans le tissu, on leur attache un pigment fluorescent qui s'illumine lorsqu'il est correctement éclairé. Ici, on a utilisé deux sortes d'anticorps : des anticorps anti-insuline liés à un pigment vert et des anticorps anti-glucagon liés à un pigment rouge.

2 Deux types de cellules hormonales dans les îlots de Langerhans.

B Cellules cibles et message hormonal.

• Etude quantitative

On connaît des souris mutantes qui présentent les caractéristiques suivantes : obésité, hyperglycémie chronique et relative insensibilité à l'injection d'insuline (qui n'abaisse que peu leur glycémie).
On prélève des cellules hépatiques de souris normales et de souris « obèses » puis on purifie les membranes plasmiques de ces cellules. On met alors ces membranes en présence d'insuline et on mesure, dans chaque cas, la quantité d'insuline susceptible de se lier à une même « quantité » de membrane.

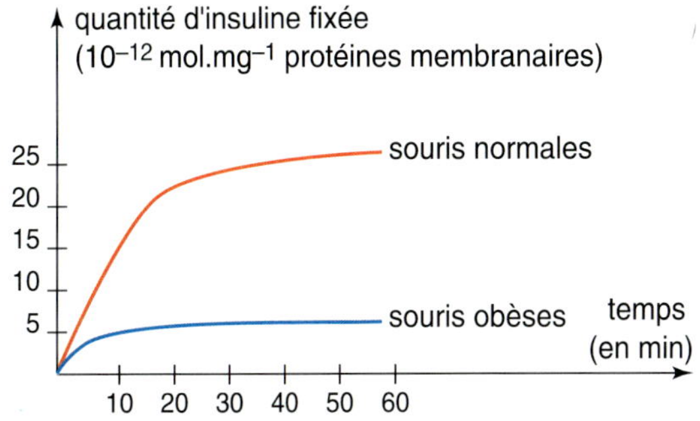

• Observation par autoradiographie

La photographie est une autoradiographie de cellule hépatique mise en présence de glucagon marqué par un isotope radioactif. Un résultat comparable serait obtenu avec de l'insuline radioactive. Les points noirs repérés par des flèches localisent l'hormone marquée, c'est-à-dire indiquent à quel endroit elle est fixée par la cellule hépatique.

× 12 000

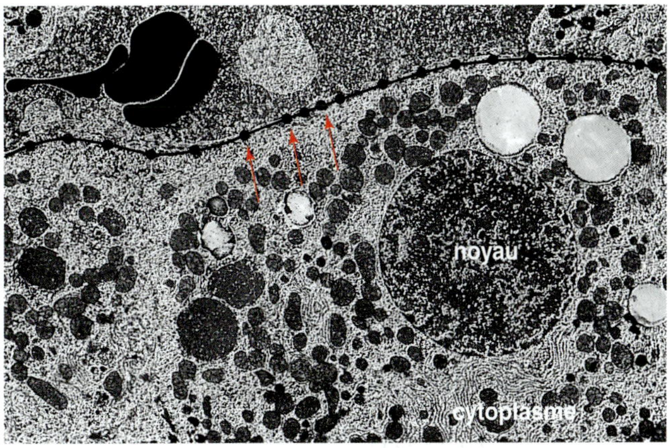

3 La fixation de l'hormone sur une cellule cible.

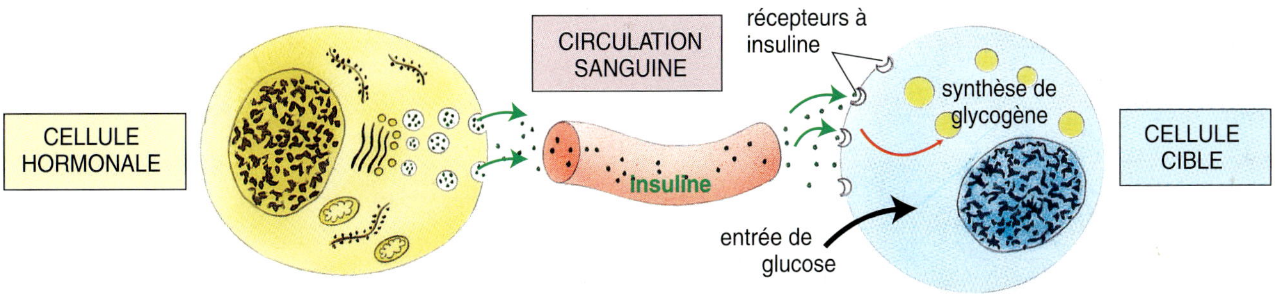

4 La réaction d'une cellule cible au message hormonal est d'autant plus grande que la quantité d'hormone détectée par cette cellule est importante.

Pistes d'exploitation

1 - Doc 1 : A partir de l'analyse des documents, indiquez quelle est l'action de l'insuline d'une part, du glucagon d'autre part sur la glycémie. Montrez le lien entre les modifications enregistrées au niveau hépatique et les effets sur la glycémie.

2 - Doc 2 : Proposez un schéma légendé résumant les informations fournies par la technique d'immunofluorescence.

3 - Doc 3 : Quelle hypothèse pouvez-vous faire pour expliquer la relative insensibilité des souris obèses à l'insuline ? Quelle semble être alors la première étape de l'action de l'insuline sur une cellule cible ? Où sont situés les récepteurs à insuline et les récepteurs à glucagon des cellules hépatiques ? Etant donné l'effet de l'insuline sur la glycémie, quelle réaction des cellules hépatiques prévoyez-vous lorsqu'elles fixent cette hormone ? Et lorsqu'elles fixent du glucagon ?

4 - Doc 4 : En vous aidant des informations du dessin, montrez que l'action exercée par une cellule hormonale sur une cellule cible est le résultat final de nombreuses étapes successives.

Un système

Nous venons de voir que deux hormones pancréatiques ont des effets opposés sur la glycémie : l'insuline, hypoglycémiante, et le glucagon, hyperglycémiant. La stabilité de la glycémie dépend donc d'un équilibre hormonal bien contrôlé, ce qui suppose que les cellules hormonales adaptent leur activité aux variations de la glycémie.

■ Comment les cellules hormonales sont-elles informées des variations de la glycémie ?

A L'information du pancréas hormonal sur « l'état » de la glycémie.

On dit qu'un système est autorégulé lorsque c'est le paramètre contrôlé (taux de glucose dans le sang, température d'un appartement...) qui, en changeant de valeur, modifie le fonctionnement du système de régulation.

• Le dessin présente un exemple simple de système autorégulé : le contrôle de la température d'un appartement.
Dans un appartement, la température des pièces (paramètre contrôlé) reste stable alors que deux mécanismes tendent à modifier cette température :
– de la chaleur est perdue en permanence (par les ouvertures, les murs, le toit) ;
– la chaudière fournit de la chaleur de manière intermittente.
Un thermostat situé dans l'appartement et sur lequel l'utilisateur affiche la température souhaitée, permet l'autorégulation :
– si la température est trop basse, la chaudière démarre ;
– si la température dépasse la valeur affichée, la chaudière s'arrête.
La température de l'appartement est ainsi maintenue dans une étroite fourchette.

• Comme tout système autorégulé, le système de régulation comporte donc un détecteur d'écart (thermostat), un centre de commande (qui contrôle la mise en marche de la chaudière) et un système effecteur capable d'agir sur le paramètre contrôlé (chaudière et radiateurs).

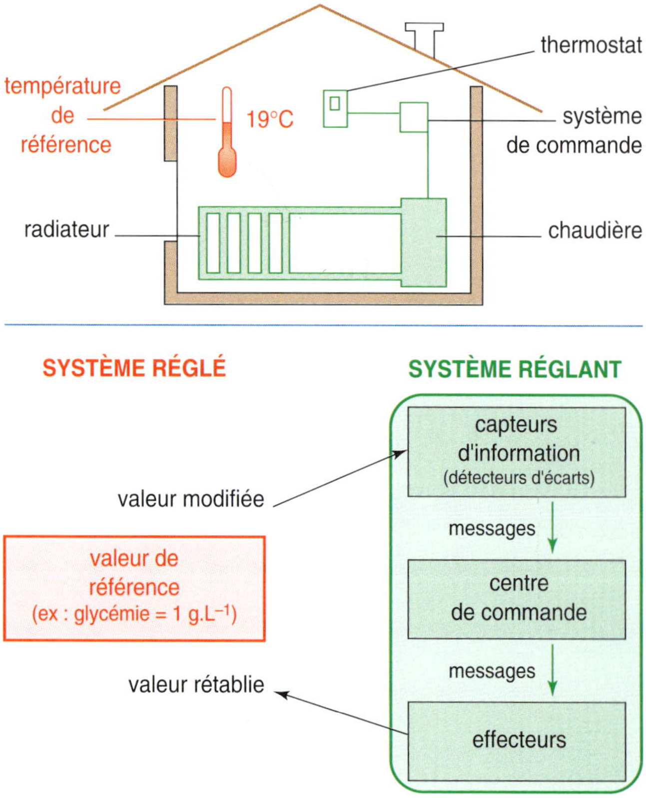

1 La notion de système autorégulé.

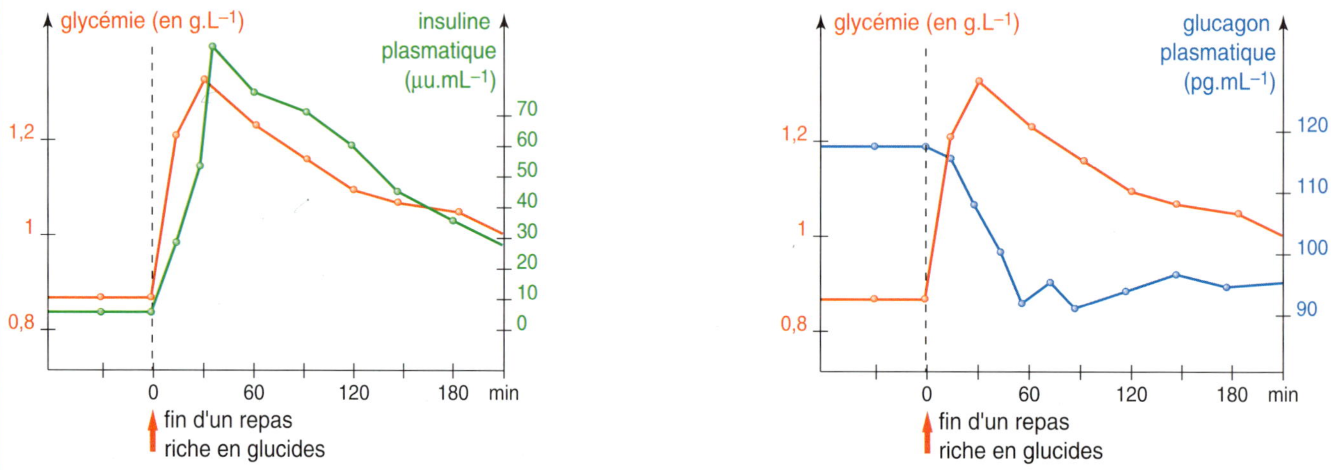

2 Variations des taux sanguins du glucose et des deux hormones pancréatiques suite à un repas riche en glucides.

B La recherche des cellules sensibles aux variations de la glycémie.

L'expérience est réalisée sur un pancréas isolé de chien. La circulation sanguine a été remplacée par la perfusion d'un liquide physiologique permettant la survie des cellules pancréatiques. On modifie à volonté la concentration en glucose de ce liquide de perfusion.

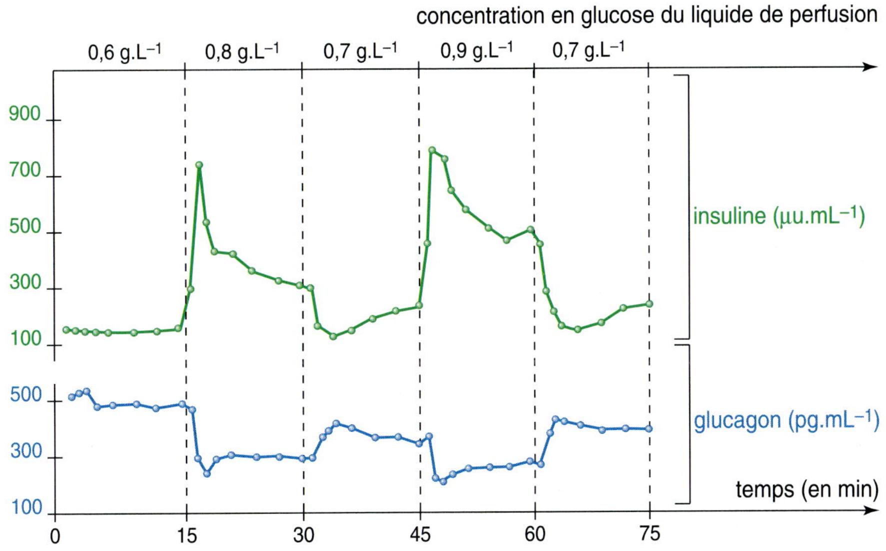

3 **Libération d'insuline et de glucagon par un pancréas isolé en fonction de la concentration en glucose du liquide de perfusion.**

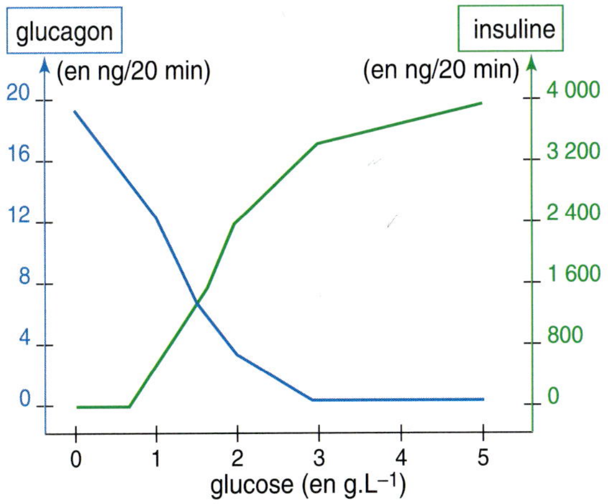

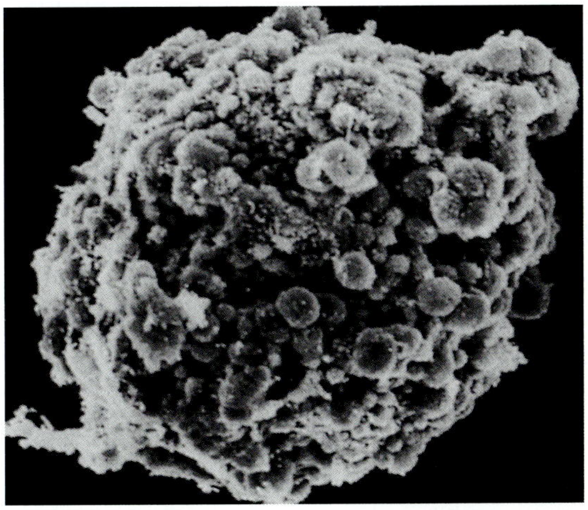

4 **Variations de la libération d'insuline et de glucagon par des îlots de Langerhans isolés en fonction de la concentration en glucose du liquide dans lequel ils sont plongés.** Photo : îlot de Langerhans de rat vu au microscope électronique à balayage (x 300).

Pistes d'exploitation

1 - Doc 1 : Considérons un organisme ne recevant pas d'apport extérieur de glucose et raisonnons par analogie avec l'exemple du chauffage de l'appartement. Dans le système de régulation de la glycémie, quel est l'équivalent du système de commande ? Quels sont les organes capables d'agir sur la glycémie ? Quel constituant du système de régulation n'est pas identifié ?

2 - Doc 2 : Montrez que les « réactions » du pancréas sont adaptées à la variation de la glycémie provoquée par la prise d'aliments. Ce document permet-il de localiser le « détecteur d'écart » par rapport à une glycémie normale ?

3 - Doc 3 et 4 : En quoi ces expériences permettent-elles de préciser la nature du « glucostat », c'est-à-dire des cellules détectant les écarts par rapport à la glycémie de référence ?
Par comparaison avec le schéma général d'un système autorégulé, quelle particularité notez-vous dans le cas du système de régulation de la glycémie ?

La régulation de la glycémie

Comme de nombreux autres paramètres sanguins, la concentration en glucose ou glycémie a une valeur constante : cette valeur est de l'ordre de 1 gramme de glucose par litre de plasma (1 $g.L^{-1}$, soit 5,5 $mmol.L^{-1}$).

Cette constance est en fait relative : chez un individu normal, la glycémie oscille tout au long de la journée autour de sa valeur moyenne. L'origine de ces fluctuations est simple :

– lorsque, après un repas, le glucose provenant de la digestion des aliments glucidiques pénètre dans le sang, la glycémie s'élève et peut atteindre ou dépasser légèrement 1,2 $g.L^{-1}$;

– à l'inverse, en période de jeûne (même de courte durée, la nuit par exemple), la glycémie s'abaisse, ce qui traduit une consommation permanente de glucose par les tissus de l'organisme. Elle peut s'abaisser alors jusqu'à 0,65 $g.L^{-1}$.

L'amplitude modeste de ces variations est toutefois surprenante si l'on considère :

– la faible quantité de glucose disponible dans l'ensemble des liquides qui baignent les cellules (une vingtaine de grammes à peu près, car l'ensemble du sang et de la lymphe représente un volume d'une vingtaine de litres) ;

– l'importance relative de la consommation moyenne de glucose par l'organisme (10 à 15 grammes par heure et beaucoup plus en cas d'activité physique notable).

La valeur de 1 $g.L^{-1}$ n'est donc maintenue que grâce à l'intervention active de mécanismes physiologiques permettant le stockage et le déstockage du glucose.

I La constance de la glycémie, un problème de gestion des réserves

1• Le stockage du glucose dans l'organisme

• Des expériences historiques (Claude Bernard en 1855) ont révélé le rôle fondamental du **foie** dans le contrôle permanent du glucose entrant dans la circulation sanguine générale : en effet, cet organe reçoit l'ensemble du sang qui irrigue la muqueuse intestinale. Si la glycémie à l'entrée du foie est supérieure à la valeur « normale » (ce qui est le cas après un repas), le foie stocke le glucose excédentaire : les cellules hépatiques absorbent ce glucose puis le polymérisent sous forme de **glycogène.** A la sortie du foie, la glycémie est alors à peu près normale. Les possibilités de stockage hépatique sont toutefois limitées (une centaine de grammes de glycogène à peu près).

• **Les muscles** sont également capables de stocker sous forme de glycogène du glucose prélevé dans le sang (ce stock peut représenter jusqu'à 1 % de la masse musculaire).

• Le **tissu adipeux** est capable de transformer le glucose en lipides et peut donc lui aussi prélever du glucose sanguin et l'immobiliser sous forme de graisse.

L'ensemble de ces mécanismes tend à s'opposer à une hausse excessive de la glycémie, suite à un repas par exemple.

2• Le foie, seul organe capable de libérer du glucose dans le sang

Nous avons vu que la consommation de glucose par l'organisme est très importante par rapport à la quantité de glucose immédiatement disponible dans les liquides intercellulaires. En période de jeûne, il y a donc nécessité d'un « déstockage » du glucose à partir des réserves.

• La **réserve musculaire** est une « réserve privée », réservée aux muscles eux-mêmes, car les cellules musculaires ne peuvent pas libérer dans le sang le glucose qu'elles y ont puisé.

• Le **foie** est le seul organe capable de restituer au sang du glucose en hydrolysant une partie de ses stocks de glycogène : ainsi, en période de jeûne, alors que la glycémie à l'entrée du foie est inférieure à 1 $g.L^{-1}$, elle est normale à la sortie du foie.

Le stock de glycogène hépatique est toutefois limité et donc rapidement épuisé.

Le foie a cependant une propriété remarquable : il peut produire du glucose à partir d'autres métabolites comme des acides aminés (provenant des protéines), des acides gras (provenant des réserves de graisse), de l'acide lactique (provenant de l'activité musculaire) mais les mécanismes impliqués ici sont complexes et ne sont pas au programme de Première.

Ainsi, en cas de jeûne prolongé, la glycémie peut être maintenue très longtemps à une valeur proche de la normale.

3• La constance glycémique : une nécessité vitale

• **L'hypoglycémie, une urgence médicale.**

Si le glucose est un métabolite énergétique banal pour toutes les cellules de l'organisme, il est particulièrement indispensable aux cellules nerveuses qui ne peuvent pas en utiliser d'autres. Le cerveau est donc le premier organe à souffrir d'une chute excessive de la glycémie : des convulsions puis un coma (qui peut être mortel) traduisent cette souffrance.

• **L'hyperglycémie chronique, un risque à long terme.**

Si une légère hyperglycémie est normale après un repas, en revanche, le maintien de la glycémie à des valeurs élevées (tel qu'on l'observe chez les diabétiques) entraîne une dégradation progressive de l'état du système cardio-vasculaire (d'où des troubles variés, au niveau des reins, de la rétine, etc.). La présence de glucose dans les urines est le signe que la glycémie a dépassé une valeur de l'ordre de 1,8 $g.L^{-1}$.

II Le rôle du pancréas dans la régulation de la glycémie

L'origine des diabètes a commencé à être comprise au XIXe siècle à la suite d'expériences réalisées chez l'animal. Elles ont montré notamment :

– que le pancréas est indispensable pour empêcher la glycémie de s'élever anormalement ;

– que cet effet est obtenu par la libération dans le sang d'une hormone hypoglycémiante.

Depuis cette date, les connaissances se sont considérablement enrichies.

1• Les îlots de Langerhans, partie endocrine du pancréas

Le pancréas est une glande double :

– c'est une glande digestive qui déverse dans le duodénum des enzymes digestives sécrétées par des cellules glandulaires groupées en acinus ;

– c'est aussi une glande hormonale (ou endocrine) qui sécrète dans le sang des hormones susceptibles de faire varier la glycémie.

Ces hormones sont produites par des cellules endocrines regroupées en petits îlots disséminés entre les acinus : les **îlots de Langerhans.**

L'observation précise de ces îlots révèle l'existence de deux populations cellulaires : les **cellules** α à la périphérie des îlots et les **cellules** β au centre.

Ces cellules α et β sont des capteurs de la glycémie. En fonction des variations de ce paramètre, elles émettent des hormones, messagers chimiques qui tendent à ramener la glycémie à une valeur normale.

2• Deux hormones pancréatiques antagonistes.

• Les **cellules** β sont spécialisées dans la production d'**insuline** (du latin *insula*, île) : c'est une petite protéine formée de 51 acides aminés. Sa libération dans le sang est stimulée par une hausse de la glycémie. L'augmentation de la teneur sanguine de cette hormone déclenche normalement une baisse de la glycémie : on dit qu'elle est **hypoglycémiante.**

• Les **cellules** α produisent une autre hormone, le **glucagon** : c'est un petit polypeptide de 29 acides aminés. Sa sécrétion est déclenchée par une baisse de la glycémie. A l'inverse de l'insuline, cette hormone a un effet **hyperglycémiant**.

Comment les effets opposés de ces deux hormones sont-ils obtenus ?

3• Les cellules cibles des hormones pancréatiques

Une hormone ne peut agir sur une cellule qu'à la condition d'être détectée par cette dernière ; pour cela, une cellule cible d'une hormone doit posséder des récepteurs capables de se lier spécifiquement à cette hormone.

Par ailleurs, le message hormonal est codé par la concentration plasmatique de l'hormone : plus cette concentration est élevée, plus l'effet sur la cellule cible est important.

• **L'insuline agit sur des cellules cibles variées.** En effet, à l'exception de quelques types cellulaires (cellules nerveuses par exemple), la plupart des cellules de l'organisme possèdent des récepteurs à l'insuline. Au niveau de ces cellules cibles, l'insuline favorise la **pénétration** du glucose d'une part, sa **consommation** d'autre part (elle active donc les mécanismes de la respiration cellulaire).

Par ailleurs, au niveau des organes de stockage, elle stimule la **synthèse de glycogène** (par le foie, les muscles) ou de **graisses** (par le tissu adipeux).

Tous ces mécanismes font baisser la glycémie : une injection excessive d'insuline (pour corriger une hyperglycémie) peut ainsi déclencher un coma insulinique.

• **Le glucagon agit essentiellement sur les cellules hépatiques.** Au niveau de ces dernières, le glucagon se comporte comme une hormone antagoniste de l'insuline.

Il stimule l'hydrolyse du glycogène ainsi que la production de glucose à partir de métabolites variés.

Le contrôle de la glycémie suppose donc un équilibre satisfaisant entre les deux hormones pancréatiques.

III La régulation de la glycémie, exemple de mécanisme autorégulé

Dans l'organisme, outre la glycémie, de nombreux paramètres physiologiques (concentration des différents constituants du sang, pH, température, etc.) sont contrôlés en permanence : leurs valeurs respectives fluctuent faiblement autour d'une valeur de référence ou **valeur de consigne.** Une telle stabilité est obtenue grâce à l'intervention de mécanismes **autorégulés** : la variation du paramètre contrôlé, ou **système réglé**, déclenche automatiquement une réaction du **système réglant** telle que la variation est corrigée.

Comment fonctionne un tel mécanisme dans le cas de la glycémie ?

• **Le système réglé** correspond ici à la valeur de la glycémie qui doit être stabilisée au voisinage d'une valeur de consigne de 1 $g.L^{-1}$ alors qu'elle est susceptible de varier à la hausse (suite à un repas) ou à la baisse (en période de jeûne).

• **Le système réglant** comporte d'une part des capteurs enregistrant les écarts de la glycémie par rapport à 1 $g.L^{-1}$ et d'autre part l'ensemble des organes et mécanismes qui sont amenés à réagir pour corriger ces écarts.

– **Les cellules** α **et** β des îlots de Langerhans sont directement sensibles aux variations de la glycémie et constituent donc les **détecteurs d'écart.**

– Ces mêmes cellules constituent également le **système de commande** de la régulation en adaptant leur sécrétion hormonale à la situation : ainsi, suite à un repas, la sécrétion d'insuline est augmentée, celle de glucagon freinée ou supprimée.

– **Les organes effecteurs,** sensibles aux hormones pancréatiques, réagissent aux messages hormonaux codés par les concentrations hormonales plasmatiques en stockant ou en libérant du glucose selon le cas.

• **Les écarts à la valeur de consigne sont corrigés automatiquement.** Une hyperglycémie déclenche une hausse de l'insulinémie (associée à une baisse du taux de glucagon). Il s'ensuit une augmentation du prélèvement de glucose sanguin par de nombreuses cellules, ce qui assure le retour de la glycémie à la valeur de référence. A l'inverse, en période de jeûne, la baisse de l'insulinémie associée à une hausse du taux de glucagon mobilise les réserves de glycogène hépatique et empêche une hypoglycémie dangereuse.

Ainsi, tout écart est rapidement ramené à la valeur de consigne : la glycémie est maintenue constante.

L'essentiel

• Malgré des causes de variation importantes (prise alimentaire discontinue, consommation cellulaire de glucose pour la production d'énergie), le taux plasmatique de glucose ou glycémie oscille en permanence autour d'une valeur physiologique de 1 $g.L^{-1}$.

• Cette « constance » de la glycémie nécessite une mise en réserve du glucose dans l'organisme et une gestion de ces réserves :

– stockage sous forme de glycogène dans le foie et les muscles et sous forme de graisse dans le tissu adipeux en cas d'hyperglycémie ;

– libération de glucose dans le sang par le foie en cas d'hypoglycémie.

• La régulation de la glycémie est un système autorégulé à commande hormonale : cela signifie que c'est le paramètre réglé (la glycémie) qui déclenche la mise en route du système réglant (ici, un ensemble de cellules cibles sensibles à des hormones pancréatiques).

• Les cellules α et β du pancréas endocrine sont des capteurs de la glycémie qui émettent des hormones, respectivement le glucagon et l'insuline, d'une manière adaptée à la valeur de cette glycémie.

• L'insuline stimule le stockage et la consommation du glucose dans les différentes cellules cibles : il a donc ainsi un effet hypoglycémiant. Le glucagon, en revanche, a un effet hyperglycémiant en stimulant la libération de glucose par le foie.

• Une sécrétion de ces hormones adaptée en permanence à la valeur de la glycémie assure donc le maintien de ce paramètre au voisinage de la valeur de consigne.

Schéma-bilan

LA RÉGULATION DE LA GLYCÉMIE

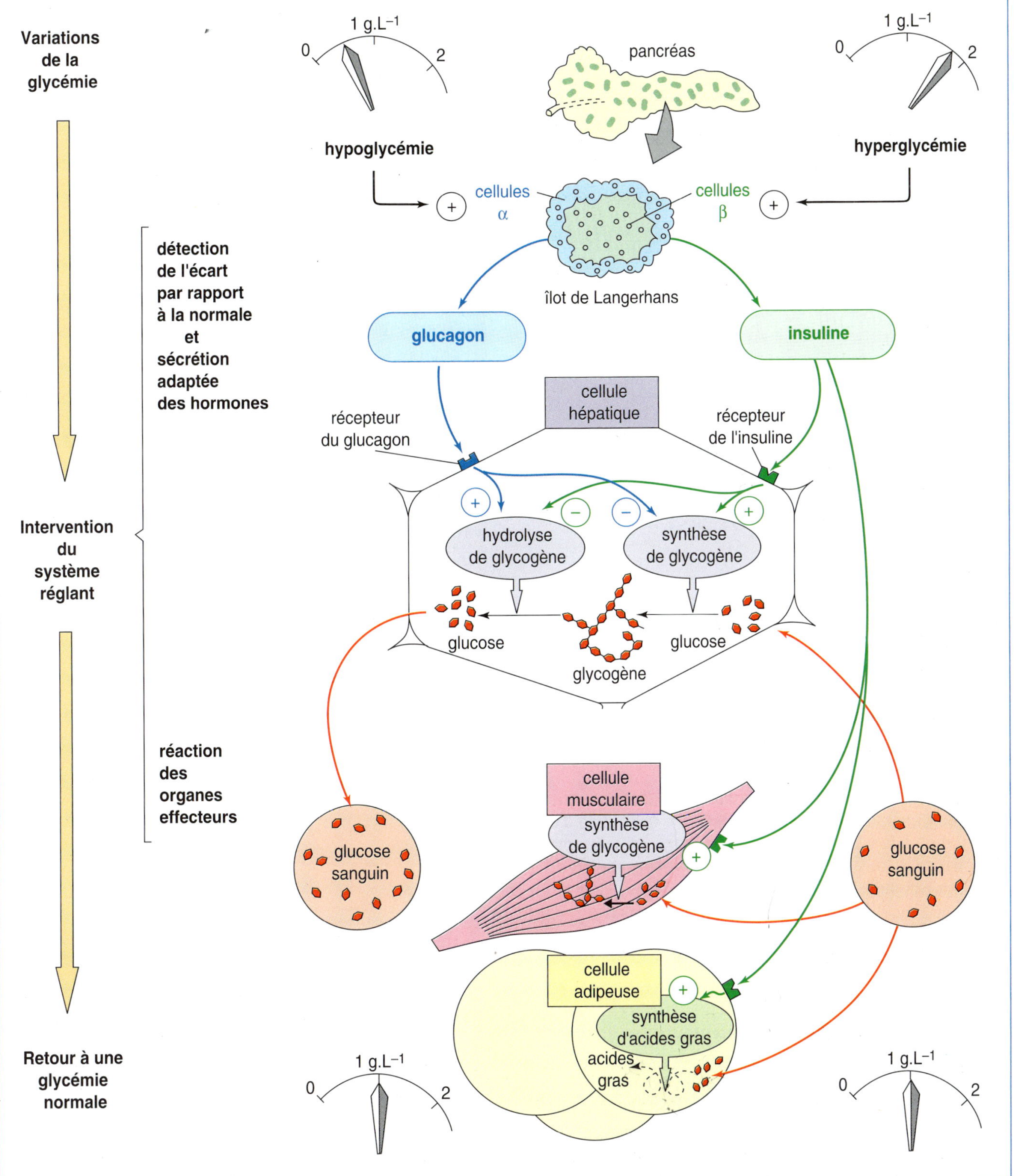

TESTER SES CONNAISSANCES

A. Définissez les mots ou expressions :

Glycémie, hyperglycémie, diabète sucré, pancréas, insuline, glucagon, îlot de Langerhans, glycogène, tissu adipeux, hormone, système autorégulé, cellule hépatique.

B. Vrai ou faux ?

Repérez les affirmations exactes. Corrigez ensuite les affirmations inexactes.

a. Chez un sujet non diabétique, la glycémie conserve une valeur strictement constante, soit 1 g de glucose par litre de plasma sanguin.

b. Le foie est capable de stocker du glucose sous forme de glycogène.

c. En cas de besoin, le foie et les muscles sont capables de libérer du glucose dans le sang.

d. Les cellules hépatiques sont sensibles à plusieurs hormones car elles possèdent sur leur membrane plusieurs types de récepteurs hormonaux.

e. Un système autorégulé est un système dans lequel l'intervention du système réglant est déclenchée par les variations du système réglé.

f. Les cellules α des îlots de Langerhans sont capables de détecter directement les variations de la glycémie et d'adapter leur sécrétion d'insuline à ces variations.

C. Exprimez des idées importantes...

... en rédigeant une ou deux phrases utilisant chaque groupe de mots ou expressions pris dans cet ordre ou dans un ordre différent.

a. Glycémie, variations, constante physiologique.

b. Foie, synthèse de glycogène, hydrolyse de glycogène.

c. Stockage de glucose, glycogène, lipides.

d. Insuline, hyperglycémie, îlot de Langerhans.

e. Autorégulation, hormones pancréatiques, glycémie.

D. Elaborez un résumé scientifique.

Sujet 1.

Montrez que le maintien dans l'organisme d'une valeur normale de la glycémie nécessite une véritable gestion du glucose (stockage en cas d'apport excessif, déstockage en cas de manque). Précisez les mécanismes assurant cette gestion et les organes impliqués.

Sujet 2.

A partir de l'exemple de la sécrétion d'insuline, définissez les caractéristiques générales d'un mécanisme hormonal.

Sujet 3.

Expliquez comment les variations de la glycémie déclenchent normalement une modification des sécrétions pancréatiques tendant à ramener la glycémie à une valeur normale.

UTILISER DES CONNAISSANCES ET DES MÉTHODES

1 Comment doser le glycogène hépatique.

On a mesuré l'absorbance de différentes solutions étalons de glycogène colorées à l'eau iodée (une goutte de réactif dans un mL de solution) ; ces mesures ont permis de construire la droite d'étalonnage ci-contre. Par ailleurs, on a extrait par précipitation le glycogène d'un échantillon de 10 g de foie frais (méthode décrite page 141). La totalité du précipité est redissous dans 10 mL d'eau distillée. On prend 1 mL de la solution obtenue, on ajoute une goutte d'eau iodée et on complète à 3,5 mL avec de l'eau distillée. On mesure alors l'absorbance de cette dernière solution. La valeur obtenue est de 0,3.

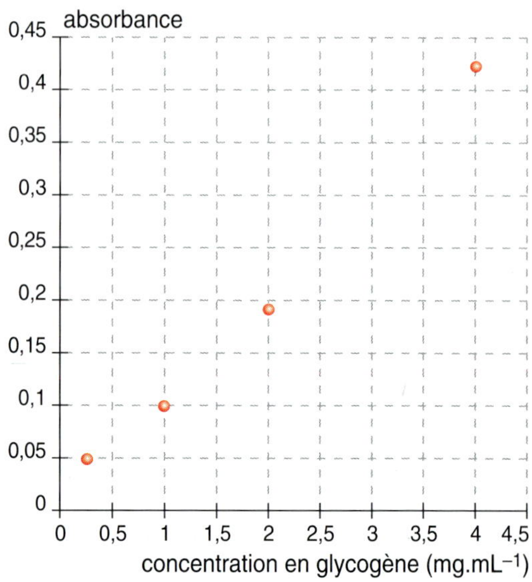

Questions (Pratiquer un raisonnement et exercer son esprit critique)

a. Etablissez graphiquement la concentration en glycogène de la solution testée.

b. Quelle masse de glycogène contenait l'échantillon de foie ? Déduisez-en la teneur en glycogène du foie utilisé (en % du foie frais) ?

c. Sachant que la teneur moyenne du foie en glycogène est de l'ordre de à 4 à 5 % (et n'excède guère 10 %), quelles hypothèses pouvez-vous formuler pour expliquer la valeur obtenue ici ?

2 Découvrir un rôle fondamental de l'insuline.

On désire tester au laboratoire l'activité respiratoire d'un échantillon de viande de bœuf. Pour cela, on utilise un matériel d'ExAO (ESAO4 Jeulin avec le logiciel Reacell, option « consommation d'oxygène »).

■ Protocole :

On remplit le bioréacteur avec 10 mL d'une solution de glucose à 60 g.L^{-1} ; on y introduit une sonde oxymétrique et on place le dispositif dans un bain thermostaté à 37 °C.
Mesure 1 (courbe jaune) **:** on enregistre la « consommation d'oxygène » pendant 1 minute.
Mesure 2 (courbe rose) **:** on ajoute 1 cm^3 de viande de bœuf dans le bioréacteur et on enregistre à nouveau pendant 1 minute.
Mesure 3 (courbe rouge) **:** on ajoute dans la solution du bioréacteur 0,2 mL d'une solution d'insuline (à 40 unités) et on réalise un dernier enregistrement.

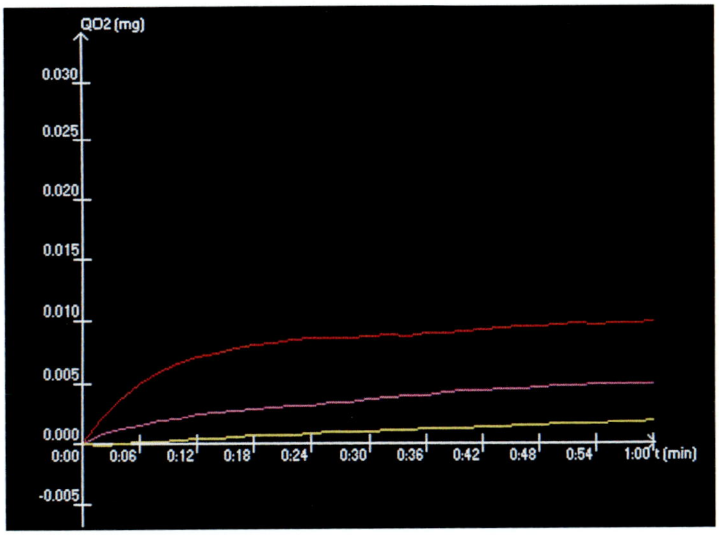

■ Résultats :

La photographie d'écran présente les enregistrements superposés des trois manipulations.

Question 1 (Analyser des expériences et rédiger une conclusion)

a. Expliquez l'intérêt de la première mesure.
b. Comparez les mesures 2 et 3. Quelle conclusion dégagez-vous de cette expérimentation ?

Question 2 (Adopter une démarche scientifique)

Proposez d'autres expériences utilisant ce même matériel en vue de confirmer et de préciser cette conclusion. On pourra par exemple
– chercher à vérifier que l'insuline seule n'est pas en cause,
– se demander si l'insuline est efficace après avoir été soumise à des traitements thermiques ou chimiques agressifs,
– contrôler que son action ne s'observe que si la viande contient des cellules vivantes...).

3 Glucagon et cellules hépatiques.

Données :

• On cherche à tester l'action d'une injection intraveineuse de glucagon sur trois lots de chiens :
– lot n° 1 : chiens normaux ;
– lot n° 2 : chiens soumis à un diabète expérimental (leurs cellules sécrétrices d'insuline ont été détruites sélectivement) ;
– lot n° 3 : chiens soumis à un jeûne prolongé.

• On a mesuré chez ces trois types d'animaux leur réserve en glycogène hépatique (exprimée en pourcentage du poids frais du foie). Les résultats, avant l'injection de glucagon, sont les suivants :
– lot n° 1 : 3 à 5 % ; **– lot n° 2 :** 0,3 % ; **– lot n° 3 :** 0,1 %.

• Les courbes expérimentales ci-contre présentent l'évolution moyenne de la glycémie chez ces trois lots de chiens.

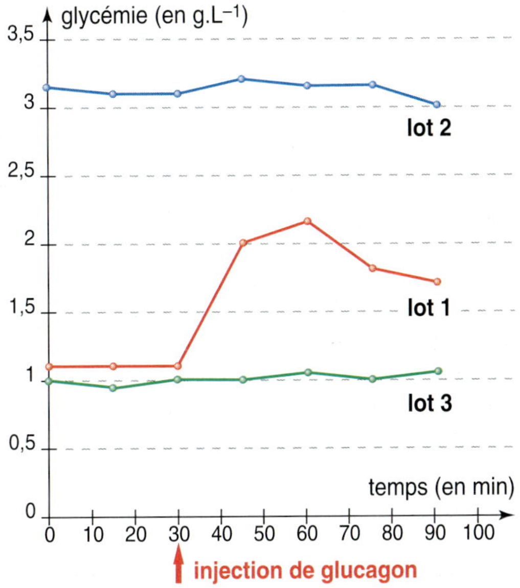

Question 1 (Exercer l'esprit critique)

Pourquoi a-t-on réalisé ces expériences sur des lots de chiens et non sur un seul chien pour chaque expérience ?

Question 2 (Analyser un graphique et appliquer ses connaissances)

a. Définissez le résultat d'une injection de glucagon observé dans chacun des lots.
b. Quelle action du glucagon au niveau du foie peut expliquer l'effet observé chez des chiens normaux ?

Question 3 (Faire des déductions)

Quelle information concernant la cible du glucagon pouvez-vous déduire de cette série de résultats ? Justifiez votre réponse.

4 Les effets biologiques de l'insuline.

• **Information a :** On définit le bilan hépatique comme la différence entre la quantité de glucose qui entre dans le foie par la veine porte et celle qui en sort par les veines sus-hépatiques, ceci par unité de temps.

Une injection d'insuline provoque, chez le chien normal à jeun, une chute rapide du bilan hépatique qui passe, en moins d'une heure, de 42 mg de glucose par minute à une valeur à peu près nulle. Chez un chien témoin également à jeun, le bilan hépatique ne se modifie pas significativement pendant cette période de temps.

• **Information b :** Du tissu musculaire est maintenu en vie dans un milieu de culture convenable ; on dose le prélèvement de glucose effectué par ce tissu dans le milieu ainsi que sa teneur en glycogène au bout de 10 minutes.

Glucose prélevé dans le milieu (mg de glucose/g de muscle/10 min)		Teneur du muscle en glycogène au bout de 10 minutes (en mg/g de muscle)	
Milieu sans insuline	Milieu avec insuline	Milieu sans insuline	Milieu avec insuline
1,43	1,88	2,45	2,85

• **Information c :** On sait qu'une alimentation trop riche en glucides fait « engraisser ». Par ailleurs, chez un animal soumis à un diabète expérimental (par destruction des cellules sécrétrices d'insuline), on constate que la formation des lipides dans le tissu adipeux est réduite de près de 90 %.

• **Information d :** Des tissus vivants sont placés dans un milieu de culture contenant du glucose marqué (contenant du ^{14}C radioactif). On constate :

– que ces tissus consomment du dioxygène et libèrent du dioxyde de carbone radioactif ($^{14}CO_2$) ;

– que cette libération de $^{14}CO_2$ est nettement augmentée si on ajoute de l'insuline dans le milieu de culture.

Question 1 (Saisir des informations et faire des déductions)

Analysez chacune de ces informations en montrant ce qu'elle vous apprend concernant le mode d'action de l'insuline dans l'organisme.

Question 2 (Mobiliser ses connaissances et faire une synthèse)

Montrez que ces différents effets sont en accord avec l'action globale de l'insuline sur la glycémie.

5 Jeûne et activité cérébrale.

Voici quelques données physiologiques concernant toutes des sujets normaux.

• **Donnée 1 :** Au cours d'un jeûne prolongé pendant quelques jours, la glycémie se maintient aux environs de 0,7 - 0,8 $g.L^{-1}$.

• **Donnée 2 :** Le cerveau doit impérativement recevoir du glucose pour couvrir ses besoins énergétiques. Il est donc très sensible à une hypoglycémie importante, un coma pouvant survenir si la glycémie s'effondre au-dessous de 0,5 $g.L^{-1}$.

• **Donnée 3 :** La consommation de glucose par le cerveau humain, de jour comme de nuit, est de l'ordre de 6 grammes par heure. Cette utilisation de glucose par le tissu cérébral n'est pas sous la dépendance de la concentration plasmatique d'insuline.

• **Donnée 4 :** La réserve hépatique de glycogène est de l'ordre d'une centaine de grammes au maximum (soit moins de 10 % du poids frais de cet organe).

• **Donnée 5 :** Le foie est le seul organe capable, en période de jeûne, de libérer du glucose dans le sang.

• **Donnée 6 :** La sécrétion d'insuline par le pancréas cesse dès que la glycémie s'abaisse au-dessous de 0,6 $g.L^{-1}$; celle de glucagon augmente dès que la glycémie s'abaisse.

• **Donnée 7 :** L'insuline agit sur la plupart des cellules de l'organisme en augmentant le prélèvement de glucose, sa consommation et son stockage.

• **Donnée 8 :** Le glucagon agit essentiellement sur le foie en stimulant le déstockage de glucose et sa libération dans le sang.

N.B. : Les réponses aux questions suivantes doivent être justifiées en utilisant les informations ci-dessus.

Question 1 (Dégager les informations utiles et appliquer ses connaissances)

a. Indiquer l'intérêt majeur du maintien d'une glycémie presque normale en période de jeûne.

b. Quelle est l'évolution prévisible des teneurs plasmatiques en insuline et en glucagon au cours du jeûne ?

c. Quelles sont les conséquences de cette évolution sur l'activité du cerveau, sur celle du foie et des autres cellules de l'organisme (cellules musculaires et adipeuses par exemple) ?

Question 2 (Formuler un problème et proposer une hypothèse explicative)

Montrer que le maintien de la glycémie constaté en période de jeûne ne peut pas s'expliquer simplement avec les seules informations fournies ici. Sachant que les cellules hépatiques sont capables de produire du glucose à partir de molécules variées (glycérol, acides aminés, acide lactique...), proposez une hypothèse pour expliquer cet approvisionnement prolongé du sang en glucose.

Glycémie et diabètes

Chapitre

2

L'origine complexe des diabètes

Nous savons que la régulation de la glycémie est assurée par des mécanismes complexes de stockage et de déstockage du glucose dans l'organisme, mécanismes contrôlés par des systèmes hormonaux. Le diabète correspond à une défaillance de cette régulation. Nous allons découvrir qu'il n'y a pas « un » mais « des » diabètes dont les causes sont différentes.

Photographie : une vérification fréquente de la glycémie chez les diabétiques.

Deux grands types

En France, on estime que 3,5 % de la population est atteinte de diabète ; sur les deux millions de personnes atteintes, 400 000 ignorent en fait leur état. Le diabète est donc une maladie répandue mais la discrétion des symptômes au début de la maladie retarde souvent sa découverte.

- Qu'est-ce que le diabète ? Comment diagnostique-t-on cette maladie ?
- Existe-t-il plusieurs sortes de diabètes ?

A Une première définition du diabète.

Le diabète se définit par une valeur anormalement élevée de la glycémie (hyperglycémie chronique). Or, nous savons que cette constante physiologique varie au cours de la journée. Le médecin considère qu'il y a hyperglycémie anormale lorsqu'il constate :
– soit une glycémie à jeun supérieure à 1,26 $g.L^{-1}$ (= 7 $mmol.L^{-1}$) et cela à deux reprises ;
– soit une glycémie supérieure à 2 $g.L^{-1}$ (= 11,1 $mmol.L^{-1}$) à n'importe quel moment de la journée.
Ces valeurs ont été choisies car de nombreuses études ont montré qu'elles suffisent pour « signer » un diabète. Toute autre exploration, en particulier l'**h**yper**g**lycémie **p**rovoquée **o**rale (ou HGPO) est alors inutile.

1 La définition du diabète proposée par l'OMS (Organisation Mondiale de la Santé).

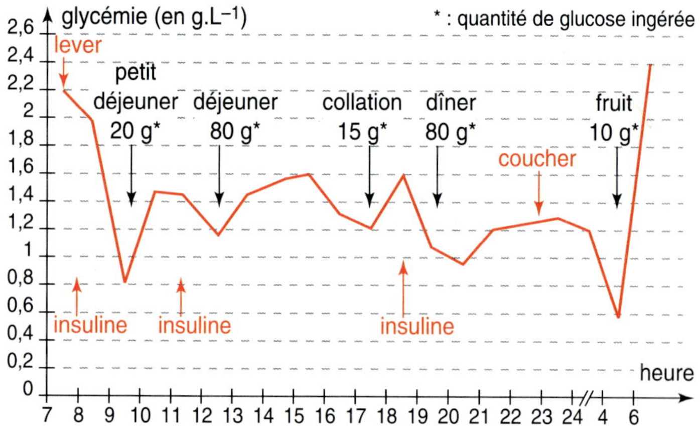

2 Les variations de la glycémie chez une personne diabétique et prenant des médicaments antidiabétiques.

DEUX TYPES DE DIABÈTES

a. Le diabète de type 1

– **Début brutal** de la maladie chez un **sujet mince et jeune** (généralement avant 20 ans, avec un pic de survenue à 12 ans.
– **Signes cliniques**, caractéristiques, associant typiquement soif intense et émission d'urine excessive, présence anormale de glucose et de composés cétoniques dans l'urine, amaigrissement malgré une prise de nourriture abondante, fatigue...
– **Hyperglycémie** dépassant largement 2 $g.L^{-1}$ au moment de la découverte.

b. Le diabète de type 2

– **Découverte fortuite** de l'état diabétique (à l'occasion d'un contrôle de routine de la glycémie) chez un **sujet de plus de 40 ans** présentant généralement un **surpoids**.
– Association fréquente d'une **hypertension artérielle** et/ou d'une teneur excessive du sang en **triglycérides**.

L'absence de symptômes cliniques évidents retarde le début du traitement : la maladie évolue depuis 5 ans en moyenne au moment du diagnostic, et des complications (voir p. 168) sont déjà présentes dans 1 cas sur 5.

UN TEST DE MOINS EN MOINS UTILISÉ : L'HGPO

L'**h**yper**g**lycémie **p**rovoquée **o**rale consiste à suivre chez un sujet l'évolution de la glycémie dans les heures qui suivent l'absorption d'un sirop contenant 75 grammes de glucose.

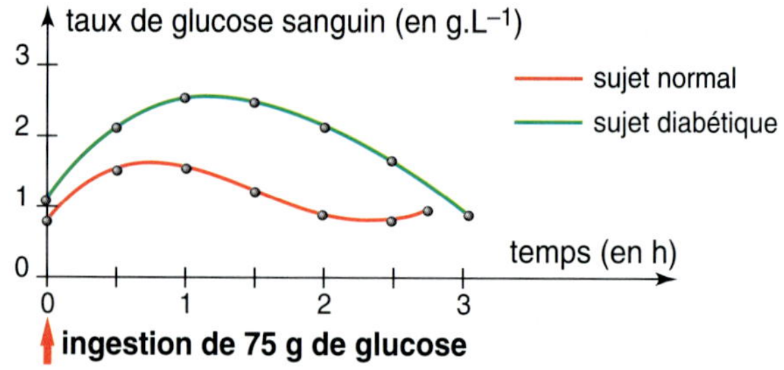

L'état diabétique est diagnostiqué si la glycémie à la deuxième heure est supérieure ou égale à 2 $g.L^{-1}$.
Ce test est toutefois de moins en moins utilisé car on a pu montrer que si la glycémie à jeun est supérieure à 1,26 $g.L^{-1}$, alors le test d'HGPO révèle toujours une glycémie à la deuxième heure supérieure ou égale à 2 $g.L^{-1}$.
Ce test ne conserve donc un intérêt que pour certains cas d'interprétation délicate : par exemple, si on note une glycémie élevée (entre 1,4 et 2 $g.L^{-1}$) après le repas alors que la glycémie à jeun est normale, l'HGPO permet de vérifier si le sujet est diabétique ou non.

3 Comment découvre-t-on que l'on est diabétique ?

B Le diabète de type 1 et le diabète de type 2.

Le diabète de type 1 est une maladie à évolution relativement rapide est causée par une disparition de l'insuline qui n'est plus produite et déversée dans le sang. Des injections régulières de cette hormone permettent d'abaisser la glycémie. Pour cette raison, les médecins qualifient ce diabète d'**insulinodépendant (DID)**.

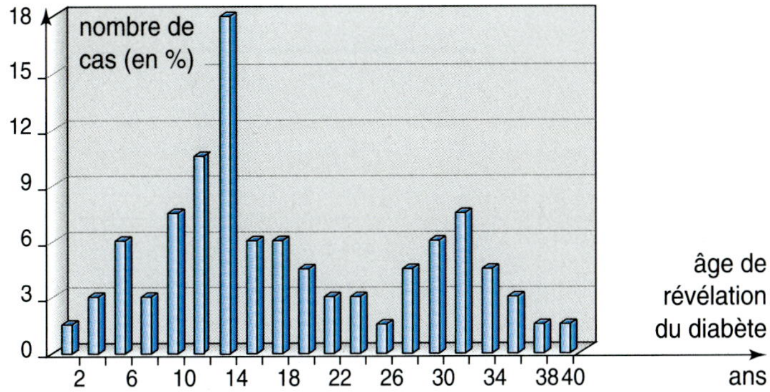

Le risque majeur de ce traitement est une chute excessive de cette glycémie : en effet, l'alimentation du cerveau n'est plus correctement assurée si la glycémie s'abaisse au-dessous de 0,5 $g.L^{-1}$; le sujet perd alors connaissance (coma insulinique). Le malade doit donc surveiller attentivement son régime alimentaire, contrôler fréquemment sa glycémie et adapter aussi précisément que possible les injections d'insuline aux besoins de l'organisme.
Neuf fois sur dix, on ne connaît **pas d'antécédent familial** (aucun parent ne présente de diabète).

4 Le diabète du jeune ou diabète de type 1.

Le malade atteint de diabète de type 2 possède, au moins au début de sa maladie, une production d'insuline normale (voire même excessive). L'hyperglycémie n'est donc pas la conséquence d'un manque d'insuline. D'ailleurs, un traitement par injections d'insuline se révèle peu efficace. On qualifie ce diabète de **non insulinodépendant (DNID)**.
Le traitement de cette maladie repose en premier sur un contrôle de la ration alimentaire : apport énergétique adapté aux dépenses, diminution de la consommation de glucides en privilégiant les glucides complexes (féculents) au détriment des sucres simples, apport limité de graisses, alimentation fractionnée en plusieurs petits repas...
Des médicaments sont souvent nécessaires, le régime ne suffisant pas à lui seul à empêcher la glycémie de dépasser le seuil acceptable.
Le plus souvent, chez un malade atteint de diabète de type 2, l'enquête révèle l'existence d'**antécédents familiaux** (certains parents sont ou ont été atteints).

5 Le diabète de l'âge mûr ou diabète de type 2.

Pistes d'exploitation

1 - Doc 1 et 2 : Comparez la courbe **2** avec celle montrant les variations de la glycémie chez un sujet non atteint (page 139). Que peut-on constater ici malgré la prise de médicaments antidiabétiques ?

2 - Doc 2, 4 et 5 : Justifiez les appellations de DID et de DNID utilisées par les médecins.

3 - Bilan : Résumez sous forme d'un tableau comparatif les caractéristiques des deux types de diabètes.

ACTIVITÉS pratiques 2

Des causes physiologiques différentes

Nous avons vu qu'il existe deux types de diabète bien différents, notamment en ce qui concerne l'efficacité du traitement de ces maladies par l'insuline.

- Pourquoi la production d'insuline s'interrompt-elle dans les diabètes de type 1 ?
- Comment explique-t-on l'inefficacité de l'insuline dans les diabètes de type 2 ?

A Une cause bien établie pour le diabète de type 1.

Nous avons vu dans le chapitre précédent que le taux sanguin d'insuline (ou **insulinémie***) varie en fonction de la glycémie : si celle-ci s'élève, la sécrétion d'insuline est stimulée, ce qui a pour effet d'abaisser la glycémie. La réaction inverse s'observe en cas de baisse de la glycémie. Cette liaison entre les deux paramètres est à la base de la régulation normale de la glycémie dans l'organisme.
Le graphique montre les variations de l'insulinémie lors d'un test d'HGPO (voir page 158) réalisé chez un sujet normal d'une part, chez un sujet présentant un diabète de type 1 d'autre part.

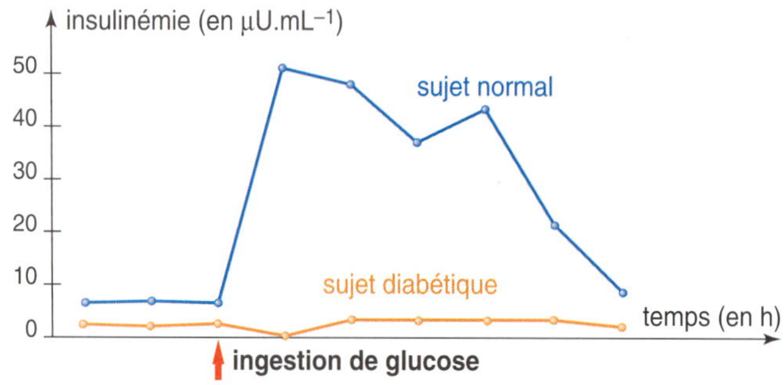

1 Une variation de l'insulinémie très révélatrice.

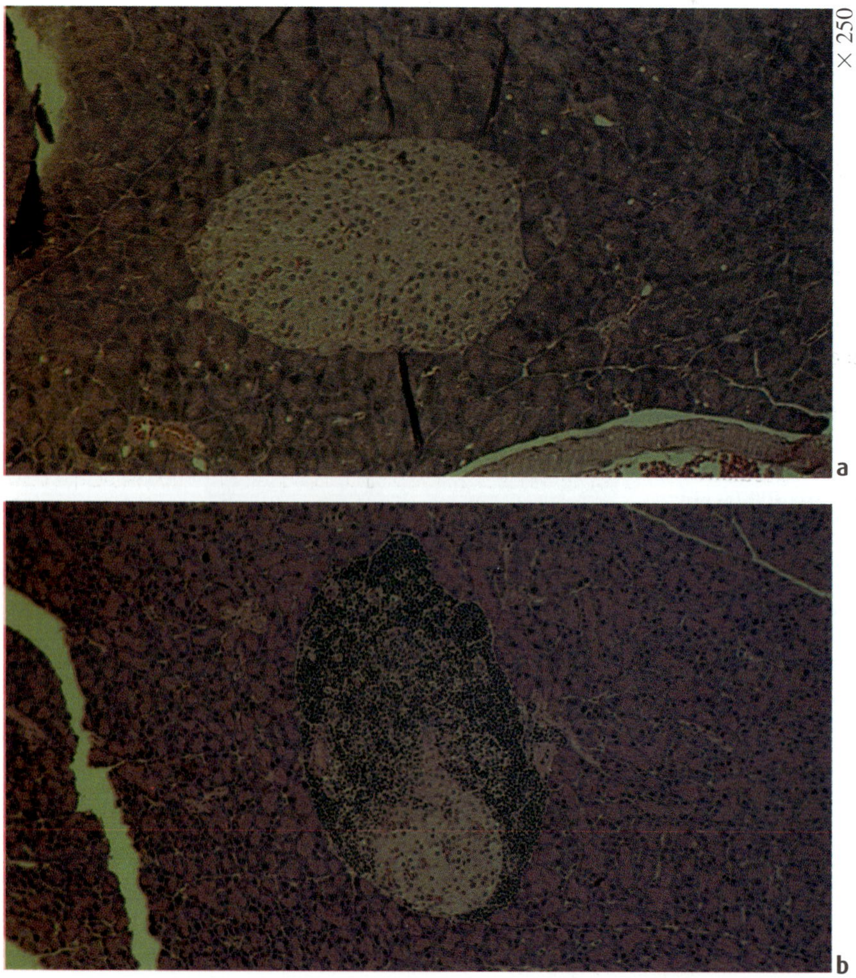

Les deux microphotographies présentent respectivement un îlot de Langerhans de souris normale (**a**) et un îlot de Langerhans de souris NOD (Non Obese Diabetic), atteinte d'une maladie analogue au diabète humain de type 1 (**b**).

Dans ce deuxième cliché, les nombreux petits grains noirs qui parsèment l'îlot correspondent à des lymphocytes. Un tel aspect microscopique est caractéristique d'un mécanisme immunitaire de rejet. En effet, le diabète de type 1 est la conséquence d'un désordre immunitaire : c'est une **maladie auto-immune***, ce qui signifie que le système immunitaire s'attaque par erreur à certaines cellules de l'organisme. Dans le cas du diabète, ce sont les cellules β des îlots qui deviennent la cible de certains lymphocytes qualifiés de « tueurs ». Comme leur nom l'indique, ces lymphocytes détruisent les cellules β dont le stock diminue progressivement jusqu'à une disparition totale.

* Maladie causée par une attaque d'un tissu de l'organisme par le système immunitaire de ce même organisme (diabète de type 1, sclérose en plaques, certaines maladies de la thyroïde, ... sont des exemples de telles maladies).

2 L'observation microscopique du tissu pancréatique permet de comprendre la cause du diabète de type 1.

B Des causes plus complexes pour le diabète de type 2.

L'une des caractéristiques majeures du diabète de type 2 est la **« résistance à l'insuline »** : alors qu'une injection d'insuline a un effet hypoglycémiant chez le sujet normal ou chez le diabétique de type 1, elle est très peu efficace chez un diabétique de type 2. En effet, les muscles, le tissu adipeux et le foie ne répondent que très faiblement à une augmentation de l'insulinémie. Ils ne stockent donc pas, comme chez le sujet normal, le glucose sanguin, abaissant ainsi la glycémie. On constate que, dans les premiers stades de la maladie, le pancréas « réagit » par une sécrétion accrue d'insuline ; si bien que le malade peut présenter après un repas une hyperglycémie provisoire alors que son insulinémie reste élevée en permanence. A un stade plus avancé de la maladie, cette production d'insuline fléchit et l'hyperglycémie tend alors à devenir permanente.

3 Une « résistance à l'insuline » des cellules cibles.

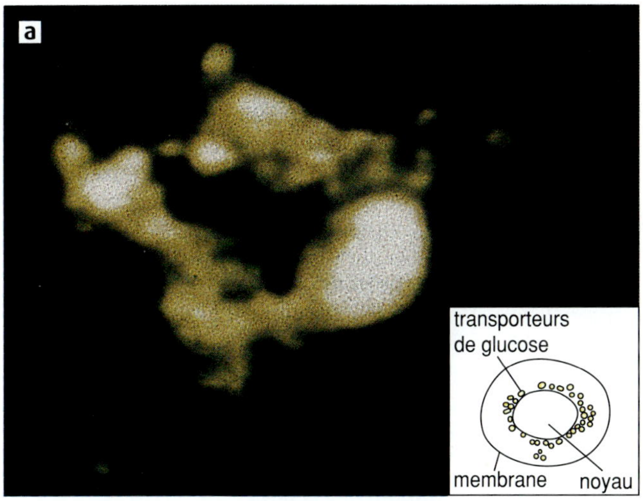

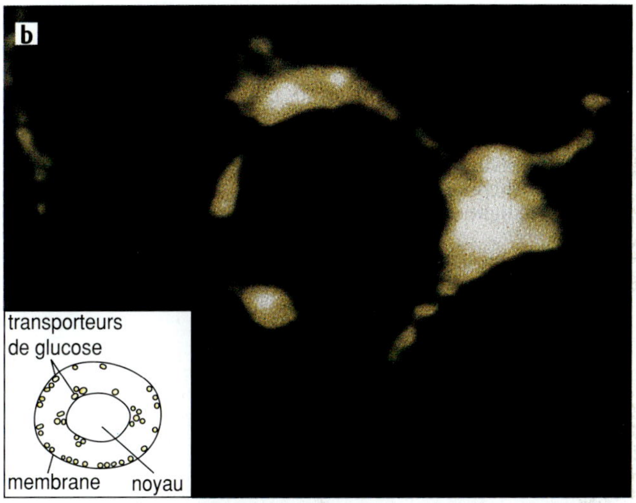

La pénétration du glucose plasmatique dans les cellules nécessite l'intervention de molécules spécialisées, les **transporteurs de glucose** (ou **Glu T**). Ce sont des polypeptides de près de 500 acides aminés qui, lorsqu'ils sont enchâssés dans la membrane cellulaire, permettent l'entrée du glucose dans la cellule. En leur absence, la membrane peut être considérée comme imperméable au glucose.
Le principal transporteur de glucose des cellules musculaires et adipeuses est la protéine **Glu T 4**. Il est normalement stocké à l'intérieur des cellules (1 % seulement des transporteurs sont liés à la membrane en l'absence d'insuline).

Dans une cellule normale, l'insuline modifie de façon remarquable la localisation de ces transporteurs. Sur les deux photographies, les transporteurs Glu T 4 sont « marqués » spécifiquement par un produit fluorescent : ils apparaissent en clair sur les photographies.

Cliché a : cellule adipeuse sur un milieu dépourvu d'insuline.
Cliché b : cellule adipeuse en présence d'insuline.
Pour comprendre la « résistance à l'insuline », il faut savoir que cette hormone ne pénètre pas dans les cellules : elle se lie à des récepteurs membranaires spécifiques. Cette liaison déclenche une série de réactions aboutissant à la redistribution des transporteurs de glucose.

4 Des molécules très importantes : les transporteurs cellulaires de glucose.

Pistes d'exploitation

1 - Doc 1 : Comparez la sécrétion d'insuline en réponse à une surcharge en glucose chez les deux sujets. Proposez une (ou plusieurs) hypothèse(s) pour expliquer la réponse du sujet diabétique.

2 - Doc 2 : L'observation microscopique d'un pancréas de souris diabétique vous permet-elle de préciser, par analogie, la cause du diabète de type 1 ?

3 - Doc 3 et 4 : Quel effet de l'insuline dans une cellule cible normale est révélé par la comparaison des deux clichés ? En tenant compte des informations apportées, proposez quelques hypothèses pouvant expliquer la survenue d'un diabète de type 2. Quel phénomène aggrave le problème à un stade avancé de la maladie ?

De multiples facteurs

Si nous savons maintenant un peu mieux expliquer ce qui se passe chez un malade atteint de diabète, il reste à s'interroger sur les causes de telles défaillances des systèmes de régulation de la glycémie qui conduisent aux diabètes.

- Est-on génétiquement prédestiné à devenir diabétique ?
- La survenue d'un diabète est-elle au contraire la conséquence de facteurs environnementaux (par exemple, une consommation excessive de sucres) ?

A Des facteurs génétiques.

• **Risque d'être atteint d'un DID (diabète de type 1)**

Lien de parenté avec un sujet atteint de DID (diabète de type 1)	Risque d'être soi-même atteint de DID
Jumeau vrai (garçon ou fille)	40 à 50 %
Frère ou sœur	5 à 10 %
Père atteint de DID	4 à 5 %
Mère atteint de DID	2 à 3 %
Pas de DID connu dans la famille	0,2 %

• **Risque d'être atteint d'un DNID (diabète de type 2)**

Lien de parenté avec un sujet atteint de DNID (diabète de type 2)	Risque d'être soi-même atteint de DNID
Jumeau vrai (garçon ou fille)	90 à 100 %
Frère ou sœur	supérieur à 40 %
Pas de DNID connu dans la famille	2 à 4 %

• **Une étude statistique chez des indiens d'Arizona**

Dans cette population d'indiens Pima, 50 % des individus entre 34 et 65 ans sont diabétiques.

1 Le caractère « familial » du diabète est connu depuis longtemps.

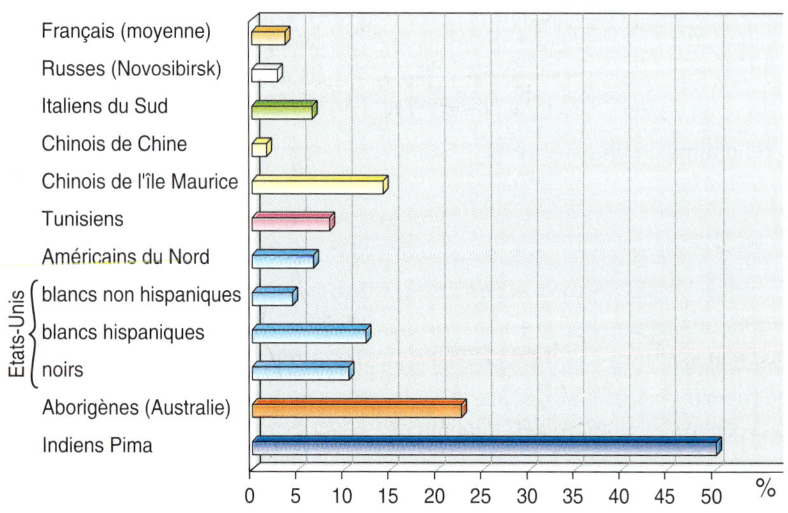

Jusqu'à une époque récente, les brassages génétiques entre populations humaines étaient très réduits : les unions entre personnes originaires d'une même région étaient la règle (et demeurent encore majoritaires). En première approximation, on peut donc considérer que les différentes ethnies sont relativement isolées génétiquement les unes des autres, et ce d'autant plus qu'elles occupent des « territoires » éloignés.

L'histogramme présente la fréquence des diabètes de type 2 dans un certain nombre de populations.

2 D'importantes variations de la fréquence des diabètes d'une population humaine à une autre.

de risque

B Des facteurs environnementaux.

Les indiens Pima constituent une population génétiquement homogène : certains vivent en Arizona (USA) et ont un mode de vie plutôt sédentaire, d'autres vivent au Mexique où beaucoup sont agriculteurs. Le graphe présente la fréquence des diabètes de type 2 dans chacune de ces deux populations ainsi que chez les mexicains « non-Pima ».

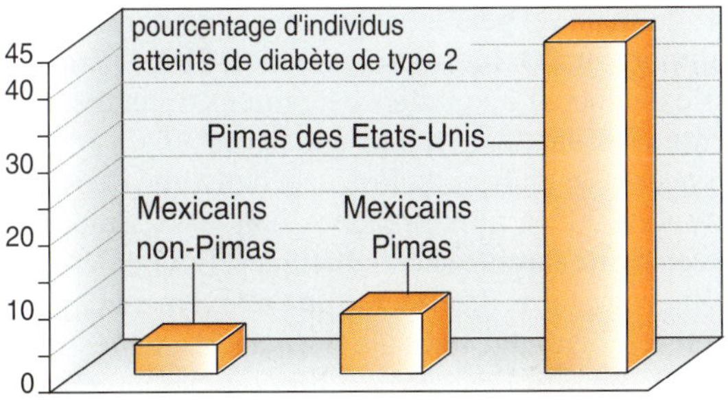

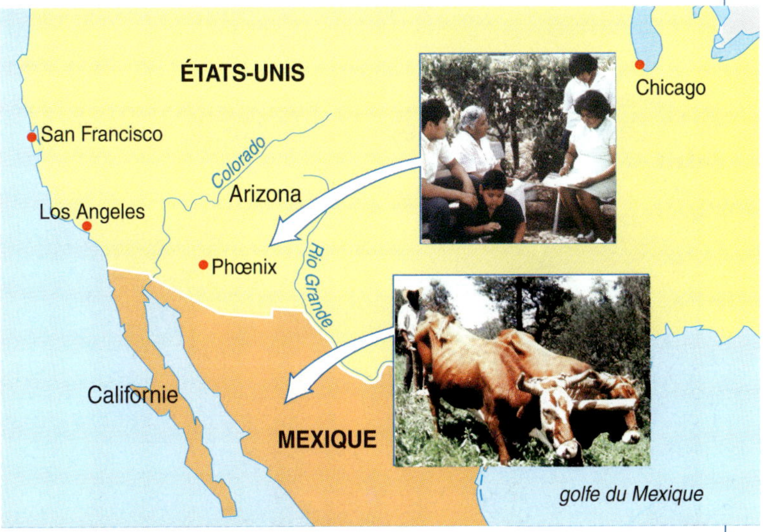

3 De nombreuses études épidémiologiques ont été réalisées sur les Indiens Pima, population particulièrement affectée par le diabète de type 2.

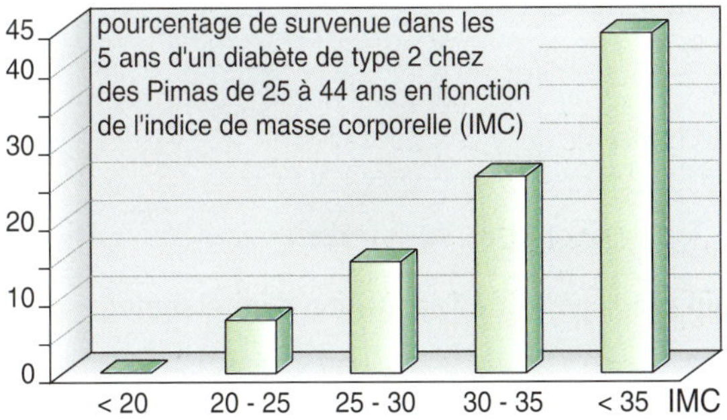

• **Indice de masse corporelle (IMC) :** les diététiciens calculent l'indice de masse corporelle (IMC) d'un individu en divisant sa masse (en kg) par sa taille (en mètre) élevée au carré (exemple : pour un sujet de 1,75 m pesant 90 kg, IMC = $90 / (1{,}75)^2 = 29{,}4$). Sont considérés comme obèses les hommes dont l'IMC > 25 et les femmes dont l'IMC > 24.

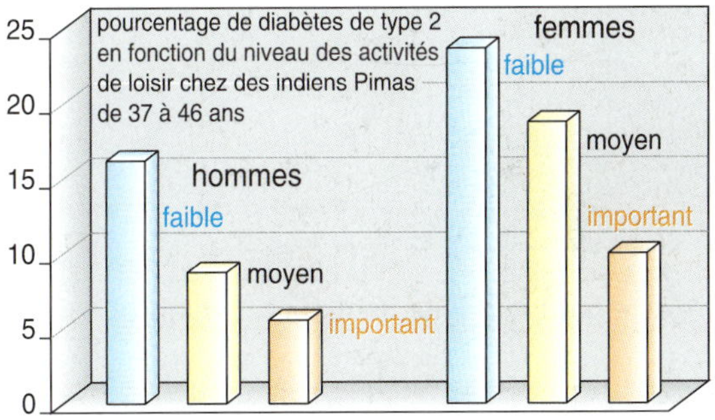

Remarque : La répartition du tissu graisseux joue un rôle important. Le diabète de type 2 survient plus fréquemment chez les personnes présentant une répartition « androïde » de la graisse, c'est-à-dire des bourrelets abdominaux. On mesure cette répartition en calculant le rapport entre tour de taille et tour de hanche : si ce rapport est supérieur à 0,8 chez la femme, à 1 chez l'homme, le médecin considère qu'il s'agit d'un facteur favorisant le diabète.

4 Les deux facteurs environnementaux principaux.

Pistes d'exploitation

1 - Doc 1 : Comparez l'importance de la prédisposition génétique dans le risque de survenue d'un diabète de type 1 et d'un diabète de type 2.

2 - Doc 2 : Montrez que cet histogramme fournit des arguments en faveur d'un lien entre patrimoine génétique et développement d'un diabète de type 2.

3 - Doc 3 et 4 : Expliquez en quoi ces études portant sur les indiens Pima permettent de conclure à une influence de facteurs environnementaux sur l'apparition du diabète de type 2.

Une étude plus précise de la

Les études statistiques portant sur des populations ont montré que l'apparition d'un diabète résulte à la fois de prédispositions génétiques et de facteurs environnementaux.

- Que sait-on des gènes impliqués dans la prédisposition au diabète ?
- Ces connaissances débouchent-elles sur des applications pratiques ?

A Les gènes associés au diabète de type 2.

Pour rechercher les gènes de prédisposition à une maladie, il faut disposer du matériel génétique provenant de nombreuses familles comportant des individus malades. Il faut ensuite rechercher l'existence d'anomalies génétiques transmises au sein de ces familles en même temps que la maladie.
En ce qui concerne le diabète, la France a constitué depuis le début des années 90, la plus grande « banque » mondiale d'ADN provenant de familles de diabétiques. Pour cela, dans chaque famille volontaire, on effectue un prélèvement de sang chez les parents, les enfants, mais aussi les oncles, tantes, cousins, neveux.. L'Institut Pasteur de Lille, où est basée cette banque d'ADN, dispose aujourd'hui de données concernant 2550 individus appartenant à plus de 450 familles.

Photographies : Après extraction à partir des globules blancs, l'ADN est dosé puis stocké dans une banque d'ADN.

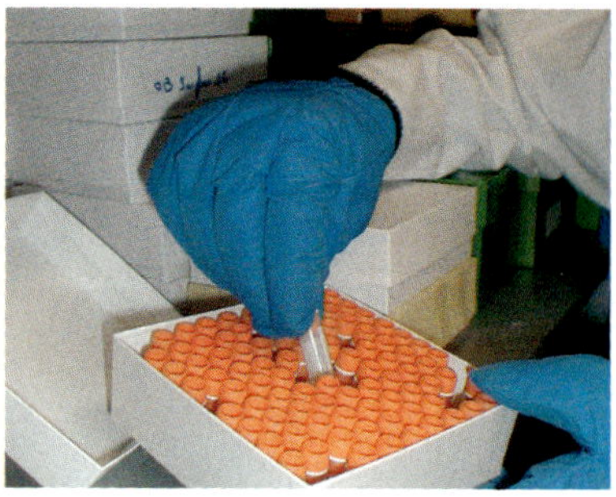

1 **Il n'existe pas un « gène du diabète » mais une multitude de gènes qui prédisposent à l'apparition d'un diabète.**

L'étude détaillée des gènes associés au DNID (diabète non insulino-dépendant) n'est pas au programme de Première. On peut cependant citer quelques uns des gènes identifiés grâce à la banque d'ADN de l'Institut Pasteur de Lille.
La plupart des mutations géniques liées au DNID affectent des gènes codant pour des molécules importantes dans la régulation de la glycémie : récepteur membranaire du glucagon au niveau des cellules cibles, enzyme « glycogène - synthétase » indispensable au stockage du glucose dans le muscle, enzymes intervenant dans la captation ou la production du glucose par le foie, etc.
On comprend donc pourquoi de vrais jumeaux, porteurs d'une mutation affectant un de ces gènes, ont tous deux un risque très élevé de contracter un DNID.

2 **Plusieurs gènes associés au diabète de type 2 ont été identifiés.**

Le diabète est un important problème de santé publique dans les pays développés où il représente le troisième poste des dépenses de santé. La découverte de « gènes du diabète de type 2 » est porteuse d'espoirs :
– elle devrait, dans les années à venir, permettre de dépister dans les familles à risque, les individus susceptibles de développer un tel diabète et d'envisager alors des mesures préventives (précautions alimentaires, exercice physique...) ;
– la connaissance du rôle des gènes impliqués pourra sans doute déboucher sur la mise au point de nouveaux médicaments stimulant (ou inhibant selon le cas) l'activité de ces gènes.
Cette découverte, comme beaucoup de découvertes actuelles sur le génome humain, est aussi porteuse de craintes. Si le « génotype » des individus ne restait pas strictement confidentiel, on pourrait craindre de nombreuses « dérives » :
– discriminations à l'embauche,
– refus d'assurer sur la vie certaines personnes à risque génétique (ou demande de surprimes considérables)...

3 **Des applications pratiques espérées et des implications qui peuvent poser problème.**

B Les prédispositions génétiques au diabète de type 1.

S'il existe bien une composante héréditaire pour le diabète de type 1 (5 % de sujets atteints parmi les frères et sœurs d'un diabétique de type 1 contre 0,2 % dans la population générale), cette composante est moins importante que pour le diabète de type 2 (dans ce cas plus de 40 % des frères et sœurs d'un sujet atteint seront eux-mêmes atteints).
La prédisposition héréditaire ne suffit donc pas à elle seule pour expliquer le déclenchement d'un diabète de type 1 ; d'autres facteurs y participent (comportement alimentaire, mais peut-être aussi stress, certains virus...).
Ces dernières années, des études génétiques, comparables à celles évoquées à la page précédente, ont permis d'identifier une douzaine de régions du génome participant à la susceptibilité au diabète de type 1. Parmi elles, citons :
– certains gènes HLA ;
– une région proche du gène de l'insuline et qui contrôle la transcription de ce gène, donc la production de l'hormone ;
– un gène nommé CTLA 4 codant pour une protéine très importante dans le contrôle des réponses immunitaires ;
– etc.
On estime que les gènes HLA sont responsables à eux seuls de 40 % de la susceptibilité au diabète de type 1, la région du gène de l'insuline représentant 10 %. Seule la responsabilité des gènes HLA sera envisagée ici.

4 La composante héréditaire du diabète de type 1 est beaucoup moins importante que pour le diabète de type 2.

Sur le bras court du chromosome 6 humain ont été localisés un certain nombre de gènes (A, B, C, DR, DP...) dont l'ensemble constitue le complexe HLA. La fonction de ces gènes est de coder pour des protéines membranaires qui définissent l'identité des cellules et interviennent dans le rejet des greffes. Chacun de ces gènes HLA présente de nombreuses versions alléliques ; par exemple, on connaît une cinquantaine d'allèles du gène DR (DR1, DR2, DR3...).
Chaque individu possède 2 allèles de chacun de ces gènes (un sur chaque chromosome 6) et il transmet à chaque enfant soit l'un soit l'autre de ses deux chromosomes 6.
Il est donc possible d'estimer la probabilité pour des frères et sœurs d'être HLA identiques, HLA semi-identiques ou HLA totalement différents.

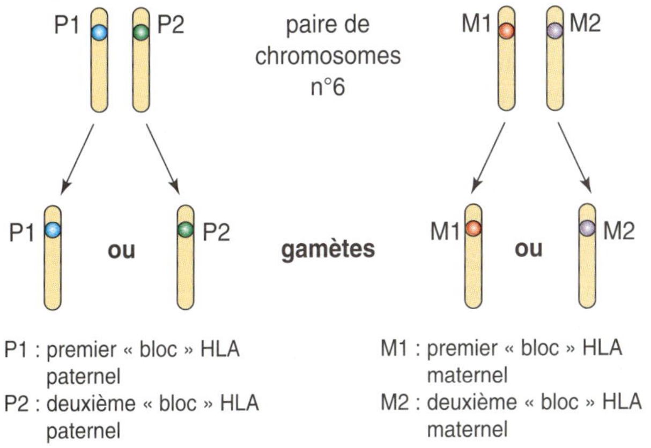

5 Les gènes HLA et leur transmission héréditaire.

Plusieurs gènes HLA ont été identifiés comme prédisposant au diabète du simple fait qu'ils sont beaucoup plus fréquents chez les diabétiques que dans la population non affectée par cette maladie. Les plus connus sont DR3 et DR4 : en effet, chez les européens à peau blanche, plus de 90 % des patients atteints d'un diabète de type 1 possèdent DR3 ou DR4 alors que dans la population saine, ce pourcentage n'est que de 40 à 50 %. La différence est encore plus spectaculaire si on considère la présence simultanée de DR3 et de DR4 : c'est le cas chez 30 à 50 % des diabétiques pour 6 % seulement de la population saine.

Risque de survenue d'un diabète de type 1 (DID)	
Jumeau vrai d'un DID	40 à 50 %
Jumeau vrai d'un DID avec gènes DR3 et DR4	70 %
Frère ou sœur d'un DID, HLA différent	1 %
Frère ou sœur d'un DID, HLA identique	15 %
Frère ou sœur d'un DID, HLA semi-différent	7 %

6 Gènes HLA et susceptibilité au diabète de type 1.

Pistes d'exploitation

1 - Doc 1 à 4 : Quelle information est en accord avec le fait que le caractère familial du diabète est beaucoup plus net pour la maladie de type 2 que pour la maladie de type 1 ?

2 - Doc 5 : Combien de génomes HLA différents peut-on observer chez les enfants d'un couple donné ? Estimez la probabilité pour deux enfants d'un couple d'être HLA identiques, HLA semi-identiques ou HLA différents.

3 - Doc 4 à 6 : Résumez les arguments qui montrent la responsabilité des gènes HLA dans la prédisposition au diabète de type 1.

L'origine complexe des diabètes

En France, environ 3,5 % de la population est atteinte de diabète sucré, c'est-à-dire présente une hyperglycémie chronique (glycémie à jeun supérieure à 1,26 $g.L^{-1}$). Le diabète correspond donc à une défaillance des mécanismes de régulation étudiés dans le chapitre précédent.

I Deux grands types de diabètes

Nous savons aujourd'hui que la cause du diabète est un échec de la régulation de la glycémie par l'insuline. Cette hormone peut échouer de deux façons : la quantité d'insuline produite par le pancréas est insuffisante et/ou les cellules de l'organisme chargées de capter et d'utiliser le glucose sanguin répondent mal à l'insuline.

• Le **diabète de type 1,** autrefois appelé diabète insulino-dépendant (ou encore diabète juvénile), s'installe le plus souvent de manière brutale chez l'enfant ou chez le jeune adulte. Il se caractérise par une émission d'urine excessive et une soif intense, un amaigrissement malgré une prise de nourriture abondante, une hyperglycémie supérieure à 2 $g.L^{-1}$.

Il est dû à une destruction totale des cellules β des îlots de Langerhans du pancréas, ce qui a comme conséquence une non production d'insuline.

• Le **diabète de type 2,** autrefois appelé diabète non insulino-dépendant (ou encore diabète de l'âge mûr), survient classiquement chez un adulte de plus de 40 ans présentant, dans 80 % des cas, une obésité ou du moins un excès pondéral notoire.

La production d'insuline par le pancréas, au moins au début de la maladie est normale (voire excessive). Ce diabète a comme cause principale une diminution de la sensibilité à l'insuline des cellules cibles de cette hormone.

II La part du génotype et la part de l'environnement

1• L'importance des études épidémiologiques

Le caractère « familial » du diabète est connu depuis longtemps, en particulier pour le diabète de type 2. Le génotype d'une personne pourrait donc favoriser l'apparition d'un diabète.

Pour démontrer l'existence d'une telle prédisposition génétique, il faut réaliser des études statistiques (que les médecins nomment épidémiologiques) de la probabilité d'apparition d'un diabète chez des personnes ayant en commun tout ou partie de leur génotype. Le cas le plus démonstratif est celui des vrais jumeaux qui partagent le même patrimoine génétique :

– si l'un des deux est atteint de diabète de type 1, l'autre n'a que 40 à 50 % de risque d'être lui-même atteint ;

– dans le cas du diabète de type 2, le risque d'être atteint pour le second grimpe à plus de 90 %.

Le génotype n'est donc pas seul en cause dans l'apparition d'un diabète (sinon, quand un vrai jumeau deviendrait diabétique, l'autre développerait obligatoirement la même maladie) : les facteurs de l'environnement jouent également un rôle dans le déclenchement d'un diabète.

2• Les gènes de prédisposition

De nombreuses études de biologie moléculaire sont menées actuellement pour rechercher les gènes de prédisposition aux diabètes.

Pour le diabète de type 2, ces gènes semblent être très nombreux et la liste s'allonge chaque année.

Pour le diabète de type 1, plusieurs gènes de prédisposition ont également été identifiés. Parmi eux, certains semblent jouer un rôle important : ce sont les gènes DR3 et DR4 du complexe HLA.

Plus de 90 % des patients atteints d'un diabète de type 1 possèdent DR3 ou DR4 alors que dans la population saine, ce pourcentage n'est que de 40 à 50 %. La différence est encore plus spectaculaire si on considère la présence simultanée de DR3 et de DR4 : c'est le cas chez 30 à 50 % des diabétiques contre 6 % seulement de la population saine.

3• Les facteurs de l'environnement

Des études épidémiologiques de grande ampleur sont actuellement menées un peu partout dans le monde, notamment dans les populations présentant un fort pourcentage de diabétiques (indiens Pima d'Amérique, mais aussi habitants de la Sardaigne, de la Finlande...).

Pour le diabète de type 1, ces études devraient permettre de vérifier si certains facteurs environnementaux encore hypothétiques (virus, substances alimentaires comme les protéines du lait de vache, etc.) sont réellement en cause dans le déclenchement de la maladie.

Pour le diabète de type 2, il a déjà été prouvé que l'état nutritionnel (obésité) et le comportement (sédentarité) sont fortement en cause dans l'apparition de la maladie.

Schéma-bilan

DEUX GRANDS TYPES DE DIABÈTE

Diabète = hyperglycémie chronique

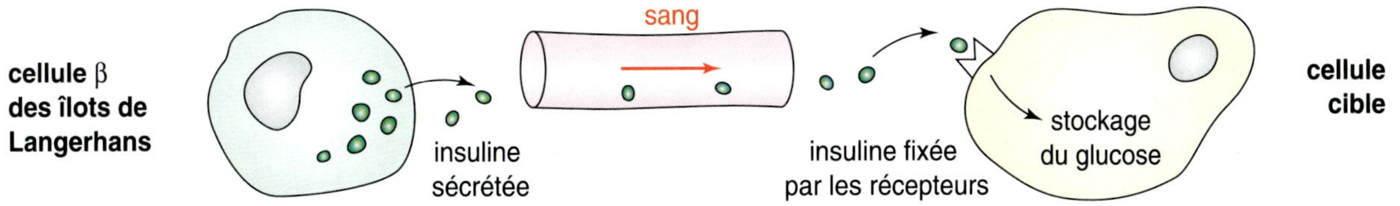

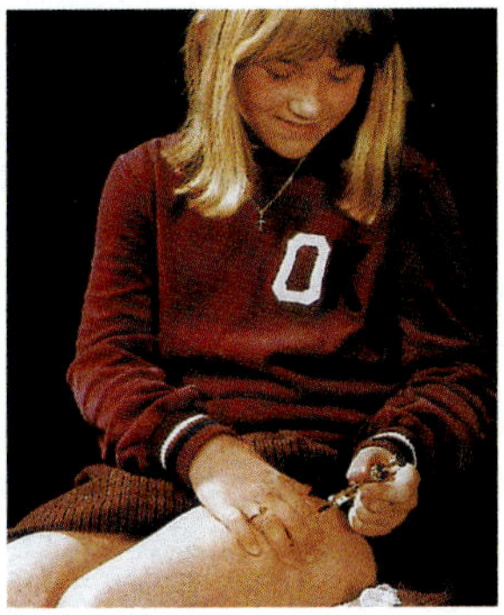

Diabète de type 1

origine : destruction des cellules β
→ non sécrétion d'insuline

Diabète de type 2

origine principale : insensibilité des cellules cibles à l'insuline

PRÉDISPOSITION GÉNÉTIQUE ET ENVIRONNEMENT

Diabète de type 1

Si l'un des jumeaux est atteint, 45 à 50 % de risques pour le second d'être atteint.

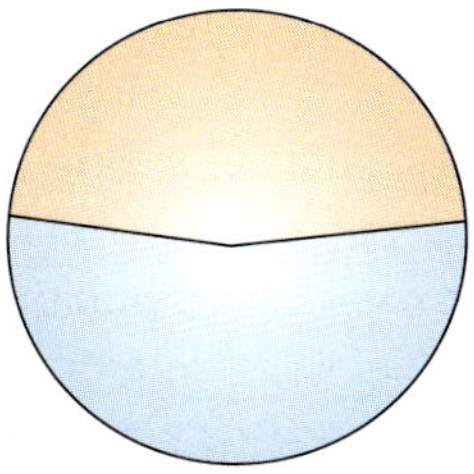

La part des gènes et la part de l'environnement

Diabète de type 2

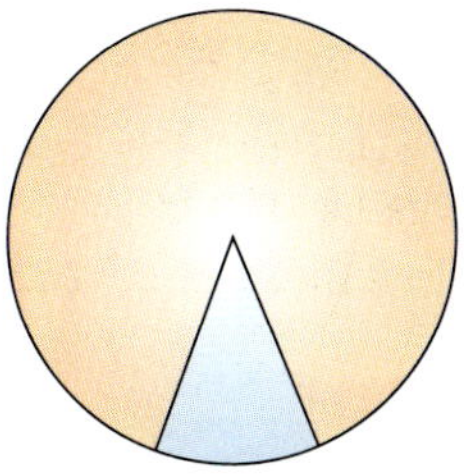

Si l'un des jumeaux est atteint, plus de 90 % de risques pour le second d'être atteint.

gènes HLA DR3 et DR4 (et d'autres moins connus)	**Les gènes de prédisposition**	Nombreux gènes encore mal connus
Stress ? virus ? Comportement alimentaire	**Les facteurs de l'environnement**	État nutritionnel (obésité) Sédentarité

A De multiples complications.

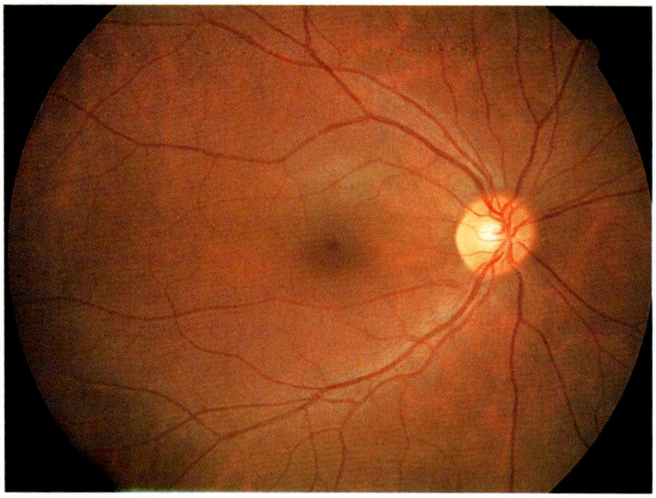

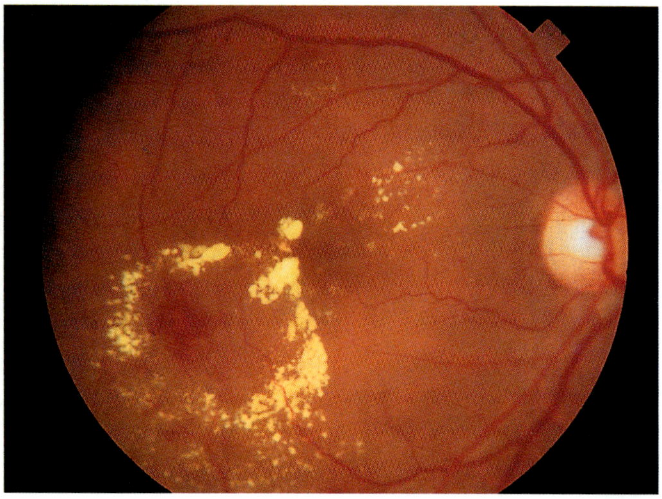

Ce trouble est lié à l'excès de sucre dans le sang qui altère la paroi des vaisseaux. Alors que les petits vaisseaux sanguins de la rétine sont normalement étanches, leur paroi devient perméable chez les diabétiques : du plasma ou du sang s'en échappe et perturbe le fonctionnement rétinien.

Les conséquences sont particulièrement graves si la zone centrale (ou macula) est touchée : c'est en effet cette zone qui permet la vision précise et son atteinte entraîne une baisse de l'acuité visuelle.

A un stade plus avancé, certains capillaires se ferment, et de nouveaux vaisseaux, malheureusement perméables, se forment ; les fuites de liquide s'intensifient. Enfin, hémorragies et œdèmes se multiplient et des décollements de rétine finissent par entraîner la cécité.

Le traitement de cette affection a été révolutionné par la technique de photocoagulation au laser. Toutefois, un dépistage précoce de la maladie et une surveillance attentive sont indispensables pour préserver le plus longtemps possible la vue des malades.

1 La rétinopathie diabétique.

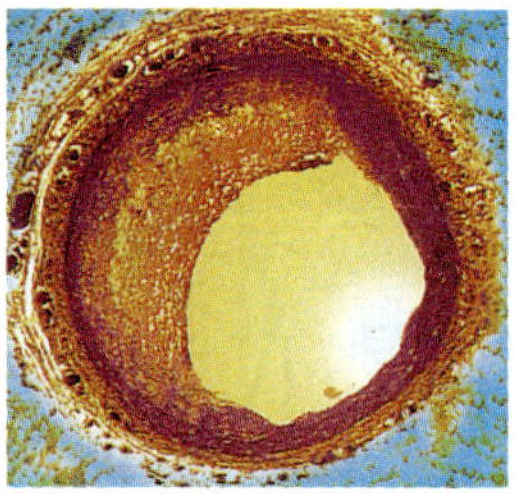

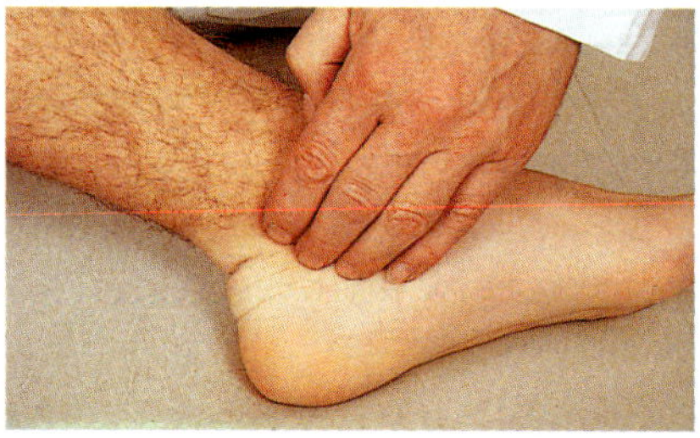

On observe aussi des atteintes des gros vaisseaux, en particulier des artères des membres inférieurs et des artères coronaires. Ces atteintes correspondent essentiellement à la formation de plaques d'athéromes dans les parois artérielles (photo), ce qui va ralentir la circulation sanguine dans un premier temps, obstruer éventuellement l'artère suite à la formation d'un caillot sanguin au contact de la plaque.

Au niveau du membre inférieur, cette artérite entraîne une mauvaise irrigation du pied, d'où de multiples complications pouvant aller jusqu'à la gangrène : c'est pourquoi le médecin contrôle systématiquement la circulation artérielle au niveau des chevilles d'un diabétique (photo).

Au niveau du cœur, l'obstruction d'une artère coronaire prive d'irrigation une partie du myocarde qui est alors détruite : c'est l'infarctus du myocarde.

75 % des diabétiques décèdent des suites d'un accident vasculaire, au premier rang desquels l'infarctus du myocarde, responsable de 50 % des décès.

2 Des complications cardiovasculaires.

les traitements du diabète

B Les traitements.

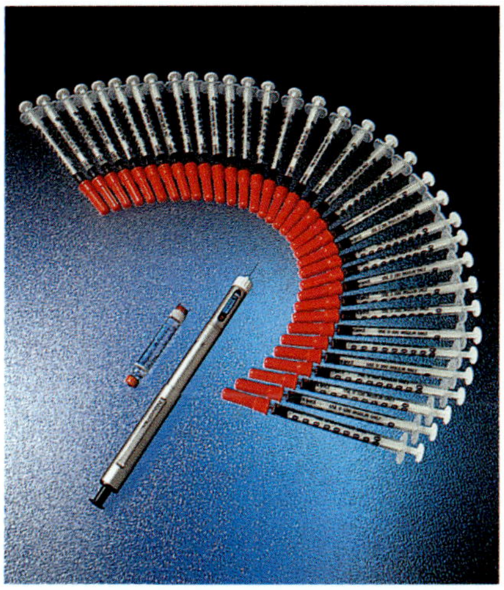

- **Le traitement du diabète de type 1** nécessite plusieurs injections quotidiennes d'insuline. Le malade apprend à adapter les doses qu'il s'administre en fonction de son alimentation d'une part, de son activité physique d'autre part. Il existe des stylos injecteurs d'insuline qui possèdent un réservoir d'insuline.

Une alternative aux piqûres existe déjà : il s'agit d'injecteurs sans aiguille, ayant eux aussi la forme d'un stylo et qui pulvérisent l'insuline sous pression à travers la peau.

- **Le traitement du diabète de type 2** repose pour beaucoup sur la modification des habitudes alimentaires (alimentation équilibrée, peu calorique, prises à heures régulières...) et sur la pratique d'une activité physique.

Au début de la maladie au moins, ces malades n'utilisent pas d'insuline mais des antidiabétiques pris par voie orale et destinés à faire baisser la glycémie surtout après les repas.

3 Les traitements classiques des diabètes de type 1 et des diabètes de type 2.

L'avenir du traitement du **diabète de type 1** (mais aussi du **diabète de type 2**) passe sans doute par l'implantation dans l'organisme du malade de « systèmes » ou de cellules délivrant automatiquement l'insuline.

- **Les pompes à insuline autonomes.**

Des pompes à insuline non autonomes existent depuis plus de 20 ans. D'abord externes (portées à la ceinture et reliées à une aiguille implantée à demeure), elles sont actuellement implantables sous la peau. Ces pompes délivrent de l'insuline mais c'est le malade qui programme la dose à diffuser pendant un temps donné. Des chercheurs travaillent actuellement à les rendre totalement autonomes, c'est-à-dire à les munir d'un capteur mesurant la glycémie et d'un système automatique adaptant le débit d'insuline à cette valeur mesurée de la glycémie.

- **Les greffes d'îlots de Langerhans.**

Des îlots de Langerhans isolés à partir de pancréas de donneurs en état de mort clinique ont déjà été greffés à des receveurs diabétiques. Cependant, cette greffe se heurte à des obstacles liés au nombre restreint de donneurs potentiels et aux problèmes immunitaires de rejet. On s'oriente actuellement vers l'utilisation d'îlots de porc : pour que ceux-ci ne soient pas rejetés, on envisage de les « encapsuler » dans des membranes ou des fibres uniquement perméables au glucose et à l'insuline.

Des techniques encore plus « futuristes » sont imaginées :

– modifier génétiquement des porcs pour que leurs organes soient acceptés par le système immunitaire humain ;

– transformer génétiquement des cellules humaines (de foie par exemple), pour leur faire produire de l'insuline.

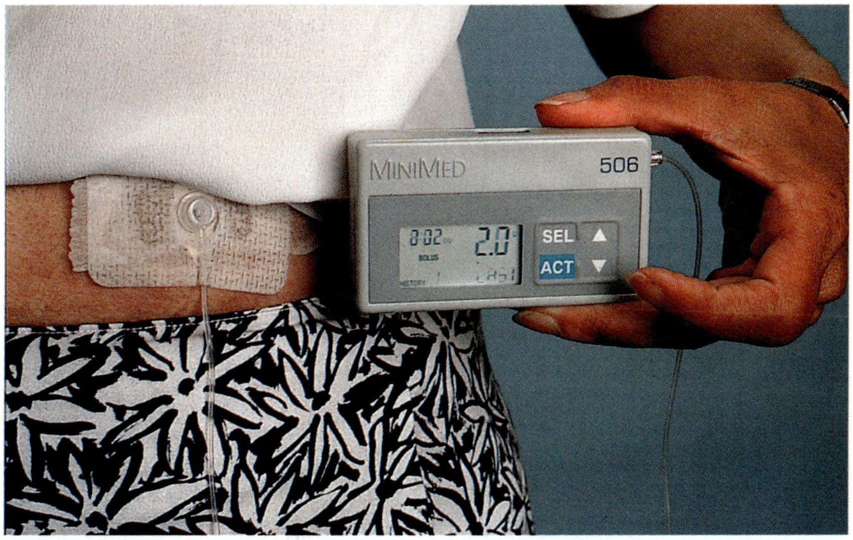

4 Des traitements pour demain ou après-demain.

TESTER SES CONNAISSANCES

A. Définissez les mots ou expressions :

Diabète sucré, hyperglycémie chronique, diabète de type 1, diabète de type 2, insulinémie, facteur de risque, gènes HLA DR3 ou DR4, obésité.

B. Vrai ou faux ?

Repérez les affirmations exactes. Corrigez ensuite les affirmations inexactes.

a. Chez un sujet diabétique non traité, la glycémie subit des variations très importantes, depuis une hyperglycémie supérieure à 2 g/L jusqu'à une nette hypoglycémie.

b. Le diabète de type 1 est qualifié d'insulinodépendant car il est causé par un excès de sécrétion d'insuline.

c. Le diabète de type 2, fréquemment associé à une surcharge pondérale, est également lié à un risque génétique remarquable.

d. La destruction prématurée des îlots de Langerhans chez les diabétiques de type 1 est le résultat d'une maladie auto-immune (les cellules sont attaquées par le propre système immunitaire du sujet).

e. Dans un diabète de type 2, les cellules cibles réagissent de façon excessive à l'insuline.

f. Lors d'une courte période de jeûne, la glycémie d'un sujet diabétique s'effondre car la régulation de ce paramètre est défaillante.

C. Exprimez des idées importantes...

... en rédigeant une ou deux phrases utilisant chaque groupe de trois mots ou expressions pris dans cet ordre ou dans un ordre différent.

a. Hyperglycémie, diabète sucré, régulation.

b. Diabète de type 1, déficit d'insuline, cellules β.

c. Diabète de type 2, facteur familial, obésité.

d. Diabète de type 2, sensibilité des cellules cibles, insuline.

e. Gènes HLA, facteur de risque, diabète de type 1.

D. Elaborez un résumé scientifique.

Sujet 1.

Exposez les différences entre diabète de type 1 et diabète de type 2 : origine, facteurs de risque, âge de survenue, etc.

Sujet 2.

Expliquez comment on peut faire la part de la prédisposition génétique et des facteurs environnementaux dans les risques de survenue d'un diabète.

UTILISER DES CONNAISSANCES ET DES MÉTHODES

1 Obésité et diabète de type 2.

Nous avons vu dans le chapitre que l'obésité est un facteur de prédisposition au diabète de type 2. Le paramètre le plus utilisé pour apprécier le degré d'obésité d'une personne est l'indice de masse corporelle ou **IMC** (rappel : IMC = $\mathbf{m/t^2}$, avec **m** = masse en kg et **t** = taille en m). Un autre paramètre, qui précise le précédent, semble également jouer un rôle : c'est la répartition corporelle de la graisse que l'on caractérise par le rapport taille / hanche (RTH), c'est-à-dire le rapport entre tour de taille et tour de hanche.
Le graphique traduit les résultats d'une étude menée en Suède sur une population d'hommes qui a été suivie pendant plus de 13 ans. Le graphique indique le pourcentage d'hommes qui ont développé un diabète en fonction de leur IMC et de leur RTH en début de période d'observation.

Pour chacun des deux paramètres, la population étudiée a été divisée en trois sous-effectifs égaux :

I = sous - effectif chez lequel le paramètre a les valeurs les plus faibles ;
II = sous - effectif chez lequel le paramètre a les valeurs intermédiaires ;
III = sous - effectif chez lequel le paramètre a les valeurs les plus élevées.
Au total, 9 groupes numériquement égaux ont donc été définis en début d'étude.

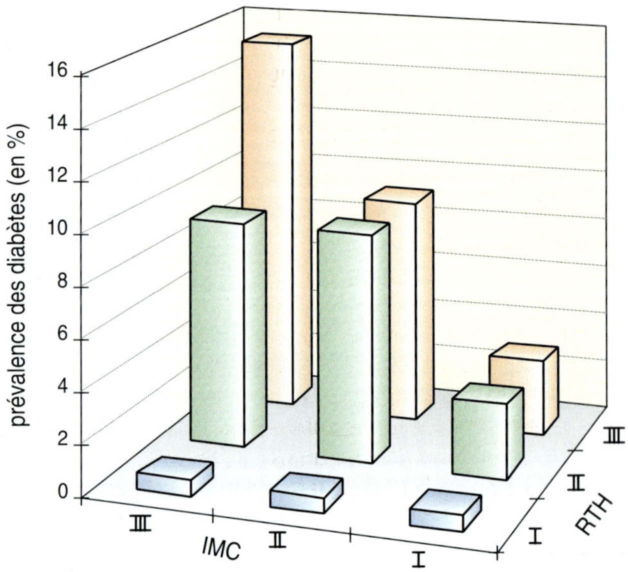

Questions (Analyser un graphique)

a. Quelle conclusion générale pouvez-vous tirer de cette étude ?

b. Quel facteur de prédisposition (IMC ou RTH) vous semble le plus important ?

2 Une « démonstration » de l'importance des facteurs génétiques.

Pendant des siècles et des siècles, la communauté Pima est restée séparée génétiquement des populations voisines, ce qui explique son homogénéité génétique actuelle. A une époque récente, les choses ont changé : de nombreux mariages « mixtes » sont intervenus entre Pimas et non-Pimas. On a recherché la prévalence du diabète (le pourcentage d'individus atteints) dans trois populations ainsi définies :

- indiens Pimas,
- population nord-américaine (non-Pima),
- individus de la première génération issue de mariages entre un sujet Pima et un non-Pima.

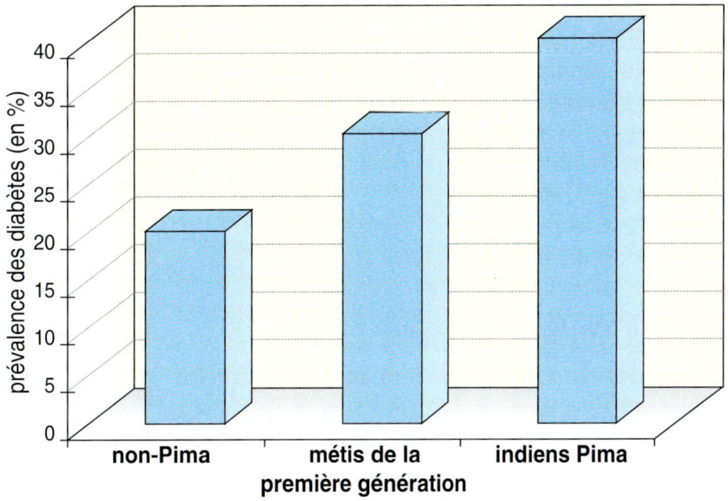

Question (Analyser un graphique)

Expliquez comment ces résultats confirment l'existence de facteurs génétiques de prédisposition au diabète.

3 Un traitement prometteur des diabètes de type 1.

Récemment, une nouvelle technique destinée à des malades souffrant d'un diabète de type 1 (ou insulino-dépendant) instable et avec des complications sévères a été expérimentée au Centre Hospitalier Universitaire de Montpellier. Elle consiste à implanter une sorte de pancréas artificiel constitué d'une pompe délivrant de l'insuline et d'un détecteur de glucose qui permet de réguler automatiquement le débit de l'hormone injectée dans le sang (sans que le malade soit obligé de contrôler fréquemment sa glycémie en se piquant au bout des doigts pour obtenir une goutte de sang).

Comment fonctionne le dispositif ? « *Implanté dans le cou au niveau de la veine jugulaire du patient, un détecteur de sucre est relié par un câble de la taille d'un spaghetti,* décrit le Pr Eric Renard, diabétologue au CHU de Montpellier, *à une pompe à insuline placée dans l'abdomen du patient.* » De la taille d'un palet de hockey, la pompe est équipée d'une pile dont la durée de vie est estimée à 10 ans. Quant au réservoir d'insuline, il a été conçu pour être rempli tous les trois mois. Le détecteur de sucre est le point délicat du système : une fois implanté dans la circulation sanguine, l'objet entraînait jusque là une réaction de l'organisme aboutissant à la formation de fibres autour de l'appareil. La mesure de la glycémie était alors faussée.

L'appareillage implanté par les endocrinologues Montpelliérains, appelé Sensor, est fait de matériaux parfaitement tolérés par l'organisme. Il a été conçu par des bio-électroniciens du Medical Research Group (MRG), filiale de recherche de la société Minimed. C'est véritablement le premier système capable d'évaluer en continu la glycémie et, dès lors, de commander directement la pompe sans l'intermédiaire du patient.

Les spécialistes pensent que, d'ici à cinq ans, cet authentique pancréas artificiel révolutionnera la prise en charge du diabète insulino-dépendant.

Pour l'heure, son expérimentation en est encore au stade de la recherche, tempère le Pr Renard. « *Dans un premier temps, nous allons évaluer la fiabilité du système, en particulier la durée de vie du détecteur. Normalement elle est prévue pour deux ans* ».

Actuellement, pour les besoins de l'essai, le système ne fonctionne pas encore de façon automatique. Les données sont transmises par télémétrie à travers la peau du patient à l'ordinateur du médecin. Mais le Pr Renard est confiant : « *Le système en boucle fermée a déjà été expérimenté sur des chiens diabétiques et il s'est révélé performant* ».

L'essai prévoit maintenant l'implantation du dispositif chez cinquante patients, dont dix à Montpellier et les quarante autres aux Etats-Unis, où l'administration américaine (FDA) vient de donner son feu vert.

Adapté d'après un article de Corinne Pezard, publié sur medisite.fr, le 15 nov. 2000

Question 1 (Appliquer ses connaissances)

Expliquez le principe suivant lequel le fonctionnement de la pompe à insuline est régulé d'après les données transmises par le capteur de glycémie.

Question 2 (Dégager les informations utiles)

D'après les informations disponibles ici, repérez les avantages de ce système par rapport au traitement « classique » imposant injections fréquentes et auto-surveillance par le malade.

4 Diabète, gènes et environnement.

Une des nombreuses études épidémiologiques menées chez les indiens Pima a consisté à mesurer l'incidence du diabète dans cette communauté (c'est-à-dire le nombre de cas nouveaux constatés chaque année pour une population de 1000 personnes). Ces cas ont été classés suivant deux critères :
- l'indice de masse corporelle des sujets d'une part (voir exercice 1, p. 170),
- le « statut diabétique » des parents (nombre de parents eux-mêmes diabétiques) d'autre part.

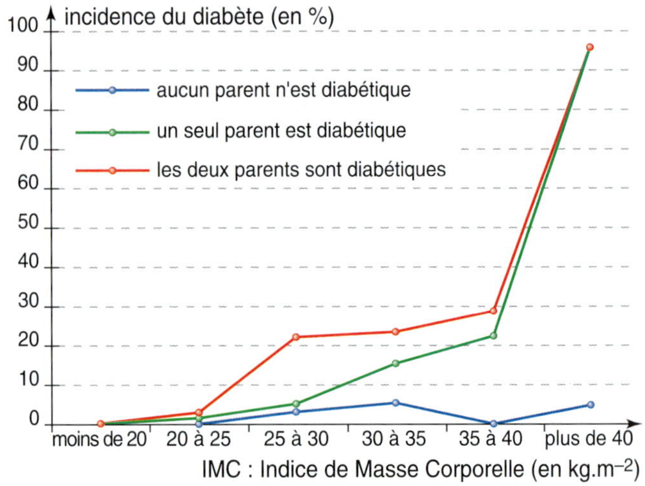

Question 1 (Analyser un graphique)

a. Quelle est l'influence de l'hérédité chez les sujets maigres ?

b. Quelle est l'influence de la masse corporelle chez les sujets sans prédisposition génétique ?

Question 2 (Rédiger une conclusion)

Proposez une conclusion d'ensemble à cette étude.

5 D'autres études épidémiologiques chez les indiens Pima.

Les graphiques résument les résultats de deux études épidémiologiques réalisées chez les indiens Pima des Etats-Unis, communauté chez laquelle la fréquence des diabètes de type 2 est particulièrement élevée.

Le graphique **a** indique, pour quatre tranches d'âges, la « prévalence » du diabète (c'est-à-dire le pourcentage d'individus atteints dans chacune de ces tranches) selon l'état diabétique ou non de leurs parents.

Le graphique **b** indique, en %, la probabilité de survenue d'un diabète de type 2 chez les indiens Pima (quel que soit leur âge) en fonction de leur poids de naissance d'une part, de la façon dont ils ont été nourris (au sein ou au biberon) quand ils étaient bébés d'autre part.

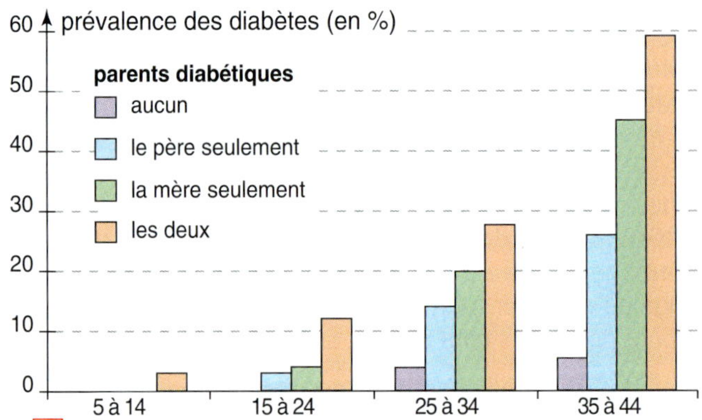

a

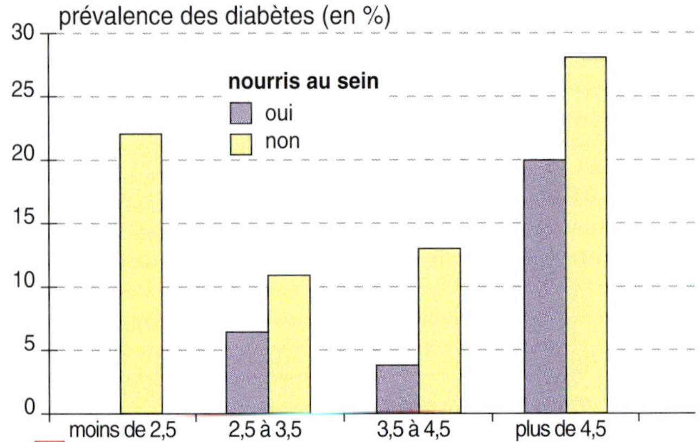

b

Questions (Analyser un graphique)

a. Quelle précision apporte l'étude traduite par le graphique a par rapport aux données de l'exercice 4 ?

b. Exprimez en quelques phrases concises les conclusions que vous pouvez tirer de l'étude épidémiologique traduite par le graphique b.

Le fonctionnement du système nerveux

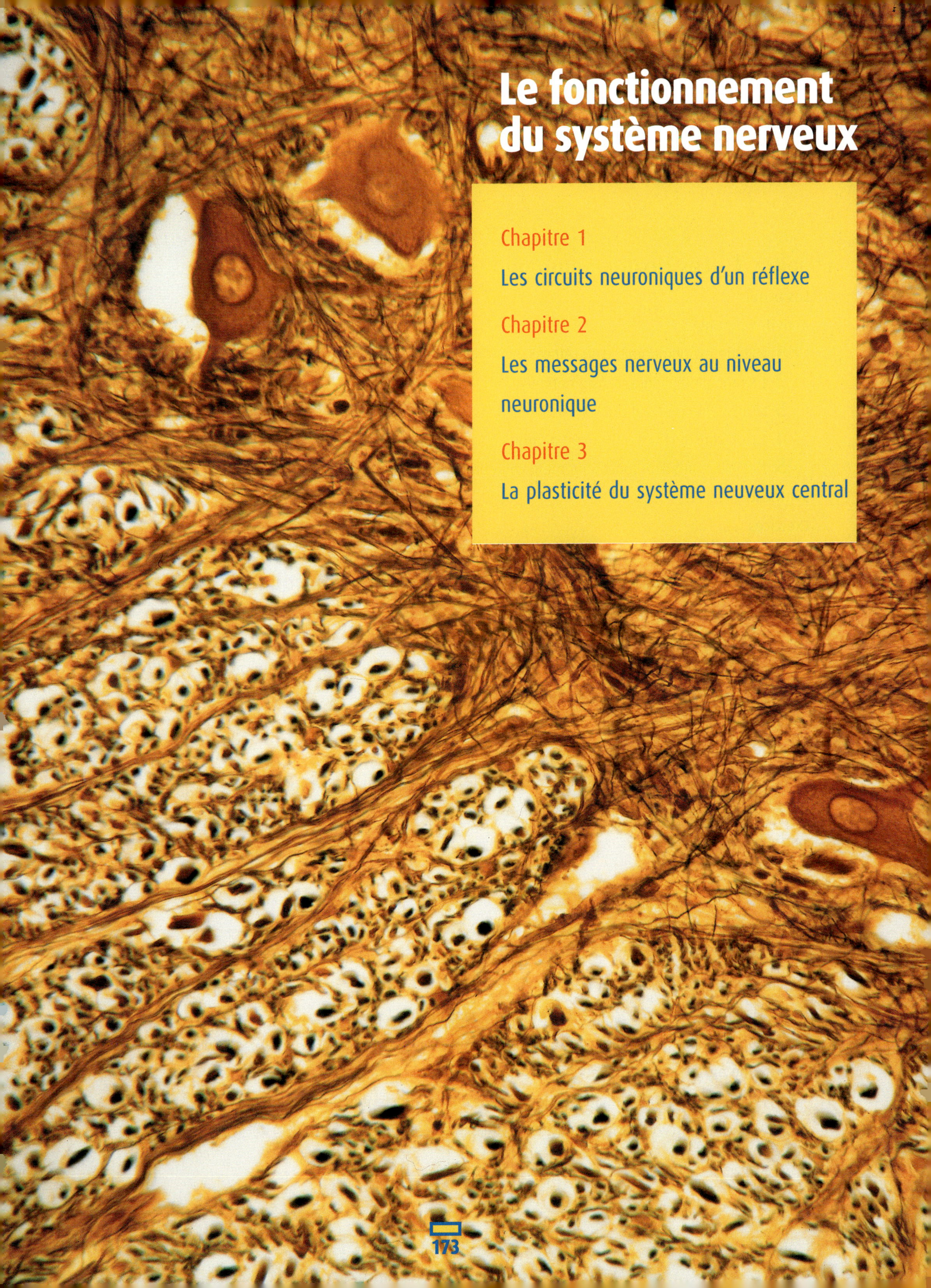

Le fonctionnement du système nerveux

Le fonctionnement du système nerveux

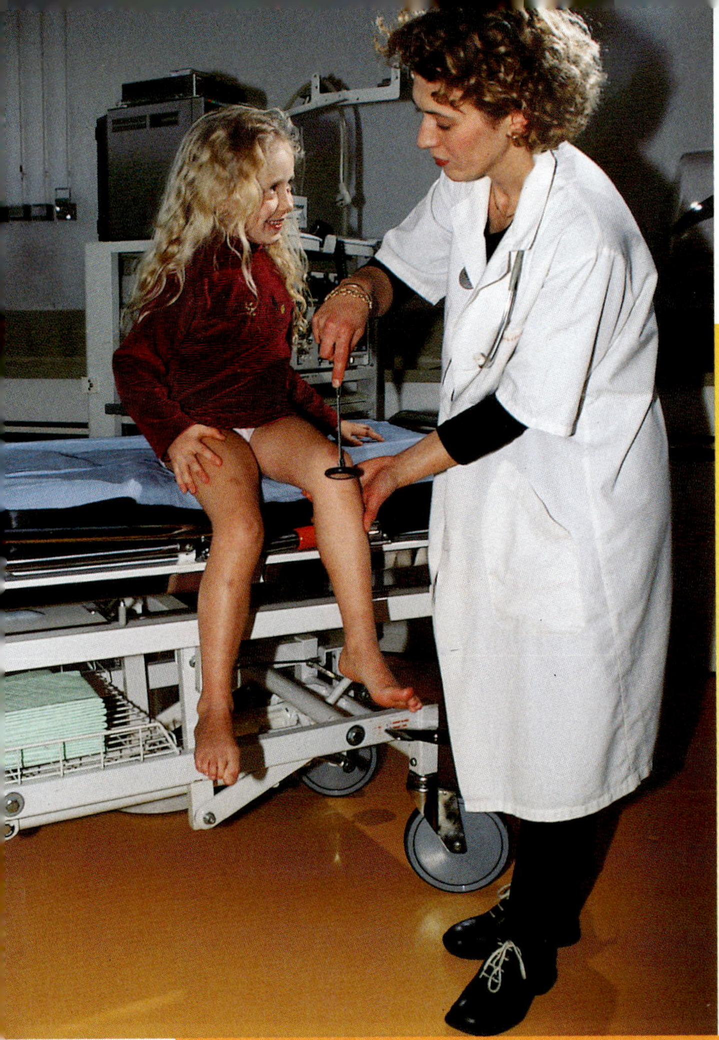

Chapitre 1

Les circuits neuroniques d'un réflexe

Depuis la classe de Troisième, vous connaissez l'organisation générale des circuits nerveux à l'origine des différentes réactions comportementales. L'objet de ce chapitre est de préciser cette organisation dans le cas d'une réaction réflexe, c'est-à-dire d'une réaction involontaire et stéréotypée, déclenchée par une stimulation provenant de l'environnement.

Photographie : l'exploration du réflexe rotulien.

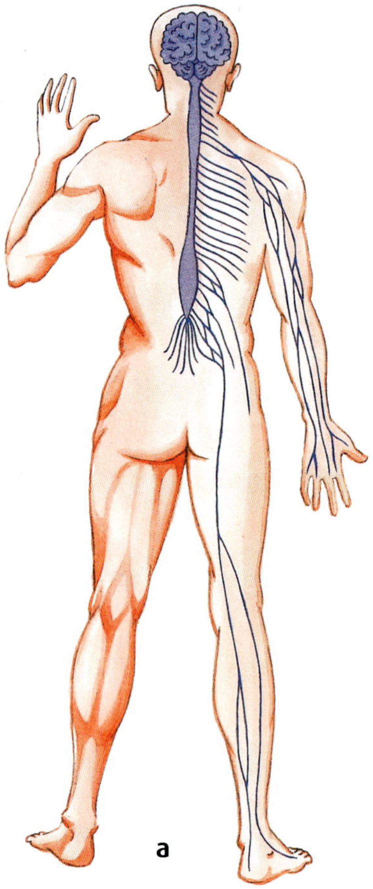

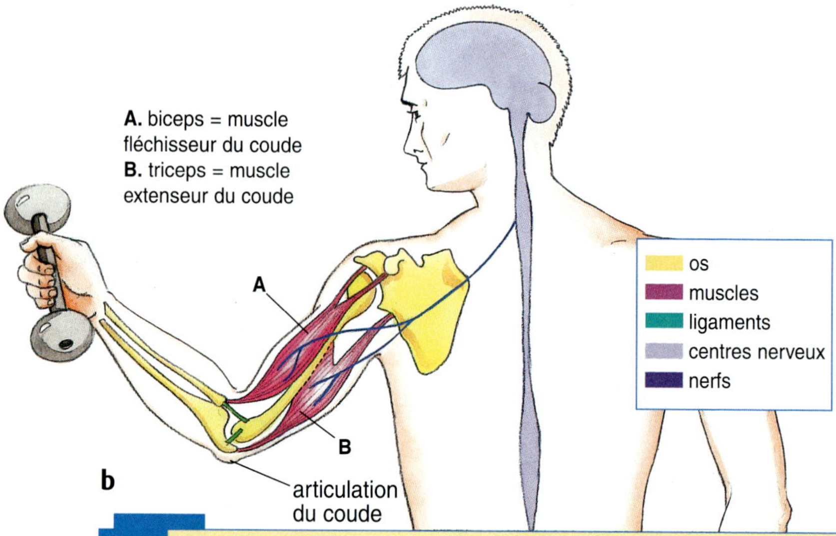

1 **a** – Organisation générale du système nerveux de l'homme. Nommez et localisez les centres nerveux. **b** – La commande nerveuse d'un mouvement volontaire. Pourquoi dit-on que le biceps et le triceps sont des muscles antagonistes ?

2 Les stimulations en provenance de l'environnement sont captées par nos organes des sens : quels sont-ils ?

3 Ce joueur reçoit le ballon d'un coéquipier : faites un schéma du circuit nerveux qui va lui permettre de frapper ce ballon avec le pied.

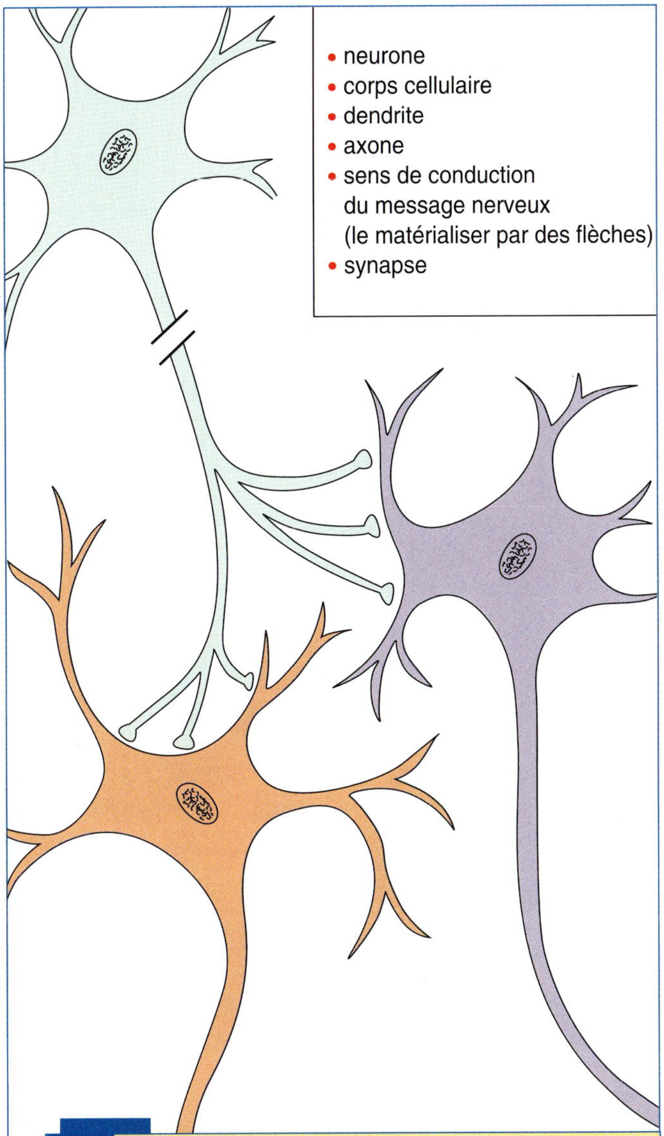

4 Placez correctement sur ce schéma les légendes figurant dans l'encadré.

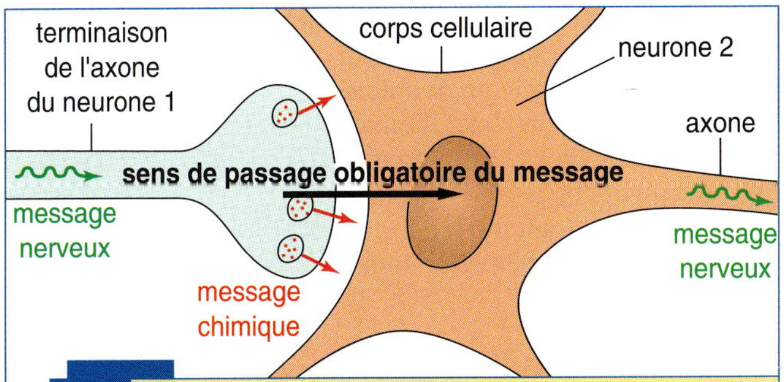

5 Que savez-vous de la transmission du message nerveux d'une cellule à l'autre au niveau d'une synapse ?

Les acquis en quelques lignes

• Le système nerveux de l'homme est constitué de centres nerveux (cerveau et moelle épinière) et de nerfs reliant ces centres à la périphérie (les nerfs rattachés à la moelle sont appelés nerfs rachidiens).

• Les contractions musculaires sont commandées par des messages en provenance des centres nerveux et transmis par les nerfs.

• Grâce aux organes des sens, l'organisme capte en permanence des informations en provenance de son environnement, informations transmises aux centres sous forme de messages nerveux.

• Le fonctionnement du système nerveux repose sur la circulation de signaux dans un réseau complexe de neurones.

• Le transfert de l'information d'une cellule à l'autre se fait par l'intermédiaire de messagers chimiques au niveau de dispositifs spécialisés, les synapses.

Des nouveaux problèmes à résoudre

• Certaines réactions à des stimulations de l'environnement sont des réflexes. De quoi s'agit-il ? Comment peut-on étudier expérimentalement de telles réactions ?

• Quels sont les différents organes indispensables à la réalisation du réflexe ?

• Quels sont les circuits neuroniques mobilisés au cours d'une telle réaction ?

• Quel est le rôle du centre nerveux réflexe, en particulier dans la coordination des muscles nécessaires à la réalisation du mouvement ?

ACTIVITÉS pratiques 1

Etude expérimentale d'un réflexe

Le maintien de la posture, de la position debout par exemple, nécessite en permanence des contractions musculaires coordonnées. Pour la plupart, ces contractions sont involontaires et font intervenir un mécanisme appelé réflexe myotatique*.

- De quoi s'agit-il ? Comment peut-on l'enregistrer ?
- Quelles sont les caractéristiques de ce réflexe ?

A Le protocole expérimental.

QU'EST-CE QU'UN RÉFLEXE MYOTATIQUE ?

Le réflexe myotatique se définit comme la contraction automatique d'un muscle en réponse à son propre étirement. C'est ce type de réflexe qui est déclenché par le médecin lorsqu'il frappe un coup sec sur un tendon musculaire, étirant ainsi le muscle qui se contracte brutalement.

Deux réflexes myotatiques sont couramment « explorés » en clinique humaine :
– le **réflexe rotulien**, déclenché par la percussion du tendon situé sous la rotule, et qui se traduit par une extension rapide de la jambe ;
– le **réflexe achilléen**, provoqué par un coup porté sur le tendon d'Achille, ce qui déclenche une extension du pied.

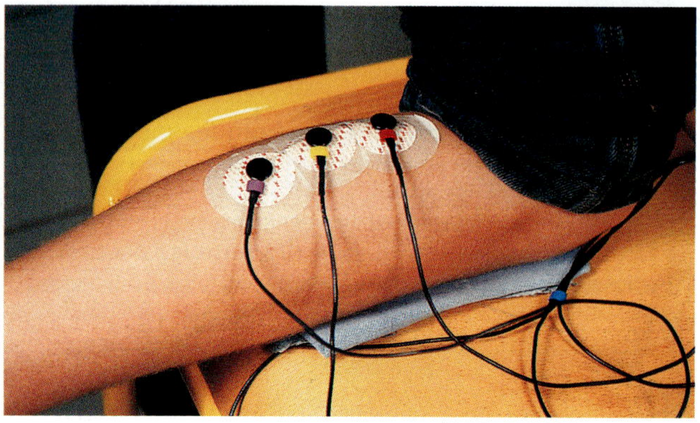

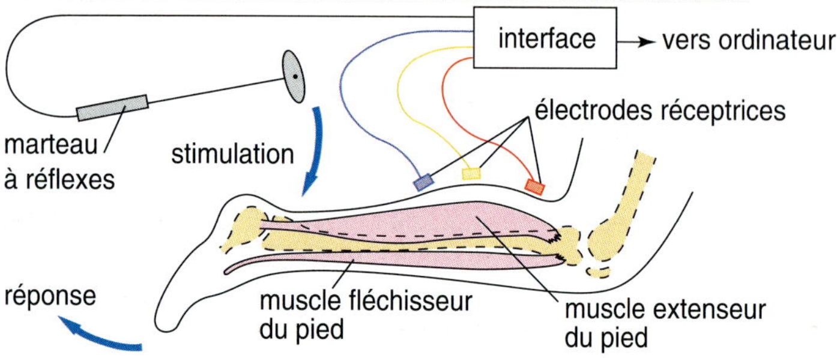

- **Principe de l'enregistrement**

Un muscle qui se contracte est le siège d'une activité électrique dont l'importance est d'autant plus grande que la contraction musculaire est intense. A l'aide d'électrodes réceptrices et d'un système d'amplification, il est possible d'explorer cette activité : c'est l'électromyographie. Les tracés obtenus, appelés électromyogrammes (en abrégé EMG*), traduisent donc sous forme graphique l'activité des muscles.

- **Protocole d'enregistrement**

Des électrodes réceptrices sont placées sur le muscle du mollet comme indiqué sur le schéma. Le réflexe est déclenché à l'aide du marteau qui, connecté au dispositif d'ExAO, joue un double rôle :
– à l'instant du choc, il envoie un signal électrique qui déclenche la prise des données puis leur traitement par l'ordinateur ;
– en percutant le tendon d'Achille, il provoque la contraction réflexe des muscles extenseurs du pied.

1 A l'aide d'un dispositif d'ExAO, on peut réaliser une étude expérimentale du réflexe achilléen choisi ici comme exemple de réflexe myotatique.

B Quelques enregistrements.

Sur l'écran ci-contre, trois électromyogrammes successifs (rouge, jaune et vert) correspondant au réflexe achilléen d'un élève ont été superposés. Dans les trois cas, l'intensité du choc, relativement importante, est restée sensiblement la même.
La prise de mesures étant déclenchée par le marteau à réflexes, l'instant précis du choc correspond au zéro de l'axe des abscisses. Il est le même pour les trois enregistrements.

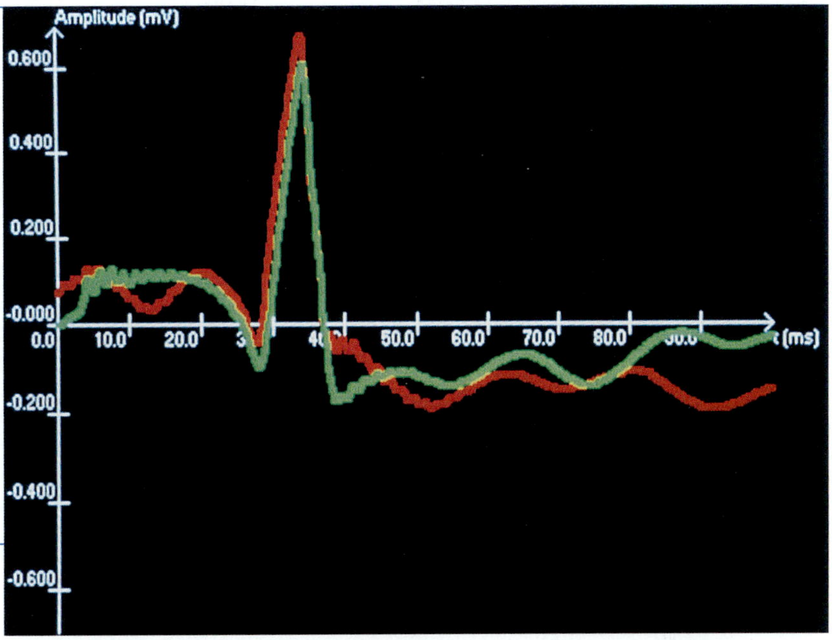

2 **Enregistrement du réflexe achilléen chez un élève : trois enregistrements successifs ont été réalisés puis superposés à l'écran.** ▶

Trois électromyogrammes correspondant à trois réponses réflexes chez le même élève ont été superposés à l'écran. Dans les trois cas, l'instant du choc est le même. Seule varie l'intensité du choc porté à l'aide du marteau :
– courbe rouge : faible intensité ;
– courbe jaune : intensité moyenne ;
– courbe verte : forte intensité.

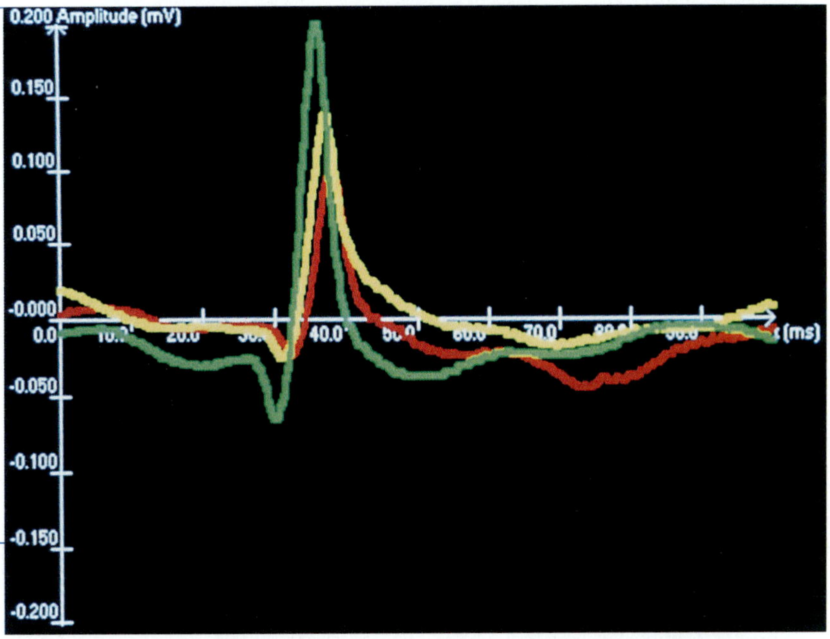

3 **Enregistrement du réflexe achilléen chez un élève pour trois chocs d'intensité différente.** ▶

Lexique

- **Réflexe myotatique :** contraction réflexe d'un muscle déclenchée par son propre étirement.
- **EMG (électromyogramme) :** enregistrement, grâce à des électrodes placées sur la peau, de l'activité électrique du ou des muscles situés sous les électrodes.

Pistes d'exploitation

1 - Doc 1 et 2 : Quel délai y a-t-il entre l'instant du choc et celui de la réponse musculaire ? Sachant que les contractions musculaires sont déclenchées par des messages nerveux en provenance de la moelle épinière (et non directement par l'étirement du tendon), formulez des hypothèses sur l'origine et le trajet du message nerveux responsable de la réponse réflexe observée.

2 - Bilan : Utilisez l'ensemble des documents pour montrer que la réponse réflexe est une réponse involontaire, stéréotypée et adaptée à l'intensité du stimulus.

ACTIVITÉS pratiques 2

La moelle épinière, centre nerveux

Déjà envisagée au cours de l'étude précédente, la nécessité de la moelle épinière pour la réalisation du réflexe peut être mise en évidence grâce à des expériences ou des constatations médicales.

- Quelle est l'organisation de ce centre nerveux ?
- Par où arrivent et repartent les messages ?

A L'observation d'une coupe transversale de moelle épinière.

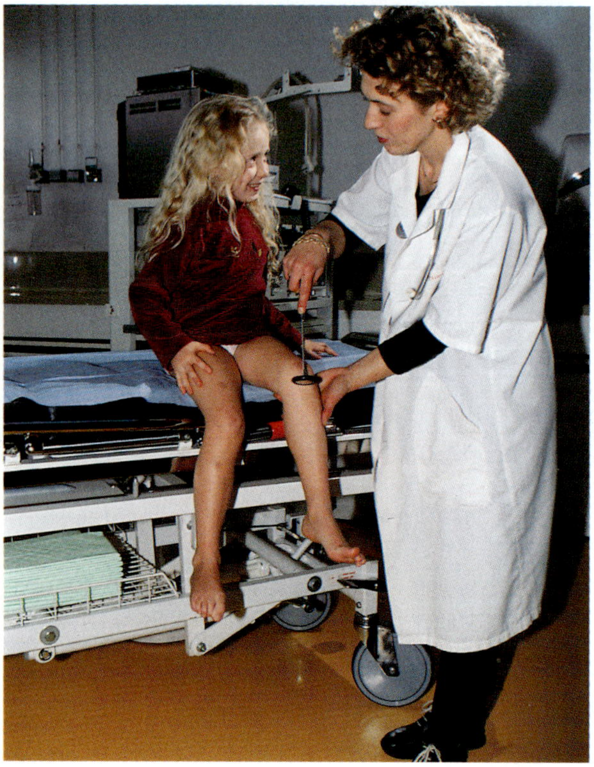

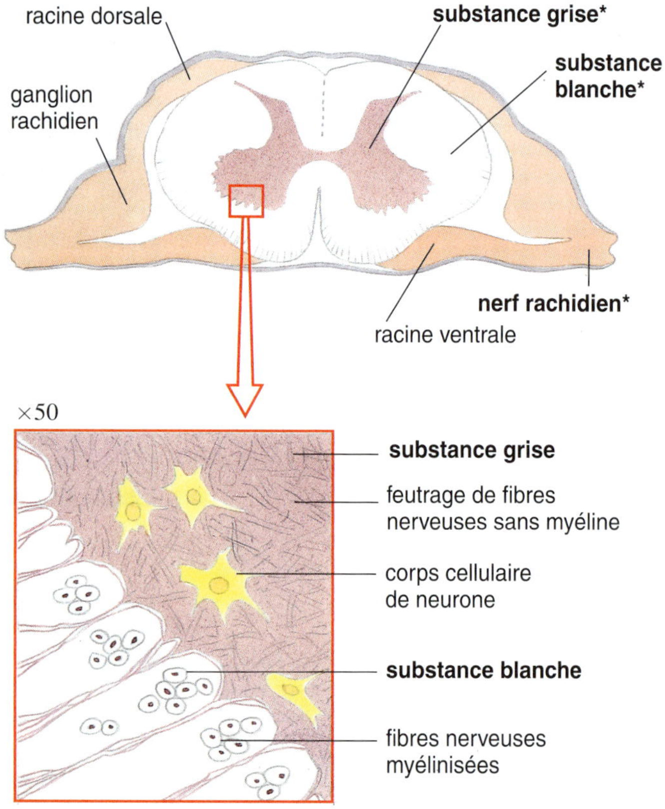

1 Chez l'homme, la moelle épinière est un centre nerveux très allongé contenu dans le canal vertébral. Elle est longue de 42 à 45 cm pour un diamètre de 1,8 cm environ.

B La mise en évidence d'un circuit réflexe.

En 1822, dans son « Journal de physiologie expérimentale », Magendie relate ainsi ses expériences :

« Depuis longtemps, je désirais faire une expérience dans laquelle je couperais sur un animal les racines postérieures des nerfs qui naissent de la moelle épinière....

*... J'eus alors sous les yeux les racines postérieures des paires lombaires et sacrées et, en les soulevant successivement avec les lames de petits ciseaux, je pus les couper d'un côté, la moelle restant intacte. J'ignorais quel serait le résultat de cette tentative... et j'observais l'animal ; je crus d'abord le membre correspondant aux nerfs coupés entièrement paralysé ; il était insensible aux piqûres et aux pressions les plus fortes ; il me paraissait immobile, mais bientôt, à ma grande surprise, je le vis se mouvoir d'une manière très apparente, bien que la sensibilité y fut toujours tout à fait éteinte. Une seconde, une troisième expérience me donnèrent exactement le même résultat... Il se présentait naturellement à l'esprit de couper les racines antérieures en laissant intactes les postérieures... Comme dans les expériences précédentes, je ne fis la section que d'un seul côté, afin d'avoir un terme de comparaison. On conçoit avec quelle surprise je suivis les effets de cette section. Ils ne furent point douteux : le membre était complètement immobile et flasque tandis qu'il conservait une sensibilité non équivoque. Enfin, pour ne rien négliger, j'ai coupé à la fois les racines antérieures et les postérieures : il y eut perte absolue de sentiment * et de mouvement. »*

Extrait du Journal de Physiologie expérimentale de Magendie. Tome II. 1822

* Sensibilité.

2 Il y a plus de 150 ans, Magendie effectua sur le chien des expériences demeurées célèbres car, pour la première fois, était établi le sens de circulation des messages nerveux dans les racines des nerfs rachidiens*.

- Une lésion de la partie inférieure de la moelle épinière, causée notamment par un grave traumatisme au bas de la région dorsale, provoque des paralysies importantes (marche ou station debout impossibles) et la disparition des réflexes rotulien et achilléen.
- Une section accidentelle (ou une compression importante) de la branche interne du nerf sciatique, qui innerve les muscles du mollet, entraîne également la disparition du réflexe achilléen.
- Chez des malades présentant une dégénérescence de certaines structures sensorielles incluses dans le tissu musculaire (fuseaux neuro-musculaires), on observe une absence de réflexe lorsqu'on frappe leur tendon d'Achille. Cependant, la motricité volontaire du pied n'est pas abolie puisqu'ils peuvent étendre (ou fléchir) le pied si on le leur demande (photographie).

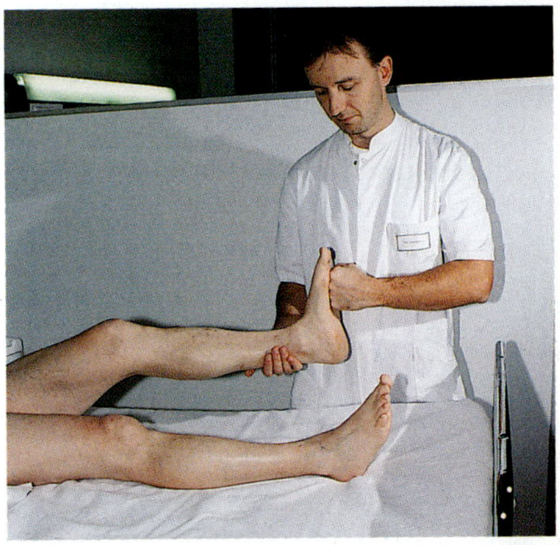

3 Des constatations médicales permettent de découvrir d'autres structures impliquées dans le réflexe achilléen.

Lexique

- **Nerf rachidien :** nerf relié à la moelle épinière et se rattachant à ce centre par deux racines, une dorsale et une ventrale.
- **Paralysie :** impossibilité de contracter les muscles dans une région déterminée.
- **Sensibilité :** possibilité, pour un organe, d'envoyer des messages jusqu'aux centres nerveux.
- **Substance grise :** zone d'un centre nerveux riche en neurones et en fibres nerveuses « grises » car dépourvues de myéline.
- **Substance blanche :** zone d'un centre nerveux formée de fibres nerveuses majoritairement enveloppées de myéline (d'où la blancheur de cette substance).

Pistes d'exploitation

1 - Doc 1 : Observez au microscope une coupe de moelle épinière, puis, en utilisant les informations fournies ici, faites un dessin légendé de votre observation.

2 - Doc 2 : Comment les expériences de Magendie démontrent-elles que la circulation des messages nerveux se fait à sens unique au niveau des racines des nerfs rachidiens ? Quel est ce sens normal de circulation dans chacune des racines ?

3 - Bilan : En utilisant l'ensemble des documents, proposez un schéma du trajet du message nerveux depuis son origine jusqu'à la contraction réflexe observée.

ACTIVITÉS pratiques 3

Observation des neurones impliqués

La réalisation d'un réflexe myotatique suppose un trajet aller-retour du message nerveux entre muscle et moelle épinière : le message nerveux émis par les récepteurs musculaires étirés atteint la moelle puis revient en direction du muscle dont il déclenche la contraction.

■ Quels neurones assurent la conduction du message le long de ce trajet aller-retour ?

A Les corps cellulaires des neurones.

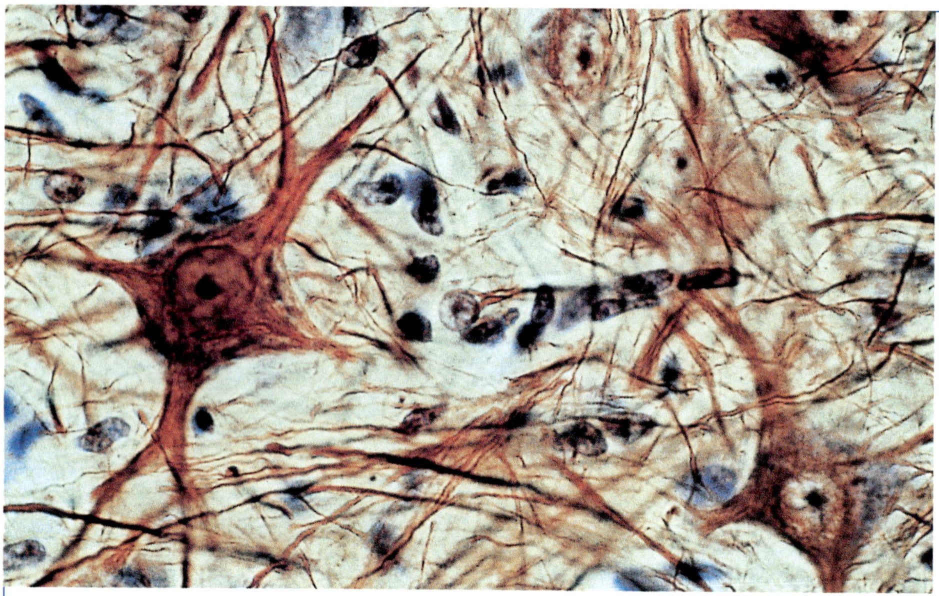

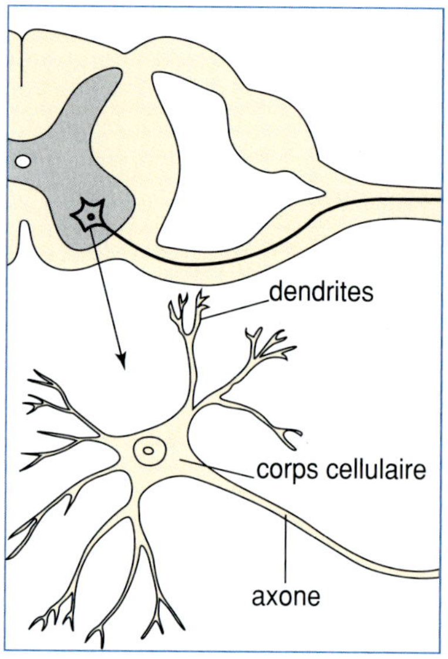

1 Observation microscopique d'un neurone multipolaire* de la moelle (corne ventrale de la substance grise).

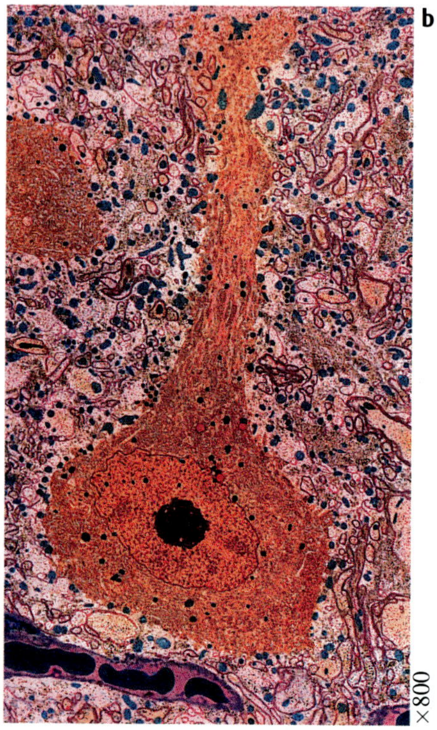

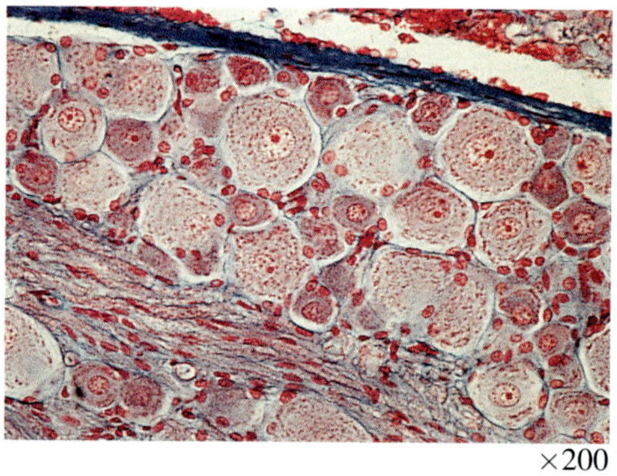

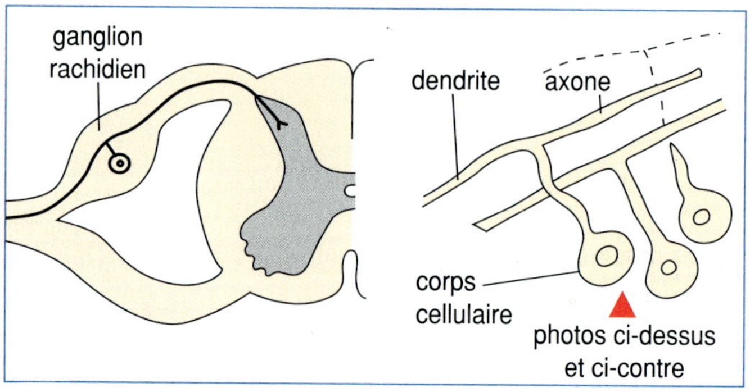

2 Observation des neurones d'un ganglion rachidien. **a** – Vue d'ensemble **b** – Détail d'un neurone en T*.

B Les fibres nerveuses.

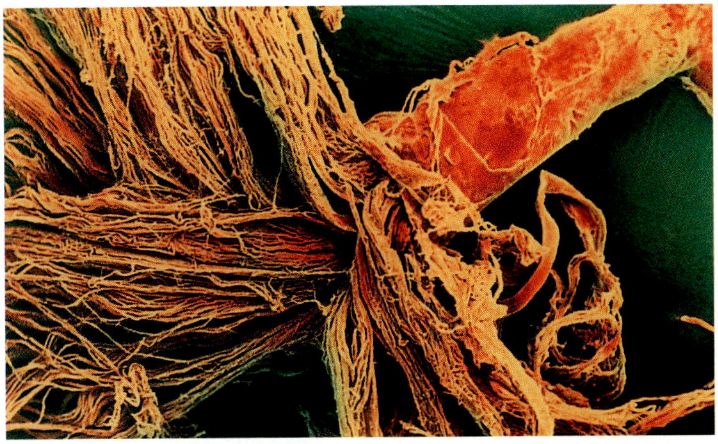

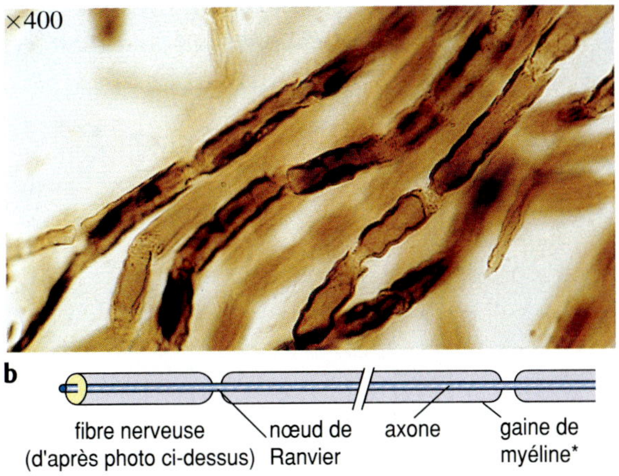

3 Fibres nerveuses d'un nerf. **a** – Nerf partiellement dilacéré. **b** – Quelques fibres myélinisées.

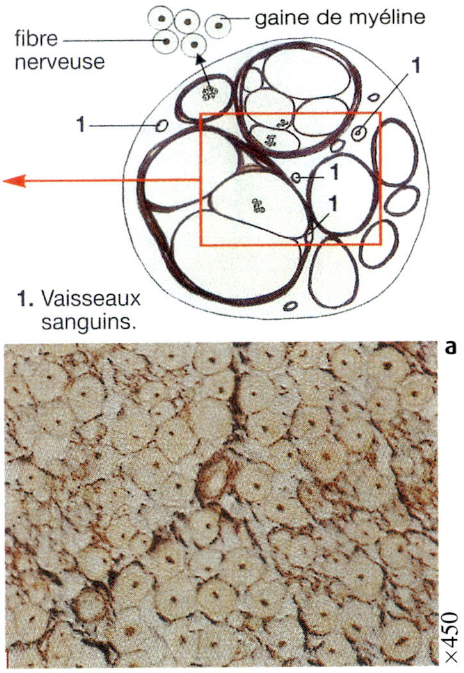

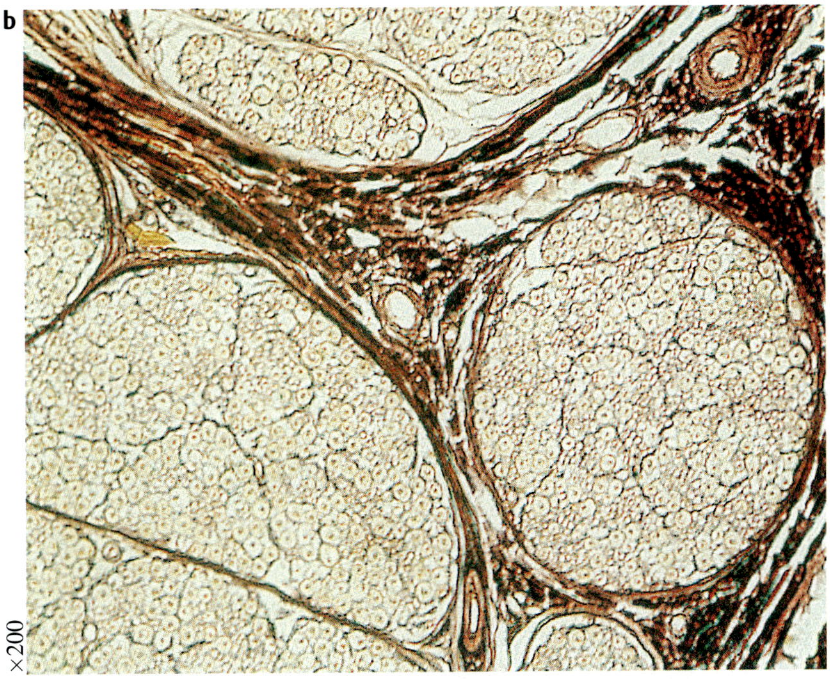

4 Coupe transversale dans un nerf humain observée au microscope. **a** – Faible grossissement. **b** – Fort grossissement.

Lexique

- **Neurones multipolaires :** neurones dont les corps cellulaires ont un aspect étoilé.
- **Neurones en T :** neurones dont les corps cellulaires, situés dans les ganglions rachidiens, ont un aspect évoquant un T.
- **Myéline :** substance lipidique entourant la plupart des fibres nerveuses (fibres myélinisées). Celles qui en sont dépourvues sont dites amyéliniques.

Pistes d'exploitation

1 - Doc 1 et 2 : En observant les photographies d'une part, les dessins proposés d'autre part, essayez de justifier les noms donnés aux neurones présentés ici.

2 - Doc 3 et 4 : Quelle différence importante existe-t-il entre la gaine de myéline d'une fibre nerveuse et la gaine isolante d'un fil électrique ?

ACTIVITÉS pratiques 4

La « construction » du circuit

Nous avons constaté que le circuit neuronique du réflexe myotatique fait intervenir successivement des neurones sensitifs puis des motoneurones.

■ Au niveau de quelles structures le message nerveux prend-il naissance d'une part, atteint-il sa « cible musculaire » d'autre part ?

■ Comment sont connectés neurones sensitifs et moteurs ?

A Point de départ et point d'arrivée des messages.

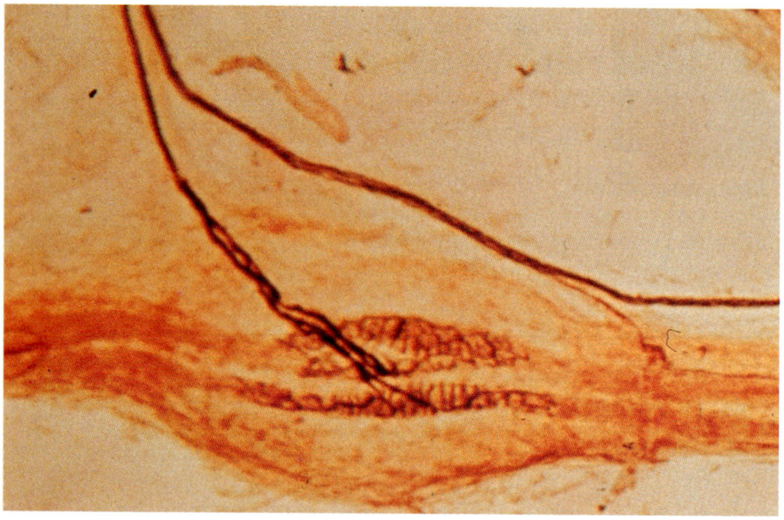

Un fuseau neuro-musculaire* est constitué de quelques cellules musculaires particulières autour desquelles vient s'enrouler l'extrémité de la dendrite en relation avec le neurone en T du ganglion rachidien.

Lorsqu'il est étiré, le fuseau neuro-musculaire émet vers la moelle épinière un message nerveux qui est à l'origine du réflexe myotatique.

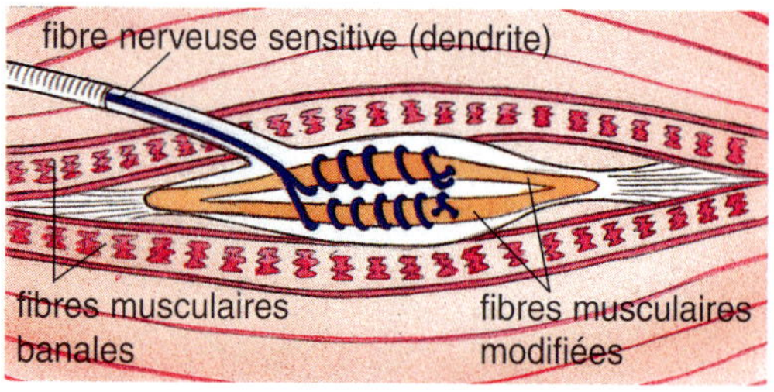

1 Dispersés dans la masse du muscle, les fuseaux neuro-musculaires sont des récepteurs sensibles à l'étirement.

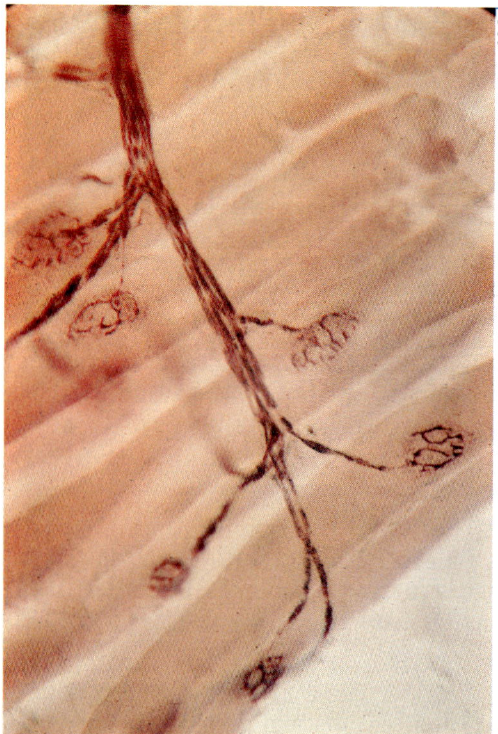

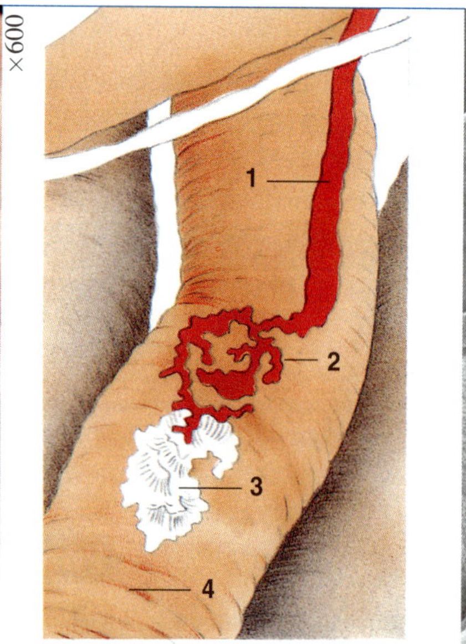

1 axone du motoneurone
2 terminaison axonique qui est ici décollée
3 membrane post-synaptique
4 fibre musculaire

a

b

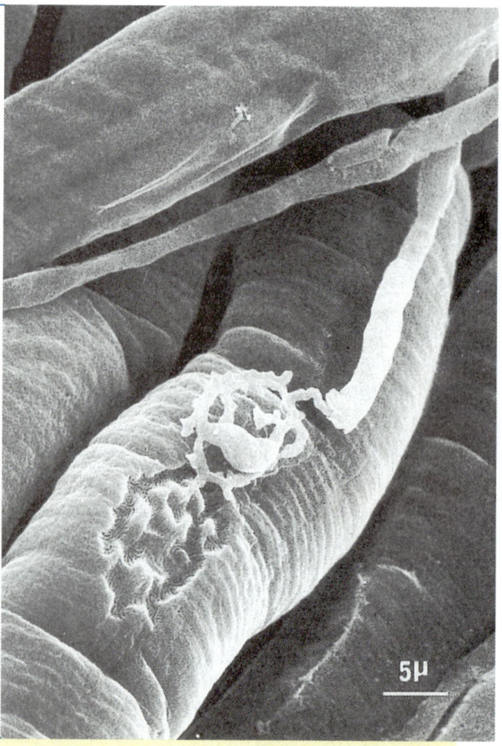

2 Les synapses neuro-musculaires ou plaques motrices*, observées ici au microscope optique (**a**) et au M.E.B. (**b**), sont les derniers éléments du circuit de commande de la contraction musculaire.

B Le circuit neuronique.

Après section des racines d'un nerf rachidien, on porte une stimulation électrique sur les fibres d'une des racines. On recherche alors le passage éventuel d'un message nerveux sur l'autre racine grâce à une électrode réceptrice reliée à un oscillographe ou à un dispositif d'ExAO (dessins ci-contre).
Par ailleurs, dans l'expérience 1, les électrophysiologistes montrent que le message arrive à l'électrode réceptrice avec un retard de 0,5 milliseconde environ par rapport au temps qu'il devrait mettre pour franchir la moelle en ne tenant compte que de sa vitesse moyenne de propagation dans les fibres considérées. Ce retard correspond au franchissement d'une seule synapse entre neurone sensitif et motoneurone ; il est appelé délai **synaptique***.

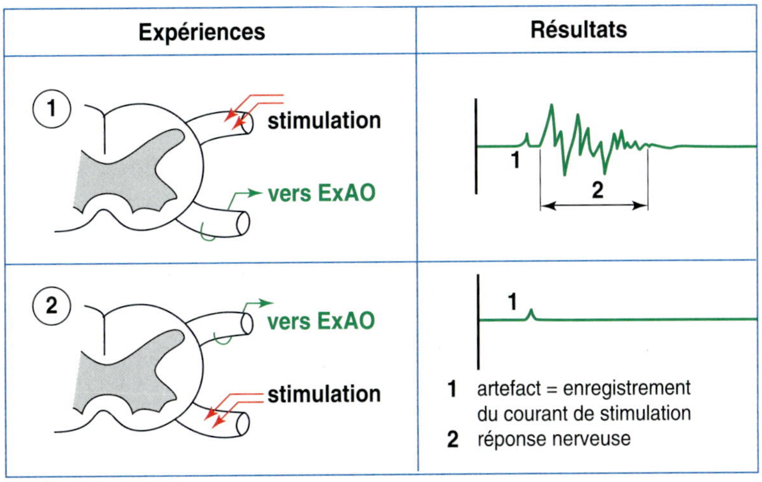

3 **Grâce aux techniques électrophysiologiques, l'exploration du franchissement de la moelle par le message nerveux apporte des précisions supplémentaires importantes.**

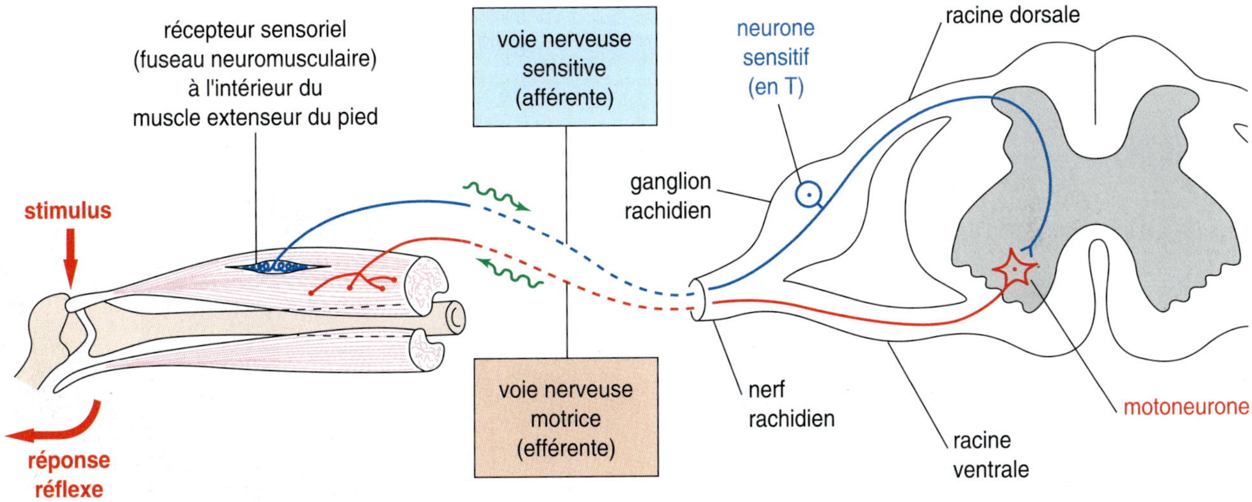

4 **Un schéma à mettre en relation avec l'ensemble des documents précédents.**

Lexique

- **Fuseau neuro-musculaire :** récepteur sensoriel du muscle sensible à l'étirement.
- **Plaque motrice :** nom donné à la synapse neuro-musculaire.
- **Délai synaptique :** temps nécessaire pour qu'un message nerveux franchisse une synapse (il est de 0,5 milliseconde environ).

Pistes d'exploitation

1 - Doc 1 et 2 : Précisez la nature des fibres nerveuses (axone ou dendrite) visibles sur chacun des documents 1 et 2. Dans quel sens circulent normalement les messages nerveux le long de ces différentes fibres ?

2 - Doc 3 : Commentez chacune des expériences. Quelles particularités du circuit neuronique mettent-elles en évidence ?

3 - Bilan : En utilisant les informations dont vous disposez, résumez la série d'événements qui interviennent entre l'instant du stimulus et le déclenchement de la réponse musculaire.

La nécessité d'un fonctionnement

La réalisation d'un mouvement comme l'extension de la jambe (ou du pied) suppose que la contraction des muscles extenseurs n'est pas « gênée » par une contraction simultanée des muscles fléchisseurs, antagonistes des précédents.

- Peut-on mettre en évidence une telle coordination de l'activité des muscles antagonistes ?
- Comment cette coordination est-elle contrôlée ?

A Etude expérimentale d'un fonctionnement coordonné des muscles antagonistes.

PROTOCOLE EXPÉRIMENTAL

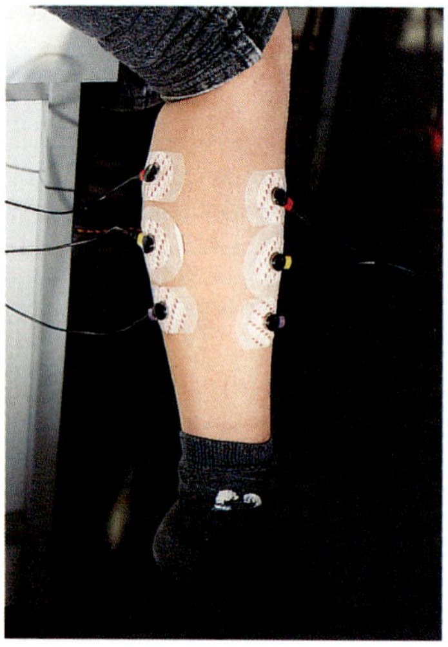

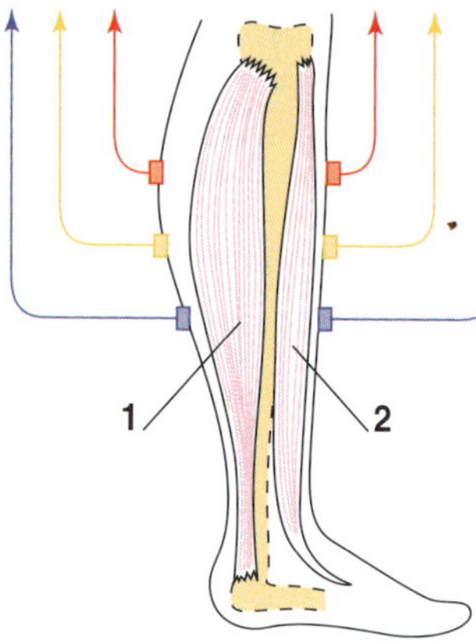

1 triceps sural = muscle **extenseur** du pied 2 jambier antérieur = muscle **fléchisseur** du pied

Pour réaliser l'enregistrement, on modifie le dispositif expérimental présenté page 178 de la façon suivante : en plus des trois électrodes placées au niveau du muscle du mollet (muscle triceps sural), on installe trois nouvelles électrodes au-dessus du muscle antagoniste situé à l'avant de la jambe (muscle jambier antérieur). On enregistre ensuite simultanément les activités des deux muscles antagonistes. Au cours de cet enregistrement, le sujet n'est soumis à aucune stimulation mécanique extérieure ; il décide simplement d'effectuer volontairement une série de mouvements de flexion et d'extension du pied.

RÉSULTATS

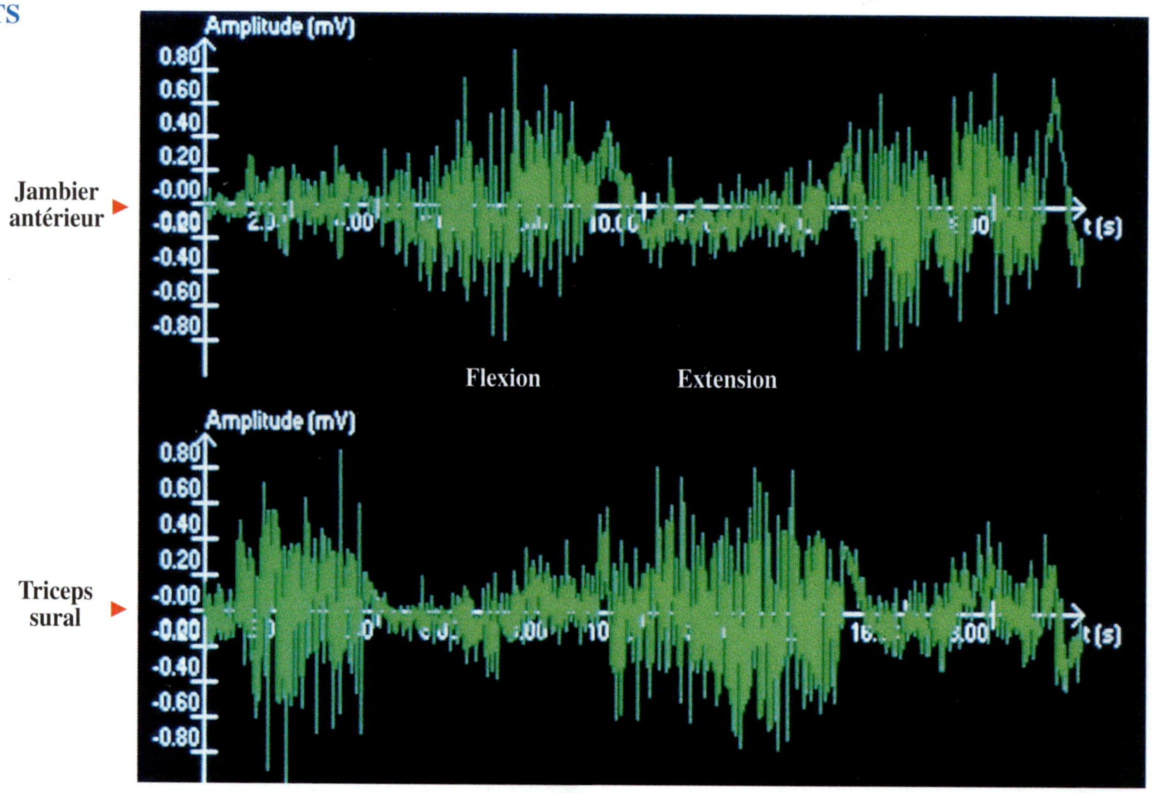

1 Electromyogrammes des muscles antagonistes de la jambe lors d'une série de flexions-extensions volontaires du pied.

B Le support neuronique de la coordination.

Chez un animal spinal (dont la moelle épinière est « déconnectée » de l'encéphale par section au niveau du cou), Sherrington observe qu'une stimulation (piqûre, pincement...) portée sur une patte postérieure déclenche une flexion du membre. C'est un réflexe médullaire. Sherrington procède alors à l'enregistrement simultané des variations de la tension mécanique de deux muscles antagonistes de la cuisse (l'un fléchisseur de la jambe, l'autre extenseur) suite à la même stimulation. Le dessin ci-contre correspond à cet enregistrement.

Remarque : L'observation de l'activité d'un muscle nous renseigne sur l'activité des motoneurones correspondants : une contraction du muscle résulte d'une émission importante de messages nerveux moteurs, un relâchement musculaire traduit inversement une mise au repos des motoneurones correspondants.
Notons qu'avant la stimulation, les tensions des deux muscles sont comparables : ces muscles « au repos » ne sont pas parfaitement relâchés car ils reçoivent en permanence des influx nerveux moteurs qui maintiennent une activité musculaire minimale appelée tonus musculaire.

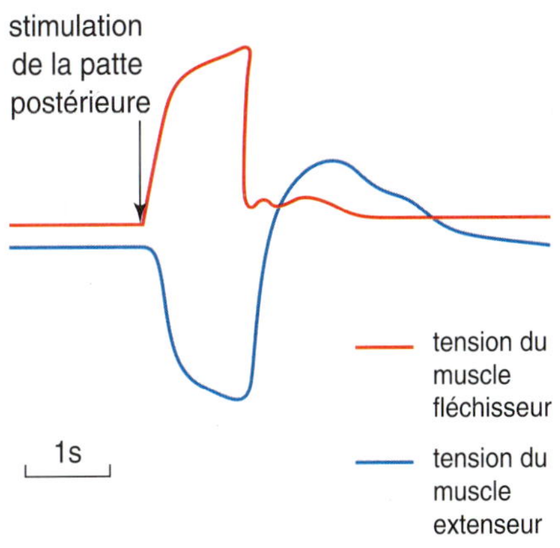

2 Une expérience historique : l'expérience de Sherrington (1913).

Dans la moelle, l'organisation des circuits nerveux est telle que chaque motoneurone reçoit des informations d'origines diverses : messages sensitifs provenant des récepteurs du muscle correspondant mais aussi, entre autres, messages provenant des muscles antagonistes. Ces derniers atteignent le motoneurone grâce à des interneurones*.

Dans ces circuits, les interneurones médullaires sont des neurones inhibiteurs : cela signifie que lorsqu'ils sont excités (par les neurones sensitifs qui les « précèdent »), ils font chuter l'activité des motoneurones des muscles antagonistes.

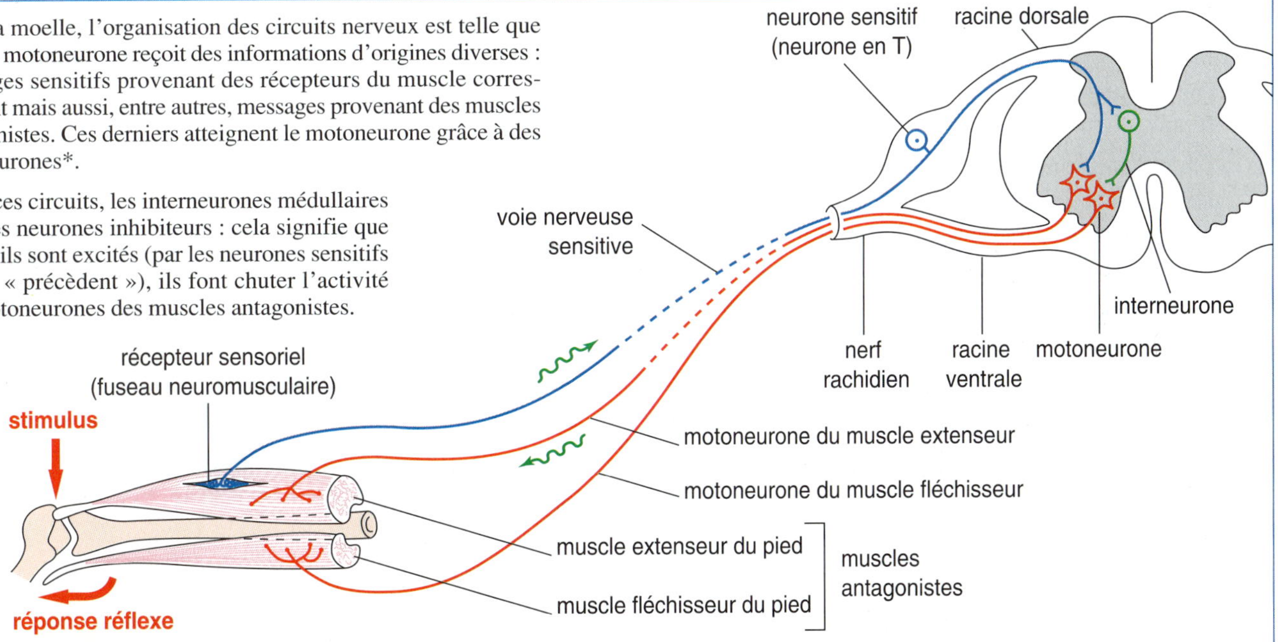

3 L'innervation réciproque* des muscles antagonistes.

Lexique

- **Innervation réciproque :** circuit nerveux dont le fonctionnement entraîne une inhibition d'un des deux muscles antagonistes lorsque l'autre se contracte.
- **Interneurone :** neurone de petite taille localisé dans un centre nerveux et situé entre deux autres neurones.

Pistes d'exploitation

1 - Doc 1 : Expliquez en quoi ce document montre que l'activité des muscles antagonistes est coordonnée.

2 - Doc 2 : Résumez les variations d'activité des motoneurones correspondant à chacun des muscles antagonistes au cours de cette expérience.

3 - Bilan : Caractérisez les messages nerveux qui parcourent les différents neurones représentés sur le document 3 suite à une stimulation.

Les circuits neuroniques d'un réflexe

L'exécution d'un **mouvement,** si simple soit-il, nécessite la contraction de muscles précis. Par exemple, pour fléchir l'avant-bras sur le bras, il faut contracter le biceps, muscle fléchisseur de l'avant-bras. Cette contraction est toujours commandée par le système nerveux central mais le mouvement réalisé peut correspondre soit :

– à un mouvement décidé par le sujet (on parle alors de **mouvement volontaire**) ;

– à un mouvement automatique, involontaire, en réaction à une piqûre par exemple (on parle alors de **réaction réflexe**).

I Un exemple de réflexe : le réflexe myotatique

On appelle réflexe myotatique la contraction réflexe d'un muscle déclenchée par son propre étirement. De tels réflexes sont testés par le médecin, en particulier sur les muscles extenseurs des membres inférieurs. C'est ainsi que la percussion du tendon rotulien déclenche la contraction brutale et involontaire du muscle rattaché à ce tendon et situé à la face antérieure de la cuisse (muscle extenseur de la jambe). De même, la percussion du tendon d'Achille déclenche la contraction du muscle correspondant situé à l'arrière de la jambe (muscle du mollet, extenseur du pied).

L'étude expérimentale du réflexe achilléen ou du réflexe rotulien montre qu'interviennent successivement :

– des **récepteurs,** les fuseaux neuro-musculaires, stimulés par l'étirement qui résulte du choc ;

– des **fibres nerveuses sensitives** (logées dans un nerf rachidien) qui conduisent à la **moelle épinière** le **message afférent** émis par les récepteurs excités ;

– des **fibres nerveuses motrices** qui transmettent au muscle concerné, par le nerf rachidien correspondant, le **message efférent** élaboré par le centre nerveux.

Le circuit nerveux apparaît donc très simple : l'information, émise par les récepteurs du muscle étiré, atteint un centre nerveux d'où elle est renvoyée, après traitement, vers le même muscle. Le centre nerveux intervenant ici étant la moelle épinière, ce réflexe est qualifié de **médullaire**.

La réponse musculaire observée est une contraction brève du muscle étiré qui tend ainsi à s'opposer de façon automatique à l'étirement. Cet automatisme présente un intérêt évident dans le maintien de la station debout : sous l'effet de la gravité, les muscles extenseurs du tronc et des membres inférieurs ont tendance à être étirés ; ils réagissent par une contraction tonique permanente qui s'oppose à cet étirement et permet de maintenir la posture.

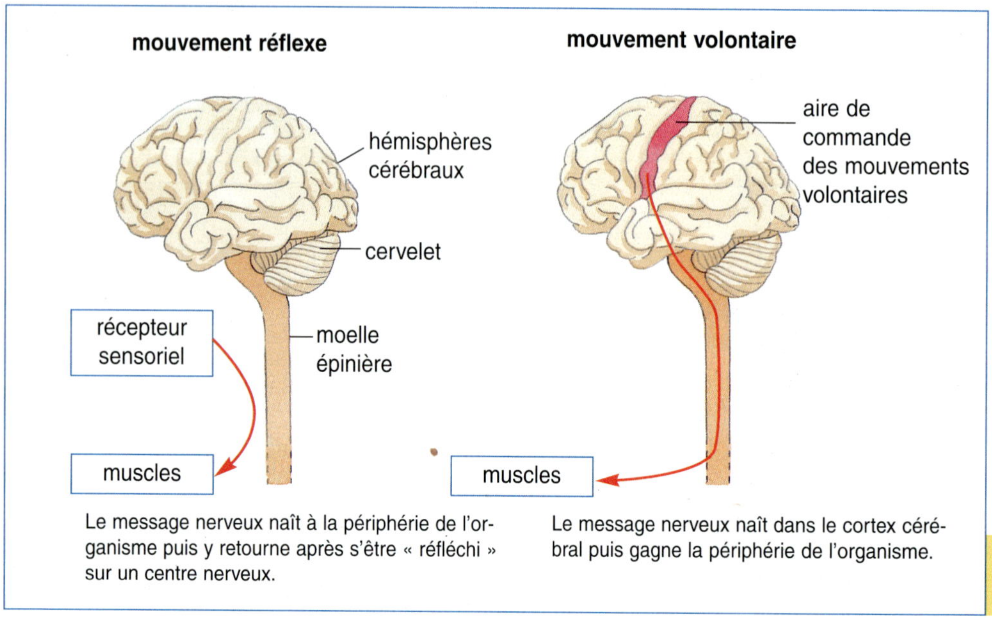

1. La commande réflexe ou volontaire d'une contraction musculaire.

II Les circuits nerveux du réflexe

1• Les neurones mobilisés au cours du réflexe

Deux types de neurones interviennent successivement au cours du réflexe myotatique.

• Les **neurones afférents** relient directement les récepteurs musculaires à la moelle. Les corps cellulaires de ces neurones (neurones en T) sont situés dans les **ganglions rachidiens** ; leurs prolongements cytoplasmiques constituent les fibres nerveuses **afférentes** qui gagnent la moelle par la **racine dorsale** d'un nerf rachidien.

• Les **neurones efférents** ou **motoneurones** relient directement la moelle aux cellules musculaires. Les corps cellulaires de ces neurones sont localisés dans la **substance grise** de la moelle ; leurs axones, qui empruntent les **racines ventrales** des nerfs rachidiens, constituent les fibres nerveuses **efférentes**.

2• La connexion entre neurones afférents et neurones efférents

Neurones afférents et neurones efférents sont connectés dans la moelle. Dans le cas du réflexe myotatique, cette connexion est directe : les axones des neurones afférents entrent en **contact synaptique** avec les dendrites ou les corps cellulaires des motoneurones.

Le message ne franchit alors qu'**une seule zone de synapses** ; le circuit réflexe est qualifié de **monosynaptique**.

III L'activité coordonnée des muscles antagonistes

1• Une coordination nécessaire à la mobilité d'une articulation

La mobilisation d'une articulation fait intervenir des groupes musculaires **antagonistes** : au niveau du genou par exemple, aux muscles **extenseurs** (muscles antérieurs de la cuisse) s'opposent des muscles **fléchisseurs** (muscles postérieurs). Tout mouvement au niveau de cette articulation suppose donc un fonctionnement coordonné de ces muscles : une extension par exemple nécessite une contraction des muscles extenseurs et simultanément un relâchement des muscles fléchisseurs. Or, un muscle « au repos » n'est pas totalement relâché : il présente un certain « tonus » qui est la conséquence de l'arrivée permanente de messages nerveux moteurs imposant une faible contraction permanente. La chute du tonus (et donc le relâchement musculaire) signifie que le muscle ne reçoit plus, de la part de ses motoneurones, d'« ordres de contraction ».

2• Une coordination assurée par l'innervation réciproque des muscles antagonistes

Pour expliquer cette **coordination musculaire,** il faut admettre une double action, au niveau de la moelle, des messages nerveux afférents provenant de récepteurs musculaires étirés :

2. Même dans les positions les plus délicates, la posture peut être maintenue par l'intervention de nombreux réflexes myotatiques.

– une **activation** des motoneurones du muscle étiré, déclenchant ainsi une contraction ;

– une **inhibition** des motoneurones du muscle antagoniste, provoquant la chute de son tonus.

Le **circuit excitateur monosynaptique** est donc doublé d'un **circuit inhibiteur polysynaptique** (car des interneurones s'intercalent entre neurones afférents et motoneurones) : la coordination de l'activité des muscles antagonistes est donc assurée par une **innervation réciproque** de ces muscles au niveau de la moelle épinière.

IV Le rôle intégrateur des motoneurones médullaires

Des études complémentaires révèlent que la moelle est capable d'assurer une coordination plus complexe encore.

C'est ainsi que des messages provenant des centres nerveux supérieurs (cerveau par exemple) modifient l'amplitude des réponses réflexes : les motoneurones médullaires « **intègrent** » donc ces nouvelles informations. Par exemple, lors d'une contraction volontaire du jambier antérieur, les motoneurones correspondant au muscle antagoniste (extenseur du pied) sont inhibés ; si on étire alors ce muscle (par une percussion du tendon d'Achille), ce qui excite normalement ces mêmes motoneurones, on observe que le réflexe myotatique est très atténué voire aboli. Les motoneurones ont donc intégré les deux informations contradictoires : l'excitation provenant des récepteurs musculaires étirés et l'inhibition d'origine cérébrale.

Les centres nerveux assurent ainsi un véritable traitement des informations multiples qui leur parviennent : l'élaboration des messages efférents tient compte de l'intégration de toutes ces informations.

D'autre part, on a pu montrer, chez des animaux dont la moelle épinière est déconnectée de l'encéphale, que des stimulations portées au niveau d'une patte déclenchent des mouvements réflexes dont la coordination évoque celle que l'on observe chez l'animal normal au cours de ses déplacements. La locomotion repose donc, au moins en partie, sur des automatismes médullaires. Ces automatismes traduisent la mise en jeu de circuits dont le câblage est commun aux individus appartenant à une même espèce. Cela suggère que ce câblage est programmé génétiquement (voir chapitre 3).

L'essentiel

• Parmi les multiples fonctions du système nerveux central de l'homme, le maintien de la posture est ici choisi pour mettre en évidence les propriétés intégratrices des centres nerveux. Le maintien de la posture est principalement assuré par des réflexes moteurs parmi lesquels le **réflexe myotatique** joue un rôle prépondérant.

• Ce réflexe, qui correspond à la contraction d'un muscle déclenchée par son propre étirement, fait intervenir des neurones organisés en un « circuit » **monosynaptique** :

– les **neurones afférents** conduisent vers la moelle le **message** émis par les **récepteurs** sensoriels musculaires (fuseaux neuro-musculaires sensibles à l'étirement) ;

– les **motoneurones,** connectés aux précédents par **une zone de synapses,** émettent un **message efférent** déclenchant la **contraction** du muscle étiré.

• En fait, l'organisation des circuits nerveux est plus complexe. On constate par exemple que la contraction réflexe d'un muscle s'accompagne du relâchement du muscle antagoniste. Cette **coordination musculaire** est le résultat d'une **innervation réciproque** : le message afférent émis par les récepteurs du muscle étiré a une action **excitatrice** sur les motoneurones de ce muscle et une action **inhibitrice** sur les motoneurones du muscle antagoniste.

• De façon plus générale, l'activité des muscles impliqués dans la locomotion, le maintien de la posture,... est soumise à de nombreux contrôles : les messages moteurs sont émis par les centres nerveux suite à une intégration permanente des multiples messages qui leur parviennent.

Schéma-bilan

LE « CIRCUIT GÉNÉRAL » D'UN RÉFLEXE

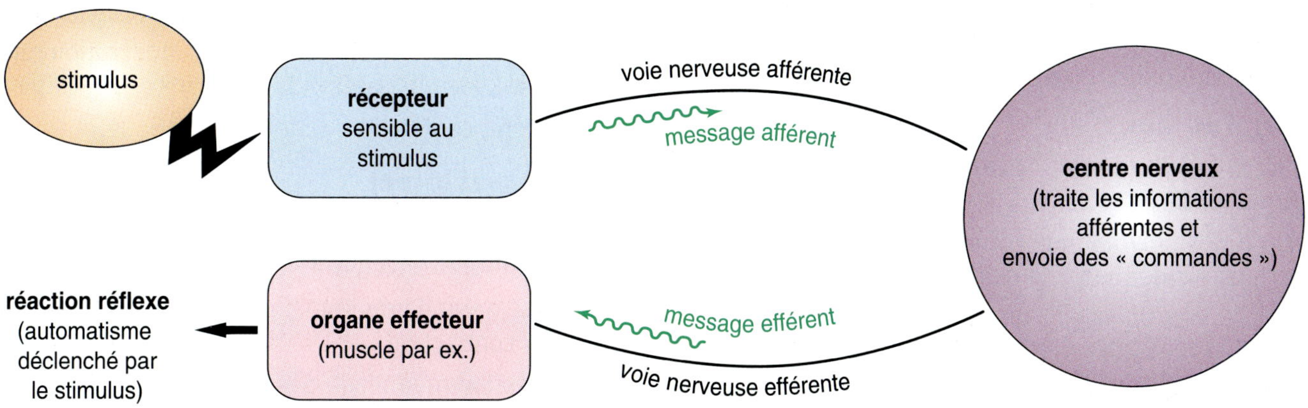

L'EXEMPLE DU RÉFLEXE MYOTATIQUE

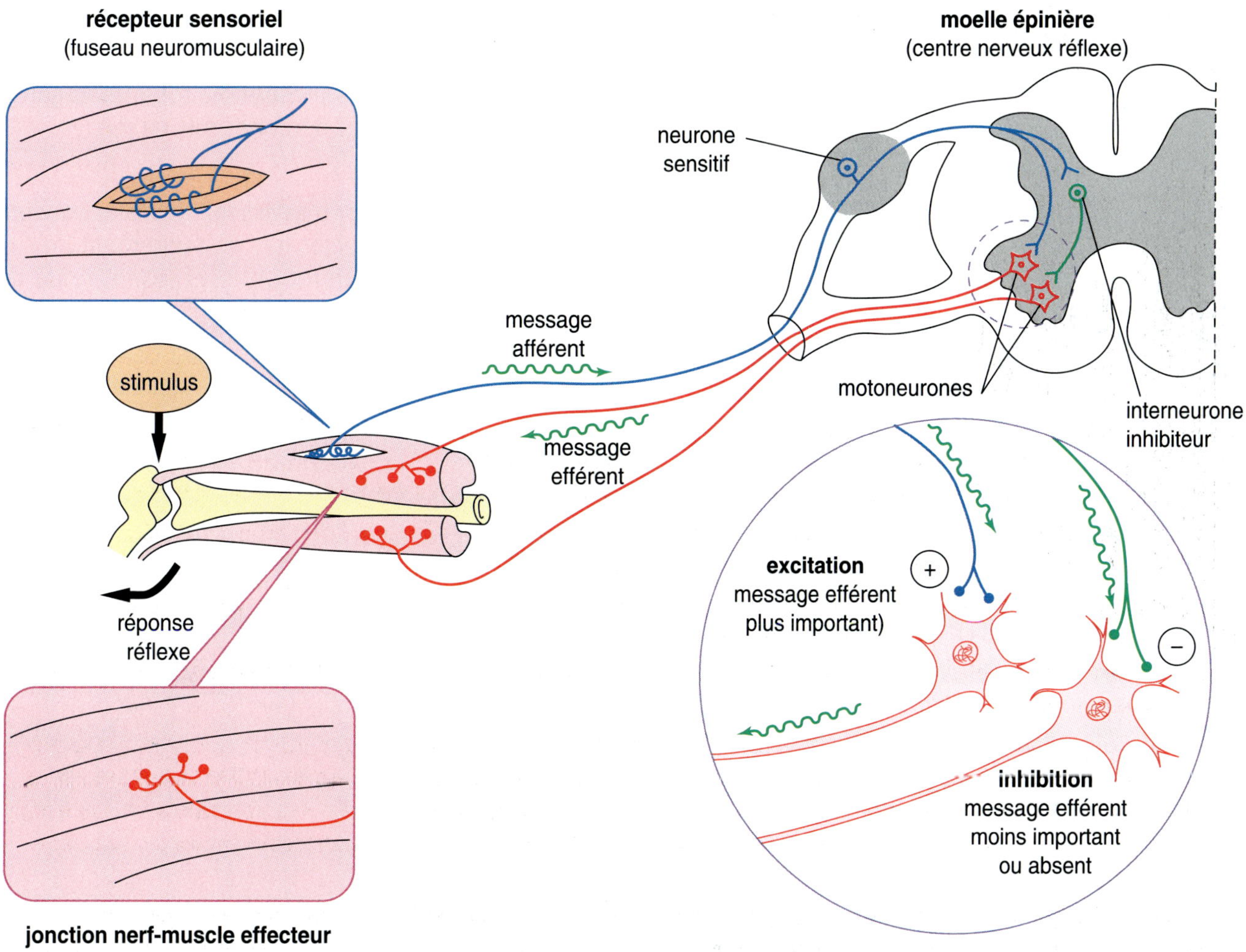

jonction nerf-muscle effecteur = plaque motrice

coordination des motoneurones des muscles antagonistes

TESTER SES CONNAISSANCES

A. Définissez les mots ou expressions :

Réflexe médullaire, réflexe myotatique, fuseau neuromusculaire, motoneurone, coordination des muscles antagonistes, ganglion rachidien, innervation réciproque, interneurone, plaque motrice.

B. Vrai ou faux ?

Repérez les affirmations exactes. Corrigez ensuite les affirmations inexactes.

a. Un réflexe myotatique correspond à une contraction musculaire indépendante des centres nerveux.

b. Les racines dorsales d'un nerf rachidien ne contiennent que des fibres nerveuses sensitives et sont dépourvues de corps cellulaires de neurones .

c. La section d'une racine ventrale de nerf rachidien entraîne la paralysie des muscles innervés par les fibres sectionnées mais ne supprime pas leur sensibilité.

d. Au niveau de la moelle, neurones moteurs et neurones sensitifs communiquent entre eux grâce à des synapses qui permettent aux premiers de transmettre des informations aux seconds.

e. La coordination musculaire est particulièrement visible au niveau des muscles antagonistes, l'étirement de l'un déclenchant automatiquement la contraction réflexe de l'autre.

C. Exprimez des idées importantes ...

... en rédigeant une ou deux phrases utilisant chaque groupe de trois mots ou expressions pris dans cet ordre ou dans un ordre différent.

a. Neurone sensitif, racine dorsale, ganglion rachidien.

b. Motoneurone, substance grise, racine ventrale;

c. Interneurone, arc réflexe polysynaptique, connexion.

d. Muscles antagonistes, coordination, innervation réciproque.

e. Etirement, contraction, réflexe myotatique.

D. Retrouvez le mot

... qui correspond à chaque définition.

a. Réaction réflexe d'un muscle étiré.

b. Cellules médullaires transmettant aux muscles des ordres de contraction.

c. Organisation médullaire des circuits neuroniques qui assure la coordination motrice des muscles antagonistes.

d. Récepteur musculaire sensible à l'étirement.

E. Elaborez un résumé scientifique.

Sujet 1.

Expliquez ce qu'est un réflexe myotatique. L'essentiel de la réponse peut être exprimé par un schéma clair, annoté avec rigueur et présentant tous les organes nécessaires ainsi que les neurones mis en jeu.

Sujet 2.

Expliquez comment deux muscles antagonistes peuvent avoir des réactions inverses lors de l'étirement de l'un d'entre eux (vous illustrerez votre exposé à l'aide de schémas).

UTILISER DES CONNAISSANCES ET DES MÉTHODES

1 Le circuit neuronique du réflexe rotulien.

Le schéma ci-contre résume la nature et les relations des neurones assurant le réflexe myotatique rotulien.

Question (Mobiliser les connaissances)

Indiquez la nature et la fonction des différents sites repérés par des numéros sur ce schéma.

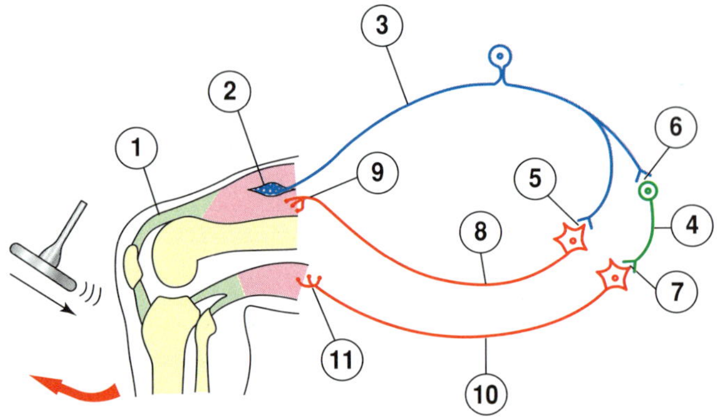

2 Les structures nerveuses impliquées dans un mouvement provoqué.

Chez un homme ayant subi accidentellement une section haute de la moelle épinière, le contact d'un objet chaud avec la peau de la plante du pied entraîne systématiquement la flexion du membre inférieur correspondant. On cherche à préciser quels circuits neuroniques sont impliqués dans une telle réaction. Pour cela, on dispose des informations apportées par les documents 1 à 3.

Question 1 (Mobiliser les connaissances)

A quel type de mouvement correspond la flexion de la jambe déclenchée par le contact d'un objet chaud avec la plante du pied ?

Question 2 (Analyser des observations et communiquer sous forme de dessin)

A partir de l'analyse des différentes informations proposées, précisez quels circuits neuroniques sont mis en jeu lors de ce mouvement. Résumez vos conclusions à l'aide d'un schéma présentant ces circuits.

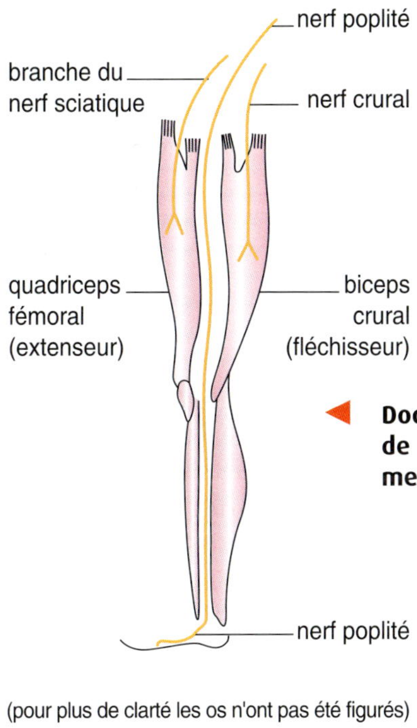

Doc 1 : Schéma anatomique de quelques organes du membre inférieur.

Doc 2 : Rôle des différentes voies nerveuses du membre inférieur.

Expériences*	Nerf poplité	Nerf crural	Branche du nerf sciatique
section du nerf	disparition de la flexion	disparition de la flexion	disparition de la flexion
excitation du bout central**	flexion du membre inférieur	pas de réaction	pas de réaction
excitation du bout périphérique**	pas de réaction	contraction du biceps crural	contraction du quadriceps

* Ces études expérimentales ont été réalisées chez un chat spinal (moelle épinière sectionnée à son extrémité supérieure). La musculature et l'innervation du chat sont comparables à celles de l'homme.

** Au niveau de la section d'un nerf, on appelle bout central le bout qui est encore rattaché aux centre nerveux et bout périphérique celui qui est encore rattaché aux organes périphériques.

Doc 3 : Enregistrement des électromyogrammes des muscles antérieur et postérieur de la cuisse au cours de la réaction de flexion provoquée.

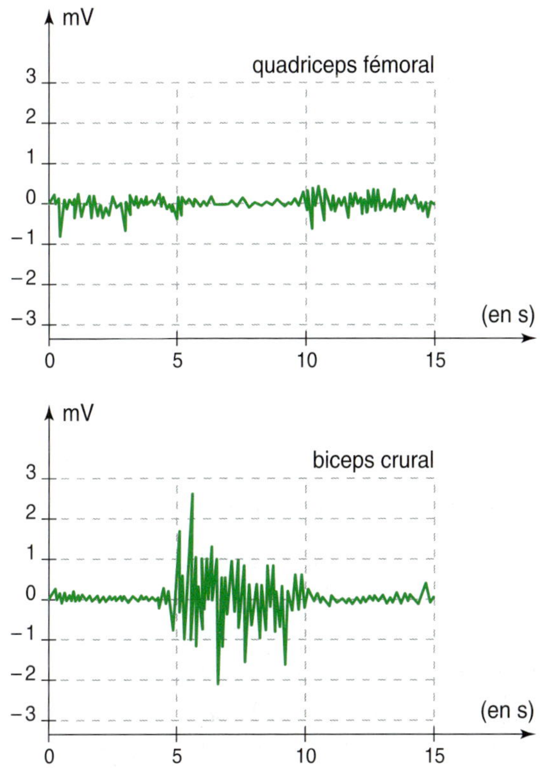

3 Des expériences anciennes réalisées chez le chat.

Une expérience réalisée au XIXe siècle permet de préciser le fonctionnement coordonné des muscles antagonistes.

Protocole expérimental

Un chat spinal (dont la moelle épinière est « déconnectée » de l'encéphale par section) est solidement fixé sur une table. Le tendon rotulien qui fixe le muscle extenseur de la jambe (quadriceps) sur le tibia est sectionné et relié à un dispositif d'enregistrement de la tension musculaire. Les insertions osseuses de l'autre extrémité du muscle sont respectées.

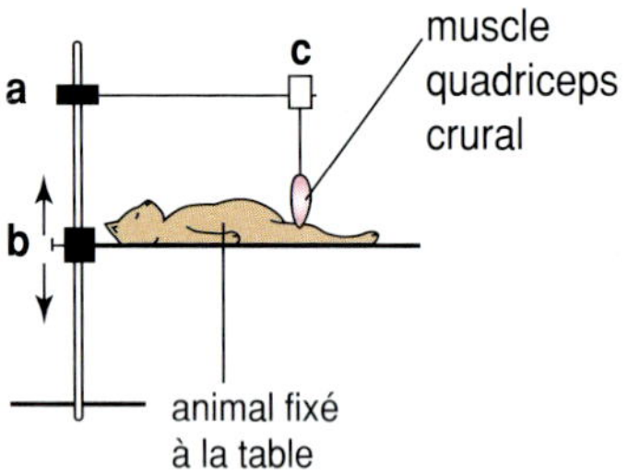

a : fixation immobile
b : manette d'abaissement ou d'élévation de la table sur laquelle repose le chat
c : système fixé au support permettant d'enregistrer la tension développée par le muscle

- **Au temps t = 0**, on abaisse la table de 4 mm en 1 seconde, ce qui a pour effet d'étirer le muscle. Il restera étiré pendant toute la phase suivante de l'expérience.

- **A l'instant S**, on étire l'un des muscles fléchisseurs de la jambe (le muscle semi-tendineux).

- **A l'instant B**, on étire un autre muscle fléchisseur de la jambe (le muscle biceps crural).

Résultats

Les variations de tension du muscle extenseur sont enregistrées tout au long de cette expérience.

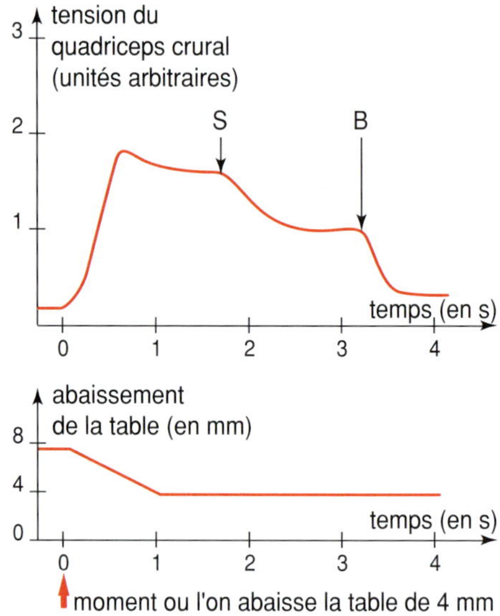

Questions (Analyser une expérience et appliquer ses connaissances)

a. Interprétez les variations successives de la tension du muscle extenseur lors de l'abaissement de la table d'une part, suite à l'étirement d'un des muscles fléchisseurs d'autre part.

b. Quelles modifications de l'activité des motoneurones correspondant au quadriceps prévoyez-vous lors des différentes étapes de l'expérience ?

4 Une méthode ancienne pour localiser les corps cellulaires des neurones.

• Une constatation au niveau cellulaire

Si une cellule est amputée d'un fragment de cytoplasme anucléé, ce fragment dégénère alors que la partie nucléée peut régénérer la partie amputée. Ainsi, la section d'une fibre nerveuse (qui représente le prolongement d'un neurone) est suivie de la dégénérescence de cette fibre d'un côté seulement de la section, celui qui n'est plus relié au corps cellulaire. De l'autre côté, la fibre survit et peut même s'allonger lentement, reconstituant plus ou moins complètement la partie qui a dégénéré.

Question (Saisir des informations et faire des déductions)

Expliquez comment et avec quelle précision ces expériences permettent de localiser les corps cellulaires auxquels sont rattachées les fibres nerveuses d'un nerf rachidien.

• Des résultats expérimentaux au niveau des nerfs rachidiens

Expériences de section	Conséquences immédiates	Observations à long terme
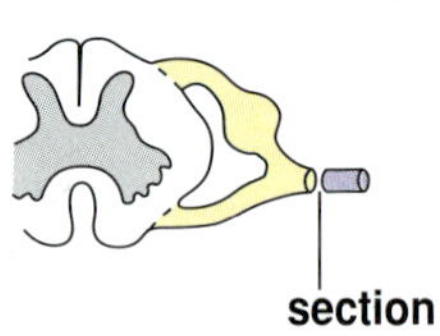	La région du corps innervée par le nerf rachidien sectionné est définitivement paralysée et totalement insensible.	Toutes les fibres du nerf rachidien dégénèrent au-delà de la section (du côté périphérique).
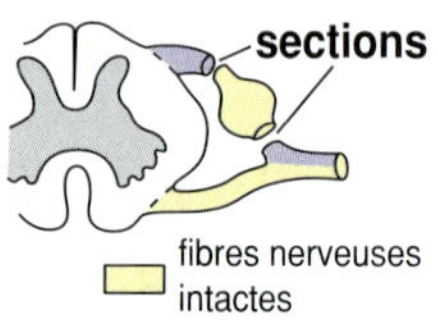	La région du corps innervée par le nerf correspondant à la racine sectionnée est totalement insensible mais conserve sa motricité.	Toutes les fibres nerveuses de la racine dorsale dégénèrent sauf entre les deux sections ; une partie des fibres du nerf rachidien dégénèrent.
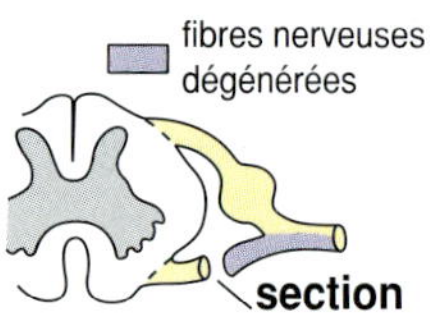	La région du corps innervée par le nerf correspondant à la racine sectionnée est définitivement paralysée mais conserve sa sensibilité.	Toutes les fibres nerveuses de la racine ventrale sectionnée dégénèrent du côté périphérique ; cette dégénérescence se poursuit dans le nerf rachidien.

Le fonctionnement du système nerveux

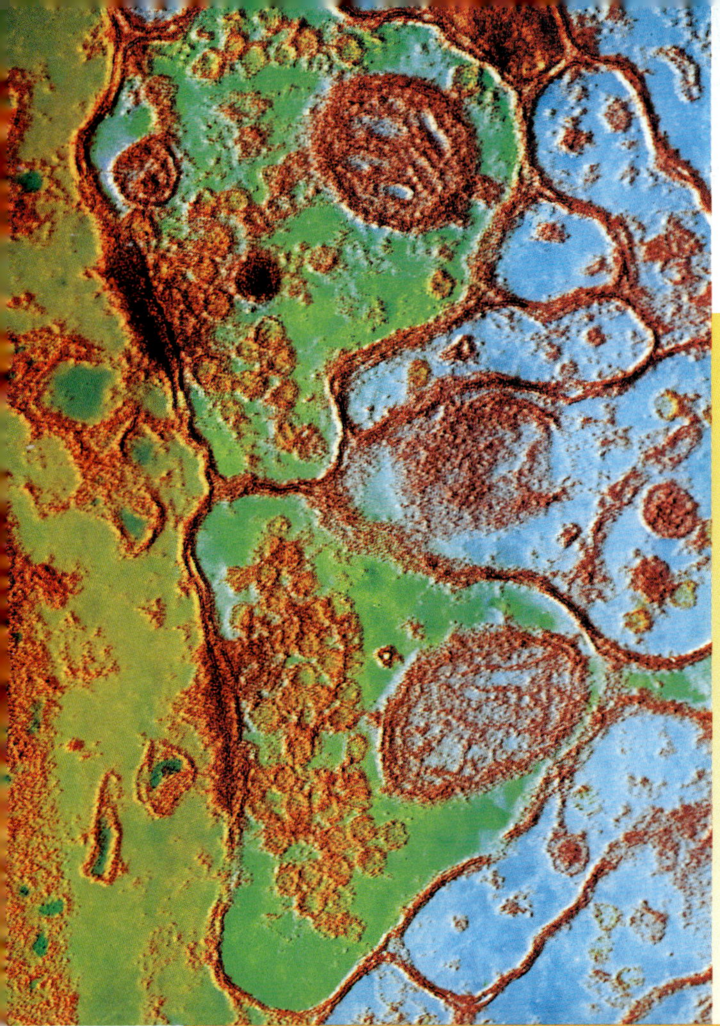

Chapitre

2

Les messages nerveux au niveau neuronique

Nous avons vu au chapitre précédent que la réalisation d'un mouvement réflexe est conditionnée par la circulation de messages le long de circuits neuroniques passant par un centre nerveux. Quelle est la nature précise de ces messages ? Comment passent-ils d'un neurone à la cellule suivante ? L'objet de ce chapitre est de répondre à ces questions.

Photographie : synapses observées au microscope électronique (en fausses couleurs).

Une première approche

Le passage de messages le long des fibres nerveuses se traduit par la propagation de perturbations électriques. Dans les classes de lycée, si on ne peut pas, pour des raisons techniques, travailler sur des neurones isolés, il est néanmoins possible d'obtenir des renseignements intéressants en utilisant un nerf entier.

- Quelle technique permet de mettre en évidence ces événements électriques associés aux messages nerveux ?
- Que montrent les études faites au niveau d'un nerf ?

A Le protocole expérimental.

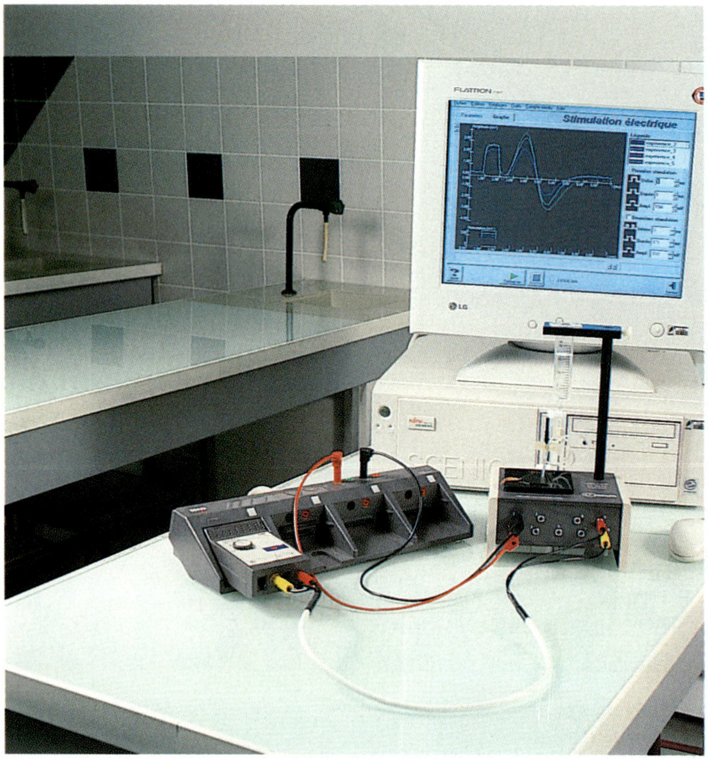

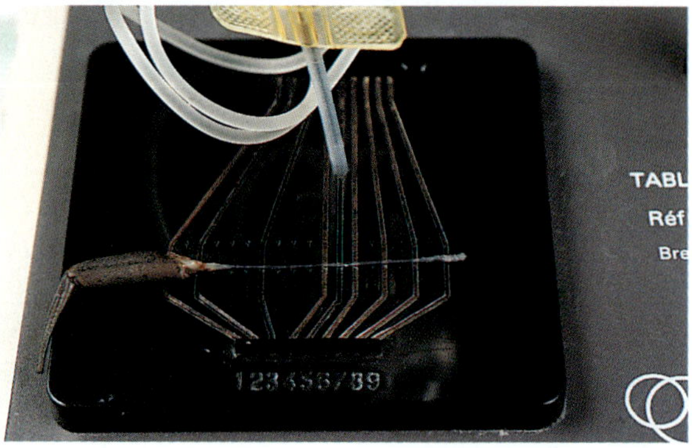

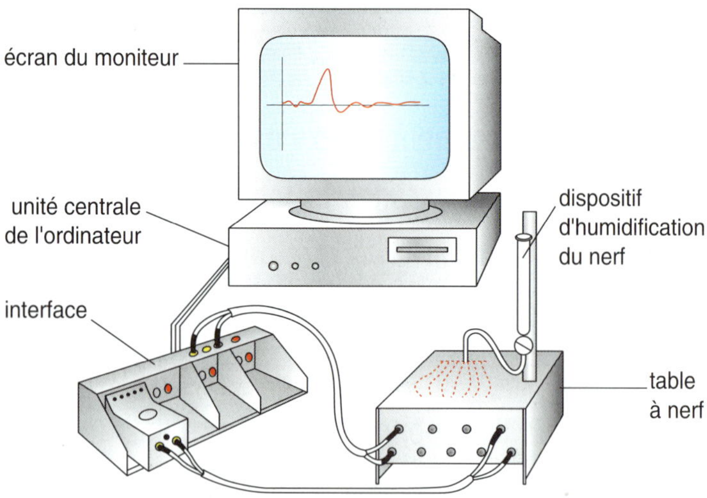

Pour cette expérience, on peut utiliser le nerf d'une patte de crabe. Principe du prélèvement : détacher une patte du céphalothorax puis extraire le nerf en séparant par torsion les différents articles de la patte en commençant par la base de la patte. Pour cela, maintenir l'article supérieur entre les doigts puis tordre l'article inférieur jusqu'à ce que l'articulation craque. Tirer sur l'article supérieur : le nerf apparaît attaché à cet article. Répéter l'opération pour chaque article jusqu'à obtention d'un nerf de bonne longueur. Immerger rapidement le nerf dans un liquide physiologique adapté (de l'eau de mer) et l'y laisser une dizaine de minutes en évitant tout contact du nerf avec la carapace des articles restants.

Placer le nerf sur les électrodes de la table à nerf avec un peu de liquide physiologique. Le dispositif permet de stimuler électriquement le nerf et de recueillir les manifestations électriques de la réponse du nerf à cette stimulation.

1 Plusieurs dispositifs d'ExAO permettent d'enregistrer le potentiel global* d'un nerf (ici dispositif Jeulin + logiciel « Neuro »).

B Des enregistrements.

Sur l'enregistrement ci-contre, le tracé à la partie inférieure de l'écran présente les caractéristiques (intensité et durée) de la stimulation électrique.

1. artefact de stimulation.
2. réponse du nerf.

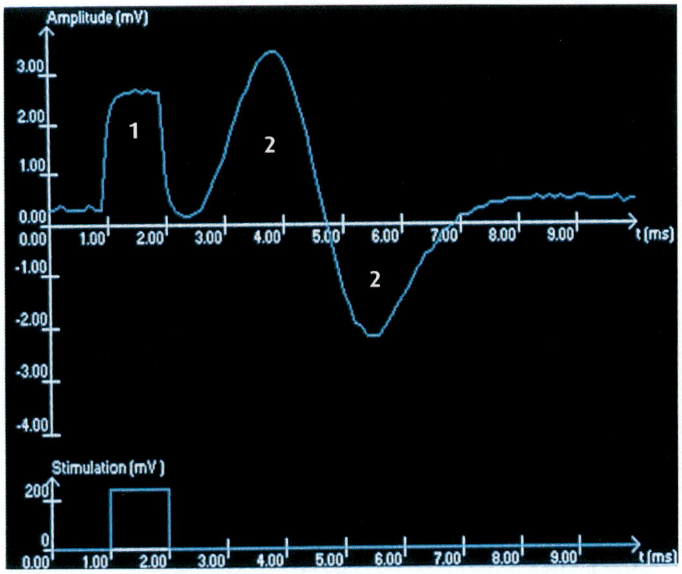

2 Réponse du nerf à une stimulation électrique « efficace ».

Le logiciel utilisé permet de superposer sur le même écran les réponses nerveuses successives (de couleurs différentes) déclenchées par des stimulations électriques d'intensité croissante.
Ici, la durée du stimulus est toujours la même (1 ms) mais son intensité augmente comme indiqué sur le tracé du bas de l'écran.

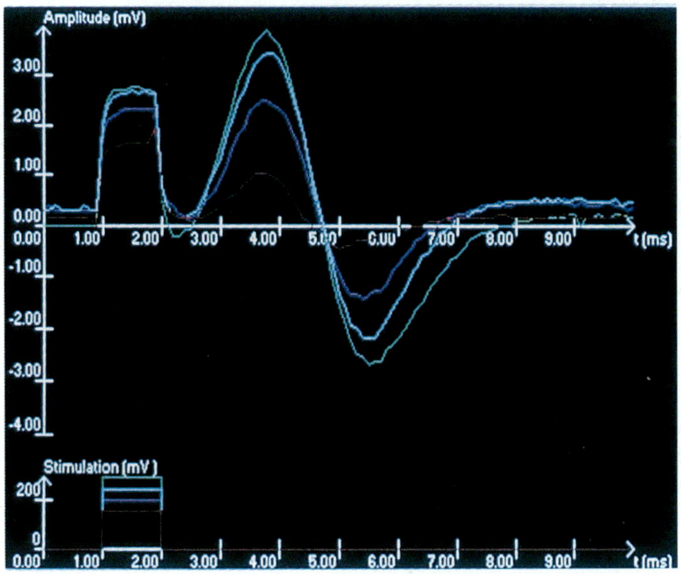

3 Variations de l'amplitude de la réponse du nerf en fonction de l'intensité de la stimulation.

Lexique

- **Potentiel global** : manifestation électrique observée lorsqu'on enregistre la réponse de l'ensemble du nerf.
- **Stimulus** : événement (choc électrique, pincement, etc) susceptible de déclencher l'émission d'un message nerveux.

Pistes d'exploitation

1 - Doc 1 : Observez attentivement le montage et décrivez en quelques phrases le principe de ce dispositif.

2 - Doc 2 et 3 : Définissez les caractéristiques du potentiel global enregistré (amplitude en mV, durée en ms) et montrez comment varient ces caractéristiques avec l'intensité du stimulus.

3 - Doc 1 à 3 : En utilisant vos connaissances sur la structure d'un nerf, proposez une explication des variations constatées. Vous vérifierez si cette hypothèse explicative est confirmée par les données des pages suivantes.

Exploration de l'activité

Le potentiel global traduit la réponse d'un grand nombre, voire de la totalité, des fibres d'un nerf. Pour connaître les caractéristiques de la réponse de chaque fibre prise isolément, il faut faire appel à des techniques de laboratoire sophistiquées.

- Quelles sont ces techniques ?
- Quels « signaux » caractéristiques du message nerveux peut-on enregistrer sur une seule fibre ?

A Un dispositif complexe d'enregistrement.

L'ensemble du dispositif expérimental, très sensible aux perturbations électromagnétiques extérieures, est enfermé dans une cage de Faraday. Fixée sur un micromanipulateur, une microélectrode peut être déplacée de façon très précise : des mouvements d'amplitude inférieure au micromètre peuvent être réalisés. La microélectrode peut ainsi être introduite à l'intérieur d'un corps cellulaire de neurone ou même dans une fibre nerveuse à condition que celle-ci soit de gros diamètre (axone géant de calmar, fibre géante de la chaîne ganglionnaire ventrale de certains insectes...).

La microélectrode est reliée à un oscillographe de façon telle que les variations du potentiel de cette électrode se traduisent sur l'écran par des déplacements verticaux du spot.

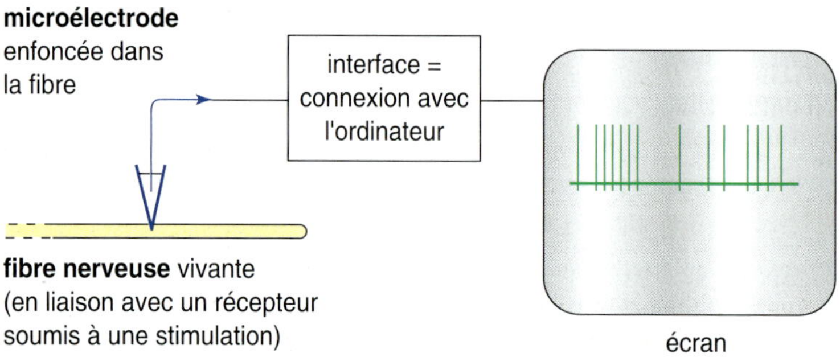

Qu'est-ce qu'une microélectrode ?

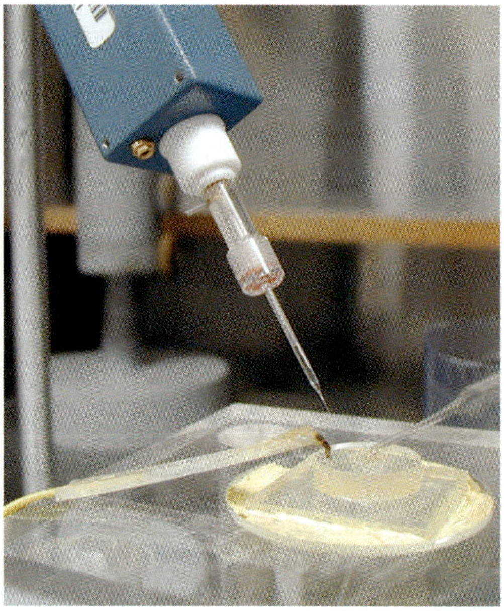

Une microélectrode est constituée par une pipette de verre très fine (à sa pointe, le diamètre d'ouverture est réduit à 0,05 µm). La pipette est remplie d'une solution saline conductrice (KCl par exemple) dans laquelle est plongé un fil électrique assurant la liaison avec le dispositif d'enregistrement.

Notons que le verre étant un isolant électrique, la microélectrode enregistre toujours le potentiel de sa pointe.

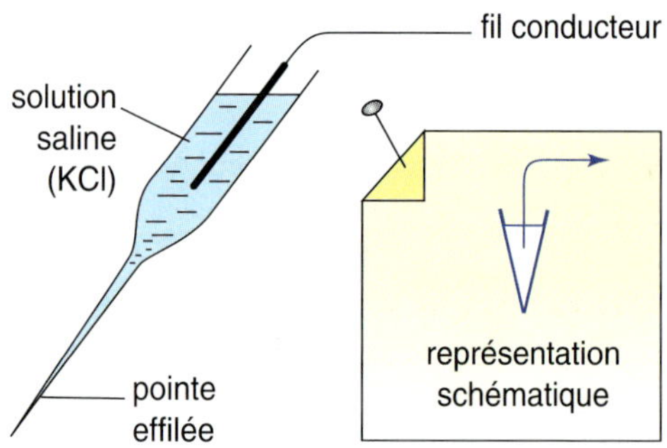

1 Pour explorer l'activité électrique d'une seule fibre nerveuse, il faut disposer de fibres de gros diamètre et de microélectrodes.

B Les « signaux » enregistrés.

A l'aide d'une technique spéciale, on peut enregistrer le message issu d'un récepteur sensoriel et circulant sur une seule fibre nerveuse. L'enregistrement ci-contre a été obtenu chez un insecte, la blatte, en imposant à l'oscillographe un balayage horizontal très lent.

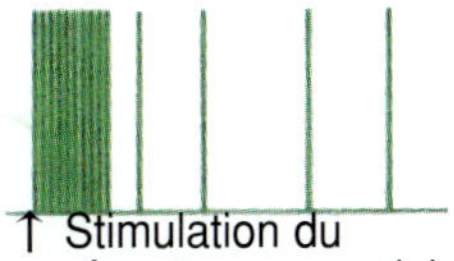

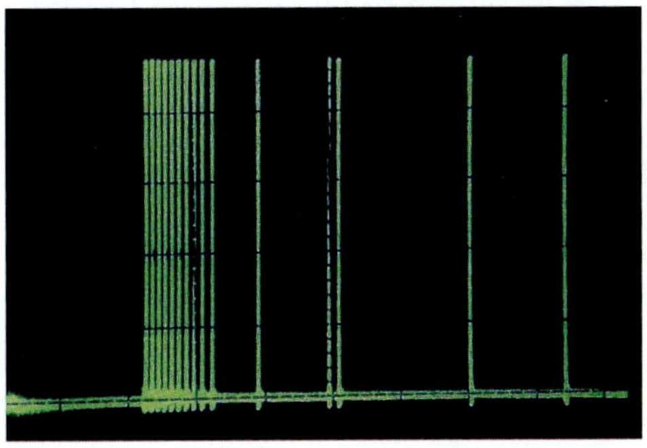

2 Enregistrement d'un message nerveux.

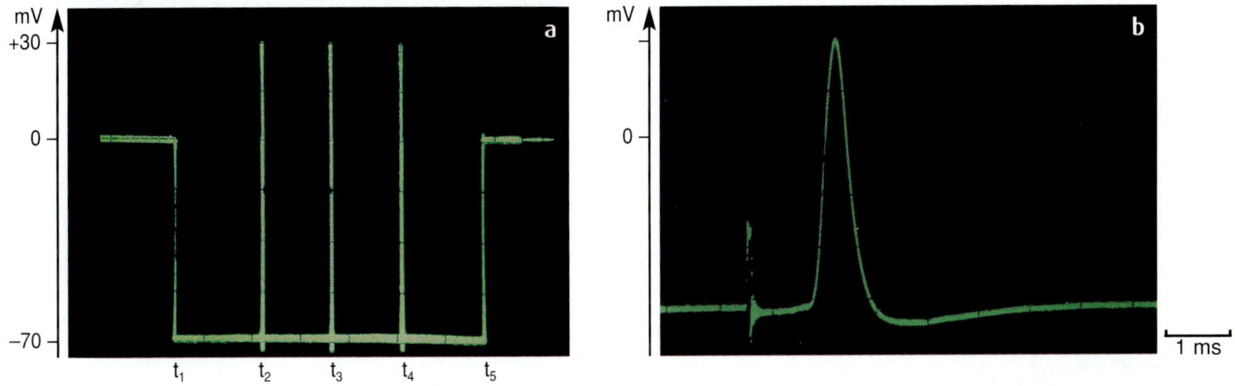

Toujours en utilisant un balayage horizontal très lent, on réalise, sur une fibre nerveuse isolée, les expériences traduites par l'enregistrement **a**. Avant t_1, la microélectrode n'est pas implantée dans la fibre. A l'aide du micromanipulateur, la microélectrode est ensuite introduite dans la fibre à t_1. Elle y est maintenue de t_1 jusqu'à t_5, instant où elle est ressortie de la fibre. L'état électrique enregistré pendant cette période est qualifié de **potentiel de repos***.
Pendant que la microélectrode est implantée, on porte, à t_2, t_3 et t_4, trois stimulations efficaces qui font naître des signaux nerveux en tous points comparables à ceux du document **2** : ces signaux sont appelés des **potentiels d'action***.

L'enregistrement **b** correspond à un de ces potentiels d'action « étalé », c'est-à-dire enregistré avec une vitesse de balayage de l'oscillographe plus grande que précédemment. Il permet de bien distinguer l'artefact de stimulation* (1), simple trace du choc électrique envoyé à t_2, t_3 ou t_4, du potentiel d'action (2) qu'il a fait naître.
Remarque : sur une fibre nerveuse isolée de l'organisme depuis longtemps, on n'enregistre plus de différence de potentiel entre les deux faces de la membrane et il est alors impossible de faire naître des potentiels d'action même avec de fortes stimulations.

3 Une première étude expérimentale.

Lexique

- **Potentiel de repos :** état électrique de la membrane nerveuse tant qu'elle n'est pas excitée.
- **Potentiel d'action :** perturbation brutale et fugace de l'état électrique de la membrane nerveuse.
- **Artefact de stimulation :** petit signal électrique qui ne représente pas la réponse nerveuse mais un simple « parasite » électrique causé par le choc de stimulation.

Pistes d'exploitation

1 - Doc 1 à 3 : Pourquoi peut-on dire que le potentiel d'action est le signal élémentaire du message nerveux ? Quelle est, en millivolts, l'amplitude de ce potentiel d'action ?

2 - Doc 2 : Comparez les potentiels d'action constituant un message nerveux. Comment deux messages nerveux peuvent-ils être différents l'un de l'autre ?

3 - Doc 1 à 3 : On dit que la membrane d'une fibre nerveuse au repos présente entre ses deux faces une polarisation électrique stable appelée potentiel de repos. Quelle face de la membrane est électronégative par rapport à l'autre ? De combien ? Montrez qu'un potentiel d'action correspond à une inversion très transitoire de la polarisation membranaire de repos.

Naissance et conduction

Nous venons de voir à la double page précédente que le message conduit par une fibre nerveuse est constitué d'une série plus ou moins longue de potentiels d'action.

- **Dans quelles conditions ces signaux prennent-ils naissance ?**
- **Comment se propagent-ils le long des fibres nerveuses ?**

A Les conditions de la naissance d'un potentiel d'action.

Deux microélectrodes, l'une stimulatrice, l'autre réceptrice, sont implantées, à faible distance l'une de l'autre, dans un axone géant. Grâce à la microélectrode stimulatrice, on soumet l'axone à quatre stimulations électriques de durée constante et d'intensité régulièrement croissante à partir de i_1.

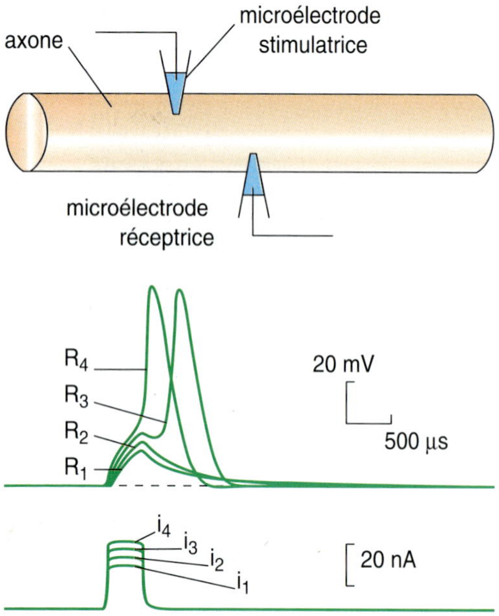

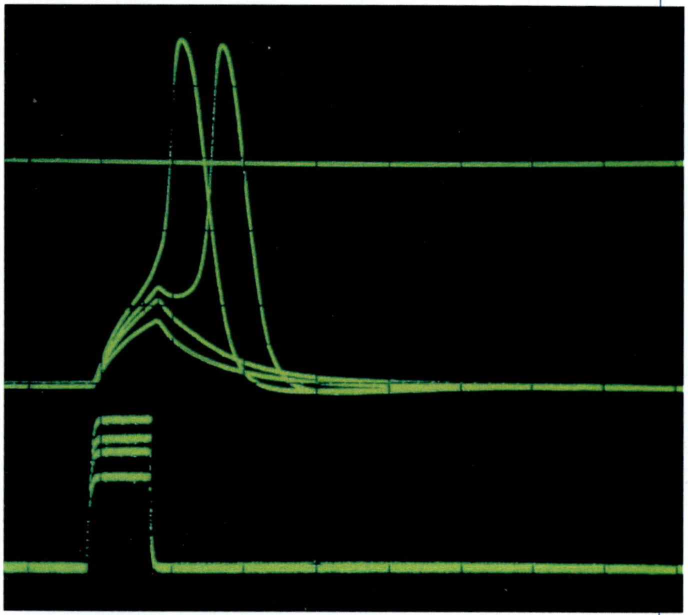

Les quatre « réponses » de la fibre (R_1, ... ,R_4) correspondant aux quatre stimulations d'intensité différente (i_1, ... , i_4) sont enregistrées par un oscillographe à mémoire puis superposées sur l'écran.

1 Des expériences dans un laboratoire d'électrophysiologie.

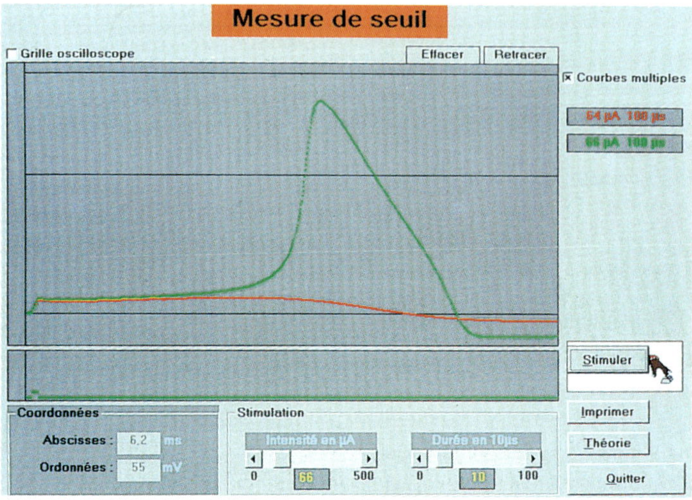

Plusieurs logiciels se rapportant à la communication nerveuse permettent de simuler des expériences irréalisables au lycée, en particulier sur les conditions de la naissance et sur la propagation des potentiels d'action. Ces logiciels permettent de faire varier les conditions de stimulation d'une part, la distance entre électrodes stimulatrices et réceptrices d'autre part. Les résultats affichés sur l'écran sont très proches de ceux obtenus si l'expérience est effectivement réalisée en laboratoire.

La photographie d'écran correspond ici à l'enregistrement virtuel de la réponse d'une fibre nerveuse à deux stimulations de même durée mais d'intensités très voisines 64 µA (traçé rouge) et 66 µA (tracé vert).

2 L'utilisation d'un logiciel de simulation.

B La propagation des potentiels d'action.

■ **PROTOCOLE EXPÉRIMENTAL**

Une fibre nerveuse isolée est soumise à deux stimulations identiques (même intensité et même durée), suffisantes pour déclencher l'émission d'un potentiel d'action. Entre les deux stimulations, l'électrode réceptrice est déplacée par rapport au point de stimulation. Ci-contre, les deux courbes sont obtenues avec des électrodes réceptrices placées à 20 mm, puis à 40 mm du point de stimulation.

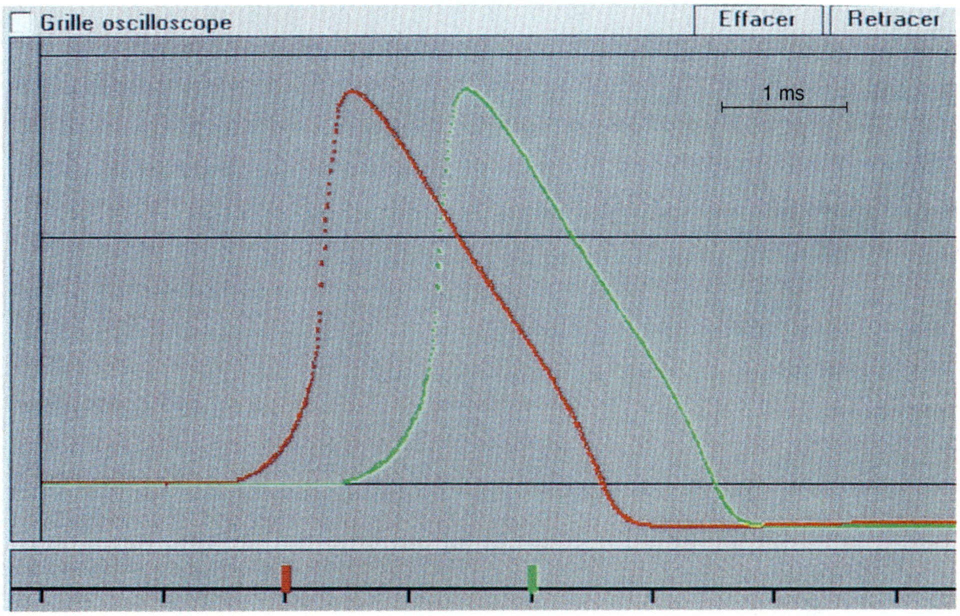

3 Mesure de la vitesse de propagation des potentiels d'action grâce à un logiciel de simulation (« Potact », Jeulin).

« Formez un rang de vingt personnes assises sur des chaises proches l'une de l'autre (le rang pouvant former un cercle) en leur faisant disposer les mains de manière à pouvoir toucher leur voisin aussi rapidement que possible. Préparez chacun à toucher le haut du bras de son voisin, dès qu'il se sent touché par le voisin du côté opposé. Mesurez le délai cumulé au moyen d'un chronomètre et répétez la mesure dix fois. Refaites ensuite la même opération mais en faisant toucher les poignets.

La différence de trajet entre l'épaule et le poignet est de 50 cm environ, ce qui donne au total, pour les 20 personnes, une longueur de nerf de 10 mètres. Cela suffit, en se basant sur la moyenne des essais, pour obtenir une mesure acceptable de la vitesse de l'influx nerveux. Le temps pris par chacun pour mouvoir le doigt ne compte pas puisqu'il est le même dans les deux conditions d'expérience. »

D'après « *L'œil et le cerveau* ». Flammarion Ed.

4 Une mesure simple de la vitesse du message nerveux.

La simulation du document **3** montre que l'amplitude du potentiel d'action ne s'est pas modifiée d'un enregistrement à l'autre. Cela serait également le cas si la distance entre électrode réceptrice et point de stimulation était beaucoup plus importante (plusieurs dizaines de centimètres par exemple).
Ainsi, le potentiel d'action, signal nerveux élémentaire, conserve ses caractéristiques tout au long de sa propagation le long d'une fibre nerveuse.

5 Un « signal » qui ne s'atténue pas en s'éloignant de sa source : une caractéristique importante du signal nerveux.

Pistes d'exploitation

1 - Doc 1 et 2 : Les neurophysiologistes disent que la fibre nerveuse obéit à la « loi du tout ou rien » ; cela signifie que le potentiel d'action qui peut naître et se propager sur cette fibre présente d'emblée son amplitude maximale dès que la fibre est dépolarisée au-delà d'un certain « seuil ». En observant attentivement l'enregistrement du document **1**, précisez ce que l'on entend par potentiel-seuil (ou seuil de dépolarisation) et donnez-en une valeur approximative.

En quoi ces documents illustrent-ils la « loi du tout ou rien » ?

2 - Doc 3 et 4 : En justifiant la méthode utilisée, mesurez la vitesse de propagation du potentiel d'action permise par le logiciel de simulation. Comparez si possible avec la valeur obtenue grâce à la méthode simple proposée dans le document **4**.

3 - Doc 5 : Quelle caractéristique importante du signal nerveux est évoquée ici ?

ACTIVITÉS pratiques 4

Les messages nerveux sont des

Nous avons vu au chapitre précédent que les récepteurs sensoriels d'un muscle étiré émettent vers la moelle épinière des messages nerveux qui déclenchent une réponse réflexe adaptée, c'est-à-dire une contraction musculaire dont l'importance dépend de l'intensité du stimulus.

■ **Comment le message nerveux est-il « codé » pour assurer cette « adaptation » ?**

A Un codage au niveau de chaque fibre.

Un récepteur sensoriel est une cellule ou une portion de cellule spécialisée, capable de répondre à un stimulus bien précis. Dans le monde animal, il existe des récepteurs sensoriels très variés que l'on classe en fonction du stimulus auquel ils se montrent sensibles. Si l'on ne considère que les trois catégories principales de stimulus, on appellera **chimiorécepteurs** les récepteurs sensibles à des substances chimiques, **mécanorécepteurs** ceux qui sont sensibles à des pressions, des vibrations ou des sons et **photorécepteurs** ceux qui sont sensibles à la lumière.
Tous ces récepteurs fonctionnent selon le même principe : chaque récepteur **transforme l'énergie du stimulus** auquel il est sensible en un **message nerveux**.

Photographie : un « récepteur » spectaculaire, les antennes du bombyx.

1 Les récepteurs sensoriels fonctionnent tous selon le même principe.

Les enregistrements de ce document ont été réalisés chez un insecte en faisant agir sur un de ses récepteurs sensoriels (un mécanorécepteur sensible aux déplacements d'air) des stimulations d'intensité différente.

- **Ci-dessous :** photo d'écran pour un stimulus d'intensité donnée.
- **A droite :** différents écrans enregistrés informatiquement puis imprimés (les intensités de stimulation sont croissantes du haut vers le bas).
- **Sur chaque enregistrement :**

– le tracé A correspond aux potentiels d'action émis par le récepteur ;
– le tracé B correspond à l'intensité du stimulus appliqué sur ce récepteur.

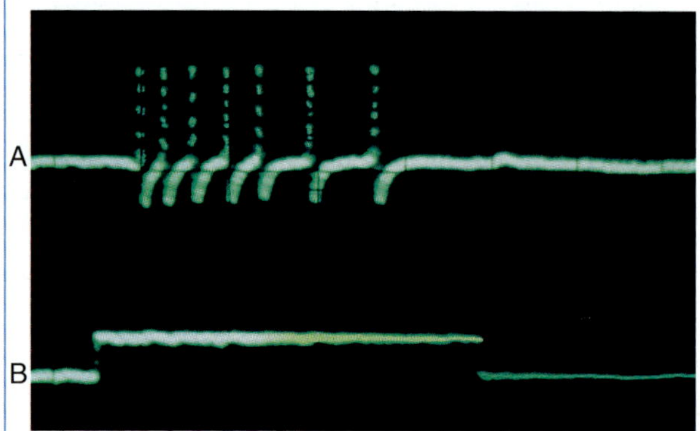

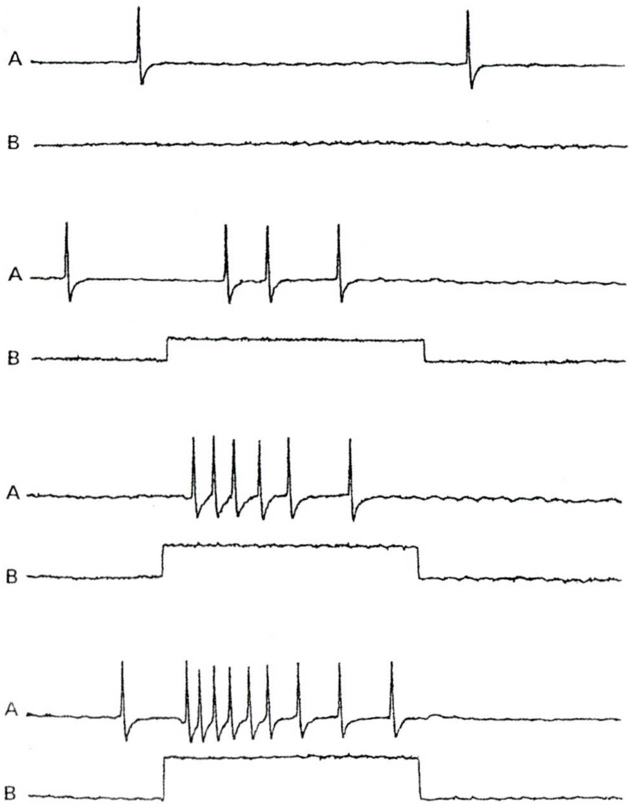

2 Le message sensoriel : un message codé informant le centre nerveux sur les caractéristiques du stimulus.

B Un codage par le nombre de fibres mises en jeu.

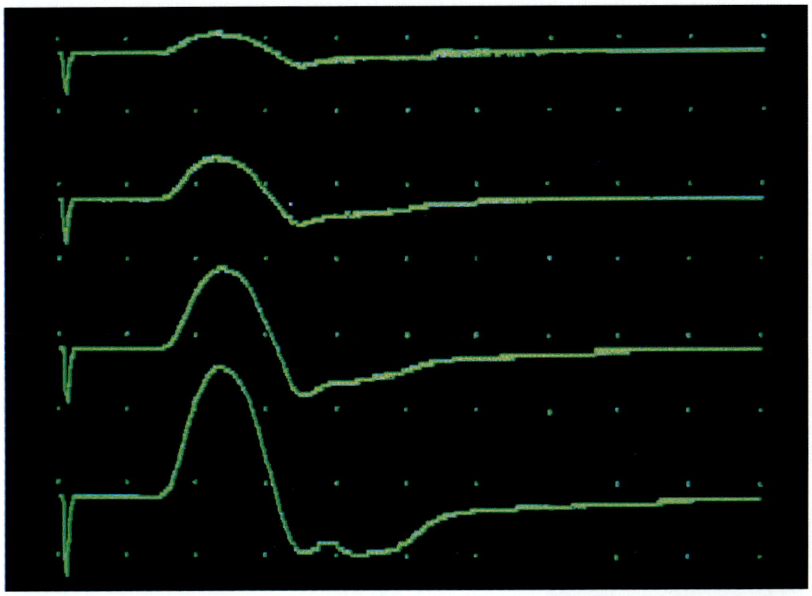

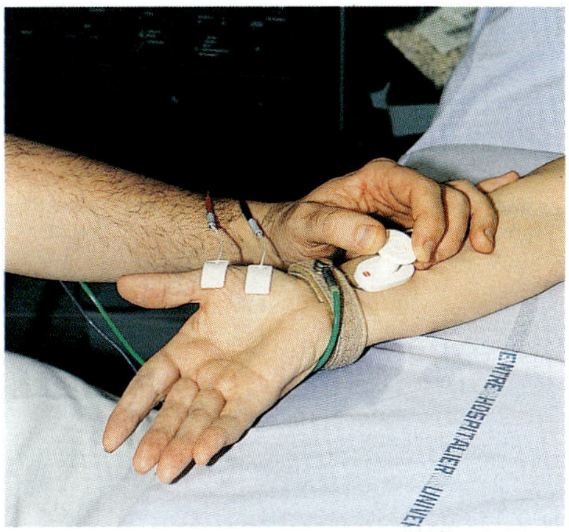

• Nous savons que les fibres musculaires ne se contractent que si elles reçoivent un message nerveux par l'intermédiaire d'un motoneurone. Par ailleurs, « l'ordre de contraction » ne peut pas être transmis d'une fibre musculaire à une autre. Ainsi, quand un message nerveux arrive par un motoneurone, seules se contractent les fibres musculaires connectées à ce motoneurone. Comment expliquer alors les variations de l'amplitude de la réponse réflexe en fonction de l'intensité du stimulus ?

• Voici une exploration électromyographique couramment pratiquée en médecine : deux électrodes réceptrices enregistrent l'activité électrique (EMG) du muscle fléchisseur du pouce. Les contractions de ce muscle sont déclenchées par deux électrodes stimulatrices placées sur la peau, au niveau du poignet, juste au-dessus du nerf qui commande ce muscle, le nerf médian.
Les enregistrements correspondent, du haut vers le bas, à quatre stimulations d'intensité croissante.

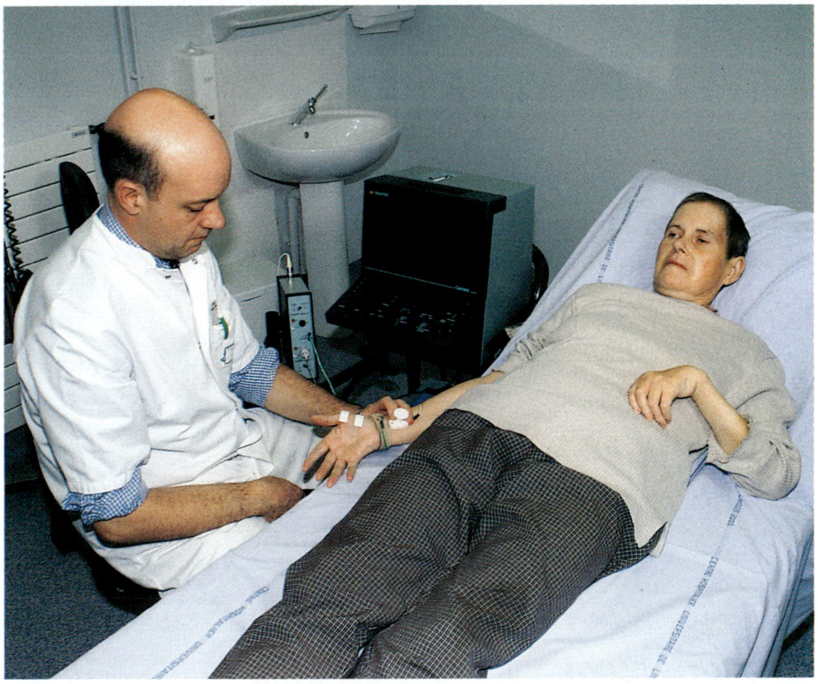

3 L'enregistrement de contractions musculaires renseigne sur le nombre de fibres nerveuses motrices excitées.

Pistes d'exploitation

1 - Doc 1 et 2 : Cherchez la relation existant entre les caractéristiques de la stimulation d'un récepteur et celles du message nerveux émis par ce récepteur.

2 - Doc 3 : Montrez en quoi ces enregistrements mettent en évidence l'intervention d'un nombre croissant de fibres nerveuses quand la stimulation du nerf est plus intense.

3 - Bilan : Quelles sont en résumé les deux formes de codage d'un message nerveux ?

La transmission synaptique :

L'existence de synapses entre cellules excitables, ainsi que la nécessité d'un messager chimique pour franchir l'espace synaptique entre deux cellules en contact sont connues depuis la classe de Troisième.

■ Quels sont les aspects plus précis de l'organisation et du fonctionnement des synapses ? Nous allons le préciser ici et dans la double page suivante.

A Un espace ou fente entre cellules pré et post-synaptique*.

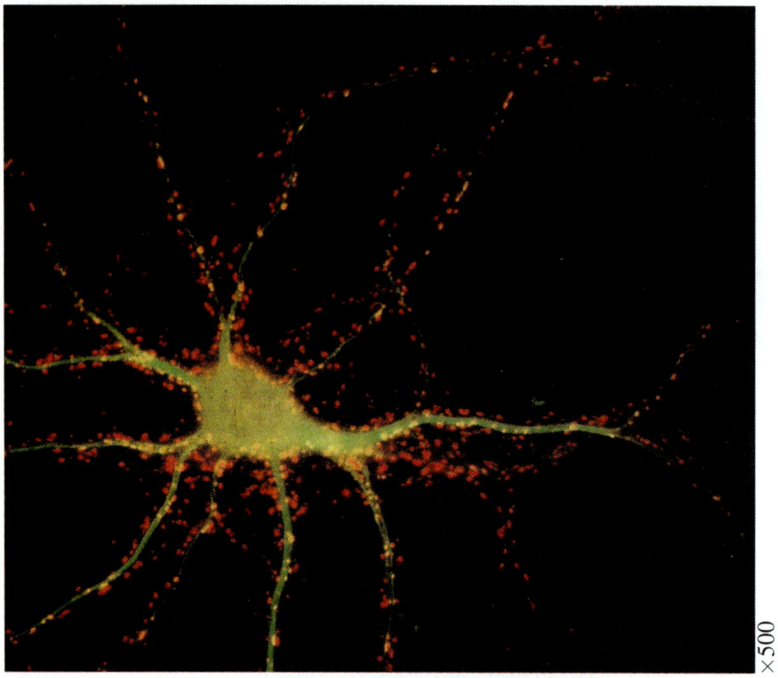

Pour réaliser le document ci-contre, on a utilisé un pigment fluorescent, émettant une lumière rouge et se fixant de façon spécifique sur une molécule présente exclusivement dans les régions synaptiques. Les points rouges représentent donc les contacts entre différentes terminaisons axoniques (non visibles) et le neurone coloré en jaune-vert.

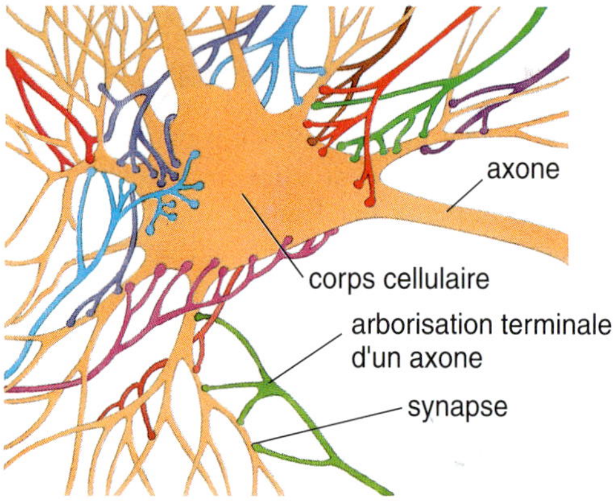

1 Chaque point rouge est une synapse ! Il y en a des milliers sur le corps cellulaire et les dendrites de chaque neurone.

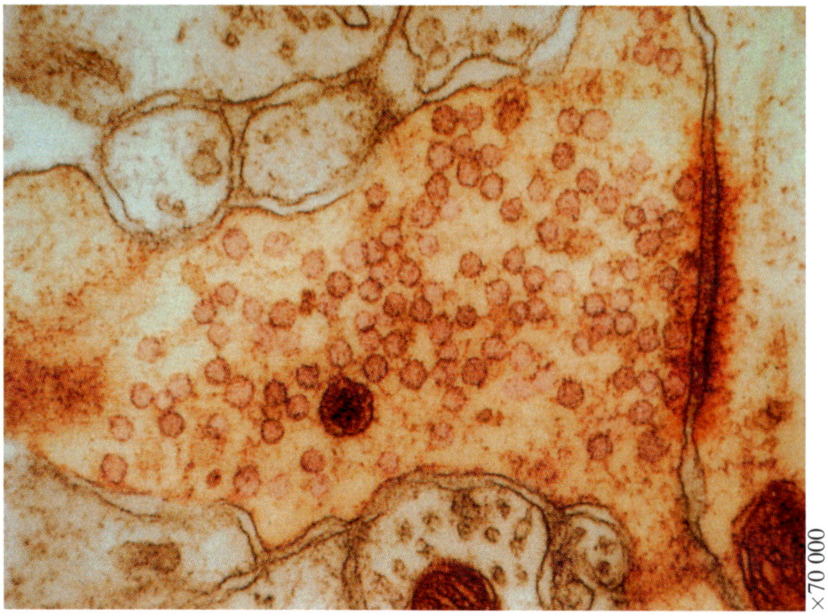

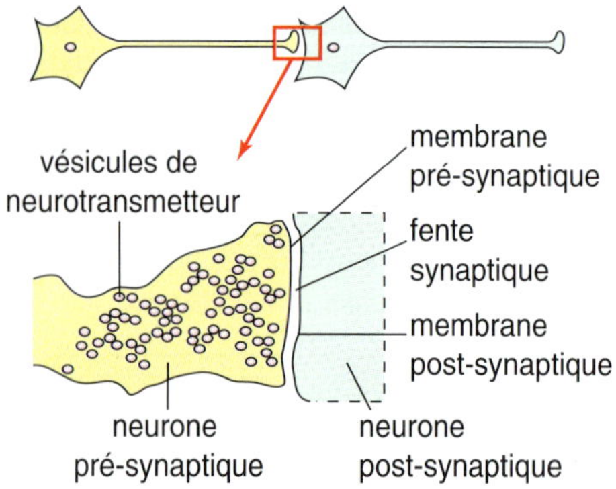

Les documents de cette page présentent des synapses entre deux neurones, ou synapses neuro-neuroniques.

L'architecture de la synapse neuro-musculaire ou plaque motrice (déjà vue page 184) est la même : seule diffère la nature de la cellule post-synaptique.

2 Le microscope électronique permet de préciser l'architecture d'une synapse.

B Une libération du neurotransmetteur par exocytose*.

• Cette électronographie au MET présente une petite partie d'une synapse neuro-musculaire congelée brutalement une milliseconde après une stimulation de l'axone. On peut observer la fusion de certaines vésicules synaptiques avec la membrane de la terminaison axonique (ce mécanisme est appelé **exocytose**).

• Au niveau d'une synapse neuro-musculaire, on a pu estimer que chaque vésicule contient environ 10 000 molécules de neurotransmetteur (dans ce cas, de l'acétylcholine).

• Dans l'organisme, on connaît un nombre très élevé de neurotransmetteurs différents (plus de 110 ont été formellement identifiés).

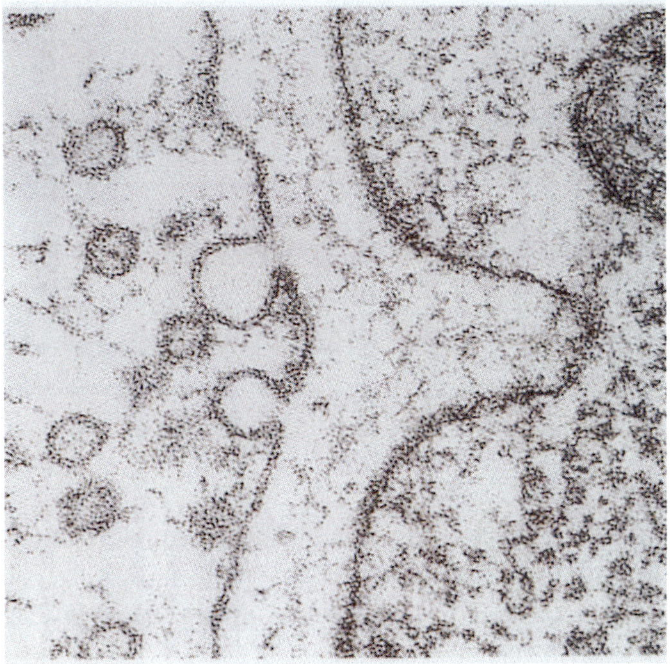

3 Le neurotransmetteur est libéré dans la fente synaptique par exocytose*.

• Les deux électronographies ci-contre présentent la surface de la membrane présynaptique. Une synapse congelée est fracturée de telle sorte que le plan de fracture passe par la fente synaptique. On observe ensuite, au MEB, la face de la fracture correspondant à la membrane présynaptique (tout se passe donc comme si nous regardions cette membrane depuis l'intérieur de la fente synaptique).

a. Membrane non stimulée.

b. Membrane stimulée (les dépressions représentent la fusion de vésicules de neurotransmetteur avec la membrane pré-synaptique).

• Par ailleurs, des études quantitatives ont montré que plus la fréquence des potentiels d'action arrivant par l'axone pré-synaptique est élevée, plus le nombre de vésicules fusionnant avec cette membrane est lui-même important.

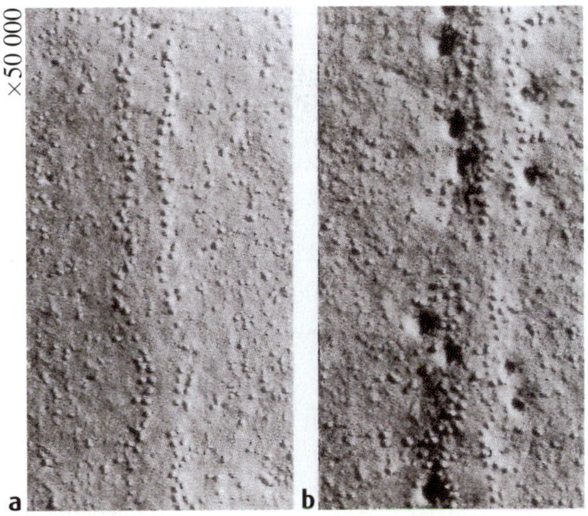

4 Relation entre message nerveux pré-synaptique et exocytose des vésicules de neurotransmetteur.

Lexique

• **Pré-synaptique :** s'applique à un constituant situé « en amont » de la fente synaptique (axone ou sa membrane au niveau du contact synaptique).

• **Post-synaptique :** s'applique à la cellule (où à sa membrane) située « en aval » du contact synaptique.

• **Exocytose :** mécanisme d'évacuation à l'extérieur de la cellule du contenu d'une vésicule cytoplasmique par fusion de la paroi de cette vésicule avec la membrane cellulaire.

Pistes d'exploitation

1 - Doc 1 et 2 : Montrez que l'organisation synaptique permet de comprendre pourquoi un message ne peut franchir cette zone de contact que dans un sens précis.

2 - Doc 3 et 4 : Comment est libéré le neurotransmetteur dans la fente synaptique ?

La transmission synaptique : devenir

Nous venons d'analyser la première étape du fonctionnement synaptique : la libération du neurotransmetteur par l'axone pré-synaptique.

- **Comment ce messager chimique agit-il sur la cellule post-synaptique ?**
- **Comment son action cesse-t-elle ?**

A Action du neurotransmetteur sur la membrane post-synaptique.

×500 000

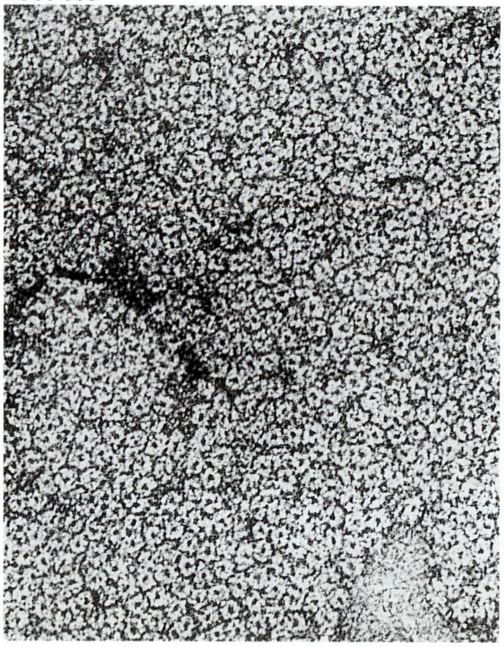

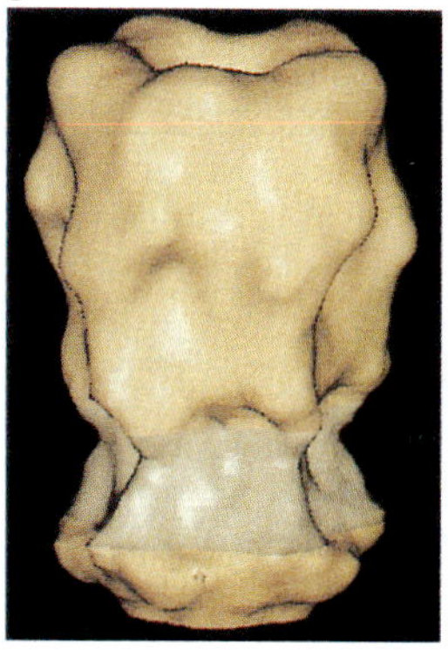

- La photographie **a** est une observation, à très fort grossissement au microscope électronique, de la membrane post-synaptique d'une plaque motrice (vue « à plat », comme si l'observateur se trouvait dans la fente synaptique). Les petits disques visibles sont des protéines, appelées **« récepteurs* »,** car elles possèdent, du côté de la fente synaptique, des sites de fixation spécifiques du neurotransmetteur de cette synapse.
- La photographie **b** est une reconstitution par ordinateur d'un tel récepteur vu de profil (il s'agit ici du récepteur spécifique de l'acétylcholine).

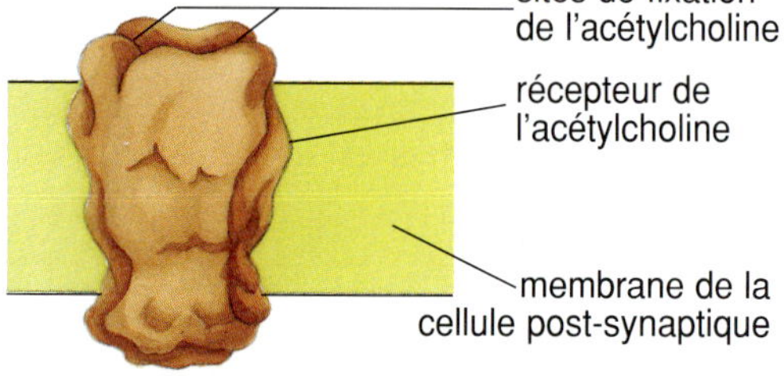

1 **Dans la membrane post-synaptique sont enchâssées de très nombreuses molécules protéiques jouant un rôle fondamental dans la transmission synaptique.**

Le cliché ci-contre présente une coupe au niveau d'une synapse neuromusculaire (ou plaque motrice) dont le neurotransmetteur est l'acétylcholine. On a fait agir sur cette synapse une toxine, l'α-bungarotoxine. C'est un poison contenu dans le venin d'un serpent d'Asie nommé *Bungarus multicinctus* et dont la morsure entraîne une paralysie des proies : en effet, les messages nerveux, toujours conduits par les nerfs moteurs, sont alors incapables de déclencher des contractions musculaires.

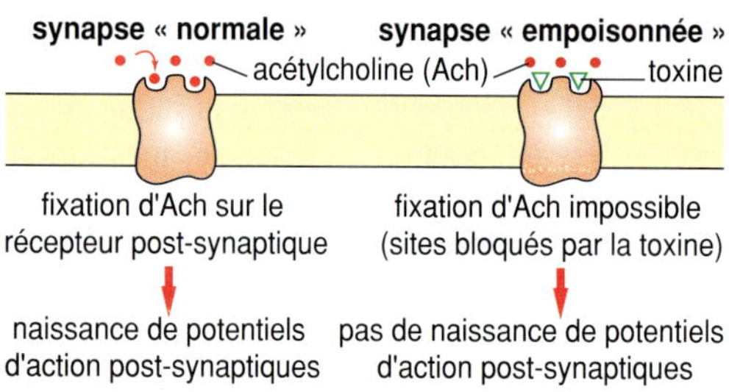

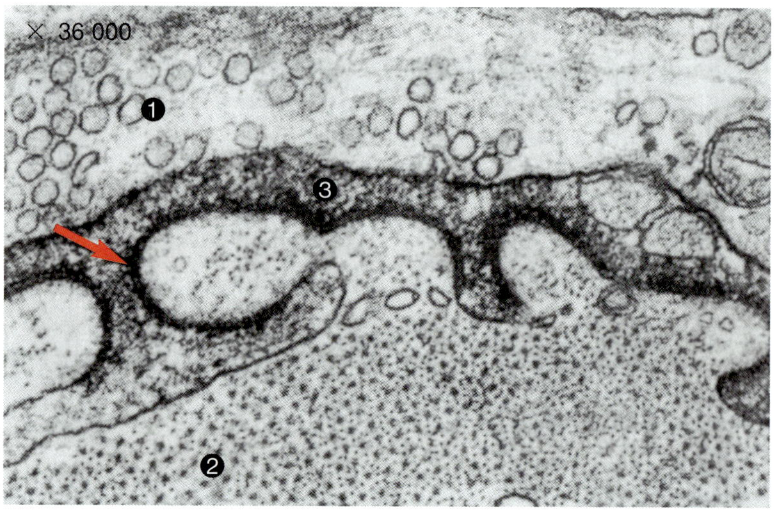

Sur ce cliché, une technique appropriée permet de localiser les molécules de toxine : leur présence est soulignée par un précipité opaque aux électrons (flèche). ❶ Neurone. ❷ Muscle. ❸ Fente synaptique.

2 **La fixation du neurotransmetteur sur la membrane post-synaptique : une étape indispensable.**

du neurotransmetteur dans la fente

B Le cycle de fonctionnement d'une synapse.

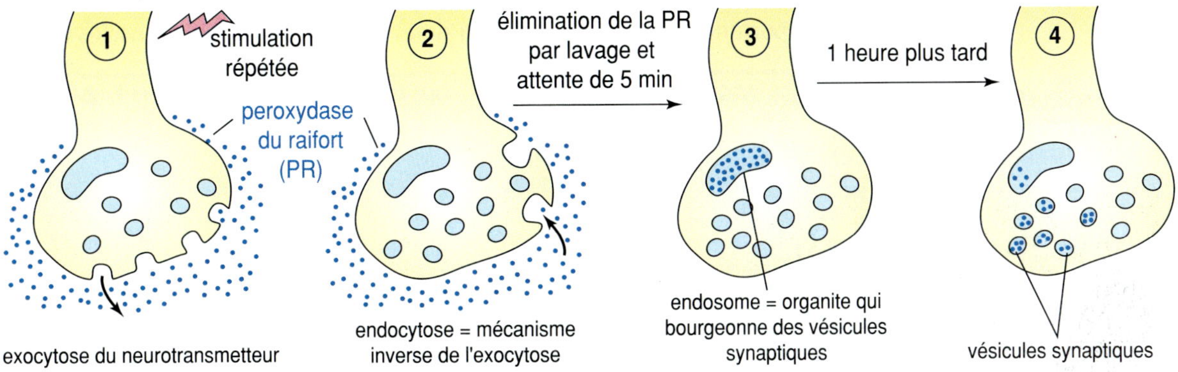

Une expérience, résumée par la série de dessins, permet d'expliquer le mécanisme de recapture du neurotransmetteur. On injecte dans la fente synaptique une enzyme, la peroxydase du raifort : c'est une grosse molécule incapable de diffuser à travers une membrane plasmique et que l'on peut localiser aisément au microscope électronique car elle forme un produit opaque aux électrons.

On stimule de manière répétée l'axone pré-synaptique pour provoquer un fonctionnement important de cette synapse. La peroxydase du raifort sert alors de « traceur » du devenir du liquide de la fente synaptique.

3 Le neurotransmetteur (ou ses produits de dégradation) est « recapté » par l'axone pré-synaptique qui reconstitue ainsi rapidement son stock de neurotransmetteur.

1. Arrivée de potentiels d'action dans la terminaison pré-synaptique.
2. Fusion de quelques vésicules de neurotransmetteur avec la membrane pré-synaptique.
3. Libération par exocytose du neurotransmetteur dans la fente synaptique.
4. Fixation du neurotransmetteur sur les récepteurs spécifiques de la membrane post-synaptique.
5. Naissance, dans certaines conditions, de potentiels d'action post-synaptiques.
6. Recapture par endocytose du neurotransmetteur ou des produits de sa dégradation*.

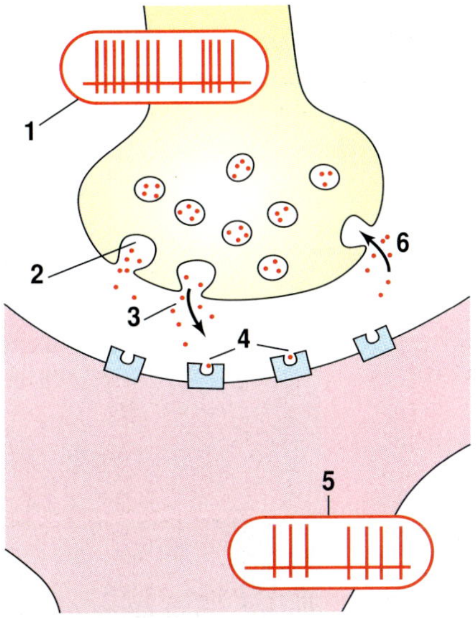

*** Une précision :** la plupart des neurotransmetteurs ne subissent pas de modification dans la fente synaptique et sont recaptés tels quels par la terminaison pré-synaptique. D'autres, en revanche, sont hydrolysés dans la fente synaptique par une enzyme spécifique (par exemple, dans la synapse neuromusculaire, l'acétylcholinestérase est capable d'hydrolyser 5 000 molécules d'acétylcholine par seconde).

4 Un schéma de synthèse à mettre en relation avec l'ensemble des documents des pages 204 à 207.

Pistes d'exploitation

1 - Doc 1 et 2 : En utilisant les informations de ces deux documents, expliquez à quel niveau de la cellule post-synaptique agit le neurotransmetteur. Montrez l'intérêt du document 2.

2 - Doc 3 : Quel mécanisme de recapture du neurotransmetteur est suggéré par l'expérience ?

3 - Doc 4 : Repérez sur les pages 204 à 207 les documents qui démontrent ou illustrent chacune des étapes du fonctionnement synaptique.

4 - Bilan : Pourquoi peut-on dire qu'au niveau de la synapse existe un codage « chimique » intercalé entre deux codages « électriques » ?

ACTIVITÉS pratiques 7

Les propriétés intégratrices

Dans un centre nerveux, chaque neurone est connecté à de nombreux autres neurones par des contacts synaptiques. Il peut donc recevoir à tout instant, de multiples messages qui, comme nous l'avons vu au chapitre précédent, sont soit excitateurs, soit inhibiteurs.

- **Comment un neurone va-t-il réagir c'est-à-dire, intégrer ces messages « contradictoires » ?**
- **Quelle est l'importance de cette intégration dans la coordination des muscles antagonistes ?**

A Des synapses excitatrices et des synapses inhibitrices.

LE PROTOCOLE EXPÉRIMENTAL

Chez les insectes, les centres nerveux sont répartis tout le long du corps sous forme de ganglions. Chez la blatte (communément appelée cafard), le dernier ganglion abdominal reçoit différents nerfs en provenance d'organes sensoriels, les cerques, situés à l'extrémité de l'abdomen.
Les fibres de ces nerfs forment des synapses avec les neurones du ganglion (neurones géants) :

– soit directement pour les fibres du nerf dit cercal,
– soit par l'intermédiaire d'interneurones pour les fibres du nerf paracercal.

Des électrodes stimulatrices permettent d'exciter indépendamment le nerf cercal (ES_1) ou le nerf paracercal (ES_2). Par ailleurs, une microélectrode implantée dans un axone de neurone géant capte les messages éventuellement émis par ce neurone.

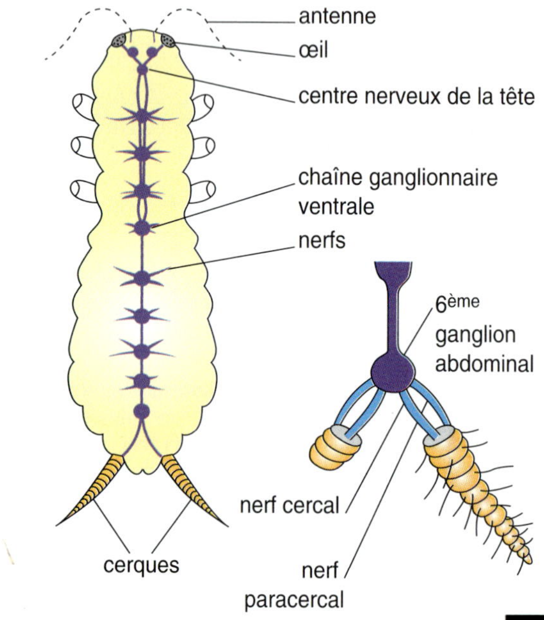

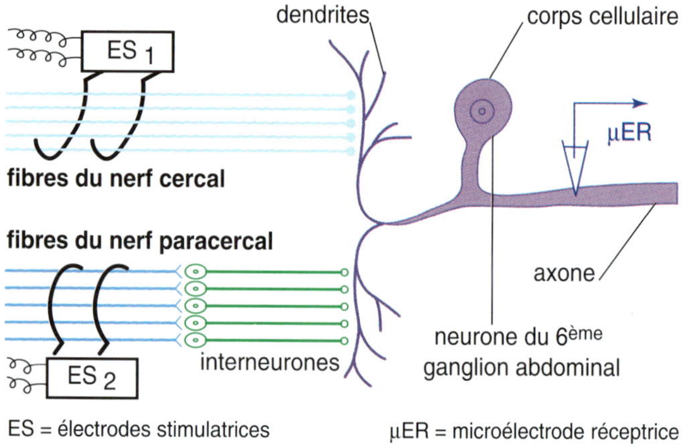

LES ENREGISTREMENTS

Les enregistrements ci-contre correspondent au message enregistré sur l'axone du neurone géant dans trois situations différentes :

1. Stimulation modérée du nerf cercal en ES_1 (intensité juste nécessaire pour obtenir une réponse du neurone géant).

2. Stimulation du nerf paracercal en ES_2.

3. Stimulation simultanée des deux nerfs, en ES_1 et ES_2.

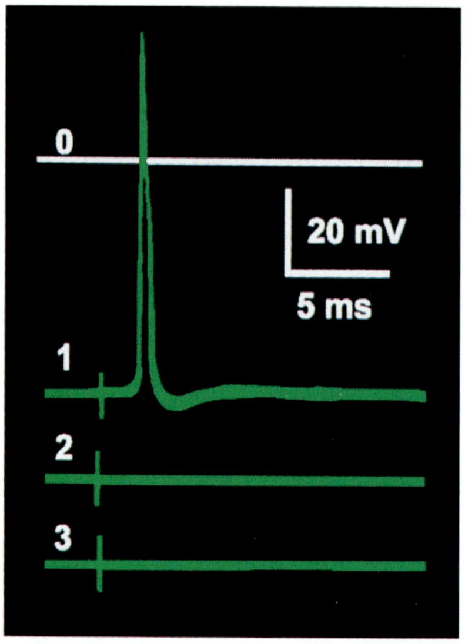

1 Une étude expérimentale chez un insecte, la blatte.

B Le contrôle de l'activité des motoneurones médullaires.

Les enregistrements ci-contre ont été réalisés avec le dispositif expérimental décrit page 178 : il s'agit donc d'électromyogrammes du muscle triceps sural.
Deux expériences successives ont été réalisées et les résultats sont superposés sur l'écran :
– lors du premier enregistrement (en **vert** sur l'écran), un réflexe achilléen normal a été déclenché, le muscle jambier antérieur (muscle antagoniste du triceps sural) étant relâché ;
– lors du deuxième enregistrement (en **rouge**), on a demandé au sujet de contracter volontairement le muscle jambier antérieur avant de frapper le tendon d'Achille avec le marteau à réflexe.

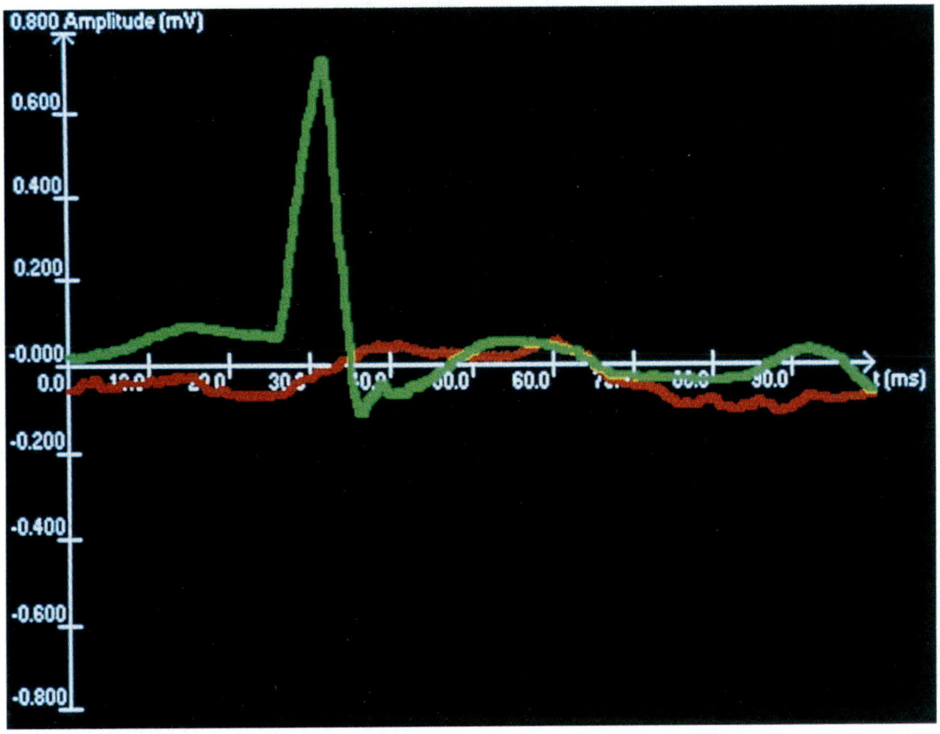

2 Un contrôle du réflexe myotatique.

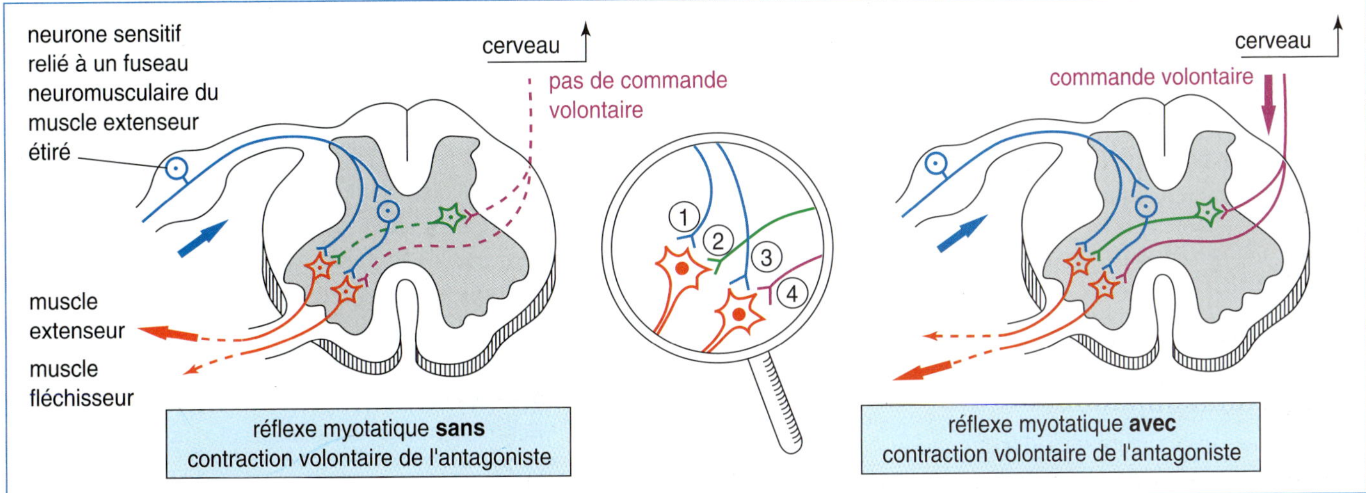

3 Des motoneurones soumis à des influences contradictoires.

Pistes d'exploitation

1 - Doc 1 : Quelles informations apportent ces expériences
- sur la façon dont ce neurone « réagit » aux différents messages qui peuvent lui parvenir ?
- sur l'action des différentes synapses au niveau d'un neurone ganglionnaire ?
Comment expliquez-vous le résultat de l'expérience **3** ?

2 - Doc 2 : Comparez les réponses réflexes obtenues au cours de ces deux expériences.

3 - Bilan : Utilisez le dessin **3** pour expliquer les résultats expérimentaux observés en **2**. Précisez la nature (excitatrice ou inhibitrice) des synapses 1 à 4 représentées sur ce dessin.

Les messages nerveux au niveau neuronique

La communication nerveuse se manifeste par des signaux électriques enregistrables qui constituent des messages. Ces derniers se propagent le long des chaînes de neurones connectés entre eux par des synapses. S'il est facile d'étudier l'activité électrique globale d'un nerf en plaçant à son contact des électrodes reliées à un dispositif d'enregistrement, en revanche, l'analyse des signaux élémentaires au niveau des cellules nerveuses nécessite des techniques plus délicates.

I Le potentiel d'action, signal élémentaire du message nerveux

1• La membrane au repos est polarisée électriquement

L'étude de l'activité électrique d'une fibre nerveuse ou d'un neurone peut être réalisée à l'aide d'électrodes très fines (microélectrodes) que l'on implante à l'intérieur de la cellule. On constate alors que la membrane d'une cellule nerveuse au repos présente un état électrique remarquable : il existe une **différence de potentiel permanente** de 70 mV entre ses deux faces, l'intérieur étant électronégatif par rapport à l'extérieur. Cette **polarisation transmembranaire** est nommée **potentiel de repos**. C'est une caractéristique générale des cellules vivantes.

2• Le signal nerveux, un événement membranaire brutal

Les messages nerveux sont constitués par des rafales de signaux bioélectriques tous identiques, d'une amplitude de 100 mV environ.

Chaque signal correspond à une modification soudaine du potentiel de repos de la fibre : après une **inversion brutale de la polarisation membranaire** (la face interne devenant électropositive par rapport à la face externe), la membrane se **repolarise** très rapidement. Cet événement très local et très bref (de l'ordre de la milliseconde) constitue le signal nerveux élémentaire : c'est un **potentiel d'action** qui se propage le long de la fibre.

En général, un message, quel qu'il soit, n'est pas constitué par un seul signal mais par un ensemble de signaux dont « l'assemblage » a une signification pour celui qui le reçoit. Comme nous allons le voir, le message nerveux ne fait pas exception à la règle.

II Naissance, codage et conduction des messages nerveux

1• Le double codage des messages nerveux

Quelles sont les caractéristiques des messages nerveux enregistrés, qu'il s'agisse de messages afférents ou de messages efférents ?

Dans tous les cas, les messages propagés par les fibres nerveuses sont constitués de « trains » de potentiels d'action : si l'amplitude de ces signaux est constante, leur fréquence est en revanche très variable. Au niveau d'une fibre nerveuse, le message est donc codé en « **modulation de fréquence** ».

Un deuxième codage, qui a une signification pour l'organe qui reçoit le message, correspond au nombre de fibres d'un nerf actives à un instant donné. C'est ce deuxième type de codage qui explique les variations d'amplitude du potentiel global enregistré au niveau du nerf entier.

Enfin, la durée d'un message nerveux représente aussi une information pertinente : suivant le cas, elle informe un centre nerveux sur la durée d'un stimulus, elle limite la durée de contraction d'un muscle...

2• Un exemple de codage : le message sensoriel

Dans l'organisme, les signaux nerveux ne prennent naissance qu'au niveau de certaines structures neuroniques précises. Le cas le plus simple correspond à celui des **récepteurs sensoriels**.

• **Les récepteurs sensoriels** sont des « capteurs » pouvant détecter des signaux qui proviennent soit du milieu extérieur soit de l'intérieur même de l'organisme. Suivant le type de récepteur, la stimulation efficace est mécanique, chimique, thermique, lumineuse... et déclenche l'excitation de neurones sensitifs qui émettent un message en direction d'un centre nerveux : les récepteurs sont donc spécialisés et réagissent à un stimulus précis.

• **Il existe un seuil d'excitation** pour chaque récepteur. Si le stimulus appliqué sur un récepteur est de faible intensité, il ne provoque pas la naissance de potentiels d'action. Il provoque seulement une faible dépolarisation locale qui ne se propage pas. Un potentiel d'action propagé ne se déclenche que si la dépolarisation dépasse une valeur minimale ou **seuil**. Au-delà de ce seuil, le récepteur émet un message qui se propage en direction des centres nerveux.

• **Le message nerveux afférent est codé** par la fréquence des potentiels d'action émis. Généralement, plus l'intensité du stimulus augmente, plus la fréquence d'émission est élevée.

3• La conduction des messages le long des fibres nerveuses

• **Un potentiel d'action** présente quelques caractéristiques remarquables :

– il n'affecte à un instant donné qu'une zone très limitée de la membrane nerveuse ;

– il se propage rapidement le long d'une fibre nerveuse ;

– son amplitude reste constante d'une extrémité à l'autre de la fibre (c'est donc un signal qui progresse sans s'atténuer).

• **La vitesse de propagation** des potentiels d'action est variable d'une fibre à l'autre : de moins de 1 $m.s^{-1}$ jusqu'à plus de 100 $m.s^{-1}$. Cette vitesse dépend du calibre des fibres (les plus grosses sont les plus rapides) et surtout de la présence de myéline (les fibres myélinisées conduisent les messages beaucoup plus vite que celles qui sont dépourvues de myéline).

III La transmission synaptique et l'intégration des messages nerveux

Arrivé à l'extrémité d'un axone, le message nerveux atteint une zone de connexion ou **synapse** avec une nouvelle cellule (autre neurone, fibre musculaire...). Au niveau de la synapse, la propagation du signal est :

– **unidirectionnelle** (on peut donc définir une cellule pré-synaptique et une cellule post-synaptique) ;

– **relativement lente** (le temps de franchissement d'une synapse ou **délai synaptique** est de l'ordre de 0,5 ms, soit une vitesse de 0,1 $mm.s^{-1}$).

1• Une transmission « chimique » des messages nerveux

Une synapse est caractérisée par l'existence d'une **fente synaptique** de 20 à 50 nanomètres qui sépare la cellule pré-synaptique de la cellule post-synaptique. Le message nerveux pré-synaptique constitué de trains de potentiels d'action ne peut pas franchir directement cet espace. Ce franchissement est assuré grâce à une étape chimique. En effet, la terminaison axonique pré-synaptique contient de nombreuses **vésicules** remplies d'une substance chimique appelée **neurotransmetteur**.

L'arrivée de potentiels d'action au niveau d'une terminaison pré-synaptique déclenche une libération de neurotransmetteur dans la fente synaptique, grâce à l'**exocytose** d'un nombre plus ou moins important de vésicules.

Le neurotransmetteur se lie à des **récepteurs spécifiques** portés par la membrane post-synaptique. La conséquence est une modification plus ou moins importante de l'activité de ce neurone, modification qui peut être à l'origine de la naissance d'un nouveau message.

L'inactivation rapide du neurotransmetteur dans la fente synaptique et sa **recapture** par la terminaison pré-synaptique interrompt la transmission synaptique.

2• Des synapses excitatrices et des synapses inhibitrices

Toutes les synapses ont un principe de fonctionnement identique mais, selon le neurotransmetteur qu'elles libèrent dans la fente synaptique, elles peuvent avoir deux effets opposés sur le neurone post-synaptique :

– certaines synapses sont dites **excitatrices** car le neurotransmetteur libéré a tendance à faire naître un nouveau message dans le neurone post-synaptique ;

– d'autres en revanche sont dites **inhibitrices** car leur neurotransmetteur empêche, ou pour le moins freine, l'émission de potentiels d'action par le neurone post-synaptique.

1. La décharge électrique puissante produite par la raie torpille est due à la « mise à feu » simultanée des milliards de synapses, toutes identiques, qui constituent son « organe électrique ». C'est à partir de cet organe qu'a été isolé le premier récepteur d'un neurotransmetteur, l'acétylcholine.

3• L'intégration des messages par les neurones

Dans un centre nerveux, un neurone peut recevoir des informations provenant de plusieurs autres neurones par les milliers de terminaisons axoniques qui sont en contact synaptique avec ses dendrites ou son corps cellulaire. Ces différentes synapses sont soit excitatrices, soit inhibitrices.

Ainsi, à tout instant, le neurone post-synaptique est soumis à l'influence de synapses excitatrices et à celle de synapses inhibitrices. Le corps cellulaire de ce neurone doit donc intégrer ces informations contradictoires, c'est-à-dire en faire la « **somme algébrique** ». Si le résultat est une excitation suffisante, des potentiels d'action sont émis au niveau de son axone. Sinon, le neurone reste au repos.

Cette **fonction intégratrice** des neurones joue un rôle essentiel dans le traitement des messages qui transitent dans un centre nerveux.

4• L'exemple du réflexe myotatique

L'étude du réflexe myotatique nous a montré que, suite à l'étirement d'un muscle (extenseur par exemple), chaque motoneurone ne reçoit qu'un type d'information :

– l'activité des motoneurones du muscle extenseur est augmentée sous l'influence de synapses excitatrices ;

– l'activité des motoneurones du muscle fléchisseur antagoniste est en revanche diminuée sous l'influence de synapses inhibitrices.

Il est néanmoins possible de se placer dans des conditions telles que ces motoneurones reçoivent des informations contradictoires. Par exemple, si le sujet contracte volontairement un muscle fléchisseur au moment où un réflexe myotatique est déclenché par percussion du tendon de l'extenseur antagoniste, les motoneurones innervant ce dernier muscle reçoivent alors deux types d'informations :

– ils sont excités par les messages provenant du muscle lui-même étiré ;

– ils sont inhibés par des interneurones reliés à la commande cérébrale de la contraction du muscle antagoniste.

Le résultat est un réflexe myotatique atténué ou aboli, donc une activité diminuée des motoneurones du muscle extenseur qui tiennent compte des influences inhibitrices qu'ils ont reçues dans cette situation particulière.

L'essentiel

• La membrane nerveuse au repos est **polarisée électriquement** : l'intérieur est électronégatif de 70 mV par rapport à l'extérieur. Les signaux propagés le long des fibres nerveuses, ou **potentiels d'action,** correspondent chacun à une inversion brutale mais transitoire (une milliseconde environ) de cette polarisation membranaire. Ces signaux ont une amplitude constante quelle que soit la distance à laquelle on les enregistre par rapport à leur point de naissance.

• Dans l'organisme, de tels potentiels d'action prennent naissance soit à la périphérie au niveau d'un **récepteur sensoriel,** soit dans un centre nerveux, à l'origine de l'axone d'un neurone. Dans les deux cas, des potentiels d'action ne sont émis que si la membrane nerveuse est **dépolarisée** jusqu'à une valeur **seuil**. Au delà de ce seuil, la **fréquence** des potentiels d'action émis est d'autant plus grande que la dépolarisation est importante.

• Le passage d'un message nerveux d'une cellule à l'autre se fait au niveau de **synapses** par l'intermédiaire d'un **neurotransmetteur** : cette substance, stockée dans la terminaison axonique pré-synaptique, est libérée dans la **fente synaptique** à l'arrivée de potentiels d'action. En se fixant sur des **récepteurs** spécifiques portés par la membrane du neurone post-synaptique, elle modifie l'activité de ce dernier et peut, dans certaines conditions, déclencher la naissance d'un nouveau message.

• A tout instant, un neurone **intègre** les influences excitatrices et les influences inhibitrices qui lui sont imposées par les deux types de synapses connectées à sa membrane.

Schéma-bilan

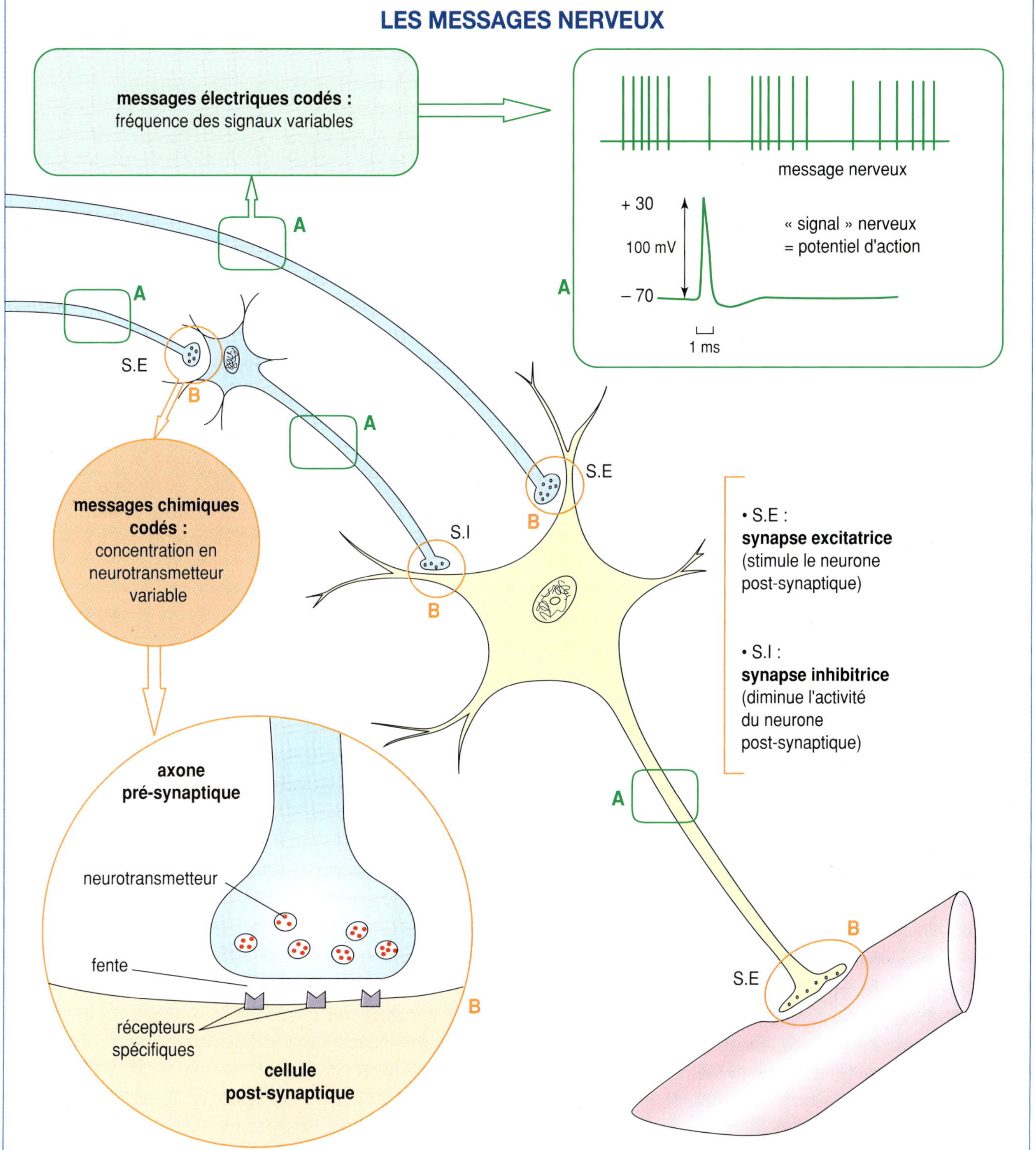

À tout instant, la fréquence des signaux émis par un neurone dépend de **l'intégration** des informations contradictoires qu'il reçoit au niveau des deux types de **synapses, excitatrices** et **inhibitrices**.

TESTER SES CONNAISSANCES

A. Définissez les mots ou expressions :

Polarisation membranaire, potentiel de repos, potentiel d'action, synapse, seuil de dépolarisation, neurotransmetteur, intégration neuronale.

B. Vrai ou faux ?

Certaines affirmations sont exactes ; recopiez-les. Corrigez ensuite les affirmations inexactes.

a. Le potentiel d'action est une modification brève du potentiel de repos, sa durée étant de l'ordre de la milliseconde.

b. Le potentiel d'action a une amplitude qui décroît progressivement au cours de sa propagation le long d'une fibre nerveuse.

c. Les récepteurs sensoriels sont des structures nerveuses émettant des « bouffées » de potentiels d'action lorsqu'elles sont excitées.

d. Chaque récepteur sensoriel a une fréquence d'émission de potentiels d'action constante qui est caractéristique de ce récepteur.

e. Au niveau d'une synapse la transmission du message est assurée par la fixation du neurotransmetteur sur des récepteurs spécifiques de la membrane post-synaptique.

f. Un neurone présente sur ses dendrites et sur son corps cellulaire un grand nombre de contacts synaptiques, tous de type excitateur ou tous de type inhibiteur suivant le neurone considéré.

C. Exprimez des idées importantes...

... en rédigeant une ou deux phrases utilisant chaque groupe de trois mots ou expressions pris dans cet ordre ou dans un ordre différent.

a. Potentiel de repos, membrane, fibre nerveuse.

b. Potentiel d'action, membrane, inversion de polarisation.

c. Potentiel d'action, dépolarisation, seuil.

d. Neurotransmetteur, fente synaptique, récepteurs post-synaptiques.

e. Synapses excitatrices, synapses inhibitrices, intégration.

D. Elaborez un résumé scientifique.

Sujet 1.

Expliquez comment le message nerveux émis par un récepteur peut coder les variations d'un paramètre physico-chimique de l'environnement.

Sujet 2.

Expliquez, à partir de l'exemple du réflexe myotatique, les formes de codage successives du message nerveux depuis sa naissance au niveau du récepteur jusqu'à sa transmission (incluse) au motoneurone. Vous illustrerez votre exposé à l'aide de schémas.

Sujet 3.

Présentez les caractéristiques du fonctionnement synaptique puis expliquez comment un neurone peut produire un message nerveux original à partir de multiples messages afférents. L'exposé sera illustré de schémas annotés.

UTILISER DES CONNAISSANCES ET DES MÉTHODES

1 Amplitude des signaux nerveux enregistrés sur une fibre ou sur un nerf.

Les graphes traduisent l'amplitude des réponses enregistrées à la suite de stimulations d'intensités croissantes :
- dans le cas d'un **nerf entier** dont l'activité électrique est captée à l'aide d'électrodes réceptrices placées à sa surface, donc « loin » de la plupart des fibres nerveuses ;
- dans le cas d'une **fibre nerveuse isolée** dont l'activité électrique est détectée à l'aide d'une microélectrode enfoncée dans la fibre.

Remarque : l'échelle des amplitudes est différente d'une expérience à l'autre car les conditions d'enregistrement sont elles-mêmes différentes.

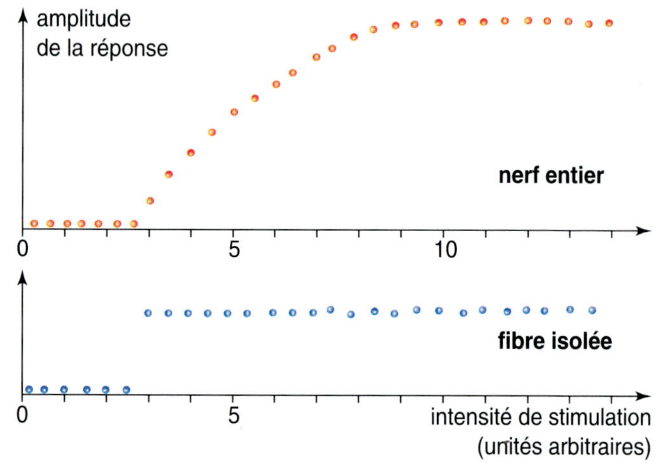

Question (Analyser des graphiques et appliquer ses connaissances)

Interprétez chacune des deux courbes expérimentales obtenues.

2 Une mesure de la vitesse de conduction nerveuse.

Protocole expérimental :

En utilisant le dispositif expérimental présenté à la page 203, on réalise la manipulation suivante : des stimulations sont portées sur un nerf de l'avant-bras (nerf médian) grâce à une électrode stimulatrice placée sur la peau au-dessus du nerf commandant le muscle fléchisseur du pouce ; chaque stimulation déclenche une flexion du pouce. Deux stimulations sont portées, l'une au niveau du poignet (St1), l'autre dans la région du coude (St2).
On enregistre la réponse électrique (= électromyogramme) du muscle fléchisseur du pouce.

N.B. : Les conditions expérimentales sont telles que le message nerveux qui déclenche la contraction musculaire s'est propagé directement du point de stimulation vers le pouce.

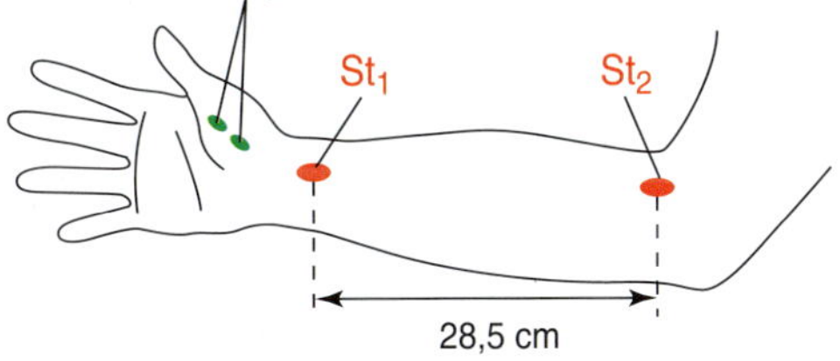

Résultats :

Les deux enregistrements obtenus ont été superposés ; le signal visible à gauche repère, pour chaque enregistrement, l'instant où la stimulation a été portée.

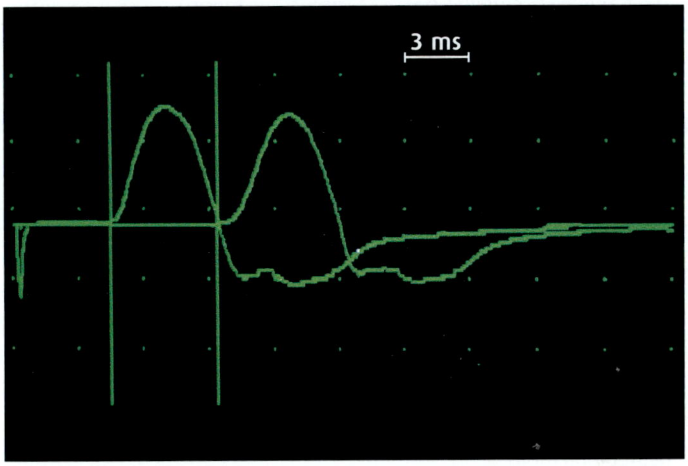

Question 1 (Analyser un enregistrement)

Comment interprétez-vous l'existence d'un délai (ou latence) entre l'instant d'excitation et l'enregistrement de la réponse musculaire ?

Question 2 (Dégager les informations utiles et pratiquer un raisonnement)

Utilisez les résultats obtenus pour proposer une estimation de la vitesse de conduction du message nerveux le long du nerf médian. Justifiez la méthode utilisée.

3 Le codage du message sensoriel.

Le récepteur à l'étirement de l'écrevisse est un neurone sensoriel dont les ramifications dendritiques sont reliées à une fibre musculaire **(document 1)**. Le stimulus du récepteur est un étirement de la fibre musculaire qui est réalisé dans les expériences suivantes par une traction plus ou moins importante exercée sur cette fibre. On enregistre l'activité du neurone sensoriel grâce à une microélectrode implantée dans l'axone. Le graphique **(document 2)** traduit les variations de la fréquence des potentiels d'action conduits par l'axone en fonction de la longueur imposée à la fibre musculaire.

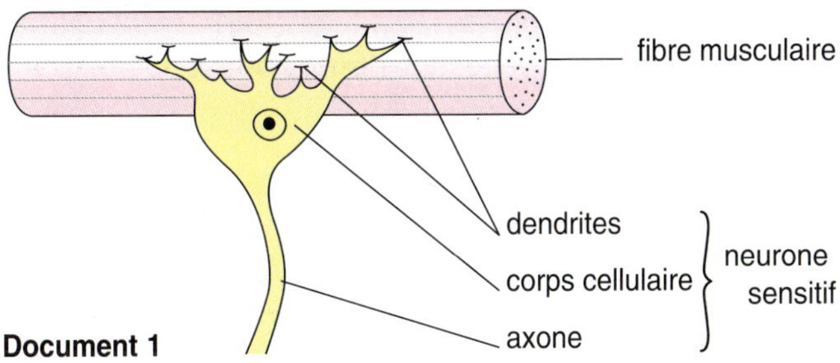

Document 1

Question (Analyser un graphique)

Analysez les résultats obtenus et montrez comment est codé le message émis par le neurone sensoriel.

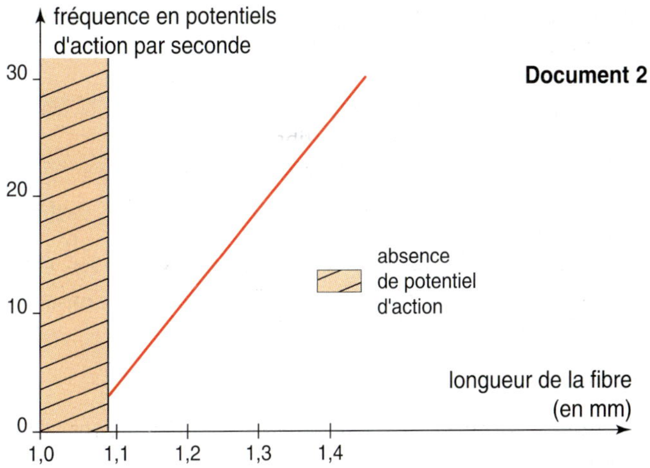

Document 2

4 Myasthénie et jonction neuromusculaire.

La myasthénie est une maladie neuromusculaire caractérisée par une difficulté croissante à contracter efficacement les muscles : les malades ont par exemple du mal à garder les yeux ouverts (la paupière supérieure tombe car le muscle releveur n'arrive pas à la maintenir levée).
Chez ces malades, aucune anomalie de structure n'est pourtant constatée que ce soit au niveau des nerfs moteurs, des fibres musculaires ou des jonctions neuromusculaires. Les médecins ont été conduits à émettre l'hypothèse d'un mauvais fonctionnement de ces jonctions. Quelques observations ou expériences permettent de tester cette hypothèse.

• **Document 1 :**

Nous avons vu, au cours de l'étude du réflexe achilléen, que la percussion du tendon déclenche l'arrivée au muscle étiré de salves de potentiels d'action conduits par les axones des motoneurones. Ces potentiels d'action nerveux déclenchent à leur tour la naissance de potentiels d'action dans le muscle, ces derniers étant à l'origine de la contraction musculaire (chaque fibre du muscle reçoit une terminaison axonique).

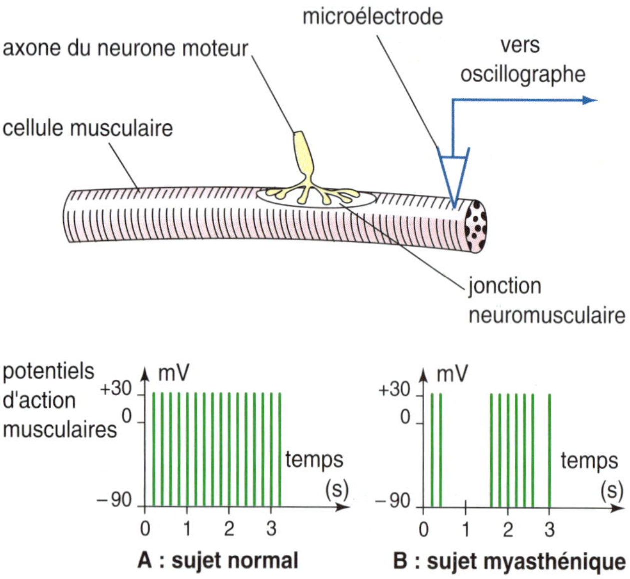

Grâce à une microélectrode implantée dans une fibre musculaire du muscle du mollet, on enregistre l'activité électrique obtenue chez un individu sain (A) et chez un individu myasthénique (B) suite à la percussion du tendon d'Achille.

• **Document 2 :**

L'α-bungarotoxine, molécule toxique extraite du venin de serpents, possède la propriété de se fixer sur les récepteurs à acétylcholine. Son injection à une souris saine déclenche des symptômes analogues à ceux de la myasthénie.
On réalise une biopsie de tissu musculaire chez un sujet sain (A) et chez un sujet myasthénique (B) et on met en présence ces cellules avec de l'α-bungarotoxine radioactive. On cherche ensuite à localiser cette toxine sur les membranes musculaires par autoradiographie.

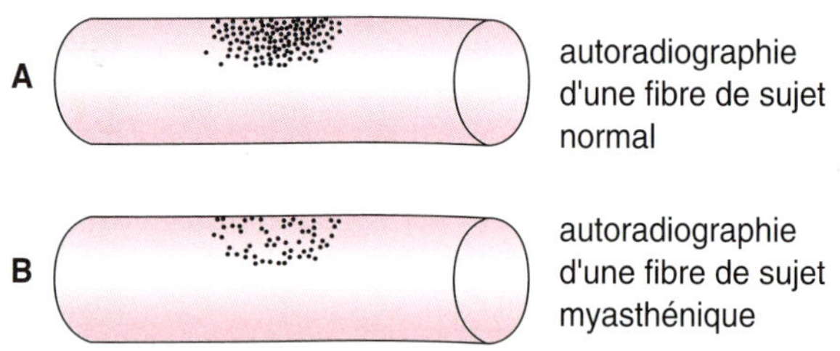

Question 1 (Analyser un document et formuler des hypothèses explicatives)

Comparez les enregistrements électriques obtenus. Sachant que, dans les deux cas, l'activité électrique des motoneurones est tout à fait comparable, quelles hypothèses pouvez-vous formuler pour rendre compte des anomalies fonctionnelles constatées ?

Question 2 (Dégager une information utile et faire une déduction)

Comment interprétez-vous la différence d'aspect des deux autoradiographies ? Quelle hypothèse concernant la cause de la myasthénie est validée par cette observation

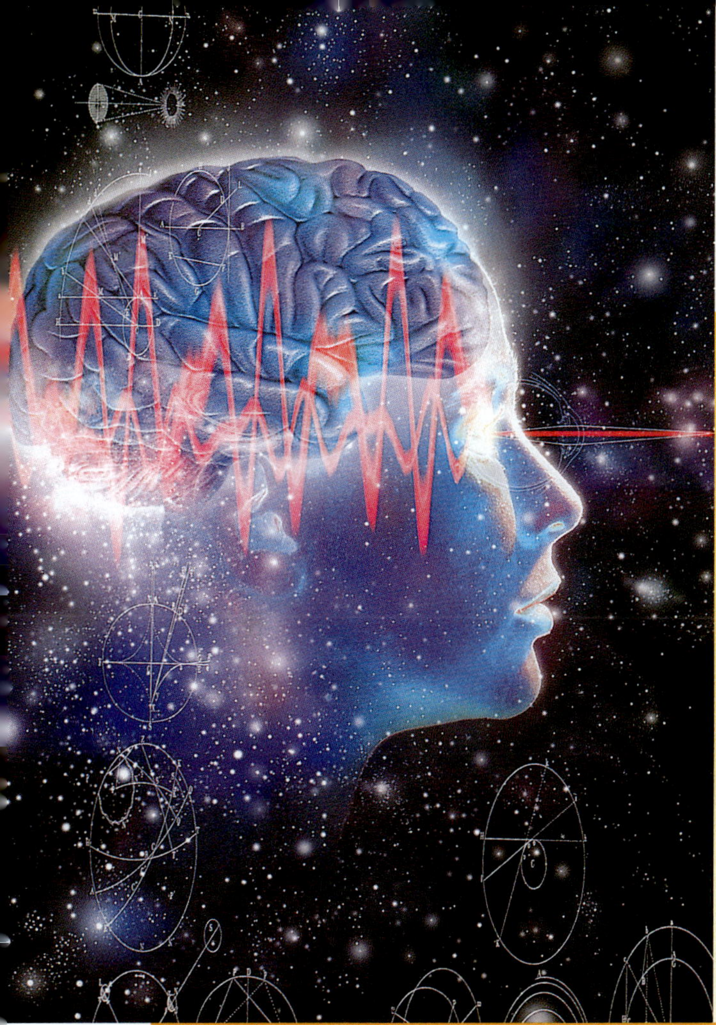

Le fonctionnement du système nerveux

Chapitre

3

La plasticité du système nerveux central

Les caractéristiques essentielles de la communication nerveuse étant définies, ce chapitre va préciser l'organisation du cortex cérébral, sensoriel en particulier. Il va aussi montrer que si la mise en place d'une telle structure est sous contrôle génétique, le cerveau est doué de neuroplasticité, c'est-à-dire que son organisation fonctionnelle est influencée par l'histoire individuelle de l'organisme.

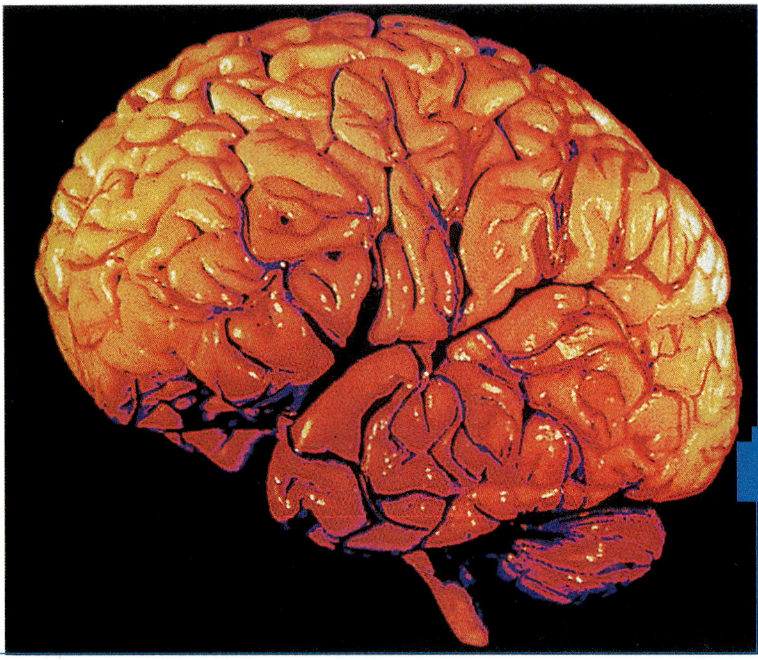

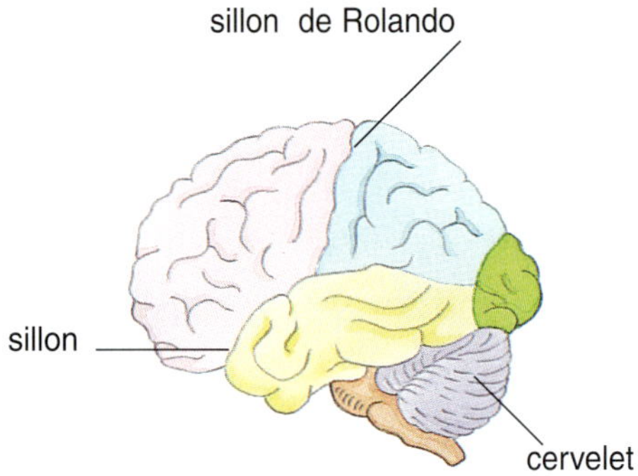

1 Image du cerveau obtenue par la technique moderne de l'IRM 3D. Retrouvez les emplacements des quatre lobes du cerveau : frontal, pariétal, temporal, occipital.

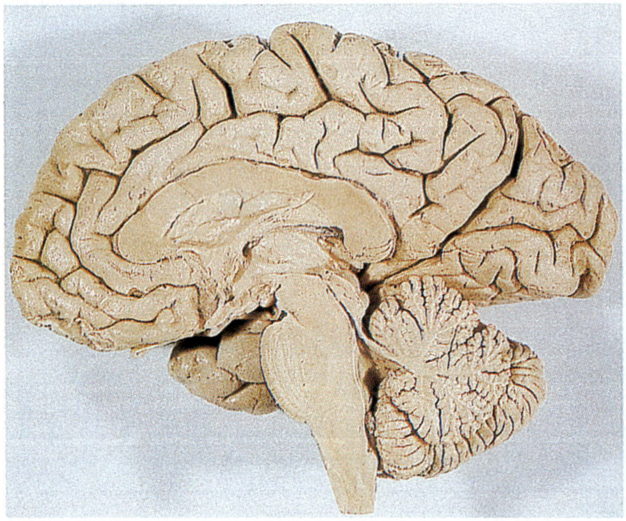

A

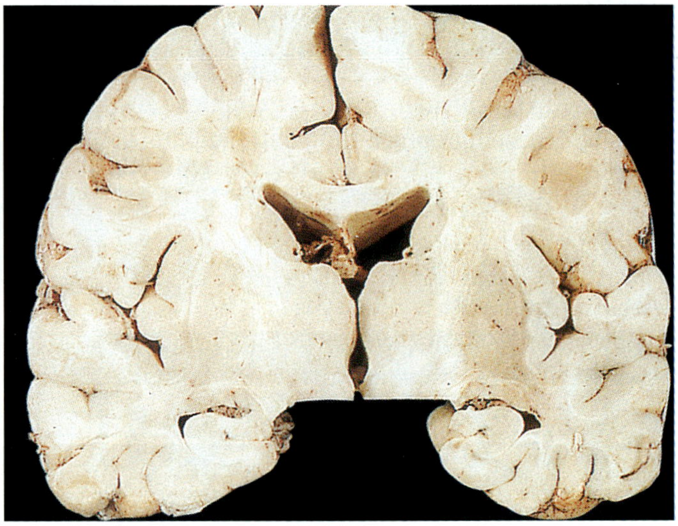

B

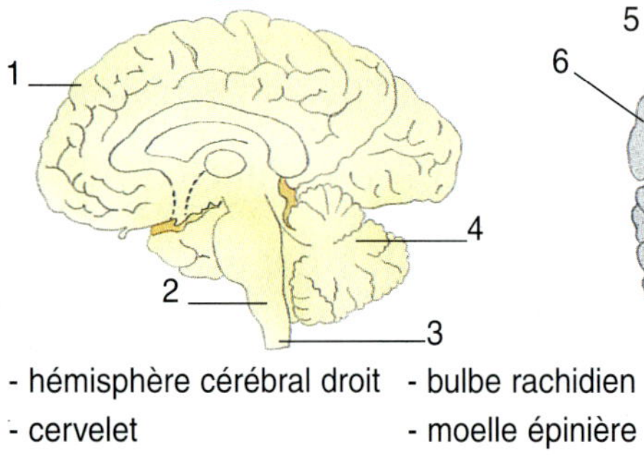

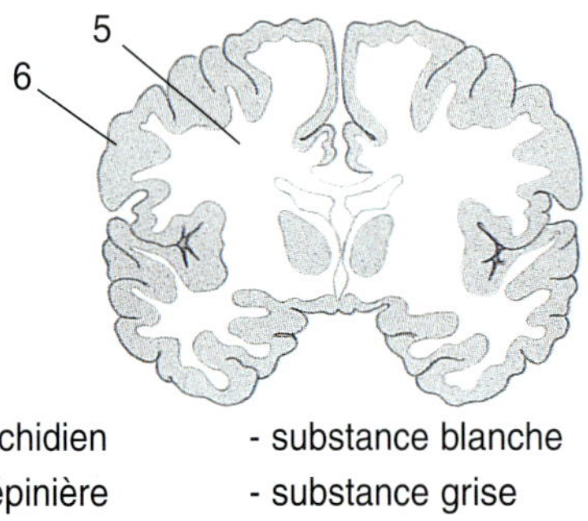

Le cortex cérébral, partie superficielle des hémisphères cérébraux, n'a que 2 à 4 mm d'épaisseur ; mais, les nombreuses circonvolutions du cerveau triplent sa surface. De ce fait, en dépit de sa faible épaisseur, le cortex représente environ 40% de la masse de l'encéphale.

2 Encéphale humain. **A –** Coupe longitudinale entre les deux hémisphères cérébraux. **B –** Coupe transversale montrant le cortex. Placez correctement les légendes sur les schémas correspondants.

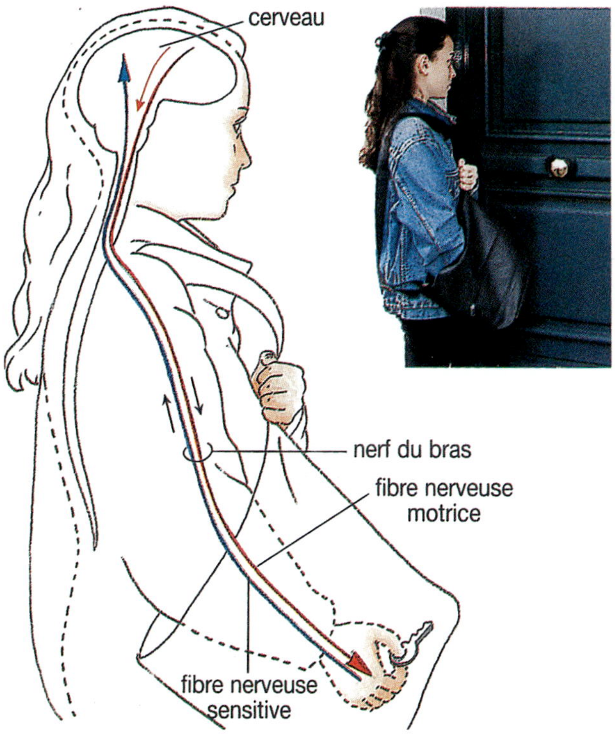

3 Elsa veut rentrer chez elle. Elle met la main dans son sac et en palpant avec les doigts reconnaît, parmi les clés qui s'y trouvent, celle qui ouvre sa porte. Comment peut-on qualifier les messages qui remontent vers le cerveau ? Ceux qui en partent ?

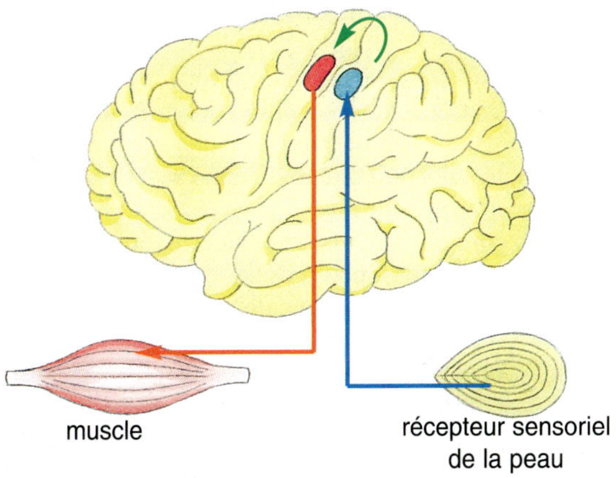

4 Un geste volontaire faisant suite à une perception sensorielle de l'environnement suppose des communications entre différentes régions du cortex et fait intervenir la mémoire : justifiez cette affirmation.

Les acquis en quelques lignes

- Le cerveau comporte deux hémisphères cérébraux qui font apparaître, sur une coupe, une mince couche de matière grise externe, le cortex cérébral.
- La perception consciente de l'environnement et la commande motrice volontaire sont des fonctions du cortex.
- Ces fonctions mettent en jeu des aires localisées du cortex où aboutissent et d'où partent les messages nerveux.
- Un geste volontaire faisant suite à une perception consciente de l'environnement (par exemple prendre la bonne clé au fond de son sac pour ouvrir sa porte) suppose des communications entre différentes régions du cortex et fait intervenir la mémoire.

Des nouveaux problèmes à résoudre

- Quelles régions du cortex cérébral reçoivent les informations sensorielles émises par les récepteurs périphériques ?
- Quelle est l'organisation fine de ce cortex sensoriel ?
- Les gènes contrôlent-ils la mise en place de réseaux neuroniques aussi complexes ?
- Ces réseaux sont-ils établis une fois pour toutes ou sont-ils susceptibles d'être remodelés au cours de la vie ?

ACTIVITÉS pratiques 1

Le cortex cérébral reçoit les

Grâce aux techniques modernes d'imagerie médicale, il est possible actuellement d'identifier les régions du cerveau particulièrement actives lorsque le sujet regarde, écoute, effectue une tâche précise...

- Quelles sont ces principales techniques ?
- Quelles informations apportent-elles concernant l'arrivée au cortex cérébral des différents messages sensoriels ?

A Des images de l'activité du cortex obtenues par TEP.

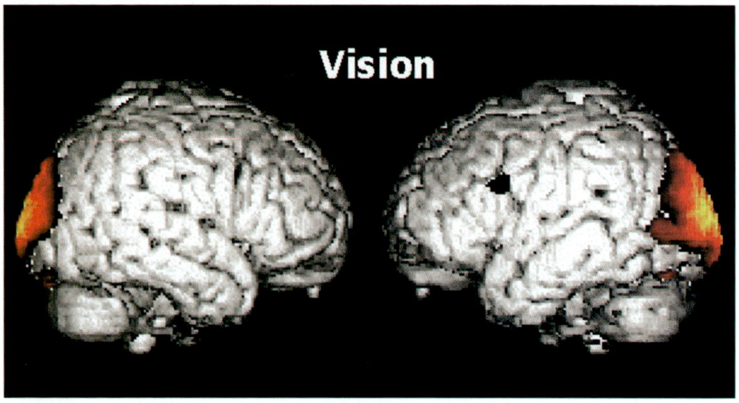

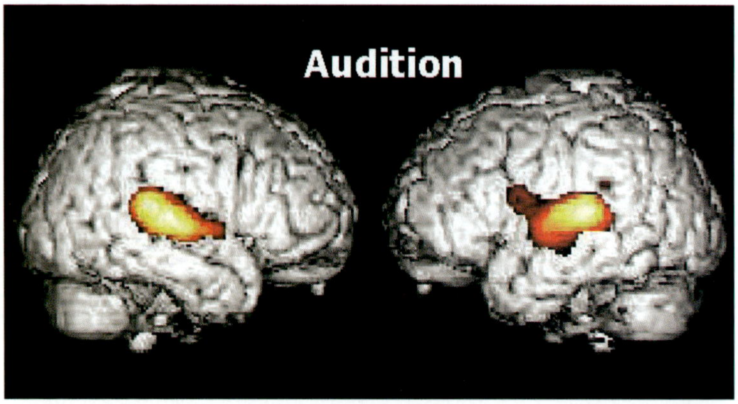

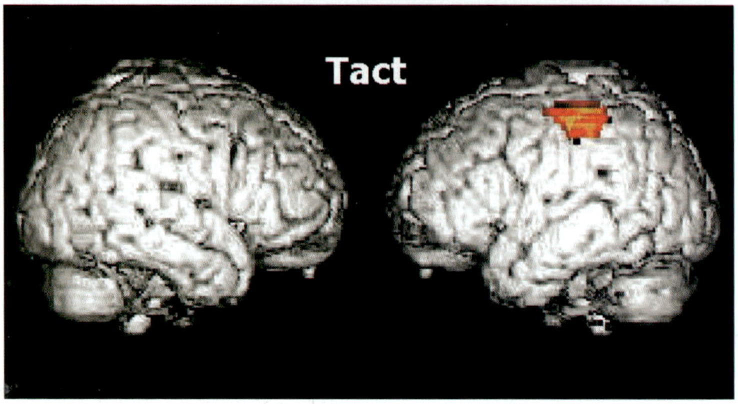

Lorsqu'une région du cerveau est active, les vaisseaux sanguins qui irriguent cette zone se dilatent et le débit sanguin augmente localement : la vasodilatation* est maximale après quelques secondes d'activité et le débit retrouve sa valeur initiale quelques secondes après le retour au repos. Plusieurs techniques permettent de mesurer les débits sanguins dans les différentes régions du cerveau et donc de visualiser les zones actives. Il s'agit essentiellement de la **Tomographie par Émission de Positons** (ou TEP) et de **l'Imagerie par Résonance Magnétique fonctionnelle** (ou IRMf).

La **tomographie par émission de positons** (ou **TEP**) consiste à injecter au sujet un traceur qui est de l'eau marquée à l'oxygène 15 (^{15}O). Mélangée à l'eau du plasma, cette eau diffuse rapidement à travers les membranes et son accumulation dans les différentes régions du cerveau est fonction du débit sanguin local. Or, ^{15}O est un isotope radioactif qui émet des positons (particule identique à l'électron mais de charge opposée) : un ensemble de détecteurs (la « caméra à positons ») est donc placé autour de la tête du sujet et enregistre cette émission, plus ou moins importante selon la concentration du traceur dans les différentes régions. On peut ainsi, en deux minutes, obtenir une carte des débits sanguins locaux du cortex ; la précision de l'image obtenue est de l'ordre de 4 mm. Pendant chaque enregistrement, les débits sanguins doivent être stables, c'est-à-dire que la tâche cérébrale demandée au sujet doit être maintenue aussi constante que possible.
Les enregistrements peuvent être répétés toutes les vingt minutes à peu près car la radioactivité injectée, très faible, diminue de moitié en 2 minutes.

Les *clichés ci-contre* présentent les hémisphères cérébraux d'un sujet dans trois situations différentes.

Toutes ces images sont issues de recherches fonctionnelles sur le cerveau réalisées par TEP : tomographie par émission de positions. Les images fonctionnelles obtenues par cette technique sont recalées sur des images anatomiques obtenues par IRM (IRM anatomique).

1 La TEP ou Tomographie par Emission de Positons est une technique récente et complexe permettant de détecter des changements locaux du débit sanguin dans le cerveau.

B Images fournies par IRMf et résultats d'ensemble.

L'IRMf utilise le fait que la molécule d'hémoglobine a des propriétés magnétiques légèrement différentes selon qu'elle est liée à l'oxygène (oxyhémoglobine) ou au contraire dépourvue d'oxygène (désoxyhémoglobine). L'augmentation du débit sanguin dans une zone cérébrale activée modifie la concentration de désoxyhémoglobine dans les réseaux capillaires et c'est cette variation que l'on détecte. Les techniques actuelles d'imagerie ultra-rapide permettent d'obtenir une carte cérébrale en quelques secondes. On peut donc désormais suivre pratiquement en continu les variations d'activité cérébrale chez un sujet donné pendant plusieurs dizaines de minutes.

L'image ci-contre présente les modifications du débit sanguin cérébral au cours d'une stimulation visuelle chez un sujet. La région activée du cortex (couleur) a été superposée à une image anatomique du cerveau.

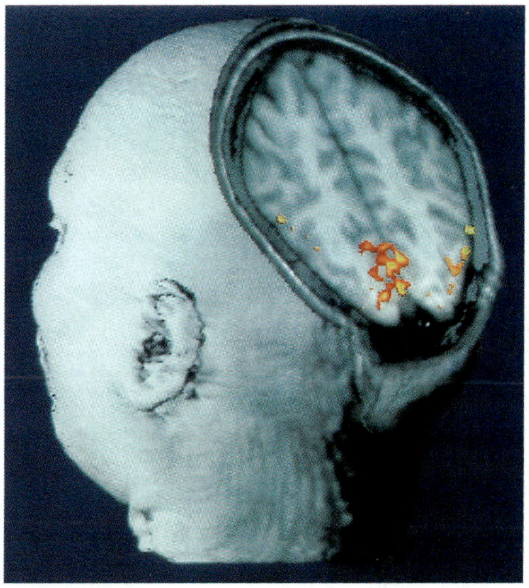

2 L'IRMf, comme la TEP, détecte les variations locales du débit sanguin mais présente l'avantage de pouvoir suivre ces variations pendant plusieurs dizaines de minutes.

Les surfaces corticales localisées sur cette vue latérale de l'hémisphère cérébral gauche correspondent aux zones d'arrivée des différentes informations sensorielles. Sont ainsi représentées l'aire de la sensibilité générale (ou aire somatosensorielle*), l'aire auditive et l'aire visuelle.
La stimulation électrique d'une de ces régions déclenche, suivant le cas, une sensation de type tactile (chatouillement, piqûre...), visuel (point lumineux) ou auditif (sifflement, craquement).
Les aires d'arrivée des messages olfactifs et gustatifs sont localisées de façon plus approximative.

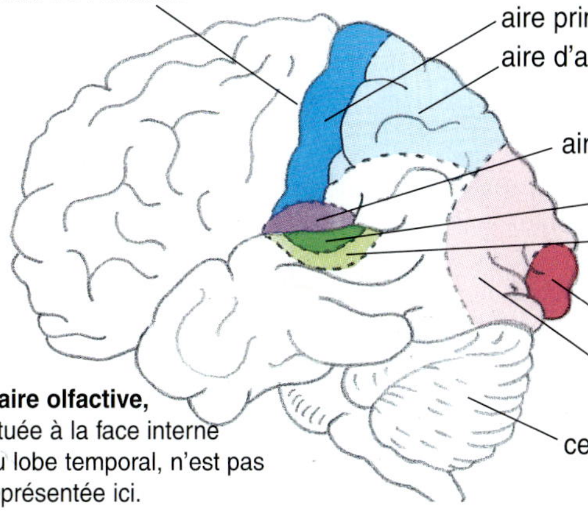

3 Les aires corticales sensorielles.

Lexique

- **Vasodilatation :** dilatation des vaisseaux sanguins, ce qui augmente le débit local et facilite la « fuite » du plasma hors des capillaires.
- **Aire sensorielle :** région du cortex cérébral au niveau de laquelle sont traités les messages nerveux provenant d'un organe sensoriel.
- **Somatosensoriel :** s'applique aux différentes formes de sensibilité provenant de l'ensemble du corps (soma) : sensibilité tactile, à la chaleur, à la douleur, musculaire et articulaire.

Pistes d'exploitation

1 - Doc 1 et 2 : Pourquoi le débit sanguin augmente-t-il dans les régions du cerveau particulièrement actives ? Comment peut-on visualiser ces variations de débit ?

2 - Doc 3 : Dans quels lobes du cerveau sont situées respectivement l'aire visuelle, l'aire auditive et l'aire somatosensorielle ?

Une exploration fine du cortex

Nous venons de constater l'existence dans le cortex cérébral d'aires sensorielles spécialisées, notamment une aire somatosensorielle.

■ Que sait-on de l'organisation de cette aire ? Existe-t-il par exemple une correspondance entre régions du corps et régions corticales ?

■ L'organisation de cette aire est-elle la même chez tous les mammifères ?

A Le cortex somatosensoriel chez l'Homme.

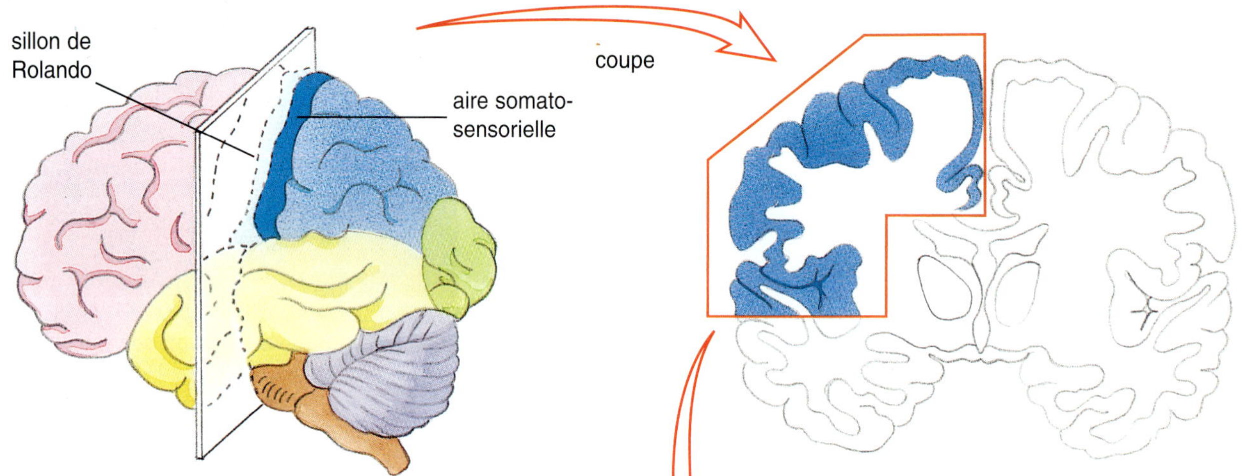

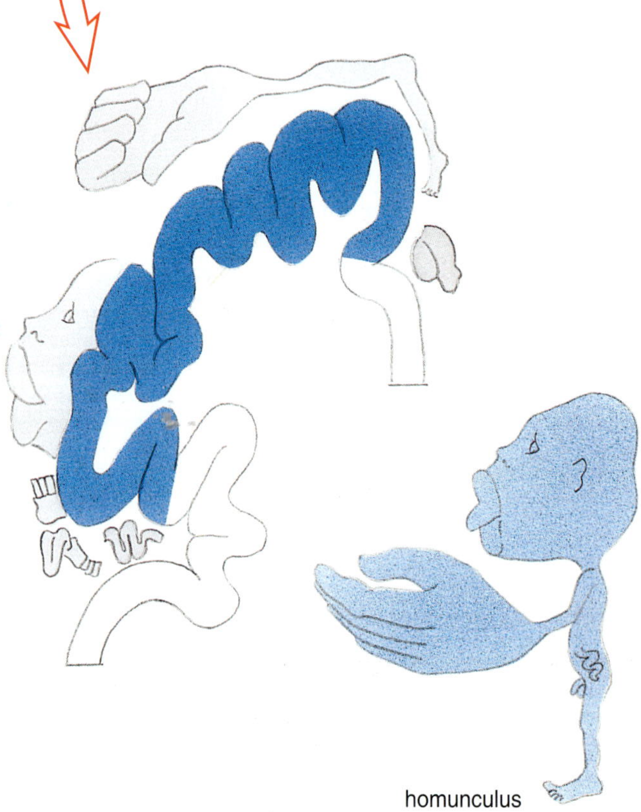

La région du cortex qui traite les informations tactiles est appelée **aire somatosensorielle**. Comme toutes les aires, elle comporte :

– une **aire de projection** (dans la circonvolution cérébrale située juste à l'arrière du sillon de Rolando) qui correspond aux points d'arrivée des messages provenant des différentes régions du corps ;

– une **aire d'association** (située à l'arrière de la précédente mais moins bien localisée) qui assure la connexion de l'aire de projection avec de nombreuses autres régions du cerveau.

Nous parlerons ici seulement de l'aire de projection qui, dans chaque hémisphère, reçoit l'ensemble des informations sensorielles provenant de la moitié opposée du corps.

Différentes techniques, en particulier les techniques d'imagerie fonctionnelle décrites précédemment, ont permis de faire une « cartographie » de la « projection » des différentes régions du corps dans l'aire somatosensorielle.

Une caractéristique remarquable de cette « carte » appelée « *homunculus* » par les neurochirurgiens (voir dessin ci-contre) est que les différentes régions du corps ne sont pas représentées selon leurs proportions anatomiques.

L'étendue de la représentation corticale d'une région du corps n'est pas liée à sa superficie réelle mais à la densité des terminaisons sensorielles qui existent dans cette partie du corps.

1 Chaque territoire du corps possède sa « projection » dans l'aire somatosensorielle.

B Le cortex somatosensoriel chez d'autres mammifères.

En enregistrant les variations de potentiel électrique dans le cortex somatosensoriel suite à des stimulations périphériques localisées, on peut obtenir chez l'animal des « cartes » très détaillées :
a – Localisation de l'aire somatosensorielle ;
b – « Carte » de la projection des différentes territoires corporels dans le cortex somatosensoriel.

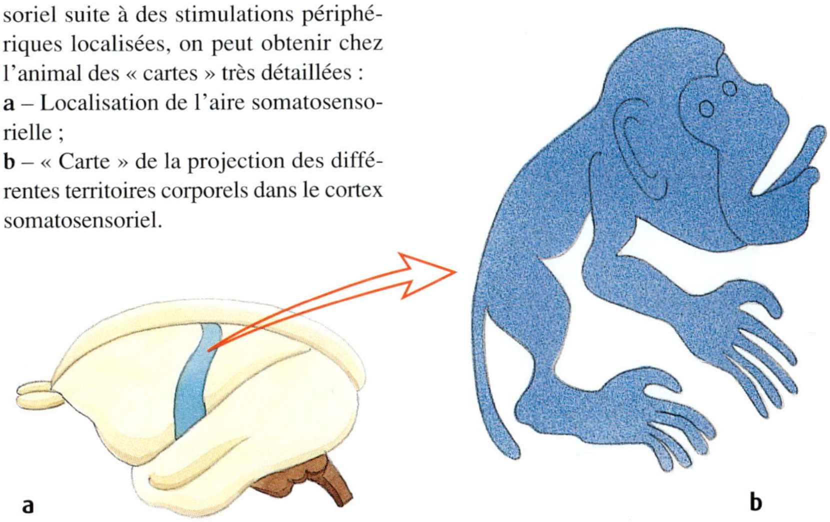

2 Le cortex somatosensoriel d'un singe, le singe hibou.

Chez les rongeurs, l'aire de projection de la face est très étendue. Ceci est à mettre en relation avec le rôle fondamental joué par les « moustaches » ou vibrisses qui constituent chez cet animal les récepteurs sensoriels les plus utilisés en liaison avec son mode de vie.

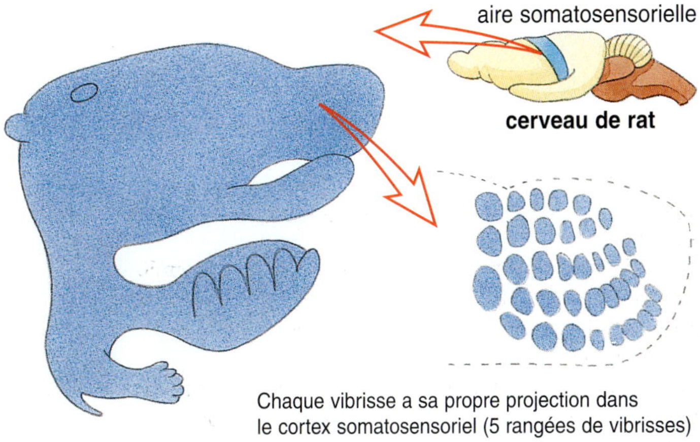

Chaque vibrisse a sa propre projection dans le cortex somatosensoriel (5 rangées de vibrisses)

3 Le cortex somatosensoriel de la souris et du rat.

Lexique

- **Aire de projection somatosensorielle :** aire du cortex cérébral où aboutissent les chaînes neuroniques qui apportent des informations sensorielles provenant de l'ensemble du corps. Chaque région de l'organisme y a sa propre « projection ».
- **Homunculus :** silhouette du corps représentant les tailles respectives des projections des différentes régions dans le cortex somatosensoriel.

Pistes d'exploitation

1 - Doc 1 : Comment expliquez-vous les différences de proportions entre l'« homunculus » et la silhouette d'un homme normal ?

2 - Doc 2 et 3 : Comparez les aires de projection somatosensorielles du singe et du rat à celles de l'homme. Quelles remarques pouvez-vous faire ?

3 - Bilan : Résumez en quelques phrases la relation existant entre la « sensibilité » de telle ou telle région du corps chez l'homme ou chez l'animal et sa « projection » dans le cortex sensoriel.

Une organisation remarquable des

Nous savons que le cortex cérébral est formé de substance grise, c'est-à-dire un réseau apparemment inextricable d'innombrables neurones interconnectés de façon complexe. En fait, il existe une remarquable organisation de ces neurones dans le cortex.

■ Que sait-on de cette organisation ?

A Six couches de neurones dans le cortex.

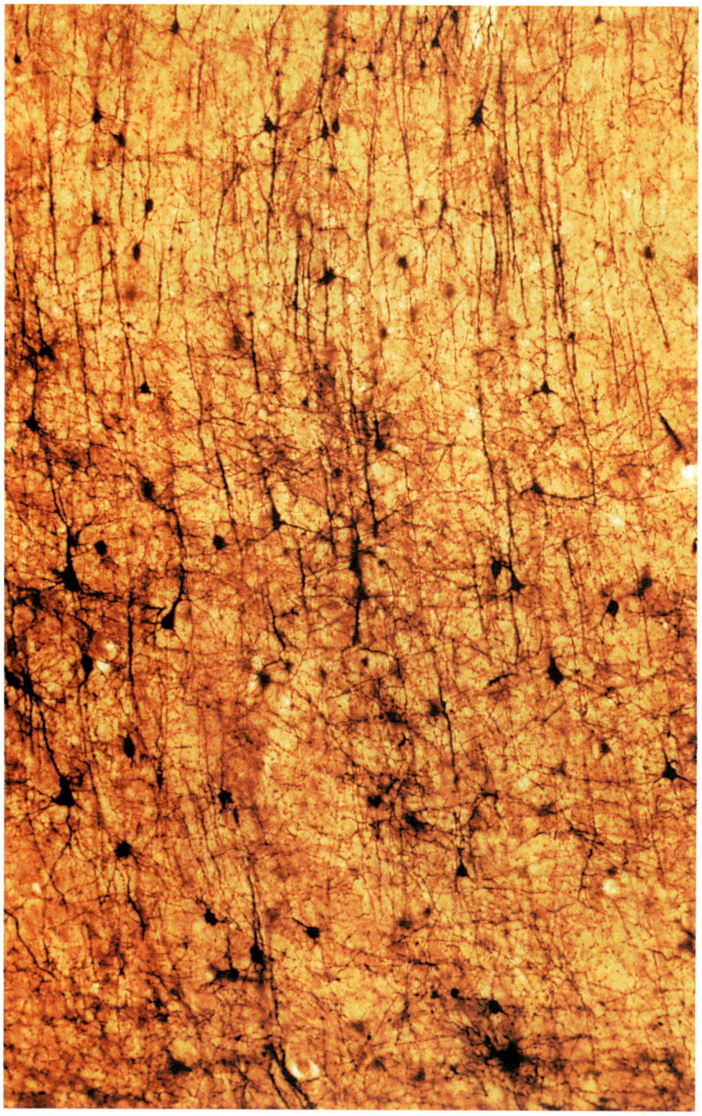

a × 200

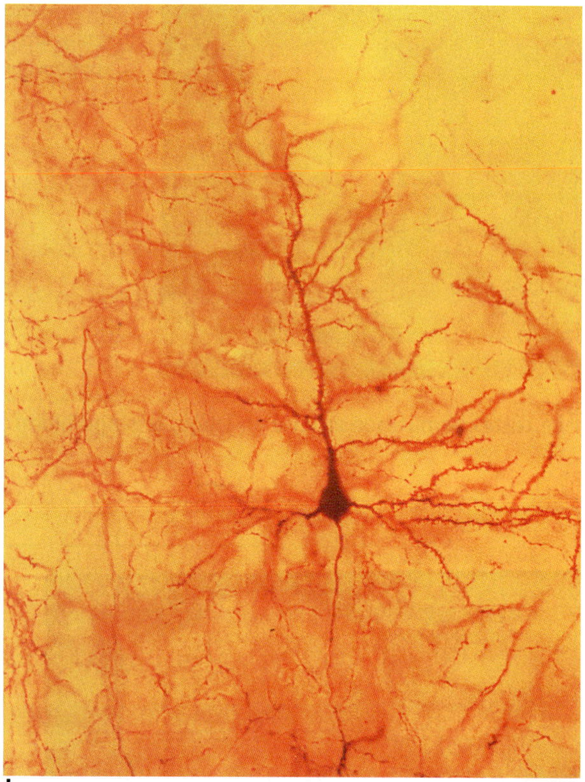

b × 600

Bien qu'ayant seulement 2 à 4 mm d'épaisseur, le cortex cérébral renferme quelques 100 milliards de neurones. Par son axone, chaque neurone communique avec un nombre limité d'autres neurones mais, sur son corps cellulaire et ses dendrites, il reçoit 1 000 à 10 000 contacts synaptiques.

La photographie **a** et son interprétation (dessin ci-contre) montrent que, dans le cortex, les neurones sont répartis en six couches superposées ; ces couches sont conventionnellement numérotées de I à VI en allant de la surface vers la profondeur.

1 Des coupes fines de cortex, traitées par des colorants spéciaux, révèlent au microscope un agencement particulier des neurones. **a** – Vue générale d'une coupe de cortex. **b** – Un neurone du cortex plus grossi.

B Une organisation « en colonnes » du cortex sensoriel.

Au début des années 60, un neurophysiologiste américain, Mountcastle, découvre une organisation remarquable du cortex somatosensoriel chez le chat et le singe. En descendant une microélectrode perpendiculairement à la surface du cortex, il constate que toutes les cellules rencontrées répondent à des stimulations mécaniques de même type, appliquées au même endroit de la surface du corps mais qu'elles ne répondent pas pour des stimulations appliquées dans des régions voisines.

Mountcastle conclut : *« l'unité d'organisation du cortex cérébral est un cylindre ou une colonne de cellules, orientée verticalement et douée de fonctions d'entrée-sortie d'une complexité considérable ».*

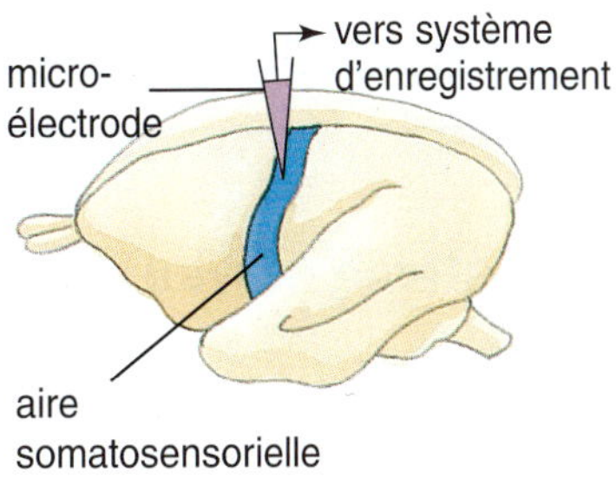

Si la microélectrode est implantée dans l'aire de projection du pouce, elle répond à une stimulation mécanique du pouce quelle que soit la profondeur d'implantation de **a** à **f** ; en revanche, elle ne répond pas si on stimule un autre doigt que le pouce.

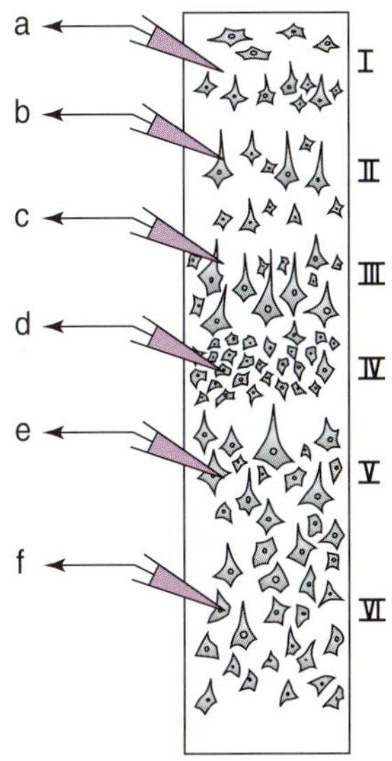

2 La découverte d'une organisation verticale du cortex sensoriel.

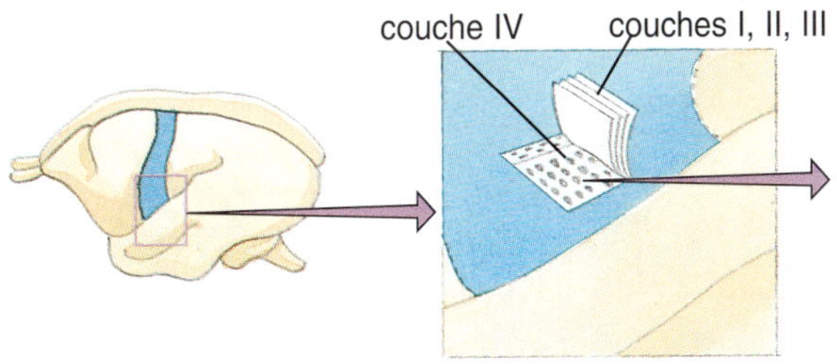

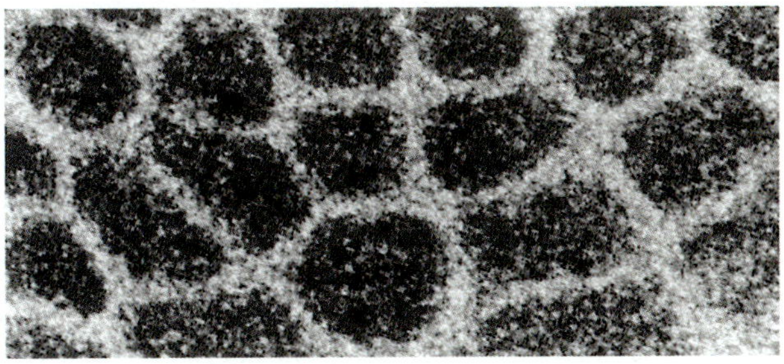

Au début des années 70, le « marquage » des neurones a permis de faire une importante découverte. Un acide aminé radioactif est injecté dans les neurones afférents, dont les axones aboutissent dans le cortex somatosensoriel. Cet acide aminé est incorporé dans des protéines impliquées dans le fonctionnement des synapses. Les protéines ainsi « marquées » sont transportées le long des axones jusqu'aux terminaisons synaptiques où elles s'accumulent. Par autoradiographie, on peut ainsi repérer la zone du cortex sensoriel qui est « marquée », c'est-à-dire la zone où aboutissent les axones des neurones afférents.

La photographie montre que ces axones aboutissent systématiquement dans la couche IV où leurs terminaisons constituent une série de « modules » en forme de tonneau, nettement séparés les uns des autres.

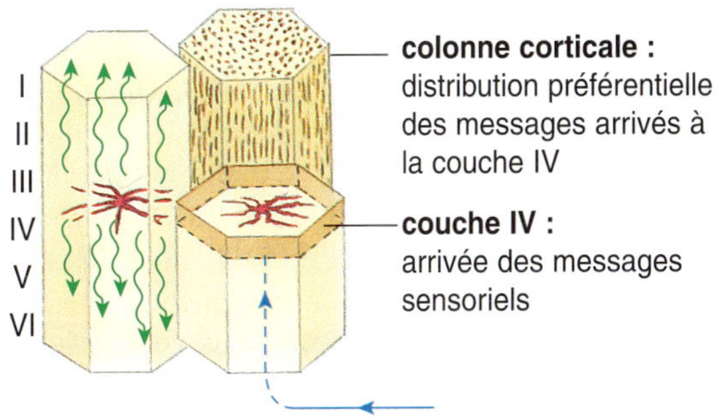

3 La couche IV est la porte d'entrée principale du cortex.

Pistes d'exploitation

1 - Doc 2 et 3 : Que signifie l'expression : les neurones du cortex sensoriel sont organisés en « colonnes » ? Quelle couche du cortex est atteinte en premier par les messages en provenance des récepteurs sensoriels ?

2 - Bilan : Rédigez quelques phrases pour préciser l'organisation des neurones dans le cortex sensoriel.

Un contrôle génétique

Au cours du développement embryonnaire, sont produits quelques 100 milliards de neurones cérébraux. Ces derniers émettent des prolongements (axones et dendrites) qui établissent une multitude de connexions synaptiques avec des cellules cibles, constituant ainsi des réseaux neuroniques d'une extrême complexité.

■ Quelle est la part du génome dans la mise en place d'un tel câblage ?

A Un exemple dans le système nerveux central.

× 300

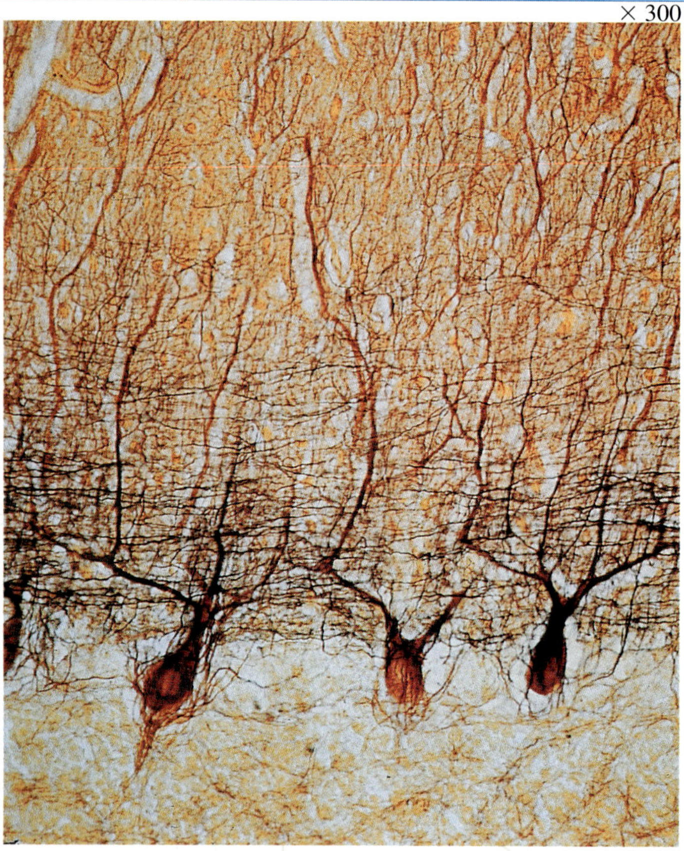

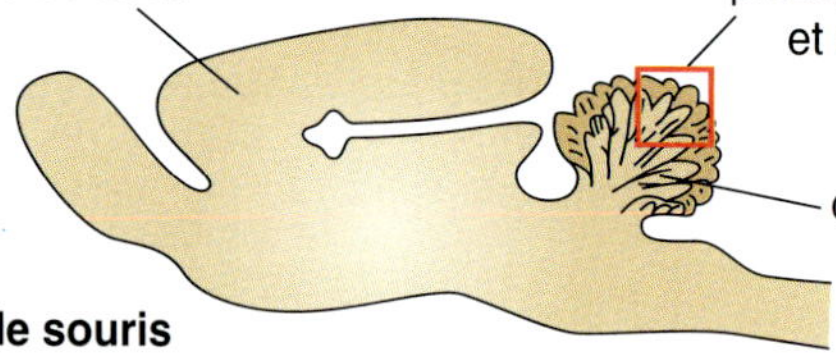

Cerveau de souris en coupe longitudinale

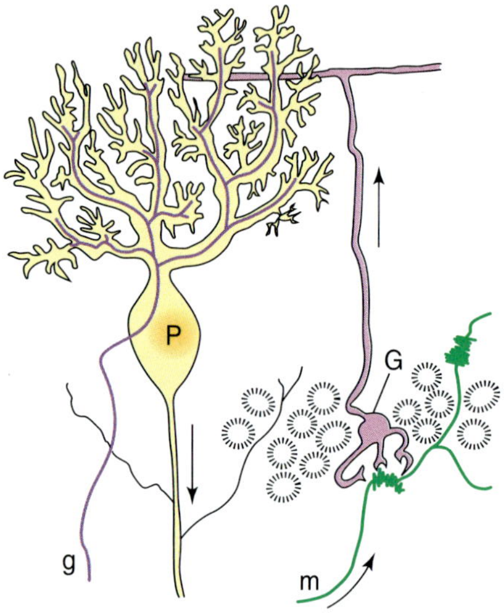

Organisation du cortex cérébelleux chez une souris normale

Le cervelet joue un rôle important dans la coordination des mouvements. Chez l'homme, des lésions du cervelet* (suite à un traumatisme, un accident vasculaire...) se traduisent par des troubles moteurs : mouvements volontaires mal dirigés, imparfaitement contrôlés, difficultés à maintenir une posture ou la station debout.

On connaît chez la souris plusieurs souches présentant des troubles moteurs qui évoquent une anomalie du cervelet : souris *reeler* (tourneuse), *weaver* (zigzagante)... Ces troubles s'expliquent par des mutations, dont certaines sont clairement identifiées. L'observation du cortex cérébelleux de ces souris mutantes révèle une organisation anormale des circuits neuroniques. Chez les mutants *weaver* par exemple :
– les cellules des grains ont disparu ;
– plusieurs fibres grimpantes sont connectées aux cellules de Purkinje ;
– les fibres moussues, normalement connectées aux cellules des grains, forment ici des synapses avec les cellules de Purkinje.

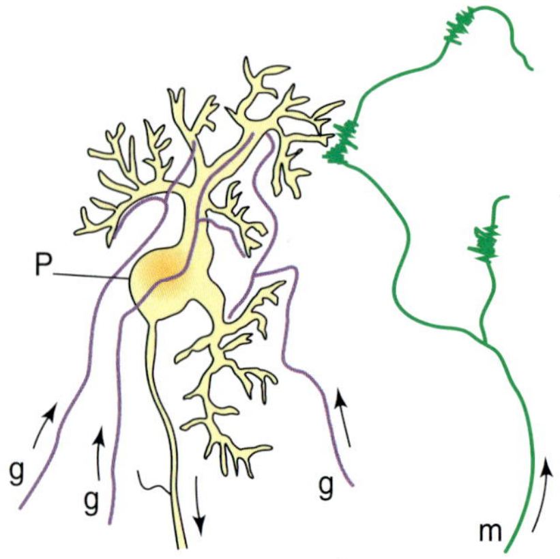

Organisation du cortex cérébelleux chez une souris mutante *weaver*

D'après Changeux et Mikoshiba

1 L'étude de souris présentant des troubles moteurs a permis de montrer un contrôle génétique de la construction des réseaux neuroniques.

B Un exemple dans le câblage périphérique.

Dans le monde, quelques dizaines de personnes vivent sans avoir jamais connu la douleur. En France, on a recensé depuis quinze ans une dizaine de ces cas d'insensibilité congénitale* à la douleur. Loin d'être un avantage, cette anomalie rarissime représente un handicap très lourd. La douleur constitue en effet un signal d'alarme indispensable à l'organisme et qui permet d'éviter une multitude d'accidents. Dès leur plus jeune âge, les sujets atteints de ce type d'anomalie sont victimes de multiples fractures (photo), se brûlent gravement, se coupent sans en avoir conscience ; par ailleurs, en cas d'infection, aucune douleur ne vient donner l'alerte et le sujet peut être emporté par une maladie normalement très douloureuse sans avoir jamais ressenti le moindre mal.
Les autres fonctions sensorielles en revanche sont normales.

2 Ne pas souffrir : une « chance » redoutable.

Lexique

- **Cervelet :** partie de l'encéphale comportant, comme les hémisphères cérébraux, un cortex gris externe et une substance blanche interne.
- **Congénital** (du latin *congenitus*, né avec) **:** qui est présent à la naissance.

Pistes d'exploitation

1 - Doc 1 : Résumez en quelques phrases les conclusions que vous pouvez tirer de ces observations.

2 - Doc 2 et 3 : Qu'est-ce qu'une insensibilité congénitale ? Quelle peut en être la cause ?

× 400

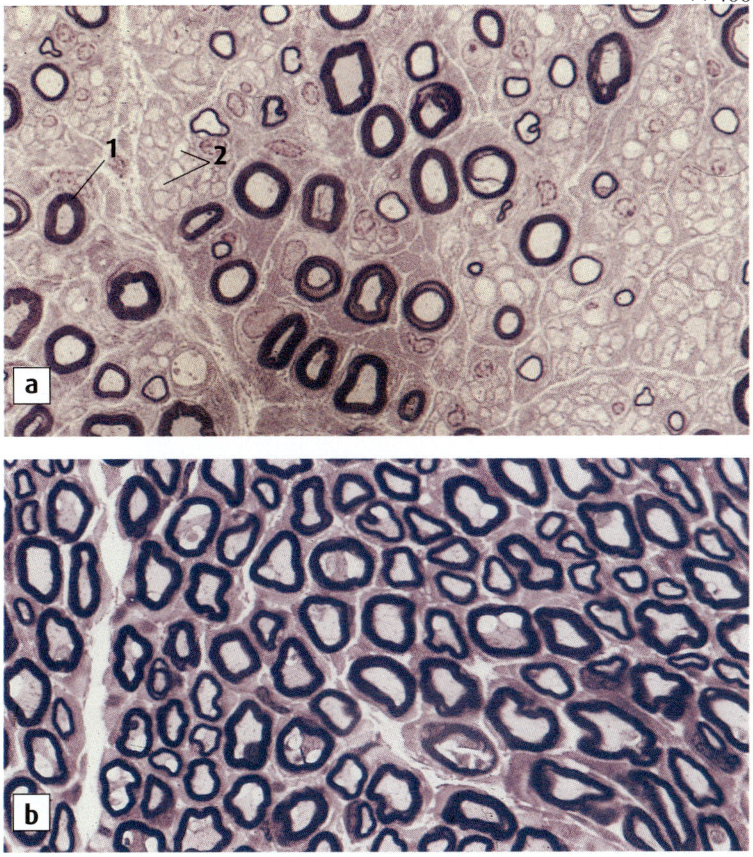

Photo a : nerf normal avec des fibres myélinisées (1) de calibres variés et de nombreuses fibres amyéliniques (2) responsables de la conduction des messages douloureux.
Photo b : nerf d'un malade atteint d'insensibilité congénitale à la douleur de type IV ; les fibres amyéliniques sont absentes.

On a pu établir qu'une mutation du gène codant pour le récepteur au NGF (substance indispensable au développement des neurones) est responsable de cette grave anomalie.

3 Des mutations à l'origine de ces insensibilités.

ACTIVITÉS pratiques 5

L'existence d'une plasticité du cortex

On a longtemps cru que les réseaux de neurones du cerveau s'établissaient une fois pour toutes et qu'ensuite, ils ne pouvaient plus se modifier. Récemment, on a montré qu'il n'en est rien ; l'acquisition de compétences (« c'est en forgeant qu'on devient forgeron ») s'accompagne bel et bien d'un remodelage des réseaux neuroniques.

■ Comment peut-on mettre en évidence un tel remodelage ?

A Une étude expérimentale chez l'animal.

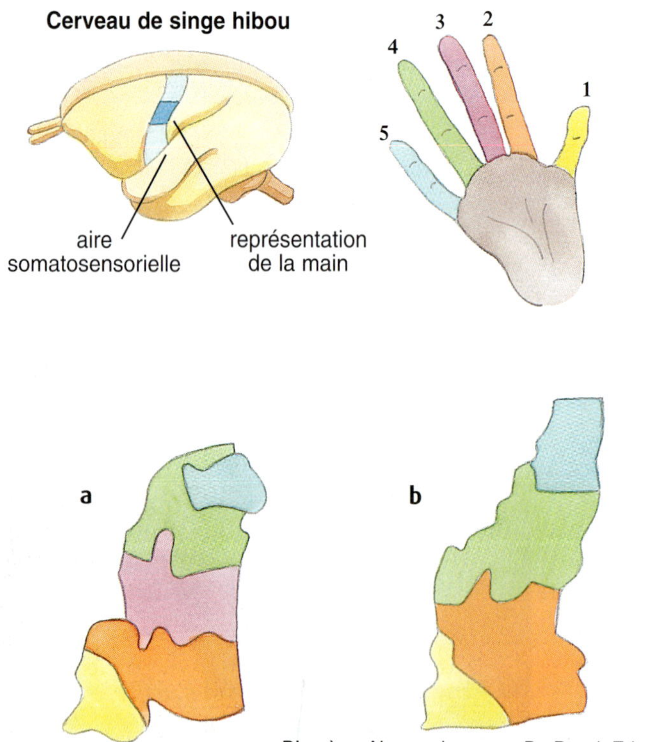

D'après « Neurosciences », De Boeck Ed.

En explorant, à l'aide de microélectrodes, la région de l'aire somatosensorielle correspondant à la main d'un singe hibou, il a été possible de réaliser une cartographie fine, c'est-à-dire de délimiter les territoires correspondant à la projection de chacun des cinq doigts de la main droite. Du fait du croisement des voies nerveuses* sensitives, c'est à la surface de l'hémisphère cérébral gauche que cette étude a été menée.
L'animal a subi ensuite l'amputation du doigt 3 (majeur).
La même étude cartographique a été reprise deux mois après l'opération.
Les dessins ci-contre présentent les deux cartes obtenues : **a** – avant l'opération ; **b** – deux mois après l'opération.

1 Modifications de la « cartographie » du cortex somatosensoriel chez le singe hibou à la suite de l'amputation d'un doigt.

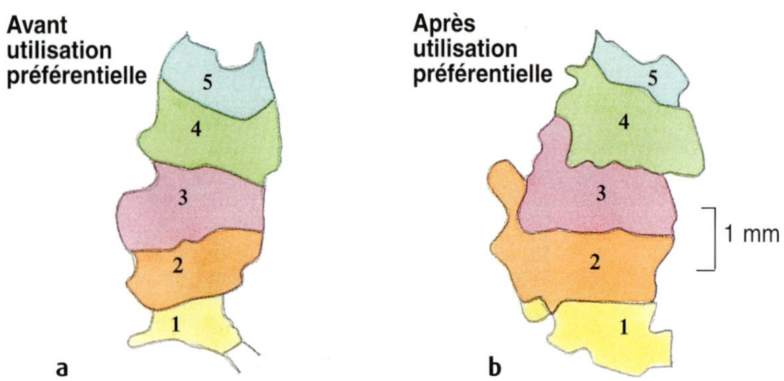

D'après « Neurosciences », De Boeck Ed.

Chez un autre singe hibou, une même cartographie de l'aire cérébrale sensorielle correspondant à la main droite est réalisée (dessin **a**). L'animal est alors entraîné à exécuter une tâche qui l'oblige à se servir préférentiellement des doigts 2, 3 et 4. Après plusieurs mois d'entraînement, une nouvelle cartographie cérébrale est réalisée (dessin **b**).

2 Modifications de la « cartographie » du cortex somatosensoriel chez le singe hibou à la suite d'un « entraînement » particulier.

B Des observations récentes chez l'homme.

Les personnes droitières qui jouent d'un instrument à cordes (violon, violoncelle, guitare...) utilisent et stimulent les doigts de la main gauche plus fréquemment que les non – musiciens. On s'est donc demandé si on pouvait repérer chez ces personnes le même type de modification de la représentation corticale des doigts que chez le singe hibou (page 228).

En utilisant une technique très particulière (basée sur la détection des très faibles champs magnétiques produits par les populations particulièrement actives de neurones), il est possible de repérer depuis l'extérieur du crâne quelle zone précise du cerveau est activée pendant une tâche particulière (par exemple, une stimulation des extrémités des doigts de la main gauche).

Les documents ci-dessous représentent les zones de projection du pouce (vert) et de l'auriculaire gauche (rouge) chez deux personnes droitières (pour que leur main gauche ait la même habileté initiale) : **a** – une violoniste ; **b** – une personne du même âge mais non-musicienne. Ces zones de projection en couleurs ont été superposées à une IRM 3D de l'hémisphère cérébral droit de chaque sujet (car la main gauche « se projette » dans le cerveau droit).

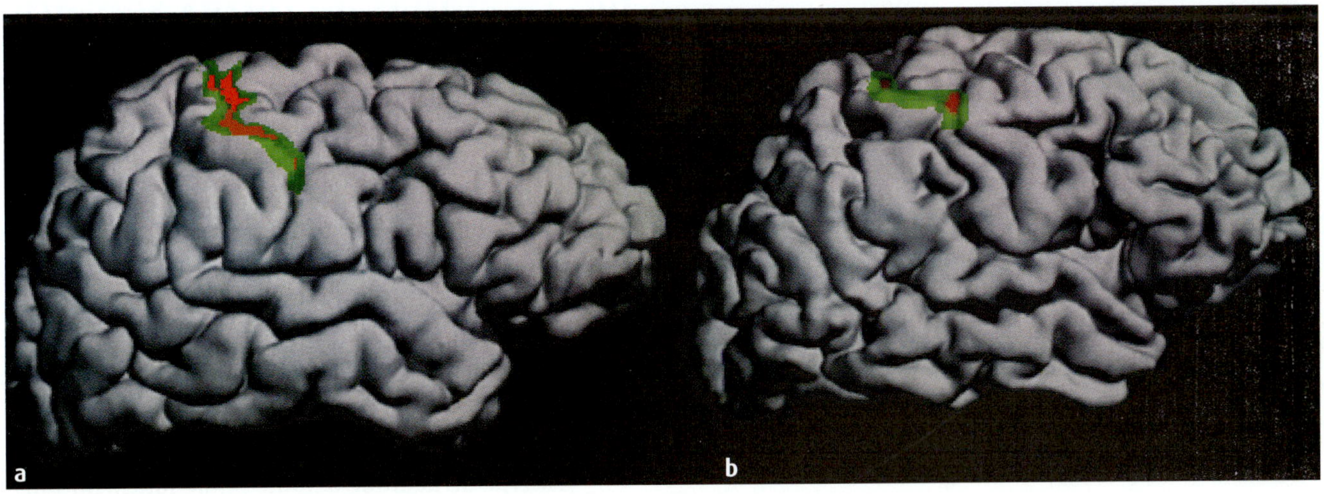

3 Modifications de la représentation corticale des doigts dans le cortex somatosensoriel des violonistes.

Lexique

• **Croisement des voies nerveuses :** particularité anatomique remarquable de nombreuses voies nerveuses véhiculant des messages nerveux ascendants ou descendants et franchissant le plan de symétrie ; le cerveau gauche est ainsi connecté à la moitié droite du corps, le cerveau droit à la moitié gauche.

Pistes d'exploitation

1 - Doc 1 et 2 : Sachant que les neurones ne se multiplient pas dans le cerveau de l'adulte, comment interprétez-vous les modifications des cartes sensorielles observées chez les deux singes hibous ?

2 - Doc 3 : Les observations réalisées chez l'homme vous paraissent-elles en accord avec les résultats expérimentaux obtenus chez le singe hibou ?

3 - Bilan : Résumez en quelques phrases les conclusions que vous pouvez dégager de ces trois documents. Montrez qu'ils mettent en évidence une « plasticité » des réseaux neuroniques cérébraux.

La plasticité du système nerveux central

Chez l'homme, **l'encéphale,** défini comme le contenu de la boîte crânienne, se compose, de l'avant vers l'arrière, des **hémisphères cérébraux** (communément appelés « **cerveau** »), du **cervelet** et du **tronc cérébral** (dont le **bulbe rachidien** constitue la partie postérieure).

La partie superficielle des hémisphères cérébraux, constituée de substance grise, forme l'**écorce cérébrale** ou **cortex** dont les fonctions sont multiples : commande des mouvements volontaires, réception des informations sensorielles, mémoire...

Seule la fonction de réception et de traitement des informations sensorielles est abordée dans ce chapitre.

I Le cortex cérébral reçoit les informations sensorielles

1• Les apports de l'imagerie médicale à la connaissance des aires sensorielles

Les techniques modernes d'imagerie médicale (tomographie par émission de positons et IRM fonctionnelle) permettent d'identifier les régions du cortex particulièrement actives lorsqu'un sujet effectue une tâche motrice précise ou lorsqu'une fonction sensorielle est activée (le sujet regarde, écoute, palpe...).

Les modifications du débit sanguin cérébral observées dans chaque cas permettent de dresser une véritable carte des aires d'arrivée dans le cortex des différents messages sensoriels : aire visuelle, aire auditive, aire somatosensorielle ...

2• L'exemple de l'aire somatosensorielle

La région du cortex qui traite les informations tactiles est appelée **aire somatosensorielle**. Comme toutes les aires, elle comporte :

– une **aire de projection** (dans la circonvolution cérébrale située juste à l'arrière du sillon de Rolando) qui correspond aux points d'arrivée des messages provenant des différentes régions du corps ;

– une **aire d'association** (située à l'arrière de la précédente mais moins bien localisée) qui assure la connexion de l'aire de projection avec de nombreuses autres régions du cerveau.

Nous parlerons ici seulement de l'aire de projection qui, dans chaque hémisphère, reçoit l'ensemble des informations sensorielles provenant de la moitié opposée du corps. Cette aire contient une représentation, appelée « ***homunculus*** », des différentes parties du corps mais cette représentation est déformée par rapport à la superficie réelle des différents territoires. L'étendue de la représentation corticale d'une région du corps n'est pas liée à sa superficie réelle mais à la densité des terminaisons sensorielles qui existent dans cette partie du corps, c'est-à-dire en fait à sa sensibilité. Ainsi, cette projection corticale varie-t-elle d'une espèce à l'autre en fonction de la sensibilité de telle ou telle partie du corps :

– chez l'homme, la projection de la main est très étendue mais pas celle du pied ;

– chez le singe, en revanche, la projection du pied est presque aussi grande que celle de la main ;

– chez le rat, c'est la projection des vibrisses qui occupe la majeure partie de l'aire somatosensorielle car, chez cet animal nocturne, les « moustaches » sont les organes des sens les plus utilisés.

II Une organisation remarquable des neurones du cortex sensoriel

1• Six couches de neurones dans le cortex

Bien qu'ayant seulement 2 à 4 mm d'épaisseur, le cortex cérébral renferme quelques 100 milliards de neurones. Par son axone, chaque neurone communique avec un nombre limité d'autres neurones mais, sur son corps cellulaire et ses dendrites, il reçoit en moyenne 20 000 contacts synaptiques.

L'observation microscopique de coupes de cortex montre que les neurones y sont répartis en six couches superposées, conventionnellement numérotées de I à VI en allant de la surface vers la profondeur.

Un type de neurone domine numériquement tous les autres : ce sont les neurones pyramidaux. Ces derniers doivent leur nom à la forme de leur corps cellulaire qui présente une pointe dirigée vers l'extérieur du cortex et dont la base en revanche est très élargie.

Cette organisation en six couches n'est pas l'apanage du cortex sensoriel : toutes les autres régions corticales, quelle que soit leur fonction, présentent une disposition très semblable des neurones.

2• Une organisation « en colonnes » du cortex sensoriel

En descendant une microélectrode perpendiculairement à la surface du cortex, des chercheurs ont montré que toutes les cellules rencontrées au cours de la descente répondent à des stimulations mécaniques de même type, appliquées au même endroit de la surface du corps mais qu'elles ne répondent pas pour des stimulations appliquées dans des régions voisines. En revanche, si la microélectrode est introduite tangentiellement dans le cortex, les neurones atteints successivement répondent pour des stimulus appliqués en des points différents de la peau.

Par ailleurs, le marquage des fibres qui apportent au cortex des informations sensorielles montre que ces fibres aboutissent toutes dans la couche IV qui constitue en quelque sorte la « **porte d'entrée** » du cortex.

Ainsi, le cortex sensoriel peut-il être subdivisé en un certain nombre de modules élémentaires comportant une colonne de neurones assurant une fonction d'entrée des informations sensorielles par la couche IV et, par les autres couches, de sortie vers les autres régions corticales ou sous-corticales.

III La part du génotype dans le fonctionnement du système nerveux

1• L'exemple du réflexe myotatique

Le réflexe myotatique est une réaction automatique et stéréotypée de l'organisme à un étirement du muscle ; il a comme support anatomique une chaîne précise de neurones. Cette chaîne étant toujours organisée de la même façon, nous devons admettre qu'elle est mise en place au cours du développement embryonnaire sous le contrôle de l'information génétique.

2• D'autres preuves déduites de l'étude de mutations

• L'étude de souris présentant des troubles moteurs (souris weaver, reeler, ...) a montré que ces troubles s'expliquent par des mutations de gènes gouvernant la mise en place, au cours du développement embryonnaire, de réseaux de neurones dans le cortex du cervelet : en effet, toutes les souris atteintes d'un même trouble moteur présentent la même disposition aberrante de certaines cellules du cervelet. Des études récentes ont montré que la mutation « weaver » était une mutation d'un gène codant pour une protéine de la membrane de la cellule nerveuse.

• Chez l'homme, l'étude de maladies rares comme certaines formes d'insensibilité congénitale à la douleur, a montré là aussi que les troubles sont d'origine génétique. Il s'agit d'une mutation qui empêche la croissance des fibres sensorielles assurant normalement la transmission des messages « douloureux ».

Ainsi, la mise en place au cours du développement embryonnaire des chaînes de neurones, aussi bien dans le système nerveux central que dans le câblage nerveux périphérique, est, au moins en partie, sous contrôle génétique.

IV Un remodelage possible des circuits nerveux chez l'adulte

1• Un exemple : l'aire somatosensorielle

Jusqu'à une époque très récente, les circuits nerveux du cortex de l'adulte étaient considérés comme parfaitement stables. On sait aujourd'hui qu'ils sont susceptibles d'être remodelés tout au long de la vie.

L'exemple le plus démonstratif est la malléabilité des aires sensorielles et notamment de l'aire somatosensorielle.

Chez les sourds de naissance, la partie de l'aire visuelle qui permet la vision dans l'espace et la perception du mouvement semble « coloniser » la région du cortex qui constitue normalement l'aire auditive. Ici, Emmanuelle Laborit, par le langage des signes, « prononce » le mot culture.

• Si chez l'animal on enlève un organe, on observe une réaffectation de l'aire de projection de l'organe enlevé au profit des aires de projection adjacentes : par exemple, si chez un singe on coupe le doigt 3, les neurones de l'aire somatosensorielle qui, avant l'amputation, répondaient aux stimulations du doigt 3 répondent désormais aux stimulations des doigts 2 ou 4.

• La réorganisation des différentes projections dans l'aire somatosensorielle ne nécessite pas obligatoirement une amputation. Un entraînement (par exemple, on oblige un singe à se servir d'un doigt particulier pour effectuer une tâche qu'il répètera des milliers de fois) a pour conséquence une extension de la projection de ce doigt au détriment de la projection des doigts adjacents.

De telles « expansions » ont pu récemment être observées chez l'homme grâce à l'IRM fonctionnelle : chez les violonistes par exemple, les projections du pouce et de l'auriculaire de la main qui tient le manche du violon sont beaucoup plus étendues que les mêmes projections chez un non violoniste.

2• Des mécanismes encore mal connus

Nous avons vu que le cortex sensoriel présente une organisation verticale en « colonnes » et que tous les neurones d'une même colonne répondent à un stimulus appliqué dans une région précise du corps. L'explication la plus plausible des remodelages dont nous venons de parler est une modification de la quantité et de la « force » des connexions synaptiques entre les neurones d'une colonne et ceux des colonnes adjacentes. Ces mécanismes témoignent d'une **plasticité neuronale** remarquable.

L'essentiel

• Le cortex cérébral reçoit les informations sensorielles provenant de l'ensemble de l'organisme. La région du cortex qui traite les informations tactiles est appelée aire somatosensorielle. Dans chaque hémisphère, cette aire reçoit l'ensemble des informations sensorielles provenant de la moitié opposée du corps. L'importance de la représentation cérébrale des différentes régions du corps est en relation avec la densité des terminaisons sensorielles ; elle est donc très déformée par rapport aux proportions réelles du corps.

• Le cortex cérébral renferme quelques 100 milliards de neurones répartis en six couches superposées. Au niveau du cortex sensoriel, les neurones sont assemblés en modules fonctionnels élémentaires en forme de colonnes verticales : chaque colonne de neurones ne répond qu'à des stimulations appliquées à une région précise du corps. Les fibres sensorielles aboutissent toutes dans la couche IV, véritable « porte d'entrée » du cortex. Les autres couches assurent les connexions vers les autres régions corticales ou sous-corticales.

• La mise en place des chaînes neuroniques au cours du développement embryonnaire est sous le contrôle de l'information génétique. Certaines mutations perturbent ce développement et sont à l'origine de troubles (comme l'insensibilité congénitale à la douleur).

• Les circuits nerveux du cortex cérébral sont malléables. C'est ainsi qu'une zone du cortex sensoriel qui ne reçoit plus ses afférences normales devient capable de traiter des informations en provenance de régions voisines. De même, une région corticale qui reçoit une quantité importante d'informations se développe aux dépens des zones voisines. Le système nerveux central manifeste ainsi une plasticité neuronale remarquable.

Schéma-bilan

LA PLASTICITÉ DU SYSTÈME NERVEUX CENTRAL
(l'exemple du cortex sensoriel)

Une représentation de chaque territoire de l'organisme dans le cortex somatosensoriel

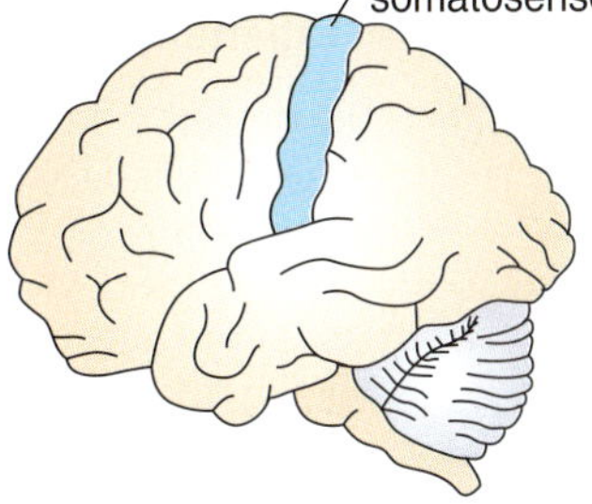

Localisation de l'aire somatosensorielle chez l'Homme

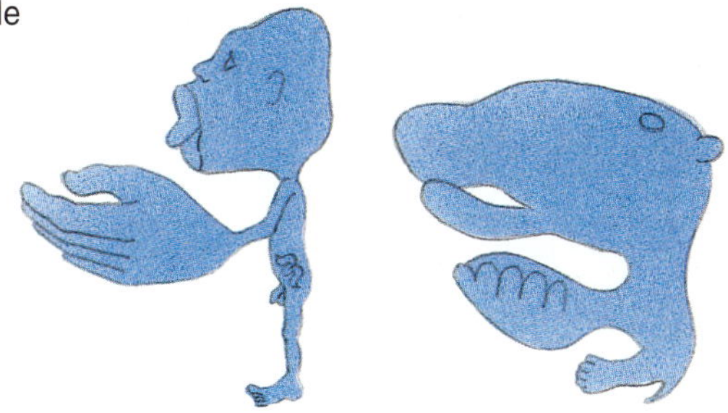

Des représentations corticales différentes selon l'espèce

Un contrôle génétique de la mise en place des réseaux de neurones

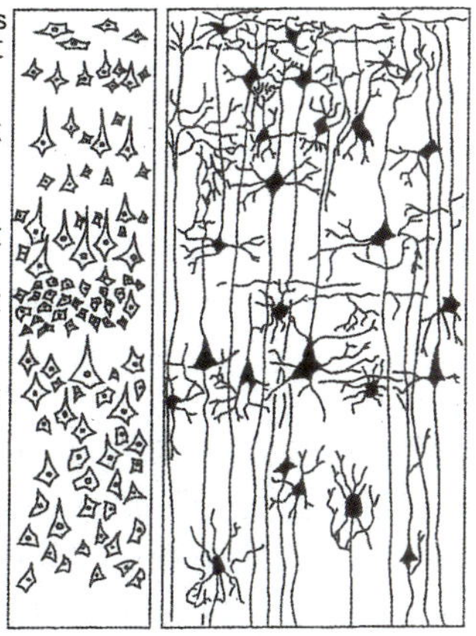

Dans le cortex du cerveau et du cervelet, six couches de neurones interconnectés de façon précise

Des mutations dans le système nerveux

central	périphérique
↓	↓
modification des réseaux	absence de fibres nerveuses
↓	↓
anomalies du comportement (moteur par exemple)	insensibilité congénitale à la douleur

Un remodelage épigénétique des connexions synaptiques

Sujet droitier, non violoniste — **Sujet droitier, violoniste**

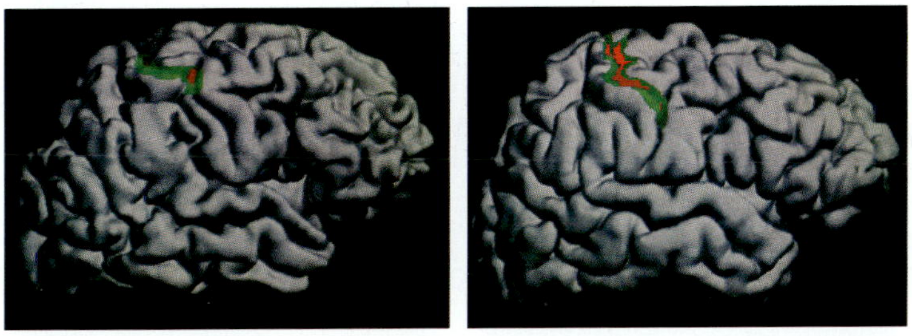

vert = projection du pouce
rouge = projection de l'auriculaire

L'aire de projection somatosensorielle d'un organe est d'autant plus étendue que l'usage de cet organe est important

UTILISER DES CONNAISSANCES ET DES MÉTHODES

1 Plasticité du cortex somatosensoriel chez les rongeurs.

Le rat est un rongeur nocturne dont le système visuel est peu performant. En revanche, cet animal explore son environnement en utilisant surtout son odorat d'une part, ses moustaches tactiles (ou vibrisses) d'autre part. Ces vibrisses oscillent en permanence (de 2 à 20 fois par seconde) et tout contact avec un objet modifie la fréquence des signaux envoyés vers le cerveau. Ces informations, décodées par le cortex somatosensoriel, permettent de déterminer la position des objets, leur texture...

Les chercheurs ont pu établir que chaque vibrisse possède sa propre projection dans le cortex somatosensoriel (**b** et **b′**) : la stimulation d'une vibrisse précise entraîne la réponse préférentielle d'un domaine cortical fonctionnel en forme de « tonneau ».

• **Expérience :**

On détruit à la naissance une rangée de vibrisses (**c**). On observe ensuite, chez l'animal devenu adulte, l'organisation en tonneaux de son cortex somatosensoriel (**c′**).

Projection des moustaches dans le cortex somatosensoriel
a : le « ratunculus »
b′ et c′ : tonneaux dans le cortex somatosensoriel

Localisation des vibrisses sur le museau du rat

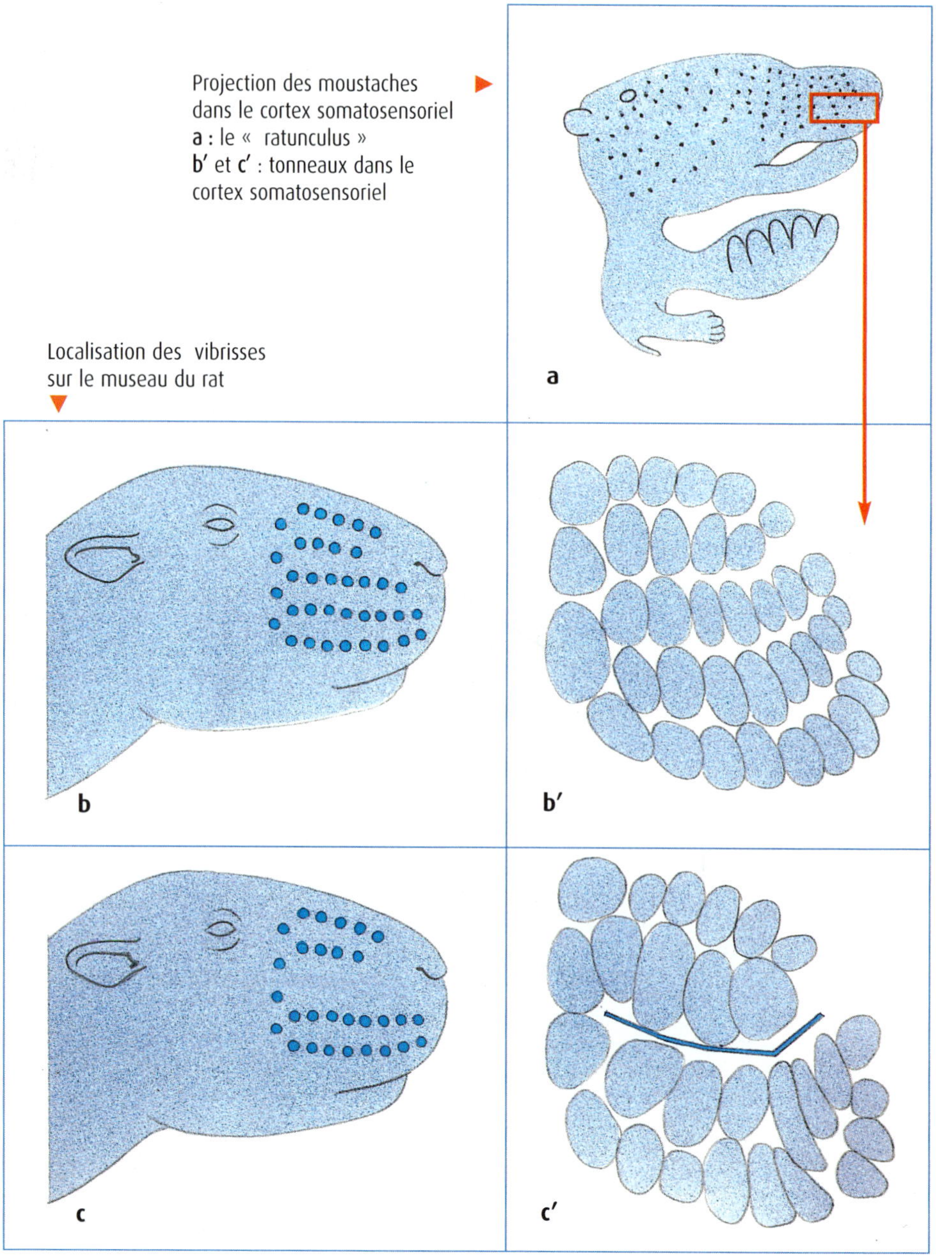

Question 1 (Mobiliser ses connaissances)

Comment expliquez-vous que la projection des vibrisses dans l'aire somatosensorielle du rat occupe une superficie aussi importante ?

Question 2 (Analyser un résultat et faire une déduction)

Quelle conclusion dégagez-vous du résultat expérimental obtenu ?

2 Des modifications du cortex visuel suite à l'occlusion d'un œil.

Document 1 :

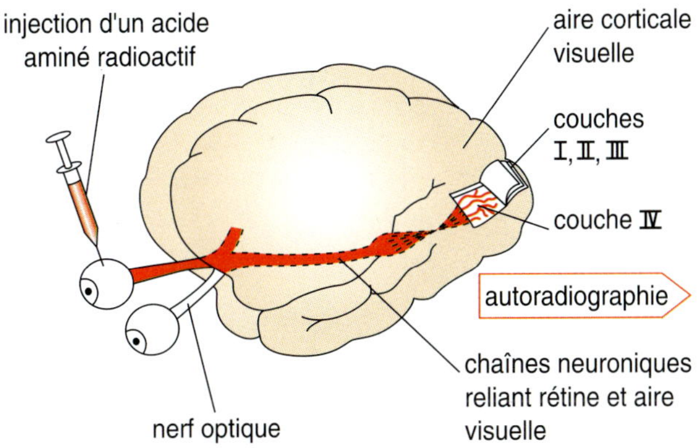

• **Informations :**

L'aire du cortex cérébral qui traite les informations visuelles est située dans la partie occipitale des hémisphères cérébraux (**document 1**). Comme le cortex somatosensoriel, le cortex visuel présente une organisation verticale, non sous forme de tonneaux mais de bandes imbriquées. Cette structure peut être mise en évidence en utilisant la technique suivante :

On injecte dans un œil un acide aminé radioactif qui a la propriété de marquer non seulement les neurones de la rétine mais aussi toutes les chaînes neuroniques issues de la rétine jusqu'à leur terminaison dans le cortex visuel. Une coupe réalisée dans la couche IV et tangentielle à la surface du cortex montre alors des bandes claires (marquées) sur l'autoradiographie (**document 2a**). Les bandes sombres de largeur comparable aux précédentes correspondent aux terminaisons des chaînes neuroniques en provenance de l'autre œil.

• **Expérience :**

Chez un singe, les paupières de l'œil droit ont été suturées depuis l'âge de deux semaines jusqu'à 18 mois : pendant toute cette période, l'animal ne peut donc utiliser que son œil gauche.

Deux semaines avant que l'animal ne soit sacrifié, on lui injecte dans l'œil normal (gauche) des acides aminés radioactifs. Après sa mort, on réalise une autoradiographie de son cortex visuel. Le **document 2b** est un assemblage de plusieurs sections tangentielles passant par la couche IV de ce cortex visuel.

• **Une observation complémentaire :**

En injectant dans un neurone une substance repérable au microscope mais qui ne peut pas franchir la membrane plasmique, on peut mettre en évidence toutes les parties de cette cellule, y compris les plus fines ramifications de l'arborisation terminale de l'axone. Une telle mise en évidence a été réalisée sur les arborsations terminales des fibres appartenant aux derniers neurones de la chaîne provenant de la rétine et qui se ramifient dans la couche IV du cortex visuel.

Le **document 3** présente l'aspect de ces ramifications chez un animal témoin et chez un animal ayant subi une longue privation monoculaire de la vision.

Question 1 (Analyser des observations)

Comparez la largeur des bandes claires et sombres sur les deux autoradiographies. Quelle propriété du cortex est mise en évidence par cette expérience ? Quelle hypothèse pouvez-vous formuler pour expliquer les différences observées ?

Question 2 (Etablir des relations de causalité)

Montrez la relation existant entre les observations des documents 3 et 2.

Document 2 :

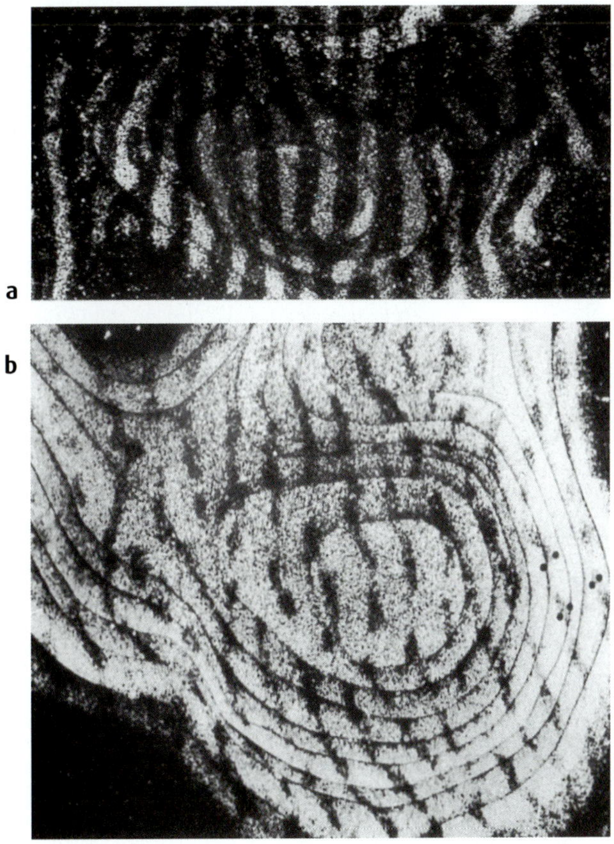

Document 3 :

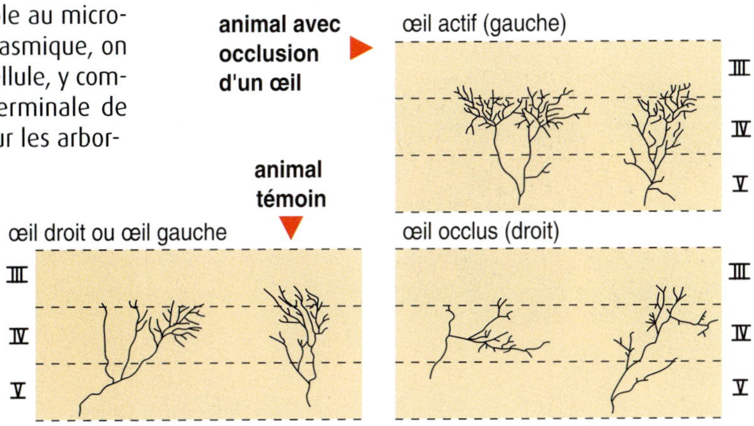

Deuxième Partie

SCIENCES de la Terre

Chapitre 1

La structure interne du globe

Chapitre 2

La composition chimique de la Terre

Chapitre 3

La lithosphère et la tectonique des plaques

Chapitre 4

Formation et divergence des plaques lithosphériques

Chapitre 5

La Terre, une machine thermique

Un premier modèle à enrichir

Le programme de Première s'appuie sur les acquis du collège et de la classe de Seconde. La structure et la dynamique interne du globe ainsi que la tectonique des plaques ont déjà été abordées en classe de Quatrième. Cette étude a permis de construire un premier modèle permettant de comprendre « le fonctionnement » de la planète Terre. Ce modèle simplifié, présenté ci-dessous, va constituer une référence que vous allez pouvoir enrichir.

LES PLAQUES ET LEURS MOUVEMENTS

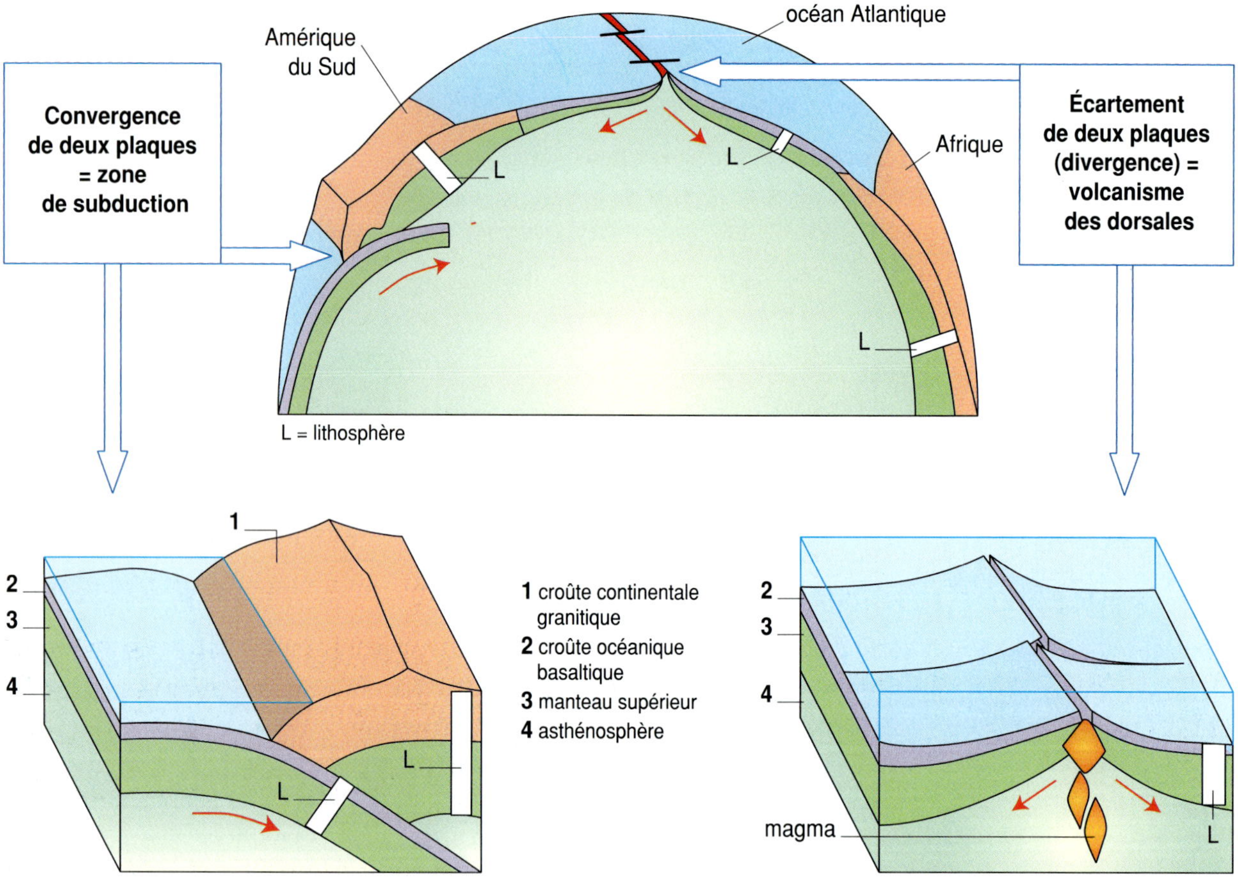

A la surface du globe, des zones étroites, marquées par une forte activité sismique et volcanique, représentent les frontières de zones beaucoup plus vastes et stables : les plaques de lithosphère constituées de matériaux rigides. Celles-ci se déplacent sur une couche sous-jacente chaude et déformable appelée asthénosphère.

La lithosphère a une épaisseur moyenne de 100 kilomètres. Sa partie superficielle forme la croûte terrestre. La croûte continentale, surtout formée de granites, est plus épaisse que la croûte océanique, essentiellement basaltique.

Les plaques se déplacent lentement (quelques centimètres par an) :
- elles s'écartent au niveau des dorsales (où de la lithosphère est créée),
- elles s'affrontent au niveau des zones de subduction (où de la lithosphère disparaît).

Les matériaux situés dans les couches profondes du globe terrestre renferment des éléments chimiques radioactifs. Le dégagement de chaleur provoqué par cette radioactivité apporte une partie importante de l'énergie responsable du déplacement des plaques.

Chapitre

1

La structure interne du globe

La structure du globe découverte en classe de Quatrième s'est limitée aux « couches » les plus externes : lithosphère et asthénosphère. En classe de Première, l'étude de la propagation des ondes sismiques va permettre d'explorer la structure interne de notre planète. Des informations apportées par l'étude des météorites permettront de préciser nos connaissances.

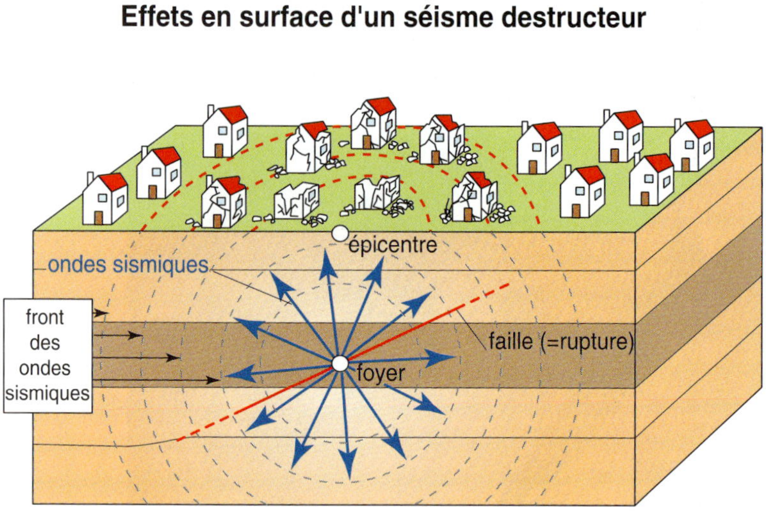

Les foyers des séismes sont situés entre 1 et 700 km de profondeur, le plus souvent à moins de 30 km. Rappel : rayon de la Terre = 6 400 km.

1 A partir du foyer d'un séisme, des ondes se propagent dans toutes les directions. Quelle est la cause d'un séisme ? Qu'appelle-t-on « foyer » ? Epicentre ? Où sont localisés les dégâts les plus importants ?

Enregistrement d'un séisme survenu dans l'île de Sakhaline, le 4 août 2000, par deux stations du réseau « géoscope » : KIP (Kipapa, îles Hawaï) et SSB (Saint-Sauveur Badole, France). ▶

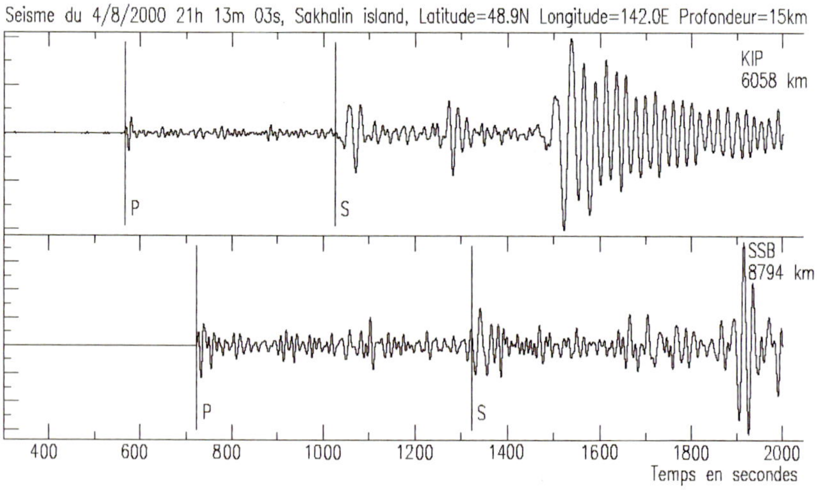

Les sismomètres fonctionnent tous sur le même principe : un **capteur** (cylindre enregistreur, système électromagnétique, capteur numérique) est fixé sur un **socle**. Cet ensemble, rendu solidaire du sol, vibre en même temps que celui-ci pendant qu'un **pendule** a tendance à rester immobile, à cause de sa masse pesante inerte. Le capteur enregistre les mouvements relatifs de ce pendule par rapport au socle.

Stations	Temps d'arrivée des ondes P (début du séisme = temps 0)	Distance à l'épicentre
KIP	9 min 25 s	6058 km
SSB	12 min 05 s	8794 km

2 Les sismomètres (ou sismographes) permettent d'enregistrer les ondes sismiques. A partir des informations ci-dessus, calculez en kilomètres par seconde la vitesse moyenne de propagation des premières ondes arrivant dans les deux stations. Cette vitesse est-elle constante ?

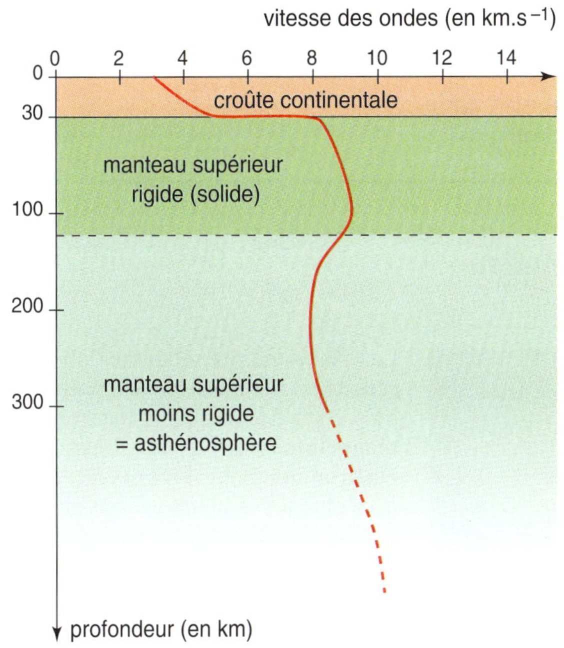

3 La vitesse de propagation des ondes sismiques varie en fonction de la profondeur.

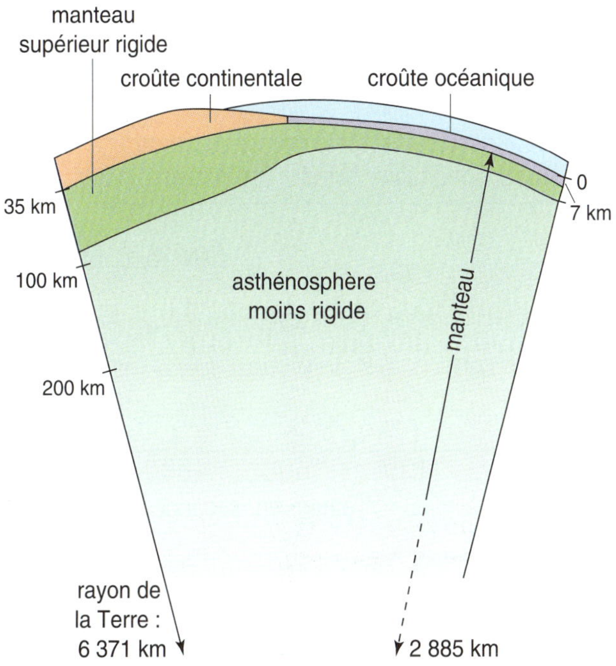

4 Repérez sur ce schéma ce que représente le forage continental le plus profond jamais réalisé (13 km).

Les acquis en quelques lignes

- Les séismes résultent d'une rupture brutale des roches en profondeur.
- Le foyer du séisme est le lieu où se produit la rupture.
- A partir du foyer, la déformation se propage sous forme d'ondes qui peuvent être enregistrées par des sismomètres et analysées.
- Les variations de la vitesse des ondes sismiques en profondeur permettent de distinguer la lithosphère, rigide, de l'asthénosphère qui l'est moins.
- La croûte terrestre, partie superficielle de la lithosphère, est constituée en grande partie de granite dans les aires continentales et de basalte sous les océans.

Définitions

- **Lithosphère** (du grec *lithos* = pierre, *sphaira* = boule) : couche superficielle du globe terrestre (70 à 150 km d'épaisseur), rigide, formée par la croûte continentale ou océanique et la partie supérieure du manteau.
- **Asthénosphère** (du grec *asthénos* = sans résistance) : partie supérieure du manteau terrestre située sous la lithosphère et un peu moins rigide que les couches plus superficielles et plus profondes.

Des nouveaux problèmes à résoudre

- Les vibrations sismiques sont-elles toutes du même type ?
- Au cours d'un séisme, peut-on enregistrer tous les mouvements du sol avec un seul sismomètre ?
- Quelles informations la propagation des ondes sismiques apporte-t-elle sur la structure profonde du globe et sur les propriétés des matériaux traversés ?
- Quelles sont les autres sources d'informations permettant de connaître la structure interne du globe ?

ACTIVITÉS pratiques 1

Il existe différents types d'ondes

Vous avez découvert en classe de Quatrième l'existence d'ondes sismiques. L'étude détaillée de tous les sismogrammes obtenus dans des stations suffisamment éloignées de l'épicentre montre la présence de trois trains d'ondes successifs.

- **Quelles sont les propriétés de ces différentes ondes ?**
- **Quels mouvements du sol caractérisent-elles ?**

A Les sismomètres détectent trois grands types d'ondes.

Les sismomètres modernes sont ultrasensibles. Ils mesurent les mouvements du sol grâce à un capteur inertiel électromagnétique dont le signal est amplifié électroniquement. En général, les données obtenues sont transmises par radio à une station sismique centrale. On peut ainsi étudier en temps réel, à l'aide de plusieurs stations à la fois, un même séisme.
Au cours d'un séisme, les oscillations du sol se font dans toutes les directions de l'espace. Pour obtenir une bonne analyse des vibrations du sol, on utilise donc des sismomètres qui enregistrent simultanément les déplacements dans trois directions orthogonales.

1 Les sismomètres modernes transmettent leurs données par radio à une station centrale.

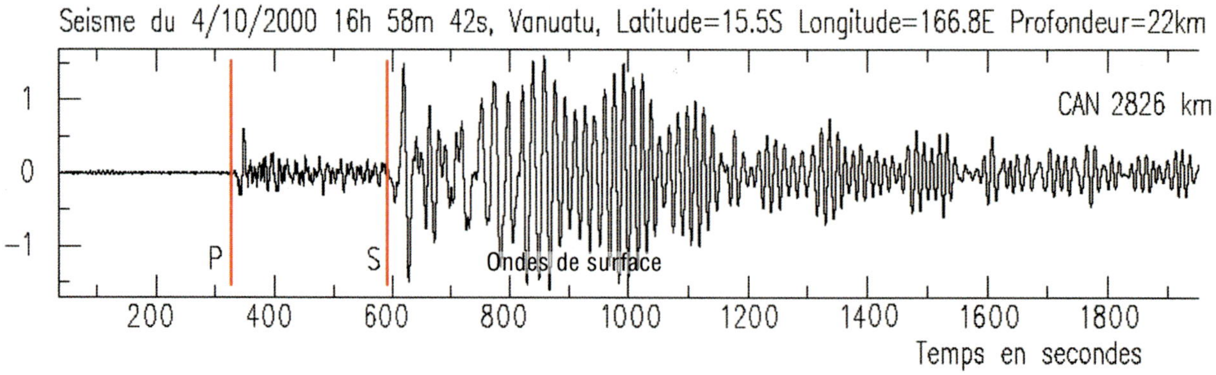

Lorsqu'on enregistre un séisme à une distance suffisante de l'épicentre, on voit trois groupes de vibrations :
– deux trains de vibrations d'amplitude faible se succèdent tout d'abord, ce sont les ondes P (ondes premières) puis les ondes S (ondes secondes) ;
– le troisième train, mal délimité, correspond à des ondes de forte amplitude : les ondes de surface.

2 Sismogramme enregistré à Canberra (Australie) le 4 octobre 2000 lors d'un séisme situé dans l'océan Pacifique.

B Des ondes aux propriétés différentes.

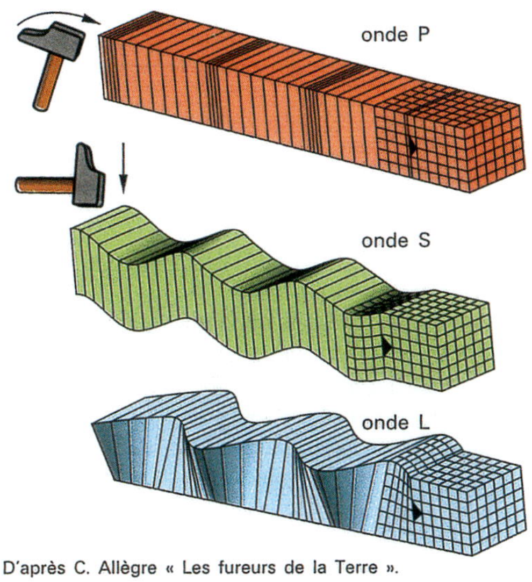

D'après C. Allègre « Les fureurs de la Terre ».

- **Les ondes de volume**

Elles se propagent dans toutes les directions à l'intérieur du globe et sont constituées par les ondes P et les ondes S.

– Les ondes les plus rapides sont appelées ondes primaires ou **ondes P**. Ce sont des ondes longitudinales de **compression - décompression** capables de se propager aussi bien dans les solides que dans les fluides, y compris dans l'atmosphère (elles sont responsables du bruit sourd que l'on entend au début d'un séisme). Le déplacement des particules est parallèle à la direction de propagation de l'onde.

– Le deuxième groupe d'ondes est constitué par les ondes secondaires ou **ondes S**. Ce sont des ondes transversales de **cisaillement** ; elles ne sont transmises que par les solides. Le déplacement des particules est perpendiculaire à la direction de propagation des ondes.

- **Les ondes de surface**

Souvent désignées sous le terme d'**ondes L**, ces ondes sont moins rapides mais de plus grande amplitude. Elles correspondent à des mouvements très complexes du sol faisant penser à la houle de mer. Elles se déplacent uniquement dans les couches superficielles du globe.

NB : les ondes S et les ondes L sont les plus destructrices.

3 Les principales caractéristiques des ondes sismiques.

Deux élèves étirent un ressort en acier de grande élasticité posé sur un support solide (bureau par exemple) ; un des élèves comprime avec la main un groupe de spires situé à une extrémité du ressort, puis le relâche. On voit alors une vibration longitudinale se déplacer vers l'autre extrémité (analogie avec les ondes P).
Le ressort étiré est ensuite maintenu en suspension grâce à de fins élastiques placés à intervalles réguliers. Si un élève provoque un déplacement vertical du ressort à une extrémité, on voit une vibration transversale se déplacer jusqu'à l'autre extrémité (analogie avec les ondes S).

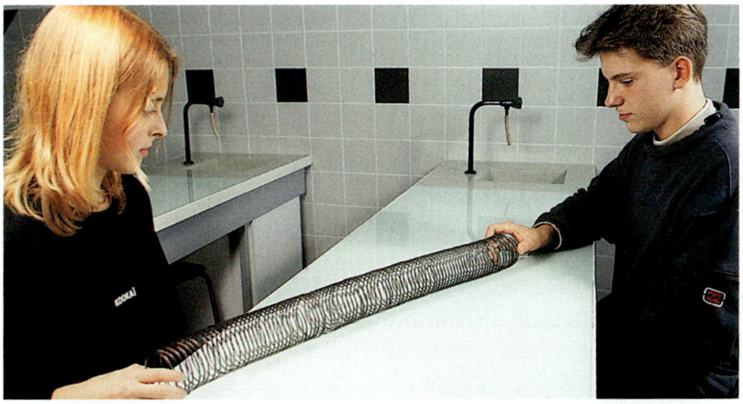

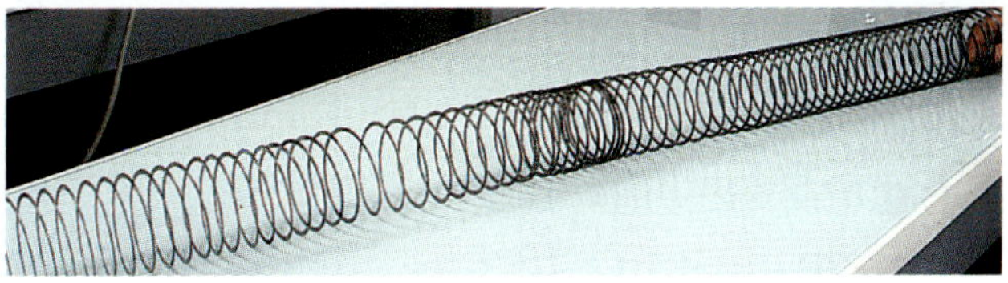

4 Une observation pour mieux comprendre.

Pistes d'exploitation

1 - Doc 1 : Pourquoi installe-t-on trois sismomètres dans une station d'enregistrement ? Quel est l'intérêt de la transmission radio des données vers une station centrale ?

2 - Doc 2, 3 et 4 : Repérez les différents types d'ondes sur l'enregistrement 2 et mesurez les différences entre les temps d'arrivée. Comparez les tracés pendant les périodes calmes (avant l'arrivée de P, entre P et S, entre S et L) ; qu'observez-vous ?

3 - Bilan : Résumez en deux ou trois phrases les caractéristiques essentielles des ondes sismiques.

Les informations apportées par

Les ondes sismiques P et S, qui se propagent dans toutes les directions à partir du foyer, ne sont pourtant pas reçues par toutes les stations du globe.

- **Comment peut-on expliquer ce phénomène ?**
- **Quelles informations sur la structure profonde de notre planète nous apporte l'étude de la « trajectoire » des ondes P et S à l'intérieur du globe ?**

A La mise en évidence du noyau terrestre.

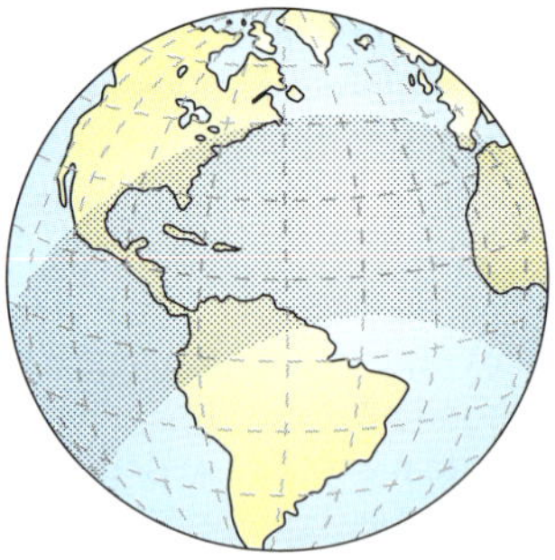

Lorsqu'on étudie la propagation des ondes de volume (P et S) qui se propagent à l'intérieur du globe à la suite d'un séisme, on observe que les vibrations sont enregistrées dans toutes les stations à l'exception de celles qui se situent à l'intérieur d'une large bande de 2 500 km ceinturant le globe (entre 11 500 km et 14 000 km de distance du séisme). Le dessin montre la position de cette « **zone d'ombre** » pour un séisme localisé au Japon. Dans cette zone de « silence sismique », les ondes P et S ne ressortent pas et on peut penser qu'en profondeur un obstacle majeur s'oppose à leur passage ou dévie leur trajectoire. L'étude détaillée de la propagation de P et S a permis de proposer une explication à cette observation étonnante.

1 Une observation étonnante : l'existence d'une zone de « silence sismique ».

En première approximation, on peut considérer que les ondes sismiques se propagent dans les roches comme les ondes lumineuses dans les milieux transparents. L'énergie se propage le long de trajectoires, les **rais sismiques**, qui divergent à partir du foyer comme les rayons lumineux à partir d'une source. Lorsqu'une onde sismique atteint une **surface de discontinuité**, c'est-à-dire une frontière entre deux milieux dans lesquels la vitesse de propagation des ondes est différente (V_1 et V_2 par exemple), elle se réfléchit et éventuellement se réfracte : les lois de Descartes étudiées en optique s'appliquent ici pour calculer les modifications de trajectoire du rai sismique. Sur ce schéma, $r < i$, donc $\sin r < \sin i$; ce qui suppose que $V_2 < V_1$.

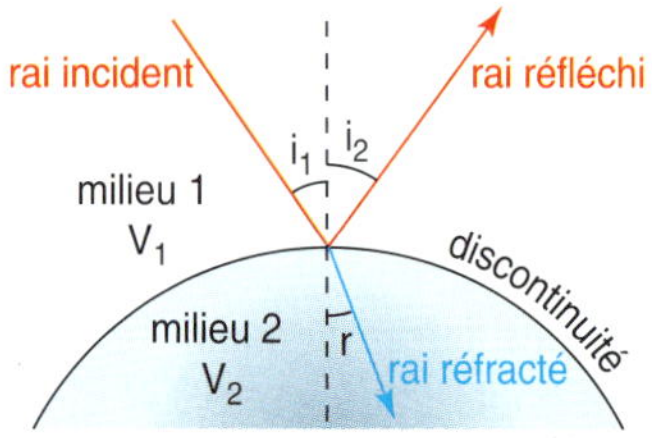

V_1 : vitesse de propagation des ondes dans le milieu 1
V_2 : vitesse de propagation des ondes dans le milieu 2
$V_1 > V_2$; $i_1 = i_2$; $i_1 > r$

2 Un « outil » pour comprendre.

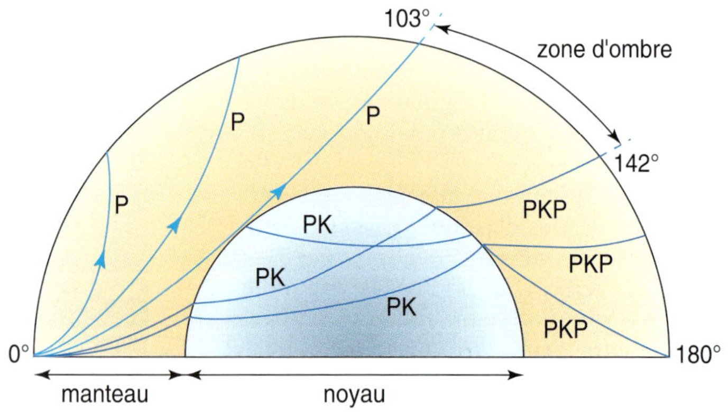

- L'étude des séismes lointains montre que, dans les stations situées à moins de 11 500 km de l'épicentre (distance angulaire de 103°), on enregistre des ondes P et S directes. Entre 11 500 km et 14 000 km de distance, les ondes P et S directes disparaissent. Au-delà de 14 000 km, les ondes P réapparaissent mais elles ont été considérablement ralenties. On peut expliquer ces phénomènes en admettant qu'en profondeur se trouve un « obstacle » qui modifie la propagation des ondes sismiques. Cet obstacle est le **noyau terrestre**. Les calculs montrent que la limite manteau – noyau, ou **discontinuité de Gutenberg**, se situe à 2 900 km de profondeur.
Sur le schéma d'interprétation ci-dessus, les ondes réfractées par le noyau sont notées K (de Kern en allemand qui signifie noyau).
- Au-delà de 103°, les ondes S ne réapparaissent pas. Elles ne sont donc pas transmises par le noyau. Comme les ondes de cisaillement ne sont pas transmises par les liquides (voir p. 243), on peut admettre que le noyau, du moins dans sa partie externe, se comporte comme un liquide vis-à-vis des ondes sismiques.

3 L'interprétation des géologues.

B Des modèles analogiques pour visualiser le trajet des ondes.

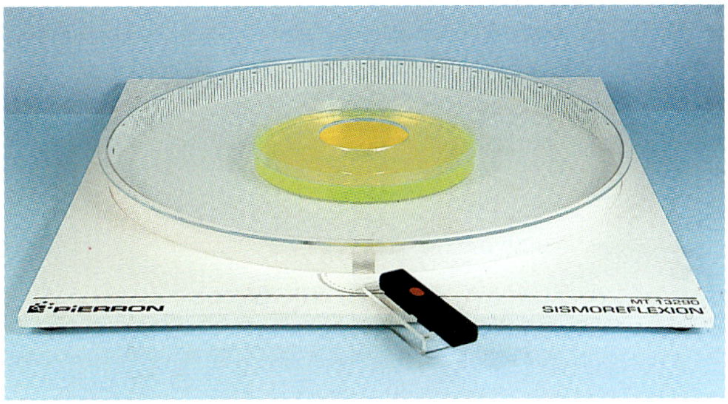

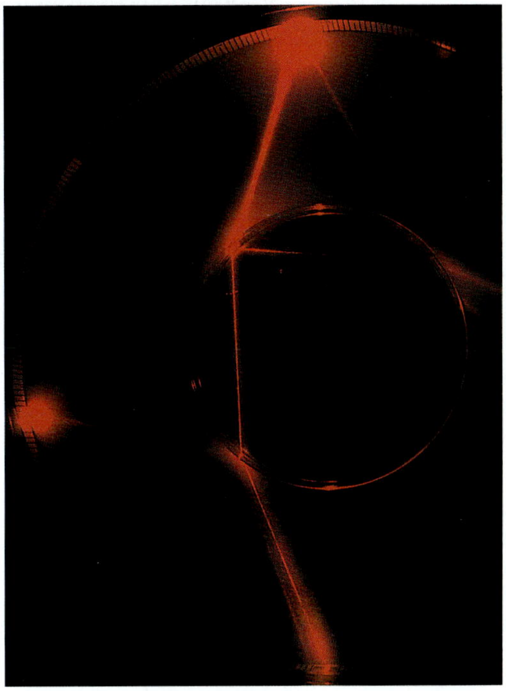

Dans ce dispositif expérimental (« Sismoreflexion » des Ets Pierron), un rayon laser traverse deux milieux d'indices de réfraction différents (air enfumé et solution saturée de saccharose teintée à la fluorescéine) . Comme pour les rais sismiques à l'intérieur du globe, la trajectoire du rayon lumineux est modifiée à chaque changement de milieu.

4 Une expérience d'optique facile à réaliser.

Ce document a été obtenu grâce à un logiciel de simulation (« Ondes P », de J-F. Madre). Il permet de visualiser les rais sismiques à l'intérieur du globe, leurs réfractions lors des changements de milieu et la zone d'ombre qui se forme à cause de la présence du noyau en profondeur.

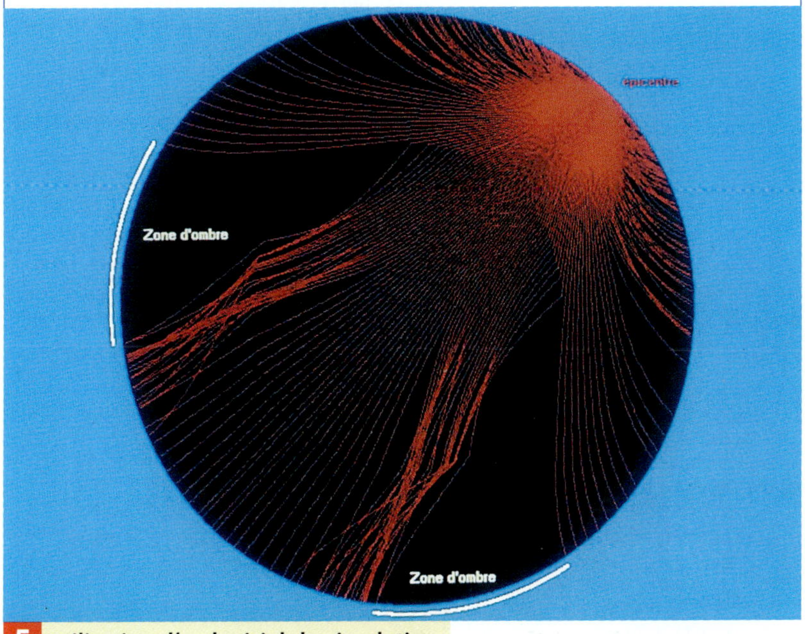

5 Utilisation d'un logiciel de simulation.

Pistes d'exploitation

1 - Doc 1, 2 et 3 : Jusqu'à quelle distance de l'épicentre peut-on observer des ondes P n'ayant traversé que le manteau ? En utilisant l'information concernant les lois de Descartes et en observant la réfraction des ondes P à l'interface manteau - noyau, essayez de justifier l'affirmation suivant laquelle ces ondes ont été ralenties en traversant le noyau.

Pourquoi admet-on que le noyau présente, du moins dans sa partie externe, les propriétés d'un liquide ?

2 - Doc 4 : Dans le cadre de l'analogie utilisée à l'expérience 4, précisez :
— à quoi correspond le point d'entrée du rayon lumineux,
— ce que représentent les différents éléments constituant le modèle.
Faites le schéma des rayons observables sur la photographie 4 ; repérez les rayons incidents, réfléchis, réfractés.

ACTIVITÉS pratiques 3 — Des informations apportées par la

Jusqu'ici, nous avons seulement considéré le trajet des ondes sismiques à l'intérieur du globe. En fait, de nombreuses autres informations sur la structure interne de notre planète sont fournies par l'étude des vitesses de propagation des ondes sismiques.

■ **Quelles informations essentielles apporte cette étude ?**

A L'enregistrement d'un séisme par différentes stations.

L'activité sismique du globe terrestre est enregistrée en permanence par des centaines de stations sismiques. Le programme **Géoscope**, lancé en 1982 par l'Institut de Physique du Globe de Paris, a permis l'implantation d'un réseau mondial de stations qui sont reliées entre elles. Vingt-huit stations réparties sur les cinq continents constituent le réseau actuel qui sera complété dans le futur par des stations automatiques disposées au fond des océans (ceux-ci occupent 71% de la surface du globe). D'autres réseaux de stations sismiques existent dans le monde (le réseau américain **IRIS** par exemple). Ils sont complétés par des dizaines de stations sismiques localisées dans des régions particulières où une surveillance plus précise des séismes s'avère nécessaire.

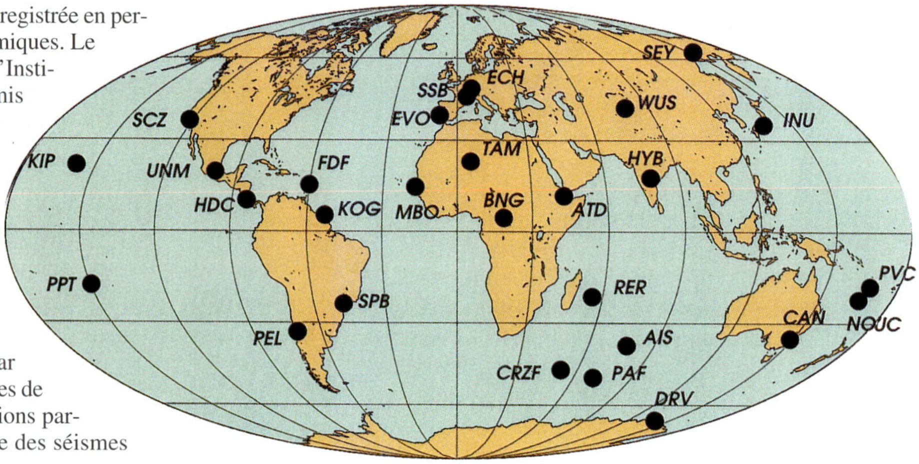

1 Un réseau mondial de stations d'enregistrement.

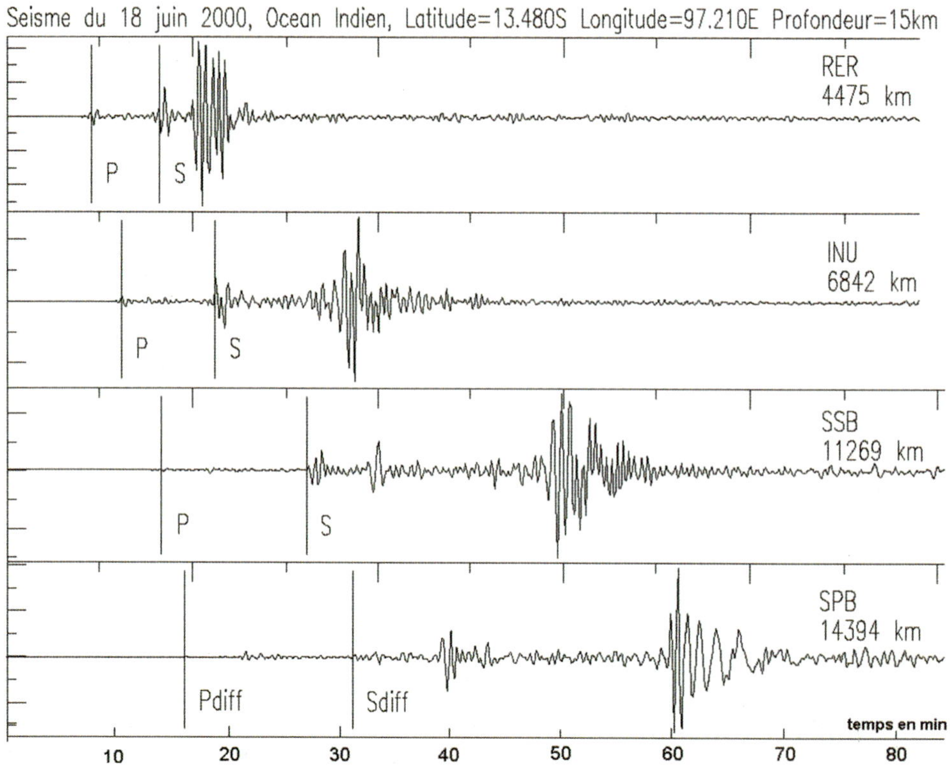

• P et S sont des ondes directes c'est-à-dire n'ayant subi ni réflexion ni réfraction au cours de leur trajet dans le globe terrestre.

• Pdiff et Sdiff sont des ondes diffractées qui ressortent à la surface du globe à la suite d'un trajet complexe : en arrivant à la frontière manteau-noyau selon un angle « limite », ces ondes subissent une réflexion totale et longent la discontinuité de Gutenberg avant de « ressortir » plus loin, très atténuées.

2 Enregistrements d'un séisme ayant eu lieu dans l'océan Indien le 18 juin 2000, par différentes stations du réseau Géoscope.

B L'analyse des sismogrammes.

Station	Distance à l'épicentre	Durée du trajet		
		Ondes P	Ondes S	Ondes de surface
St_1	1 112 km	2 min 24 s	4 min 17 s	4 min 52 s
St_2	5 049 km	8 min 14 s	14 min 49 s	22 min 09 s
St_3	11 332 km	13 min 48 s	25 min 20 s	49 min 42 s

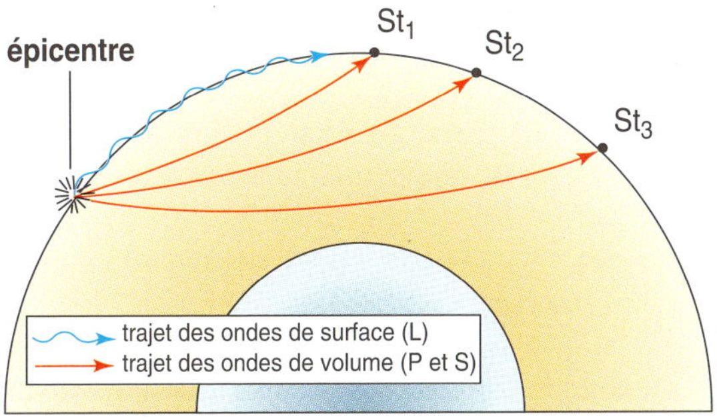

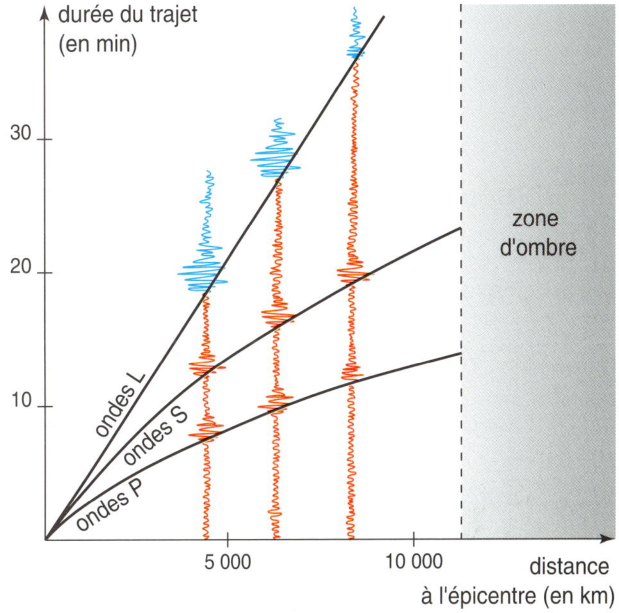

3 Le temps mis par les ondes P, S et L pour atteindre différentes stations varie en fonction du « chemin emprunté » et de la distance entre station et épicentre.

■ Des données fournies par les physiciens

• Vitesse des ondes sismiques dans différentes roches :

	Granite	Basalte	Gabbro	Péridotite
Vitesse (en $km.s^{-1}$)	6,25	6,75	7,25	7,75
Densité de la roche	2,65	2,90	3	3,2

• Vitesse des ondes dans un matériau soumis à des pressions croissantes :
La densité d'un matériau soumis à des pressions croissantes augmente. Des mesures montrent que la vitesse des ondes dans ce matériau croît avec la densité.

■ Une observation réalisable en classe

Deux barres de plus de trois mètres, l'une en bois, l'autre en acier, sont reliées par un connecteur (plaque boulonnée). Une bille de polystyrène est posée à l'extrémité de chaque barre. Lorsqu'on donne un coup sec sur le connecteur, les vibrations qui se propagent dans les barres font sauter les deux billes. Celle qui est posée sur la barre en acier saute toujours une fraction de seconde avant la bille posée sur la barre en bois.

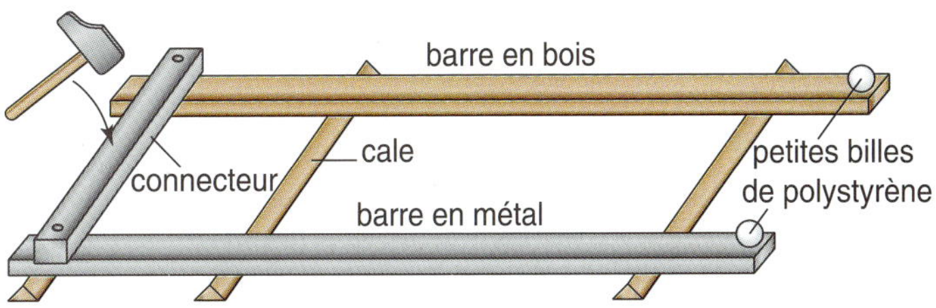

4 Densité d'un matériau et vitesse de conduction des ondes.

Pistes d'exploitation

1 - Doc 1, 2 et 3 : Démontrez que la vitesse de propagation des ondes L est constante. Comment varie la vitesse moyenne de propagation des ondes P et S lorsqu'on s'éloigne de l'épicentre ? Les ondes P et S circulent dans les couches profondes du globe. Quelle relation simple y a-t-il entre la distance à l'épicentre d'une station et la profondeur à laquelle les ondes ont circulé ?

2 - Doc 3 et 4 : Mettez en relation ces deux documents et tirez une conclusion importante sur les variations de la densité du globe avec la profondeur.

3 - Bilan : Résumez en quelques lignes l'ensemble des informations nouvelles que vous avez pu découvrir grâce aux documents de cette double page.

D'autres informations apportées par

En première approximation, on peut dire que la vitesse des ondes P et S augmente avec la profondeur, mais cette augmentation n'est pas linéaire.

■ Quelles informations nous apporte l'étude détaillée des variations de vitesse des ondes sismiques ?

■ Quel schéma de synthèse pouvons-nous finalement proposer pour la structure interne du globe ?

A D'importantes variations de la vitesse des ondes avec la profondeur.

■ Variations de vitesse des ondes P et S avec la profondeur.

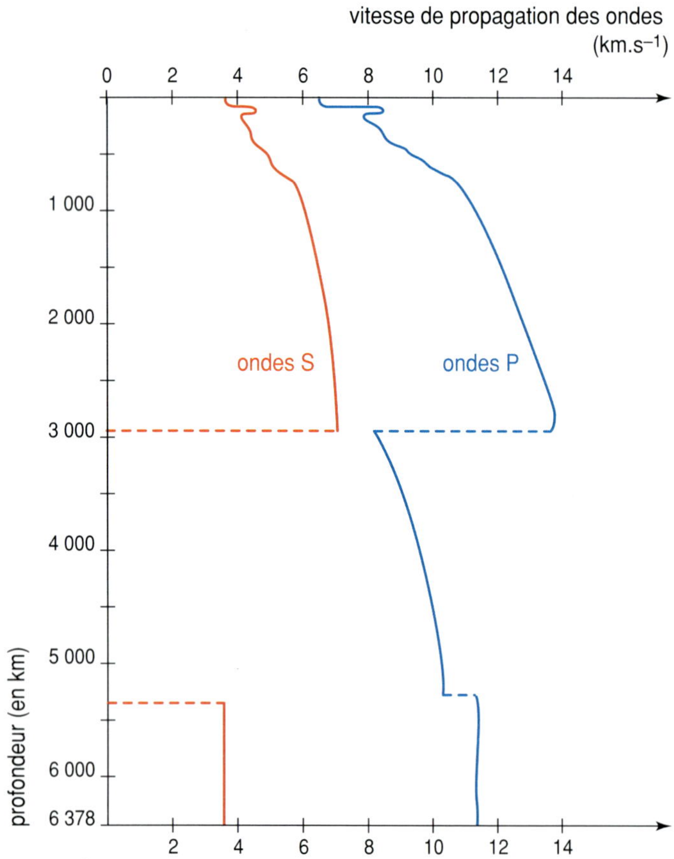

Des informations pour interpréter les graphiques

- Une augmentation ou une diminution brutale de la vitesse de propagation des ondes sismiques correspond :
  - soit à un changement de composition chimique des matériaux ;
  - soit à un changement d'état physique (par exemple le passage d'un milieu solide à un milieu liquide) ;
  - soit les deux à la fois.
- Dans un milieu donné, un ralentissement de la vitesse des ondes sismiques indique une diminution de la rigidité des matériaux traversés.

Deux variations importantes près de la surface

- La brutale augmentation de vitesse enregistrée à quelques dizaines de kilomètres de profondeur correspond à la limite croûte - manteau qui sépare des matériaux de compositions différentes : cette discontinuité est le **Moho***.
- La diminution de vitesse enregistrée au-delà de 100 kilomètres de profondeur traduit une diminution de rigidité des matériaux (voir doc. **2**).

■ Vitesse des ondes S sous les continents (détail).

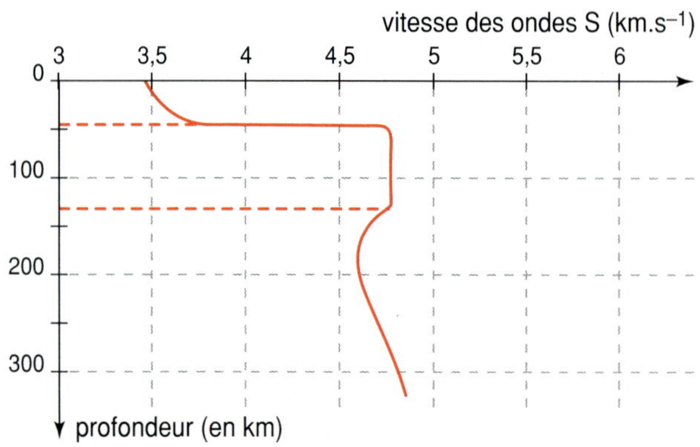

■ Vitesse des ondes S sous les océans (détail).

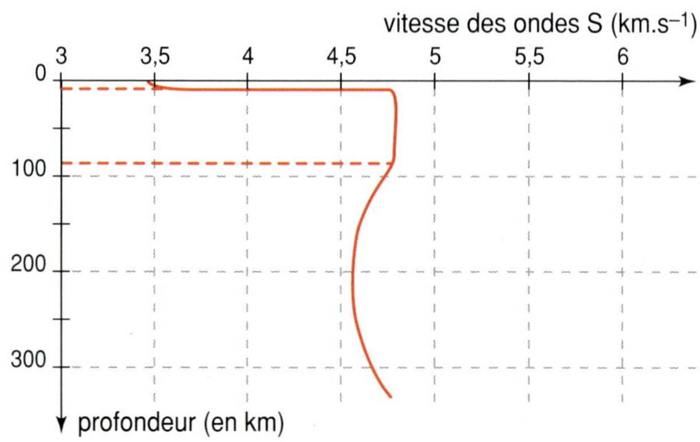

1 Une analyse détaillée des variations de la vitesse des ondes sismiques avec la profondeur.

B Une structure en couches concentriques.

Le graphe ci-contre présente d'une part le **géotherme**, c'est-à-dire l'augmentation moyenne de la température du globe avec la profondeur, d'autre part la courbe de fusion des matériaux du manteau établie grâce à des études en laboratoire.

On peut voir qu'à une certaine profondeur (entre 150 et 250 km) les deux courbes se « rapprochent ». Le manteau terrestre devient alors plus déformable (les géologues disent « **ductile** ») car il est proche de la température de fusion de ses constituants. Dans cette zone, les ondes sismiques sont moins bien transmises : c'est la zone de faible vitesse ou LVZ*.

Cette zone du manteau, composée de matériaux relativement déformables permet de délimiter deux ensembles fondamentaux pour comprendre la dynamique du globe :

– la **lithosphère** , au dessus de la LVZ, ensemble rigide formé par la croûte terrestre et une partie du manteau supérieur ;

– **l'asthénosphère**, partie du manteau s'étendant de la LVZ jusqu'à une profondeur de l'ordre de 700 km.

Remarque : En dépit de son apparente rigidité à l'échelle d'une vie humaine, le manteau peut se déformer très lentement au cours des temps géologiques.

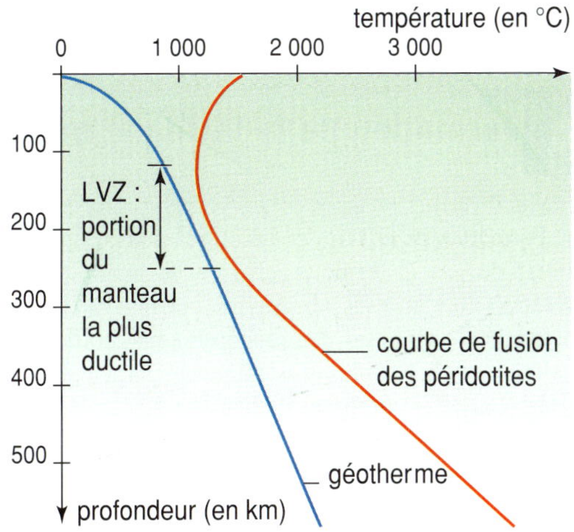

2 Une distinction importante : lithosphère / asthénosphère.

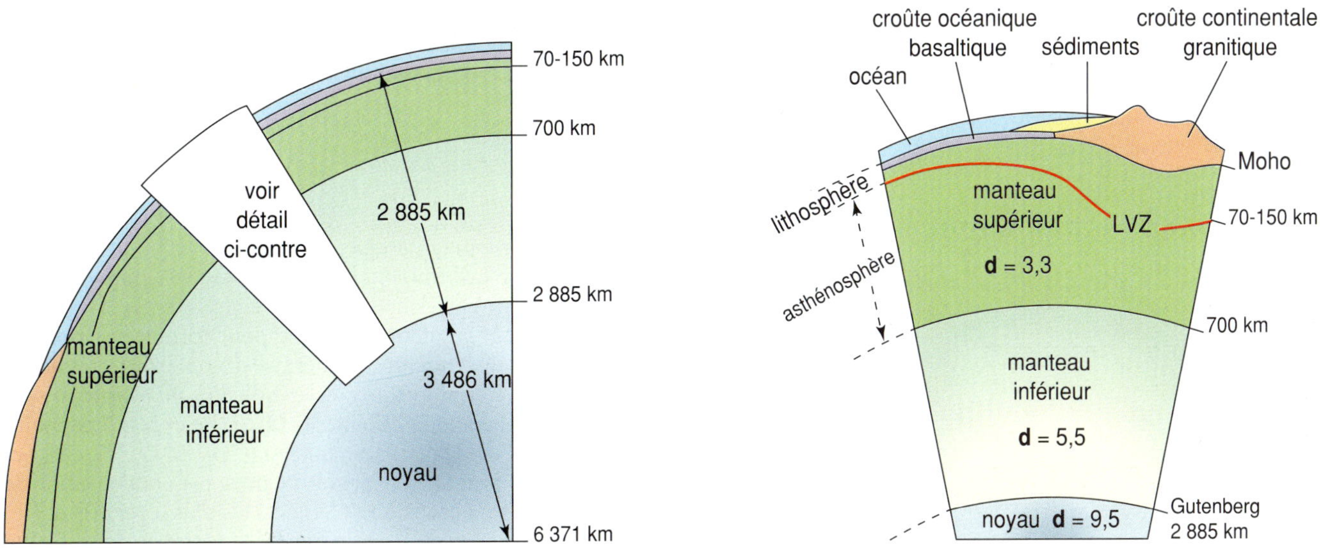

3 Un schéma de synthèse à mettre en relation avec l'ensemble des documents des pages 244 à 249.

Lexique

- **LVZ :** abréviation de Low Velocity Zone, signifiant « zone de faible vitesse ». Zone du manteau supérieur où les ondes P et S sont ralenties.
- **Moho :** Discontinuité de Mohorovičić, du nom du géophysicien yougoslave qui l'a mise en évidence. Elle marque la limite entre la croûte (continentale ou océanique) et le manteau supérieur.

Pistes d'exploitation

1 - Doc 1 : Comparez les courbes de variation de vitesse des ondes P et S. Que remarquez-vous à 2 900 km de profondeur ? Comparez l'épaisseur des croûtes continentale et océanique. Justifiez le terme de LVZ utilisé pour désigner une région du globe située entre 100 et 200 km de profondeur en général.

2 - Doc 1 et 2 : Recherchez dans ces documents les arguments permettant d'affirmer que la LVZ ne correspond pas à une zone de fusion du manteau.

3 - Bilan : Retrouvez les principaux arguments ayant permis aux géophysiciens de concevoir à l'organisation interne du globe (document 3).

La structure interne du globe

La propagation des vibrations sismiques révèle que la Terre est formée de matériaux disposés en couches concentriques, et dont la densité varie « brutalement » d'une couche à la suivante.

- Comment expliquer de tels contrastes entre les enveloppes solides ?
- Existe-t-il un modèle qui rend compte de cette organisation ?

A Formation de la Terre : le modèle admis actuellement.

1. Formation de la Terre et des autres planètes par **accrétion*** de gaz et de poussières de la nébuleuse protosolaire : en s'attirant par gravité, ces matériaux se sont agglutinés au hasard des rencontres en produisant des cailloux de plus en plus gros (donc, de plus en plus attractifs), puis des « embryons de planètes ».

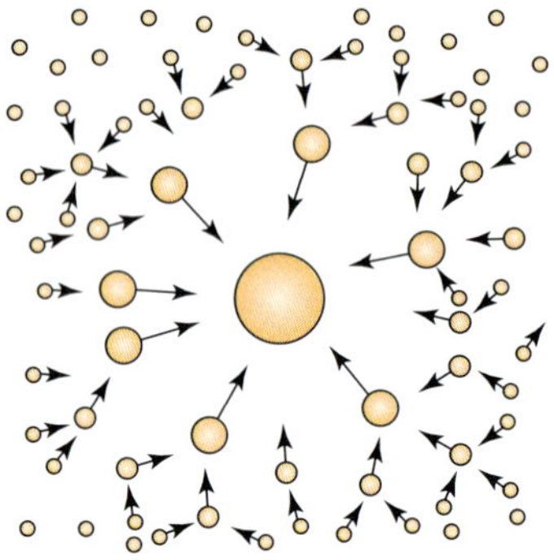

2. Ce mécanisme a produit quelques objets très volumineux : ce sont les futures planètes soumises à un « bombardement » intense.

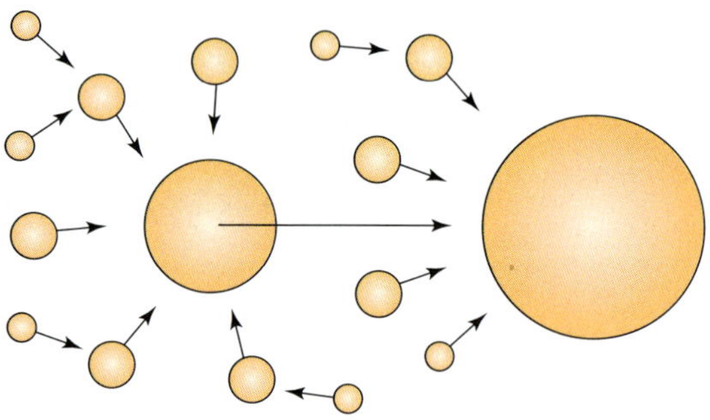

3. Lorsque la Terre a atteint à peu près sa taille actuelle, c'était une sphère de roches en fusion, la « **Terre magmatique** ». En effet, la chaleur libérée lors des impacts a entraîné une forte élévation de température de la « cible bombardée ».

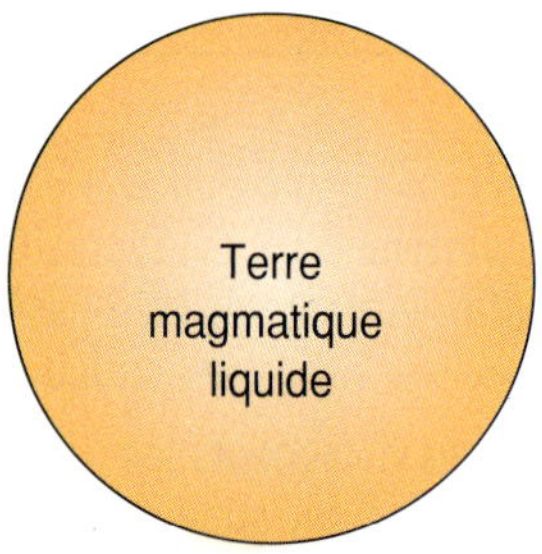

1 La « Terre primitive magmatique », résultat d'une accrétion.

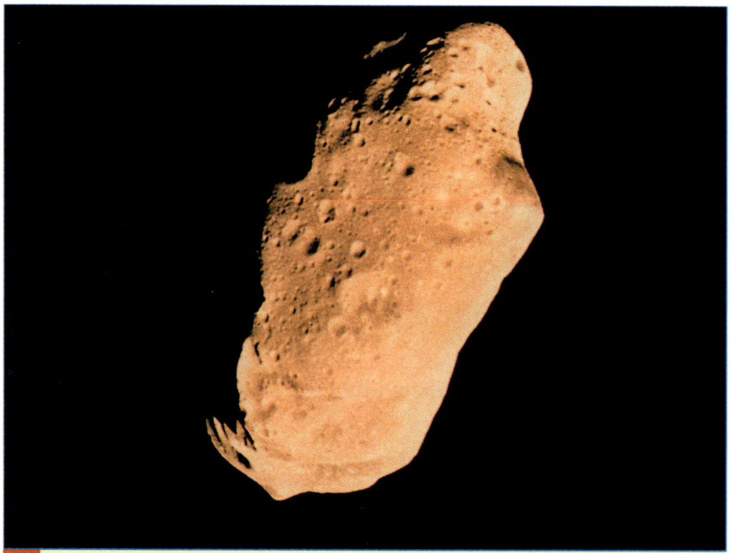

2 Un « embryon » de planète, l'astéroïde Ida, photographié par la sonde Galileo.

Au sein de la Terre magmatique, les éléments chimiques les plus lourds (Fe, Ni) se rassemblent par gravité vers le centre du globe pour former un **noyau** dense. Les plus légers (O, Si, Al, Ca, Na et K) surnagent et gagnent la surface pour former au cours du refroidissement des silicates, minéraux d'une **croûte** rocheuse plus légère. Entre croûte et noyau, les silicates du **manteau** sont formés essentiellement des éléments O, Si, Fe et Mg. Les molécules gazeuses s'échappent du manteau (CO_2, H_2O, N_2, CH_4) et vont constituer l'atmosphère primitive puis, par condensation de la vapeur d'eau, les océans. Les éléments les plus légers (H et He) « s'évadent » dans l'espace car la gravité terrestre est insuffisante pour les retenir.

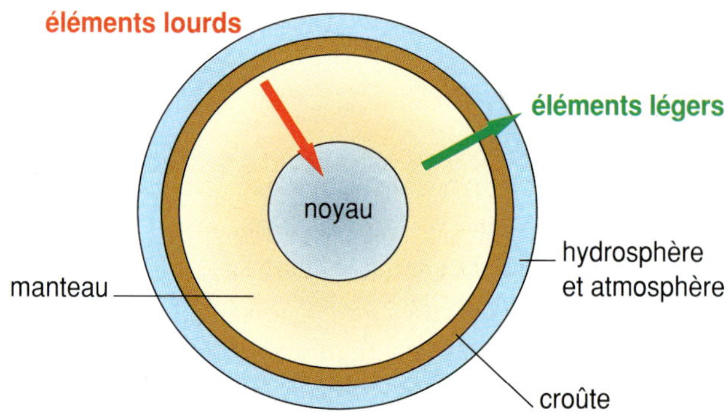

3 La « Terre solide différenciée », résultat d'une migration des éléments et d'une diminution de la température.

B Une confirmation du modèle « venue du ciel » : les météorites.

Des matériaux de la nébuleuse non utilisés lors de l'édification des planètes forment la **ceinture d'astéroïdes*** ; c'est un ensemble de cailloux de toutes tailles et d'embryons de planètes qui gravitent sur une orbite située entre celles de Mars et de Jupiter. Les plus gros objets nommés astéroïdes ont été suffisamment réchauffés pour fondre et se différencier en noyau de fer et enveloppe de silicates. Les cailloux plus petits, agglomérés sans fusion et non différenciés ont conservé une composition voisine de celle des poussières proto-solaires. La gravité très forte de Jupiter perturbe les orbites des cailloux et astéroïdes, qui entrent en collision et se fragmentent en débris. La trajectoire des débris éjectés de la ceinture d'astéroïdes peut recouper l'orbite de la Terre où ils échouent alors : ce sont les météorites.

On recueille ainsi sur Terre trois types de météorites :

– des **chondrites** (photo **c**), météorites pierreuses caractérisées par des granules sphériques, les **chondres***, et qui sont des fragments de cailloux non différenciés ;

– des **achondrites**, météorites pierreuses qui sont des fragments de l'enveloppe des astéroïdes différenciés (photo **a**);

– des **météorites de fer** (photo **b**), fragments du noyau des astéroïdes différenciés.

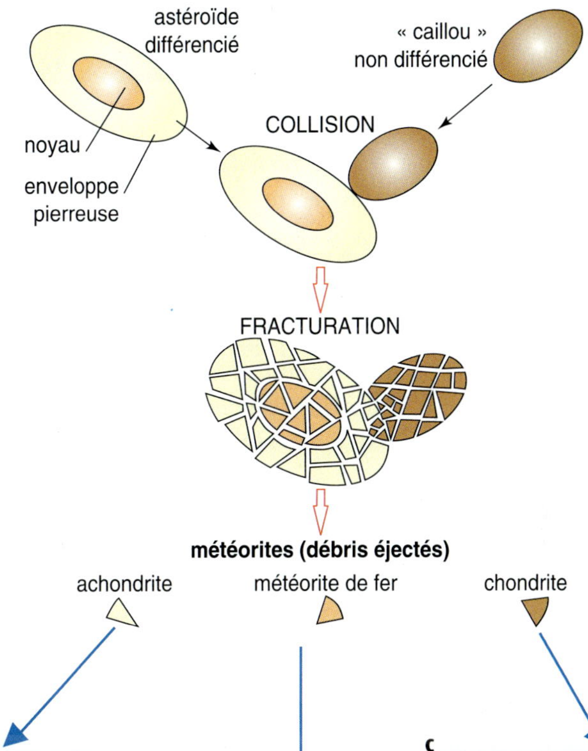

a

b

c

4 Les météorites : débris de matériaux primitifs non utilisés qui échouent sur la Terre.

Lexique

- **Accrétion :** croissance d'un objet géologique par apports successifs de matière.
- **Astéroïdes :** petites planètes de formes irrégulières et de dimensions variables, allant de quelques km de diamètre, jusqu'à 1 000 km pour le plus gros : Cérés.
- **Chondre :** petite sphère formée d'une association finement cristallisée de silicates (olivine) et de globules métalliques.

Pistes d'exploitation

1 - Doc 1 et 3 : A partir de quels matériaux s'est formé le globe terrestre ? Par quel mécanisme ? Comment explique-t-on l'existence des couches concentriques du globe terrestre ?

2 - Doc 4 : Parmi les météorites, lesquelles sont :

- des fragments de corps célestes « différenciés » ;
- des objets n'ayant pas subi de fusion importante ?

3 - Bilan : Montrez en quelques phrases que l'observation des météorites confirme le scénario de formation de la Terre proposé ci-contre.

La structure interne du globe

Nos connaissances sur la structure interne du globe terrestre reposent sur un ensemble varié de données : analyse des roches volcaniques, des météorites, étude des manifestations sismiques... C'est cette dernière discipline, la **sismologie**, qui a permis de comprendre l'organisation interne de notre planète : en effet, les ébranlements qui prennent naissance au foyer d'un séisme se propagent à l'intérieur du globe et leur enregistrement permet aux spécialistes d'obtenir une véritable « échographie » des différents milieux traversés.

I « L'auscultation » sismique de la Terre

1• Différents types d'ondes sismiques

• **Un séisme** correspond à la rupture de roches soumises à des tensions qui s'accumulent pendant des années, voire des siècles, dans les zones de l'écorce terrestre soumises à des contraintes tectoniques. **L'énergie accumulée** pendant toute la période de déformation élastique des roches est alors brutalement libérée au **foyer** du séisme. Elle est transportée sur de très grandes distances par les vibrations ou **ondes sismiques** émises dans toutes les directions à partir du foyer.

• **Les sismographes** disposés « un peu partout » à la surface du globe enregistrent le passage de ces ondes. Ces appareils très sensibles permettent d'analyser les mouvements du sol dans les différentes directions et de chronométrer les temps d'arrivée des trains d'ondes successifs qui sont habituellement observés.

• **Trois groupes de vibrations décalés dans le temps** se succèdent, avec des caractéristiques vibratoires différentes :

– les **ondes P** (premières), les plus rapides, sont des ondes longitudinales de compression-dilatation qui se propagent dans les solides et les fluides ;

– les **ondes S** (secondes), plus lentes, sont des ondes transversales de cisaillement qui ne peuvent se propager que dans les solides ;

– les **ondes de surface** ou ondes L, les moins rapides mais les plus destructrices, sont à l'origine de mouvements très complexes du sol.

Par ailleurs, si les ondes L de surface ne se propagent que dans les couches superficielles du globe, les ondes P et S en revanche traversent le globe terrestre et leur étude fournit des renseignements sur la structure interne de notre planète.

2• Des informations apportées par l'étude du trajet des ondes sismiques

• **La propagation des ondes sismiques** dans les différents milieux du globe terrestre obéit à des lois comparables à celles qui décrivent la propagation de la lumière au sein de divers milieux transparents. Par analogie avec les rayons lumineux, on parle de **rais sismiques** pour désigner les trajectoires suivies par les vibrations sismiques.

Nous savons d'une part que la vitesse de propagation de la lumière n'est pas la même dans tous les milieux transparents, d'autre part qu'une variation de cette vitesse impose un changement de trajectoire des rayons lumineux. Ce changement de direction peut être progressif si le milieu se modifie lui même progressivement (de l'air de plus en plus chaud par exemple) ; il peut être brutal si la lumière passe d'un milieu à un autre (de l'air dans l'eau par exemple). De la même façon, lorsqu'une onde sismique passe d'un milieu à un autre, sa vitesse de propagation est modifiée et sa trajectoire est déviée : c'est le phénomène de **réfraction**. L'interface entre deux milieux à vitesses de conduction différentes constitue une **surface de discontinuité**. A leur niveau, les ondes sismiques sont d'une part **réfractées** (en changeant de milieu), d'autre part **réfléchies** (en restant dans le même milieu).

Les **lois de Descartes** appliquées aux rais sismiques établissent les relations mathématiques entre les angles d'incidence, de réflexion, de réfraction et les vitesses de propagation de part et d'autre d'une surface de discontinuité. On peut ainsi, grâce à des calculs généralement complexes, obtenir à partir des sismogrammes des informations sur les caractéristiques des milieux traversés d'une part, sur la position des surfaces de discontinuité franchies d'autre part. On peut ainsi connaître les grandes lignes de l'architecture interne du globe.

• **L'étude du trajet des ondes révèle des discontinuités.** A partir du **foyer**, les ondes sismiques se propagent dans toutes les directions. Elles atteignent ainsi en premier lieu le point situé à la verticale ou **épicentre**, puis progressivement les vibrations se propagent à l'ensemble du globe.

Les **stations proches de l'épicentre** (quelques centaines de kilomètres) reçoivent des ondes directes mais aussi de nombreux échos rapprochés de ces ondes : les sismologues interprètent ces échos comme le résultat d'une réflexion des ondes sur une surface de discontinuité. Cette discontinuité, appelée **Moho** (abréviation de Mohorovičić, nom du géologue yougoslave qui la découvrit en 1909) marque la limite sismique entre la croûte terrestre (océanique ou continentale) et le manteau supérieur. Sa profondeur est variable : 7 à 12 km sous les océans, 30 à 40 km sous les continents (et jusqu'à 70 km sous les chaînes de montagnes).

Les **stations éloignées de l'épicentre** (plusieurs milliers de kilomètres) enregistrent des ondes P et S qui ont traversé des zones profondes du globe, zones d'autant plus profondes que ces ondes rejoignent la surface loin du foyer sismique.

Or, pour chaque séisme, il existe une large zone du globe où les ondes P et S directes ne sont pas reçues : c'est la zone d'ombre qui forme un « anneau de silence sismique » s'étendant entre 105° et 142° de distance angulaire à l'épicentre (soit de 12 000 à 16 000 km environ). Cette **zone d'ombre** révèle la présence d'une surface de discontinuité majeure, la **discontinuité de Gutenberg**, située à 2 900 km de profondeur ; elle marque la limite entre manteau profond et noyau terrestre.

3• Des informations apportées par l'étude de la vitesse des ondes sismiques

• **La vitesse moyenne de chaque type d'onde sismique** est facile à calculer si on connaît l'heure précise d'un séisme, les temps d'arrivée des ondes à une station et la distance de cette station à l'épicentre. On sait déjà que les ondes P sont les plus rapides, suivies par les ondes S puis par les ondes L. Un calcul plus précis des vitesses moyennes de ces différentes ondes indique que les ondes de surface ou ondes L se propagent à vitesse à peu près constante alors que les ondes P et S ont une vitesse moyenne d'autant plus grande que la distance parcourue est importante.

Ce constat est à mettre en relation avec le fait que les ondes L se propagent uniquement dans la croûte terrestre alors que les ondes P et S pénètrent d'autant plus profondément à l'intérieur du globe que leur trajet est long. Ceci revient à dire que plus une onde P (ou S) passe en profondeur dans le globe, plus sa vitesse moyenne est élevée, ce qui mathématiquement s'explique par une vitesse plus élevée dans les zones profondes que dans les zones superficielles. Par exemple, la vitesse des ondes P peut varier de 5,5 $km.s^{-1}$ dans la croûte à plus de 12 $km.s^{-1}$ dans le manteau profond.

• Les **ondes L**, superficielles, sont un peu plus rapides sous les océans que sous les continents. Cela suggère l'existence de différences de nature entre **croûte océanique** et **croûte continentale**, ce que confirme l'étude des vitesses des autres types d'ondes.

• Les **ondes P et S** pénètrent à l'intérieur du globe et l'étude des variations de leurs vitesses révèle certaines caractéristiques des milieux traversés. C'est ainsi par exemple :

– que la traversée du Moho se traduit par une franche accélération de ces ondes : c'est la preuve que le Moho n'est pas seulement une discontinuité physique mais aussi une discontinuité chimique c'est-à-dire un changement de nature entre les matériaux de la croûte et ceux du manteau supérieur ;

– que la vitesse moyenne des ondes est d'autant plus grande qu'elles pénètrent profondément dans le manteau, ce qui est lié à l'augmentation de la densité des roches avec la profondeur ;

– que les ondes S ne traversent pas la discontinuité de Gutenberg, ce qui montre que le noyau terrestre est liquide, au moins dans sa partie externe.

L'ensemble des données recueillies par les sismologues permet ainsi de préciser la structure interne de notre planète.

II Une structure en couches concentriques

1• Une symétrie sphérique

L'étude des séismes montre que, quelle que soit la localisation géographique du séisme, les lois de la transmission des ondes sismiques restent les mêmes. Ceci prouve que la structure profonde du globe présente une symétrie sphérique : cela revient à dire que **le globe terrestre est constitué de couches concentriques.**

La vitesse de propagation des ondes P et S ne varie pas régulièrement avec la profondeur : les irrégularités constatées correspondent à des modifications de la nature des matériaux ou à des changements physiques (variations de pression, de température ou d'état physique). Les variations les plus spectaculaires correspondent aux discontinuités majeures qui délimitent les grandes enveloppes de la planète.

2• Trois discontinuités majeures

• **Entre 7 et 60 km de profondeur, le Moho** marque la limite entre la croûte terrestre et le manteau. Cette discontinuité correspond essentiellement à une variation dans la composition chimique des matériaux. Il n'y a pas ici de changement d'état de la matière qui reste solide.

• **Entre 100 et 200 km de profondeur**, les vitesses des ondes P et S marquent un net fléchissement : c'est la **LVZ** (= Low Velocity Zone) qui marque la limite inférieure de la lithosphère rigide. A ce niveau, sous l'action combinée de la pression et de la température, les matériaux du manteau deviennent ductiles, c'est-à-dire plus déformables. Cet état physique particulier se maintient jusque vers 670 km de profondeur, puis le manteau se comporte à nouveau comme un solide vis-à-vis des ondes sismiques. Les données sismiques permettent donc de distinguer dans le manteau, un manteau supérieur ductile ou **asthénosphère** et un manteau inférieur.

• **Vers 2 900 km de profondeur**, la discontinuité de Gutenberg marque la frontière entre le manteau (se comportant comme un solide sur le plan sismique) et le noyau (qui se comporte comme un liquide).

Remarque : Une analyse fine des données sismiques permet enfin de mettre en évidence une dernière discontinuité vers 5 000 km de profondeur qui délimite une graine solide au cœur du noyau liquide.

III La structure interne du globe s'explique par son histoire

1• Une formation par accrétion de la Terre primitive

Comme les autres planètes, la Terre s'est formée par accrétion de gaz, de poussières et d'objets variés (météorites, astéroïdes, planétoïdes).

Parmi les météorites qui tombent encore actuellement sur la surface terrestre, les spécialistes estiment que les météorites de type **chondrite** sont un échantillon représentatif des matériaux qui ont constitué la Terre primitive.

Au cours de l'accrétion, les impacts d'objets venant percuter le globe en formation ont dégagé une chaleur considérable. Lorsque la planète a acquis sa taille actuelle, elle était formée de matériaux fondus : la Terre primitive était une sphère de magma.

2• Une différenciation de la Terre magmatique

Dans cette masse fluide, les éléments chimiques se sont rassemblés et triés par gravité. Ce mécanisme de **différenciation** est à l'origine de la superposition actuelle de couches de moins en moins denses du centre vers la surface : un **noyau** où sont concentrés des éléments métalliques denses, un **manteau** surmonté d'une **croûte** dans laquelle se retrouvent des éléments mois denses, et enfin une **hydrosphère** et une **atmosphère** constituées de fluides issus du manteau.

Une preuve indirecte de cette différenciation nous est fournie par les **météorites différenciées** (achondrites et météorites de fer). Ces météorites proviennent de la destruction, par de gigantesques impacts, de planétoïdes qui avaient déjà subi une différenciation. Or, les météorites provenant de cette fragmentation sont essentiellement de deux types : les **achondrites** (formées de cristaux comme les roches de la croûte et du manteau terrestre et qui proviennent de régions superficielles de l'astéroïde) et les **météorites de fer** (qui seraient des fragments du noyau de l'astéroïde).

L'existence de telles météorites confirme le modèle de Terre qui a été déduit de l'étude des séismes.

L'essentiel

• L'étude des ondes sismiques émises au foyer d'un tremblement de terre et se propageant à l'intérieur de la planète permet de réaliser une véritable échographie du globe terrestre.

• La vitesse de propagation des ondes sismiques dépend des caractéristiques physico-chimiques des milieux traversés. Les trajectoires des ondes sismiques (ou rais sismiques) sont déviées lorsque les ondes ralentissent ou accélèrent, c'est-à-dire passent d'un milieu à un autre.

• La frontière entre deux milieux sismiquement très différents est une surface de discontinuité ; à son niveau, les ondes subissent réflexions et / ou réfractions.

• Les discontinuités majeures se situent respectivement à quelques dizaines de kilomètres de profondeur (Moho), à 100-200km (LVZ) et à 2 900 km (Gutenberg). Elles marquent les limites inférieures de la croûte, de la lithosphère et du manteau.

• Le globe terrestre est donc formé de couches concentriques, de plus en plus denses et de plus en plus chaudes avec la profondeur. Ce sont successivement l'atmosphère et l'hydrosphère, la croûte et le manteau supérieur rigides (formant la lithosphère), l'asthénosphère ductile, le manteau inférieur solide et le noyau terrestre liquide (au moins dans sa partie externe).

• Cette structure résulte d'une part de la formation de la Terre primitive par accrétion de petits corps (dont les météorites de type chondrite sont les vestiges), d'autre part de la différenciation de la Terre magmatique résultant de cette accrétion. Les éléments chimiques se sont triés en migrant sous l'action de la gravité, les moins denses vers les couches externes, les plus denses vers le noyau.

Schéma-bilan

LE GLOBE A UNE STRUCTURE EN COUCHES CONCENTRIQUES

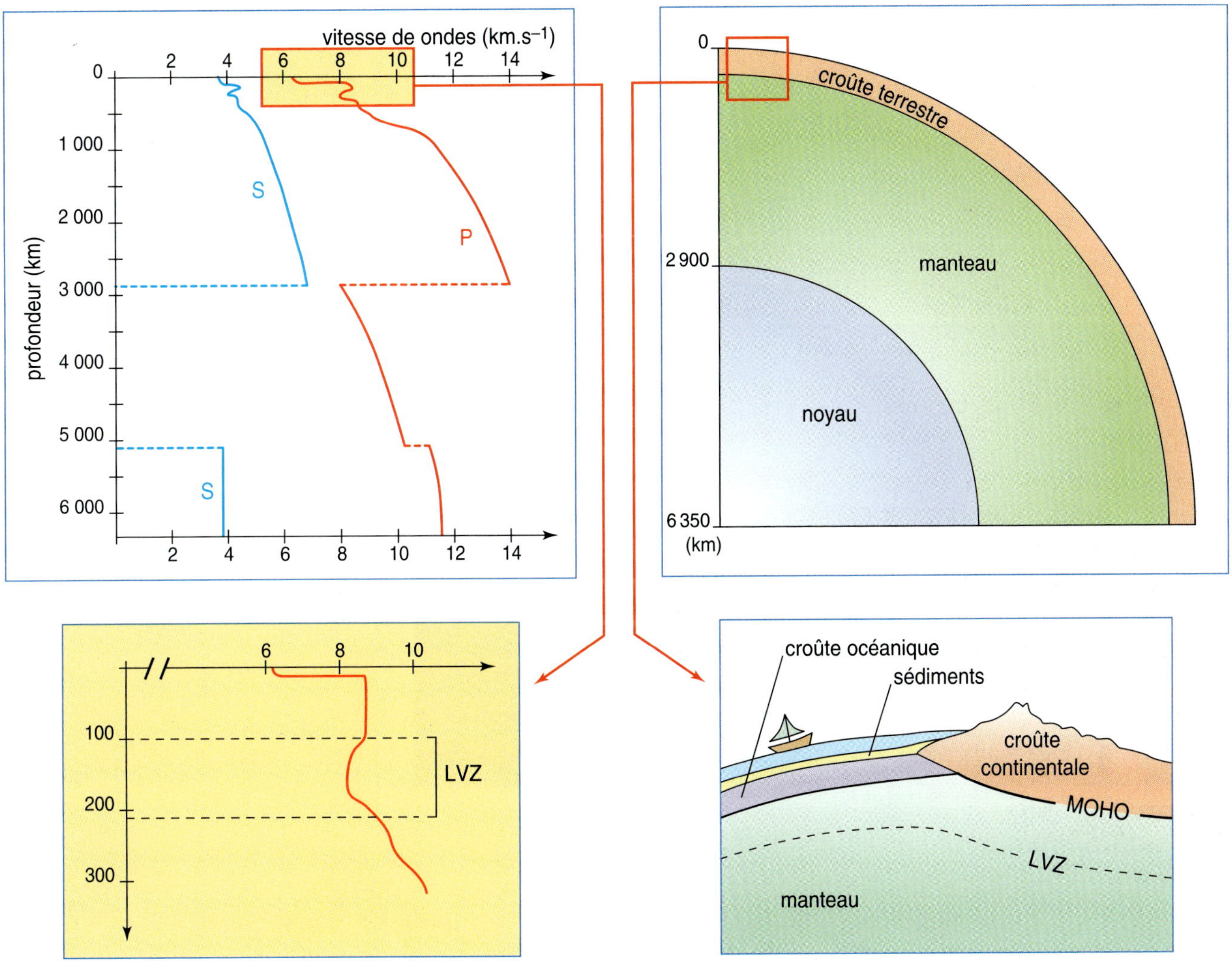

LA STRUCTURE DU GLOBE S'EXPLIQUE PAR SON HISTOIRE

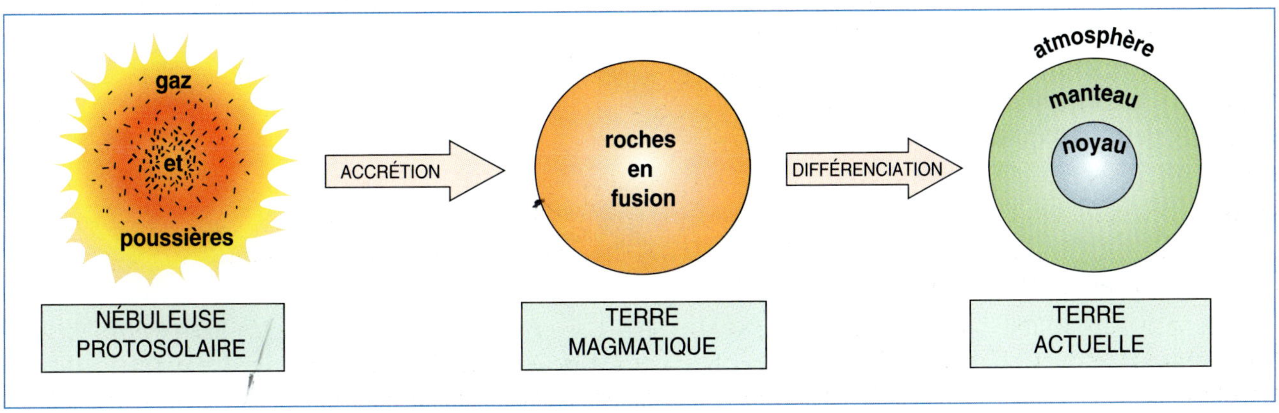

A Enregistrer des vibrations.

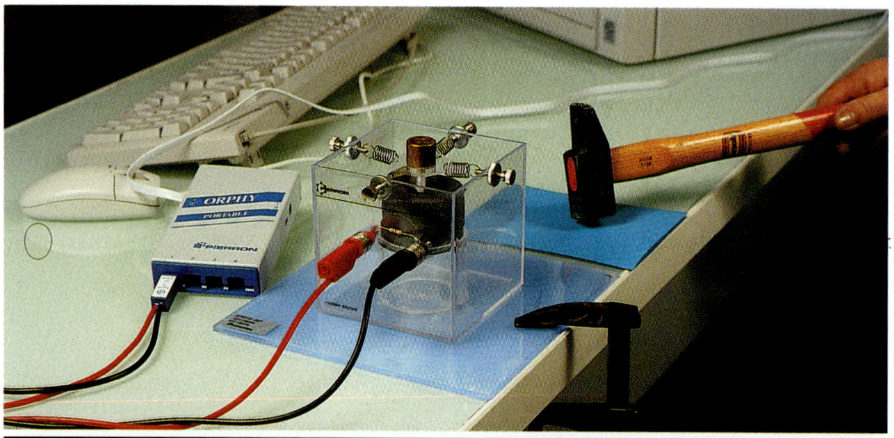

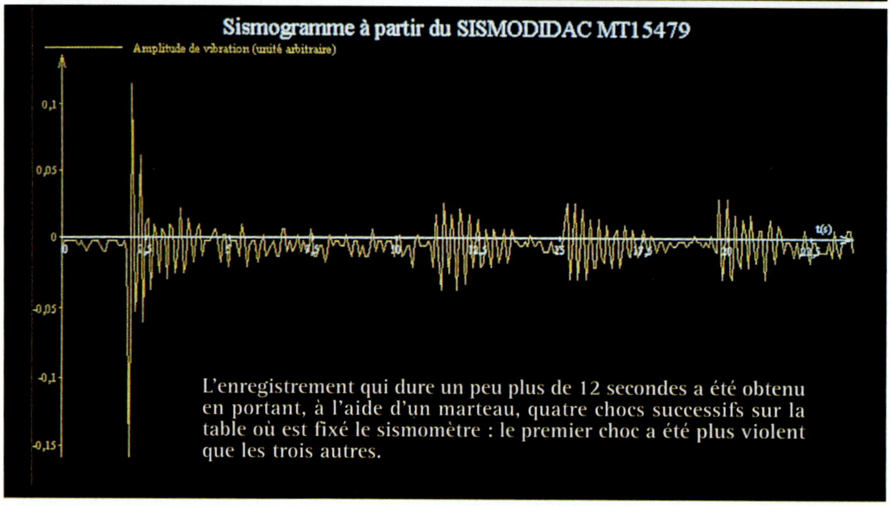

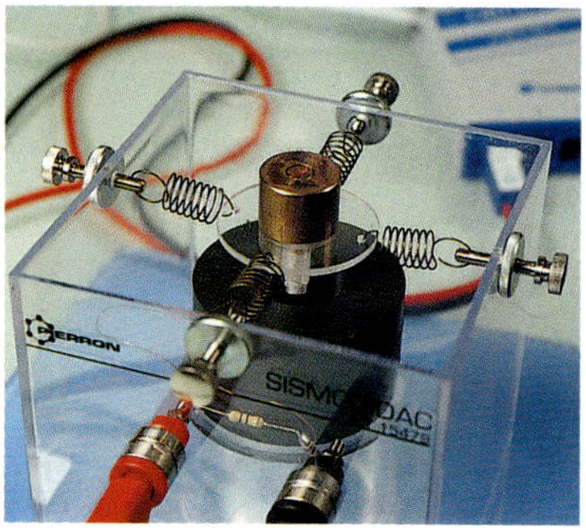

L'appareil ci-dessus (« Sismodidac » des Ets Pierron) a été conçu en collaboration avec l'Observatoire de Physique du Globe. Il présente une bonne analogie avec un véritable sismomètre. Cet appareil, rendu solidaire du support (ici, une table) grâce à un serre-joint, comporte un système électromagnétique qui génère un courant sous l'effet d'ondes de chocs mécaniques. Ce courant est le signal envoyé à l'interface puis traité par l'ordinateur.

Le dispositif ne capte que les ondes longitudinales du type P.

1 Un capteur conçu sur le principe du sismomètre.

Dans cette configuration , on utilise deux capteurs reliés à la même interface. Un choc est donné sur la table dans le prolongement des deux capteurs.

Dans ce cas, on obtiendra sur l'écran, deux tracés séparés par un décalage dans le temps. Proposez une méthode pour évaluer la vitesse de propagation des vibrations dans la table sur laquelle on fait l'expérience.

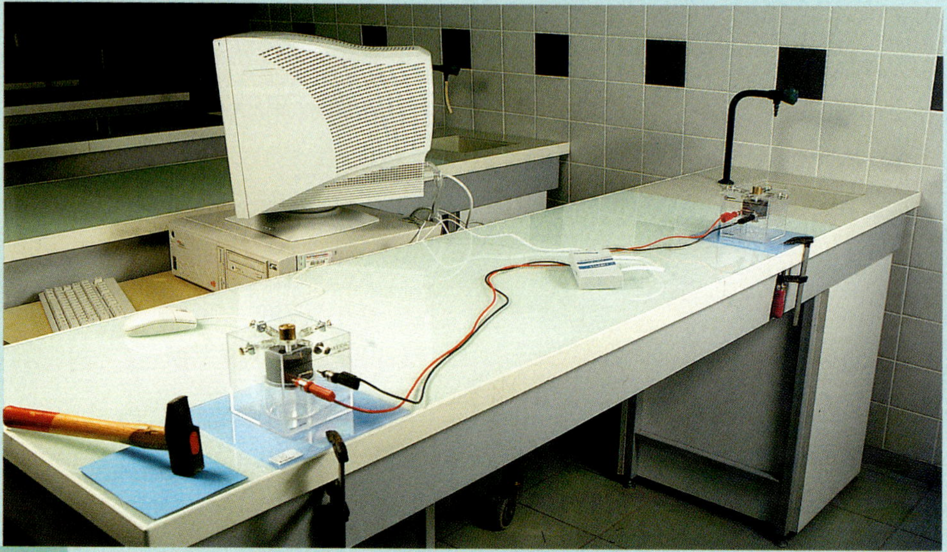

2 L'utilisation de plusieurs capteurs.

B Etude expérimentale d'un micro-séisme.

Ce dispositif expérimental permet une étude précise d'un micro-séisme déclenché de façon expérimentale dans une salle de travaux pratiques en frappant le sol avec un marteau en acier (un maillet en caoutchouc donne un enregistrement moins net).

Les capteurs qui enregistrent les mouvements du sol sont des microphones directionnels maintenus au contact du sol grâce à des supports.

Plusieurs capteurs sont disposés dans la salle (l'idéal est d'en avoir au moins 8). Les capteurs sont connectés par 2 ou 3 à une interface. On peut ainsi déclencher l'acquisition de toutes les machines au même instant. Les microphones sont positionnés dans toute la salle et repérés sur un plan à l'échelle.

Toutes les machines étant prêtes, on déclenche l'acquisition des données puis on frappe le sol d'un coup sec à l'aide d'un marteau.

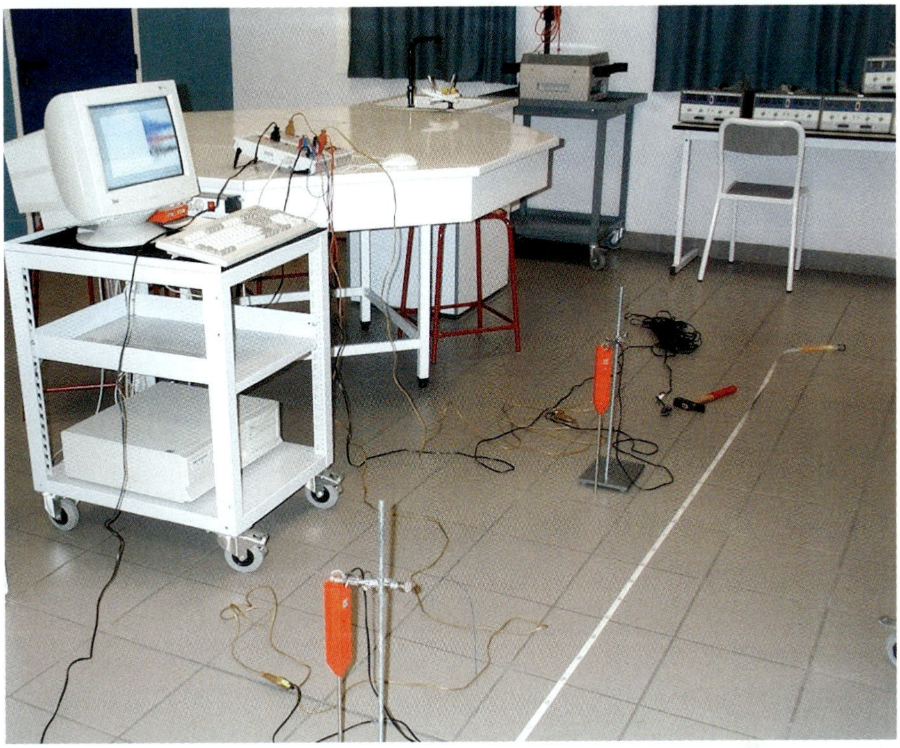

3 Le dispositif expérimental (d'après François Tilquin). Le matériel utilisé est l'interface Sensor-CASSY® de la société LEYBOLD, Grenoble.

Sur cet enregistrement, on peut observer deux perturbations enregistrées par deux microphones. La courbe du haut correspond à un capteur situé à 2,60 m du point d'impact du marteau, celle du bas correspond à un capteur situé à 6,80 m de ce même point.

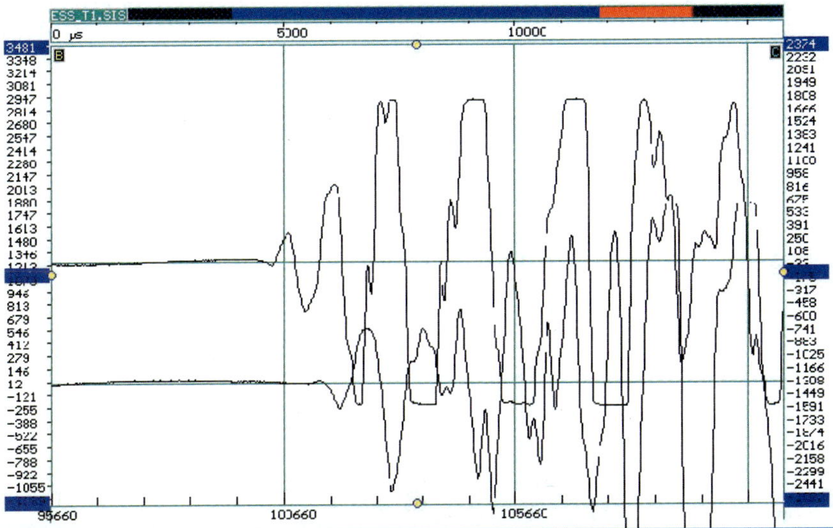

4 Quelques résultats (documents François Tilquin).

En lisant sur le graphe les différences de temps d'arrivée des ondes (échelle en µs en haut) et connaissant la différence d'éloignement des deux capteurs par rapport au point d'impact du marteau, on peut calculer la vitesse moyenne de propagation des ondes dans le sol : faites ce calcul.

Le dépouillement des enregistrements permet aussi, par une construction géométrique simple, de localiser avec une bonne précision le point du choc sur le plan de la classe.

Pour mieux **comprendre ...**

les phénomènes sismiques

A Etudier des sismogrammes et localiser un épicentre.

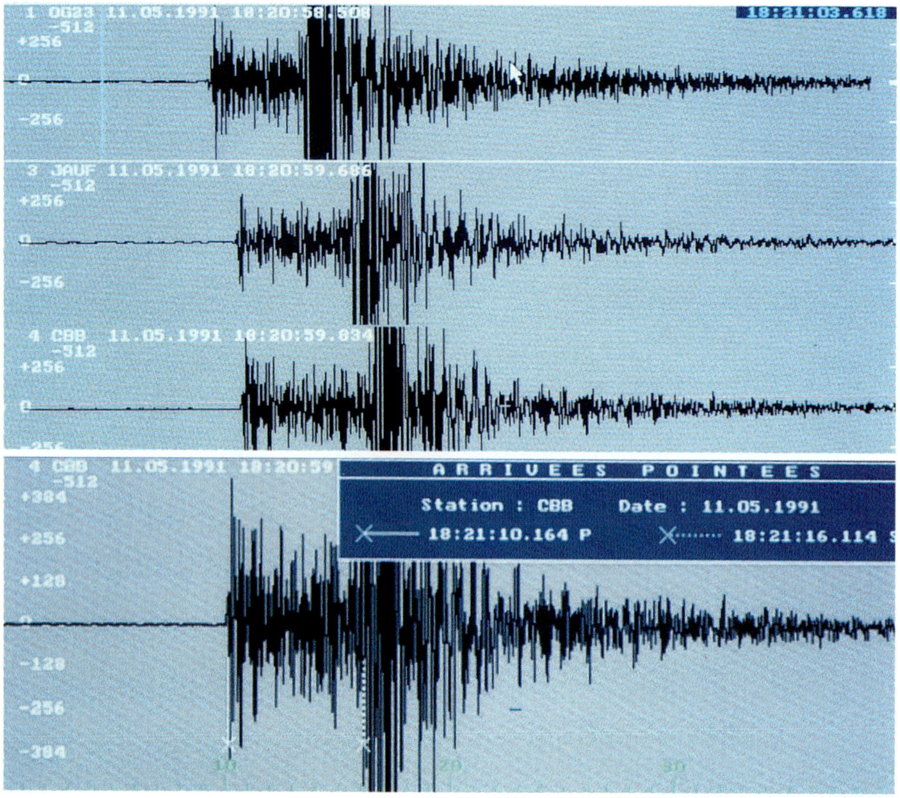

1 Analyse de sismogrammes.

Le logiciel « Sismolog 5 » de Logedic présenté dans cette double page est un outil facilement utilisable en Travaux Pratiques. Ce logiciel permet différentes simulations à partir de plusieurs bases de données.

Les sismogrammes ci-contre ont été enregistrés au cours du même séisme, le 11/05/91, dans trois stations sismiques différentes du sud-est de la France :

– OG23 = station du col de Tende ;

– JAUF = station de Moyenne Ubaye ;

– CBB = station de Haute Ubaye.

Sur chaque enregistrement, on peut repérer à l'aide d'un « pointeur » l'heure d'arrivée des ondes P et S. Ce travail a été fait à titre d'exemple sur le sismogramme enregistré à la station CBB.

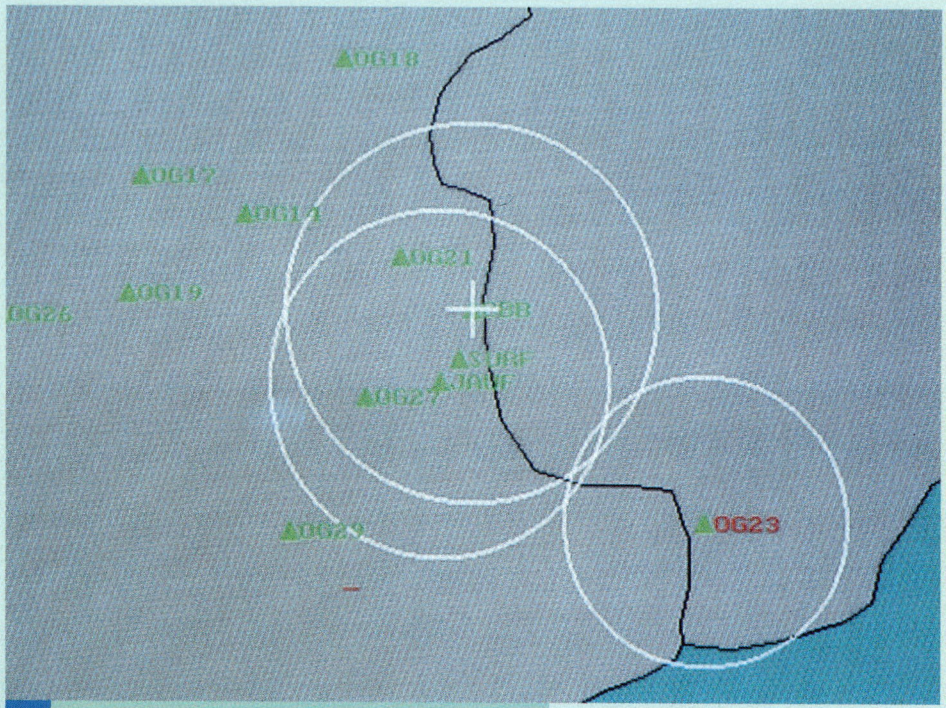

2 Localisation de l'épicentre d'un séisme.

Le logiciel permet d'exploiter les données précédentes pour localiser la position de l'épicentre. Le temps séparant l'arrivée de P et S dans chaque station est utilisé par le calculateur pour déterminer les distances station / épicentre (cercles). Chaque cercle représente donc l'ensemble des positions possibles de l'épicentre par rapport à une station donnée.

La zone d'intersection des trois cercles (située ici aux abords de la frontière franco-italienne) permet de localiser l'épicentre. La précision est liée à la qualité du dépouillement des sismogrammes.

un traitement informatique de données

B Travailler sur des cartes et des modèles.

Le logiciel permet d'afficher la carte de n'importe quelle région du monde et de visualiser les épicentres des séismes qui ont affecté la région depuis 1980. Les principaux volcans de la planète sont aussi localisés.

Dans l'exemple ci-contre, la zone de la mer Rouge et de l'Afar a été sélectionnée. Les épicentres des séismes, localisés essentiellement au niveau des rifts, sont parfaitement visibles. Chaque épicentre est représenté par un cercle, celui-ci est d'autant plus grand que la magnitude du séisme est élevée.

Les principaux appareils volcaniques présents dans la zone sont représentés par des triangles.

On peut aussi localiser les foyers des séismes sur une coupe entre deux points situés où l'on veut sur la carte. Dans l'exemple choisi ci-contre (coupe 1-2), on voit bien que les foyers des séismes sont près de la surface du globe. Ceci caractérise une zone d'expansion de la lithosphère.

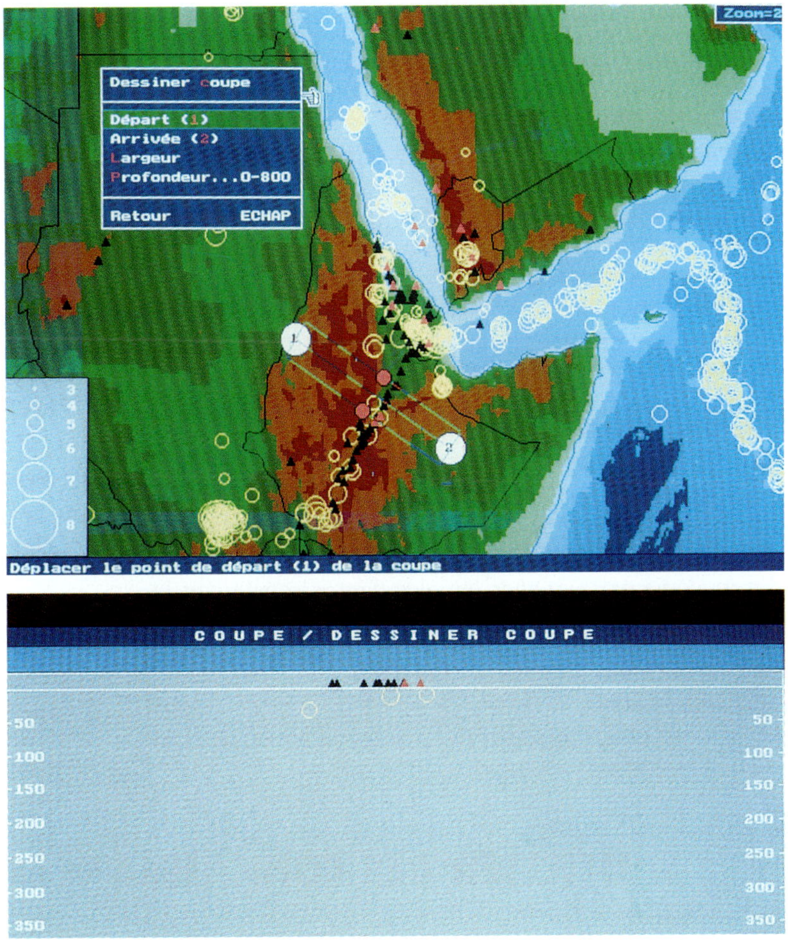

3 Etudier la sismicité et le volcanisme d'une région.

Le logiciel « Sismolog » permet aussi de modéliser la structure profonde de la Terre et de tracer les rais sismiques pour un modèle choisi. Dans l'exemple présenté ici, la perturbation des ondes sismiques par le noyau terrestre est bien visible : ce logiciel peut donc être utilisé pour mettre en évidence la « zone d'ombre ».

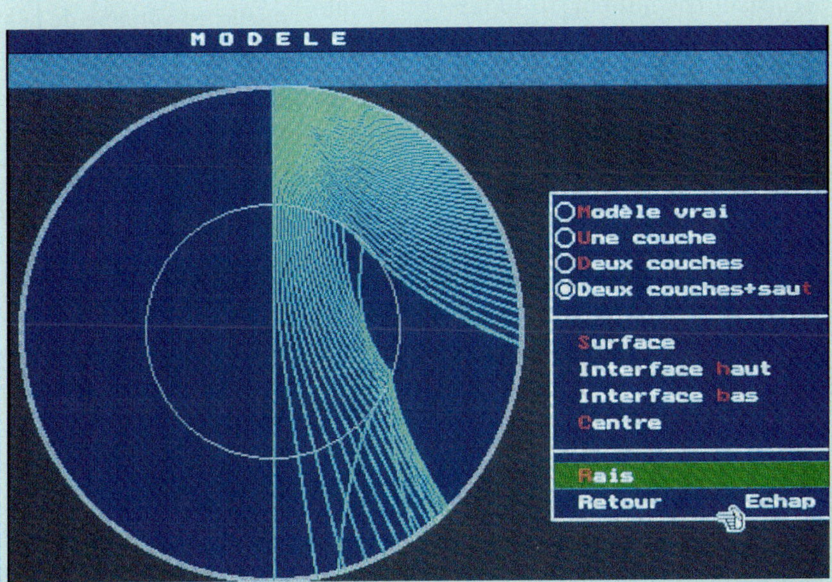

4 Modéliser les trajectoires des rais sismiques.

TESTER SES CONNAISSANCES

A. Définissez les mots ou expressions :

Ondes P, ondes S, ondes L, zone d'ombre sismique, discontinuité de Gutenberg, Moho, géotherme, LVZ, météorite, astéroïde.

B. Vrai ou faux ?

Repérez les affirmations exactes. Corrigez ensuite les affirmations inexactes.

a. Les rais sismiques se propagent en ligne droite dans les couches profondes du globe.

b. Un brusque changement de vitesse des ondes sismiques révèle une discontinuité à l'intérieur du globe terrestre.

c. Les ondes P, ou ondes de cisaillement, ne peuvent pas se propager dans les milieux liquides.

d. Les granites sont des roches caractéristiques de la croûte terrestre (continentale ou océanique) alors que les basaltes sont caractéristiques du manteau terrestre.

e. Les météorites de type chondrite ont une composition chimique représentative de la composition de la planète initiale, au moment de son accrétion.

f. Les éléments chimiques les plus denses constituant le globe terrestre sont concentrés dans le noyau.

C. Exprimez des idées importantes...

... en rédigeant une ou deux phrases utilisant chaque groupe de trois mots ou expressions pris dans cet ordre ou dans un ordre différent.

a. Changement brutal de vitesse, réfraction des rais sismiques, surfaces de discontinuité.

b. Ondes S, noyau terrestre, milieu liquide.

c. Météorites, composition chimique, Terre.

d. Différenciation, migration, Terre magmatique.

D. Elaborez un résumé scientifique.

Sujet 1.

Les apports de l'étude des séismes pour la connaissance de la structure interne du globe.

Après avoir précisé les principales caractéristiques des ondes sismiques, vous expliquerez comment l'étude de la vitesse des ondes sismiques et de leur trajet a permis d'élaborer un modèle de la structure interne du globe.

Sujet 2.

Les modèles analogiques en géologie.

A partir d'un modèle analogique de votre choix présenté dans ce chapitre, vous développerez une réflexion critique montrant les avantages et les limites de l'utilisation de ce modèle.

Sujet 3.

Les météorites et l'histoire de la Terre.

Après avoir rappelé les principaux types de météorites récoltés sur Terre et leur origine, vous montrerez comment ces objets géologiques ont permis d'éclairer nos connaissances sur l'histoire de notre planète et sur sa composition interne.

UTILISER DES CONNAISSANCES ET DES MÉTHODES

1 Sismogrammes et structure du globe.

Sur ce document obtenu à l'aide du logiciel Sismolog figurent les enregistrements des ondes P correspondants à différents séismes. Chaque enregistrement correspond à un séisme particulier enregistré en une station repérée par un numéro (de 1 à 28). Tous ces enregistrements ont été « calés » grâce au logiciel et ordonnés de façon à obtenir une série comparable à celle que l'on obtiendrait si un seul séisme était enregistré par des stations de plus en plus lointaines.

Sur chaque tracé, l'instant d'arrivée des ondes P est repéré par une croix jaune ; la distance épicentrale de la station est exprimée en degrés (un arc terrestre de 1° a une longueur de 111,1 km).

Question 1 (Analyser des données)

Calculez la vitesse moyenne de propagation des ondes P (en km.s^{-1}) entre l'épicentre et la station 4, puis entre l'épicentre et la station 20 (on admettra que la longueur du trajet des ondes P en profondeur est égale à la distance épicentrale). Quelle conclusion dégagez-vous de la comparaison des deux valeurs obtenues ?

Question 2 (Appliquer ses connaissances)

Calculez la vitesse moyenne de propagation des ondes P (en km.s^{-1}) entre l'épicentre et les stations 21 à 28. A l'aide de vos connaissances, expliquez quelle est l'origine de la brutale variation des vitesses observée entre les stations 20 et 21.

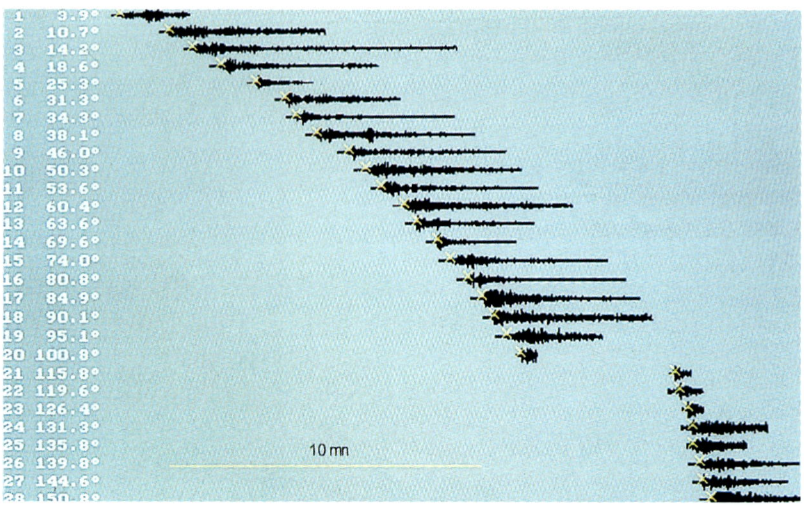

2 Quelques informations tirées de l'analyse de sismogrammes.

Des informations nouvelles.

A – L'étude précise des mouvements du sol lors d'un séisme nécessite l'enregistrement du déplacement de la matière dans trois directions orthogonales. Le **document 1** présente, pour un seul séisme, un tel enregistrement obtenu à la station japonaise d'Inuyama : les trois sismogrammes correspondent respectivement à l'enregistrement de la composante verticale du mouvement (tracé VHZ), de la composante longitudinale (tracé VHR) et de la composante transversale (tracé VHT).

B – Les ondes L, présentées dans ce chapitre comme un seul train d'ondes, correspondent en réalité à des mouvements complexes du sol causés par deux types d'ondes qui se superposent : les ondes de Rayleigh, les plus rapides, et les ondes de Love qui arrivent ensuite.

Question 1 (Dégager les informations utiles)

Repérez sur les tracés VHZ et VHR du document 1 les ondes P, S et L.

Combien de temps s'est écoulé entre l'arrivée des ondes P et des ondes S ?

Question 2 (Utiliser un tableau de données)

En utilisant les tables de Jeffreys-Bullen (document 2), calculez à quelle distance de l'épicentre se trouve la station japonaise (cette distance sera exprimée en degrés d'une part, en kilomètres d'autre part).

Question 3 (Saisir des données et pratiquer un raisonnement)

Précisez quel type d'onde L est observable sur chacun des trois enregistrements du document 1.

Document 1 ▶

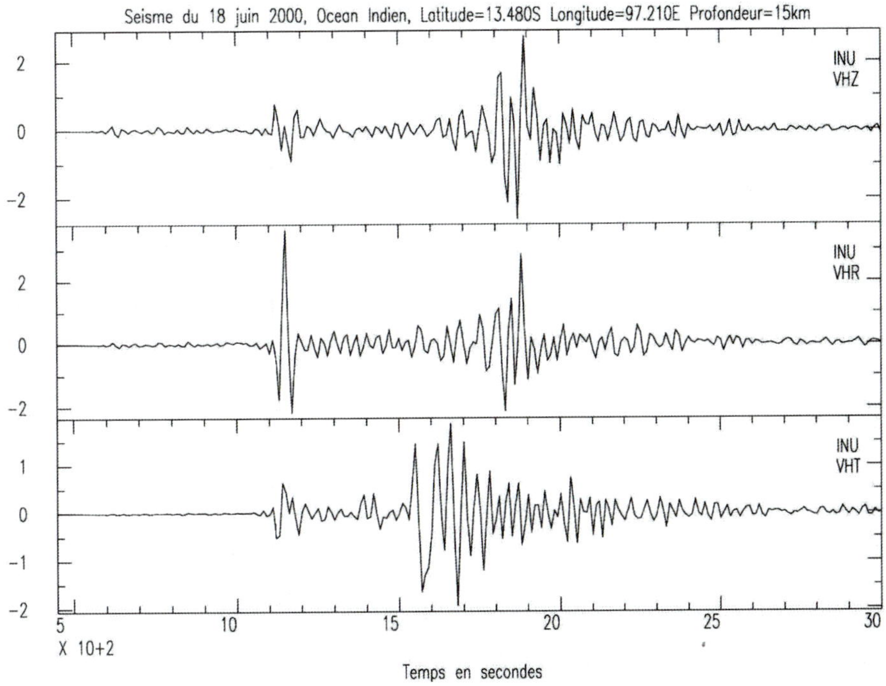

Document 2 : Tables de Jeffreys-Bullen. ▼

Ces tables représentent les temps d'arrivée des ondes P et des ondes S en fonction de la distance à l'épicentre. Les temps sont exprimés en minutes et secondes ; la distance à l'épicentre est en degrés (à la surface du globe, 1° = 111,1 km).

Les tables de Jeffreys-Bullen sont valables quelle que soit la localisation de l'épicentre à la surface du globe. On peut alors formuler deux hypothèses : soit la structure interne du globe est homogène, soit elle varie avec la profondeur : dans ce dernier cas la variation se fait partout de la même façon et le globe doit avoir une structure enzones concentriques.

* **Attention :** les temps indiqués pour les ondes S ne sont pas les temps d'arrivée de ces ondes. Il s'agit du retard de ces ondes par rapport aux ondes P.

Δ	onde P		onde S*	
	min	s	min	s
0,5		10,5		7,6
1,0		17,7		13,1
1,5		24,8		18,7
2,0		32,0		24,1
3,0		46,3		35,2
4,0	1	00,5		46,4
5,0	1	14,7		57,4
6,0	1	28,7	1	08,5
7,0	1	42,8	1	19,3
8,0	1	56,7	1	30,3
9,0	2	10,6	1	41,3
10,0	2	24,4	1	52,2
12,0	2	51,6	2	13,7
14,0	3	18,1	2	35,2
16,0	3	44,1	2	56,1
18,0	4	09,2	3	16,8
20,0	4	32,5	3	38,1

Δ	onde P		onde S*	
	min	s	min	s
22,0	4	52,9	3	55,8
24,0	5	12,5	4	11,8
26,0	5	31,6	4	26,2
28,0	5	49,9	4	40,4
30,0	6	07,7	4	54,5
32,0	6	25,4	5	08,2
34,0	6	42,7	5	22,0
36,0	6	59,8	5	35,8
38,0	7	16,6	5	49,6
40,0	7	33,2	6	03,2
42,0	7	49,7	6	16,4
44,0	8	06,0	6	29,3
46,0	8	22,0	6	42,0
48,0	8	37,7	6	54,7
50,0	8	53,1	7	07,2
52,0	9	08,2	7	19,7
54,0	9	23,1	7	32,0

Δ	onde P		onde S*	
	min	s	min	s
56,0	9	37,5	7	44,3
58,0	9	51,8	7	56,4
60,0	10	05,7	8	08,5
62,0	10	19,2	8	20,5
64,0	10	32,4	8	32,3
66,0	10	45,3	8	43,9
68,0	10	57,9	8	55,4
70,0	11	10,2	9	06,8
72,0	11	22,2	9	18,0
74,0	11	34,0	9	28,8
76,0	11	54,5	9	39,5
78,0	11	56,7	9	50,0
80,0	12	07,6	10	00,2
82,0	12	18,1	10	10,4
84,0	12	28,3	10	20,3
86,0	12	38,2	10	30,0
88,0	12	47,9	10	39,3

Δ = distance angulaire (en degrés) entre le foyer et la station d'enregistrement

3 L'enregistrement d'un séisme proche.

Le fossé rhénan est une zone d'effondrement tectonique entre les massifs des Vosges à l'ouest et de la Forêt Noire à l'est. Cette région sismiquement active est surveillée par un réseau de stations qui transmettent par radio les données enregistrées à l'Institut de Géophysique du Globe de Strasbourg.

La carte montre les principales failles qui affectent la région. Un séisme dont l'épicentre a été localisé sur l'une d'entre elles est enregistré par les trois stations de Echery (ECH), Fëldberg (FEL) et Grand Wintersberg (GWF). Dans la série des sismogrammes, l'échelle des temps est graduée en secondes. L'heure H_0 du séisme a été établie : 6 h 14 min 55 s.

Seules les ondes P et S de ce séisme proche et de faible intensité apparaissent ici

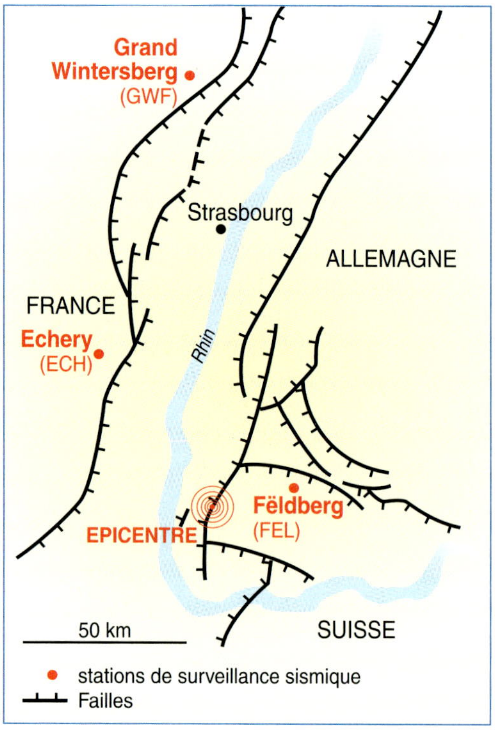

Question 1 (Analyser des observations)

Repérez les ondes P et S sur les enregistrements ECH et GWF et mesurer leurs temps d'arrivée à ces deux stations.

Question 2 (Utiliser des données)

Calculez la vitesse moyenne des ondes P d'une part, S d'autre part pour atteindre ces stations sachant que Echery est à 54 km de l'épicentre et Grand Wintersberg à 130 km.

Question 3 (Pratiquer un raisonnement)

Comment interprétez-vous l'aspect de l'enregistrement obtenu à la station de Fëldberg ?

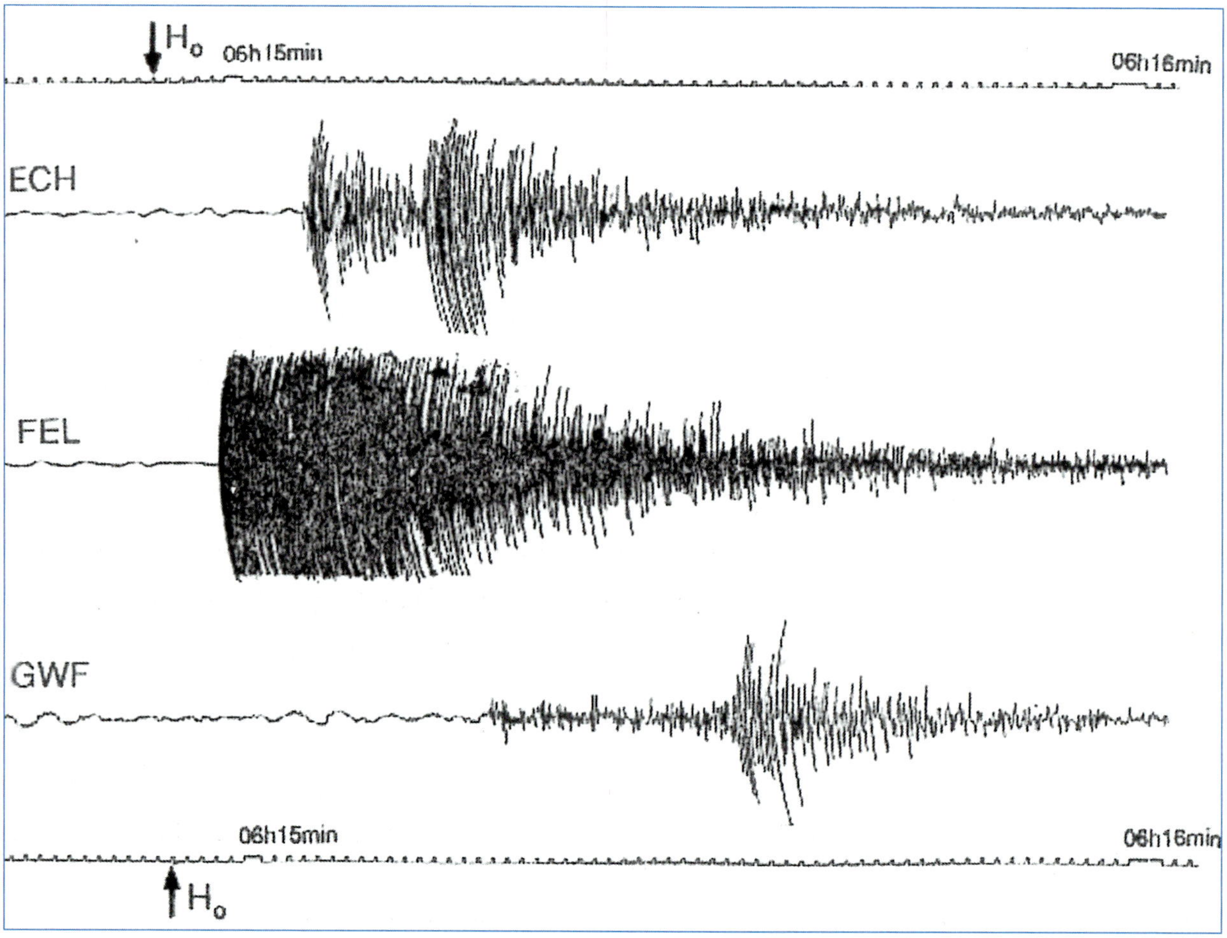

Chapitre

2

La composition chimique de la Terre

Parmi les enveloppes sphériques concentriques qui forment l'intérieur du globe, seuls les matériaux de la croûte et du manteau supérieur sont accessibles à l'observation directe. Nous allons découvrir leur composition chimique. Nous verrons également que des méthodes indirectes permettent d'avoir une idée assez précise de la composition des couches profondes.

Photographie : lame mince de péridotite en lumière polarisée.

1 Coulées de laves basaltiques. **a** – Près du cratère (température voisine de 1 200 °C). **b** – En cours de refroidissement. Quelle est l'origine de la lave ?

2 Une roche volcanique commune : le basalte. **a** – Echantillon de basalte récolté en Auvergne. **b** – Détail de l'échantillon **a**. **c** – Lame mince observée au microscope polarisant. Vous rappelez-vous pourquoi on peut dire que la structure de la roche conserve la trace des conditions de refroidissement ?

3 Le granite affleure largement dans certaines régions : en consultant la carte géologique page 353, précisez quelles sont ces régions.

4 Le granite est une roche formée de minéraux en grains. Quelles sont les trois principales catégories de ces minéraux ?

Les acquis en quelques lignes

- Les roches volcaniques proviennent du refroidissement par étapes d'un magma issu de la fusion partielle de roches en profondeur.
- Le refroidissement précoce est lent, il produit les premiers cristaux (dont certains sont visibles à l'œil nu) ; le refroidissement rapide lors de l'effusion (l'épanchement en surface) produit des petits cristaux (les microlites) et du verre.
- Le granite, qui refroidit très lentement, est entièrement constitué de grains (des cristaux) tous visibles à l'œil nu.
- Son altération produit de l'arène granitique. Le déblaiement de celle-ci par les eaux de ruissellement donne naissance aux chaos granitiques, paysages caractéristiques des massifs anciens (Massif central, Bretagne...)

Des nouveaux problèmes à résoudre

- Dans le chapitre 1, nous avons découvert qu'il existait des différences d'épaisseur et de densité entre la croûte continentale, la croûte océanique et le manteau externe : quelles roches sont les plus abondantes dans chacune de ces trois couches du globe ?
- Quelles sont les compositions chimique et minéralogique de ces différentes roches ?
- Comment peut-on connaître la composition des roches du manteau profond et du noyau ?

Des matériaux terrestres accessibles

Alors que le rayon de la Terre dépasse 6 300 km, le forage le plus profond n'atteint pas 13 km. Toutefois, dans les chaînes de montagnes ou à la faveur de certains types de volcanisme, on observe des roches « remontées » en surface depuis les profondeurs de la croûte ou même du manteau.

■ Quelles roches sont représentatives de ces deux enveloppes ?

A Les roches représentatives de la croûte terrestre.

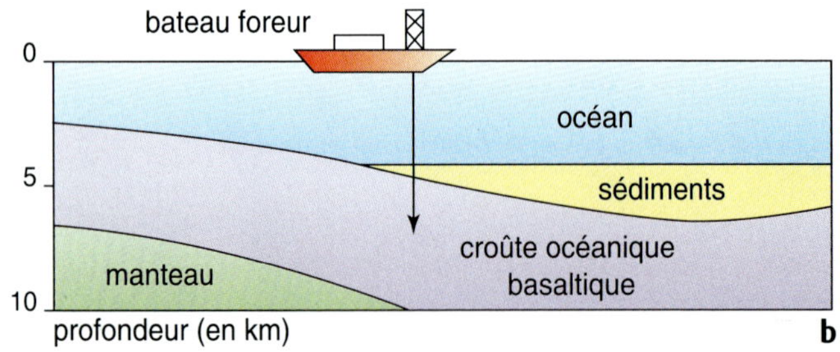

Les sédiments marins étant surtout d'origine continentale, leur épaisseur diminue très vite en s'éloignant des côtes et devient nulle près de la dorsale océanique. A l'inverse, la croûte océanique, pour l'essentiel constituée de basalte, seul présent au niveau de la dorsale, s'épaissit ensuite pour atteindre 10 km près du continent.

1 La croûte océanique. **a** – Un navire spécialisé dans les forages en mer, le Joides Resolution. **b** – La croûte océanique.

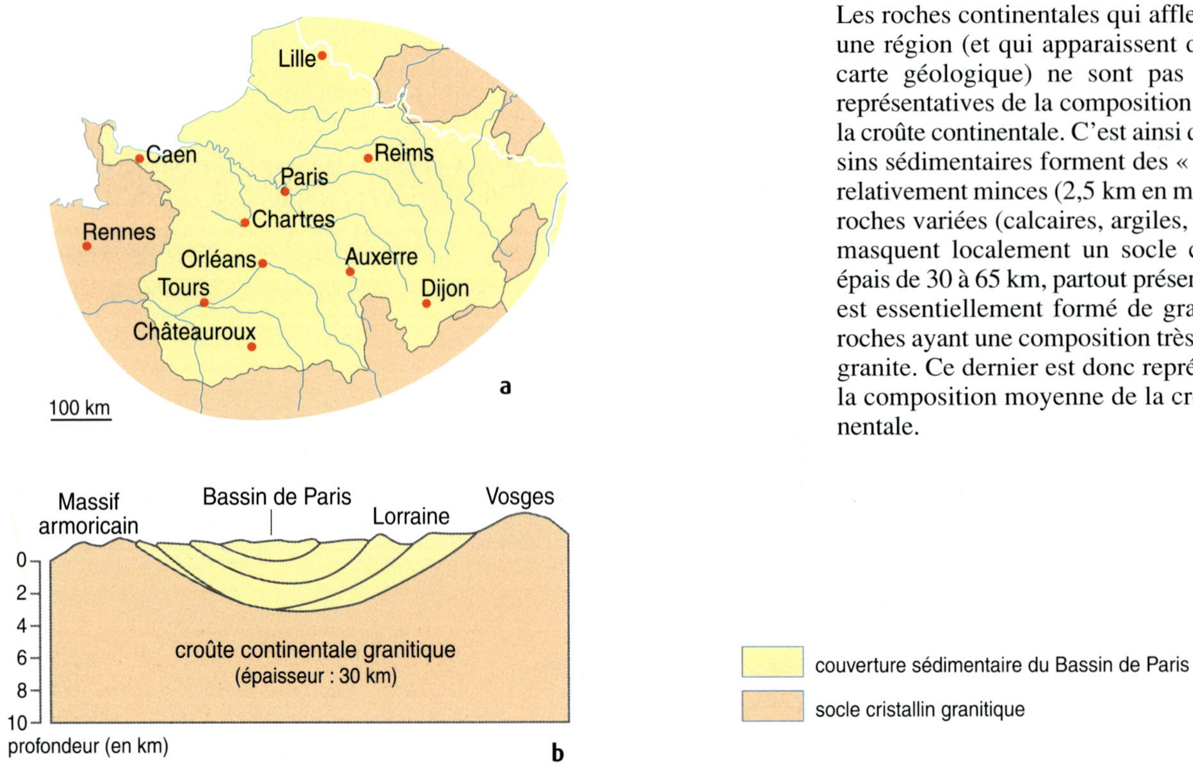

Les roches continentales qui affleurent dans une région (et qui apparaissent donc sur la carte géologique) ne sont pas forcément représentatives de la composition globale de la croûte continentale. C'est ainsi que les bassins sédimentaires forment des « placages » relativement minces (2,5 km en moyenne) de roches variées (calcaires, argiles, grès...) qui masquent localement un socle continental épais de 30 à 65 km, partout présent. Ce socle est essentiellement formé de granite ou de roches ayant une composition très voisine du granite. Ce dernier est donc représentatif de la composition moyenne de la croûte continentale.

2 La croûte continentale. **a** – Carte géologique du Bassin Parisien. **b** – Une coupe est-ouest simplifiée du Bassin Parisien.

B Les roches représentatives du manteau externe.

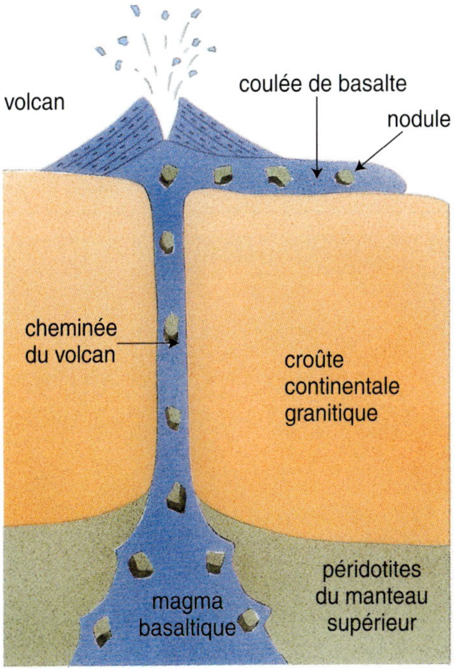

a

b

Au cours de leur ascension, les liquides basaltiques produits dans le manteau supérieur « ramonent » les parois solides des cheminées empruntées par ces matériaux qui remontent vers la surface. Des échantillons du manteau se retrouvent ainsi « emballés » dans le basalte et atteignent intacts la surface car ils sont préservés de l'altération. C'est dans les kimberlites*, roches volcaniques des « pipes diamantifères », que l'on a retrouvé les enclaves de manteau supérieur ayant la provenance la plus profonde : 300 km.

3 Exceptionnellement, des roches du manteau externe sont observables à la surface de la Terre. a – Affleurement de basalte avec enclaves* de péridotites. b – Un échantillon de basalte contenant des nodules* de péridotite* (la couleur verte du nodule est due à la présence d'olivine).

Lexique

- **Péridotite :** roche essentiellement formée de péridots, minéraux dont le représentant commun est l'olivine, silicate de fer et de magnésium $SiO_4 (Fe,Mg)_2$.
- **Enclave :** fragment de roche isolé, que l'on retrouve inclus dans une roche magmatique.
- **Nodules :** enclaves de forme globuleuse dont les contours ont été arrondis à la suite d'échanges chimiques entre roche et magma.
- **Kimberlite :** roche volcanique dont la composition chimique est très proche de celle des péridotites du manteau.

Pistes d'exploitation

1 - Doc 1 et 2 : Pourquoi peut-on dire que le basalte et le granite sont respectivement « représentatifs » de la croûte océanique pour le premier, continentale pour le second ?

2 - Doc 3 : Bien que les forages soient trop peu profonds pour atteindre le manteau externe, on peut néanmoins en analyser des échantillons. Comment est-ce possible ? Quelle est la roche représentative de cette couche du globe ?

ACTIVITÉS pratiques 2

Etude de roches de la famille

Les roches de composition granitique sont représentatives de la croûte continentale. Elles constituent un ensemble de roches aux compositions chimiques et minéralogiques voisines. Pour les spécialistes, granites et diorites sont les roches les plus représentatives de cette famille.

- Que nous apprend l'observation d'échantillons de ces roches ?
- Quelles sont leurs compositions chimiques et minéralogiques ?

A Le granite.

CARTE D'IDENTITÉ DU GRANITE

- **Texture**

Le granite est une roche qualifiée de **grenue** car elle est entièrement formée de cristaux visibles à l'œil nu dont la taille peut varier du millimètre (roches à grain fin) au centimètre (roches à grain grossier), voire même davantage.

- **Composition minéralogique**

Le **quartz** est toujours présent et abondant ; les **feldspaths** forment l'essentiel de la roche (orthose et plagioclases en proportions variables) ; les **micas**, en quantité limitée, sont le mica noir seul (**biotite**) ou associé au mica blanc (**muscovite**).

a

b ×15

Reconnaissance des principaux minéraux : voir page 280.

- **Composition chimique**

Silice (SiO_2)	Alumine (Al_2O_3)	Alcalins (Na_2O, K_2O)
70 %	14,5 %	8,6 %

Calcium (CaO)	Fer ($FeO + Fe_2O_3$)	Magnésium (MgO)
2,6 %	3 %	1 %

Remarque : il est d'usage en géologie de désigner les éléments par leur oxyde.

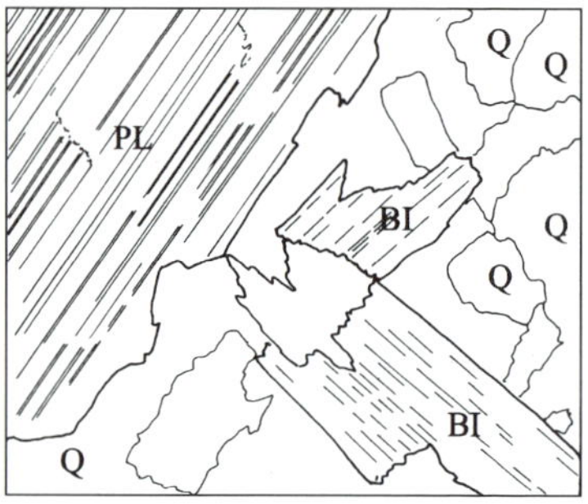

Q = quartz
BI = mica biotite
Pl = feldspath plagioclase

1 L'observation d'échantillons et de lames minces permet de définir les caractères principaux du granite. **a** – Echantillons de granite. **b** – Une lame mince de granite observée au microscope polarisant.

B La diorite.

CARTE D'IDENTITÉ DE LA DIORITE

• **Texture**
Comme le granite, la diorite a une texture **grenue** : la roche est entièrement formée de cristaux jointifs, dont la taille est le plus souvent de quelques millimètres.

• **Composition minéralogique**
Deux minéraux forment l'essentiel de la roche : le **feldspath plagioclase**, très abondant, accompagné d'une **amphibole** (la hornblende verte qui apparaît noire à l'œil nu et colorée en jaune brunâtre en lumière polarisée). En outre, on y rencontre du mica noir et parfois un peu de quartz et d'orthose.

a

b

Reconnaissance des principaux minéraux : voir page 280.

• **Composition chimique**

Silice	Alumine	Alcalins
66 %	15 %	6 %

Calcium	Fer	Magnésium
4,5 %	5,3 %	2,2 %

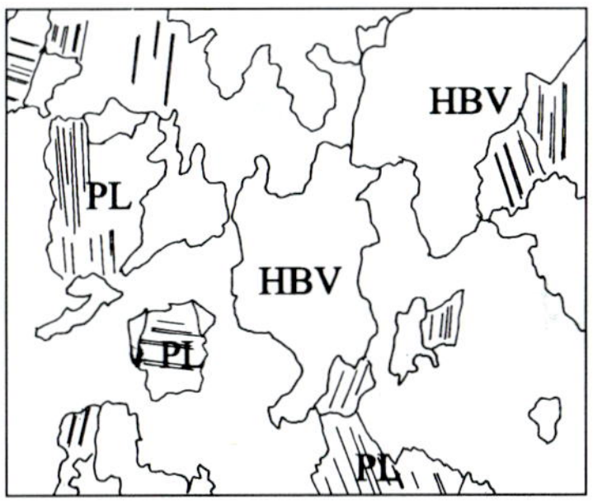

HBV = amphibole (hornblende)
Pl = feldspath plagioclase

2 La diorite est une roche grenue très voisine du granite. **a** - Echantillon de diorite. **b** - Lame mince de diorite observée au microscope polarisant.

Lexique

• **Minéral :** composé naturel non organique de composition chimique bien définie. Une roche est en général constituée de plusieurs espèces de minéraux.

• **Cristal :** minéral possédant une structure atomique parfaitement ordonnée. Presque tous les minéraux sont des cristaux ; les composés minéraux non ordonnés sont dits amorphes.

• **Section polie :** coupe dans une roche obtenue par sciage et dont la surface a été polie à l'aide d'abrasifs.

• **Lame mince :** préparation microscopique de roche, transparente en raison de sa très faible épaisseur (30 micromètres) : voir page 278.

Pistes d'exploitation

1 - Doc 1 et 2 : Comparez sous forme d'un tableau d'une part les compositions minéralogiques, d'autre part les compositions chimiques du granite et de la diorite.

2 - Bilan : Justifiez le terme « *granodioritique* » utilisé par les géologues pour qualifier la composition de la croûte continentale.

Etude de basaltes et

La structure des basaltes a été reliée en classe de Quatrième aux conditions de refroidissement de la lave. Il faut maintenant préciser les compositions minéralogique et chimique de cette roche volcanique, de même que celles des péridotites du manteau.

- Quelles sont ces compositions ?
- Y a-t-il de grandes différences avec les roches granitiques ?

A Le basalte.

CARTE D'IDENTITÉ DU BASALTE

• **Texture**
La roche n'est pas entièrement cristallisée : les cristaux sont inclus dans une matrice sombre qui est un verre amorphe. On distingue deux catégories de cristaux : ceux qui ont une grande dimension, visibles à l'œil nu (les **phénocristaux**) et ceux qui sont seulement visibles au microscope (les **microlites**). Pour cette raison, la texture du basalte est dite **microlitique**.

• **Composition minéralogique**
Les pyroxènes et l'olivine forment les phénocristaux.
Les microlites comprennent de petites olivines et de petits pyroxènes accompagnés de baguettes de feldspaths qui sont des plagioclases. On ne rencontre jamais de quartz ni d'orthose dans un basalte.

a
3 cm

×15

b

Reconnaissance des principaux minéraux : voir page 280.

• **Composition chimique**

Silice (SiO_2)	Alumine (Al_2O_3)	Alcalins (Na_2O, K_2O)
49 %	15,5 %	3 %

Calcium (CaO)	Fer ($FeO + Fe_2O_3$)	Magnésium (MgO)
11 %	11 %	9 %

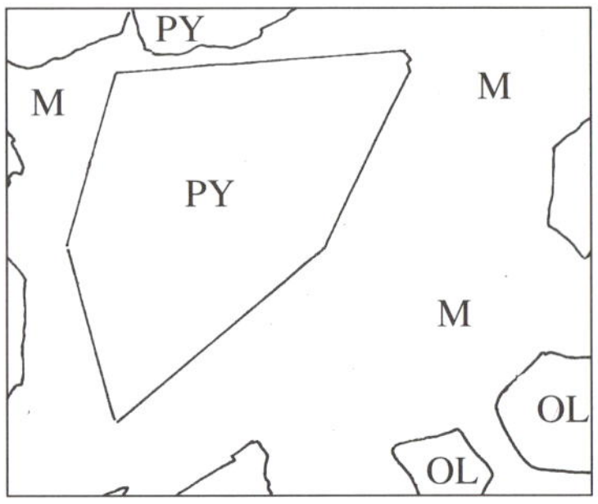

OL = olivine
PY = pyroxène
M = verre + microlites

1 Une structure et une minéralogie différentes de celles des roches de la famille des granites. **a** – Echantillon de basalte à olivine. **b** – Lame mince de basalte.

de péridotites

B La péridotite.

a

CARTE D'IDENTITÉ DE LA PÉRIDOTITE

- **Texture**

La roche présente une texture **grenue** : elle est entièrement formée de grains qui sont des cristaux jointifs, de taille comparable (de 3 à 5 millimètres).

- **Composition minéralogique**

La roche est constituée par l'association de deux minéraux principaux : l'olivine (teintes très vives en lumière polarisée) et les pyroxènes (gris à gris-orangé en lumière polarisée).
On observe aussi en très faible proportion des minéraux noirs en lumière polarisée qui sont des spinelles.

- **Composition chimique**

Silice	Alumine	Alcalins
44 %	2 %	0,3 %

Calcium	Fer	Magnésium
3 %	8,5 %	42 %

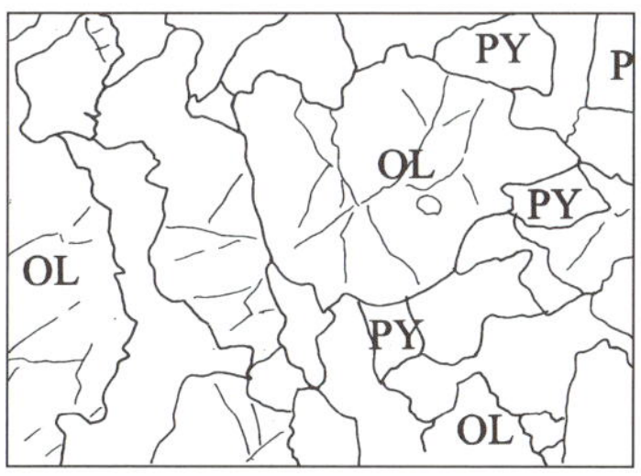

OL = olivine
PY = pyroxène

b

Reconnaissance des principaux minéraux : voir page 280.

2 La péridotite est une roche grenue très différente du granite. **a** – Section d'un nodule de péridotite. **b** – Lame mince de péridotite en lumière polarisée.

Lexique

- **Verre :** substance minérale naturelle non cristallisée, résultant d'un refroidissement rapide du magma ; ce dernier se fige, ce qui ne permet pas la formation et la croissance de cristaux.
- **Phénocristaux :** cristaux de grande taille et de forme géométrique. Par exemple, les cristaux d'olivine et de pyroxène commencent à cristalliser alors que le magma possède une température encore très élevée (environ 1 350°C), ce qui permet leur croissance dans la chambre magmatique avant leur transport vers la surface.
- **Microlites :** cristaux de très petite taille, souvent en aiguilles ; formés plus tardivement dans le magma, leur temps de croissance a été beaucoup plus court.

Pistes d'exploitation

1 - Doc 1 et 2 : Quels minéraux peuvent se rencontrer aussi bien dans les basaltes que dans les péridotites ?

2 - Doc 1 et 2 : Comparez les compositions chimiques du basalte et de la péridotite : précisez quels sont les éléments pour lesquels s'observent des différences significatives entre basaltes et péridotites.

3 - Bilan : En se basant sur la teneur en SiO_2, les géologues définissent les roches acides ($SiO_2 \geqslant 65\%$), intermédiaires ($65\% > SiO_2 > 52\%$), les roches basiques ($52\% > SiO_2 > 45\%$) et les roches ultra-basiques ($SiO_2 \leqslant 45\%$).

Dans quelle catégorie placez-vous respectivement le granite, la diorite, le basalte et la péridotite ?

Une connaissance indirecte

Les roches des profondeurs du globe sont inaccessibles. On peut toutefois avoir une idée de leur composition et de leur structure grâce à des expériences de physique, à des calculs complexes portant sur les vitesses des ondes sismiques, ou encore par l'étude des météorites.

■ Quelles connaissances sur le manteau profond et le noyau sont ainsi fournies ?

A La composition chimique du manteau profond.

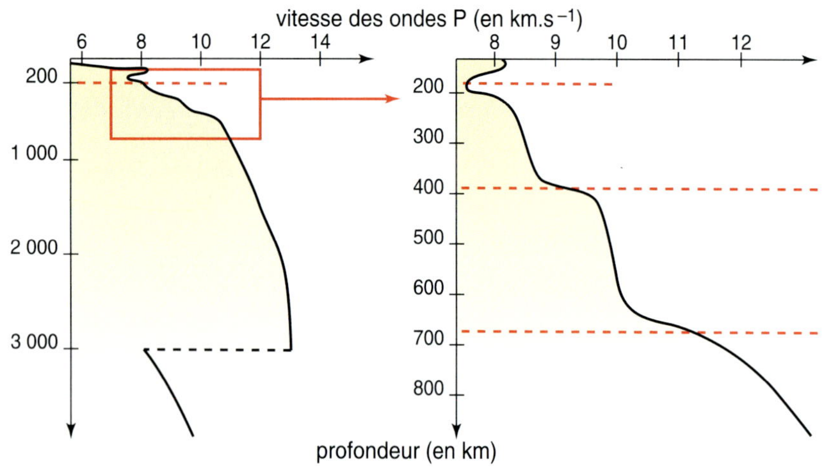

La vitesse de propagation des ondes sismiques dans le manteau ne varie pas brutalement avec la profondeur : on en déduit l'absence d'une discontinuité majeure de composition au sein du manteau. L'augmentation de vitesse observée est compatible avec un manteau formé de péridotites soumises à des pressions et des températures de plus en plus élevées. Toutefois, cette augmentation n'est pas parfaitement linéaire : deux zones de transition autour de 400 km et de 700 km montrent l'existence de perturbations locales, interprétées comme des changements assez rapides intervenant dans la structure des minéraux du manteau (olivines et pyroxènes).

1 L'interprétation des variations de vitesse des ondes sismiques.

A l'aide de presses très performantes (presses à enclumes de diamant : photo), on peut soumettre les minéraux des péridotites à des pressions et des températures très importantes, comparables à celles qui règnent à des centaines de kilomètres de profondeur. Les réseaux cristallins des olivines et des pyroxènes soumis à ces énormes contraintes se modifient alors et deviennent plus compacts. On constate par exemple que le réseau cristallin de l'olivine adopte une nouvelle structure vers 400 km de profondeur et se modifie à nouveau vers 670-700 km. De telles structures ont été par la suite découvertes dans des météorites ; elles sont expliquées par les énormes pressions engendrées par les ondes de choc des impacts qui ont marqué la formation des astéroïdes.

2 L'expérimentation à température élevée et très haute pression.

B La composition chimique du noyau.

Nous avons vu précédemment que les chondrites (photo ci-contre) représentent certainement le matériau qui s'est aggloméré par accrétion pour constituer la Terre primitive. Avant sa différenciation, la « Terre magmatique » avait donc la même composition que ces météorites.
Si l'on compare la teneur moyenne en fer des chondrites à celle du manteau terrestre, on constate que le manteau (ainsi d'ailleurs que l'écorce) est beaucoup moins riche en fer que les chondrites. Une grande partie du fer de la « Terre magmatique » doit donc être actuellement caché dans le noyau.
Un calcul simple (voir encadré ci-dessous) permet d'évaluer la teneur en fer du noyau terrestre.

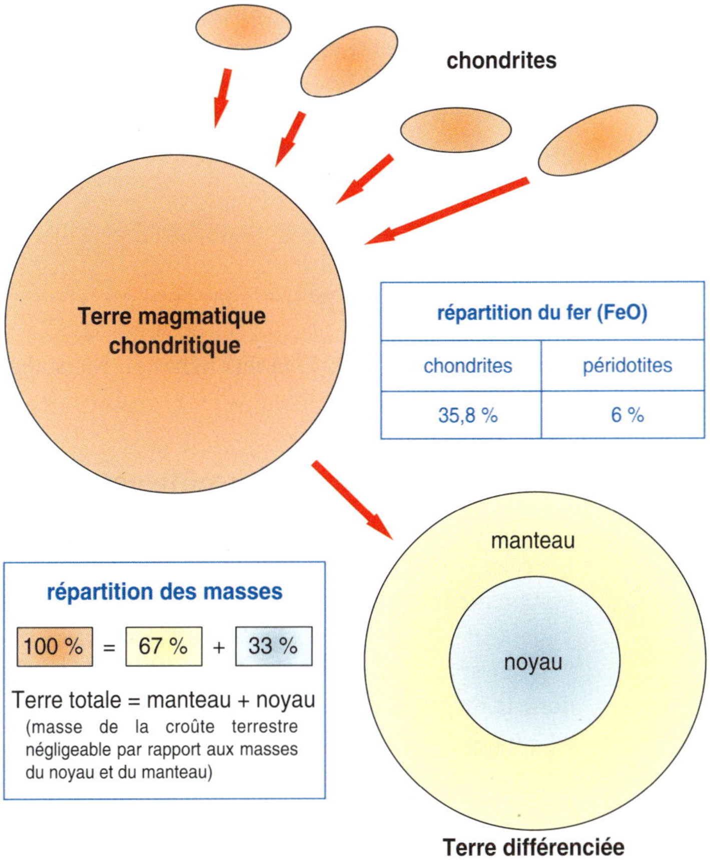

répartition du fer (FeO)	
chondrites	péridotites
35,8 %	6 %

répartition des masses

100 %	=	67 %	+	33 %

Terre totale = manteau + noyau
(masse de la croûte terrestre négligeable par rapport aux masses du noyau et du manteau)

CALCUL DE LA TENEUR EN FER DU NOYAU TERRESTRE

1. Les données

- Le volume du globe terrestre est connu et on peut estimer sa masse totale par un calcul simple : soit M cette masse.
- Connaissant la densité moyenne des péridotites et le volume du manteau, on peut évaluer à 0,67 M la masse du manteau et à 0,33 M la masse du noyau (la masse de l'écorce est négligeable).
- Les proportions connues de fer (calculées sous forme d'oxyde FeO) sont respectivement de 35,8 % dans les chondrites et de 6 % dans les péridotites du manteau.
- Connaissant les masses molaires de FeO (72) et de Fe (56), on peut écrire que la teneur en Fe des chondrites est de 27,84 % (35,8 × 56 / 72), celle des péridotites étant de 4,66 % (6 × 56 / 72).

2. Le principe du calcul

A partir des données précédentes, on peut donc déduire :

- La masse totale de fer contenue actuellement dans le globe est celle qui existait dans la Terre magmatique primitive de composition chondritique, soit 0,2784 M (M × 27,84 %).
- Cette masse totale de fer correspond à la somme du fer contenu dans le manteau (soit 0,67 M × 0,0466) et du fer du noyau, de concentration inconnue C (soit 0,33 M × C).
- Un calcul algébrique simple vous permet de déterminer la concentration en fer du noyau terrestre (en cas de difficulté, voir l'« égalité » fournie dans les pistes d'exploitation).

3 La composition du noyau déduite de la comparaison entre composition des chondrites et des péridotites du manteau.

Pistes d'exploitation

1 - Doc 1 et 2 : La composition chimique du manteau est-elle homogène ou varie-t-elle avec la profondeur ?

2 - Doc 3 : Calculez la concentration en fer du noyau terrestre. Les données fournies permettent d'écrire l'égalité suivante : 0,278 4 M = (0,67 M × 0,046 6) + (0,33 M × C).

3 - Bilan : Résumez en quelques phrases les informations apportées par les documents de cette double page sur la composition du manteau et du noyau.

La composition chimique de la Terre

La planète Terre, grossièrement sphérique, a un rayon de plus de 6 300 km. Nous ne connaissons concrètement de cette masse rocheuse que sa partie superficielle, celle qu'il est possible d'échantillonner. Les possibilités techniques de forage pour accéder à des échantillons profonds sont très limitées : le forage le plus profond entrepris n'a guère dépassé la douzaine de kilomètres de profondeur. Heureusement pour les géologues, l'activité interne de la planète amène en surface des matériaux profonds qui deviennent ainsi accessibles à l'observation directe, par exemple des fragments de manteau remontés avec le magma au cours d'éruptions volcaniques.

Nous avons ainsi des informations directes sur la composition de la croûte terrestre (continentale et océanique) ainsi que sur celle du manteau supérieur.

En revanche, les matériaux des régions plus profondes du globe (manteau inférieur et noyau) restent inaccessibles et ne peuvent être connus que de façon indirecte.

I La composition des enveloppes accessibles à l'observation directe

Ce sont les matériaux de la croûte continentale, les plus faciles à récolter, qui ont été les premiers décrits avec précision. Nos connaissances sur la croûte océanique et sur le manteau supérieur ont considérablement progressé avec le développement, au milieu du XXe siècle, des sciences de la Terre.

1• La composition de la croûte continentale

• **Les roches continentales** qui affleurent à la surface du sol sont très variées, mais toutes ne sont pas représentatives de la composition globale de la croûte continentale. Par exemple, les roches sédimentaires, même si elles recouvrent des territoires très étendus, ne correspondent généralement qu'à des placages relativement minces : ainsi, dans le Bassin Parisien, même au centre du bassin où la couverture sédimentaire a son épaisseur maximale, ces roches ne représentent qu'un placage de 2 à 3 km à comparer aux 30 km d'épaisseur du socle sous-jacent. Les roches du socle sont donc beaucoup plus représentatives de la composition de la croûte que celles de la couverture sédimentaire. Les roches les plus banales que l'on récolte sur les affleurements de socle sont des **granites** et, même si les spécialistes en distinguent de nombreuses variétés, il est possible de définir un « granite type » présentant les caractères ci-après.

• **Un granite est une roche grenue.** Cela signifie que c'est une roche totalement cristallisée, les différents cristaux étant de taille comparable et visibles à l'œil nu. Chaque type de minéral cristallisé correspond à une espèce chimique précise. L'observation des associations de cristaux fournit donc une information directe sur la composition de la roche. Les observations microscopiques de lames minces de granites révèlent une composition minéralogique, donc chimique, remarquablement homogène.

• **Un granite est une roche riche en silice.** Les minéraux engrenés formant ce type de roche sont essentiellement des **feldspaths** (c'est-à-dire des cristaux de silicates d'alumine) et du **quartz** (c'est-à-dire de la silice pure cristallisée). D'autres minéraux dits accessoires sont souvent présents : c'est le cas des **micas** (qui sont aussi des silicates d'alumine).

Les spécialistes distinguent deux types de feldspaths, présents dans les granites :
– les **feldspaths potassiques**, comme l'orthose (contenant donc l'élément K) ;
– les **plagioclases**, plus ou moins riches en Na (sodium) ou en Ca (calcium).

2• La composition de la croûte océanique

• **La croûte océanique** provient du fonctionnement des dorsales. Les forages du plancher océanique rencontrent systématiquement du **basalte** sous une épaisseur variable de sédiments. Les « sondages sismiques » révèlent que son épaisseur est de plusieurs kilomètres. C'est donc la roche caractéristique de ce plancher.

• **Un basalte est une roche microlitique :** l'observation microscopique d'une lame mince montre la présence de cristaux de tailles très inégales noyés dans une « pâte » non cristallisée, c'est-à-dire un **verre**. Certains cristaux de grande taille sont visibles à l'œil nu et ont une forme géométrique. D'autres, très petits, forment des baguettes microscopiques noyées dans la pâte vitreuse : ce sont les **microlites**. L'association minéralogique est très différente de celle rencontrée dans les granites.

• **Un basalte est une roche moins riche en silice que le granite.** Les cristaux de grande taille sont surtout des **pyroxènes** (cristaux sombres) et des **péridots** (comme l'olivine, cristaux vert olive). Ces minéraux, de compositions variées, sont des silicates généralement riches en Fe et en Mg. On les qualifie pour cette raison de ferromagnésiens. Quant aux microlites, ils correspondent à des baguettes de **plagioclases**.

Globalement, la richesse en silice, qui dépasse le plus souvent 65 % dans un granite, n'est plus que de l'ordre de 50 % dans un basalte.

• **Le plancher basaltique** surmonte d'autres roches plus profondes qui appartiennent elles aussi à la croûte océanique. Ce sont des roches grenues, les **gabbros**, dont la composition est la même que celle des basaltes qui les surmontent. Les minéraux qui les constituent sont donc les mêmes mais sont tous bien cristallisés ; par ailleurs, ils ne sont pas noyés dans un verre.

Gabbros et basaltes ont la même composition chimique car ils proviennent du même magma injecté au niveau de l'axe de la dorsale océanique. Ce magma s'est constitué à partir des matériaux du manteau supérieur.

3• La composition du manteau supérieur

• **Les données sismiques** ont permis d'établir l'existence d'une discontinuité, le **Moho**, à la base de la croûte terrestre. Au-dessous de cette discontinuité située en moyenne à 7 km sous les océans et à 30 km sous les continents, les géophysiciens mettent en évidence une enveloppe rigide, le manteau supérieur, d'une épaisseur de quelques centaines de km. Bien qu'il soit inaccessible directement, on dispose néanmoins d'échantillons provenant de cette enveloppe. En effet, certains magmas remontant à la surface entraînent avec eux des fragments du manteau supérieur. Par ailleurs, les mouvements tectoniques rendent parfois accessibles des pans de cette enveloppe : c'est le cas dans certaines chaînes de montagne où l'on observe des formations géologiques qui correspondent à du plancher océanique poussé sur une plaque continentale. Ces formations remarquables sont nommées des **ophiolites** (voir exercice n° 3, page 333). Elles permettent d'observer le manteau supérieur, au-dessous des basaltes et des gabbros de la croûte océanique.

• **Le manteau supérieur est formé de péridotites.** Ce sont des roches grenues essentiellement constituées de minéraux ferromagnésiens : **pyroxènes** et **péridots**. Ces minéraux, déjà présents dans les basaltes et les gabbros, sont ici « ultra-majoritaires » puisqu'ils constituent 90 à 100 % de la roche.

Les péridotites sont donc des roches riches en fer et en magnésium ; en revanche, elles sont très pauvres en silice.

4• Les éléments chimiques majeurs de la croûte et du manteau supérieur

Si les granites, représentatifs de la croûte continentale, et les basaltes, caractéristiques de la croûte océanique ont des compositions différentes, on peut cependant, en simplifiant beaucoup, considérer que la **croûte terrestre** est constituée d'un nombre limité d'éléments chimiques majeurs : **Si, O, Al, K, Na, Ca, Mg, Fe**.

Dans les granites, la richesse en silice ($Si\ O_2$) est telle que celle-ci n'est pas entièrement utilisée pour former des silicates avec les différents éléments chimiques présents dans le magma d'origine. La fraction excédentaire cristallise sous forme de quartz qui est de la silice pure.

Dans les basaltes et gabbros, la silice est moins abondante ; en revanche, la richesse en Ca, Fe et Mg est nettement plus importante. Ainsi, la totalité de la silice est utilisée pour former des silicates et ces roches ne contiennent pas de quartz.

Dans les péridotites du manteau supérieur, ce sont les éléments **Si, O, Mg et Fe** qui sont largement prédominants.

II La texture des roches magmatiques témoigne des conditions de formation

• **Les roches représentatives** de la croûte et du manteau sont toutes des **roches magmatiques**. Cela signifie qu'elles se sont formées par refroidissement d'un magma, matériau fondu dans lequel les éléments étaient distribués de façon quelconque. Au cours de ce refroidissement, les éléments se sont regroupés et ont constitué des ensembles très bien ordonnés : les **minéraux cristallisés**. La disposition finale des cristaux définit la **texture** de ces roches.

Parmi les roches étudiées, deux types de textures ont été observés : les **roches grenues** d'une part, les **roches microlitiques** d'autre part. Ces textures différentes « signent » des conditions de cristallisation elles-mêmes différentes.

• **Les roches grenues proviennent d'un refroidissement lent du magma.** Les différents éléments chimiques ont le temps de s'assembler en minéraux cristallisés, c'est-à-dire organisés selon des plans géométriques précis caractéristiques de chaque espèce minérale. Notons toutefois que certains minéraux cristallisent avant les autres ; ils acquièrent alors leur forme géométrique caractéristique (on dit qu'ils sont **automorphes**). Dans les granites, c'est souvent le cas des micas et des feldspaths. Le quartz, en revanche, cristallise en dernier et ses cristaux occupent les places demeurées libres ; ils ne peuvent donc pas avoir la forme de prismes hexagonaux qui se développent dans d'autres conditions de cristallisation.

• **Les roches microlitiques ont connu un refroidissement en plusieurs phases.** Les gros **cristaux automorphes** se sont formés lors d'un refroidissement lent du magma (généralement, au sein même de la chambre magmatique). Les **microlites** traduisent une accélération des conditions de refroidissement. On constate là encore un certain ordre de cristallisation des différents minéraux : les cristaux automorphes, formés en premier, et les microlites, cristallisés ensuite, représentent deux associations cristallines différentes. Enfin, lorsqu'un magma est effusif, c'est-à-dire arrive en surface (ou au contact de l'eau), le refroidissement est brutal et le matériau encore fondu est figé en un **verre** : aucune organisation géométrique n'y étant repérable, on dit que c'est un matériau **amorphe**.

La croûte océanique illustre bien cette relation entre texture et conditions de cristallisation : les basaltes (microlitiques) sont au contact de l'eau océanique, les gabbros (grenus), formés à partir du même magma, sont situés en profondeur, au-dessous des précédents.

III Une connaissance indirecte du manteau profond et du noyau terrestre

• **Quelques indices** permettent d'avoir une idée de la composition du **manteau profond**.

L'augmentation régulière de la vitesse des ondes sismiques avec la profondeur suggère que seule l'augmentation de densité est en cause et qu'il n'y a pas de différence majeure de composition dans toute l'épaisseur du manteau. Par ailleurs, les spécialistes estiment que le volcanisme de point chaud correspond à l'émission de magmas d'origine très profonde ; la composition de ces laves fournit donc des informations au moins partielles sur les matériaux d'origine.

• **La composition du noyau**, en revanche, ne peut qu'être déduite d'observations très indirectes. On sait depuis longtemps que la densité du noyau est très supérieure à celle des enveloppes accessibles : en effet, la densité moyenne du globe (facile à estimer par un calcul simple) est de 5,5 alors que les matériaux de l'écorce et du manteau supérieur ont une densité qui varie entre 2,7 et 3,5.

Par ailleurs, on connaît assez bien la composition chimique globale de la Terre car c'est la même que celle des **météorites** de type **chondrite** qui percutent encore actuellement notre planète. C'est en effet l'accrétion de ces météorites qui a initialement constitué la Terre primitive ; celle-ci s'est ensuite différenciée par migration des éléments et formation d'un noyau interne surmonté d'un manteau. La composition du manteau étant à peu près connue, celle du noyau peut être déduite par différence. Les spécialistes pensent ainsi que le noyau terrestre est très riche en éléments **fer** et **nickel**.

L'essentiel

• Seuls les matériaux de la croûte et du manteau supérieur sont observables à la surface de la Terre. Les matériaux du manteau profond et du noyau sont inaccessibles.

• Les roches représentatives de la croûte continentale sont des granites. Ce sont des roches grenues, typiquement constituées de feldspaths (orthose et plagioclases) et de quartz, associés à des minéraux accessoires comme les micas. Le granite est un mélange de silicates et de silice pure.

• Les basaltes (ou les gabbros, de même composition chimique que les basaltes mais de texture différente) sont représentatifs de la croûte océanique. De texture microlitique, le basalte est moins riche en silice que le granite, mais il contient en revanche plus de silicates riches en Fe et en Mg.

• Le manteau supérieur est formé de péridotites, roches grenues essentiellement constituées de minéraux ferromagnésiens : pyroxènes et péridots.

• Les éléments chimiques majeurs de la croûte et du manteau supérieur sont en nombre limité : Si, O, Al, K, Na, Ca, Mg, Fe.

• La texture des roches magmatiques témoigne des conditions de formation. Les roches grenues proviennent d'un refroidissement lent du magma. Les roches microlitiques ont connu un refroidissement en plusieurs phases : formation lente des gros cristaux automorphes dans la chambre magmatique, cristallisation plus rapide des microlites et formation d'un verre amorphe lors de l'effusion du magma.

• Notre connaissance du manteau profond et du noyau terrestre est indirecte. Le manteau profond a sans doute une composition proche de celle du manteau supérieur. La composition du noyau terrestre peut être déduite d'un calcul puisque l'on connaît d'une part la composition de la Terre « totale » (c'est celle des météorites de type chondrite) et d'autre part la composition du manteau. Le noyau terrestre est très riche en éléments fer et nickel.

Schéma-bilan

LA COMPOSITION CHIMIQUE DU GLOBE TERRESTRE

Une connaissance directe de la croûte et du manteau

Granite

Croûte continentale

Basalte

Croûte océanique

Péridotite

Manteau

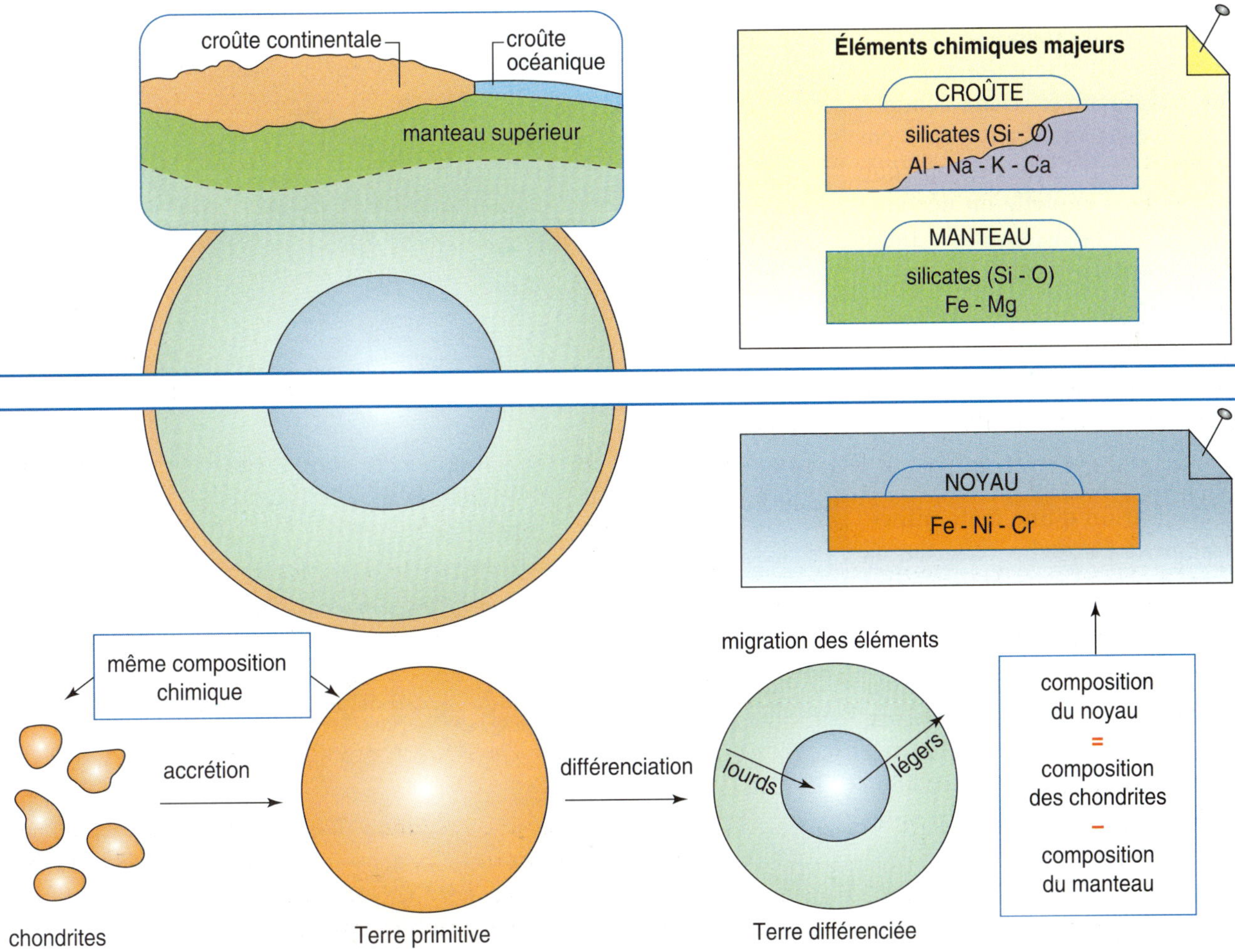

Une connaissance indirecte du noyau

Pour mieux
comprendre … l'observation microscopique

A La réalisation d'une lame mince.

1 Découpage de la roche par sciage.

La plupart des minéraux en grains qui constituent les roches ne se laissent pas traverser par les rayons lumineux. Pour les observer au microscope, il est nécessaire de réaliser une préparation de très faible épaisseur appelée lame mince. Sa fabrication passe par trois étapes principales : le sciage de la roche, le collage d'un échantillon sur une lame de verre, la réalisation de la lame mince proprement dite par usure de l'échantillon.

- **Le sciage de la roche**
Il est réalisé à l'aide d'une scie circulaire diamantée. Deux coupes parallèles espacées d'environ 1 cm permettent de détacher une plaque de roche dans laquelle on découpe enfin un fragment ayant la taille d'un morceau de sucre.
- **Le collage sur lame de verre**
L'une des faces du « morceau de sucre » est aplanie à l'aide d'un tour à plateau horizontal par usure avec un abrasif. Cette face rectifiée est alors collée sur une plaque de verre.
- **La réalisation d'une lame mince**
Le fragment de roche collé sur la lame est à nouveau découpé à la scie diamantée pour réduire son épaisseur à 2 mm environ. Il faut ensuite amincir encore cette section par usure sur le plateau du tour à l'aide d'abrasifs. En fin d'opération, le technicien contrôle avec un microscope polarisant le parallélisme des faces et l'épaisseur de la préparation qui doit être de 30 micromètres. A cette épaisseur, la plupart des minéraux sont transparents à la lumière et ils peuvent être étudiés sous un microscope. On recouvre enfin la préparation par collage d'une lamelle protectrice.

2 Collage de l'échantillon sur la lame de verre.

3 Amincissement par usure au tour à plateau.

des roches en lumière polarisée

B Le fonctionnement du microscope polarisant.

On peut considérer la lumière comme un ensemble d'ondes dont chacune vibre dans un plan, perpendiculairement à la direction de propagation de la lumière, ce plan variant d'une onde à l'autre.

Certains matériaux, dits **polarisants**, ont la propriété de ne se laisser traverser que par les ondes lumineuses vibrant dans un plan précis, le **plan de polarisation**. Un polariseur se comporte donc comme un « filtre » : à sa sortie, la lumière, qualifiée de **polarisée**, est formée de l'ensemble des ondes vibrant dans le plan de polarisation.

Si on interpose alors un deuxième polariseur (dit **analyseur**) sur le trajet de la lumière :

– il sera traversé par la lumière si son plan de polarisation est parallèle à celui du premier polariseur ;

– il arrêtera totalement la lumière polarisée si polariseur et analyseur sont « croisés », c'est-à-dire si leurs plans de polarisation sont perpendiculaires.

Un microscope polarisant est équipé d'un polariseur, situé à la sortie du boîtier d'éclairage, et d'un analyseur que l'on peut (ou non) intercaler sur le trajet de la lumière ayant traversé la lame mince (ou escamoter). Sur un microscope polarisant de recherche, polariseur et analyseur sont normalement croisés ; en l'absence de lame mince, il ne parvient donc aucune lumière dans l'œil de l'observateur.

Si on introduit alors une lame mince, la lumière passe à nouveau et la plupart des minéraux présentent des teintes colorées parfois très vives : les teintes de polarisation.

Cet examen en lumière polarisée (LP) permet de repérer les caractéristiques des différentes espèces minérales (propriétés optiques, structures internes...) et donc de les identifier.

En escamotant l'analyseur, on peut aussi observer la lame mince en lumière « naturelle » (LN) et décrire la forme, la couleur et les clivages des minéraux (voir double page suivante).

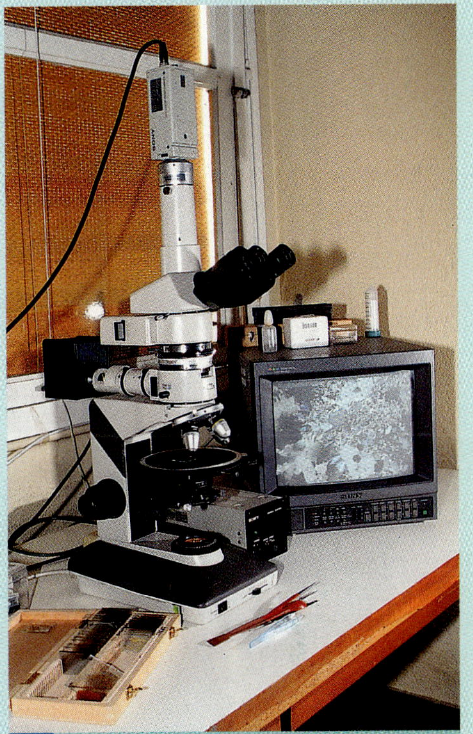

4 Le microscope comporte deux polariseurs « croisés ».

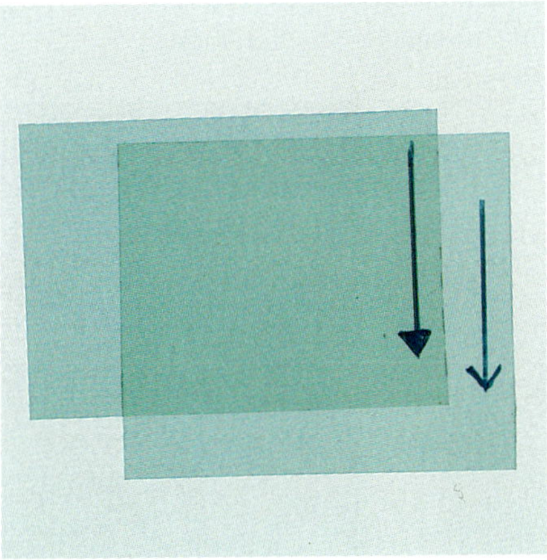

Gros plan sur deux lames polaroïd parallèles sur fond blanc.

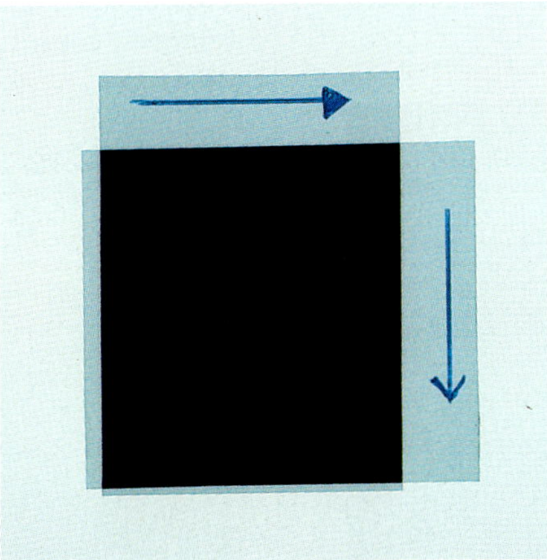

Idem avec les deux polaroïds croisés.

Lame mince de péridotite entre polaroïds croisés.

A Quartz, feldspaths et péridots.

L. N. : lumière naturelle.
L. P. : lumière polarisée.

QUARTZ

L.N. – Sections quelconques, incolores et limpides, aux contours sinueux.

L.P. – Selon l'orientation de la section, diverses nuances de gris, allant du gris blanc au gris très foncé, puis au noir (extinction). Au voisinage de la position d'extinction, la section semble parcourue par le passage d'une ombre (extinction onduleuse).

L.P.

PÉRIDOTS

Exemple : olivine

L.N. – Sections incolores, très limpides, à contours anguleux ou arrondis dans les laves, à contours quelconques dans les roches grenues. Présence de cassures et parfois d'un clivage fin, très discret.

L.P. – Teintes très vives : violet, bleu, vert ou rouge. A ne pas confondre avec la muscovite.

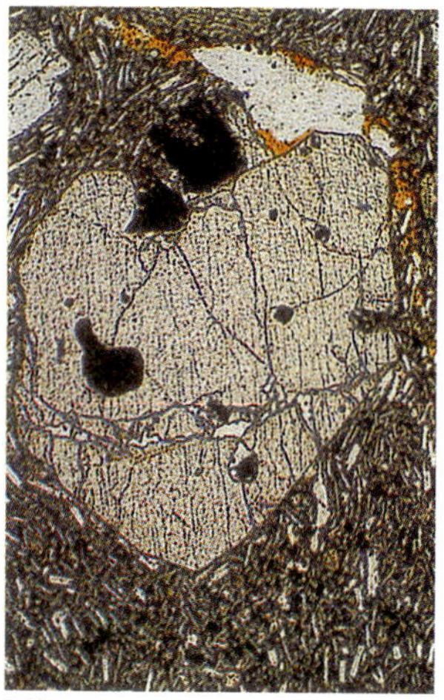

L.N.

L.P.

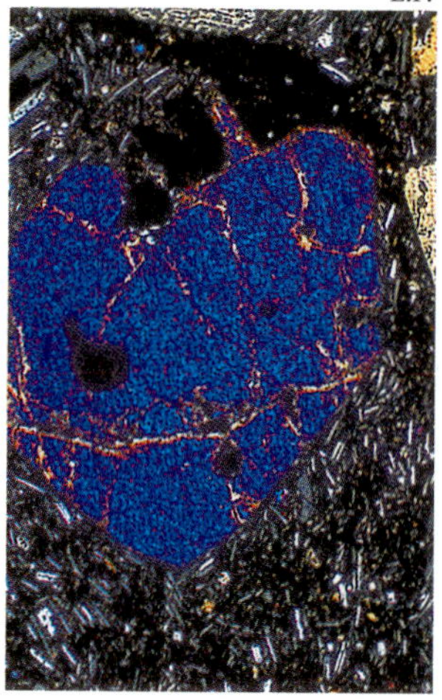

FELDSPATHS

- Feldspaths alcalins (exemple : orthose)

L.N. – Sections souvent quelconques, parfois à contours rectangulaires ; incolores ou ayant un aspect « poussiéreux » si le feldspath est altéré.

L.P. – Diverses nuances de gris allant du gris blanc (éclairement maximal) au noir (zones « éteintes »). Une même section peut présenter une juxtaposition de deux plages de teintes différentes séparées par un plan : c'est une macle.

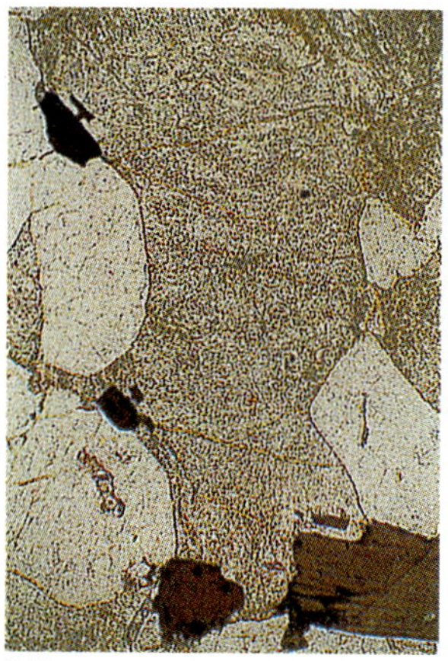

L.N.

L.P.

- Feldspaths calco-alcalins (= plagioclases)

L.N. – Sections incolores à contours quelconques dans les roches grenues ou en fines baguettes rectangulaires (microlites) dans les laves. Aspect parfois poussiéreux si le plagioclase est altéré.

L.P. – Teinte gris blanc à gris foncé, devenant noire (zones éteintes). La même section de minéral montre une alternance de bandes parallèles noires (toutes éteintes) et gris clair (éclairées) constituant une macle caractéristique.

L.N.

L.P.

les minéraux au microscope

B Micas, pyroxènes et amphiboles.

MICAS

• Biotite

L.N. – Couleur brune, forme souvent allongée, présence d'un clivage parallèle à l'allongement. Changement de couleur du minéral (pléochroïsme) du brun foncé au jaune quand on modifie son orientation.

L.P. – Teintes vives : rouge, vert, bleu (atténuées par la couleur brune).

L.N. (nord-sud)

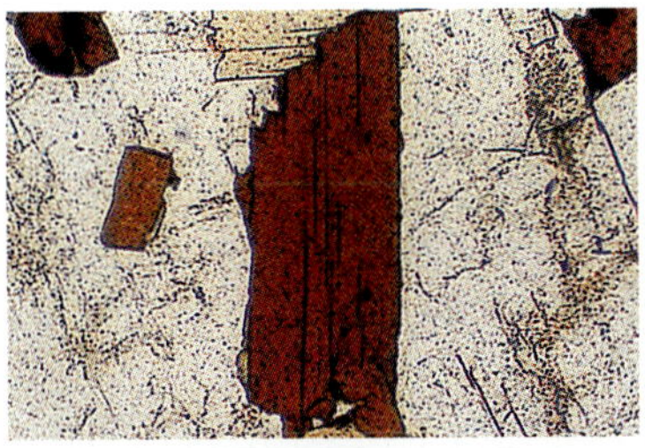

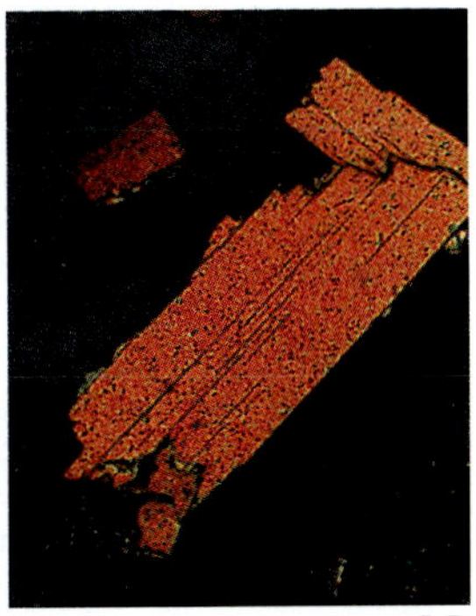

L.P.

L.N. (est-ouest)

• Muscovite

L.N. – Incolore, forme allongée, présence d'un clivage « en lames de parquet » parallèle à l'allongement.

L.P. – Teintes très vives : bleu, vert, jaune ou rouge.

L.N.

L.P.

PYROXÈNES

Exemple : augite

L.N. – Très faiblement colorée en vert-jaunâtre ou incolore. Dans les laves, sections allongées rectangulaires à un seul clivage et sections carrées ou octogonales à deux clivages faisant un angle de 90°. Dans les roches grenues, sections quelconques à 1 ou 2 clivages.

L.P. – Teintes variables, brunes et/ou bleutées et parfois « macle en sablier » (caractéristique de l'augite). D'autres pyroxènes montrent des teintes très vives, bleu-vert, orangé vif ou, au contraire, des teintes gris ou gris-brun.

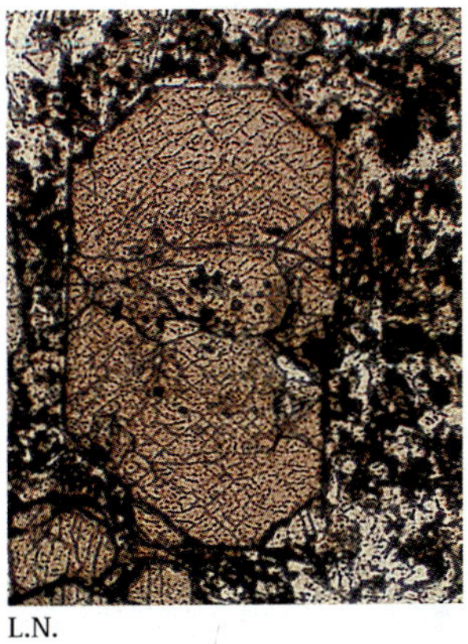

L.N.

L.P.

AMPHIBOLES

Exemple : hornblende verte

L.N. – Couleur verte, forme quelconque, proche d'un rectangle avec un seul clivage ou proche d'un losange avec deux clivages faisant un angle de 120°. Changement de teinte avec l'orientation (pléochroïsme), du vert foncé au vert plus clair.

L.P. – Teintes vert-jaune à brun-orangé.

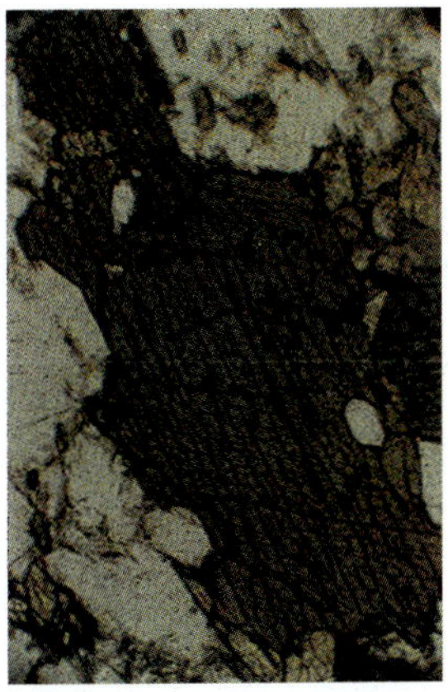

L.N.

L.P.

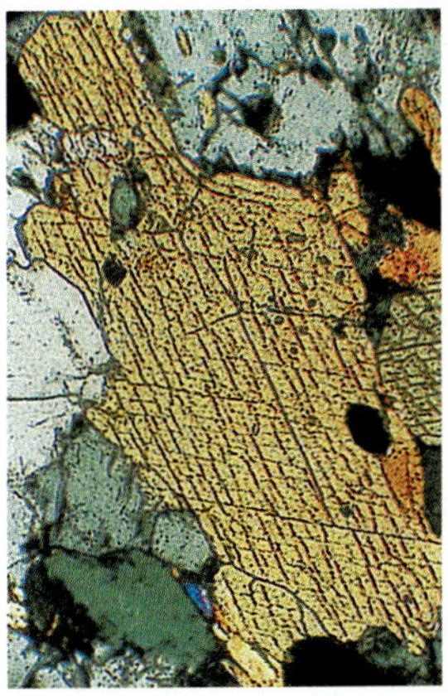

TESTER SES CONNAISSANCES

A. Définissez les mots ou expressions :

Croûte océanique, croûte continentale, manteau externe, péridotite, roche grenue, texture microlitique, silicates, lumière polarisée.

B. Vrai ou faux ?

Repérez les affirmations exactes. Corrigez ensuite les affirmations inexactes.

a. Les roches de la croûte océanique peuvent être étudiées par forage sur 20 km d'épaisseur.

b. Les roches sédimentaires sont représentatives de la composition moyenne de la croûte continentale.

c. Les péridotites sont des roches issues du manteau terrestre.

d. Le basalte ne contient pas de cristaux : il est constitué de verre amorphe.

e. Les basaltes sont moins riches en silice que les granites, c'est pour cela qu'ils ne contiennent pas de quartz.

f. La structure cristalline des minéraux est modifiée en profondeur par la pression et la température.

C. Exprimez des idées importantes...

... en rédigeant une ou deux phrases utilisant chaque groupe de trois mots ou expressions pris dans cet ordre ou dans un ordre différent.

a. Granite, roche grenue, cristaux.

b. Basalte, gabbro, composition chimique.

c. Données sismiques, météorites, connaissance du noyau.

D. Elaborez un résumé scientifique.

Sujet 1.

La composition chimique du manteau et du noyau.

Après avoir expliqué dans un texte structuré de 300 mots maximum les méthodes qui permettent d'avoir une idée de la composition chimique des couches profondes de notre planète, vous exposerez en quelques lignes les conceptions des géologues sur ce sujet.

Sujet 2.

La structure d'une roche magmatique témoigne de ses conditions de formation.

Vous commenterez cette affirmation en illustrant votre exposé d'exemples précis et des schémas que vous jugerez nécessaires.

UTILISER DES CONNAISSANCES ET DES MÉTHODES

1 Refroidissement d'un magma et cristallisation des minéraux.

Ce diagramme montre l'ordre d'apparition des minéraux cristallisés au cours du refroidissement d'une coulée de basalte d'Hawaï. Au-dessus de 1200 °C, la lave est totalement liquide ; au-dessous de 950 °C, elle est totalement solidifiée. Les pourcentages de cristallisation sont exprimés en fonction du total des cristaux obtenus en fin de refroidissement.

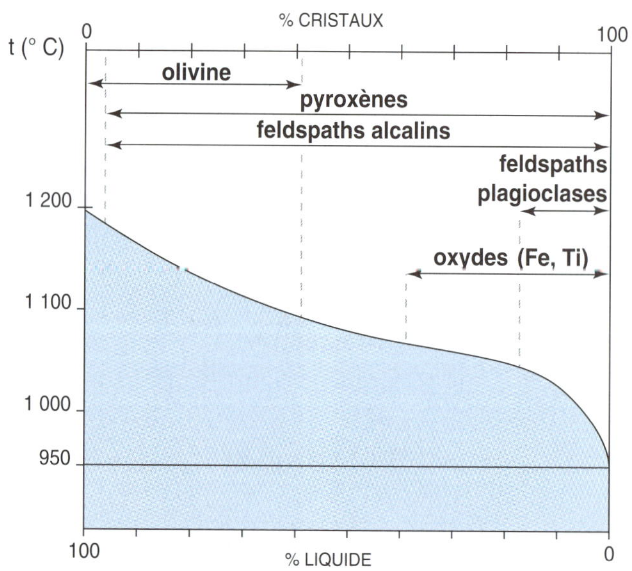

Question 1 (Appliquer ses connaissances et dégager une information utile)

a. Lorsque le refroidissement est achevé, la totalité de la roche est-elle cristallisée ?

b. Expliquez pourquoi les olivines de ces basaltes ont toujours leur forme cristalline typique (cristaux automorphes).

Question 2 (Pratiquer un raisonnement)

a. Pourquoi les cristaux d'olivine ne contiennent-ils jamais d'inclusions d'oxydes métalliques alors qu'on peut en observer dans les autres minéraux ?

b. La composition chimique de la fraction liquide de la lave dans laquelle ont commencé à cristalliser les premiers feldspaths alcalins est-elle la même que celle de la lave émise à la bouche volcanique ?

2 Comparaison de deux lames minces.

Les deux clichés sont des photographies de lames minces de roches magmatiques observées en lumière polarisée au même grossissement.

Question 1 (Observer et appliquer ses connaissances)

a. A l'aide des documents des pages 280 et 281, identifiez l'espèce minérale commune à ces deux roches. Observez en particulier attentivement les clivages des minéraux colorés.

b. Quelle est la texture de chaque roche ? Quelles conclusions peut-on en tirer sur les conditions de formation des deux roches ?

Question 2 (Pratiquer un raisonnement)

Pouvez-vous, pour l'une des deux roches, préciser l'ordre de cristallisation des minéraux ? Expliquez votre raisonnement.

3 Une source précieuse de renseignements : les météorites.

Ces deux diagrammes permettent de comparer l'abondance d'un certain nombre d'éléments chimiques dans une météorite d'une part, dans la photosphère solaire d'autre part (voir programme de Seconde).

Pour chaque élément, on a porté en abscisse son abondance dans la météorite et en ordonnée son abondance dans le Soleil.

Deux types de météorites ont été ainsi étudiés : des achondrites (**document 1**) et des chondrites (**document 2**).

Question 1 (Analyser un graphique)

Comparez les deux diagrammes et résumez en une phrase le résultat de cette analyse.

Question 2 (Utiliser ses connaissances)

Dites quelle météorite peut être qualifiée de « différenciée ». Donnez quelques indications sur le type de différenciation qu'elle a subi.

Question 3 (Pratiquer un raisonnement)

Les deux types de météorites présentent-ils le même intérêt pour connaître la composition chimique des régions profondes du globe terrestre ? Justifiez votre réponse.

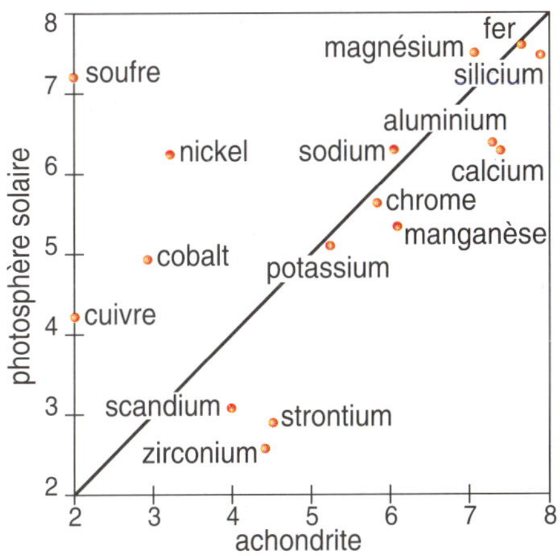

Document 1

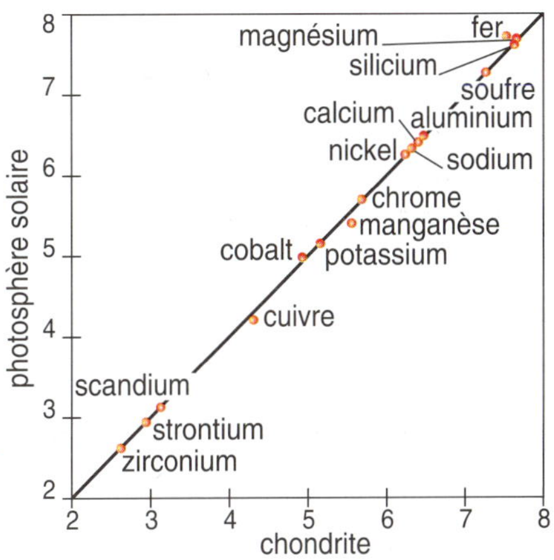

Document 2

4 Comprendre la formation d'un granite « atypique ».

La photographie montre un échantillon scié et poli d'une variété de granite rose (ce sont les feldspaths qui donnent sa teinte générale à l'échantillon).

Ce granite, appelé microgranite porphyroïde par les géologues, s'est formé par cristallisation d'un magma qui a été injecté en profondeur dans des fractures de la lithosphère. Par ailleurs, les géologues nous expliquent que de gros cristaux aux formes géométriques ne peuvent se former que par une cristallisation lente dans un environnement liquide qui ne gêne pas leur croissance.

Question 1 (Observer et appliquer ses connaissances)

a. A l'aide des documents des pages 280 et 281, identifiez quelques minéraux sur cet échantillon.

b. Quelle particularité principale présente ce granite si on le compare à ceux « plus classiques » présentés page 268 ?

Question 2 (Pratiquer un raisonnement)

Comment doit-on imaginer la progression du magma au cours de sa mise en place pour expliquer l'aspect particulier de ce granite ?

5 Composition chimique du manteau et du noyau.

Le document 1 donne la composition chimique de quelques olivines et pyroxènes, minéraux qui sont les constituants des péridotites (remarque : le fer, bien que présent, est ici relativement peu abondant).

Le document 2 est le résultat d'une étude expérimentale qui met en relation la vitesse de propagation d'ondes de choc (comparables aux ondes sismiques P) et la masse volumique pour quelques métaux (celle-ci peut être augmentée par de très fortes pressions).

Des informations utiles pour répondre aux questions posées :

- la masse volumique des matériaux du manteau supérieur est de l'ordre de 3 à 5 g.cm^{-3}, celle des matériaux du noyau de 10 à 11,5 g.cm^{-3} ;
- la vitesse de propagation des ondes P dans le noyau varie de 8 à 11 km.s^{-1}.

Document 1

Olivines	Forstérite (la plus fréquente)	$Mg_2 (Si O_4)$
	Fayalite (la plus rare)	$Fe_2 (Si O_4)$
Pyroxènes	Hypersthène	$(Mg, Fe)_2 (Si O_3)_2$
	Augite	$Ca (Mg,Fe) (Al,Ti,Si,)_2 O_6$
	Spodumène	$Al Li (Si O_3)$
	Jadéite	$Al, Na (Si O_3)_2$

Document 2

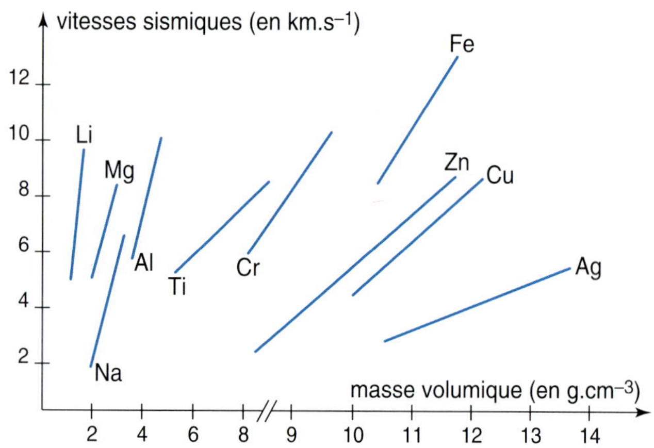

Question 1 (Saisir les informations utiles et appliquer ses connaissances)

Montrez que les données expérimentales du document 2 sont compatibles avec la conception que l'on a d'un manteau supérieur constitué majoritairement de péridotites.

Question 2 (Pratiquer un raisonnement)

Birch, en 1961, s'appuya sur ces données expérimentales pour affirmer que le fer devait être le principal élément chimique constitutif du noyau. Expliquez son raisonnement.

Chapitre

3

La lithosphère et la tectonique des plaques

L'idée que la lithosphère est découpée en plaques rigides mobiles les unes par rapport aux autres a été admise en sciences de la Terre il y a moins d'un siècle. Nous allons découvrir comment cette idée s'est progressivement imposée à la communauté scientifique et nous aborderons les méthodes permettant d'analyser avec précision les mouvements de ces plaques au cours des temps géologiques.

Photographie : la faille de San Andreas vue d'avion.

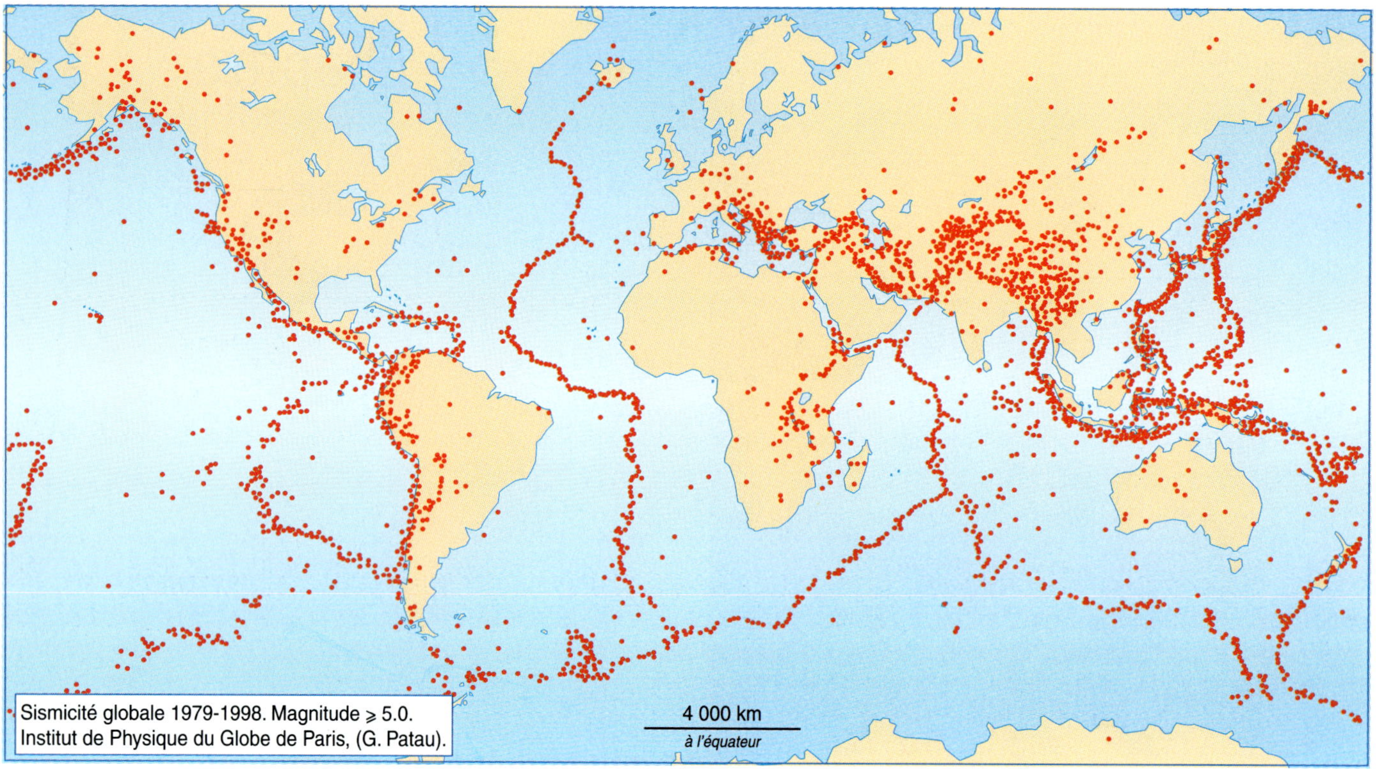

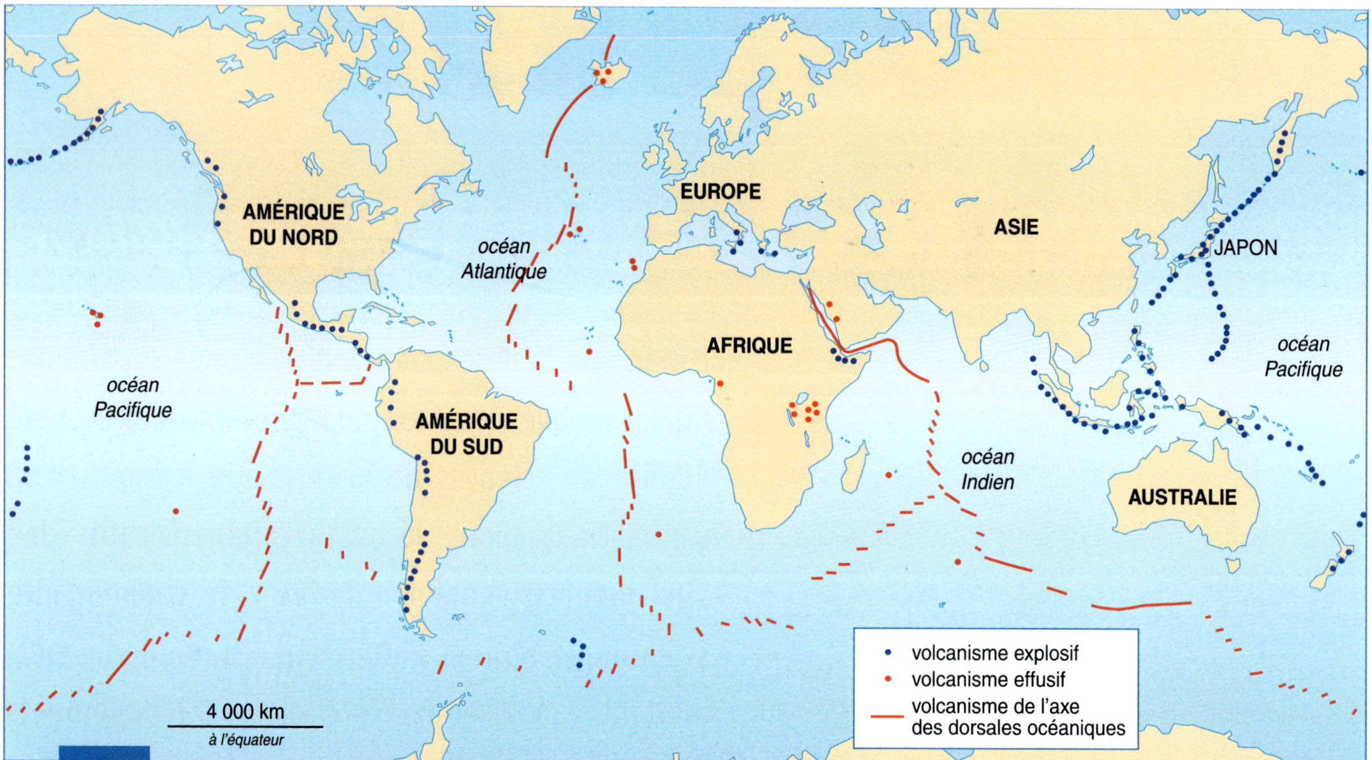

1 Pourquoi peut-on dire que la lithosphère est constituée de zones stables et de zones actives ? Pouvez-vous définir l'expression « plaque lithosphérique » ?

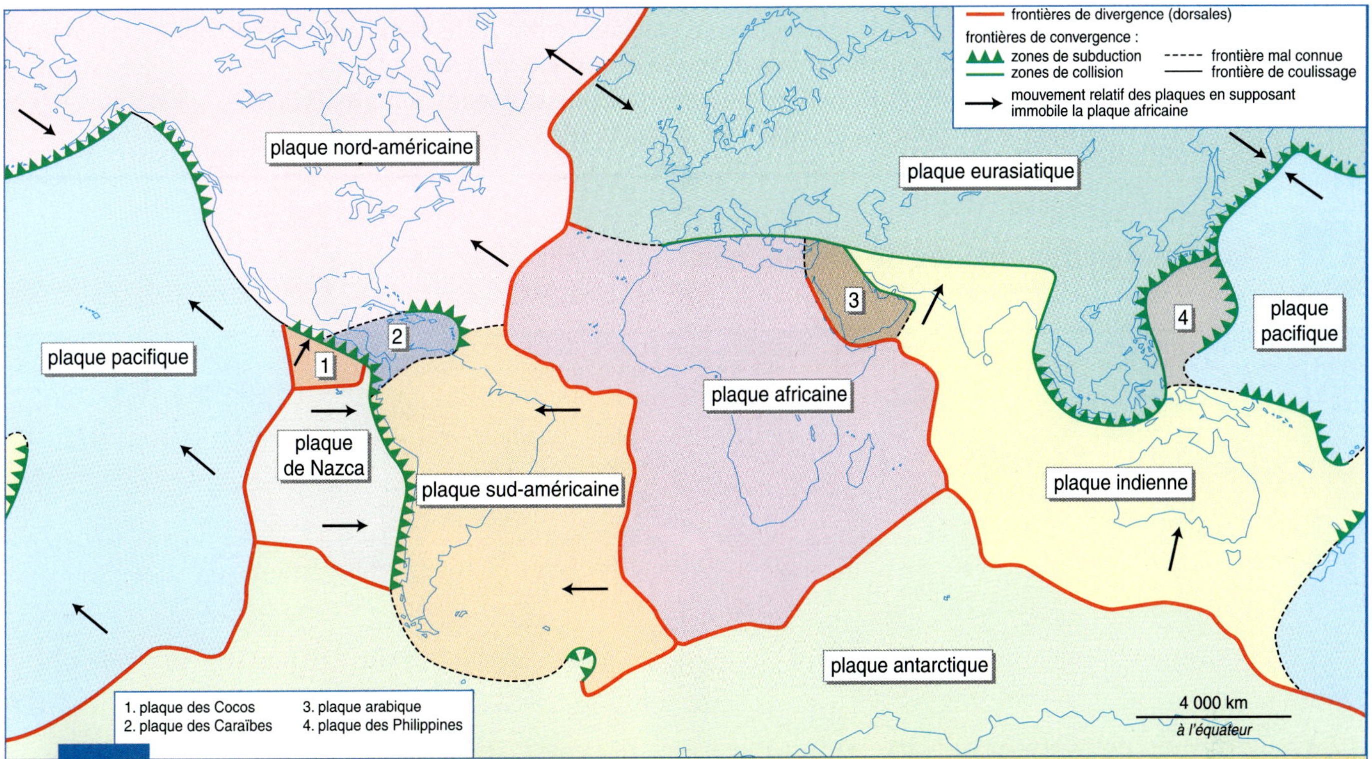

2 Les limites de plaques correspondent-elles aux limites des continents ? Quels sont les mouvements relatifs des plaques au niveau d'une frontière de divergence ? D'une frontière de convergence ? D'une frontière de coulissage ?

Les acquis en quelques lignes

- La répartition mondiale des séismes et les manifestations volcaniques permettent de délimiter les plaques lithosphériques.
- Une plaque est une vaste zone « tranquille », pas ou peu active. Elle peut être totalement océanique ou comporter à la fois une partie océanique et une partie continentale. Elle est séparée des plaques voisines par des zones actives étroites (marges actives) marquées par une sismicité et un volcanisme importants.
- À raison de quelques centimètres par an, les matériaux des plaques se forment et s'écartent au niveau de l'axe des dorsales qui sont des frontières de divergence. Les frontières de convergence sont au contraire des zones où les plaques se rapprochent et où les matériaux s'enfouissent.

Des nouveaux problèmes à résoudre

- Quand et comment l'idée d'une mobilité de la lithosphère a-t-elle germé dans l'esprit des géologues ?
- Quels arguments décisifs ont permis de transformer une théorie en un fait scientifique unanimement reconnu ?
- Par quelles méthodes « géologiques » peut-on évaluer le déplacement des plaques ?
- Comment peut-on effectuer des mesures directes des déplacements des différentes plaques de lithosphère ?

Des signatures de la tectonique

Le découpage de la lithosphère en plaques rigides a été établi en classe de Quatrième grâce à l'étude de la répartition mondiale des zones géologiquement actives.

■ **La sismicité et le volcanisme importants de ces zones sont-ils les seules « signatures » à la surface du globe de la tectonique des plaques ?**

A La localisation des chaînes de montagnes.

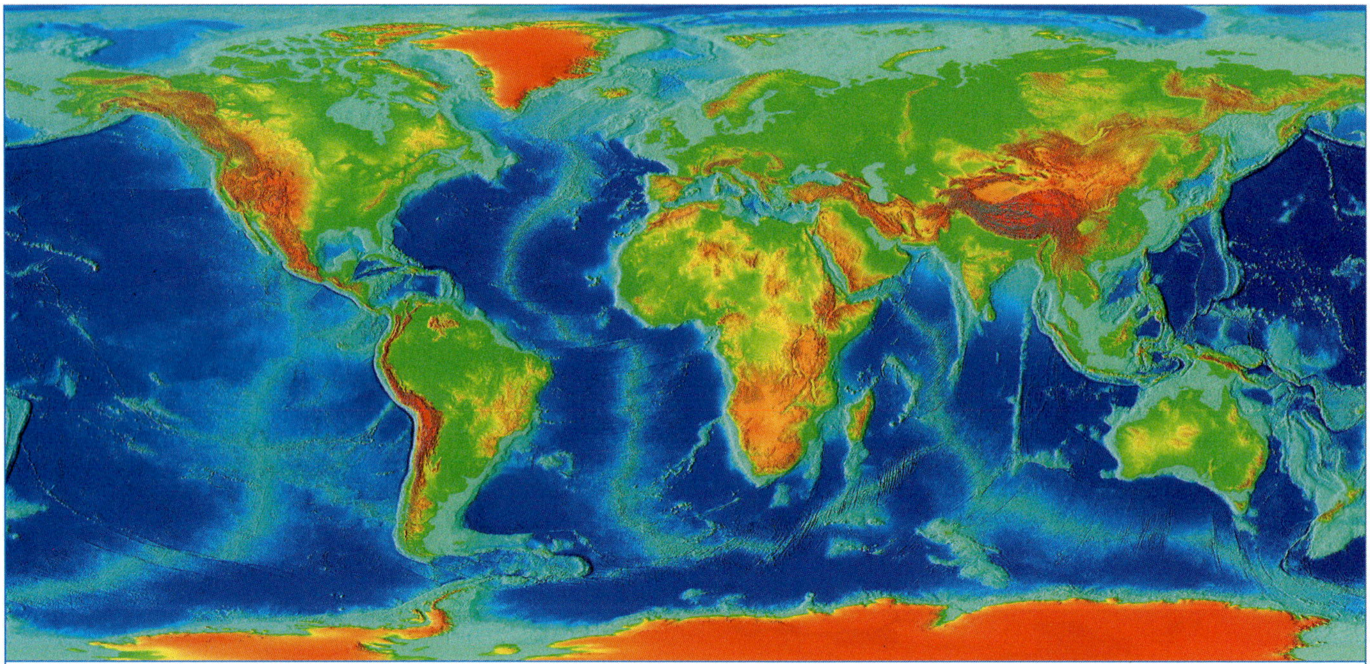

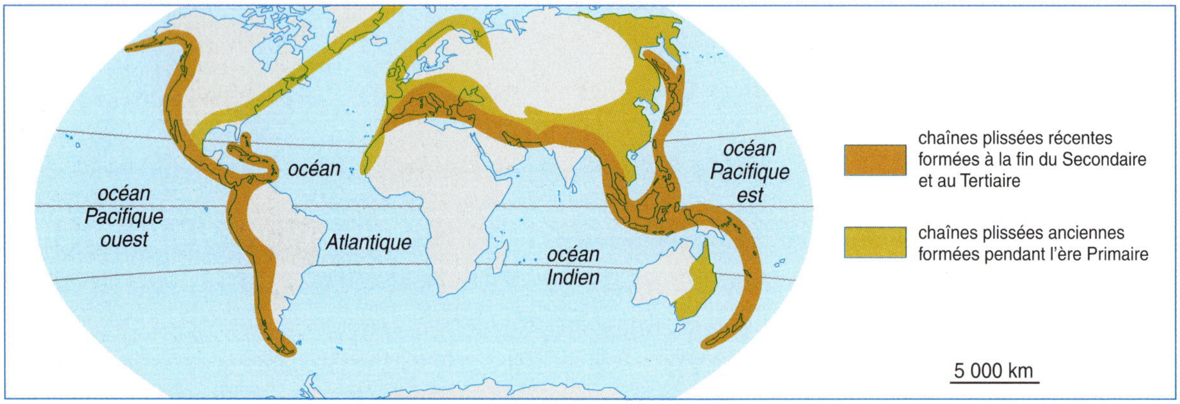

Les chaînes de montagnes couvrent 78 % de la surface des continents mais les trois quarts environ de ces chaînes sont des montagnes anciennes qui ont été aplanies par l'érosion. La présence de chaînes récentes (moins de 140 Ma) est une des caractéristiques de la planète Terre. Elles forment deux grandes bandes linéaires de plusieurs milliers de kilomètres sur 300 à 1 000 km de largeur. Les montagnes jeunes sont des reliefs dont l'altitude atteint souvent 5 à 6 km. La carte ci-dessus de la topographie des continents et des fonds océaniques met bien en évidence ces chaînes linéaires de montagnes jeunes.

Les montagnes récentes forment deux ceintures :
– une ceinture entourant le Pacifique,
– une ceinture appelée Alpine ou mésogéenne qui s'étend de Gibraltar jusqu'à l'Indonésie.

Ces chaînes de montagnes, dont le soulèvement se poursuit à l'heure actuelle, sont généralement situées dans des zones de convergence des plaques lithosphériques ; elles sont une des conséquences directement observables de la **tectonique des plaques**.

1 Carte de la topographie du globe terrestre et répartition mondiale des chaînes de montagnes.

B Les contours des bordures continentales.

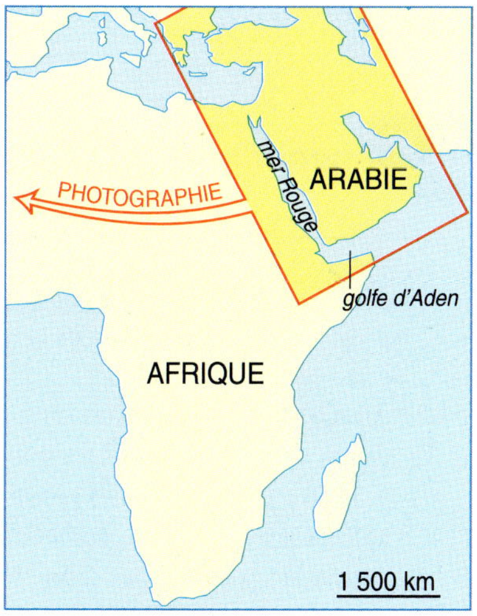

La complémentarité de forme de certaines bordures continentales qui, si on les rapprochait, s'emboîteraient comme les pièces d'un puzzle, a depuis longtemps été considérée comme une preuve que les continents actuels se sont formés par fracturation d'un continent unique.

Le parallélisme des lignes côtières entre le continent américain et l'ensemble Europe-Afrique a déjà été abordé en classe de Quatrième et a été une des premières observations à l'origine de « la théorie de la dérive des continents » formulée par Alfred Wegener en 1910.

Dans la zone de la mer Rouge et du golfe d'Aden que l'on peut voir sur cette image satellitale, la complémentarité des côtes de l'Afrique et de l'Arabie est évidente.

Les observations « au sol » montrent par ailleurs que l'âge des fonds du golfe d'Aden ne dépasse pas une vingtaine de millions d'années. La mer Rouge est donc une mer très récente pour les géologues.

2 Vue satellitale de la mer Rouge et du golfe d'Aden.

Pistes d'exploitation

1 - Doc 1 : Comparez (en les décalquant si nécessaire) les formes de l'Amérique du Sud et de l'Afrique. La complémentarité vous semble-t-elle parfaite ?

Les continents sont bordés d'une zone de largeur variable appelée plateau continental où la profondeur de l'eau est très faible. On sait en outre que le niveau des océans a varié au cours des temps géologiques. Ces informations complémentaires vous permettent-elles de formuler une hypothèse pour expliquer les imperfections de la complémentarité de forme constatées précédemment ?

2 - Doc 2 : Comparez la manière dont les côtes africaines et arabiques s'emboîtent au niveau de la mer Rouge (zone encadrée 1) et au niveau de l'Afar (zone encadrée 2) . Que constatez-vous ?

L'émergence d'une

C'est en 1912 qu' Alfred Wegener, physicien et météorologue allemand, expose pour la première fois à la communauté scientifique sa théorie de « la dérive des continents ».

- Cette idée mettra plus de 50 ans avant de s'imposer : pourquoi ?
- Quels nouveaux modèles viendront conforter cette idée de la mobilité des continents ?

A Wegener et la dérive des continents.

QUELQUES CONCEPTIONS DE L'AVANT-WEGENER

- **1620 : Francis Bacon** remarque des similitudes de forme entre les continents.
- **1668 : Francis Placet** pense que l'Atlantique s'est formé par effondrement, après le déluge, de la partie centrale d'un bloc continental.
- **1858 : Antonio Snider-Pellegrini** imagine qu'après le déluge, une gigantesque cassure a fracturé le continent originel dont les blocs se sont écartés.

Au début du XXe siècle, les scientifiques montrent que les ensembles géologiques d'Amérique du Sud et d'Afrique sont en continuité parfaite si on rapproche convenablement les deux blocs. Ayant analysé ces travaux, Wegener écrit :

« Vous considérez que mon continent originel est une pure invention de mon imagination, mais en fait il découle de l'interprétation de certaines observations ».

« C'est comme si nous devions reconstituer une page de journal déchirée en mettant les morceaux bord à bord, puis en vérifiant si les lignes imprimées correspondent. Si oui, on doit conclure que les morceaux étaient bien placés de cette façon à l'origine. »

Extraits de courriers et publications d'A. Wegener

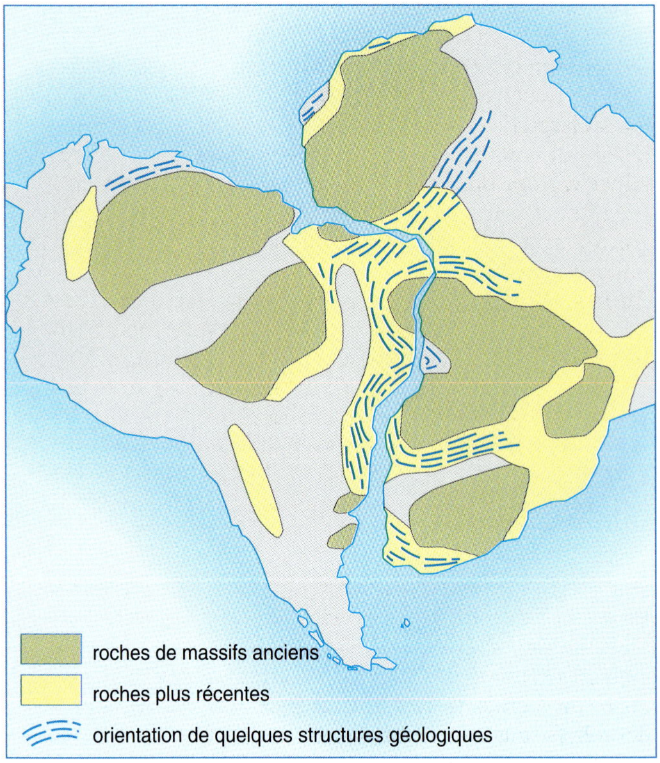

1 Une intuition géniale qui bouscule des conceptions archaïques.

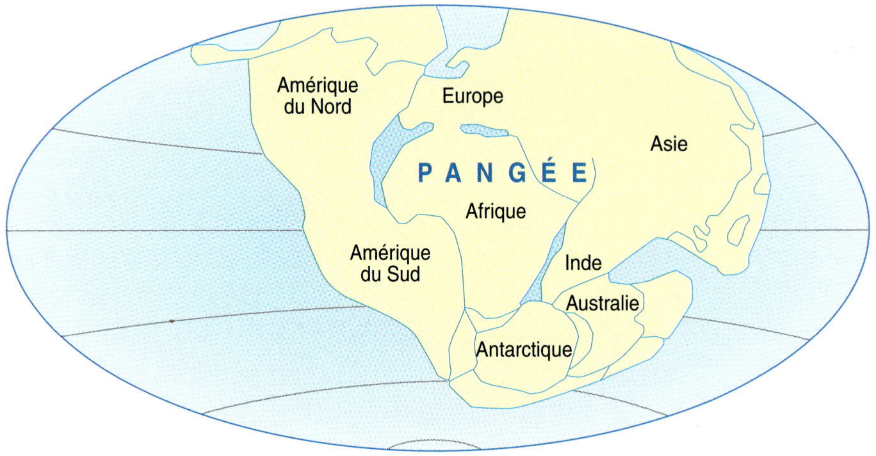

Pour Wegener, toutes les terres émergées étaient regroupées à la fin de l'ère primaire en un super continent qu'il dénomma **Pangea** (Pangée). Le schéma ci-contre est la reconstitution qu'il en proposa en 1929. Les continents actuels seraient des blocs provenant d'une fracturation de la Pangée ; ils auraient dérivé à la surface du globe comme d'immenses radeaux.

*** Ere primaire :** période géologique s'étendant du Cambrien au Permien (–570 Ma à –245 Ma).

2 La Pangée.

B Des modèles plus élaborés mais pas encore de preuves.

Le schéma ci-contre est le dessin original proposé en 1945 par Holmes, professeur de géologie à l'Université d'Édimbourg et spécialisé dans l'étude de la chaleur interne du globe. Pour lui, les matériaux du manteau, surchauffés par la radioactivité et devenus « fluides », se déplaceraient lentement en profondeur (un peu comme l'eau qui se déplace dans une marmite en ébullition). Ces **mouvements de convection** sous la croûte continentale auraient provoqué sa fracturation en plusieurs morceaux qui auraient ensuite dérivé. Le magma basaltique montant dans les fractures formerait le nouveau plancher océanique qui s'élargirait progressivement, éloignant les continents les uns des autres. Holmes envisage même que dans certaines régions du globe, il doit y avoir des zones de destruction de la croûte terrestre qui compensent son mécanisme de formation puisque le globe terrestre a un volume constant.

Ce modèle était, en 1945, prémonitoire et relativement proche du modèle actuel de la tectonique des plaques, mais Holmes n'avait pas les données pour le démontrer ; il faudra encore une vingtaine d'années pour apporter des preuves et valider ses aspects essentiels.

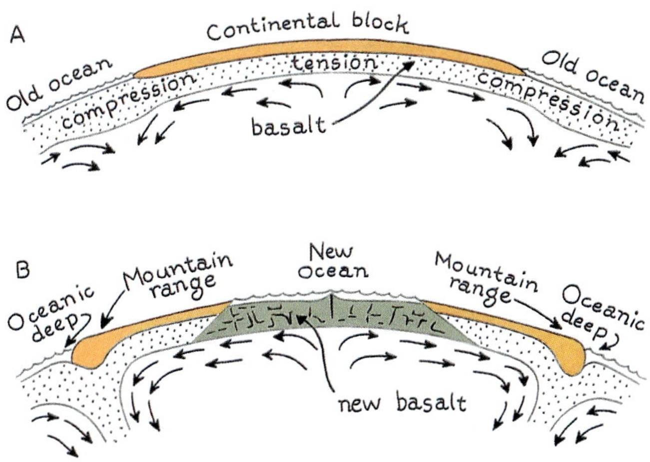

3 Le modèle proposé en 1945 par Arthur Holmes.

Harry Hess était professeur de géologie à l'Université de Princeton. Il commandait, pendant la seconde guerre mondiale, un sous-marin de la marine américaine et, à l'occasion de ses missions, il levait la carte bathymétrique des zones où il croisait dans le Pacifique Sud. La découverte des reliefs sous-marins (dorsales, fosses, pics sous-marins, etc.) l'amena à s'interroger sur l'origine de cette topographie étonnante.

Alliant ses connaissances géologiques d'une prodigieuse diversité à ses observations, il en vint à proposer en 1962 l'hypothèse du « **double tapis roulant** » des fonds océaniques.

Cette hypothèse intégrait les idées de Holmes sur les courants de convection dans le manteau mais elle précisait leur ascendance au niveau des dorsales. De plus elle donnait une interprétation plus précise des mécanismes au niveau des fosses océaniques.

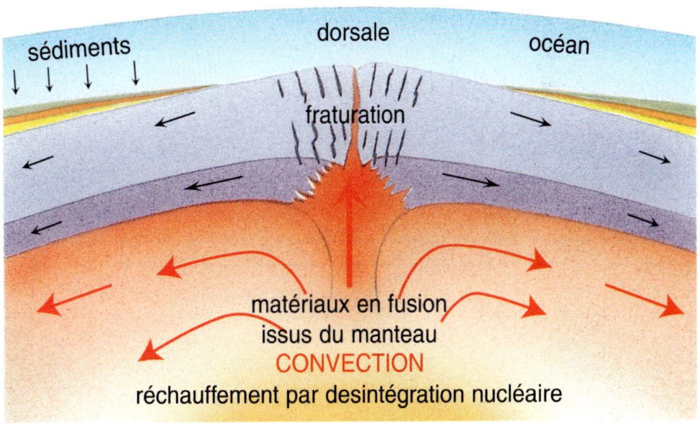

4 L'hypothèse de Harry Hess en 1962.

Pistes d'exploitation

1 - Doc 1 et 2 : Pourquoi peut-on dire que la théorie de Wegener est une approche globale de la géologie qui s'oppose aux théories « catastrophistes » des siècles précédents ?

2 - Doc 2 : Recherchez d'autres arguments géologiques qui ont été apportés par Wegener pour étayer sa théorie (recherche documentaire).

3 - Doc 3 et 4 : En vous appuyant sur vos connaissances de Quatrième, montrez en quoi le modèle de Hess est plus proche des conceptions actuelles que celui de Holmes.

Les apports fondamentaux

La découverte du paléomagnétisme, c'est-à-dire le champ magnétique enregistré dans les roches anciennes, a permis de convaincre la communauté scientifique : la théorie de la tectonique des plaques devient un fait incontestable.

■ Quelles sont les principales étapes de cette découverte qui révolutionna les sciences de la Terre dans les années 60 ?

A Les « errements » du paléopôle.

On savait, depuis la fin du XIXe siècle, que les roches volcaniques possèdent leur propre aimantation, variable d'une roche à l'autre. Ce magnétisme mis en mémoire dans la roche au moment de sa formation est appelé magnétisme **rémanent**. Il existe lorsque l'échantillon étudié contient des minéraux capables de conserver une aimantation comme la magnétite par exemple.

Ce magnétisme fossile, ou **paléomagnétisme**, est difficile à mesurer car il est très faible. En 1952, le physicien anglais Patrick Blackett invente le magnétomètre astatique (photographie) : cet appareil permet non seulement de mesurer des champs magnétiques extrêmement faibles mais aussi de déterminer la direction et le sens du champ magnétique fossilisé dans une roche (à condition que l'échantillon étudié ait fait l'objet d'un repérage spatial très précis au moment de son prélèvement sur le terrain).

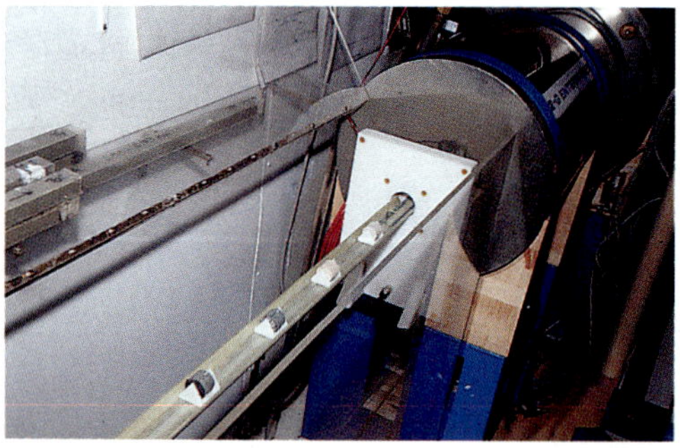

1 Les caractéristiques du champ magnétique terrestre peuvent être mises en mémoire dans les roches.

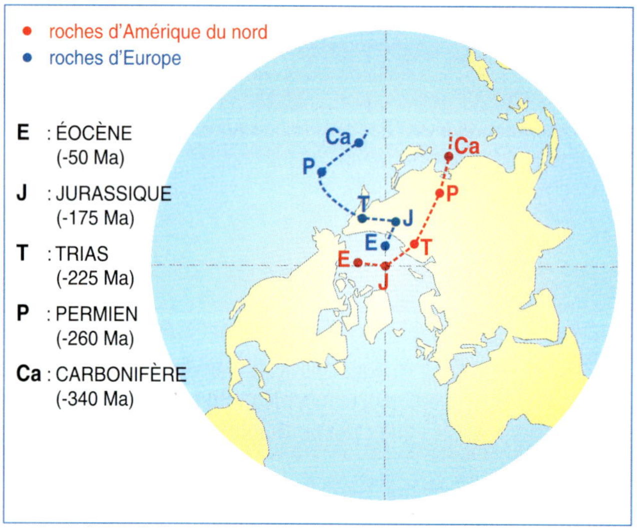

L'étude du paléomagnétisme d'une roche permet de retrouver la position qu'occupait le pôle nord magnétique ou **paléopôle** à l'époque de la mise en place de cette roche. Lorsqu'on recherche la position du paléopôle à partir de plusieurs échantillons de même âge prélevés sur un même continent, on constate qu'il y a coïncidence des mesures. En revanche, lorsqu'on travaille sur des échantillons, toujours de même âge mais prélevés sur des continents différents, les paléopôles ne coïncident plus (sauf pour les roches récentes). Or, on considère que la position des pôles magnétiques est un repère qui est resté à peu près stable au cours des temps géologiques.

La carte représente une vue du globe centrée sur le pôle nord et les positions du paléopôle à différentes époques. Ces positions ont été établies soit à partir de roches d'Amérique du Nord (en rouge), soit à partir de roches européennes (en bleu). Les âges absolus ont été déterminés avec la plus grande précision possible.

2 Les informations apportées par l'étude des paléopôles*.

B Les anomalies magnétiques des fonds océaniques.

Au début du siècle, des chercheurs ont montré que le champ magnétique terrestre a subi au cours des temps géologiques de nombreuses inversions : le pôle Nord magnétique était donc à certaines périodes au Sud, et le pôle Sud au Nord. On nomme **normales** les périodes où le champ magnétique terrestre avait le même sens qu'aujourd'hui, et **inverses** les périodes où le champ magnétique avait la même direction mais un sens opposé.

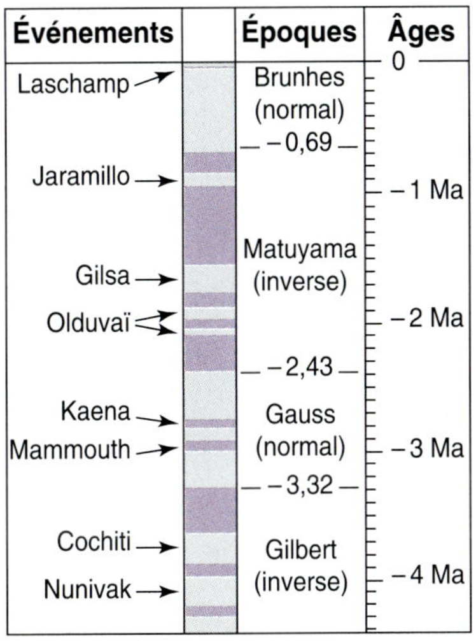

3 Des inversions au cours des temps géologiques.

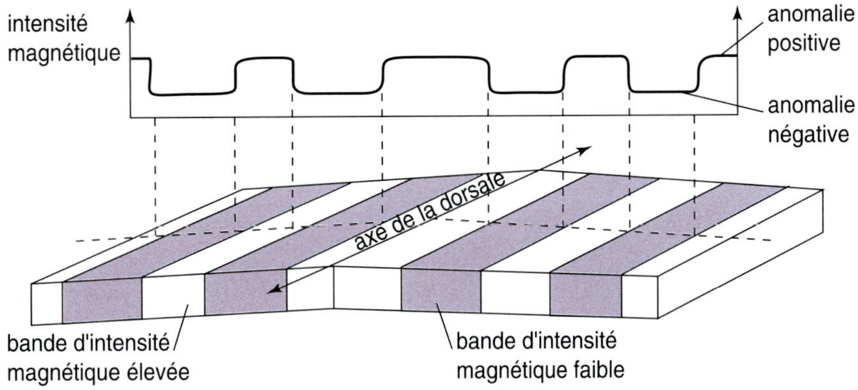

Au cours des premières phases de l'exploration des fonds océaniques, des relevés de l'intensité du champ magnétique au niveau du plancher océanique sont réalisés dans tous les océans du monde à l'aide de magnétomètres très précis. Ces relevés effectués perpendiculairement à l'axe des dorsales montrent la présence de zones où le magnétisme est élevé (anomalies positives) et des zones où il est beaucoup plus faible (anomalies négatives).
Ces bandes d'anomalies sont parallèles entre elles et symétriques par rapport à l'axe de la dorsale. Leur cartographie, découverte dans les années 50, dessine une sorte de « peau de zèbre » qui ne sera interprétée qu'une dizaine d'années plus tard.

4 Des anomalies en « peau de zèbre » au fond de l'océan.

En 1963, deux chercheurs anglais de Cambridge, Fred Vine et Drummond Matthews publient dans la revue « Nature », un article qui va révolutionner les sciences de la Terre. Ils ont le génie de rapprocher des faits et des idées qui, jusque-là, semblaient appartenir à des domaines différents, à savoir :
– les découvertes des inversions de la polarité du champ magnétique terrestre au cours des temps géologiques (doc. **3**) ;
– les anomalies magnétiques du plancher océanique (document **4**) ;
– l'hypothèse de Hess (page 291).

Le basalte étant une roche capable d'acquérir une aimantation rémanente en se refroidissant, Vine et Mathews suggèrent que, si la croûte océanique basaltique se forme régulièrement au niveau des dorsales, elle doit constituer un excellent « enregistreur » des inversions du champ magnétique. Les anomalies magnétiques du plancher océanique traduiraient donc les variations de la polarité du champ magnétique au cours du temps et ce plancher océanique serait donc en perpétuelle expansion à la manière d'un double tapis roulant.

5 L'hypothèse de Vine et Matthews.

Pistes d'exploitation

1 - Doc 1 : A votre avis, quelles précautions doivent être prises lorsqu'on prélève un échantillon sur le terrain en vue d'étudier son paléomagnétisme ?

2 - Doc 2 : En intégrant les différentes informations de ce document, proposez une hypothèse pour expliquer les différentes positions du paléopôle visibles sur la carte.

3 - Doc 4 : Sachant qu'un magnétomètre mesure un champ magnétique qui est la résultante du champ actuel et du très faible champ fossile enregistré dans les roches, pouvez-vous proposer une explication aux bandes d'anomalies positives et négatives enregistrées sur les fonds océaniques ?

L'expansion des fonds

L'étude détaillée des anomalies magnétiques du fond des océans a permis de vérifier le modèle d'une expansion océanique en double tapis roulant à partir des dorsales.

■ Quelle est la vitesse de formation des planchers océaniques ? Est-elle la même dans toutes les régions du globe ?

■ Quel est l'âge des plus vieux fonds océaniques ?

A La preuve de l'expansion océanique grâce au paléomagnétisme.

Ce document permet de comparer deux séries de données :

– La **courbe a** est un profil des anomalies magnétiques du plancher océanique réalisé dans l'Atlantique Nord par 45° de latitude sur une largeur de 100 kilomètres de part et d'autre de l'axe de la dorsale.

– La **courbe b** est le calendrier des inversions magnétiques terrestres au cours des quatre derniers millions d'années.

N.B. :

• le calendrier a été représenté deux fois « tête bêche » en faisant coïncider l'axe de la dorsale avec l'époque actuelle.

• Le calendrier a été « calé » de sorte que la première période normale (Bruhnes) soit de la même largeur sur le document que l'anomalie positive se trouvant au niveau de la dorsale.

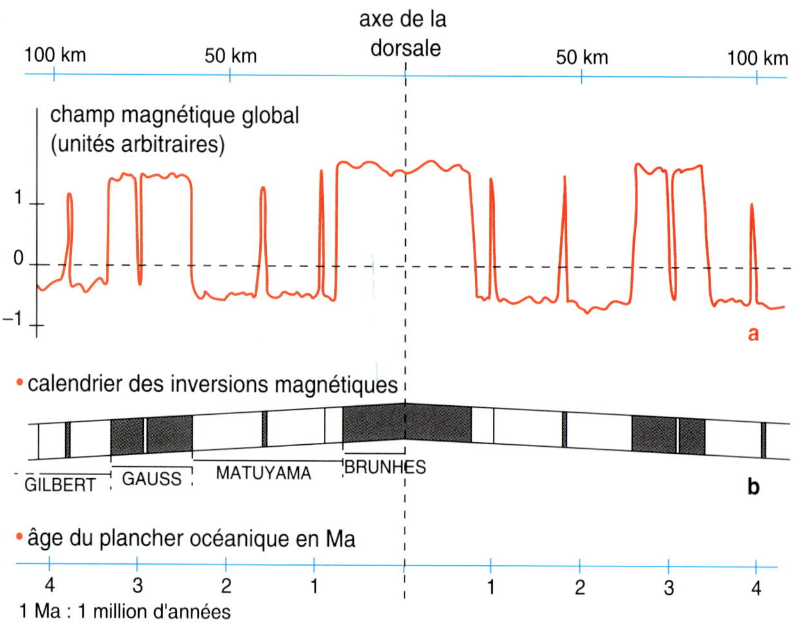

1 Des correspondances qui ne peuvent être le fait du hasard.

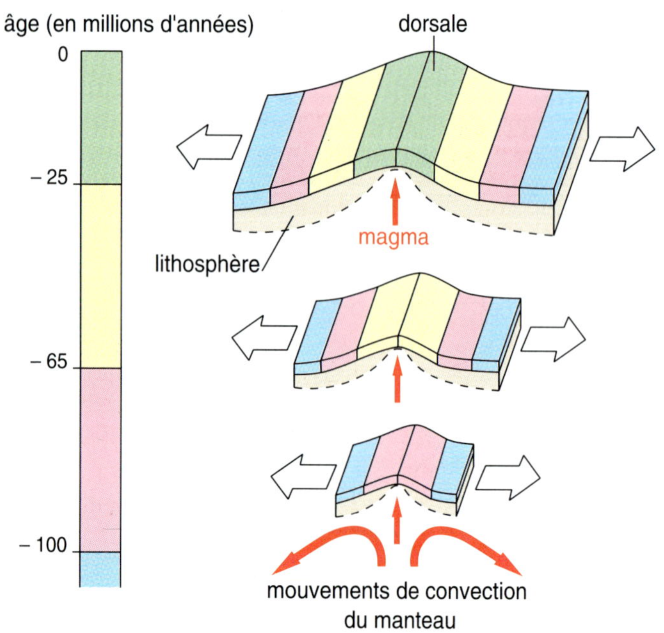

Cette série de schémas permet de comprendre le mécanisme de formation du plancher océanique.

• Les mouvements de convection dans le manteau tendent à soulever la dorsale et à étirer cette zone perpendiculairement à son axe. La lithosphère océanique distendue se fracture, permettant ainsi la montée de magma basaltique qui va colmater les fissures. Le processus de divergence des plaques étant permanent, le phénomène se reproduit sans cesse : nouvelle fissuration, nouveau « colmatage » par des basaltes, et ainsi de suite.

La lithosphère océanique nouvellement mise en place repousse le plancher océanique plus ancien de part et d'autre de la dorsale. Ce plancher est donc en **expansion** et s'écarte régulièrement de la dorsale, comme les deux parties symétriques d'un double tapis roulant.

• Les roches qui se forment dans l'axe de la dorsale « mémorisent » le champ magnétique ambiant et acquièrent, au cours de leur formation, un **magnétisme rémanent** qui sera, selon l'époque, dans le même sens que le champ actuel ou en sens opposé.

2 Le double tapis roulant des fonds océaniques.

B Vitesse d'expansion et âge des fonds océaniques.

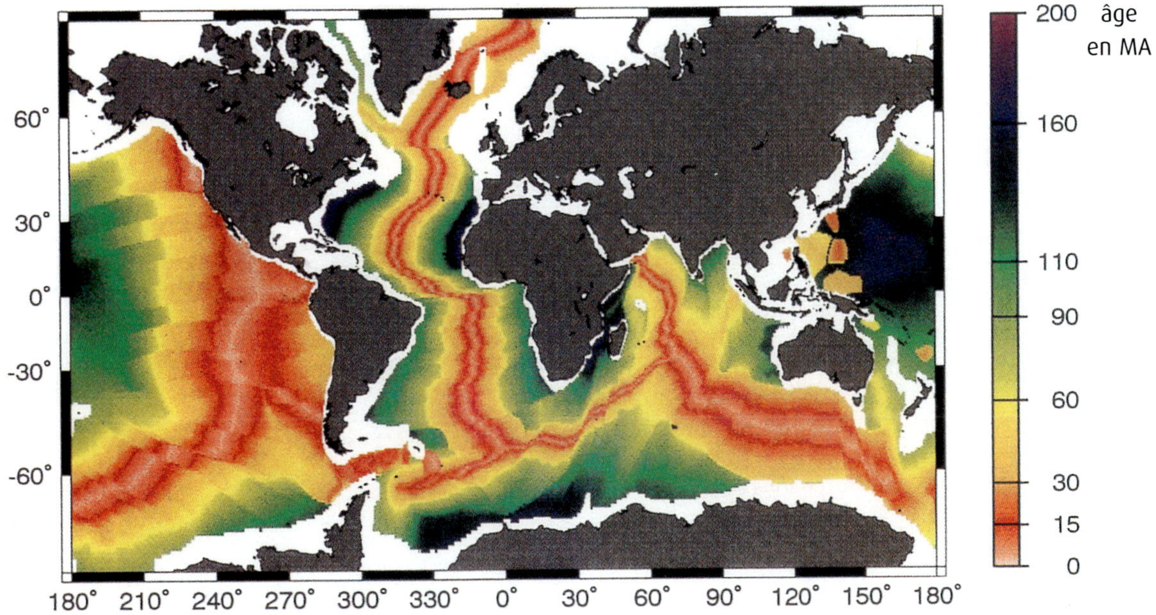

L'étude des planchers océaniques a été entreprise de manière systématique à partir de 1968 grâce à des navires foreurs. Les carottages réalisés par ces navires ont permis de dresser une carte des âges des fonds océaniques. La surprise fut grande pour les géologues : alors que pendant des siècles on avait imaginé que les planchers océaniques étaient, à l'image des continents, formé de roches parfois très anciennes, on découvrit que les océans étaient en fait des formations récentes. Les sédiments les plus âgés trouvés au contact du plancher basaltique datent du Jurassique (– 160 Ma environ).

3 Les roches les plus anciennes trouvées au fond des océans datent du Jurassique.

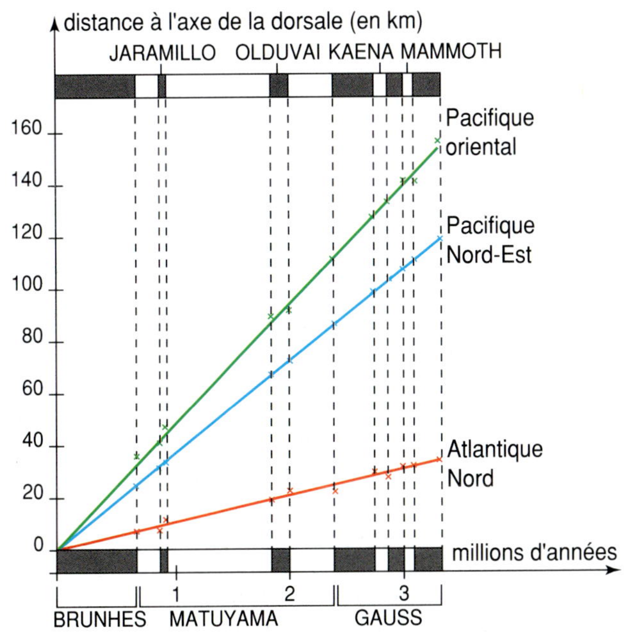

D'après Dercourt et Paquet. Editions Dunod.

Nous avons vu que les anomalies magnétiques du plancher océanique peuvent être mises en relation avec le calendrier des inversions du champ magnétique terrestre (doc. **1**).
Le graphique ci-contre présente, pour différentes dorsales, la relation entre l'âge d'un basalte et son éloignement de la dorsale. Un calcul très simple de la vitesse d'expansion au niveau de chaque dorsale peut être fait à partir de ce document.

4 Une vitesse d'expansion variable d'un océan à l'autre.

Pistes d'exploitation

1 - Doc 1 et 2 : Comparez période par période les courbes **a** et **b** du document **1**. Que constatez-vous ? Décalquez la courbe **a**, retournez le calque et essayez de le superposer à la courbe du livre. Quelle remarque faites-vous ?

2 - Doc 3 et 4 : Calculez, en centimètres par an, la vitesse d'expansion océanique dans l'Atlantique et dans le Pacifique oriental. Que remarquez-vous ?

A l'aide du doc **3**, déterminez approximativement l'époque de l'ouverture de l'Atlantique Sud.

ACTIVITÉS pratiques 5

Une preuve de l'expansion des océans

Depuis 1968, des navires foreurs explorent le fond des océans en réalisant des carottages et des forages profonds.

- Quelles sont les caractéristiques des dépôts sédimentaires trouvés ?
- Pourquoi les résultats obtenus ont-ils surpris la communauté scientifique et en quoi constituent-ils une preuve de l'expansion du plancher océanique ?

A L'étude des sédiments océaniques.

L'étude du fond des océans se fait depuis 1968 grâce à des navires foreurs. Le premier de ces navires a été le Glomar Challenger qui sillonna les océans de 1968 à 1983. Il a été remplacé par le Joïdes Resolution (voir p. 266). Ce navire de 144 m de long est équipé d'une tour de forage de 61 m de hauteur (photo ci-contre). C'est un véritable centre de recherche flottant comportant 1 100 m² de laboratoires sur 7 étages.

Un tel navire est spécialisé pour forer sous plusieurs centaines de mètres d'eau. On peut ainsi perforer la croûte océanique sur des profondeurs pouvant dépasser les 2 000 mètres d'épaisseur (record : forage 504 B de 2 111 mètres de profondeur, au sud du Costa Rica).

Les campagnes de forages océaniques profonds ont ainsi montré que le fond des océans est recouvert d'une couche relativement mince de sédiments (épaisseur variable de zéro à quelques kilomètres au maximum) reposant systématiquement sur un plancher basaltique.

1 Un navire foreur est un laboratoire de recherche flottant.

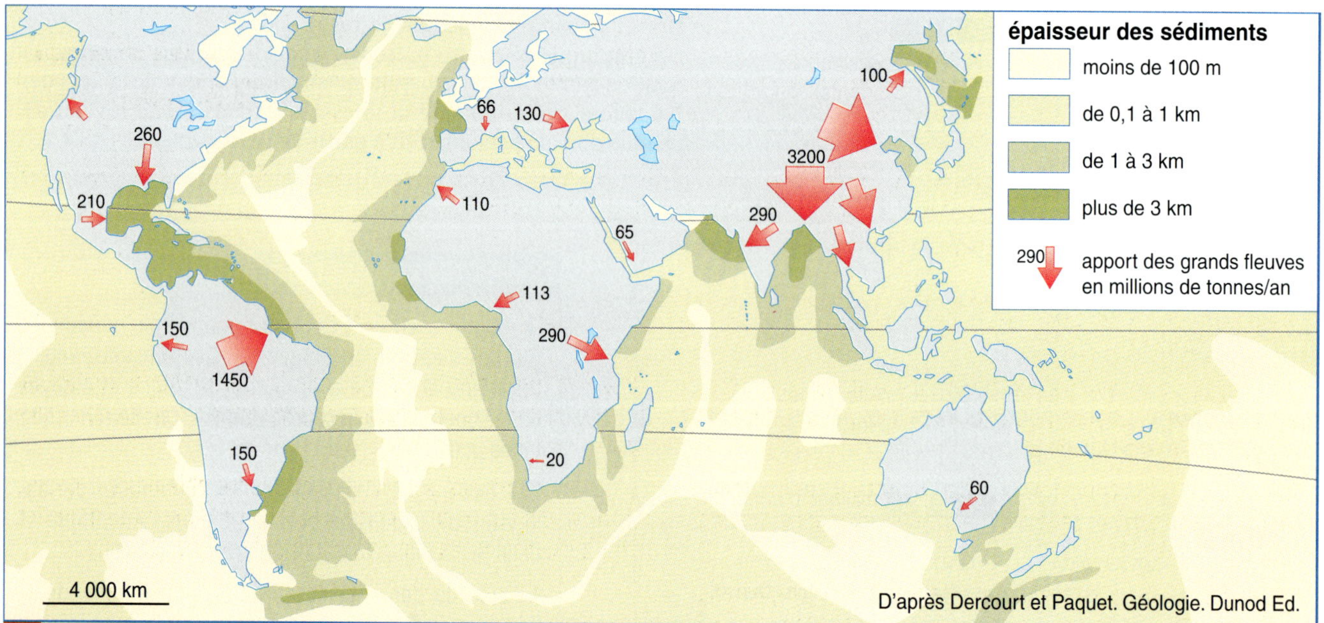

2 Des variations de l'épaisseur des sédiments au fond des océans.

B « L'étonnante jeunesse » des dépôts sédimentaires océaniques.

L'âge des différents sédiments remontés dans une carotte peut être déterminé avec une bonne précision : l'analyse des microfossiles qu'ils contiennent permet d'établir à quelle période géologique ils se sont déposés.
Alors que sur les continents, les couches sédimentaires peuvent être très épaisses (jusqu'à 15 km) et très anciennes (jusqu'à 3 800 Ma), au fond des océans, elles sont beaucoup plus minces et relativement récentes (200 Ma au maximum).

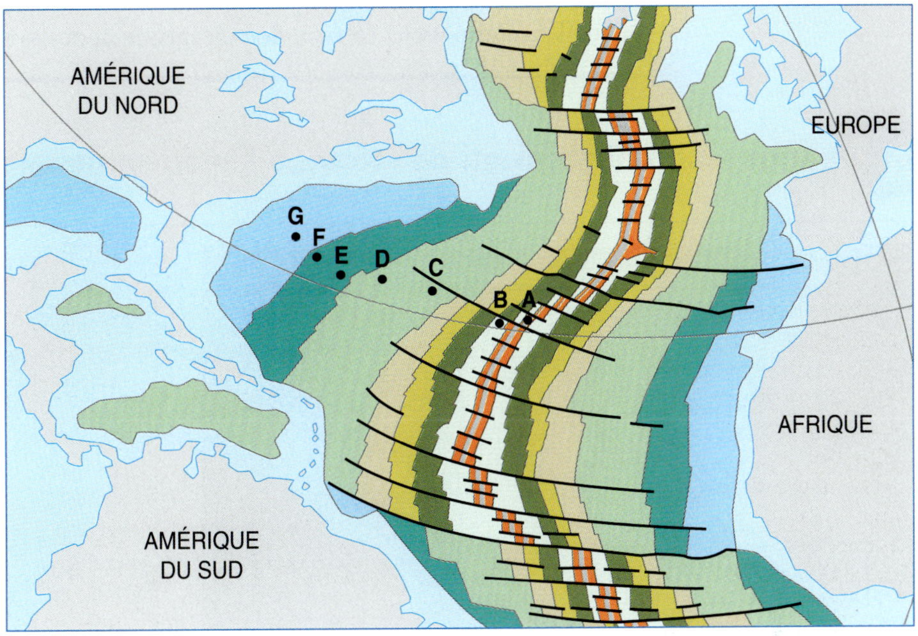

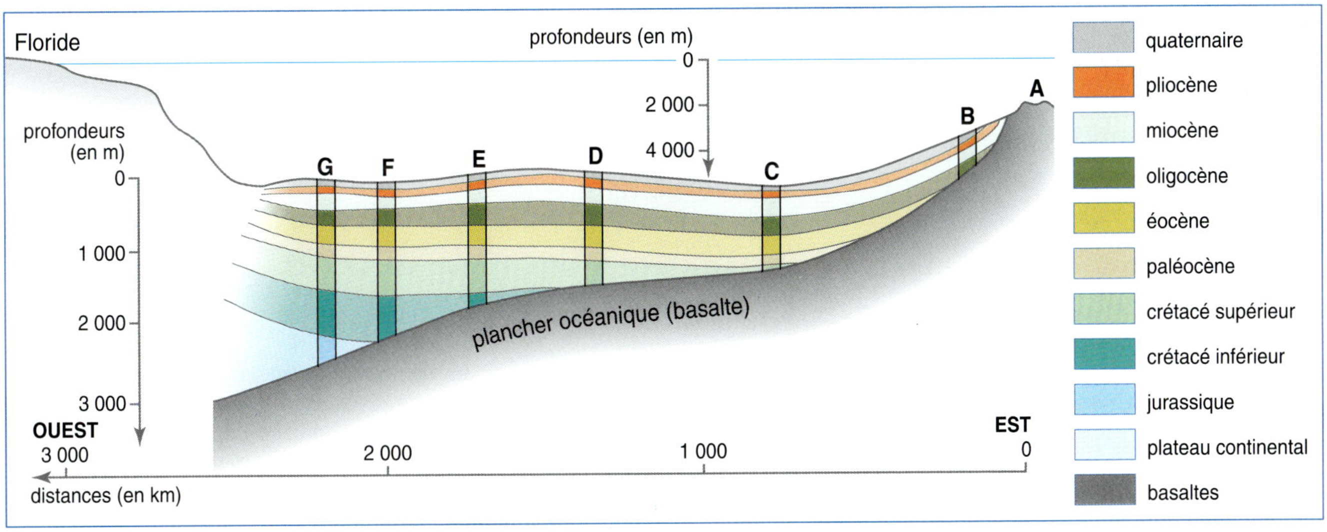

3 **Le plancher de l'océan Atlantique. a** – **Ages des plus vieux sédiments au contact du basalte. b** – **Coupe Est-Ouest depuis l'axe de la dorsale jusqu'à la Floride, passant par les différents sites de forage repérés sur la carte.**

Pistes d'exploitation

1 - Doc 1 : En vous appuyant sur ce qui a été vu dans la double page précédente, expliquez pourquoi l'épaisseur des sédiments est variable au fond des océans.

2 - Doc 2 et 3 : Comparez la carte topographique des fonds océaniques (page 302) et celle de l'épaisseur des sédiments. Que constatez-vous ?

Retrouvez les noms des plus grands fleuves de notre planète. Quelle relation y a-t-il entre leur localisation et le document 2 ?

Proposez une explication au fait que les sédiments au contact du basalte sont de plus en plus anciens lorsqu'on s'éloigne de la dorsale.

3 - Bilan : Pourquoi peut-on dire que l'ensemble des documents de cette double page apporte une preuve de la formation des planchers océaniques par accrétion au niveau des dorsales ?

ACTIVITÉS pratiques 6

Une autre preuve de la mobilité des

Les mouvements de la lithosphère n'ont pas été démontrés uniquement grâce aux données du paléomagnétisme. L'étude d'un volcanisme très particulier, le volcanisme de point chaud, apporte une preuve supplémentaire de cette mobilité.

- Qu'est-ce qu'un point chaud ?
- Quelles informations ce type de volcanisme apporte-t-il sur la mobilité des plaques ?

A De surprenants alignements de volcans à l'intérieur des plaques.

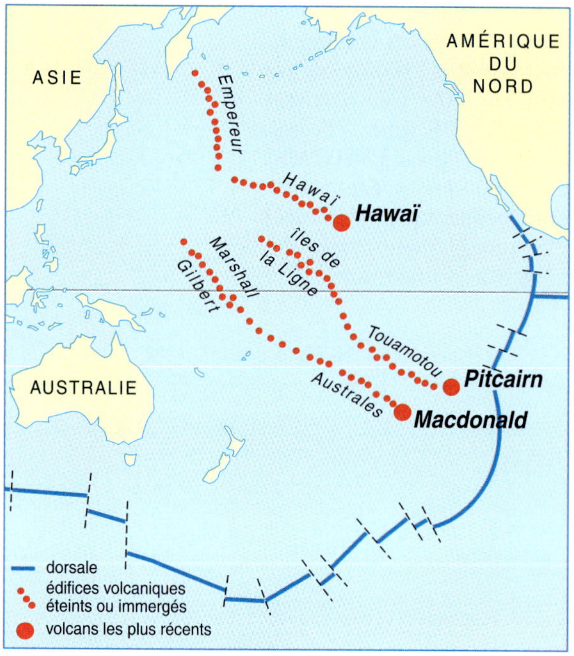

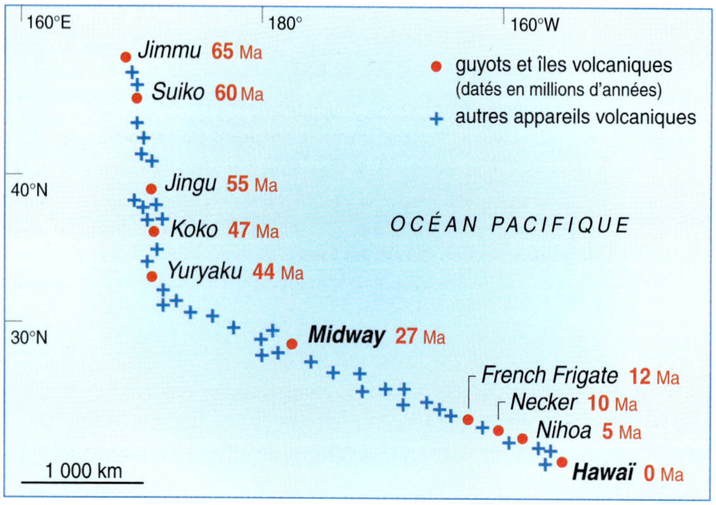

Sur cette carte de la chaîne des monts de l'Empereur et des îles Hawäi, quelques guyots et îles volcaniques ont été repérés. L'âge de certains appareils volcaniques est indiqué en millions d'années.

Les volcans de notre planète sont essentiellement localisés sur les marges actives et les dorsales. L'intérieur des plaques lithosphérique est cependant, par endroits, le siège d'un volcanisme intense. Ce **volcanisme intraplaque*** est particulièrement remarquable sur la plaque océanique Pacifique. La plupart des édifices volcaniques sont sous-marins et inactifs (guyots*), mais certains dépassent à la surface et forment des archipels. Ils ont parfois une activité effusive* importante (îles Hawaï par exemple).

Dans tous les cas :

– les volcans forment des alignements remarquables sur le fond océanique ;

– les volcans les plus récents se situent à l'extrémité sud-ouest de l'alignement ;

– seul le volcan situé à l'extrémité sud-ouest est actuellement en activité ;

– les volcans éteints les plus anciens sont à l'extrémité opposée de l'alignement ;

– l'analyse des basaltes émis indique qu'ils se sont formés à partir de laves provenant des régions profondes du manteau.

1 Une disposition particulière des volcans en fonction de leur âge.

B Des alignements interprétables grâce à la tectonique des plaques.

Le Mauna Loa aux îles Hawaï est le plus grand volcan en activité du monde. Dans quelques millions d'années, il s'endormira et une nouvelle île émergera à ses côtés. A 28 km au sud-est d'Hawaï, le volcan Loihi est en train de grandir sous la mer.

Son sommet est encore à 1 000 mètres sous la surface, mais les chercheurs observent régulièrement sa croissance grâce à des submersibles habités. Un jour, une éruption le fera surgir des flots.

L'archipel d'Hawaï est donc un chapelet d'îles volcaniques qui se forment les unes après les autres. La formation de ces volcans au milieu d'une plaque de lithosphère a été expliquée pour la première fois par J. Morgan en 1970 : le volcanisme intraplaque serait dû à des montées de magma d'origine très profonde : on pense qu'elles proviennent de la base du manteau. Ces panaches ascendants sont localisés en des points particuliers : les **points chauds**. Au sommet du panache, le magma perfore la plaque de lithosphère sus-jacente en donnant naissance à des volcans.

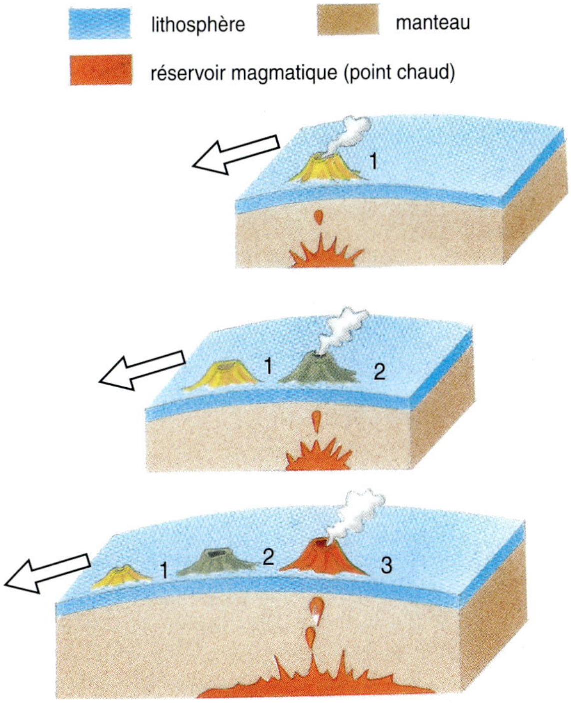

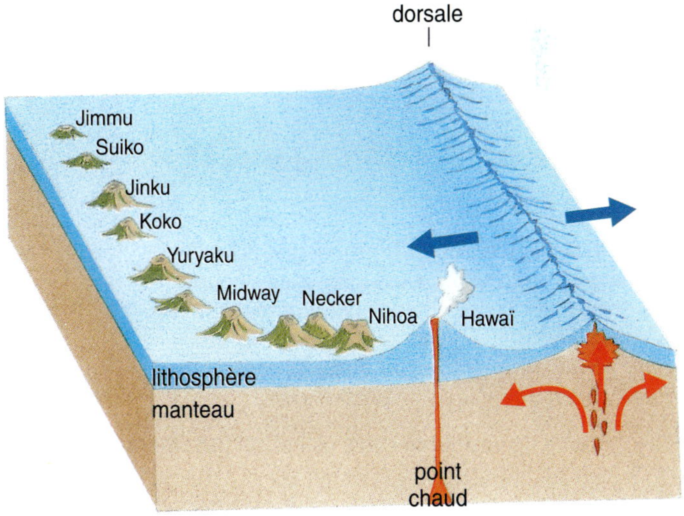

Les géologues pensent que la position des points chauds est stationnaire et que certains peuvent fonctionner pendant des dizaines de millions d'années. Lorsqu'une plaque lithosphérique se déplace au-dessus d'un point chaud fonctionnant épisodiquement, il se forme un alignement d'édifices volcaniques.

2 L'interprétation du fonctionnement d'un point chaud.

Lexique

- **Guyot :** ancien édifice volcanique se trouvant sous la surface des océans.
- **Volcanisme intraplaque :** volcanisme se manifestant à l'intérieur d'une plaque de lithosphère océanique ou continentale.
- **Effusif :** qui atteint la surface et se répand à l'état fondu (lave).

Pistes d'exploitation

1 - Doc 1 : Précisez les principales caractéristiques des volcans présentés. Que constatez-vous ?

2 - Doc 1 et 2 : A l'aide des différents documents, reconstituez la trajectoire de la plaque pacifique depuis 70 Ma.

Proposez une estimation de la vitesse moyenne de déplacement de la plaque sur les 40 derniers millions d'années (vitesse exprimée en cm/an).

La mesure en temps réel du

Les anomalies magnétiques et les alignements volcaniques de point chaud permettent de calculer la vitesse moyenne de déplacement d'une plaque sur une longue période.

- Est-il possible de mesurer la vitesse actuelle des plaques ?
- Peut-on la comparer à la vitesse calculée pour le passé proche et peut-on raisonnablement extrapoler dans le futur ?

A Des distances très précises mesurées par géodésie spatiale.

En accédant aux données fournies par des satellites dont la position est parfaitement définie, un récepteur GPS permet de connaître instantanément les coordonnées géographiques (X = longitude, Y = latitude, Z = altitude) d'un point quelconque situé à la surface de la Terre. Les appareils « grand public » ont une précision courante de l'ordre de quelques mètres.

Les GPS de mesure scientifique ont une précision de quelques millimètres. Ces technologies permettent de mesurer la déformation des volcans (photo ci-contre) les mouvements de terrain consécutifs à une rupture sismique mais aussi la vitesse de déplacement des plaques lithosphériques.

1 Le système de Positionnement Global par Satellite ou G.P.S est un « télémètre » de grande précision.

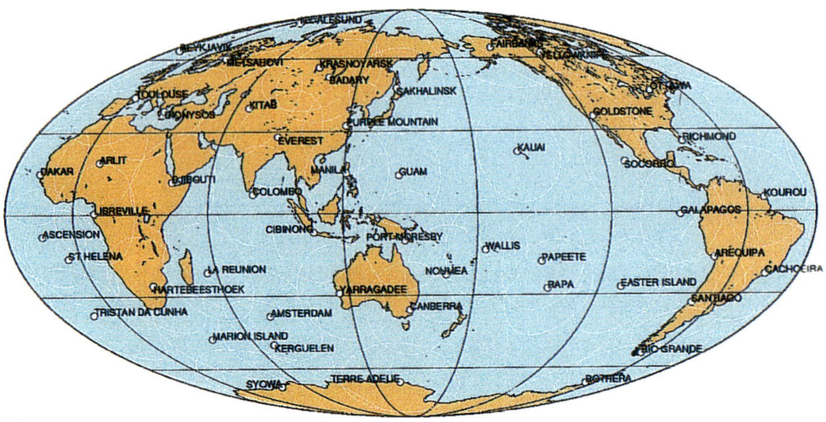

Le réseau mondial de géodésie spatiale mis en place depuis 1981 intègre plusieurs techniques de télémesures : GPS, DORIS, SLR, VLBI. Il permet de mesurer avec fiabilité la direction et la vitesse de déplacement des plaques avec une précision de l'ordre du millimètre.

GPS : Global Positioning System.
DORIS : Dopler Orbitography and Radiolocation Integrated by Satellite.
SLR : Satellite Lase Ranging.
VLBI : Very Large Base Interferometry.

2 Un réseau mondial de géodésie* spatiale.

B Des exemples de mesures du déplacement actuel des plaques.

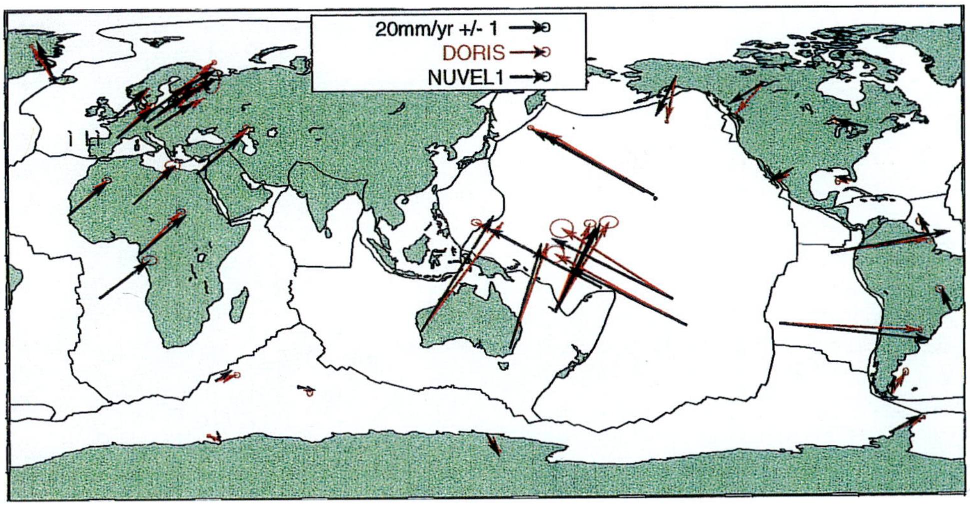

Document LEGOS (Toulouse)

3 Une comparaison des vitesses « géologiques » et des vitesses actuelles.

Sur la carte ci-dessus sont schématisés les mouvements horizontaux des plaques tectoniques tels qu'ils ont été établis par deux méthodes indépendantes.
Les **vecteurs rouges** donnent la direction et l'intensité des mouvements mesurés durant 7 ans à l'aide du système de géodésie spatiale DORIS.
Les **vecteurs noirs** représentent les vitesses moyennes déduites du modèle de tectonique des plaques NUVEL-1 utilisant des données géologiques portant sur les trois derniers millions d'années.
Malgré la grande différence des échelles de temps, les deux types de résultats founissent des valeurs annuelles très proches. On a également pu vérifier la bonne correspondance avec les résultats obtenus grâce au système GPS (carte ci-contre).
On peut ainsi raisonnablement prédire l'ampleur des déplacements qui se produiront à échéance de quelques millions d'années.

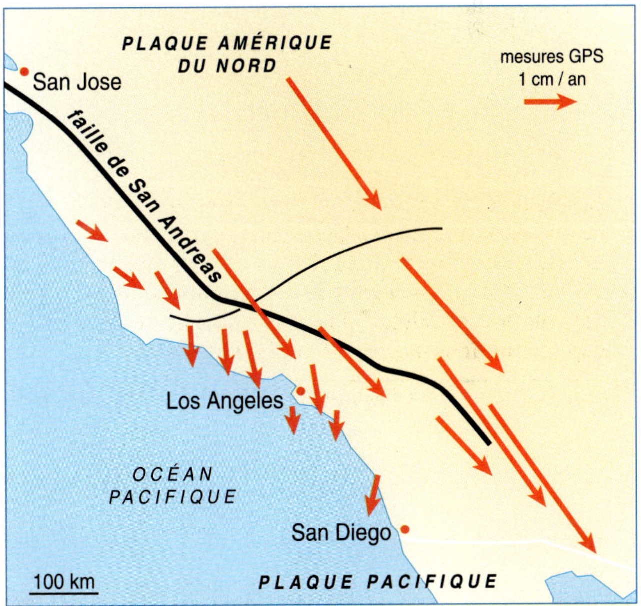

4 Mesure grâce au système GPS du déplacement relatif des plaques dans la région de la faille de San Andreas.

Lexique

• **Géodésie :** science de la forme et des dimensions de la Terre, la géodésie calcule par des techniques variées la distance mutuelle de points à la surface du globe.

Pistes d'exploitation

1 - Doc 1 et 2 : Pourquoi faut-il des systèmes de positionnement très sophistiqués pour pouvoir mesurer en temps réel les déplacements des plaques lithosphériques ?

2 - Doc 3 : Comparez les vitesses mesurées par géodésie spatiale (DORIS) et celles obtenues à partir des données géologiques (modèle NUVEL 1).
Formulez une phrase de conclusion.

3 - Doc 4 : Sachant que le point de mesure correspond toujours à l'origine du vecteur, comparez les vitesses et le sens de déplacement des plaques de part et d'autre de la faille de San Andreas. Quel type de mouvement relatif des plaques peut-on prévoir au niveau de la faille ?

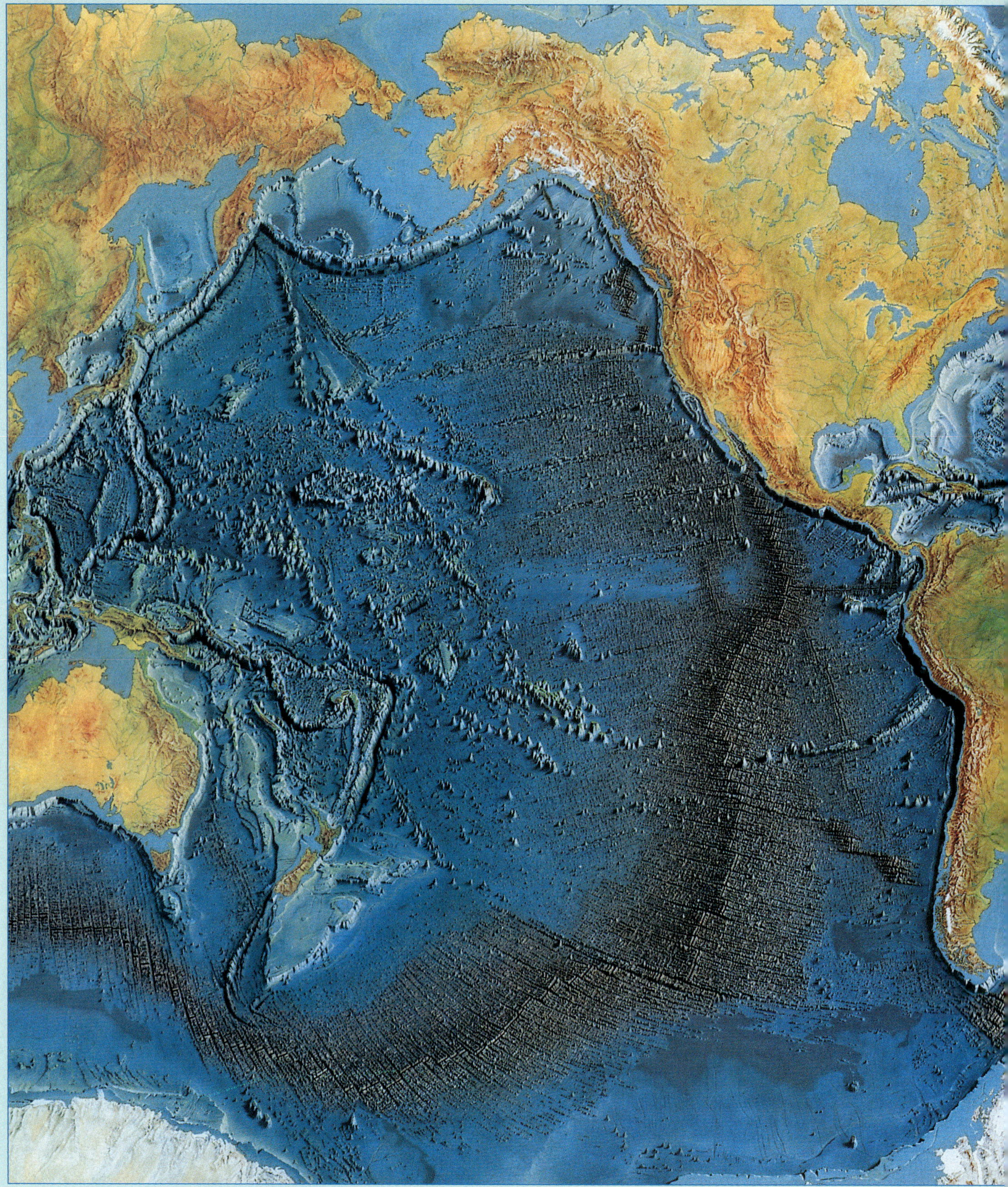

du fonds des océans

La lithosphère et la tectonique des plaques

En classe de Quatrième, nous avons vu que la lithosphère est découpée en un certain nombre de plaques rigides dont les frontières sont marquées par une activité sismique et volcanique importante. Ces plaques se déplacent les unes par rapport aux autres, s'écartant au niveau des dorsales, s'affrontant ou se chevauchant dans d'autres régions. L'ensemble de ces mécanismes constitue la tectonique des plaques.

Quels arguments scientifiques ont permis de mettre en évidence ces mécanismes ?

Quelles sont les différentes étapes qui ont conduit les scientifiques à la découverte de la tectonique des plaques ?

I Les fondements de la tectonique des plaques

Nous savons aujourd'hui que de nombreux traits géographiques de la planète constituent une **véritable signature de la tectonique des plaques**. C'est le cas des **chaînes de montagnes récentes** (moins de 140 Ma) qui forment des ceintures linéaires : pour les géologues, ces chaînes traduisent les énormes contraintes qui s'exercent dans les zones d'affrontement des plaques. C'est aussi le cas de la remarquable complémentarité de forme des rivages de continents séparés par une mer ou un océan (mer Rouge, golfe d'Aden, océan Atlantique...) : ces tracés côtiers qui s'emboîtent comme les pièces d'un puzzle sont la trace d'une déchirure qui a fragmenté une masse continentale.

Ce qui nous paraît aujourd'hui être une évidence a pourtant mis très longtemps pour s'imposer à la communauté scientifique. Un bref rappel historique va nous permettre de comprendre.

1• L'élaboration progressive d'une théorie

Dès le début du XXe siècle, **Alfred Wegener** propose la théorie de la **dérive des continents** : un supercontinent, la **Pangée**, se serait fragmenté au début de l'ère Secondaire et, depuis cette date, les masses continentales issues de cette fragmentation dériveraient à la surface de la Terre.

Cette intuition, pourtant étayée par des arguments sérieux, sera longtemps rejetée par les géologues. C'est seulement dans la deuxième moitié du XXe siècle que la communauté scientifique, convaincue par la présentation de nouvelles preuves, va finalement accepter le modèle de la tectonique des plaques. L'hypothèse des **mouvements de convection** dans le manteau, émise par **Arthur Holmes** en 1945, propose un moteur plausible à ces déplacements de continents. Mais c'est la compréhension du fonctionnement des fonds océaniques (hypothèse du **double tapis roulant** formulée par **Harry Hess** en 1962) qui marque une véritable révolution des sciences de la Terre.

2• L'exploration des fonds océaniques, une clé pour comprendre

• **Une cartographie du fond des océans.**

Ce n'est qu'à partir de la seconde guerre mondiale, avec le développement des sous-marins, qu'apparaît la nécessité de disposer de **cartes topographiques** des fonds marins. Jusque là, une telle connaissance était sans intérêt pour la navigation. Ces cartes sont réalisées par des navires émettant en direction du fond des faisceaux d'ultrasons dont on recueille les échos. Les **relevés bathymétriques** ainsi obtenus ont permis, en particulier, de découvrir un des traits majeurs du relief sous-marin : le réseau des dorsales parcourant les différents océans du globe.

• **Des forages de plus en plus nombreux et profonds.**

En 1950, on ne sait encore prélever sur les fonds océaniques que des carottes de sédiments d'une dizaine de mètres de longueur. La deuxième moitié du XXe siècle siècle voit un développement considérable des **forages profonds**. Les techniques de positionnement dynamique (par satellite ou par rapport à des balises acoustiques immergées) permettent de stabiliser la position du navire foreur et d'obtenir ainsi des **carottes** du plancher océanique de **plusieurs kilomètres d'épaisseur**, quelle que soit la profondeur de l'eau.

• **Les apports de technologies variées.**

Les **navires océanographiques actuels** sont équipés pour l'enregistrement d'un certain nombre de paramètres géophysiques. Trois grands types de levés sont généralement effectués :

– des **levés sismiques** par **sismique réflexion** ou **sismique réfraction**, qui permettent d'obtenir des images de la structure du plancher océanique ;

– des **levés magnétiques** dont l'importance va se révéler capitale ;

– des **levés gravimétriques** qui renseignent sur la répartition des masses sous le plancher océanique.

Les **satellites altimétriques** permettent de connaître avec une grande précision la topographie de la totalité des fonds sous marins.

Les **submersibles** habités (Nautile par exemple) ou robotisés permettent aux géologues marins de **prélever des échantillons** directement au fond des océans au cours des différentes plongées d'exploration.

Grâce à la mise en œuvre de toutes ces techniques, notre compréhension du « fonctionnement de la planète » a progressé de façon spectaculaire en quelques décennies.

II La découverte du mécanisme de l'expansion océanique

1• Les données du paléomagnétisme

• **Le champ magnétique terrestre peut être fossilisé**. En effet, de nombreuses roches (les basaltes en particulier) possèdent des minéraux qui conservent les caractéristiques du champ magnétique terrestre régnant à l'époque de leur formation. A l'aide de magnétomètres très sensibles, on peut retrouver dans un échantillon de roche les caractéristiques de ce champ magnétique ancien (ou **champ paléomagnétique**). On peut ainsi déterminer la position du pôle nord magnétique ou **paléopôle** au moment de la formation de la roche.

• **La direction du paléopôle est un indicateur précieux**. Une recherche systématique de la position du paléopôle à partir d'échantillons de roches prélevés sur le même continent mais d'âges variés a montré une « dérive du paléopôle » au cours du temps. Comme on a démontré par ailleurs que l'axe magnétique du globe est resté stable au cours des temps géologiques, il faut admettre que c'est le continent qui a changé de position par rapport au pôle et non l'inverse. En outre, des études du paléomagnétisme de roches provenant de continents différents ont montré que ces continents s'étaient déplacés les uns par rapport aux autres.

• **La polarité du champ magnétique terrestre a subi des inversions** au cours des temps géologiques. Cela signifie qu'à certaines périodes, appelées **périodes inverses**, les pôles magnétiques Nord et Sud étaient inversés par rapport à la situation actuelle, qualifiée de **normale**.

• **Les levés magnétiques du plancher océanique** ont montré des anomalies remarquables : il s'agit de bandes grossièrement parallèles à l'axe de la dorsale et qui présentent alternativement un champ magnétique fort (**anomalies positives**) puis faible (**anomalies négatives**). Ces bandes, de largeur variable, sont disposées de manière symétrique par rapport à l'axe de la dorsale.

2• L'hypothèse de Vine et Matthews

En 1963, Vine et Matthews ont l'idée de mettre en relation ces caractéristiques magnétiques du plancher océanique et l'hypothèse du double tapis roulant de Hess. Ils proposent alors un modèle de formation du plancher océanique par une montée permanente de lave basaltique dans l'axe des dorsales, les basaltes plus anciens étant repoussés de part et d'autre de la dorsale.

Comme le phénomène est continu à l'échelle des temps géologiques, les basaltes mis en place au cours des périodes normales présentent une anomalie magnétique positive (le champ paléomagnétique fossilisé s'ajoutant au champ actuel), ceux qui se sont formés pendant les périodes inverses une anomalie négative. Cette conception est vérifiée en 1966 : on constate la correspondance entre la succession des bandes d'anomalies du plancher et la chronologie des inversions magnétiques établie par ailleurs.

3• L'expansion des fonds océaniques

• **La mesure d'une vitesse d'expansion** repose sur un principe simple : il suffit de repérer sur le plancher océanique une bande d'anomalie magnétique d'âge connu et de noter la distance séparant cette bande de l'axe de la dorsale. Une simple division fournit la vitesse moyenne avec laquelle cette bande s'est éloignée de la dorsale. En doublant la valeur ainsi obtenue, on obtient la **vitesse d'expansion de l'océan** c'est-à-dire la vitesse à laquelle les deux marges de cet océan s'écartent l'une de l'autre. Cette vitesse est variable d'une dorsale à l'autre (de 2 à 3 cm par an pour les dorsales lentes jusqu'à 16 cm par an pour les plus rapides).

• **Les dorsales sont décalées par des failles transformantes.** Ces accidents qui hachent véritablement les dorsales sont le siège d'une activité sismique intense sur la partie de la faille qui décale la dorsale. Les séismes sont la conséquence d'un coulissage des plaques qui glissent horizontalement l'une contre l'autre. Ce type de fonctionnement participe donc au mouvement général d'expansion du plancher océanique. Au niveau de ces failles, le mécanisme d'expansion par création de plancher est « transformé » en un coulissage. Une telle fracturation est liée à l'existence de contraintes imposées par l'écartement de plaques rigides qui se déplacent sur une surface sphérique.

III D'autres preuves géologiques de la mobilité des plaques

1• L'apport des sondages profonds

Les forages du plancher océanique ont pleinement confirmé le mécanisme d'expansion au niveau de la dorsale. **Plus on s'éloigne de la dorsale, plus les sédiments sont épais et plus les couches au contact du basalte sont anciennes.** De plus, ces sédiments les plus profonds ont systématiquement le même âge que les basaltes qu'ils recouvrent.

Les plaques océaniques se forment donc bien par accrétion de magma surgissant du manteau au niveau des dorsales. Une « pluie sédimentaire » recouvre ensuite ces basaltes au fur et à mesure qu'ils s'éloignent de la zone où ils se sont formés.

Par ailleurs, on ne trouve pas, au fond des océans, de plancher d'âge supérieur à 180 millions d'années. Nous comprendrons pourquoi dans le chapitre suivant.

2• Les alignements « intraplaque » de volcans

En de nombreux endroits de la surface du globe, on observe des alignements d'appareils volcaniques qualifiés « d'intraplaque » car ils sont situés loin d'une frontière de plaque. L'âge de ces volcans est régulièrement croissant d'une extrémité de l'alignement à l'autre, le volcan actuellement actif occupant l'extrémité la plus jeune. Ces volcans proviennent de l'activité d'un **point chaud**, région fixe du manteau profond qui envoie vers la surface un panache de matériel chaud ; des magmas issus de ce matériel perforent épisodiquement la plaque lithosphérique qui se déplace au dessus du point chaud.

La direction et la vitesse de ce déplacement sont « fossilisés » par l'alignement volcanique.

IV Un déplacement des plaques observé « en direct »

On sait actuellement mesurer avec une précision millimétrique des distances de plusieurs milliers de kilomètres. On peut donc mesurer en temps réel les déplacements relatifs des plaques en comparant les distances mesurées, par exemple à un an d'intervalle. Plusieurs méthodes sont utilisées : la plus connue est le **GPS**, technique de positionnement par rapport à des satellites qui permet de connaître avec une très grande précision les coordonnées de tout point à la surface de la planète. Les vitesses « instantanées » de déplacement des plaques mesurées par ces méthodes sont en bon accord avec les valeurs moyennes calculées sur des périodes de plusieurs millions d'années, à partir de données géologiques.

L'essentiel

- L'idée que les continents actuels ont pu occuper des positions différentes dans le passé n'est pas récente. Wegener, au début du XXe siècle, a proposé l'hypothèse du morcellement d'un unique continent originel. Le modèle actuel de la tectonique des plaques s'est progressivement imposé et a révolutionné dans les dernières décennies les sciences de la Terre.
- Le développement du paléomagnétisme d'une part, de l'océanographie moderne d'autre part ont joué un rôle déterminant dans cette révolution.
- Les études du paléomagnétisme ont montré que les continents se sont déplacés par rapport aux pôles magnétiques. Elles ont révélé d'autre part que le champ magnétique terrestre s'est inversé à de nombreuses reprises au cours des temps géologiques.
- Les levés magnétiques du fond des océans ont mis en évidence des bandes d'anomalies magnétiques disposées symétriquement par rapport à l'axe des dorsales : c'est la preuve que le plancher basaltique des océans est bien formé par accrétion de magma au niveau des dorsales et qu'il s'en éloigne ensuite progressivement.
- Les forages océaniques profonds confirment que les sédiments au contact du basalte sont de plus en plus anciens en s'éloignant de la dorsale.
- Les volcans de point chaud enregistrent le déplacement d'une plaque lithosphérique au-dessus d'un point chaud fixe.
- Les techniques modernes de géodésie spatiale permettent de mesurer en temps réel les déplacements relatifs des plaques ainsi que les déformations engendrées par ces mouvements. Elles confirment les valeurs obtenues par les méthodes géologiques.

Schéma-bilan

LA TECTONIQUE DES PLAQUES

DES PREUVES GÉOLOGIQUES DE LA MOBILITÉ DES PLAQUES

ÂGE ET ÉPAISSEUR DES SÉDIMENTS

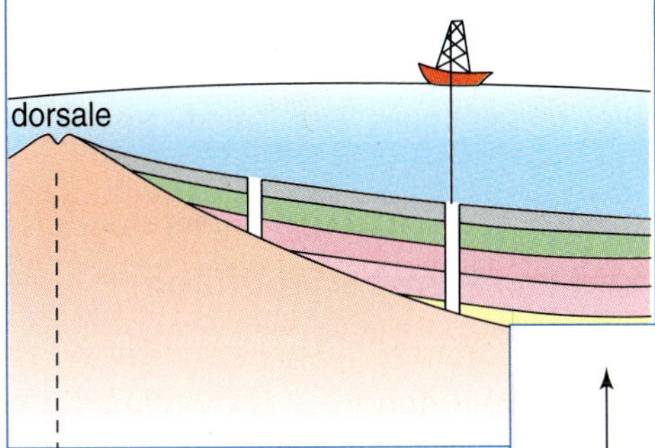

VOLCANISME DE POINT CHAUD

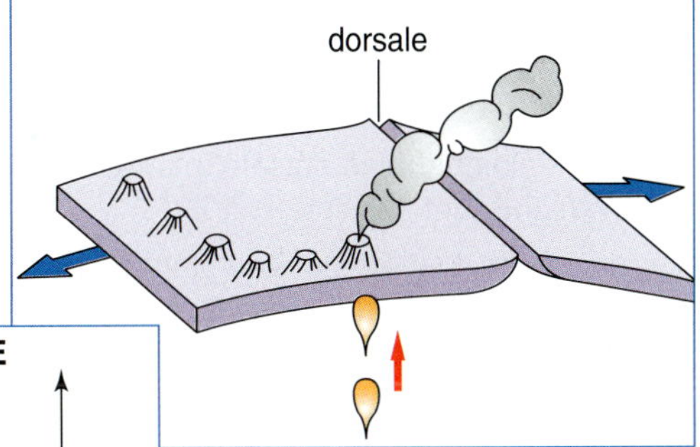

LE PALÉOMAGNÉTISME

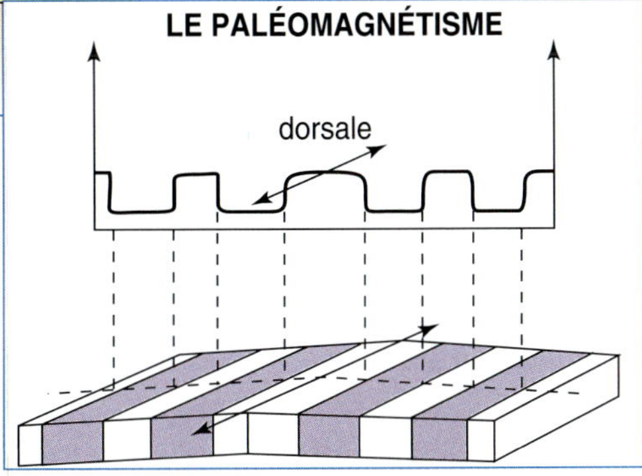

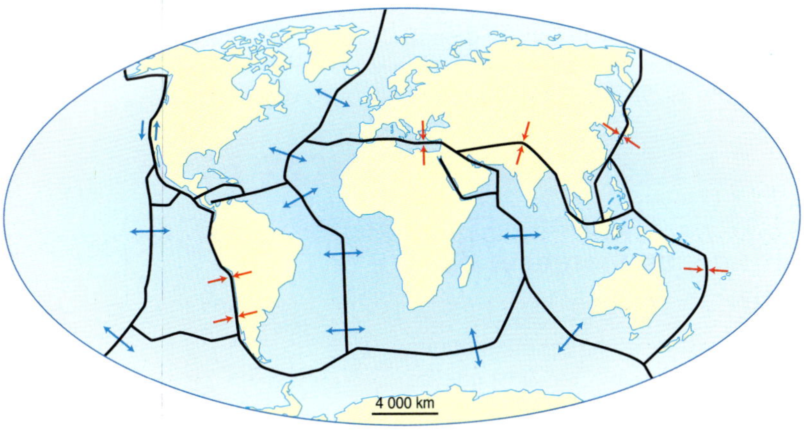

UNE MESURE DIRECTE DU DÉPLACEMENT DES PLAQUES

géodésie spatiale

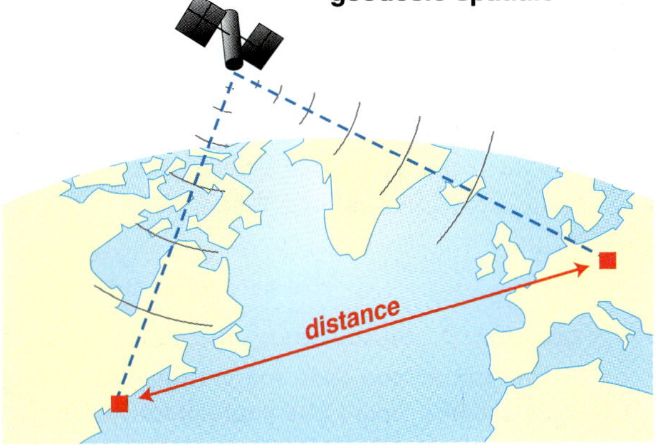

quelques vitesses de déplacement des plaques (mesures DORIS)		
stations	**vitesses** (mm par an)	**directions**
Toulouse	30	NE
Dakar	35	NE
Nouméa	47	NNE
Ottawa (Canada)	25	W
Fairbanks (Alaska)	26	SSW
Galapagos	48	ENE
Wallis (Pacifique)	76	WNW
Kourou (Guyane)	16	NW

TESTER DES CONNAISSANCES

A. Définissez les mots ou expressions :

Tectonique des plaques, Pangée, paléomagnétisme, paléopôle, plancher océanique, période (magnétique) normale, point chaud, guyot, système GPS.

B. Vrai ou faux ?

Repérez les affirmations exactes. Corrigez ensuite les affirmations inexactes.

a. Plus on s'éloigne de la dorsale, plus les basaltes du plancher océanique sont anciens.

b. Les anomalies magnétiques du plancher océanique traduisent des variations de l'intensité du champ magnétique terrestre au cours des temps géologiques.

c. Les points chauds forment des alignements de volcans en se déplaçant sous les plaques lithosphériques.

d. Une dorsale océanique est une zone d'accrétion, c'est-à-dire de création permanente de lithosphère.

e. Les sédiments les plus anciens recueillis au fond des océans actuels ont plus de trois milliards d'années.

f. Au niveau de la dorsale qui est une véritable chaîne sous-marine de montagnes, la croûte océanique est particulièrement épaisse.

C. Exprimez des idées importantes...

... en rédigeant une ou deux phrases utilisant chaque groupe de trois mots ou expressions pris dans cet ordre ou dans un ordre différent.

a. Pangée, ouverture d'océans, dérive des continents.

b. Mouvements de convection, manteau, tectonique des plaques.

c. Dorsale, accrétion, expansion du plancher océanique.

d. Anomalies magnétiques, disposition symétrique, double tapis roulant.

e. Point chaud, alignement, déplacement d'une plaque.

D. Elaborez un résumé scientifique.

Sujet 1.

De la dérive des continents à la tectonique des plaques.

En vous aidant de quelques schémas simples, expliquez comment, au milieu du XXème siècle, la communauté scientifique est passée du concept de « dérive des continents » à celui de « tectonique des plaques ».

Sujet 2.

L'expansion des fonds océaniques.

Expliquez en quelques lignes le mécanisme de formation des océans. Vous présenterez ensuite succinctement quelques unes des observations qui ont permis aux géologues de comprendre ce mécanisme.

UTILISER DES CONNAISSANCES ET DES MÉTHODES

1 Le paléomagnétisme, un marqueur de la mobilité continentale.

• Certaines roches ont pu enregistrer le champ magnétique qui existait à l'époque de leur formation. C'est ainsi que les roches magmatiques (souvent riches en oxydes de fer comme la magnétite) « fossilisent » le champ magnétique existant au moment de leur refroidissement ; elles conservent ensuite « en mémoire » une aimantation dite thermo-rémanente (ATR).

• Sur le schéma de globe terrestre, le **bloc A** représente un ensemble rocheux de formation très récente (formation volcanique par exemple) : le vecteur inclinaison de son ATR est parallèle au vecteur du champ magnétique actuel.

Le **bloc B** représente une formation volcanique âgée de 65 MA : les trapps basaltiques du Deccan situés sur la plaque continentale indienne (entre 15 et 20 ° de latitude Nord). Le vecteur inclinaison de l'ATR est repéré en rouge.

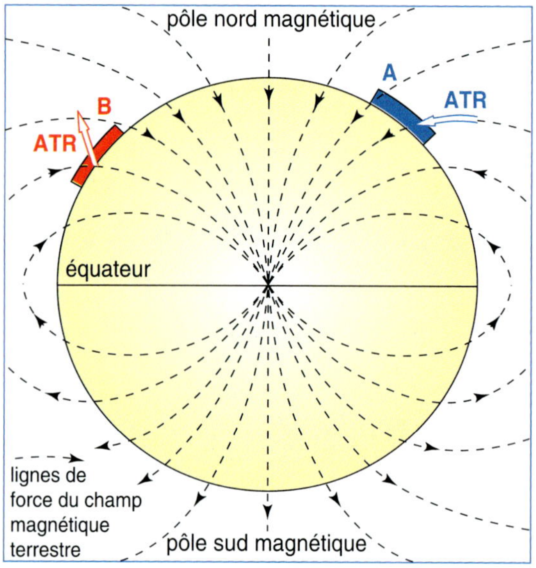

Question 1 (Dégager des informations utiles)

Quelle remarque pouvez-vous faire concernant l'orientation du vecteur inclinaison de l'ATR dans les basaltes du Deccan ?

Question 2 (Appliquer ses connaissances)

Si l'on admet que l'axe magnétique de la Terre est resté stable, quelle devait être approximativement la position de l'Inde il y a 65 Ma, au moment où le champ magnétique de l'époque a été fossilisé dans les basaltes ?

2 Des dépôts glaciaires à la localisation « surprenante ».

Les tillites sont des dépôts glaciaires reposant sur des soubassements rocheux plus anciens et striés (burinés par les blocs rocheux enchâssés dans les glaces en mouvement). D'anciens dépôts de ce type ont été découverts dans différentes régions du globe. L'analyse précise de ces dépôts a permis de les dater, d'établir qu'ils correspondent aux traces d'anciennes calottes glaciaires (et non de simples glaciers de montagne) et de retrouver le sens d'écoulement des langues glaciaires qui les ont transportés. La carte montre la localisation des principaux dépôts de tillites datés du Permien (- 250 Ma) et les flèches repèrent le sens d'écoulement des glaces qui les ont déposés.

Question 1 (Faire des déductions)
Quelles conditions climatiques régnaient dans ces régions à l'époque du dépôt de ces tillites ? Que peut-on dire de la situation géographique de ces régions à cette même époque ? Quelle précision est apportée par la connaissance du sens d'écoulement des glaces ?

Question 2 (Pratiquer un raisonnement)
Alfred Wegener considérait que l'existence et la localisation de ces tillites permiennes constituaient des arguments en faveur de sa théorie d'un supercontinent ou Pangée (voir page 290). Expliquez pourquoi.

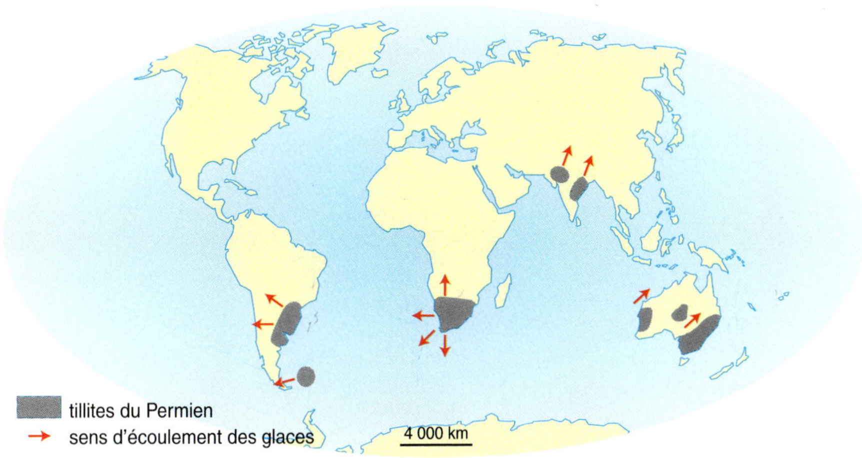

3 Les points chauds de la plaque africaine.

Sur cette carte d'une portion de la plaque africaine (obtenue grâce au logiciel Sismolog), on peut observer la localisation des principaux édifices volcaniques de la région : les volcans repérés en rouge ont une activité récente, les volcans marqués en noir sont considérés comme éteints. La majorité des édifices volcaniques à l'intérieur de la plaque africaine marquent l'emplacement de points chauds dont certains sont encore actifs. On a représenté dans des carrés jaunes les principaux : du Nord au Sud, les îles Canaries, les îles du CapVert et le Mont Cameroun.

Le fonctionnement de ces points chauds sera considéré comme aussi ancien que celui des points chauds qui ont produit des îles volcaniques dans l'océan Pacifique.

Question 1 (Saisir des informations)
Observez la disposition des volcans au niveau de chacun de ces trois points chauds et comparez-la à celle décrite dans la « chaîne » des monts de l'Empereur et des îles Hawaï (voir page 298).

Question 2 (Faire des déductions)
Que peut-on déduire de cette observation en ce qui concerne la mobilité de la plaque africaine au cours des temps géologiques ?

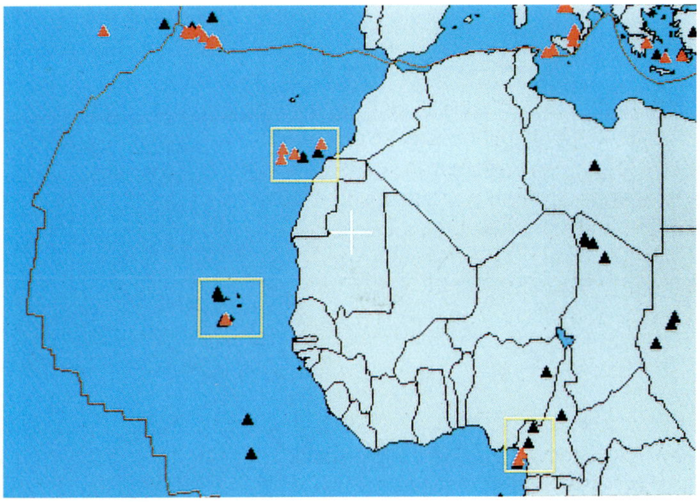

4 Dater l'ouverture d'un océan et mesurer sa vitesse d'expansion.

La carte ci-dessous présente les fonds océaniques de l'Atlantique nord au large des côtes franco - espagnoles et britanniques. Le plateau continental recouvert par une faible épaisseur d'eau appartient, comme son nom l'indique, au domaine continental.
L'étude des anomalies magnétiques du plancher océanique dans cette zone a permis de dater avec précision différentes bandes parallèles du plancher basaltique ; l'axe de ces bandes est repéré sur la carte par des lignes pointillées.

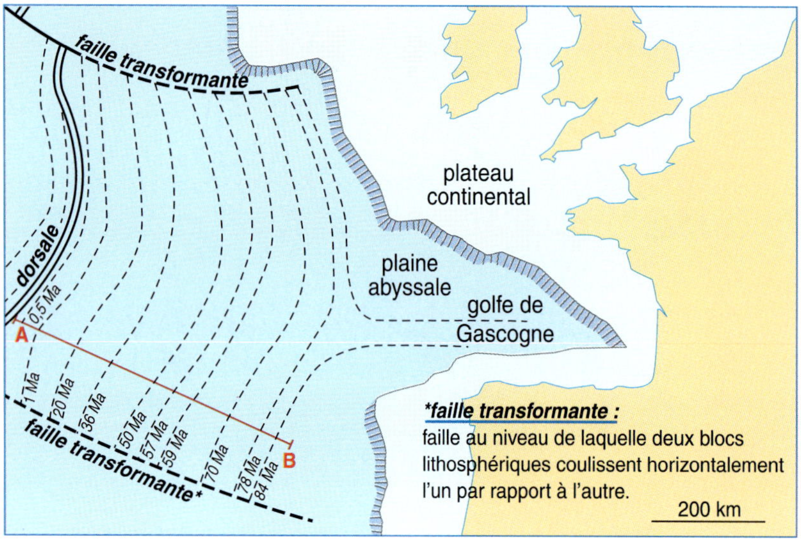

Question 1 (Construire un graphe et le commenter)

Représentez graphiquement la vitesse d'expansion de l'océan selon le profil AB. Pour cela, portez en abscisses les distances à l'axe de la dorsale et en ordonnées l'âge des différentes bandes. Commentez le graphique ainsi obtenu.

Question 2 (Utiliser des données)

Quelle a été la vitesse moyenne de formation du plancher océanique entre A et B (en cm par an) ? En se basant sur cette vitesse moyenne, dites à quelle époque est intervenue l'ouverture de l'océan Atlantique dans cette zone.

Question 3 (Formuler des hypothèses explicatives)

Observez la bande datée de - 84 Ma. Quelle est sa particularité ? Quelle hypothèse pouvez-vous formuler concernant la formation du golfe de Gascogne qui expliquerait cette particularité ?

5 Les déplacements de l'Anatolie révélés par GPS et SLR.

L'Anatolie est la péninsule occidentale de l'Asie, appelée également Asie Mineure. Elle constitue une plaque tectonique délimitée à l'est par la faille du Jourdain et au nord par la faille nord-anatolienne.
Les déplacements actuels de cette plaque ont été mesurés par deux techniques utilisant des satellites :
GPS (Global Positioning System) et SLR (Satellite Laser Ranging).

Question 1 (Saisir des informations)

Quelle est la vitesse moyenne de déplacement de la plaque anatolienne ? Comparez les données obtenues par SLR et par GPS.

Question 2 (Pratiquer un raisonnement)

Des séismes très destructeurs se sont produits récemment dans le nord de l'Anatolie : en voyez-vous la cause ?

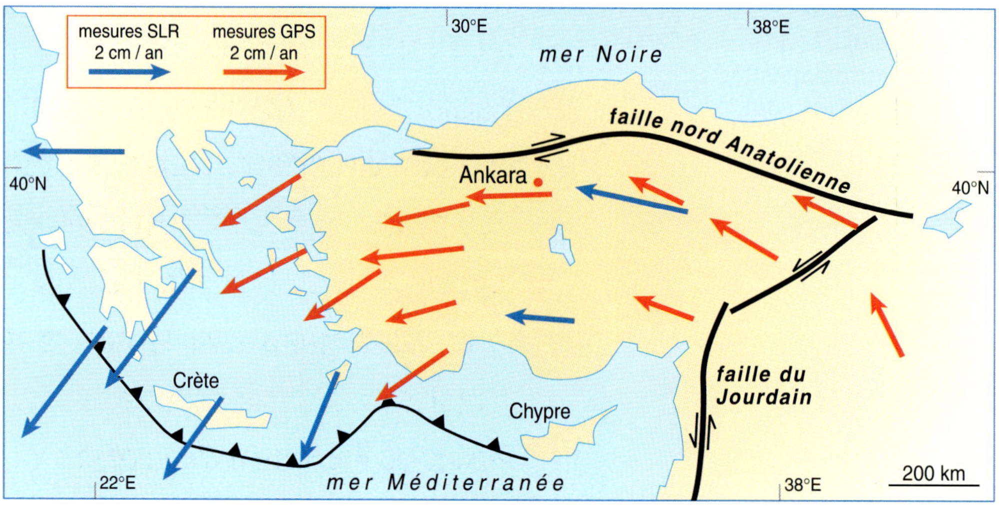

Chapitre

4

Formation et divergence des plaques lithosphériques

Au niveau des dorsales, les plaques lithosphériques s'écartent en « double tapis roulant ». Nous allons découvrir comment ce mécanisme est lié à une création permanente de lithosphère océanique qui se modifie à mesure qu'elle s'éloigne de la dorsale. Nous constaterons ensuite que certaines bordures continentales ont enregistré les toutes premières étapes de l'ouverture d'un océan.

Photographie : fumeurs noirs : eau jaillissant près du rift à plus de 350 °C.

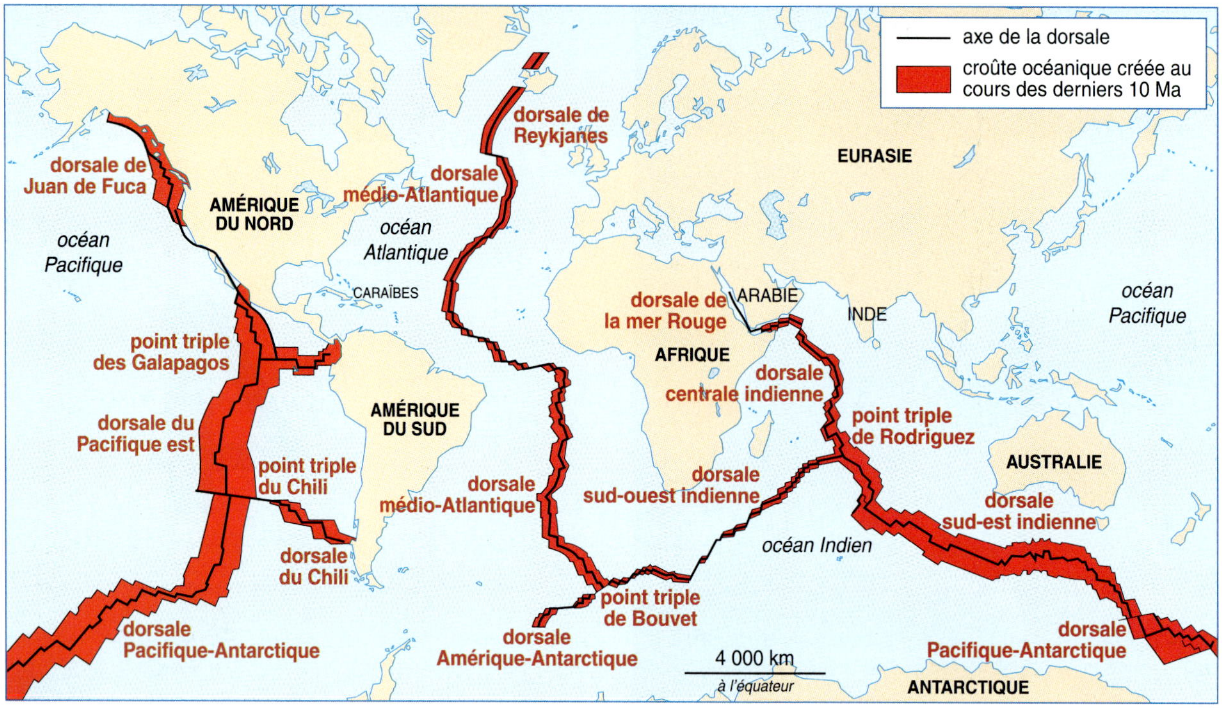

1 Les dorsales océaniques : une chaîne de volcans de plus de 60 000 km de long. Vous rappelez-vous de quel type de volcans il s'agit ? Quelle est la nature des laves émises ?

2 Laves en coussins, ou pillow-lavas, photographiées à 2 000 m de profondeur. Pourquoi la lave se solidifie-t-elle en masses arrondies ? De quelle roche volcanique sont formées ces « boules » ?

3 Fissure observée dans la zone axiale d'une dorsale. Pourquoi le plancher océanique est-il très fissuré à ce niveau ?

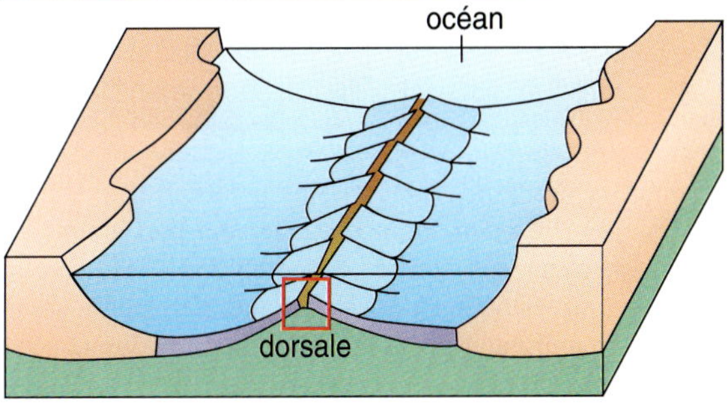

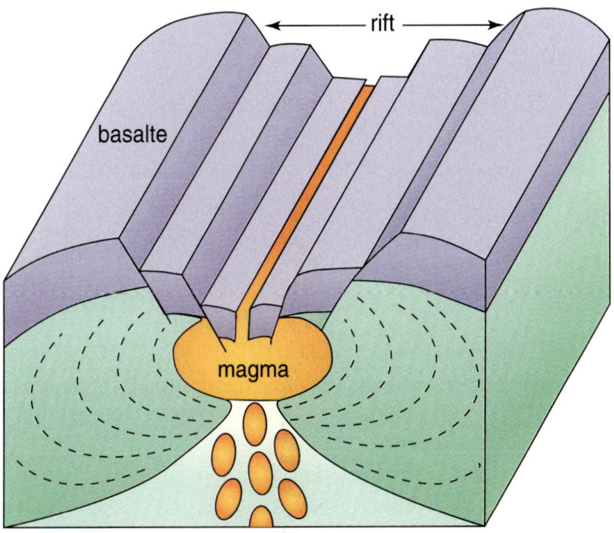

4 Coupe schématique montrant la structure d'une dorsale. Utilisez ce schéma pour expliquer de manière simple le volcanisme des dorsales.

Les acquis en quelques lignes

- On appelle lithosphère (du grec *lithos* = pierre et *sphaira* = boule) la couche superficielle rigide du globe terrestre (70 à 150 km d'épaisseur). La lithosphère est découpée en plaques.
- Les dorsales océaniques sont des zones d'écartement des plaques lithosphériques.
- Au niveau des dorsales, il y a création permanente de nouvelle lithosphère grâce à un volcanisme très actif.
- Les laves émises, de nature basaltique, sont très fluides ; elles forment des « pillow-lavas » qui témoignent d'un refroidissement brutal de la lave au contact de l'eau.
- De nombreuses failles et fissures découpent la lithosphère dans la région axiale de la dorsale ; elles sont plus ou moins parallèles à son allongement.

Des nouveaux problèmes à résoudre

- Comment la nouvelle lithosphère océanique se forme-t-elle au niveau de la dorsale ?
- Les basaltes sont-ils les seules roches de cette lithosphère océanique ?
- Comment évolue la lithosphère en s'éloignant de la dorsale ?
- Pourquoi n'y a-t-il pas de plancher océanique d'âge supérieur à 200 millions d'années ?
- Comment certaines marges continentales ont-elles conservé les traces des premières étapes de l'installation de l'océan qui les sépare actuellement ?
- Connaissez-vous un exemple actuel d'océan en cours de formation ?

Des informations complémentaires à

Vous savez depuis la classe de 4e que les dorsales sont le siège d'un volcanisme basaltique à partir duquel se construit la croûte océanique. Les méthodes modernes d'exploration permettent de mieux comprendre la dynamique des dorsales et des fonds océaniques.

- Quelles informations apportent ces techniques modernes ?
- En quoi permettent-elles de préciser le mode de fonctionnement d'une dorsale ?

A La topographie des fonds océaniques.

Des bateaux spécialisés disposent de sondeurs multifaisceaux capables de cartographier en un seul passage une largeur de fond sous-marin atteignant jusqu'à sept fois la profondeur de l'eau. Un sonar (ou échosonde) émet vers le bas, en continu, un faisceau d'ultrasons qui, après réflexion sur le fond, est recueilli par des appareils enregistrant les échos.

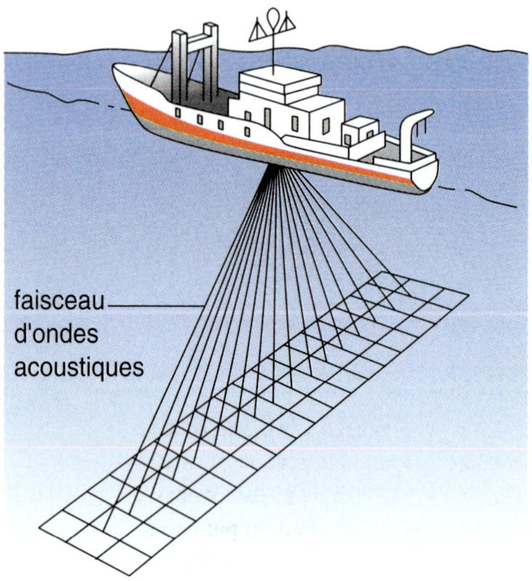

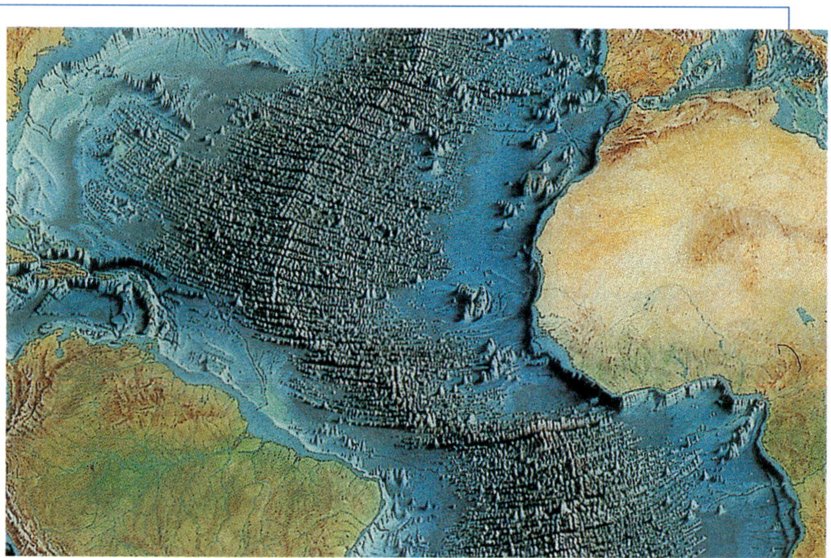

Les relevés topographiques des fonds sous-marins présentent un vif intérêt pour les géologues. En effet, l'érosion étant pratiquement inexistante sur les fonds océaniques, l'observation des formes topographiques est révélatrice de la structure géologique. Sur les continents au contraire, l'érosion « gomme » rapidement les structures et souligne surtout les différences de dureté entre les roches.

Une coupe de l'océan Atlantique entre les Antilles et l'Afrique illustre bien les différents types de morphologie des fonds océaniques que l'on peut rencontrer dans tous les océans du globe.

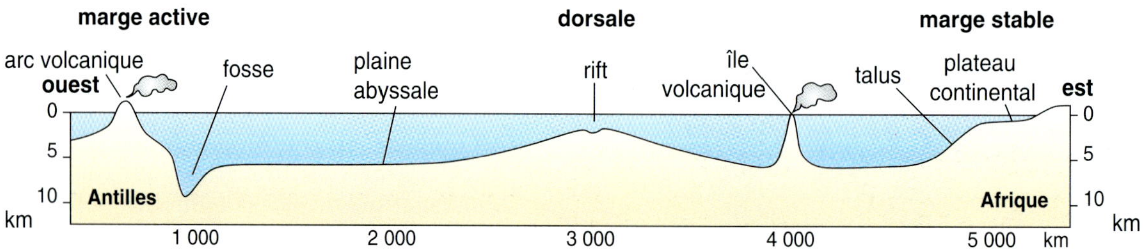

- **Plateau continental :** c'est la bordure immergée d'un continent ; sa pente est infime (1 m par km) et la profondeur est généralement inférieure à 200 m.
- **Plaines abyssales :** vastes plaines à 4 000 m de profondeur environ.
- **Talus continental :** talus dont la pente est de 7 % en moyenne et qui fait passer du plateau continental aux plaines abyssales.
- **Dorsales océaniques :** chaînes de montagnes sous-marines, larges de 2 000 à 3 000 km et en continuité d'un océan à l'autre sur plus de 60 000 km de long.
- **Fosses océaniques :** fosses linéaires très profondes (jusqu'à -11 000 m) qui longent certains continents entre le plateau continental et la plaine abyssale.
- **Iles volcaniques :** îles situées soit sur les dorsales soit en d'autres points de la zone océanique.

1 Les relevés topographiques du fond océanique sont réalisés depuis la surface par des navires équipés de sonars.

B Un fossé axial dans la dorsale médio-Atlantique.

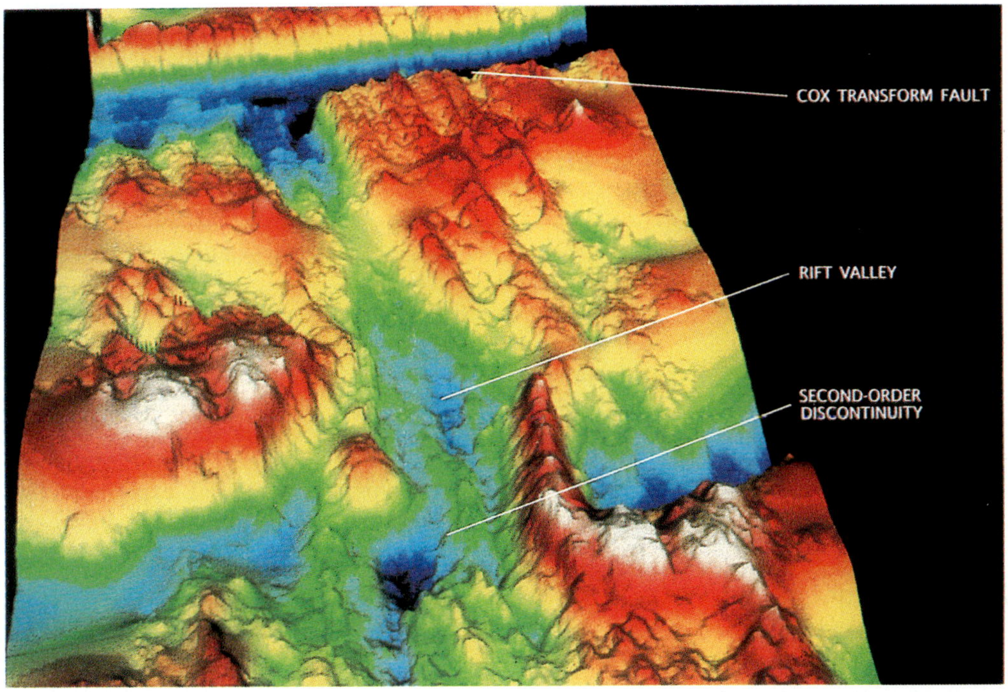

2 Image en 3D de la zone axiale de la dorsale médio-Atlantique. Cette reconstitution a été obtenue grâce à un traitement informatique des relevés topographiques ; les reliefs, soulignés par la couleur, sont très exagérés.

L'axe de la dorsale médio-Atlantique est parcouru par un **rift :** c'est une dépression bordée par un réseau de failles dont l'activité est signée par de fréquents séismes. Les plans de faille* plongent vers le centre du fossé. Lorsque ces failles rejouent, le compartiment situé au-dessus du plan de faille s'effondre systématiquement en direction du fossé. Ces caractéristiques indiquent que, dans ces zones, la lithosphère est soumise à un étirement.

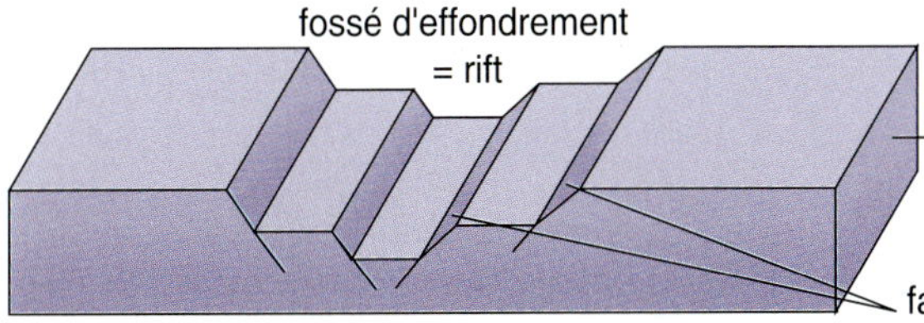

La dorsale est une zone où le flux de chaleur* rayonnée vers la surface est nettement plus élevé qu'au niveau des plaines abyssales voisines. Cela révèle la présence, sous la dorsale océanique, d'une région « anormalement » chaude du manteau que les géologues interprètent comme une zone moins dense. En conséquence, cette région pousse la croûte vers le haut et la soulève, ce qui explique le relief sous-marin.

3 Un réseau de failles caractéristique d'une zone en extension.

Lexique

- **Flux de chaleur :** mesure du rayonnement thermique d'origine interne évacué par conduction à travers la croûte.
- **Plan de faille :** surface plane le long de laquelle glissent deux compartiments de la croûte terrestre séparés par une faille.

Pistes d'exploitation

1 - Doc 1, 2 et 3 : Précisez en quelques lignes ce que ces documents apportent comme informations nouvelles par rapport aux acquis concernant les dorsales et les fonds océaniques.

2 - Doc 3 : Quels arguments permettent d'établir qu'une dorsale est une zone soumise d'une part à une poussée vers le haut, d'autre part à un étirement ?

ACTIVITÉS pratiques 2

La production de lithosphère au

La croûte océanique a jusqu'ici été définie comme une couche de basalte. Cette affirmation n'est vraiment correcte que pour sa partie superficielle car, sous les basaltes, d'autres roches magmatiques ont été récoltées sur les fonds océaniques.

■ Quelles sont ces roches ? Ont-elles des liens de parenté avec les laves basaltiques qui les recouvrent ?

A La lithosphère océanique s'organise en couches superposées.

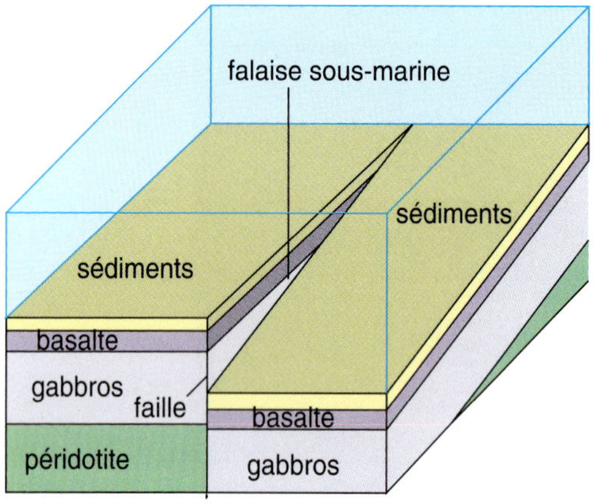

Les couches internes du plancher océanique sont accessibles
– soit par carottage lors de forages profonds ;
– soit au niveau de certaines falaises sous-marines correspondant à des fractures ayant soulevé ou décalé (voir exercice 2, p. 333) des pans du plancher dont les parties profondes sont ainsi devenues accessibles.

Les échantillons prélevés appartiennent à trois types de roches : basaltes, gabbros et péridotites. L'exploration de divers océans montre partout une même organisation en trois couches superposées : basaltes au sommet, gabbros au-dessous, péridotites à la base.

1 Structure et composition de la lithosphère océanique.

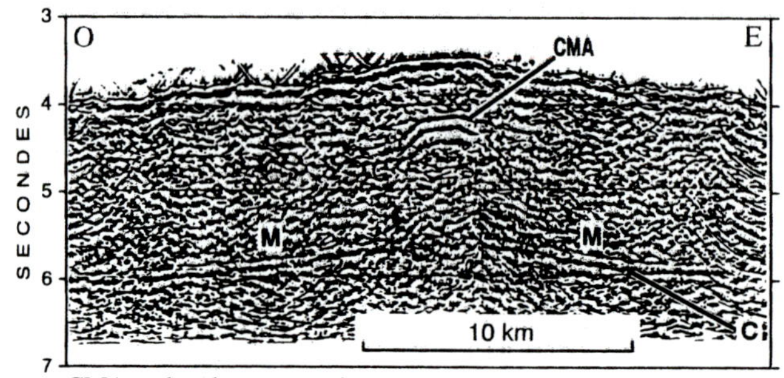

CMA = chambre magmatique ; M = Moho

L'interprétation des profils sismiques (photo ci-contre) confirme une structure en trois couches superposées bien visibles sur le flanc des dorsales. La partie axiale de la dorsale apparaît plus « floue » car elle correspond à des matériaux plus chauds qui sont de moins bons réflecteurs des ondes sismiques. L'image de cette partie axiale est interprétée comme une zone de transition entre des péridotites solides à haute température, des péridotites partiellement fondues et enfin un domaine riche en liquide de fusion : la chambre magmatique.

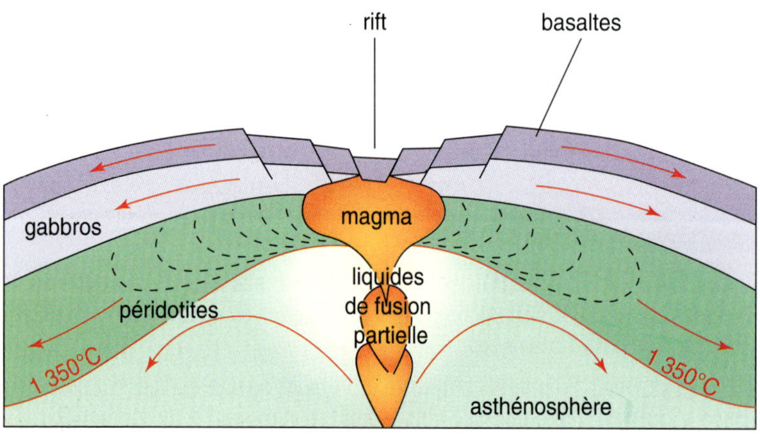

× 3

Le gabbro possède la même composition chimique que le basalte (p.270) ; en revanche, il s'agit d'une roche entièrement cristallisée, à texture grenue, dont les principaux minéraux sont le feldspath plagioclase et les pyroxènes.

2 La péridotite, roche mère du plancher océanique.

B Des péridotites aux basaltes et gabbros : la naissance de la lithosphère.

Grâce à un appareillage spécial (voir page 272), on peut soumettre des matériaux à des pressions et des températures comparables à celles régnant dans le manteau à des profondeurs de plusieurs dizaines ou centaines de kilomètres. L'expérimentation menée sur des péridotites soumises à de telles conditions permet de définir dans un graphe Pression/Température l'intervalle qui sépare l'apparition de la première goutte de liquide (début de la fusion) de la disparition du dernier cristal (fusion totale). On peut préciser dans cet espace le taux de fusion des péridotites, c'est à dire le pourcentage de liquide produit dans les différentes conditions. Le graphe montre que le début de fusion d'une péridotite ne nécessite pas nécessairement une augmentation de température : il peut se produire par diminution de la pression, ce qui est le cas lorsque des roches du manteau remontent vers la surface (flèche bleue). Ainsi, pour une température de 1 400°C, le début de la fusion intervient à environ 80 km de profondeur et la quantité de liquide produit augmente au cours de la décompression.

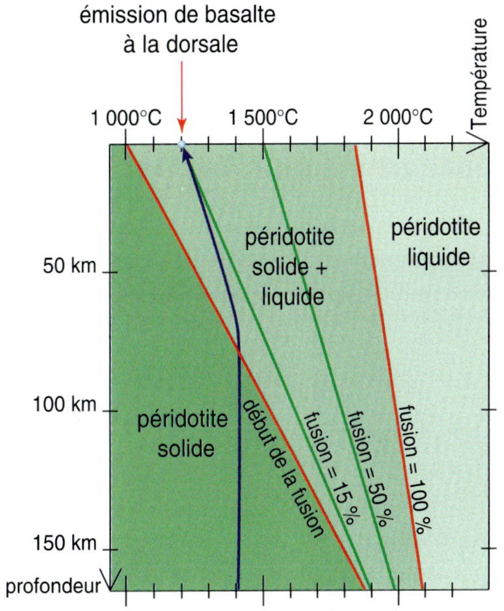

3 La décompression des péridotites provoque leur fusion.

La fusion des péridotites du manteau est toujours progressive et elle n'est jamais totale. Le liquide de fusion apparaît d'abord sous forme d'un film entre les grains, puis de gouttelettes qui, moins denses, migrent et se rassemblent pour constituer des « poches » de magma.
Le produit de la fusion partielle génère un liquide magmatique dont la composition est différente de celle de la roche source : en effet, certains éléments chimiques de cette roche passent préférentiellement dans le liquide de fusion alors que d'autres, dits réfractaires, restent dans la partie non fondue.

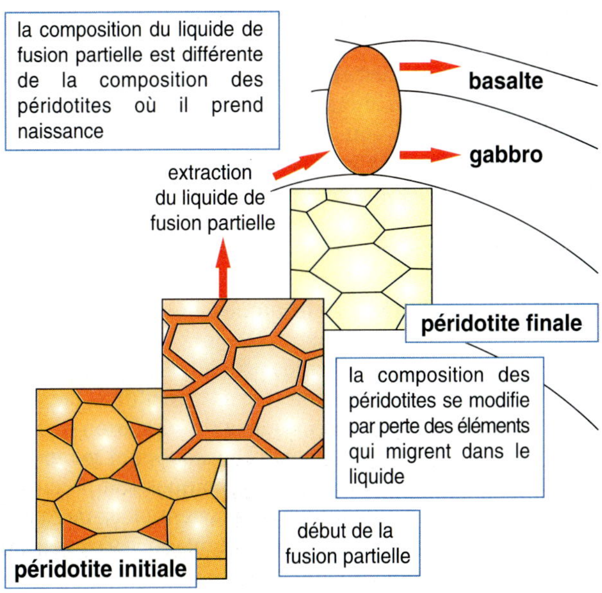

4 Le magma basaltique est le résultat de la fusion partielle des péridotites.

Lexique

- **Courbe du solidus :** définit les conditions de température et de pression pour lesquelles apparaît la première goutte de liquide au tout début de la fusion d'un matériau solide.
- **Courbe du liquidus :** définit les conditions de température et de pression pour lesquelles apparaît le premier cristal dans un liquide magmatique (= courbe « fusion » = 100 %).

Pistes d'exploitation

1 - Doc 1 et 2 : Sachant que le basalte et le gabbro dérivent du même magma et ont la même composition chimique, expliquez, en utilisant les connaissances acquises au chapitre précédent, pourquoi le premier a une texture microlitique et le second une texture grenue.

2 - Doc 3 : Une augmentation de la température est-elle obligatoirement nécessaire pour provoquer la fusion partielle d'une roche du manteau terrestre ?

3 - Doc 4 : Expliquez pourquoi le magma produit par fusion des péridotites n'a pas la même composition que ces péridotites.

4 - Bilan : Résumez en quelques phrases les mécanismes à l'origine de la production de lithosphère nouvelle au niveau du rift.

La lithosphère se modifie en

C'est sous plusieurs kilomètres d'eau de mer que les dorsales produisent la croûte océanique chaude à partir de magmas issus des péridotites du manteau.

- Des échanges chimiques interviennent-ils entre la jeune lithosphère et l'eau de l'océan ?
- Comment se transforme la lithosphère en vieillissant, c'est-à-dire en s'éloignant de la dorsale ?

A La croûte océanique est modifiée par des circulations hydrothermales.

1 Les « fumeurs noirs », preuves des circulations hydrothermales dans le plancher océanique.
a – De l'eau à plus de 350°C jaillissant près du rift. **b** – Coupe longitudinale d'un fumeur noir montrant les dépôts de sulfures (en jaune) autour du conduit. **c** – Schéma d'interprétation.

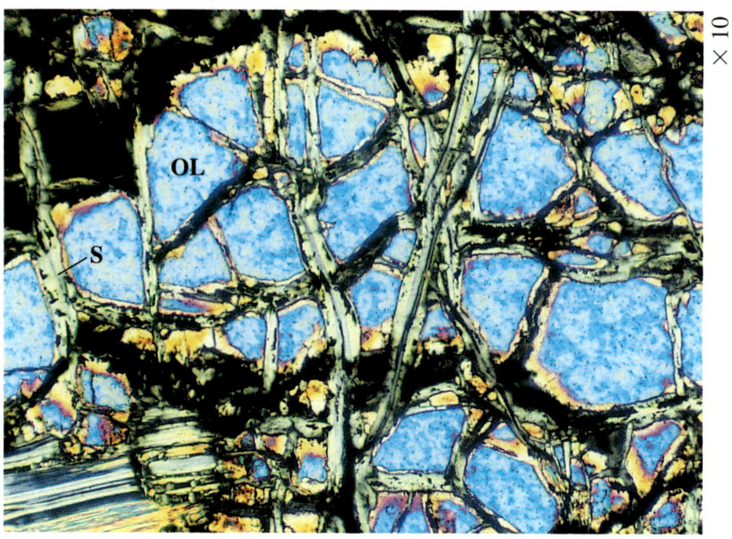

L'eau de mer, en particulier lorsqu'elle est chaude, provoque une altération chimique des roches du plancher. Dans les couches supérieures de ce plancher, les basaltes, les gabbros et les péridotites présentent des minéraux altérés : les plagioclases sont transformés en argiles, les pyroxènes et les olivines (OL) remplacés par de la serpentine (S). Les minéraux formés au cours de cette altération sont hydratés : ils possèdent dans leurs formules chimiques des radicaux hydroxyles (OH^-) qui étaient absents dans les feldspaths, pyroxènes et olivines primaires.
Ainsi, la circulation d'eau de mer dans la croûte océanique a pour conséquence l'hydratation du plancher et un transfert d'éléments chimiques qui se retrouvent soit dissous dans les eaux océaniques soit précipités sur le fond. Ces circulations évacuent aussi de la chaleur et participent ainsi activement au refroidissement du plancher océanique.

2 Un exemple d'altération des roches du plancher par hydratation : une péridotite serpentinisée.

B La lithosphère est condamnée à sombrer dans l'asthénosphère.

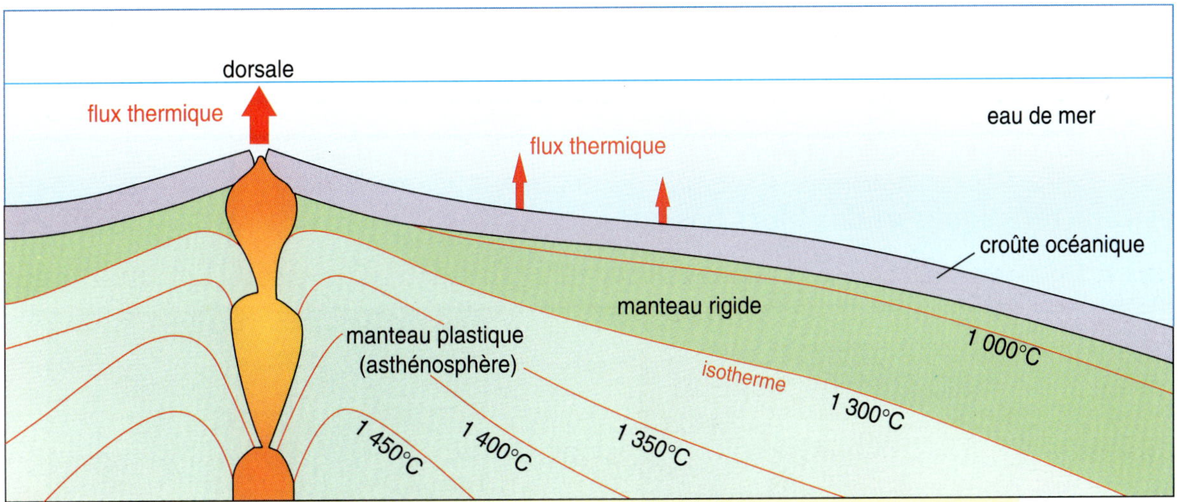

3 **En s'éloignant de la dorsale, la lithosphère se refroidit et s'épaissit progressivement.**

La lithosphère jeune (au voisinage de la dorsale) a une densité plus faible que celle de l'asthénosphère sur laquelle elle flotte. En vieillissant, la lithosphère s'éloigne de la dorsale ; elle se refroidit et son épaisseur augmente. Du fait de son refroidissement, sa densité augmente peu à peu. Or, la densité de l'asthénosphère est constante.
Selon le principe d'Archimède, la lithosphère « vieillissante » s'enfonce donc de plus en plus dans l'asthénosphère ; sa flottabilité diminue progressivement et, à une certaine distance de la dorsale, cette flottabilité devient nulle. La lithosphère océanique vieille finit donc inexorablement par « sombrer » dans le manteau.

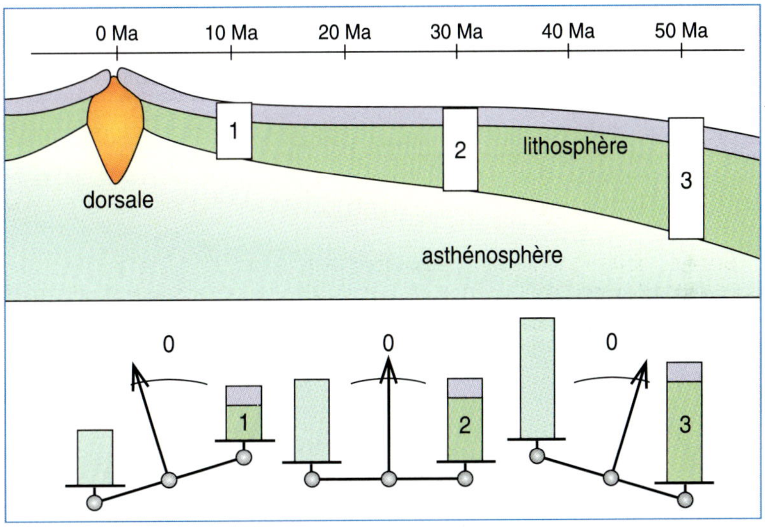

4 **La lithosphère s'enfonce inexorablement et finit par sombrer.**

Lexique

- **Isotherme :** surface d'égale température.
- **Serpentine :** roche dont l'aspect évoque la peau de serpent (couleur vert sombre traversée de filonnets vert-jaune qui dessinent des « écailles ») ; elle provient de l'altération de roches magmatiques basiques ou ultrabasiques.
- **Fumeur noir :** source hydrothermale sous-marine très chaude (plus de 300°C) dont l'aspect de panache noir est dû à la précipitation de sulfures au contact de l'eau glacée du fond océanique.

Pistes d'exploitation

1 - Doc 1 et 2 : Quelles observations témoignent d'échanges chimiques entre l'océan et les roches du plancher ?

2 - Doc 3 et 4 : Pourquoi la lithosphère s'épaissit-elle en s'éloignant de la dorsale ? Expliquez pourquoi on ne trouve pas de plancher océanique d'âge supérieur à 200 millions d'années environ : que devient le plancher océanique lorsqu'il atteint cet âge ? (Pour répondre, revenez au modèle général de fonctionnement de la planète rappelé page 238).

Les caractères des marges océaniques

Certaines marges continentales sont dites passives parce qu'elles sont actuellement stables, dépourvues de manifestations volcaniques ou sismiques. C'est le cas de la bordure ouest de la France, ou marge armoricaine.

- Quelles sont les caractéristiques morphologiques et structurales de ces marges ?
- Quelles informations peut-on tirer de l'étude des carottes de sédiments remontées lors des forages pétroliers effectués en mer sur le plateau continental (forages off-shore) ?

A Des failles caractéristiques et des blocs basculés.

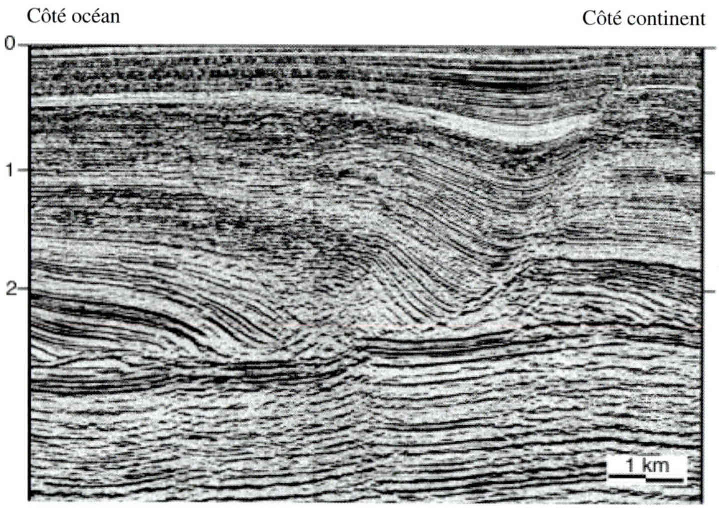

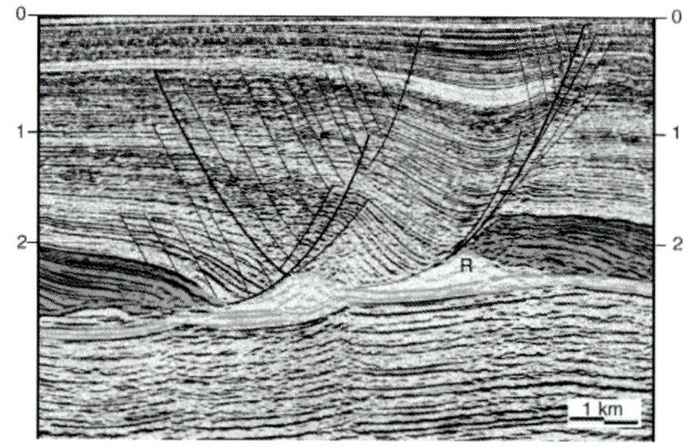

Des failles (dites failles listriques) à pendage* de 40 à 60° vers l'océan découpent la partie inférieure de la série sédimentaire et pénètrent dans le socle granitique où leur pendage s'atténue. Ces failles traduisent un allongement de 30 à 40 % de la croûte continentale.

1 Des failles caractéristiques d'une déchirure par étirement.

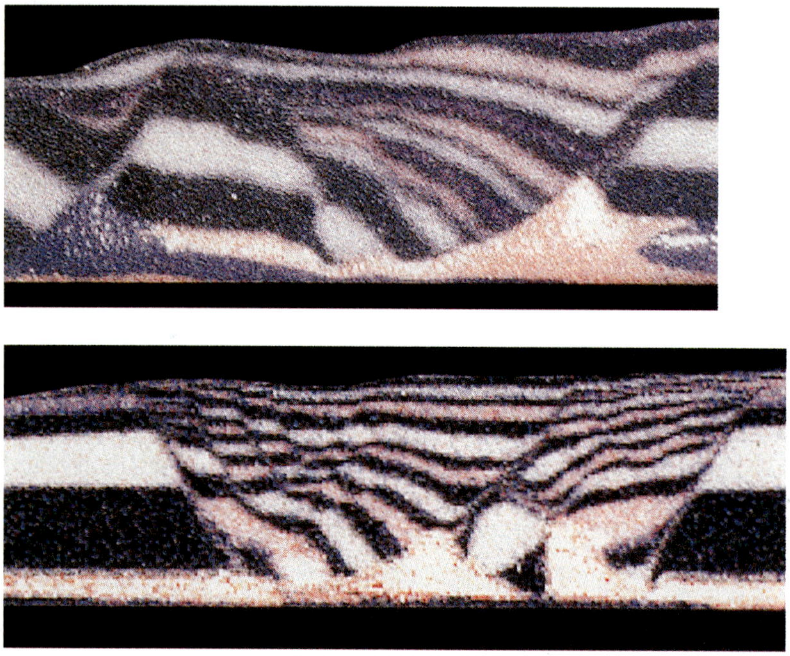

Des chercheurs de l'université de Rennes ont mis au point des modèles analogiques qui permettent d'étudier les phénomènes géologiques qui se produisent à des échelles de l'ordre du millier de kilomètres et de la dizaine de millions d'années en les ramenant à l'échelle humaine du laboratoire où les grandeurs caractéristiques sont de l'ordre du mètre et de la journée.

Dans un bac sont placées différentes couches horizontales à base de sables, de gommes, de silicones, de miel, de résine de pin ou de liquides visqueux. Grâce à des vérins pilotés par ordinateur, l'ensemble est soumis à une distension. Les vitesses de déplacements sont de l'ordre du centimètre par heure. Des dispositifs de chauffage permettent de prendre en compte les effets de la température sur la déformation des roches.

2 Un modèle analogique pour comprendre.

B Des sédiments qui témoignent d'une évolution des conditions de dépôt.

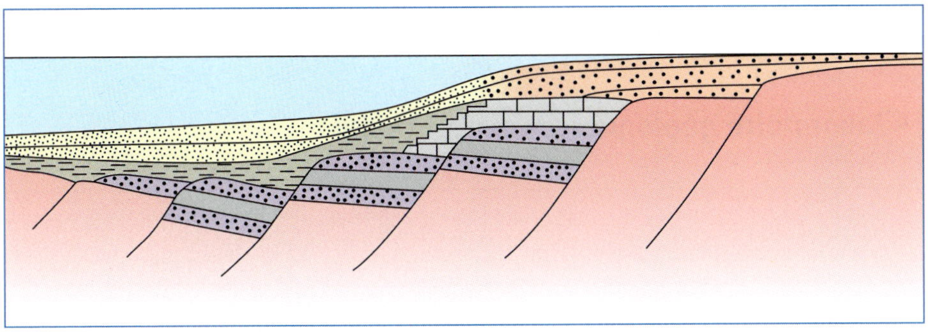

Types de sédiments trouvés sur une marge passive		
Zone de la marge éloignée du continent	**Zone de la marge proche du continent**	
Dépôts détritiques* fins : boues très fines, argileuses et siliceuses.	**Dépôts détritiques grossiers :** arènes, sables et argiles, parfois mélangés à des carbonates.	Type de sédimentation que l'on trouve à l'heure actuelle sur la marge armoricaine, bordée par un océan. Il s'agit d'apports détritiques venus du continent, grossiers côté continent et de plus en plus fins en allant vers le large.
Vases noires : boues très fines riches en matière organique (gisements possibles d'hydrocarbures).	**Carbonates :** surtout des calcaires dits « bioclastiques » car très riches en tests calcaires, plus ou moins brisés, d'organismes planctoniques.	Type de sédimentation que l'on trouve à l'heure actuelle dans une mer étroite (type mer Rouge). En bordure, le plateau continental est peu profond et les eaux sont bien oxygénées. Plus au large, du fait de l'absence de courants, les eaux constituent un milieu réducteur : la matière organique n'est pas oxydée et se conserve dans les sédiments.
Dépôts détritiques grossiers, de type « épandage fluviatile » (galets, graviers et sables mélangés à des argiles), **coulées** de laves et **cendres** volcaniques, **évaporites*** (sels : chlorures, sulfates...).		Type de sédimentation que l'on trouve à l'heure actuelle dans les fossés d'effondrement ou « rifts » continentaux (voir double page suivante).

3 Les principaux caractères des sédiments d'une marge passive et « ce qu'ils nous racontent » sur l'histoire de cette marge.

4 Un échantillon de carotte (l ≈ 40 cm) : dépôts détritiques fins avec passages plus grossiers (turbidites).

Lexique

- **Pendage :** le pendage mesure l'inclinaison d'une surface géologique (faille, stratification) par rapport au plan horizontal et indique la direction géographique de ce plongement (exemple : pendage de 30° vers le sud-ouest).
- **Roches détritiques :** roches formées au moins à 50 % de débris de roches préexistantes.
- **Evaporites :** dépôts de roches formées par précipitation des sels suite à l'évaporation d'eaux saumâtres dans des lagunes.

Pistes d'exploitation

1 - Doc 1 et 2 : Quels témoignages d'un étirement de la croûte continentale trouve-t-on au niveau d'une marge passive ? Pouvez-vous dater l'âge des fractures par rapport à celui des dépôts sédimentaires ?

2 - Doc 3 et 4 : Quelles informations sur l'histoire géologique de la marge océanique passive nous apporte l'étude des sédiments ? Procédez à une reconstitution chronologique de cette histoire.

ACTIVITÉS pratiques **5**

A l'origine des marges passives, la

Les géologues ont démontré qu'un océan naît de la déchirure d'un continent. Le rift est-africain est un exemple remarquable de ces zones où la croûte continentale s'étire puis se fracture.

- **Que peut-on observer dans de telles régions ?**
- **Quels caractères d'une marge passive peut-on y déceler ?**

A Le triangle des Afars, un « laboratoire géologique » exceptionnel.

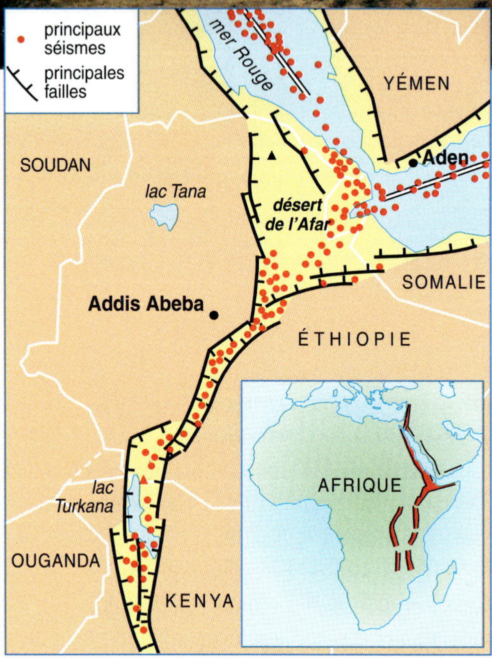

Située à la jonction entre le rift est-africain et la mer Rouge, la dépression topographique de l'Afar (– 20 à + 600 m) est bordée par les hauts plateaux éthiopiens et somaliens (+ 3 000 à + 4 000 m).

- D'innombrables fractures et fissures parcourent le sous-sol de l'Afar. Elles s'organisent selon deux systèmes dont les directions parallèles aux bordures des fossés découpent le territoire en une succession de parties effondrées et de compartiments surélevés. Une telle disposition est typique d'une région soumise à un étirement tectonique. Notons qu'au sud de l'Afar, les failles SW-NE, très marquées, sont parallèles à l'axe de la vallée du Rift ; vers le nord, la direction des failles devient NW-SE, parallèle au fossé de la mer Rouge.
- La distribution des foyers sismiques dans le nord-est de l'Afrique définit trois grands axes : les deux premiers sont centrés sur la mer Rouge et le golfe d'Aden, le troisième est un axe continental : le rift est-africain.

1 **La dépression des Afars permet d'étudier les toutes premières étapes de l'installation d'un futur océan par déchirure d'une masse continentale.**

B Un fossé d'effondrement sur une croûte continentale fragilisée.

2 Près de Djibouti, un réseau de failles en marches d'escalier, témoins de la déchirure du désert.

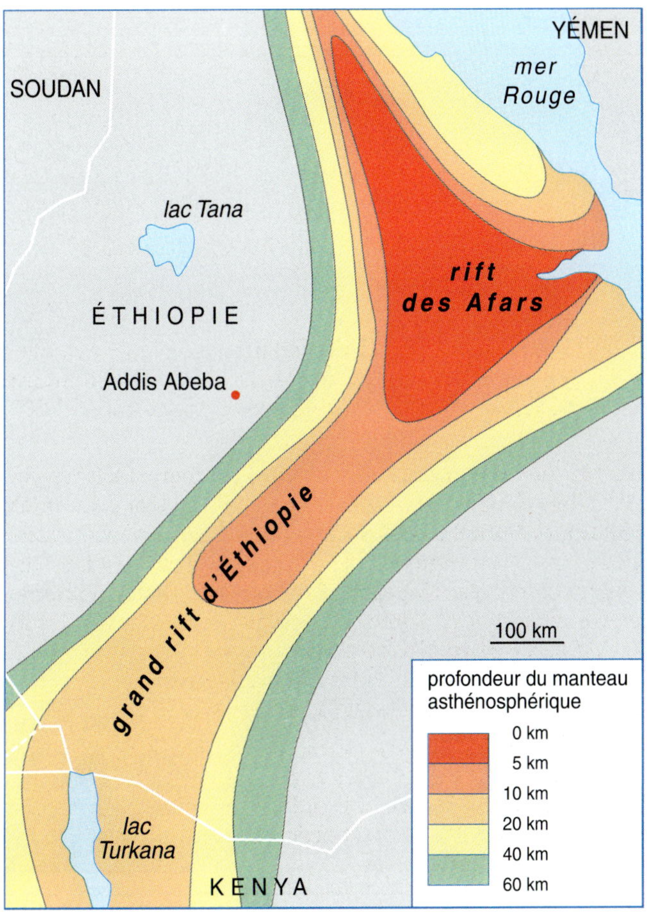

Par des méthodes géophysiques, les géologues ont déterminé la profondeur de l'asthénosphère, c'est-à-dire la profondeur à laquelle la plasticité du manteau devient suffisante pour que celui-ci soit qualifié d'asthénosphère.

3 Profondeur du manteau asthénosphérique dans la région du triangle des Afars.

Pistes d'exploitation

1 - Doc 1 : Quelles sont les caractéristiques de la fracturation et de la sismicité du triangle des Afars ?

2 - Doc 2 et 3 : Justifiez l'affirmation des géologues selon laquelle un rift continental est un fossé d'effondrement sur une lithosphère amincie et fragilisée.

3 - Bilan : Résumez en quelques phrases les caractéristiques morphologiques et structurales d'un rift continental que l'on retrouve dans une marge passive.

ACTIVITÉS pratiques 6

Les rifts continentaux : « embryons »

L'association d'un volcanisme et d'une distension caractérise le rift est-africain. L'observation des types de manifestations volcaniques et l'étude de la nature des laves émises est riche d'enseignements pour comprendre le passé et prévoir le devenir du rift.

- Quelles sont les caractéristiques des magmas qui traversent la croûte en empruntant les fissures ?
- Pourquoi peut-on dire qu'un rift continental est « l'embryon » d'un futur océan ?

A Au cœur du rift, un volcanisme fissural intense.

En novembre 1978, dans le rift d'Assal situé dans le triangle des Afars, une crise volcanique et sismique a permis aux scientifiques de faire de nombreuses observations.
– Les **séismes**, dont certains dépassaient la magnitude 5, ont provoqué le rejeu de failles bordières existantes ainsi que la création de nouvelles failles.
– L'**activité volcanique** s'est caractérisée par l'émission de laves basaltiques fluides dans l'axe du rift.
– L'**écartement des marges** du rift consécutif à ces événements, mesuré avec précision, a atteint 1 à 2 mètres selon les endroits.

1 Une ouverture observable.

Les hauts plateaux éthiopiens qui surplombent la zone effondrée de l'Afar sont formés d'empilements de coulées de basalte presque horizontales (ou trapps) sur plusieurs milliers de mètres d'épaisseur. Ces trapps sont caractéristiques de laves émises par un point chaud qui a fonctionné il y a 30 millions d'années (Ma) environ alors que l'Afrique et l'Arabie étaient encore soudées. En revanche, la majeure partie de la dépression de l'Afar est couverte de basaltes récents qui se sont mis en place entre - 4 et -1 Ma. Une comparaison des compositions chimiques indique que les basaltes les plus anciens (3 à 4 Ma) possèdent des compositions de basaltes continentaux alors que les laves les plus récentes (1 Ma) ont des compositions proches de celle des basaltes de dorsales océaniques. Ces données géochimiques confirment donc les arguments géophysiques : la rupture continentale est amorcée et il y a création de lithosphère océanique dans le rift de l'Afar.

2 Des épanchements basaltiques abondants.

B Du rift continental à l'océan.

• Au début de son histoire, le rift est une dépression sur le continent qui recueille des dépôts fluviatiles et lacustres ainsi que les produits d'un volcanisme aérien (coulées, cendres). Des dépôts d'évaporites peuvent également se produire dans des lagunes saumâtres dont l'eau s'évapore.
Les cônes volcaniques et les fissures émettant des laves s'alignent sur le réseau de failles ; cela signifie que celles-ci sont en connexion avec un réservoir magmatique profond et qu'elles s'ouvrent épisodiquement pour laisser passer le magma.

• A un stade plus avancé de l'évolution du rift, de la croûte océanique typique, avec ses anomalies magnétiques, s'intercale entre les marges continentales. C'est le cas par exemple, dans le nord-est du triangle des Afars, au niveau des dépressions voisines du golfe d'Aden et de la mer Rouge où l'on peut voir l'ébauche du plancher d'un futur océan qui séparera peut-être un jour la corne de l'Afrique du reste du continent africain.

• Le rift est ensuite submergé par une invasion marine franche mais le bassin océanique demeure étroit (type « mer Rouge »).
Sur les bords du bassin, la faible épaisseur de l'eau et son agitation (donc son oxygénation) sont favorables à la prolifération des êtres vivants planctoniques (dont les tests forment des sédiments calcaires) et récifaux (constructeurs de récifs).
Vers le centre du bassin, les eaux plus profondes mais non renouvelées sont caractérisées par l'absence d'oxygène. Des boues fines y sédimentent et la matière organique s'y conserve : ces boues noires (ou black-shales en anglais) sont activement recherchées par les prospecteurs d'hydrocarbures.

• Ultérieurement, la mer étroite laisse place à un véritable océan du type de l'océan Atlantique actuel. Les dépôts sont significatifs d'une mer ouverte avec des apports détritiques grossiers côté continent passant progressivement vers le large à des mélanges détritiques et carbonatés beaucoup plus fins. Les marges de cet océan correspondent donc aux deux « lèvres » du rift maintenant largement séparées.

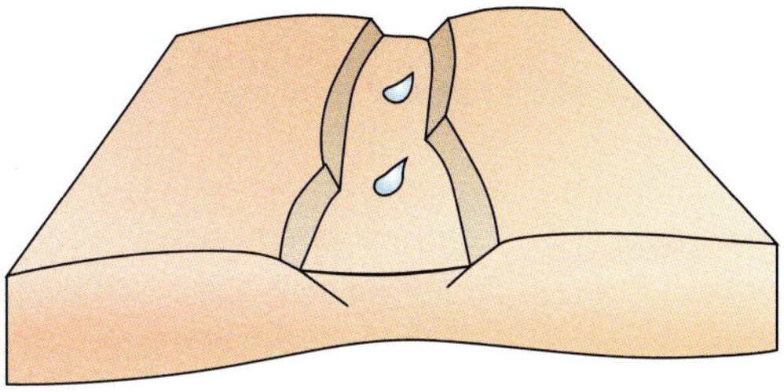

stade fossé d'effondrement

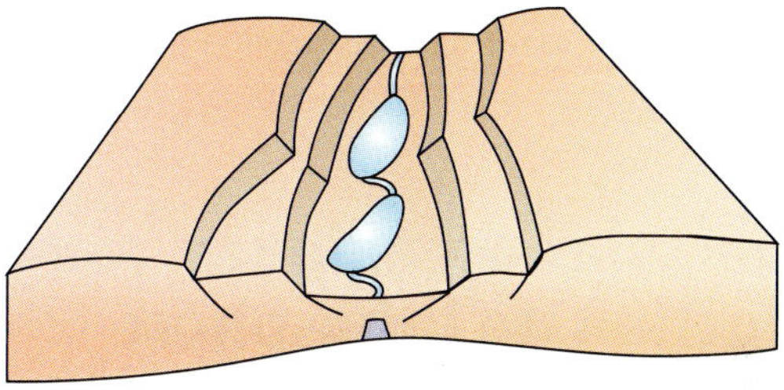

stade dépression lacustre

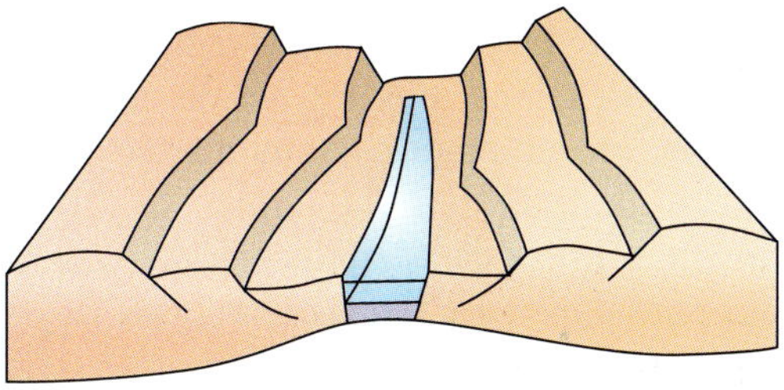

stade mer étroite

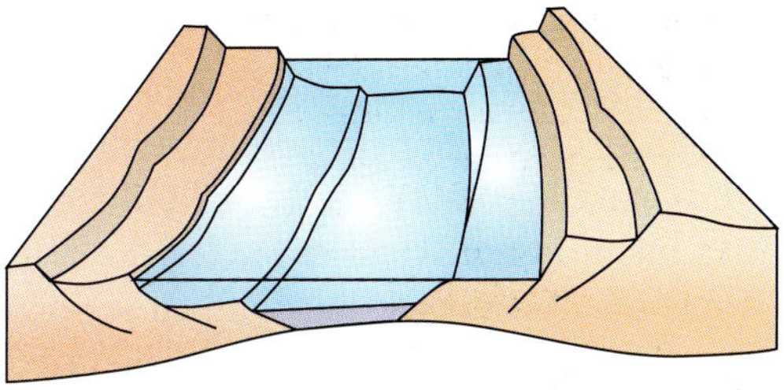

stade océan en expansion

3 Le passé et l'avenir du rift : le scénario le plus probable.

Pistes d'exploitation

1 - Doc 1 et 2 : Quelles sont les différentes origines des basaltes que l'on observe dans la région des hauts plateaux éthiopiens d'une part, dans la région de l'Afar d'autre part ? Que montre l'évolution de la composition chimique de ces basaltes de l'Afar ?

2 - Doc 3 : Essayez de mettre en relation les informations de ce document avec les caractéristiques d'une marge continentale passive données pages 320 et 321.

3 - Bilan : Soulignez l'intérêt que présente la région de l'Afar pour les géologues.

Formation et divergence des plaques lithosphériques

Le chapitre précédent a montré la réalité de la tectonique des plaques et notamment la création permanente de lithosphère nouvelle dans l'axe des dorsales océaniques. Il nous faut maintenant découvrir les mécanismes qui permettent cette création, puis ensuite s'interroger sur le devenir de la lithosphère océanique lorsqu'elle vieillit, c'est-à-dire lorsqu'elle s'éloigne de la dorsale.

I Les dorsales océaniques, zones de production de lithosphère

1• Des zones lithosphériques bombées et étirées

La cartographie méthodique des reliefs sous-marins a révélé l'existence, dans tous les océans du globe, d'une « chaîne de montagnes » sous-marine de plus de 60 000 km de long et d'une largeur de 1 000 à 3 000 km : ce sont les **dorsales océaniques** qui occupent à peu près le tiers des fonds océaniques. De part et d'autre de ces reliefs, le plancher océanique, relativement plat, forme les **plaines abyssales** ; les dorsales s'élèvent à 1 500 m au-dessus de ces plaines et peuvent même émerger localement (Islande). L'axe des dorsales est fréquemment marqué par un fossé ou **rift** de quelques dizaines de kilomètres de large, limité par des fractures parallèles à son axe. Par ailleurs, de nombreuses fractures transversales (ou **failles transformantes**) tronçonnent la dorsale (et le rift) en segments qui sont décalés par coulissage de part et d'autre de ces failles.

Les dorsales et les zones de fractures associées sont le siège de nombreux séismes peu profonds. Les déplacements au niveau des failles normales bordant le rift correspondent à un effondrement de la partie axiale et sont caractéristiques d'une zone soumise à un **étirement** perpendiculaire à cet axe.

Enfin, les analyses sismiques de cette zone révèlent que la croûte océanique est amincie ainsi que l'ensemble de la plaque lithosphérique.

Une dorsale est donc une région où la lithosphère océanique est bombée, **amincie** et soumise à une extension.

2• Un magmatisme important au niveau des dorsales

• **Dans l'axe d'une dorsale, des magmas basaltiques sont injectés**, comblant au fur et à mesure les fissures résultant d'un écartement progressif des marges du rift. A l'échelle de la planète, on estime qu'annuellement une vingtaine de km^3 de magmas (soit approximativement 60 % de la production de magmas à l'échelle de la planète) participent ainsi à l'expansion des planchers océaniques.

Ce magmatisme est lié à l'existence de courants de convection dans le manteau terrestre ; ces courants provoquent la remontée de colonnes chaudes de matériaux profonds sous la lithosphère, à l'aplomb du rift. La baisse de pression qui résulte de cette ascension déclenche une fusion partielle des matériaux du manteau. Les magmas ainsi produits, de composition basaltique, migrent vers la surface.

• **Ces magmas donnent naissance à une nouvelle croûte océanique.** L'étude des échantillons de cette croûte, prélevés au niveau des fractures verticales qui entaillent la dorsale ou recueillis par carottages, révèle une succession verticale très caractéristique. De haut en bas, on observe successivement :
– des **basaltes**, roches **microlitiques** qui se sont figées brutalement au contact de l'eau de mer et forment des laves en coussins (pillow-lavas) et des filons ;
– des roches **grenues** de composition basaltique, les **gabbros**, traversés par de nombreux filons basaltiques.
Cet ensemble surmonte des roches du manteau supérieur, les **péridotites**, qui représentent les matériaux réfractaires restés sur place après l'expulsion des jus magmatiques.

Une telle succession de roches se retrouve sur les continents au niveau de bordures océaniques (Sultanat d'Oman) ou au cœur des chaînes alpines (Alpes, Himalaya) ; on les appelle des **ophiolites** (car l'altération de ces roches leur donne un aspect évoquant la peau écailleuse des serpents). Ces séries ophiolitiques constituent des morceaux de plancher océanique « poussés » sur une marge continentale à la suite de puissants mouvements tectoniques.

II La lithosphère se modifie en s'éloignant de la dorsale

De part et d'autre de la dorsale, la lithosphère océanique est soumise à un mouvement de dérive, la croûte océanique s'éloignant progressivement du rift après sa mise en place. Au fur et à mesure, de nouveaux matériaux issus du manteau viennent créer une nouvelle croûte :

on dit qu'il y a **accrétion** du plancher océanique à la dorsale. En s'éloignant de la dorsale, la lithosphère océanique subit des modifications remarquables.

1• Des modifications de la composition chimique

La jeune croûte océanique, très fracturée, est le siège d'une circulation intense d'eau de mer. Cette **circulation hydrothermale** est à l'origine de modifications chimiques importantes des roches du plancher. Les minéraux des basaltes, des gabbros et des péridotites sont altérés : plagioclases transformés en argiles, pyroxènes et olivines (péridots) remplacés par de la serpentine. Cette altération correspond à une **hydratation** des minéraux, c'est-à-dire à une incorporation de radicaux hydroxyles (OH^-) qui étaient absents dans les feldspaths, pyroxènes et olivines primaires.

Par ailleurs, les eaux qui circulent dans le plancher s'échauffent considérablement et se chargent en divers éléments chimiques (Fe, Mn, Zn, Cu, S...). En remontant vers la surface, elles donnent naissance à des **sources hydrothermales** qui expulsent, dans l'eau froide des fonds océaniques, des eaux très chaudes (jusqu'à 350 °C). Ces sources déposent des sulfures de fer, de cuivre, de zinc... formant ainsi des cheminées qui peuvent atteindre plusieurs dizaines de mètres de haut.

Les circulations hydrothermales dans la croûte océanique ont donc plusieurs conséquences : elles hydratent les minéraux du plancher et elles transfèrent des éléments chimiques de la croûte océanique vers l'océan. Ces circulations évacuent aussi beaucoup de chaleur et participent activement au refroidissement du plancher océanique.

2• Des modifications de la densité

Au niveau des dorsales, la lithosphère océanique, bombée, mince et chaude, « flotte » sur l'asthénosphère. En s'éloignant de l'axe de la dorsale, la lithosphère se refroidit lentement. Son épaisseur ainsi que sa **densité** augmentent. Par voie de conséquence, la lithosphère océanique s'enfonce progressivement dans l'asthénosphère.

Plus le plancher océanique est éloigné de la dorsale, donc plus il est ancien, plus il a tendance à s'enfoncer dans le manteau sous-jacent. A l'approche des continents, le plancher océanique devient plus épais et la couche d'eau qui le surmonte est elle-même plus épaisse : certaines marges continentales sont même marquées par une fosse profonde (par exemple, la bordure Pacifique du continent américain). Ces fosses témoignent d'une rupture de la « flottaison » de la lithosphère sur l'asthénosphère : la lithosphère océanique plonge alors dans l'asthénosphère et est enfouie. Ce mécanisme de **subduction** caractéristique des **marges continentales actives** (car elles sont marquées par une activité sismique et volcanique remarquable) sera étudié en classe de Terminale.

III Les marges océaniques passives

Aux marges actives évoquées ci-dessus, on oppose des marges continentales **passives** ou **stables** car la limite continent – océan n'y est pas actuellement le siège de manifestations tectoniques.

1• Les caractéristiques d'une marge continentale passive

Les bordures occidentales et orientales de l'océan Atlantique (sauf dans la région de l'arc des Antilles) correspondent à de telles marges passives. Elles présentent des caractéristiques communes remarquables.

• **La topographie des fonds sous-marins** est marquée par l'existence d'une plate-forme continentale (ou **plateau continental**) d'une largeur moyenne de 70 km et peu profonde (0 à 200 mètres). Vers le large, le plateau se termine par un **talus continental** qui descend depuis 200 m jusqu'à 3 000 ou 4 000 mètres (avec une pente de l'ordre de 7 %). Ce talus est entaillé par de profondes vallées, ou canyons sous-marins, empruntées par les sédiments qui s'éboulent vers les grands fonds. A sa base, le talus se raccorde aux plaines abyssales par un **glacis** continental à cheval sur la croûte continentale de la marge et sur la croûte océanique qui lui fait suite. C'est sur ce glacis que s'entassent les sédiments détritiques transportés depuis le continent.

• **La structure géologique**, révélée notamment par les analyses sismiques, est très particulière. La **croûte continentale est amincie** depuis la ligne de côte (où son épaisseur est de l'ordre de 30 à 35 km) jusqu'au glacis où elle se raccorde à la croûte océanique (l'épaisseur n'est plus alors que de 7 à 10 km). Cette croûte est fracturée par un ensemble de failles légèrement concaves vers le haut, les **failles listriques.** Ces dernières délimitent des blocs de croûte, d'une largeur moyenne de quinze kilomètres, qui ont subi un déplacement complexe : affaissement et glissement vers l'océan d'une part, basculement vers le continent d'autre part. Ces déplacements caractérisent un **étirement** de la zone qui s'est ainsi allongée de 30 à 40 %. La croûte fracturée est recouverte de sédiments : les plus anciens sont affectés par les failles et sont donc eux aussi basculés avec les blocs qu'ils surmontent, les plus récents recouvrent l'ensemble et ne sont pas basculés.

2• L'enregistrement de l'histoire précoce d'un océan

L'ensemble de ces caractéristiques est lié à l'origine de ces marges continentales. Ces structures géologiques ont en effet enregistré les tout premiers stades de la naissance d'un océan par déchirure de la lithosphère continentale.

• **Dans un premier temps**, la croûte continentale est étirée et amincie, ce qui constitue le prélude à l'écartement de deux futures plaques. Un **rift continental** se met en place : des failles normales encadrent un fossé central effondré dans lequel s'accumulent des sédiments fluviatiles et lacustres. On peut également observer dans ce fossé des dépôts d'évaporites (roches salines) et des émissions volcaniques aériennes. Actuellement, le rift est-africain dans la région des grands lacs constitue un bon exemple d'une telle structure.

• **A un stade plus avancé**, de la croûte océanique s'intercale entre les marges continentales. C'est l'ébauche du plancher d'un futur océan (comme dans la région des Afars à l'extrémité nord du rift est-africain).

• **Une invasion marine** submerge ensuite le rift. Un bassin océanique étroit (type « mer Rouge ») s'installe. Sur ses bords, des sédiments calcaires (récifs coralliens) se forment.

Vers le centre du bassin, des boues fines et noires (riches en matière organique) sédimentent.

• **Ultérieurement, la mer étroite s'élargit en un véritable océan** du type de l'océan Atlantique actuel. Les dépôts détritiques grossiers au voisinage des côtes passent progressivement vers le large à des mélanges détritiques et carbonatés beaucoup plus fins.

Les marges continentales passives actuelles correspondent donc aux deux « lèvres » autrefois jointives de l'ancien rift continental et maintenant largement séparées par plusieurs milliers de kilomètres d'océan.

L'essentiel

• Le tiers des fonds marins est occupé par les dorsales océaniques, qui sont des régions où la lithosphère est bombée, amincie et soumise à une extension.

• Le sommet des dorsales est occupé par un rift ou fossé d'effondrement bordé par des failles normales parallèles à l'axe de la dorsale. De nombreuses failles transformantes tronçonnent la dorsale (et le rift) en segments décalés par coulissage.

• Les dorsales sont des zones actives : ce sont des zones sismiques d'une part, volcaniques d'autre part. Des magmas basaltiques sont injectés dans l'axe des dorsales, comblant au fur et à mesure les fissures qui écartent progressivement les marges du rift. Ce magmatisme est lié à la remontée, à l'aplomb du rift, de matériaux chauds qui, du fait de la baisse de pression, subissent une fusion partielle : les magmas basaltiques ainsi produits donnent naissance à une nouvelle croûte océanique.

• Cette croûte est constituée de basaltes surmontant des gabbros. Le manteau supérieur sous-jacent est constitué de péridotites. Ces roches représentent les matériaux réfractaires restés sur place après l'expulsion des jus magmatiques.

• En s'éloignant de la dorsale, la lithosphère océanique subit des modifications importantes. La circulation hydrothermale dans la jeune croûte océanique fracturée provoque une hydratation des minéraux de la croûte et transfère des éléments chimiques de la croûte vers l'océan. D'autre part, elle évacue beaucoup de chaleur et participe activement au refroidissement du plancher océanique. La lithosphère refroidie s'épaissit ; sa densité augmente et elle s'enfonce progressivement dans l'asthénosphère. A une certaine distance de la dorsale, donc à un certain âge, elle finit par sombrer.

• Les marges continentales passives ont enregistré les tout premiers stades de la naissance d'un océan par déchirure de la lithosphère continentale. Au niveau d'une marge passive, la croûte continentale, amincie et fracturée par des failles listriques, représente la lèvre d'un ancien rift continental qui a été ensuite envahi par un océan dont la largeur n'a cessé d'augmenter.

Schéma-bilan

CRÉATION ET DIVERGENCE DE LA LITHOSPHÈRE AU NIVEAU DES DORSALES OCÉANIQUES

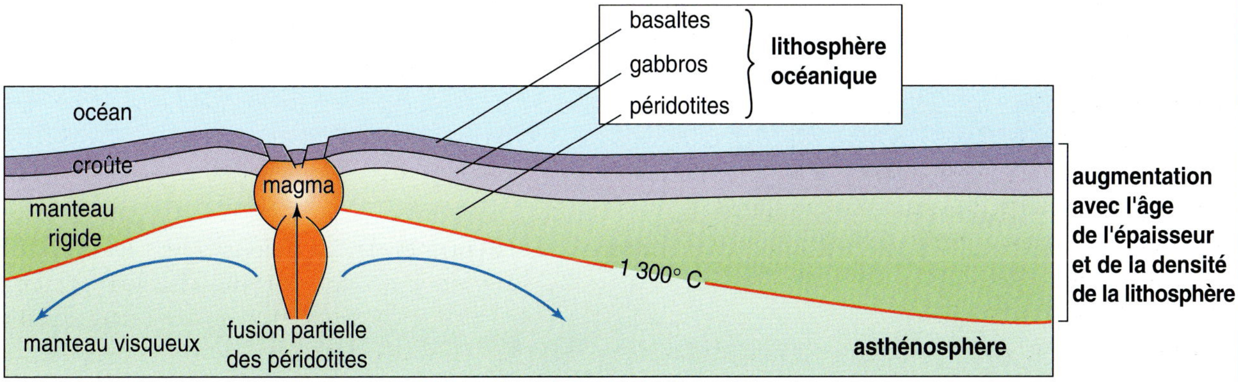

LES MARGES PASSIVES, ARCHIVES DE L'OUVERTURE D'UN OCÉAN

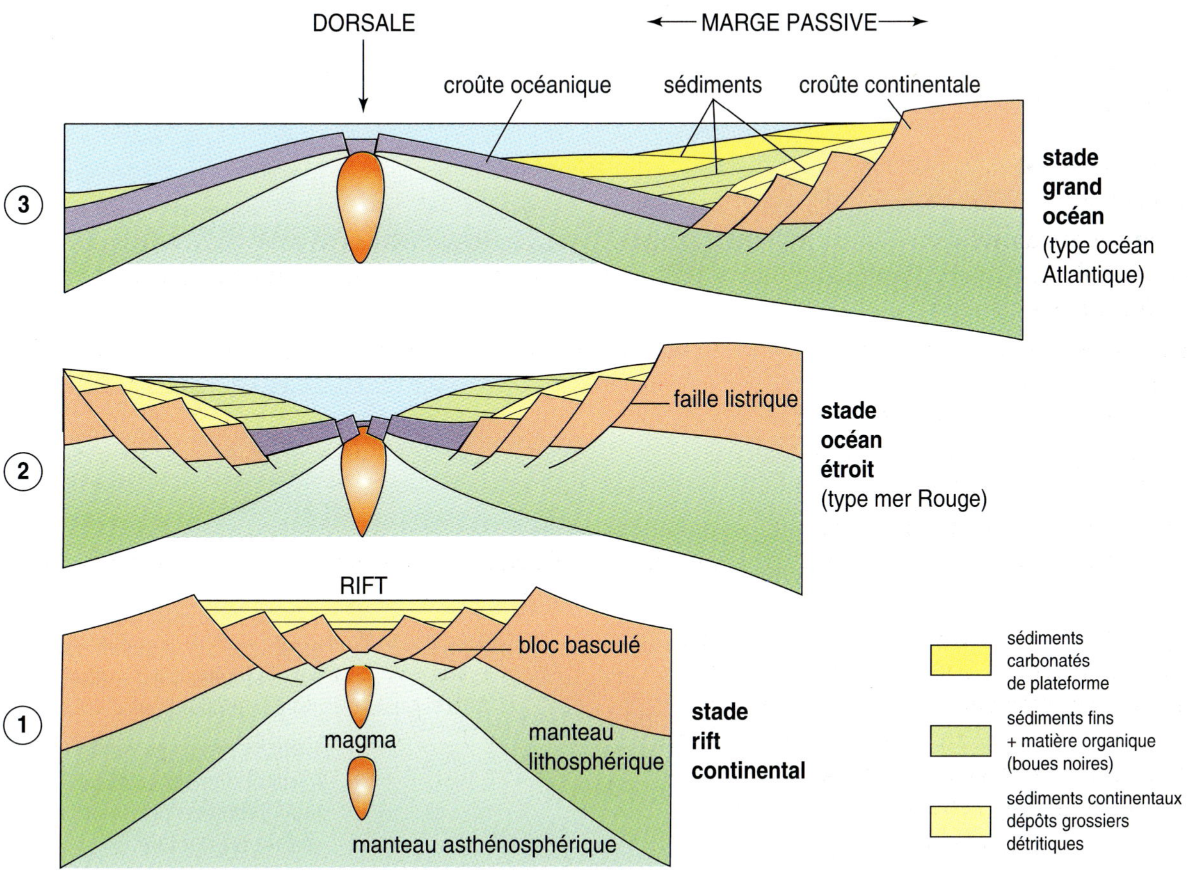

Pour mieux comprendre ... la morphologie et la structure

A Un exemple : la marge armoricaine.

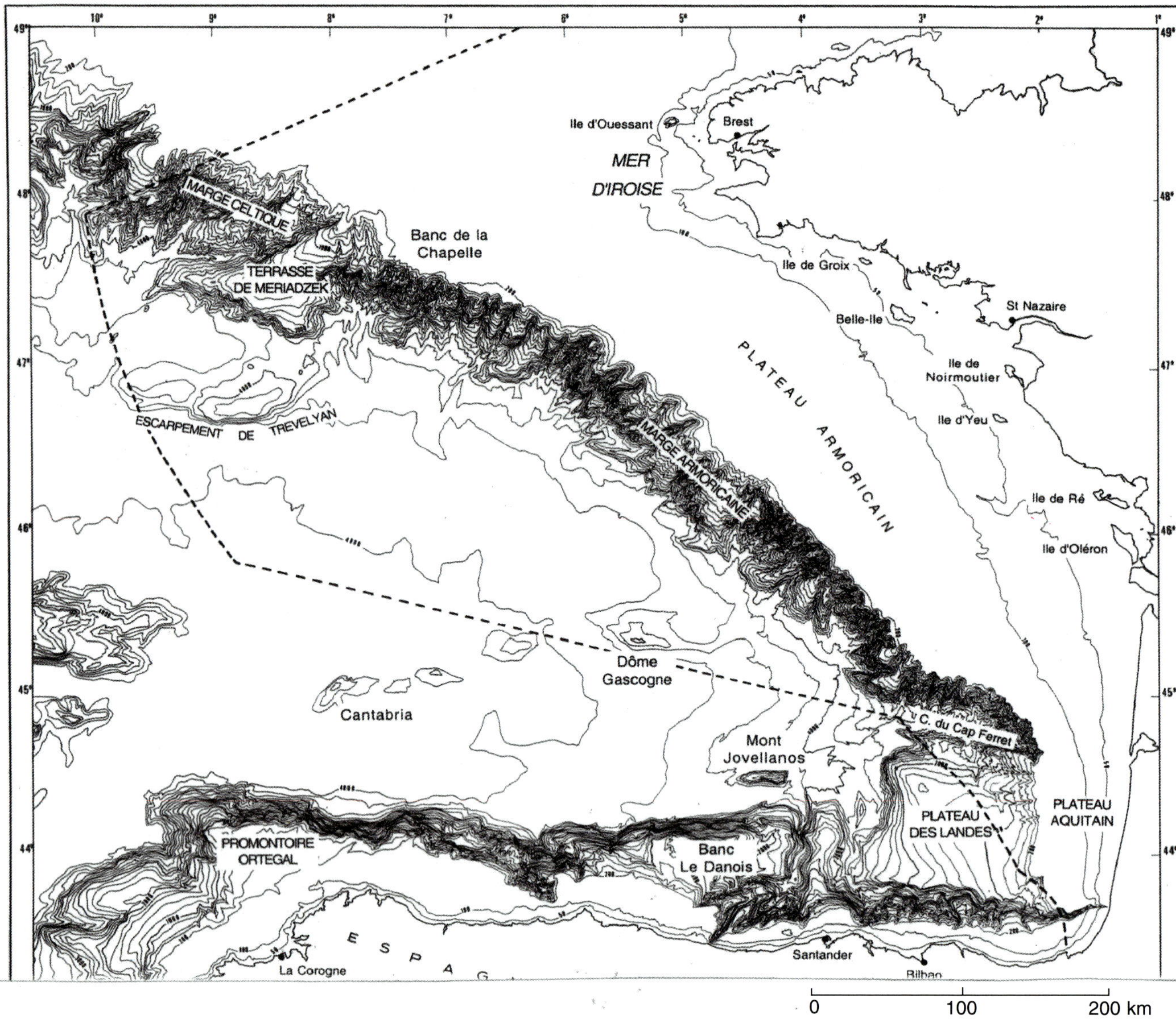

Du continent vers le large, trois unités morphologiques composent la marge :

- le **plateau** (ou plate-forme) **continental**, large de 70 km en moyenne, peu profond (0 à -200 m), à pente très faible ;
- le **talus** (ou pente) **continental**, entre -200 et -3 000 m, dont la pente moyenne est de 7% et qui est entaillé par des vallées et des canyons sous-marins ;
- le **glacis continental**, au pied du talus, où s'accumulent en eaux profondes les sédiments transportés depuis le continent (le glacis se raccorde à la **plaine abyssale** vers -3 000 à -3 500m de profondeur).

1 Carte bathymétrique* de la marge armoricaine.

Lexique

- **Carte bathymétrique :** carte topographique sur laquelle sont portées des isobathes c'est-à-dire des lignes d'égale profondeur.
- **Glacis :** talus en pente très douce, formant transition entre une pente topographique plus marquée et une surface horizontale.

des marges continentales passives

B Des images révélatrices de la morphologie et de la structure.

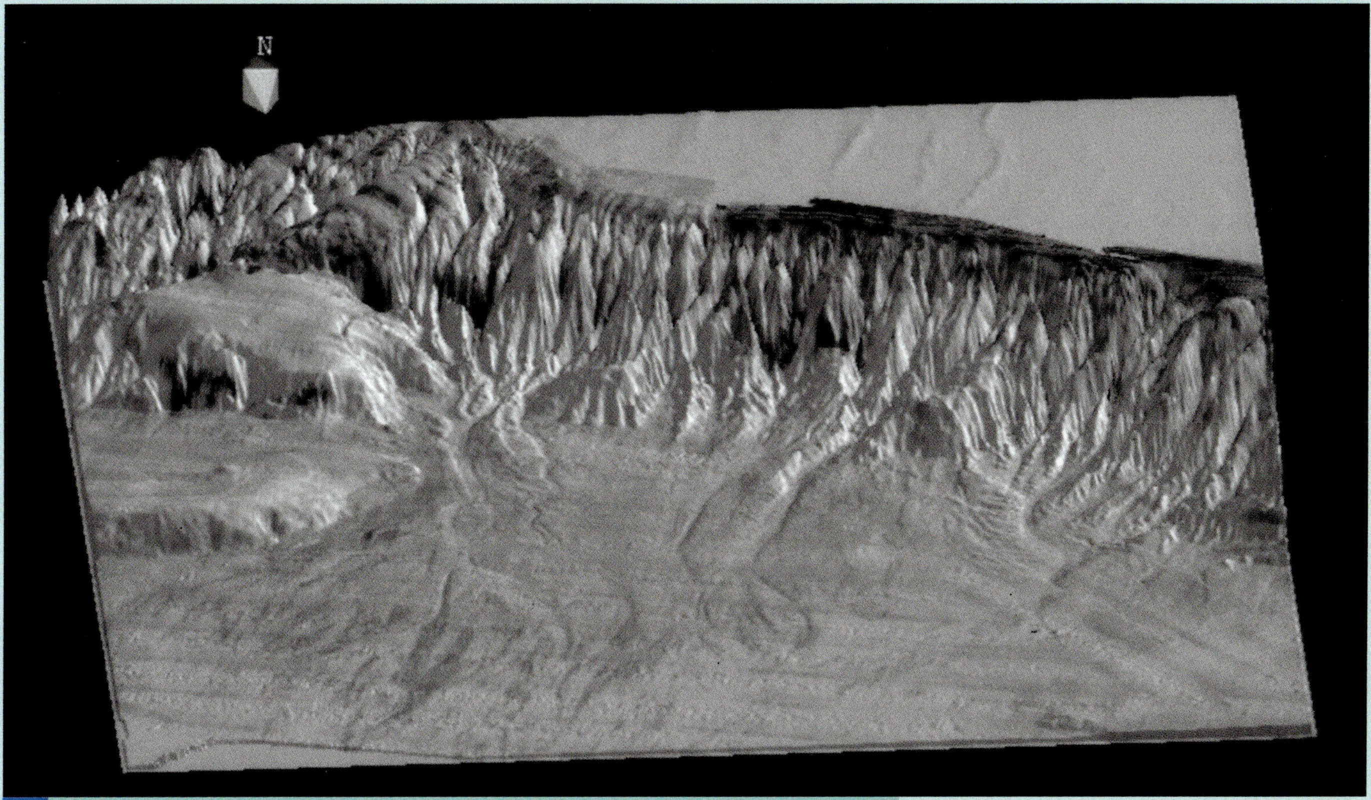

2 Image acoustique 3D de la marge armoricaine (document Ifremer).

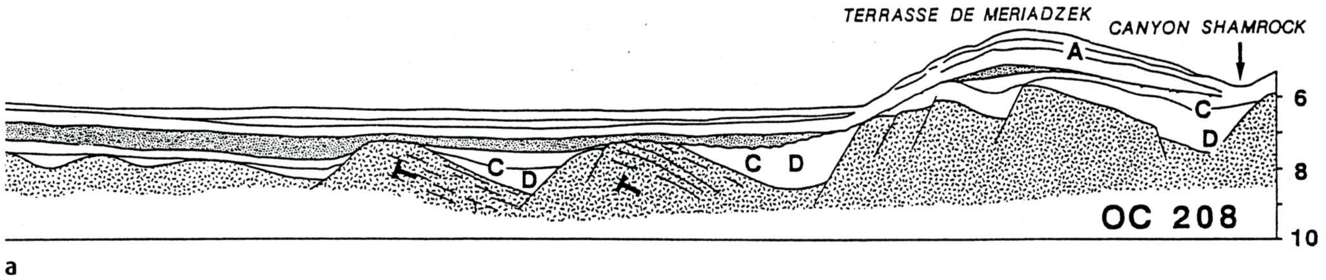

Les profils de sismique réflexion enregistrés sur la marge passive montrent la superposition de différentes unités :

- **couche 1** : sédiments superficiels gorgés d'eau ;
- **couche 2** : strates* sédimentaires compactées et durcies ;
- **couche 3** : croûte continentale granitique, très faillée et amincie vers le large ;
- **couche 4** : manteau supérieur.

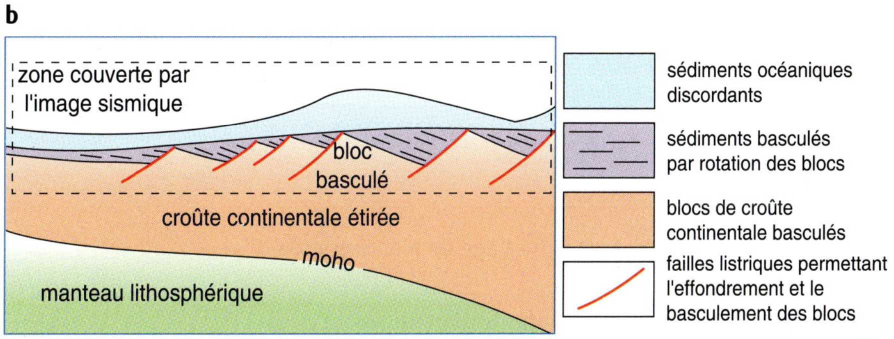

3 Profil sismique (a) et son interprétation (b). Ce profil a été obtenu par sismique réflexion selon un trajet grossièrement perpendiculaire au bord du talus continental.

TESTER SES CONNAISSANCES

A. Définissez les mots ou expressions :

Plateau continental, talus continental, rift océanique, solidus, liquidus, fumeur noir, asthénosphère, faille listrique, marge passive, rift continental.

B. Vrai ou faux ?

Repérez les affirmations exactes. Corrigez ensuite les affirmations inexactes.

a. Un rift est un fossé d'effondrement.

b. On peut utiliser la technique géophysique de sismique réflexion pour mettre en évidence la chambre magmatique sous un rift océanique.

c. Au niveau du rift, le basalte provient de la fusion partielle des péridotites.

d. La fusion d'une roche du manteau terrestre nécessite toujours un apport de chaleur.

e. L'eau favorise le refroidissement du plancher océanique basaltique mais ne modifie pas sa composition chimique.

f. La densité de la lithosphère océanique augmente avec son âge.

g. Une marge océanique passive s'est formée à partir d'une moitié d'un rift continental.

C. Exprimez des idées importantes...

... en rédigeant une ou deux phrases utilisant chaque groupe de trois mots ou expressions pris dans cet ordre ou dans un ordre différent.

a. Croûte océanique, basaltes, gabbros.

b. Axe de la dorsale, magma basaltique, fusion partielle.

c. Lithosphère océanique, densité, enfoncement dans l'asthénosphère.

d. Marge passive, failles, ouverture d'un océan.

e. Rift continental, croûte amincie, jeune océan.

D. Elaborez un résumé scientifique.

Sujet 1.

La naissance des océans.

A l'aide d'un texte structuré et illustré de quelques schémas simples, vous expliquerez comment un océan peut se former à partir d'une zone d'extension à l'intérieur d'un continent.

Sujet 2.

Les marges passives ont enregistré l'histoire de la formation de l'océan qui les borde.

Vous commenterez cette affirmation à l'aide d'exemples de votre choix.

UTILISER DES CONNAISSANCES ET DES MÉTHODES

1 Age du plancher et profondeur de l'océan.

Le graphique ci-joint présente, au niveau de l'Atlantique Nord d'une part, du Pacifique Nord d'autre part, la relation existant entre l'âge du plancher océanique et la profondeur de ce plancher (cette profondeur est mesurée par rapport à un niveau zéro qui correspond dans chaque cas au sommet de la dorsale).

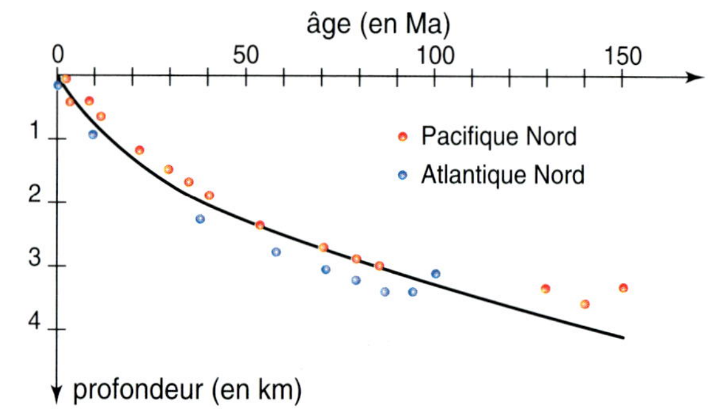

Questions (Appliquer ses connaissances)

a. Rappelez la relation existant entre l'âge du plancher océanique et sa distance à la dorsale.

b. Montrez que les résultats présentés ici sont en accord avec vos connaissances concernant l'évolution au cours du temps du plancher océanique.

2 L'exploration d'une faille transformante.

En 1988, le Nautile, submersible français d'exploration des océans, a effectué cinq plongées au niveau de la faille VEMA qui est localisée sur la dorsale médio-atlantique près de l'équateur (**document 1**).

Cette faille est une **faille transformante** : les géologues nomment ainsi des failles au niveau desquelles deux portions de lithosphère coulissent horizontalement l'une par rapport à l'autre. Ici, la faille VEMA décale sur plus de 300 km deux blocs de dorsale mais, à son niveau, il n'y a ni création, ni disparition de lithosphère.

Cette disposition particulière a permis aux chercheurs d'explorer visuellement la paroi verticale repérée par un cadre sur le **document 1**.

Le **document 2** est une coupe qui résume les différentes observations effectuées sur cette paroi par les géologues.

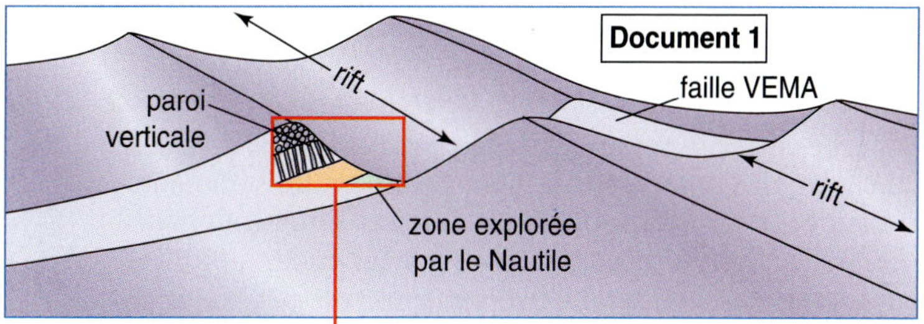

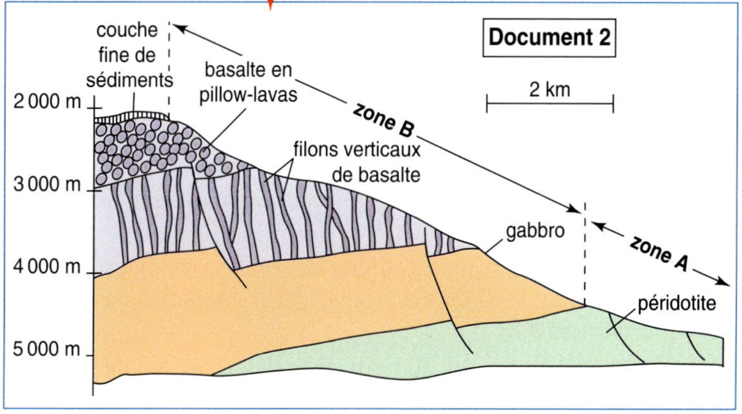

Questions 1 (Appliquer ses connaissances)

a. Quelle partie du globe terrestre a-t-on pu étudier dans le bas de la coupe (zone A) grâce à ces conditions exceptionnelles d'observation ?

b. Quel nom donne-t-on à la limite entre gabbros et péridotites ?

c. Pourquoi la couche supérieure de sédiments est-elle réduite à une mince pellicule ?

Question 2 (Saisir des données et appliquer ses connaissances)

L'ensemble de la zone B, souvent désigné sous le terme général de « plancher océanique basaltique », est en réalité composé de roches différentes les unes des autres mais de compositions chimiques semblables : à l'aide de vos connaissances, expliquez pourquoi.

3 L'ophiolite d'Oman.

Dans le Sultanat d'Oman (Est de l'Arabie), on peut observer une formation géologique désignée sous le nom d'ophiolite. Cette formation de 500 km de long sur environ 100 km de large est surmontée d'une mince couche de sédiments marins (sédiments d'Hawasina). La série ophiolitique est composée de quatre ensembles superposés, de bas en haut : des péridotites, des gabbros, des filons de basalte et des basaltes en pillow-lavas.

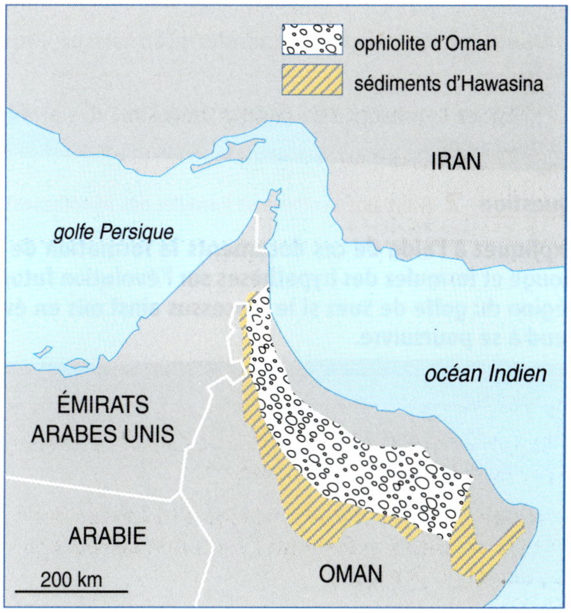

Questions (Saisir des données et pratiquer un raisonnement)

a. Comparez cette formation géologique et celle étudiée dans l'exercice précédent. Quelle origine de l'ophiolite d'Oman est suggérée par cette comparaison ?

b. Sachant que l'on connaît dans le monde une centaine de massifs ophiolitiques, situés le plus souvent dans des zones de montagnes (parfois à des altitudes élevées), quelle hypothèse proposez-vous pour expliquer une telle localisation ?

4 Des données géophysiques sur la mer Rouge.

Les techniques géophysiques de sismique réflexion et de sismique réfraction permettent d'obtenir des informations sur les couches profondes présentes dans une région.

Pour cela, un navire océanographique déclenche dans l'eau des explosions ; les ondes de choc pénètrent dans les sédiments du fond et se réfléchissent sur les surfaces de discontinuité entre les différentes couches du sous-sol. Les ondes réfléchies sont captées par une série d'hydrophones tirés par le navire (**document 1**).

La technique de sismique réflexion permet d'obtenir des images comme celle du **document 3**.

La sismique réfraction, en mesurant la vitesse de propagation des ondes dans les différentes couches, permet de connaître la nature des roches rencontrées.

Ces techniques ont été mises en œuvre au niveau de la mer Rouge (**document 2**).

La sismique réflexion a permis d'obtenir des profils sismiques (repérés de 1 à 4 sur la carte) : le profil n° 1 est comparable à celui du **document 3**.

La sismique réfraction montre que, sur les profils 1 et 2, on ne trouve que des roches sédimentaires ou du socle continental (vitesse de propagation des ondes de choc inférieur à 6 $km.s^{-1}$). Les profils 3 et 4 diffèrent des précédents par la présence, dans leur partie centrale, de basaltes (vitesse de propagation des ondes de choc de l'ordre de 8 $km.s^{-1}$).

Document 1

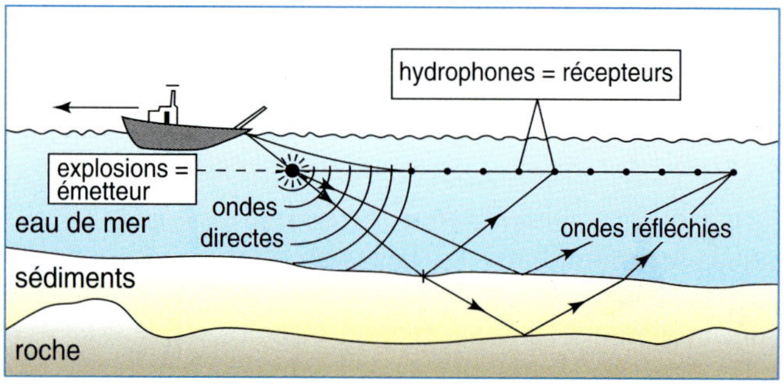

Document 2

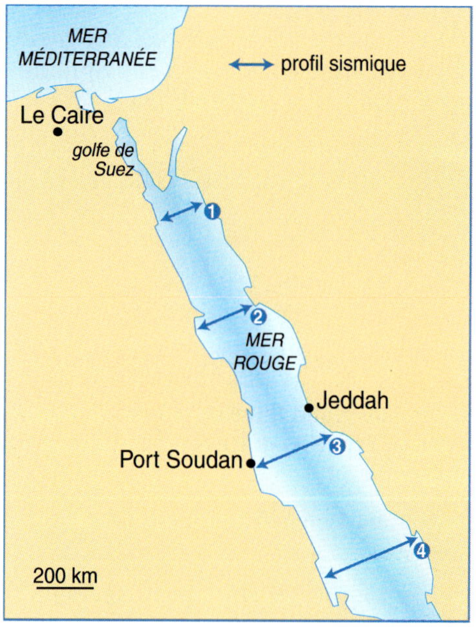

Questions 1 (Appliquer ses connaissances et communiquer par un schéma)

a. La majorité des discontinuités verticales ou sub-verticales observables sur le document 3 correspondent à des failles. Faites un schéma de ce profil en soulignant ces accidents tectoniques.

b. Quel type de structure générale reconnaissez-vous sur ce profil ?

c. Expliquez la présence de basalte dans l'axe des profils 3 et 4 du document 2.

Document 3

Chapitre

5

La Terre, une machine thermique

Le globe terrestre est formé de plaques lithosphériques qui se déplacent au-dessus de puissantes couches internes appartenant au manteau (près de 3 000 km d'épaisseur) et au noyau (plus de 6 000 km de diamètre). Nous allons découvrir que l'intérieur de la Terre est le siège d'une importante production de chaleur et nous allons étudier les mécanismes qui permettent d'évacuer cette chaleur interne vers la surface froide.

Photographie : l'utilisation des sources chaudes en Islande pour la production d'électricité ... et pour le bain !

Un flux géothermique

L'observation des manifestations volcaniques (coulées de laves) et hydrothermales (sources chaudes, geysers) ou encore l'utilisation par l'homme de l'énergie géothermique constituent des preuves évidentes de l'existence d'une chaleur interne.

- Quelle est la source de cette énergie thermique ?
- Comment la chaleur interne est-elle répartie à l'intérieur de la Terre et comment circule-t-elle ?

A La chaleur interne du globe terrestre.

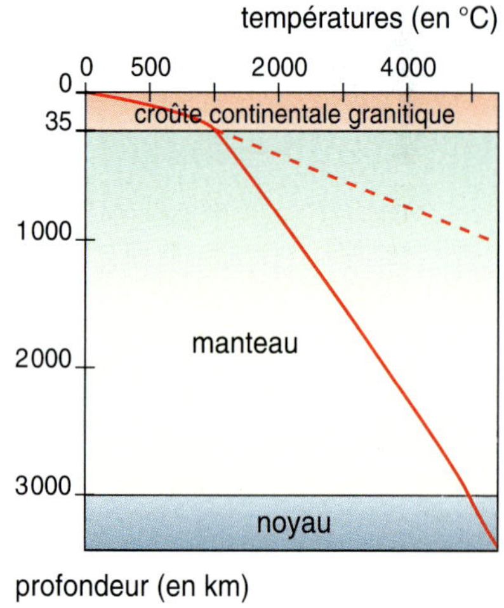

Les mesures de température effectuées dans les forages ou dans les exploitations minières profondes témoignent d'une augmentation de température avec la profondeur : c'est le **gradient* géothermique**. Le gradient moyen dans la croûte continentale est de 30°C.km^{-1} mais il existe des régions à fort gradient (90°C.km^{-1}) et d'autres à faible gradient (10°C.km^{-1}). Dans le manteau et le noyau, inaccessibles à la mesure directe, les températures sont calculées à partir des vitesses de propagation des ondes sismiques, en tenant compte des hautes pressions.

1 Le géotherme : une courbe traduisant l'augmentation de la température avec la profondeur.

• Radioactivité et flux thermique :

Eléments radioactifs (teneurs en ppm*) :	^{238}U	^{232}Th	^{40}K	Chaleur totale produite (en térawatts**)
Croûte continentale	1,6	5,8	1,7 à 3	5 à 6
Croûte océanique	0,9	2,7	0,5	moins de 0,06
Manteau supérieur	0,015	0,08	0,02	1,3
Manteau profond et noyau	Teneurs mal connues			11 environ

* ppm = partie par million. **1 TW = 1 térawatt = 10^{12} watts.

• Part des éléments radioactifs dans la production de chaleur interne :

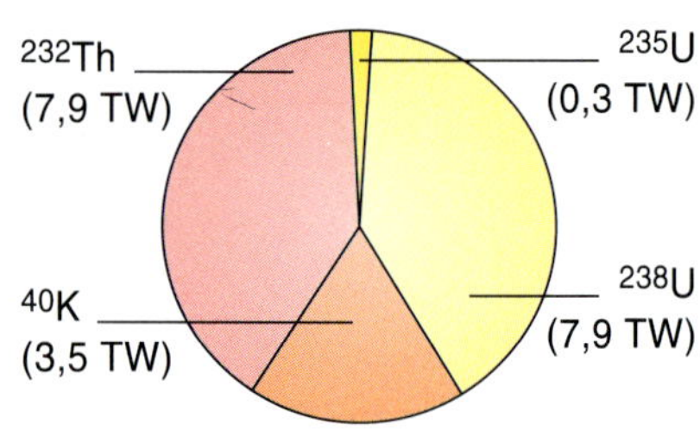

La plus grande partie de la chaleur interne du globe provient de la désintégration naturelle des isotopes radioactifs de certains éléments : uranium, thorium et potassium. La teneur en uranium 238, principal fournisseur d'énergie, est plus forte dans la croûte continentale que dans le manteau en raison de l'affinité de cet élément pour le granite. Mais, malgré sa faible teneur en ^{238}U, le manteau en possède une plus grande quantité que la croûte, en raison de son immense volume. Compte tenu de la demi-vie* de ^{238}U dont l'ordre de grandeur (4,5.10^{9} ans) est voisin de l'âge de la Terre, la moitié du stock de ^{238}U présent au moment de la formation du globe terrestre s'est aujourd'hui transformée en plomb 206 stable.

2 C'est l'énergie nucléaire naturelle qui produit la chaleur interne du globe.

B La dissipation de l'énergie thermique interne par conduction.

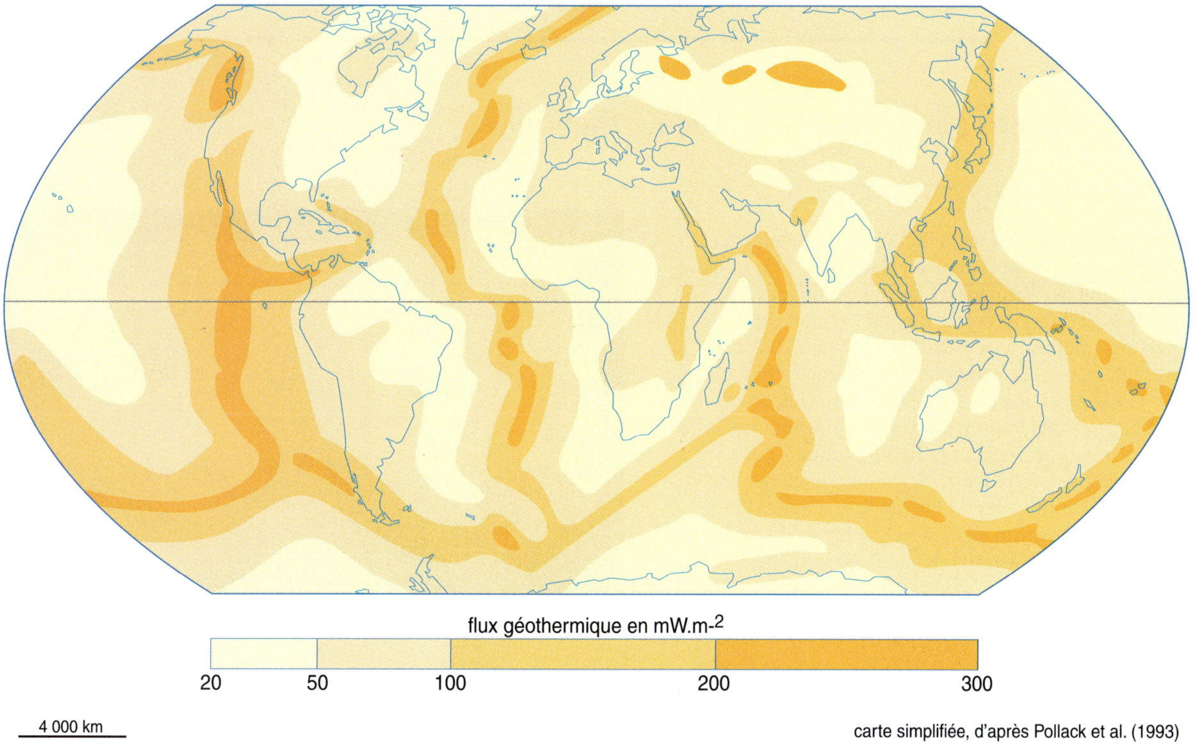

Flux (en mW.m^{-2})			
Croûte océanique		Croûte continentale	
Dorsale	Plancher abyssal	Vieux socle granitique	Rift
250	70	60	150

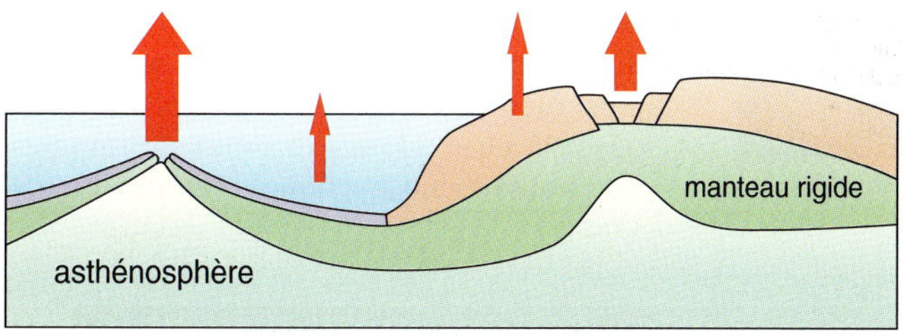

Dans les matériaux de la lithosphère, la chaleur se propage par diffusion à travers les roches solides, des roches profondes, les plus chaudes, vers les roches superficielles plus froides ; on dit que cette diffusion de chaleur suit le gradient de température. Le flux thermique exprime la quantité de chaleur évacuée par unité de surface et par unité de temps. Ce flux augmente avec le gradient : un flux élevé en surface est donc significatif d'un fort gradient, c'est à dire de la présence d'une zone chaude proche de la surface. Remarquons toutefois que les roches de la croûte conduisent mal la chaleur et se comportent presque comme des isolants thermiques ; elles n'assurent donc qu'une diffusion lente de la chaleur interne.

3 Une distribution très hétérogène du flux de chaleur interne à la surface du globe.

Lexique

- **Gradient :** variation d'un paramètre physique (vitesse, température,...) en fonction d'une distance (profondeur par exemple)
- **Demi - vie :** pour une substance radioactive, temps nécessaire pour que la moitié d'une masse quelconque de cette substance se soit désintégrée (pour un élément donné, cette durée est une constante qui ne dépend pas de la masse présente au départ).

Pistes d'exploitation

1 - Doc 1 : Le gradient géothermique dans le manteau est-il plus élevé ou plus faible que dans la croûte ? A partir des données du graphe, proposez une estimation de la valeur moyenne de ce gradient.

2 - Doc 2 : Quelle est l'origine de la chaleur interne du globe ?

3 - Doc 3 : Quelles sont les régions du globe où le flux thermique est le plus important ? Pourquoi ?

ACTIVITÉS pratiques 2

La convection : mécanisme efficace

En raison d'une faible conductivité thermique des roches, la diffusion de chaleur par conduction à travers la lithosphère rigide est un mécanisme trop lent pour permettre une évacuation suffisante de l'énergie thermique produite par le manteau.

■ Quel autre mécanisme permet l'évacuation de la chaleur interne ?

A Des simulations pour valider un modèle théorique.

Comment peut-on réaliser un modèle expérimental simulant des mouvements de roches sur des milliers de kilomètres et durant des dizaines de millions d'années ?
Il faut s'efforcer de conserver le rapport existant entre les différents paramètres : viscosité des matériaux, taille du système, différences de température, conductivité thermique... C'est ainsi que les roches sont remplacées par des liquides, les différences de température réduites à quelques dizaines de degrés (au lieu de centaines ou de milliers de degrés), le globe terrestre remplacé par une cuve de quelques litres, etc. On peut alors observer en quelques dizaines de minutes des mouvements du même type que ceux qui « brassent » le manteau terrestre.

a

b

Dans cette expérience réalisée à l'IPG de Paris, on dispose dans une cuve deux couches de fluides de densité et de viscosité différentes. Ces liquides, artificiellement colorés, sont des solutions salées de cellulose, dont la densité dépend de la salinité et la viscosité de la richesse en cellulose. Ces deux couches, dont on peut faire varier l'épaisseur, « représentent » respectivement le manteau supérieur et le manteau inférieur. Le système est chauffé brutalement par dessous et refroidi par dessus. Lorsque différence de densité entre les couches et différence de température entre haut et bas présentent des valeurs « correctes », on observe en quelques dizaines de minutes des mouvements cycliques remarquables :

– Après une vingtaine de minutes de brassage thermique affectant indépendamment chacune des deux couches, on observe le développement de dômes, le liquide inférieur plus chaud, devenu moins dense, s'élève vers la surface (**a**).
– Quelques minutes plus tard, les dômes atteignent la surface, s'étalent en panache et commencent à se refroidir (**b**).
– Une vingtaine de minutes plus tard, les dômes replongent **c** et un nouveau cycle peut se manifester tant que le contenu de la cuve n'est pas devenu homogène.
Le déplacement de matière observé ici constitue un mouvement de convection.

c

1 Simulation de la convection* dans un modèle à deux couches horizontales avec gradient de densité et gradient thermique.

d'évacuation de la chaleur interne

B Une confirmation récente de l'existence de cellules de convection dans le manteau.

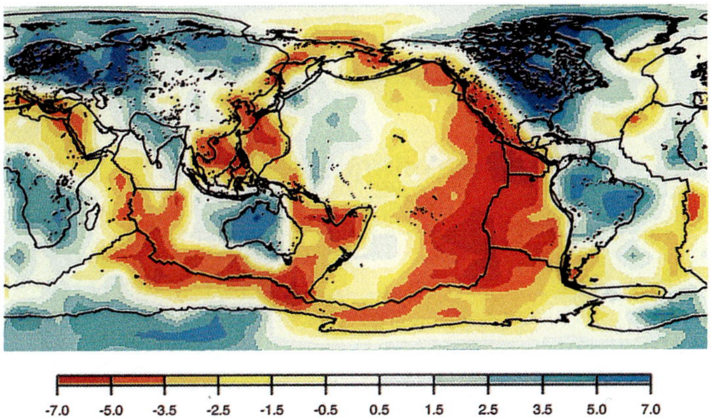

a

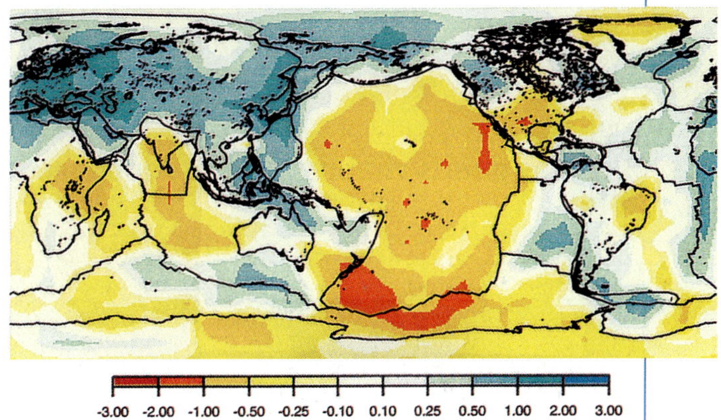

b

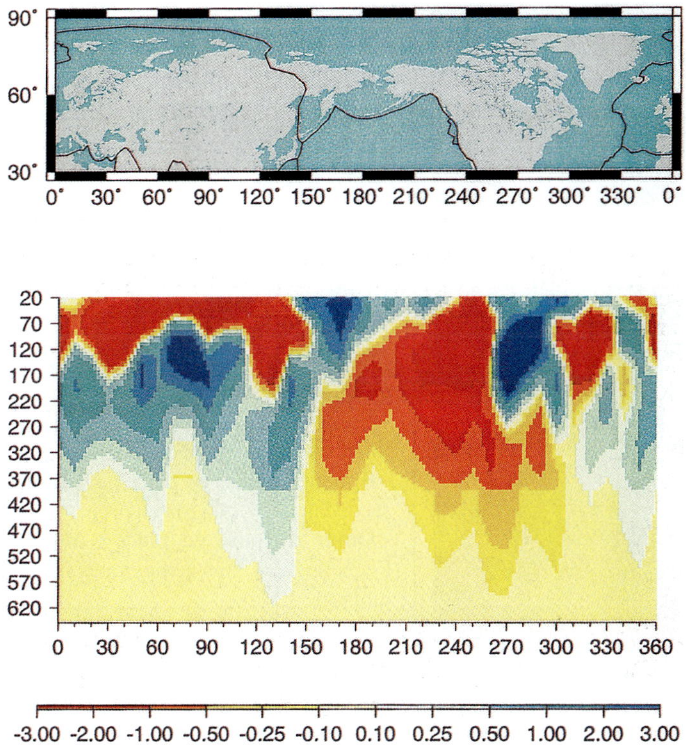

c

La tomographie sismique utilise de puissants calculateurs traitant les données de dizaines de milliers d'enregistrements fiables fournis par un réseau dense de sismomètres sensibles. Elle permet de réaliser une cartographie des vitesses sismiques à une profondeur donnée du manteau. Les variations de vitesse par rapport à une vitesse moyenne de référence peuvent être interprétées comme des variations de température : une vitesse plus lente « signe » un manteau plus chaud, une vitesse plus rapide révèle un manteau plus froid.

A 100 km de profondeur (**a**), les variations de température reflètent les variations du flux thermique en surface et sont donc faciles à interpréter.

A 300 km (**b**), les variations de température sont très peu marquées. Quelques zones plus chaudes, à l'aplomb de certaines dorsales, sont encore repérables. Les continents froids ne sont plus visibles ; en revanche, la descente de lithosphère en train de sombrer dans l'asthénosphère est révélée par des zones plus froides.

En additionnant les tomographies obtenues à différentes profondeurs on peut construire une véritable coupe de la croûte et du manteau externe jusqu'à près de 600 km de profondeur (**c**). Sur la coupe présentée ici, on voit nettement une cellule de convection au niveau du Pacifique nord : montée de matière chaude au niveau de la dorsale (vers la Californie), plongement de matière froide près du Japon.

2 La tomographie sismique* révèle la structure thermique du manteau.

Lexique

- **Convection :** Transfert de chaleur d'une zone chaude vers une zone froide grâce à un déplacement de matériaux « fluides ».
- **Tomographie sismique :** Obtention d'images correspondant à des coupes du globe terrestre à différentes profondeurs grâce à un traitement informatique complexe de données sismiques.

Pistes d'exploitation

1 - Doc 1 : Montrez que le déplacement par convection observé dans cette expérience correspond bien à un mécanisme d'évacuation de la chaleur.

2 - Doc 2 : Repérez sur la tomographie **a** l'emplacement des zones chaudes du manteau ; à quelle structure géologique semblent-elles correspondre ?

Que peut-on encore repérer sur la tomographie **b** ?

3 - Bilan : On parle de cellule de convection pour caractériser les déplacements de matériaux à l'intérieur du manteau. Justifiez ce terme.

ACTIVITÉS pratiques 3

L'évacuation de la chaleur interne

Nous avons déjà considéré les points chauds comme des traceurs du mouvement des plaques lithosphériques. Leur activité, comme celle des dorsales, produit des magmas qui libèrent de la chaleur à la surface de la Terre.

- Comment les points chauds contribuent-t-ils à l'évacuation de la chaleur interne du globe ?
- Evacuent-ils globalement plus ou moins de chaleur que les dorsales ?

A Les points chauds : une production colossale de magma basaltique.

CARTE D'IDENTITÉ DES TRAPPS DU DECCAN

- **Superficie :** plus de 500 000 km², soit pratiquement la surface de la France continentale.

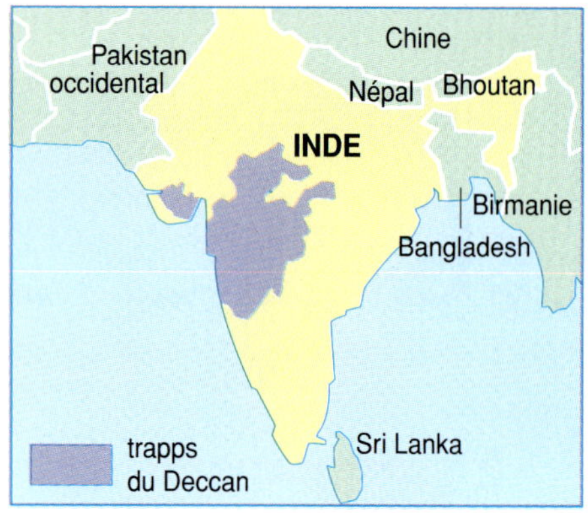

- **Epaisseur :** plus de 1000 mètres, parfois jusqu'à 1500 mètres.
- **Composition :** coulées de basalte empilées (bien visibles sur la photographie).
- **Epoque de mise en place :** à la fin de l'ère secondaire, il y a 65 Ma environ.
- **Durée de mise en place :** très brève à l'échelle des temps géologiques (sans doute moins de 1 Ma).

1 Des épanchements basaltiques gigantesques : l'exemple des trapps du Deccan.

Les géologues ont démontré que le point chaud situé à l'heure actuelle sous le piton de la Fournaise, à l'île de la Réunion, est le même point chaud qui fonctionnait, il y a 65 Ma, sous la région du Deccan.
Un point chaud pouvant être considéré comme immobile, il faut admettre qu'à cette époque, l'Inde était à l'emplacement actuel de la Réunion et que la plaque indienne a migré depuis vers le nord-est. Notons qu'actuellement, l'émission de laves par le volcan de la Fournaise semble se faire à un rythme bien plus faible qu'à l'époque de la mise en place des trapps. Des modèles analogiques suggèrent une explication (voir page ci-contre).

2 Un point chaud en activité : le piton de la Fournaise.

B Les points chauds : des « pompes à chaleur » efficaces.

• Une activité volcanique intense et localisée, déversant en un temps très bref d'impressionnantes quantités de basaltes, caractérise les points chauds. Ces derniers, comme nous l'avons vu, sont situés a l'intérieur des plaques sous de la lithosphère continentale ou océanique. Les magmas à l'origine des laves émises proviennent de panaches ascendants de péridotites, à température élevée, qui prennent naissance dans des régions du manteau profond enrichies en éléments radioactifs. Des colonnes chaudes s'élèvent vers la surface, soulèvent les plaques lithosphériques en un vaste bombement, puis les percent pour libérer le magma issu de la décompression des péridotites.

• Le modèle analogique ci-contre est obtenu par méthode interférométrique en chauffant localement du polybutène ; il montre que la « tête » du panache est beaucoup plus large que le « pied » (dans le manteau, les diamètres respectifs seraient de 800 et de 150 km).
Ce modèle rend bien compte du fonctionnement d'un point chaud tel que le conçoivent aujourd'hui les scientifiques. Quand un nouveau point chaud apparaît à la surface du globe, c'est la « tête » du panache, de grand diamètre, qui perfore pour la première fois la lithosphère. Il peut alors y avoir émission, en un temps très court à l'échelle géologique, de trapps basaltiques gigantesques comme ceux du Deccan. Par la suite, le débit est moindre car le point chaud n'est plus alimenté que par le « pied ».

3 Un modèle analogique permet de comprendre l'émission massive de basaltes par un nouveau point chaud.

Point chaud	Volume de laves émis (en millions de km³)
Columbia (USA)	1,3
Atlantique Nord	6
Deccan	10
Kerguelen*	20
Otong - Java**	36

*Kerguelen = archipel français du sud de l'océan Indien.
** Otong - Java = plateau basaltique sous-marin du Pacifique ouest.

4 Volume des laves émises par quelques points chauds.

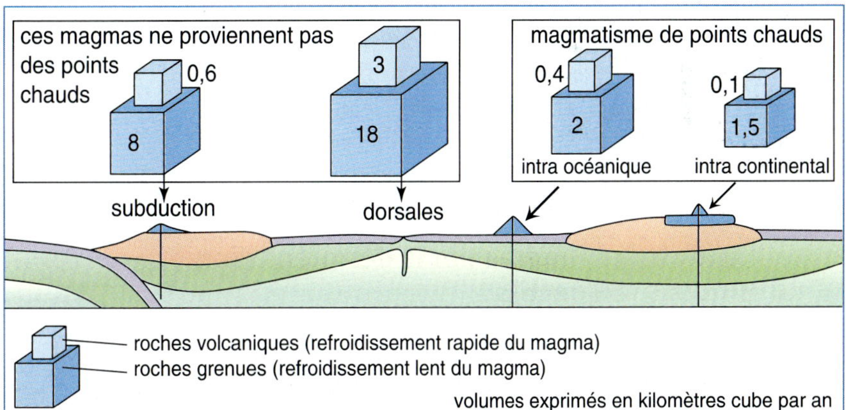

5 Comparaison des volumes de roches produites annuellement au niveau de la croûte terrestre à partir de magmas.

Pistes d'exploitation

1 - Doc 1 et 4 : En utilisant les données disponibles ici, proposez une estimation du volume moyen de laves émis annuellement lors de la mise en place des trapps du Deccan.

Comparez cette valeur à la production annuelle moyenne des points chauds.

2 - Doc 2 et 3 : Comment explique-t-on que le point chaud de la Réunion soit beaucoup moins actif qu'il y a 65 Ma ?

3 - Doc 5 : Comparez les quantités de laves émises (et donc la quantité de chaleur évacuée) par l'ensemble des points chauds du globe et par l'ensemble des dorsales océaniques.

La Terre, une machine thermique

Les manifestations volcaniques sont une preuve évidente de la présence de matériaux à haute température à l'intérieur du globe terrestre. Quelle est l'origine de cette chaleur interne ? Comment est-elle évacuée vers la surface ?

I L'origine de la chaleur interne du globe

1• Une chaleur emmagasinée lors de la formation de la Terre

• **Au cours de la formation de la planète par accrétion,** les multiples impacts des corps célestes (météorites, astéroïdes, planétoïdes) qui se sont agrégés ont dégagé une énorme quantité de chaleur. Lorsque la planète primitive a acquis sa taille à peu près définitive, il y a 4,5 milliards d'années, elle était constituée de matériaux en fusion : c'était la **Terre magmatique**. Si les couches superficielles ont assez rapidement évacué cette « **chaleur initiale** » et se sont donc refroidies pour former une croûte, ce processus a été beaucoup plus lent pour les couches internes recouvertes d'un « manteau isolant » et il se poursuit encore à l'heure actuelle. Néanmoins, cette source de chaleur est très secondaire par rapport à d'autres mécanismes producteurs de chaleur.

2• Une chaleur libérée par la désintégration d'isotopes radioactifs

• **La désintégration de certains isotopes radioactifs** est la source essentielle de chaleur interne du globe. Ces éléments étaient présents dans les matériaux qui ont formé la Terre par accrétion et, au cours de la différenciation de la planète, ils se sont concentrés dans les couches externes. Leurs teneurs dans les roches sont toujours infimes : de quelques parties pour mille à quelques parties par million. Elles atteignent leurs valeurs les plus élevées dans la croûte continentale granitique ; leurs teneurs sont nettement plus faibles dans la croûte océanique basaltique et surtout dans les roches du manteau. Toutefois, le volume de cette dernière enveloppe est considérable par rapport à celui de la croûte, si bien que la chaleur produite par l'ensemble du manteau terrestre est du même ordre de grandeur que celle produite par les enveloppes superficielles.

• **Le mécanisme de la désintégration** est bien connu : le noyau atomique instable des isotopes radioactifs se « fragmente » spontanément. Ce mécanisme complexe s'accompagne d'une libération importante de rayonnements et de chaleur (c'est cette énergie qui est utilisée dans les centrales nucléaires).

Chaque isotope a sa propre cadence de désintégration : c'est sa **période radioactive**, c'est-à-dire le temps nécessaire pour qu'une moitié des atomes présents à un moment donné se soient désintégrés. Les isotopes dont la participation au dégagement de chaleur interne est la plus importante sont l'**uranium 238** (^{238}U), le **thorium 232** (^{232}Th) et le **potassium 40** (^{40}K). Leurs **périodes** radioactives sont très longues : par exemple, 4,5 milliards d'années pour ^{238}U (cela signifie que depuis la formation de la Terre, la moitié seulement du ^{238}U présent au départ s'est désintégrée).

• **La production de chaleur interne** par radioactivité a donc décru depuis le début de l'histoire de la Terre mais reste importante : la **puissance thermique** du globe (la chaleur produite à chaque seconde) est actuellement de l'ordre de 40 térawatts ($40.\ 10^{12}$ watts). Comment est évacuée cette chaleur ?

II La dissipation en surface de la chaleur interne

A la surface du globe, deux types de manifestations correspondent à la dissipation de l'énergie interne : d'une part un **flux de chaleur** continu au travers de la croûte, d'autre part des événements ponctuels et épisodiques, les tremblements de terre et les manifestations volcaniques. Malgré le caractère brutal de ces événements, l'énergie dégagée à l'occasion de ces cataclysmes ne représente en moyenne que quelques centièmes du flux géothermique.

1• Le flux géothermique

Le flux thermique mesuré en surface correspond à la fuite de la chaleur qui a diffusé par **conduction** à travers les roches de la croûte terrestre. Les mesures réalisées permettent d'estimer que ce **flux de chaleur** a une valeur moyenne de 80 $mW.m^{-2}$ (soit l'équivalent de la chaleur rayonnée par une lampe de 50 watts à travers une surface de 625 m^2). Remarquons que cette valeur est infime par rapport à la chaleur reçue du Soleil puis rayonnée dans l'espace qui est, elle, est de l'ordre de 240 $W.m^{-2}$ (soit 3 000 fois plus importante).

Le flux géothermique est en fait très variable d'une région à l'autre : faible au-dessus des masses continentales, plus élevé au niveau des planchers océaniques, il est particulièrement important à l'aplomb des dorsales.

Ces variations sont en relation avec la plus ou moins grande proximité en profondeur de matériaux à haute température.

2• Le gradient géothermique

Le gradient géothermique mesure l'augmentation de température des roches du sous-sol avec la profondeur. On ne dispose de mesures directes que pour les premiers kilomètres de profondeur de la croûte. La valeur mesurée est de l'ordre de **20 à 30 °C par kilomètre dans la croûte continentale**.

Les données sismiques permettent par ailleurs d'établir la profondeur à laquelle les matériaux du manteau supérieur deviennent ductiles (déformables) car ils sont à une température de l'ordre de 1350 °C. Cet **isotherme**, qui marque la limite lithosphère – asthénosphère, se situe à une centaine de kilomètres de profondeur sous les continents ; il est beaucoup plus proche de la surface sous le plancher océanique et particulièrement superficiel au niveau des dorsales.

Il est ainsi possible de construire le **géotherme**, c'est-à-dire la courbe présentant les températures possibles des roches de la lithosphère aux différentes profondeurs.

La valeur élevée du gradient géothermique dans les couches superficielles du globe est en relation avec le fait que l'essentiel de la chaleur interne y est transmis par **conduction** (c'est-à-dire par vibration des atomes sans déplacement de matière) à travers des roches mauvaises conductrices de la chaleur.

Si le gradient géothermique constaté en surface se maintenait en profondeur, les températures atteindraient plusieurs dizaines de milliers de degrés à la limite noyau – manteau. Or, ce n'est pas le cas : on dispose de données indirectes qui permettent de fixer cette température aux environs de 3 000 °C. Le gradient thermique est donc particulièrement faible dans le manteau terrestre (de l'ordre de 0,5 °C par kilomètre) ce qui suppose, au niveau de cette enveloppe, un mécanisme beaucoup plus efficace d'évacuation de la chaleur interne.

III La convection du manteau, mécanisme dissipateur d'énergie interne et moteur de la tectonique des plaques

1• La convection, un mécanisme efficace d'évacuation de la chaleur

Des mouvements convectifs s'observent dans un milieu déformable lorsqu'un matériau chaud et peu dense est surmonté par un matériau froid et plus dense. Une telle situation est instable : le matériau chaud s'élève (et se refroidit), le matériau froid s'enfonce (et s'échauffe). Une circulation de matière s'organise alors en **cellules de convection**. Ce mécanisme évacue la chaleur vers la surface et tend à uniformiser la température du milieu, auquel cas les mouvements s'arrêtent. Ils peuvent toutefois être entretenus si on continue à chauffer en profondeur.

2• La convection dans le manteau

• **Dans le manteau terrestre**, la situation est conforme au modèle décrit ci-dessus :
– du matériel chaud monte de la profondeur à l'aplomb des dorsales océaniques ;
– ce matériel se refroidit et s'éloigne des dorsales, la croûte s'épaississant et devenant de plus en plus dense au cours de cette translation ;
– du matériel froid et dense plonge dans le manteau dans d'autres régions du globe, les zones de subduction.
On peut donc localiser assez bien les régions « superficielles » des cellules convectives. En revanche, une incertitude demeure en ce qui concerne la profondeur à laquelle se ferment ces cellules. Pour certains spécialistes, ces cellules convectives descendent jusqu'à la limite entre manteau et noyau. Pour d'autres, la circulation convective du manteau s'organise plutôt sur deux étages superposés :
– un niveau supérieur qui intéresse l'asthénosphère jusque vers 670 km de profondeur ;
– un niveau inférieur où est brassé le manteau profond.

• **Ce mécanisme de convection thermique** assure un transport efficace de la chaleur interne par mouvement de matière. La tectonique des plaques est une manifestation au niveau de la lithosphère de ces déplacements de matière dans le manteau.

IV Les points chauds, des manifestations ponctuelles de la convection

1• Des ensembles volcaniques remarquables

La présence d'un **point chaud**, c'est-à-dire d'une zone du manteau profond à température particulièrement élevée, se manifeste à la surface du globe par une structure géologique remarquable : un alignement d'édifices volcaniques qui se succèdent depuis le plus ancien jusqu'au plus récent, le seul actif. Cet ensemble constitue un véritable enregistrement du fonctionnement du point chaud, enregistrement archivé par la plaque lithosphérique qui dérive à l'aplomb du point chaud fixe.

2• Le fonctionnement d'un point chaud

Les spécialistes interprètent ces données en imaginant que le point chaud profond (sans doute au voisinage de la frontière avec le noyau) est à l'origine de l'**ascension d'une colonne convective** de matériau chaud et moins dense que les roches environnantes. En montant rapidement (de quelques dizaines de centimètres par an), ce matériau transporte une énorme quantité de chaleur. Arrivé à une centaine de kilomètres de la surface, il subit, du fait de la chute de pression, une fusion partielle qui produit des magmas ; ceux-ci perforent périodiquement la lithosphère et donnent naissance à des éruptions basaltiques massives (plateaux océaniques, trapps, alignements insulaires).

Une analyse plus précise de la chronologie et de l'intensité des éruptions suggère que les premières émissions sont beaucoup plus massives que les suivantes.

Cette observation peut s'interpréter de la façon suivante : la colonne ascendante aurait une forme de panache surmontant une queue plus étroite. Le panache atteignant en premier la zone de fusion, la production de magma est alors colossale. Elle diminue ensuite lorsque c'est la queue qui atteint la zone de fusion.

On estime que les points chauds émettent en moyenne quelques 4 km^3 de magmas par an (à comparer aux 20 km^3 produits par les dorsales).

L'essentiel

• La chaleur interne de la Terre a pour origine essentielle la désintégration de certains isotopes radioactifs. Le flux de chaleur en surface en est la manifestation principale ; il correspond à l'évacuation de la chaleur qui a traversé la lithosphère par conduction thermique.

• Au sein de la lithosphère, la température des roches s'élève assez rapidement avec la profondeur : c'est le gradient géothermique (d'une trentaine de degrés par kilomètre dans la croûte continentale). Cette température atteint 1350 °C à la base de la lithosphère.

• Cet isotherme repère la limite supérieure de l'asthénosphère. A partir de cette profondeur, le manteau devient moins rigide. Il est le siège d'une convection thermique à l'état solide qui assure un transport de chaleur par mouvement de matière. Ce transport par convection est plus efficace que le transport par conduction.

• Les courants de convection du manteau représentent le moteur de la tectonique des plaques. Les dorsales océaniques traduisent des courants montants chauds de matériel du manteau. Les plaques de lithosphère qui sombrent dans le manteau traduisent des courants descendants froids.

• Un autre mécanisme convectif ponctuel contribue à évacuer la chaleur interne : ce sont les points chauds. Un point chaud est une région très localisée du manteau profond qui se caractérise par un flux thermique élevé. Le matériau chaud et peu dense remonte rapidement vers la surface et subit une fusion partielle au voisinage de la lithosphère. Les magmas ainsi produits perforent la plaque sus-jacente : des éruptions massives de laves basaltiques (plateaux océaniques, trapps, alignements insulaires) signent en surface l'activité du point chaud.

Schéma-bilan

L'ÉVACUATION DE LA CHALEUR INTERNE DU GLOBE...

Une production permanente de chaleur par désintégration d'éléments radioactifs.

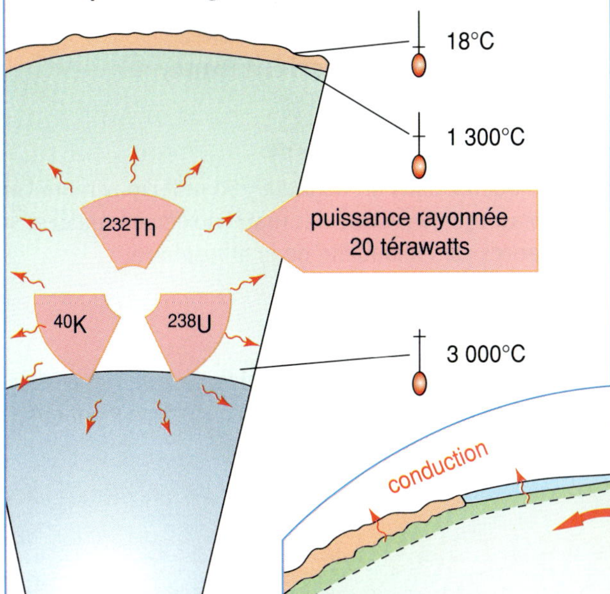

En surface, une inégale dissipation de la chaleur par conduction à travers la croûte.

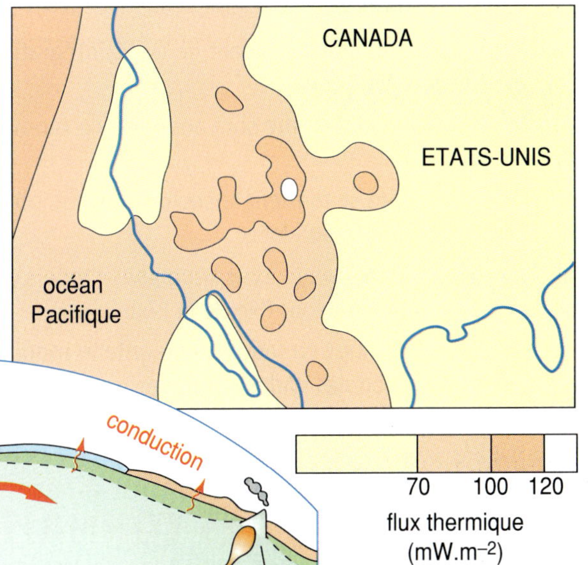

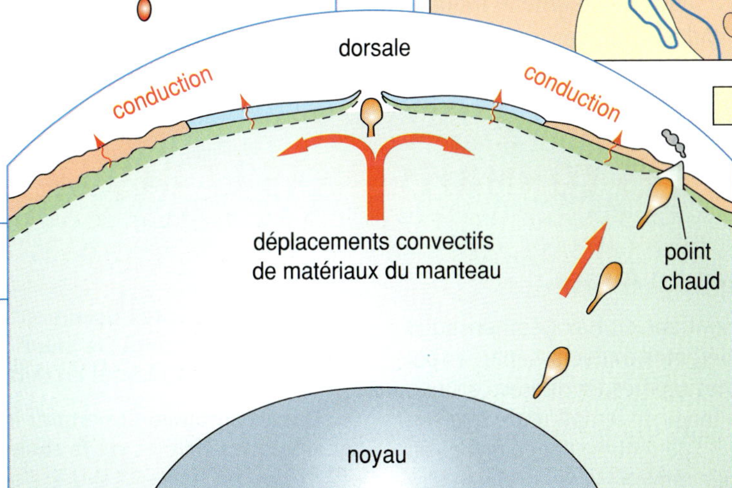

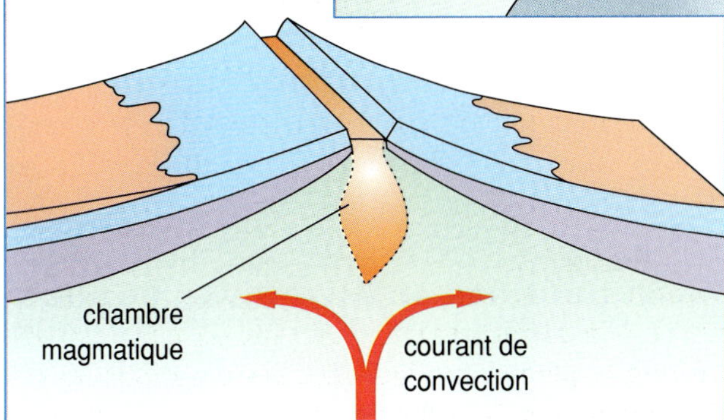

Les dorsales, des « machines » à évacuer la chaleur alimentées par la convection du manteau.

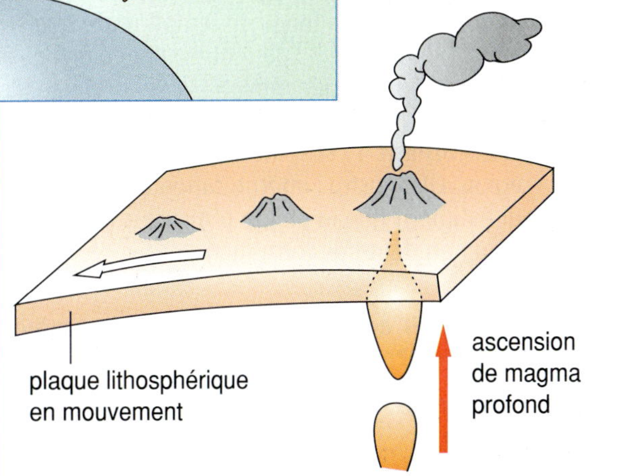

Les points chauds, un autre mécanisme convectif évacuant la chaleur interne.

... EST LE MOTEUR DE LA TECTONIQUE DES PLAQUES

TESTER SES CONNAISSANCES

A. Définissez les mots ou expressions :

Gradient géothermique, convection, flux thermique, trapps.

B. Vrai ou faux ?

Repérez les affirmations exactes. Corrigez ensuite les affirmations inexactes.

a. Le gradient géothermique moyen dans la croûte continentale est de 3°C par kilomètre.

b. La chaleur interne du globe provient de la désintégration nucléaire de certains éléments.

c. Les roches du manteau terrestre sont animées de mouvements de convection.

d. Les trapps basaltiques se forment lorsqu'un nouveau point chaud apparaît à la surface du globe.

e. En 65 Ma, le point chaud qui était situé sous l'Inde s'est déplacé pour se positionner sous l'île de la Réunion.

f. La température des zones profondes du manteau modifie la vitesse de propagation des ondes sismiques.

C. Exprimez des idées importantes...

...en rédigeant une ou deux phrases utilisant chaque groupe de trois mots ou expressions pris dans cet ordre ou dans un ordre différent.

a. Flux géothermique, conduction, chaleur interne.

b. Convection, brassage du manteau, tectonique des plaques.

c. Points chauds, manteau profond, évacuation de chaleur.

D. Elaborez un résumé scientifique.

Sujet 1.

La Terre est une planète vivante.

Vous expliquerez dans un texte de 250 mots maximum l'origine du brassage thermique des matériaux du manteau et ses conséquences sur l'instabilité de la lithosphère.

Sujet 2.

Les points chauds.

Présentez en quelques lignes et à l'aide de schémas le mécanisme de formation d'un point chaud et son fonctionnement.

UTILISER DES CONNAISSANCES ET DES MÉTHODES

1 Le flux géothermique en Alsace.

Le **document 2** montre les variations du flux géothermique dans la plaine d'Alsace. Les différentes couleurs, séparées par des lignes continues (isothermes repérés en degrés Celsius), correspondent aux différentes zones de température que l'on rencontre à une profondeur de 1 500 mètres. Rappelons qu'en France, le gradient géothermique moyen est de 30°C par kilomètre.

La coupe AB (**document 1**) schématise la structure géologique de la région. Elle illustre l'interprétation donnée par les géologues qui estiment que la plaine d'Alsace correspond à un rift continental en début de formation.

Question 1 (Saisir et interpréter des données)

a. Dans quelles zones de la carte trouve-t-on un gradient géothermique moyen ?

b. Quelles particularités présente la plaine d'Alsace sur le plan géothermique ?

Question 2 (Pratiquer un raisonnement et appliquer ses connaissances)

a. Trouvez, dans les documents proposés, des arguments pour étayer l'hypothèse selon laquelle la plaine d'Alsace serait un rift continental en début de formation.

b. Classez chronologiquement les trois types de formations géologiques visibles sur la coupe.

c. Comment peut-on expliquer la présence des formations volcaniques du Kaiserstuhl ?

Doc. 1

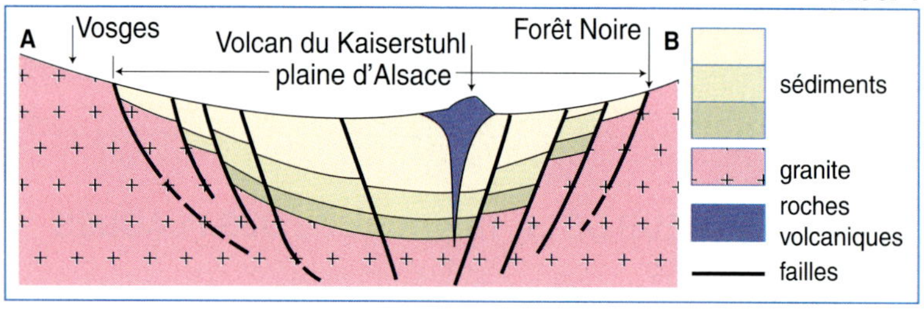

Doc. 2

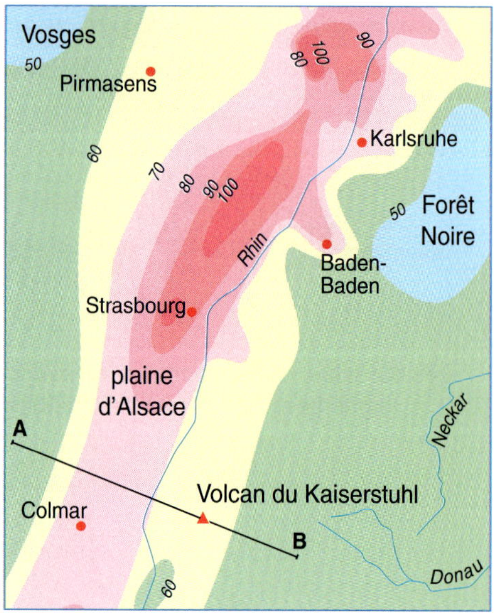

2 Des variations caractéristiques du flux géothermique.

Des mesures systématiques du flux géothermique ont été réalisées sur le continent nord-américain. Elles ont permis de dresser la carte ci-dessous où les valeurs du flux géothermique, exprimées en $mW.m^{-2}$, sont représentées à l'aide d'un code de couleurs.

Dans le parc national de Yellowstone (tache blanche sur la carte), l'Old Faithfull (photographie) est un geyser qui projette à intervalles réguliers un jet brûlant d'eau à plus de 50 mètres de haut. Ce geyser prouve l'existence à faible profondeur de zones anormalement chaudes.

Question 1 (Appliquer ses connaissances et analyser une observation)

a. Expliquez pourquoi le flux de chaleur est, de façon générale, plus important au niveau des océans que sur les continents.

b. Quelle région nord-américaine représente, à ce point de vue, une exception ?

Question 2 (Saisir des données et appliquer ses connaissances)

a. Après avoir repéré, sur la carte des fonds océaniques des pages 302-303, la position des dorsales par rapport aux blocs continentaux, indiquez quelle particularité est observable dans cette région.

b. A l'aide de vos connaissances sur la tectonique des plaques, essayez d'expliquer simplement les déplacements relatifs des différents blocs lithosphériques dans cette région.

Question 3 (Rechercher des informations, communiquer sous forme de schéma et proposez une hypothèse explicative) :

a. Recherchez en travail autonome des informations vous permettant d'expliquer le fonctionnement d'un geyser. Illustrez par un schéma simple ce fonctionnement.

b. En utilisant les différentes données de cet exercice, formulez une hypothèse permettant d'expliquer la présence de zones à flux de chaleur très élevé en Amérique du Nord.

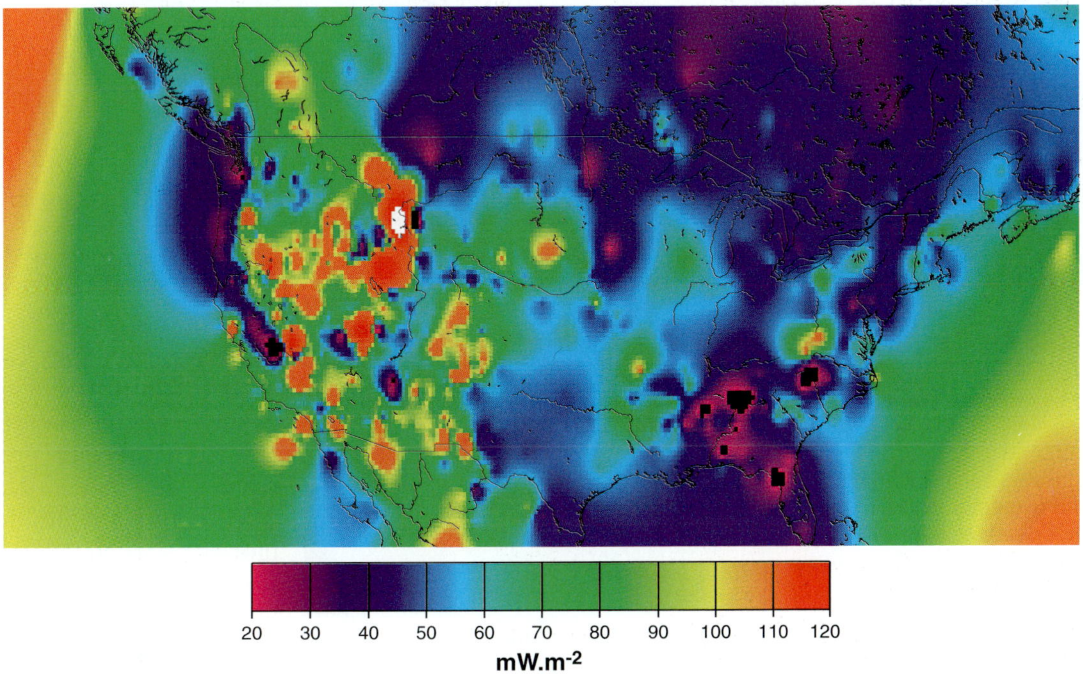

Pour mieux comprendre … le travail de terrain : point de

A Etudier des affleurements, se repérer, s'orienter.

1 La classe de terrain permet de travailler sur des affleurements.

La carte géologique (et sa notice) de la région où vous travaillez apporte de nombreuses informations. Le repérage précis sur la carte de l'affleurement étudié et l'orientation correcte de la carte à l'aide d'une boussole sont indispensables si l'on veut comprendre les structures géologiques visibles dans le paysage. Comment oriente-t-on la carte pour que la correspondance avec le terrain soit évidente ?

Sur le terrain, les élèves doivent respecter certaines règles de sécurité : le port d'un casque par exemple est indispensable lorsque l'affleurement présente un risque de chute de pierres. Quelles autres règles de sécurité faut-il respecter au cours d'une sortie sur le terrain ?

2 Se repérer, s'orienter, respecter les règles de sécurité.

B Recueillir des informations, observer.

La collecte des données de terrain nécessite un travail précis et méticuleux. La classe, sur le terrain, s'intègre dans une démarche scientifique : l'observation permet d'élaborer des hypothèses qui seront testées en travaux pratiques afin de résoudre les problèmes géologiques posés.

3 Collecter des informations : **a** – prise de notes et de croquis ; **b** – prélèvement d'échantillons ; **c** – observation de fossiles ; **d** – mesure d'un pendage.

Certaines observations nécessitent l'emploi d'un matériel spécialisé et permettent des investigations plus poussées.

Le test à l'acide, par exemple, vous est familier. Quel en est l'intérêt ? Pourquoi, d'après-vous, peut-on être amené à mesurer la radioactivité d'une roche ?

Recherchez d'autres observations réalisables au niveau d'un affleurement ou d'un échantillon.

4 Observer, tester : **a** - observation des minéraux ; **b** - test à l'acide ; **c** - mesure de la radioactivité.

A Les paysages : des environnements géologiques et biologiques très variés.

La nature géologique du sous-sol est un des facteurs déterminants de la morphologie des paysages. Les roches sont modelées au cours des temps géologiques par les facteurs climatiques et par l'action des êtres vivants, en particulier des végétaux. Dans notre pays, l'eau à l'état liquide joue un rôle fondamental dans la transformation des roches.

Sur cette portion de la côte bretonne battue par les vagues, les conditions climatiques rudes (le vent en particulier) et la faible épaisseur du sol ne permettent que le développement d'une lande constituée de plantes herbacées et d'arbustes.

Les roches calcaires qui constituent le sous-sol de cette région permettent d'expliquer l'aspect très particulier de ce paysage. L'eau de pluie circulant dans les diaclases a dissous le calcaire, ce qui a permis l'installation des arbustes et des arbres dont le système racinaire s'est développé dans la terre emplissant les fissures.

En haute montagne, les espèces végétales rencontrées changent avec l'altitude : les forêts disparaissent progressivement, remplacées par des alpages qui eux-mêmes laissent la place à un paysage « minéral » en haute altitude. Le facteur température joue un rôle primordial dans cette répartition étagée de la végétation.

1 Différents facteurs peuvent influencer la forme et la répartition des végétaux.

B Des formes végétales adaptées aux facteurs du milieu.

Les végétaux présentent une grande diversité de formes en fonction de leur environnement. Les documents de cette page complètent ceux présentés pages 74 et 75 ; ils illustrent quelques variations d'aspect des végétaux lorsque varie un des facteurs essentiels au développement de la vie : l'eau.

Les **plantes de la garrigue ou du causse** (photo **a**) sont capables de supporter des privations sévères d'eau. Elles ont développé des « stratégies » pour s'adapter à cet environnement (plantes grasses, plantes à feuilles vernissées ou piquantes, etc).

Les **plantes de milieu humide** (photo **b**) ont une morphologie très différente. Pouvez-vous en donner quelques caractéristiques ?

a

b

2 Des plantes différentes en fonction de la richesse en eau du milieu.

La renoncule aquatique est une espèce végétale qui prolifère dans les cours d'eau peu profonds pendant la belle saison. Dans les zones calmes ou stagnantes, elle développe des feuilles larges et flottantes. Dans les zones où le courant est fort, ces feuilles disparaissent au profit de feuilles submergées filiformes qui forment de longues tresses flexueuses se balançant au gré du courant.

3 Des formes végétales aquatiques différentes en fonction du courant.

Pour mieux comprendre ... la géologie de

A Echelle stratigraphique.

ÈRE / ÉRATHÈME	SYSTÈME	SÉRIE		ÉTAGE	Ma
PALÉOZOÏQUE	CARBONIFÈRE	SILÉSIEN	STÉPHANIEN	GZHÉLIEN	295
				KASIMOVIEN	305
			WESTPH.	MOSCOVIEN	315
			NAMUR.	BASHKIRIEN	
				SERPUKHOVIEN	325
		DINANTIEN	VISÉEN	BRIGANTIEN	
				ASBIEN	
				HOLKÉRIEN	
				ARUNDIEN	
				CHADIEN	350
			TOURNAISIEN	IVORIEN	
				HASTARIEN	360
	DÉVONIEN	SUPÉRIEUR		FAMENNIEN	365
				FRASNIEN	375
		MOYEN		GIVÉTIEN	380
				EIFÉLIEN	385
		INFÉRIEUR		EMSIEN	390
				PRAGUIEN	
				LOCHKOVIEN	410
	SILURIEN	PRIDOLI		PRIDOLIEN	415
		LUDLOW		LUDFORDIEN	
				GORSTIEN	425
		WENLOCK		HOMÉRIEN	
				SHEINWOODIEN	430
		LLANDOVERY		TÉLYCHIEN	
				AÉRONIEN	
				RHUDDANIEN	435
	ORDOVICIEN	ASHGILL			445
		CARADOC			455
		LLANDEILO			
		LLANVIRN			470
		ARÉNIG			485
		TRÉMADOC			500
	CAMBRIEN	SUPÉRIEUR		TREMPÉALÉAUIEN	
				FRANCONIEN	
				DRESBACHIEN	
		MOYEN		MAYAIEN	
				AMGAIEN	
		INFÉRIEUR		LÉNIEN	
				ATDABANIEN	530
				TOMMOTIEN	540

ÉONOTHÈME	ÉRATHÈME	SYSTÈME	Ma
PROTÉROZOÏQUE	NÉO-PROTÉROZOÏQUE	NÉOPROT. III	540 / 650
		CRYOGÉNIEN	850
		TONIEN	1000
	MÉSO-PROTÉROZOÏQUE	STÉNIEN	1200
		ECTASIEN	1400
		CALYMMIEN	1600
	PALÉO-PROTÉROZOÏQUE	STATHÉRIEN	1800
		OROSIRIEN	2050
		RHYACIEN	2300
		SIDÉRIEN	2500

ÈRE / ÉRATHÈME	SYSTÈME	SÉRIE		ÉTAGE	Ma
CÉNOZOÏQUE	IVre	HOLOCÈNE			0,01
		PLÉISTOCÈNE		CALABRIEN	1,65
	NÉOGÈNE	PLIOCÈNE		PLAISANCIEN	3,4
				ZANCLÉEN	5,3
		MIOCÈNE		MESSINIEN	6,5
				TORTONIEN	11
				SERRAVALLIEN	14,5
				LANGHIEN	16
				BURDIGALIEN	20
				AQUITANIEN	23,5
	PALÉOGÈNE	OLIGOCÈNE		CHATTIEN	28
				RUPÉLIEN	34
		ÉOCÈNE		PRIABONIEN	37
				BARTONIEN	40
				LUTÉTIEN	46
				YPRÉSIEN	53
		PALÉOCÈNE		THANÉTIEN	59
				DANIEN	65
MÉSOZOÏQUE	CRÉTACÉ	SUPÉRIEUR		MAASTRICHTIEN	72
				CAMPANIEN	83
				SANTONIEN	87
				CONIACIEN	88
				TURONIEN	91
				CÉNOMANIEN	96
		INFÉRIEUR		ALBIEN	108
				APTIEN	114
				BARRÉMIEN	116
				HAUTERIVIEN	122
				VALANGINIEN	130
				BERRIASIEN	135
	JURASSIQUE	SUPÉRIEUR (MALM)		TITHONIEN	141
				KIMMÉRIDGIEN	146
				OXFORDIEN	154
		MOYEN (DOGGER)		CALLOVIEN	160
				BATHONIEN	167
				BAJOCIEN	176
				AALÉNIEN	180
		INFÉRIEUR (LIAS)		TOARCIEN	187
				PLIENSBACHIEN	194
				SINÉMURIEN	201
				HETTANGIEN	205
	TRIAS	SUPÉRIEUR		(RHÉTIEN)	
				NORIEN	220
				CARNIEN	230
		MOYEN		LADINIEN	235
				ANISIEN	240
		INFÉRIEUR		SCYTHIEN	245
PALÉOZOÏQUE	PERMIEN	SUPÉRIEUR	THURINGIEN	TATARIEN	250
				KAZANIEN	258
		INFÉRIEUR	SAXONIEN	KUNGURIEN	265
				ARTINSKIEN	275
			AUTUNIEN	SAKMARIEN	285
				ASSÉLIEN	

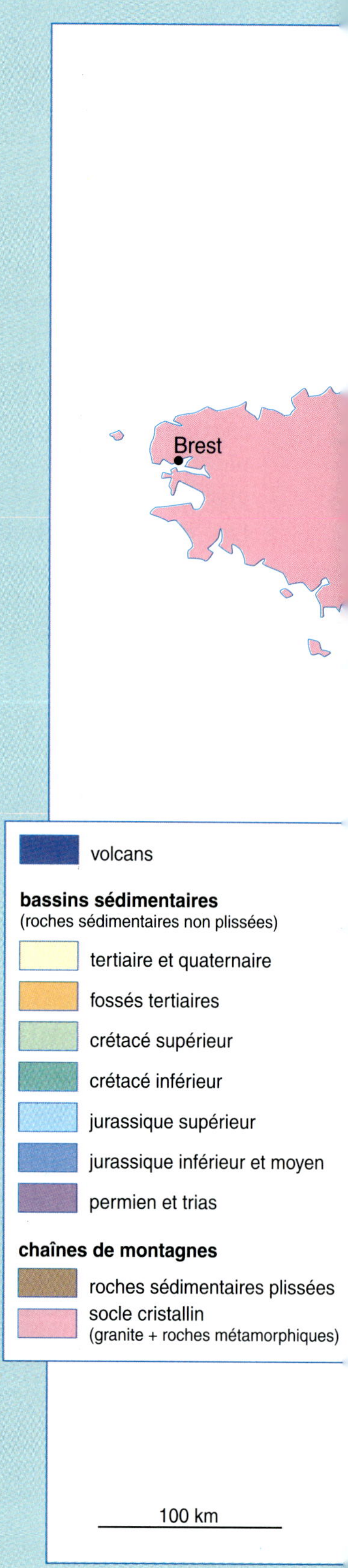

B La carte géologique de la France.

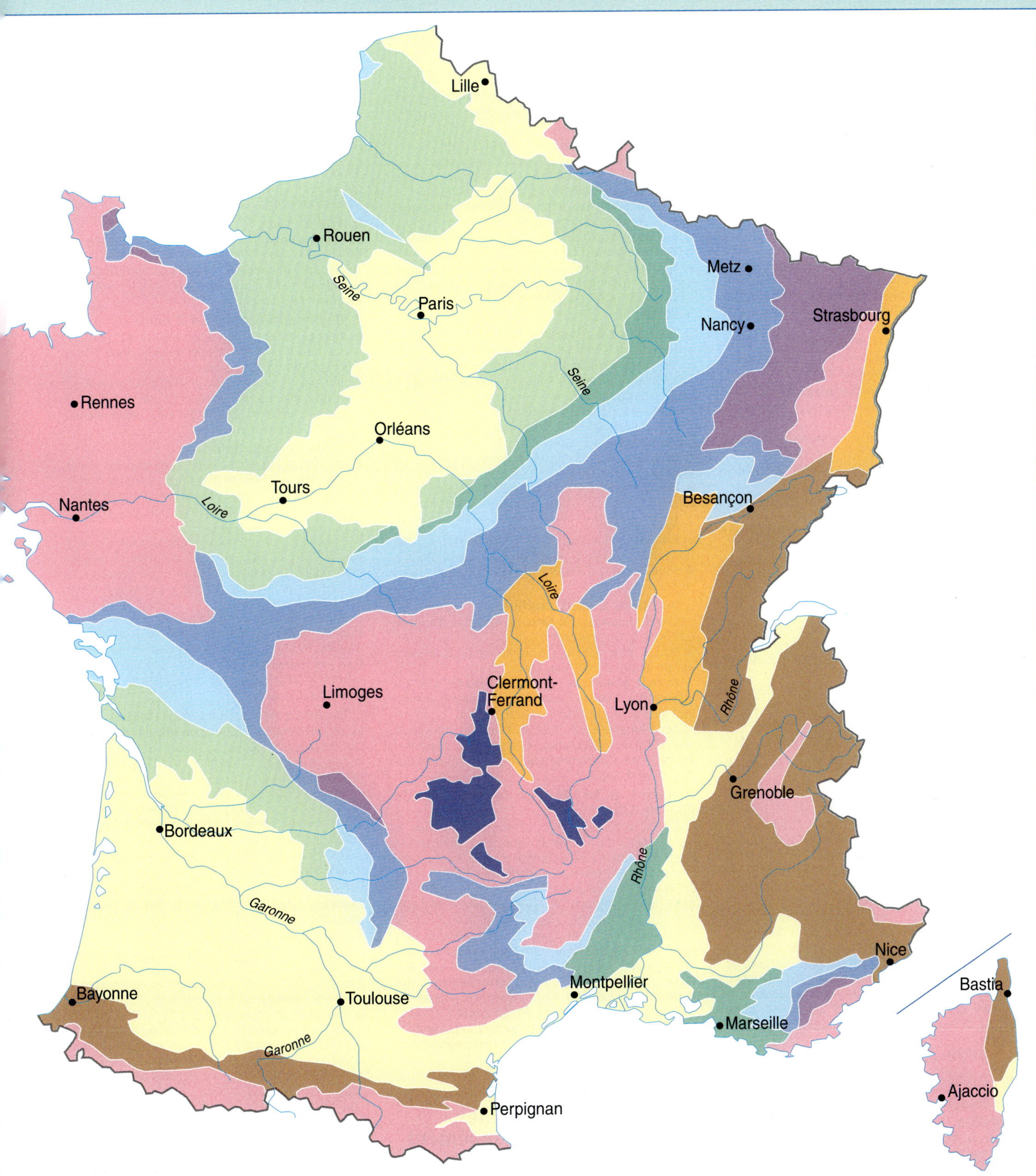

CORRIGÉS D'EXERCICES

Vous trouverez dans ces pages des corrections d'exercices pour chaque chapitre.
Les réponses systématiques à la partie « **TESTER SES CONNAISSANCES** » vous permettent de procéder à une auto-évaluation et donc de contrôler vous-mêmes le degré d'acquisition des connaissances.
Les corrigés de certains exercices de la partie « **UTILISER DES CONNAISSANCES ET DES MÉTHODES** » doivent vous servir à mieux apprécier les critères de réussite d'un exercice : vous pouvez donc utiliser ces corrigés pour améliorer vos propres réponses.

Sciences de la Vie

Du génotype au phénotype

Chapitre 1, p. 36

Le phénotype dépend des protéines

A. Indiquez le mot qui correspond à chaque définition.
a. Enzyme ; **b.** Substrat ; **c.** Phénotype.

B. Définissez les mots ou expressions :
Catalyseur (p. 21). **Spécificité d'action :** désigne le fait qu'une enzyme ne catalyse qu'un seul type de réaction chimique. **Site actif :** p. 27. **Complexe enzyme-substrat :** ensemble transitoire formé d'une enzyme et de son substrat. **pH optimum :** pH où l'activité d'une enzyme est maximale. **Phénotype :** ensemble des caractères d'un individu.

C. Exprimez des notions importantes...
a. Une enzyme catalyse de manière spécifique un seul type de réaction chimique.
b. La capacité de catalyse d'une enzyme est liée à sa forme spatiale.
c. Le phénotype se définit à plusieurs échelles : moléculaire, cellulaire et de l'organisme.
d. Une enzyme présente une double spécificité : spécificité d'action et spécificité de substrat.
e. La réalisation du phénotype nécessite l'intervention d'une protéine.

D. Affirmations fausses à corriger.
a. L'élévation de température augmente l'activité d'une enzyme jusqu'à ce que la température optimale soit atteinte.
b. Une enzyme ne fournit pas d'énergie à la réaction qu'elle catalyse.
c. Un changement de forme de l'enzyme modifie son activité.
d. L'augmentation de substrat disponible accélère une réaction chimique pour une même quantité d'enzyme.

E. Questions à choix multiples.
Les affirmations exactes : **1c** et **1d** ; **2a** et **2 b** ; **3b**.

Exercice 5, p. 38 : une bien curieuse enzyme...
1. *Escherichia coli* croît entre 10 et 45 °C avec une température optimale de croissance de 35 °C alors que *Pyrococcus* se développe entre 75 et 105 °C, avec un optimum de croissance à 95 °C. Le problème est de savoir comment les enzymes de *Pyrococcus* fonctionnent à des températures si élevées alors que, normalement, les fortes températures dénaturent les enzymes de manière irréversible.
2. L'observation des modèles moléculaires montre que l'enzyme de *Pyrococcus* présente des différences structurales notamment dans les régions externes ; par ailleurs, l'analyse chimique révèle la présence de deux fois plus d'acides aminés chargés négativement. On peut penser que ce sont ces modifications de la structure spatiale qui permettent à l'enzyme de ne pas être dénaturée à haute température.

Chapitre 2, p. 54

La synthèse des protéines

A. Indiquez le mot qui correspond à chaque définition.
a. ADN ; **b.** Transcription et traduction ; **c.** Nucléotide U.

B. Définissez les mots ou expressions :
Gène : fragment d'une molécule d'ADN gouvernant la synthèse d'une protéine. **Codon :** p. 37. **Transcription :** p. 45. **Traduction :** p. 48. **ADN polymérase :** p. 45. **Ribosome :** p. 48. **Polysome :** p. 49. **Code génétique :** p. 47. **Brin transcrit d'ADN :** p. 45.

C. Exprimez des notions importantes...
a. La traduction débute au codon d'initiation.
b. La transcription donne naissance à de nombreuses copies d'un gène sous forme d'ARN messager.
c. La traduction a lieu au niveau des ribosomes, organites situés dans le cytoplasme.
d. A partir du brin transcrit d'ADN, de l'ARN messager complémentaire est fabriqué.
e. Par l'intermédiaire d'un système de correspondance, le code génétique, une séquence d'acides aminés est mise en place par une séquence de nucléotides.

D. Questions à réponses courtes.
a. La transcription a lieu dans le noyau alors que la traduction se déroule dans le cytoplasme.
b. Un ribosome est un véritable « atelier d'assemblage » des protéines.
c. Une molécule d'ARN ne comporte qu'un seul brin au sein duquel les nucléotides T de l'ADN sont remplacés par des nucléotides U.
d. Un codon stop indique la fin de la synthèse d'une protéine.
e. Le code génétique est universel car ce système de correspondance est valable chez tous les êtres vivants.

E. Vrai ou faux ?
a. Faux (un codon stop ne l'est pas). **b. Vrai. c. Faux** (la synthèse des protéines a lieu dans le cytoplasme). **d. Faux** (la copie d'un gène aboutit à de nombreuses copies d'ARN).

F. Questions à choix multiples.
1. **L'ARN messager : a. Faux** (la molécule d'ARN ne comporte qu'un seul brin).
b. Vrai. c. Vrai. d. Faux (le nucléotide U est un composant propre à l'ARN). **e. Vrai.**
2. **Le code génétique : a. Vrai. b. Faux** (le code est universel). **c. Faux** (il associe un acide aminé précis à un triplet de nucléotides). **d. Vrai. e. Vrai.**
3. **Les ribosomes : a. Vrai. b. Faux** (les ribosomes sont dans le cytoplasme). **c. Faux** (les ribosomes associent un acide aminé à un triplet de nucléotides de l'ARN). **d. Vrai.**

Exercice 5, p. 56 : le cycle de réplication du virus du SIDA.
1. L'ARN polymérase est une enzyme catalysant la transcription, c'est-à-dire la fabrication de l'ARN à partir de l'ADN. La transcriptase inverse du VIH catalyse la réaction inverse : à partir de l'ARN viral, de l'ADN viral est produit.
2. Le brin d'ARN viral UGCGGGCUU devient de l'ADN viral par transcription inverse. Le brin transcrit de l'ADN viral est donc, par complémentarité des nucléotides : ACGCCCGAA. Suite à son intégration dans l'ADN de la cellule puis à la transcription, l'ARN viral formé est donc, toujours par correspondance des nucléotides, UGCGGGCUU. La séquence initiale est bien conservée lors du cycle de réplication.
3. L'universalité du code génétique permet la production des protéines virales par une cellule humaine.

Chapitre 3, p. 68

Les relations entre gènes, phénotypes et environnement

A. Définissez les mots ou expressions :
Phénotype monogénique : caractère qui résulte de l'expression d'un seul gène. **Phénotype multigénique :** caractère qui dépend de l'expression de plusieurs gènes différents. **Maladie multifactorielle :** maladie qui dépend de plusieurs facteurs différents, génétiques ou environnementaux. **Gène de prédisposition :** gène dont la possession accroît la probabilité de développer un caractère donné. **Médecine prédictive :** aspect de la médecine qui consiste à préciser une probabilité ou un risque de développer une maladie.

B. Vrai ou faux ?
a. Vrai. b. Faux (un caractère est souvent dépendant de plusieurs gènes). **c. Faux** (l'effet d'un allèle peut varier sous l'influence de facteurs du milieu). **d. Vrai. e. Faux** (il existe des interactions entre les gènes qui modifient leur action).

C. Quelle différence y a-t-il entre ...
a. Une maladie polygénique dépend de plusieurs gènes tandis qu'une maladie monogénique résulte de l'expression d'un seul gène.
b. Une maladie strictement génétique ne dépend que de l'expression des gènes tandis qu'une maladie multifactorielle dépend d'autres facteurs : alimentation, mode vie, environnement etc.

D. Expliquez pourquoi ...
a. Souvent, le phénotype dépend de plusieurs gènes. Il suffit qu'un seul de ces gènes soit altéré pour modifier de la même façon le phénotype. La simple observation du phénotype ne permet alors pas de déterminer le gène responsable.
b. L'expression des gènes peut être variable d'un individu à l'autre et influencée par des facteurs environnementaux. La seule connaissance du génotype ne permet pas toujours de prédire le phénotype réellement développé.
c. Certains cancers du sein dépendent de la possession de gènes de prédisposition mais également d'autres facteurs ; beaucoup de cancers du sein ne sont pas d'origine génétique. Les facteurs qui déterminent le développement cette maladie sont donc nombreux et variés.

E. Exprimez des notions importantes ...
a. Un phénotype multigénique dépend de l'expression de plusieurs gènes.
b. Des génotypes différents peuvent conduire à un même phénotype.
c. Le phénotype peut dépendre de l'expression de gènes mais aussi de facteurs de l'environnement.
d. Un gène de prédisposition augmente le risque de développer une maladie.
e. Les tests génétiques ont pour objectif la prédiction du phénotype à partir de la connaissance du génotype.

Exercice 4, p. 70 : plusieurs gènes pour un phénotype.
1. Pour synthétiser le marqueur A, il faut disposer de l'enzyme H et de l'enzyme de type A. Pour la synthèse du marqueur B, il faut disposer de l'enzyme H et de l'enzyme de type B. En général, le phénotype O résulte de l'absence d'enzyme de type A et de type B : la substance H n'est alors pas transformée en marqueur A ou B. Cependant, si un individu ne synthétise pas d'enzyme H, il ne pourra pas produire de marqueur A ou B et sera donc également de phénotype O.
2. Le phénotype O peut résulter des génotypes suivants :
- un individu possède le gène permettant de produire l'enzyme H mais pas le gène permettant de produire les enzymes A ou B.
- un individu ne possède pas le gène permettant de produire l'enzyme H (mais peut posséder le gène permettant de produire l'enzyme de type A ou l'enzyme de type B).

Cet exemple est celui d'une voie métabolique où un gène intervient à chacune des étapes : la modification d'un gène intervenant dans l'une des étapes de cette voie suffit pour empêcher la synthèse du produit final. Des génotypes différents peuvent alors se traduire par un même phénotype.

La morphogenèse végétale

Chapitre 1, p. 92

La construction d'une plante

A. Retrouvez le mot qui correspond à chaque définition.

a. Méristème. **b.** Différenciation. **c.** Morphogenèse. **d.** Port.

B. Définissez les mots ou expressions :

Méristème apical : p. 81. **Bourgeon axillaire :** bourgeon situé latéralement sur un rameau, au niveau du point d'attache d'une feuille. **Zone de croissance :** p. 78. **Cellule différenciée :** cellule qui a acquis des structures spécialisées, en liaison avec sa fonction. **Futaie :** p. 75.

C. Vrai ou faux ?

a. Vrai (mais il dépend aussi d'autres facteurs). **b. Faux** (le port d'un arbre dépend des facteurs de l'environnement). **c. Vrai. d. Faux** (dans un bourgeon il y a un méristème apical mais aussi les massifs méristématiques de futurs bourgeons axillaires). **e. Faux** (toutes les cellules d'une racine proviennent du méristème situé à son extrémité). **f. Vrai.**

D. Questions à choix multiples.

Les affirmations correctes sont : **1a** et **1d** ; **2b**, **2c** et **2d**.

E. Quelle différence y a-t-il entre...

a. Une cellule différenciée présente des structures spécialisées en lien avec sa fonction tandis qu'une cellule méristématique est indifférenciée et pourra donner n'importe quel type cellulaire.

b. L'apex d'une tige contient un bourgeon qui est déjà un rameau en miniature avec plusieurs méristèmes et ébauches foliaires tandis que l'extrémité d'une racine ne contient qu'un massif de cellules méristématiques.

c. Le méristème est constitué de cellules indifférenciées qui se divisent tandis que la zone de croissance contient des cellules qui cessent de se diviser mais subissent un allongement.

d. Un arbre isolé porte en général des branches basses et un feuillage très développé tandis qu'en futaie les premières branches de l'arbre sont haut placées (le fût de l'arbre est long et droit) et le feuillage est moins développé .

F. Expliquez comment...

a. Une nouvelle branche d'un arbre se forme par l'éclosion et le développement d'un bourgeon axillaire : élongation des entre-nœuds, croissance des ébauches foliaires.

b. Une racine pousse par production de nouvelles cellules par le méristème situé à son extrémité et par allongement des cellules nouvellement produites.

c. Une racine secondaire se forme par dédifférenciation d'un massif de cellules qui retournent à l'état méristématique. Ce méristème produit de nouvelles cellules qui s'allongent et font saillie latéralement.

G. Rédigez une phrase...

a. Le port d'un végétal dépend des caractéristiques génétiques de l'espèce mais aussi de l'influence de facteurs de l'environnement.

b. Un rameau se forme par éclosion d'un bourgeon et élongation des entre-nœuds.

c. Un méristème est le siège de nombreuses mitoses qui produisent des cellules indifférenciées.

d. La croissance d'une racine résulte de divisions cellulaires et de l'allongement des cellules.

e. Dans une racine, les divisions cellulaires ont lieu dans le méristème apical tandis que l'allongement des cellules se produit dans la zone de croissance.

Exercice 2, p. 93 : reconnaître un arbre grâce à sa silhouette.

1. 1 : saule pleureur. 2 : saule rouge. 3 : érable sycomore. 4: bouleau. 5 : chêne pédonculé. 6 : hêtre. 7 : charme. 8 : marronnier.

2. La silhouette d'un arbre est parfois insuffisante pour permettre son identification car si le port d'un végétal est bien une caractéristique de l'espèce, il peut être considérablement modifié par l'influence de facteurs environnementaux : arbre isolé ou en futaie, influence du vent, taille par l'homme etc. Des arbres d'espèces différentes placées dans un même environnement peuvent présenter des réponses morphologiques semblables.

Chapitre 2, p. 108

La mitose, un processus commun aux cellules eucaryotes

A. Indiquez le mot qui correspond à chaque définition.

a. Mitose ; **b.** Phase S d'interphase ; **c.** Fuseau mitotique.

B. Définissez les mots ou expressions :

Réplication : p. 99. **Cycle cellulaire :** p. 98. **Chromosome dupliqué :** chromosome constitué de deux molécules identiques d'ADN. ADN polymérase : p. 99. **Prophase :** p. 97. **Brin néoformé :** p. 99.

C. Exprimez une idée importante...

a. La réplication de l'ADN a lieu en phase S d'interphase.

b. L'anaphase est la phase de la mitose où s'effectue le partage des chromosomes dupliqués.

c. Les cellules filles ont une information génétique identique à celle de la cellule mère.

d. En métaphase, la condensation des chromosomes dupliqués est maximale.

D. Questions à réponses courtes.

a. La réplication est un mécanisme semi-conservatif car la moitié de la molécule mère d'ADN est conservée dans la molécule fille.

b. La réplication a lieu dans le noyau.

c. Dès la prophase, les chromosomes dupliqués se condensent.

E. Vrai ou faux ?

a. Faux (lors d'un cycle cellulaire, la réplication de l'ADN précède la mitose). **b. Vrai. c. Faux** (les deux molécules d'ADN d'un chromosome dupliqué sont identiques). **d. Faux** (la séparation du cytoplasme débute en anaphase).

Exercice 4, p. 110 : retrouver des stades repères du cycle cellulaire.

1. Sur le graphique, le nombre de cellules doit être placé en ordonnée. On constate que la fluorescence des cellules varie entre des valeurs qui vont du simple (35) au double (70).

2. Les cellules ayant une fluorescence de 35 sont en phase G1 d'interphase ou en fin de mitose ; les cellules ayant une fluorescence de 70 sont en phase G2 d'interphase ou en début de mitose.

3. La réplication car le doublement progressif de fluorescence traduit la duplication de l'ADN qui a lieu en phase S d'interphase.

4. Dès qu'une cellule a dupliqué son ADN (fluorescence 70), elle rentre en mitose puis les cellules filles obtenues en phase G1. Comme la phase G1 de l'interphase est la phase la plus longue du cycle cellulaire, les cellules en phase G1 (fluorescence 35) sont les plus nombreuses.

Chapitre 3, p. 132

Croissance cellulaire et contrôle de la morphogenèse

A. Donnez le nom.

a. La cellulose ; **b.** La plasmolyse ; **c.** L'auxine.

B. Définissez les mots ou expressions :

Vacuole : p. 113. **Cellule plasmolysée :** p. 114. **Paroi primaire :** p. 130. **Plasticité pariétale :** propriété d'élasticité que possède la paroi d'une cellule en croissance. **Protoplaste :** p. 117. **Hormone végétale :** p. 120. **Clonage :** processus d'obtention de cellules génétiquement identiques entre elles et à la cellule mère. **Cytokinine :** p. 125. **Dominance apicale :** p. 123.

C. Exprimez des notions importantes...

a. Une cellule turgescente possède une vacuole remplie d'eau.

b. L'auxine est fabriquée dans l'apex des tiges.

c. Du fait d'un éclairement anisotrope, l'auxine a une répartition inégale dans la plante qui a ainsi une croissance orientée.

d. Un protoplaste est une cellule végétale isolée dépourvue de sa paroi.

D. Vrai ou faux ?

a. Vrai. b. Faux (la croissance d'une cellule requiert sa turgescence). **c. Vrai. d. Faux** (la lumière détruit l'auxine ou modifie sa répartition dans la plante). **e. Vrai.**

E. Pourquoi peut-on dire que...

a. L'organogenèse est une affaire d'équilibres hormonaux car, selon les quantités présentes de chaque hormone, c'est la formation (ou le développement) de tel ou tel organe qui sera favorisée.

b. L'auxine agit rapidement et directement sur la paroi , action à court terme, alors qu'elle agit dans un laps de temps plus grand sur divers gènes, action à long terme.

c. La section du bourgeon terminal lève la dominance apicale exercée par ce dernier, ce qui permet la formation de nouveaux rameaux donc un changement de morphologie de la plante.

Exercice 4, p. 134 : les effets de l'éthylène.

1. Les deux premiers lots sont destinés à montrer la croissance en absence d'éthylène et à vérifier que la présence d'un sac plastique ne modifie pas la croissance. Le deuxième lot est utilisé comme témoin et permet de montrer les effets de l'éthylène en le comparant avec le troisième lot, le sac plastique retenant l'éthylène.

2. Les plantules de « soja vert » ont sensiblement le même aspect pour les deux premiers lots. En revanche, les plantules du troisième lot sont plus courtes et plus larges que les précédentes.

3. La deuxième expérience montre qu'en présence d'éthylène, les cellules sont un peu plus larges mais beaucoup moins longues. Ces modifications de la croissance cellulaire expliquent qu'en présence d'éthylène une plantule soit plus courte et plus large puisque les cellules constitutives de la plantule ont vu leur croissance modifiée dans le même sens. La croissance globale de la plantule est la résultante de la croissance de ses cellules.

Glycémie et diabètes

Chapitre 1, p. 154

La régulation de la glycémie

A. Définissez les mots ou expressions :

Glycémie : p.138. **Hyperglycémie :** p. 158. **Diabète sucré :** p. 158-159. **Pancréas :** p. 145. **Insuline :** p. 146. **Glucagon :** p. 146. **Ilot de Langerhans :** p.146. **Glycogène :** p. 143. **Tissu adipeux :** p.142. **Hormone :** p. 144. **Système autorégulé :** p. 148. **Cellule hépatique :** cellule du foie.

B. Vrai ou faux ?

a. Faux (la valeur oscille autour de 1 g /L). **b. Vrai. c. Faux** (seul le foie peut le faire). **d. Vrai. e. Vrai. f. Faux** (affirmation vraie pour les cellules β et aussi pour les cellules α, à condition de remplacer le mot insuline par le mot glucagon).

C. Exprimer des idées importantes...

a. La glycémie est une constante physiologique : cela signifie que sa valeur ne subit que de légères variations autour d'une valeur moyenne stable (1 g / L).

b. Le foie est un organe fondamental dans la régulation de la glycémie : en cas d'hyperglycémie, il stocke du glucose grâce à une synthèse de glycogène, en cas d'hypoglycémie il libère du glucose dans le sang grâce à une hydrolyse de glycogène.

c. Le stockage de glucose dans l'organisme est assuré sous forme de glycogène (dans le foie, les muscles) mais aussi de lipides (dans le tissu adipeux).

d. En cas d' hyperglycémie, les îlots de Langerhans augmentent leur sécrétion dans le sang d'une hormone hypoglycémiante, l'insuline.

e. Les hormones pancréatiques (insuline et glucagon) participent à l'autorégulation de la glycémie.

Exercice 1 p. 154 : comment doser le glycogène hépatique.

a. Concentration du glycogène dans l'échantillon testé : 0,3 mg. mL^{-1}.

b. Le volume de l'échantillon étant de 3,5 mL, il contient donc 0,3 x 3,5 soit 10,5 mg de glycogène.

C'est la quantité qui était contenue dans 1 des 10 mL de la solution de glycogène de départ ; l'échantillon de foie contenait donc 105 mg de glycogène. Cet échantillon pesait 10 g ; la teneur de glycogène était donc de l'ordre de 1 %.
c. Cette valeur est très faible par rapport aux valeurs moyennes indiquées. On peut proposer plusieurs hypothèses : sujet soumis à un jeûne prolongé, sujet qui a subi une injection de glucagon, anomalie du fonctionnement hépatique...

Chapitre 2, p. 170
L'origine complexe des diabètes

A. Définissez les mots ou expressions :
Diabète sucré : p. 158-159. **Hyperglycémie chronique :** p.158. **Diabète de type 1 :** p.158. **Diabète de type 2 :** p. 158. **Insulinémie :** taux sanguin d'insuline. **Facteur de risque :** facteur génétique ou environnemental qui augmente le risque d'être atteint d'une maladie. **Gènes HLA DR3 ou DR4 :** p.165. **Obésité :** p.163.

B. Vrai ou faux ?
a. Faux (la glycémie est presque toujours supérieure à la normale). **b. Faux** (il est causé non par un excès mais par un défaut de sécrétion d'insuline). **c. Vrai. d. Vrai. e. Faux** (non, c'est l'inverse). **f. Faux** (elle ne s'effondre pas, que le sujet soit normal ou diabétique).

C. Exprimer des idées importantes...
a. L'hyperglycémie chronique qui caractérise le diabète sucré traduit une défaillance du système de régulation de la glycémie.
b. Le diabète de type 1, causé par un déficit d'insuline, est le résultat d'une destruction des cellules des îlots de Langerhans.
c. Parmi les facteurs de risque de survenue d'un diabète de type 2, on a mis en évidence l'existence d'un facteur familial d'une part, de l'obésité d'autre part.
d. Dans le diabète de type 2, on constate une baisse de la sensibilité des cellules cibles à l'insuline.
e. La possession de certains gènes HLA constitue un facteur de risque important pour le diabète de type 1.

Exercice 1, p. 170 : obésité et diabète de type 2.
a. Cette étude confirme qu'il existe une relation entre la survenue d'un diabète de type 2 et l'existence d'une surcharge pondérale.
b. On constate que, dans le groupe « à taille fine » (RTH = 1), l'indice de masse corporelle n'a pratiquement pas d'incidence sur le risque. En revanche, dans le groupe le plus maigre (IMC = 1), une augmentation de l'indice RTH accroît nettement le risque (x 5 à peu près).
Par ailleurs, si on analyse les cas opposés, l'augmentation du tour de taille chez les sujets les plus gros multiplie le risque par plus de 30 alors que, chez les individus « à taille épaisse », l'augmentation de l'IMC ne multiplie le risque que par 5 environ.
Il semble donc bien que le facteur RTH soit le plus important.

Le fonctionnement du système nerveux

Chapitre 1, p. 192
Les circuits neuroniques d'un réflexe

A. Définissez les mots ou expressions :
Réflexe médullaire : réflexe dont le centre nerveux est la moelle épinière. **Réflexe myotatique :** p.179. **Fuseau neuromusculaire :** p.185. **Motoneurone :** neurone moteur de la corne ventrale de la moelle épinière, également appelé neurone multipolaire. **Coordination des muscles antagonistes :** p. 186. **Ganglion rachidien :** renflement situé sur la racine dorsale d'un nerf rachidien. **Innervation réciproque :** p. 187. **Interneurone :** p. 187. **Plaque motrice :** p. 185.

B. Vrai ou faux ?
a. Faux (le centre nerveux est indispensable à la réalisation d'un réflexe). **b. Faux** (les racines dorsales d'un nerf rachidien ne contiennent effectivement que des fibres nerveuses sensitives mais les corps cellulaires des neurones sensitifs sont situés dans le ganglion rachidien porté par ces racines). **c. Vrai. d. Faux** (le message passe des neurones sensitifs vers les neurones moteurs). **e. Faux** (l'étirement d'un muscle déclenche la contraction réflexe de ce muscle et le relâchement du muscle antagoniste).

C. Exprimer des idées importantes...
a. Le corps cellulaire du neurone sensitif est localisé dans le ganglion rachidien situé sur la racine dorsale du nerf rachidien.
b. Le motoneurone est situé dans la racine ventrale de la substance grise de la moelle épinière.
c. Dans un arc réflexe polysynaptique, la connexion entre neurone sensitif et motoneurone est assurée par un (ou plusieurs) interneurone(s).
d. La coordination de l'activité des muscles antagonistes est assurée par leur innervation réciproque.
e. Un réflexe myotatique est une contraction musculaire déclenchée par l'étirement de ce muscle.

D. Retrouvez le mot qui correspond à chaque définition.
a. Réflexe myotatique. **b.** Motoneurones. **c.** Innervation réciproque. **d.** Fuseau neuromusculaire.

Exercice 4, p. 194 : des expériences anciennes réalisées chez le chat.
1. Lors de l'abaissement de la table, le muscle extenseur est étiré ce qui déclenche la contraction de ce même muscle (c'est un réflexe myotatique). La tension de ce muscle augmente donc de manière importante comme le montre l'enregistrement.
Lorsqu'on étire un des muscles antagonistes (au temps S), on observe une chute de la tension du muscle extenseur. Ceci s'explique par l'activité coordonnée des muscles antagonistes : si l'un se contracte, l'autre se relâche. Ici, la contraction réflexe d'un des fléchisseurs (suite à l'étirement de ce dernier) provoque un relâchement partiel de l'extenseur. Au temps B, l'étirement des deux fléchisseurs provoque un relâchement plus important de l'extenseur.
2. Le fonctionnement coordonné des muscles antagonistes étant dû à leur innervation réciproque au niveau de la moelle, on peut prévoir :
- une augmentation de l'intensité des messages émis par les motoneurones reliés au muscle extenseur lors de l'étirement de ce dernier ;
- une diminution de l'intensité de ces mêmes messages lors de l'étirement d'un seul muscle antagoniste ;
- une diminution plus forte lors de l'étirement des deux muscles antagonistes.

Chapitre 2, p. 214
Les messages nerveux au niveau neuronique

A. Définissez les mots ou expressions :
Polarisation membranaire : différence de potentiel existant entre intérieur et extérieur de la membrane d'une cellule vivante. **Potentiel de repos :** p. 199. **Potentiel d'action :** p. 199. **Synapse :** p. 204. **Seuil de dépolarisation :** p. 200. **Neurotransmetteur :** p. 205. **Intégration neuronale :** p. 209.

B. Vrai ou faux ?
a. Vrai. b. Faux (son amplitude reste constante). **c. Vrai. d. Faux** (la fréquence d'émission dépend de l'intensité du stimulus). **e. Vrai. f. Faux** (il présente les deux types de contacts synaptiques).

C. Exprimer des idées importantes...
a. Le potentiel de repos correspond à une différence de potentiel permanente entre les deux faces de la membrane d'une fibre nerveuse vivante.
b. Le potentiel d'action est une inversion de polarisation brutale et brève de la membrane nerveuse.
c. Le déclenchement d'un potentiel d'action n'intervient que si la membrane subit une dépolarisation supérieure à une valeur seuil.
d. Lorsqu'il est libéré dans la fente synaptique, le neurotransmetteur se fixe sur des récepteurs post-synaptiques spécifiques.
e. Un neurone réalise en permanence l'intégration des messages qu'il reçoit simultanément au niveau de synapses excitatrices et de synapses inhibitrices.

Exercice 2, p. 215 : une mesure de la vitesse de conduction nerveuse.
1. Le délai s'explique par le temps nécessaire à la propagation du message depuis le point d'excitation du nerf jusqu'au muscle responsable de la réponse électromyographique observée. Naturellement, plus le point d'excitation est loin du muscle, plus le délai est important.
2. Le décalage entre les deux réponses électromyographiques observées (repéré par deux traits verticaux sur le cliché) correspond au temps mis par le message nerveux pour parcourir la distance séparant St1 de St2, soit 285 mm. Ce temps peut être estimé grâce à l'échelle à 5 ms environ.
La vitesse de conduction est donc de 285. 10^{-3}/ 5. 10^{-3}, soit 57 m. s^{-1}.

Chapitre 3, p. 234
La plasticité du système nerveux central

Exercice 1, p. 234 : plasticité du cortex somatosensoriel chez les rongeurs.
1. Nous savons que la projection d'un organe dans le cortex somatosensoriel est d'autant plus étendue que cet organe présente une sensibilité importante. Il est donc normal que les vibrisses (organes fondamentaux pour l'exploration de l'environnement chez cet animal nocturne) occupent une superficie très importante dans le cortex somatosensoriel.
2. Les résultats de cette expérience témoignent d'une plasticité des « câblages neuroniques » dans le cortex cérébral :
- si une rangée de vibrisses a été détruite à la naissance, il n'y a plus chez l'adulte d'aires de projection pour cette rangée ;
- les projections des rangées de vibrisses voisines sont plus étendues, comme si elles avaient « colonisé » les aires normalement consacrées à la rangée supprimée.
Cela signifie que des neurones qui, chez un animal témoin, répondent à des stimulations de la rangée 3 de vibrisses répondent chez l'animal « opéré » à des stimulations des rangées 2 ou 4.

Sciences de la Terre

Chapitre 1, p. 260
La structure du globe

A. Définissez les mots ou expressions :
Ondes P : p. 243. **Ondes S :** p. 243. **Ondes L :** p. 243. **Zone d'ombre sismique :** p. 244. **Discontinuité de Gutenberg :** p. 244. **Moho :** p. 249 et 252. **Géotherme :** p. 249. **LVZ** : p. 249. **Météorite :** p. 251. **Astéroïde :** p. 251.

B. Vrai ou faux ?
a. Faux (leur trajectoire est courbe). **b. Vrai. c. Faux** (cette affirmation s'applique aux ondes S). **d. Faux** (les granites sont des roches caractéristiques de la croûte terrestre continentale et les basaltes sont caractéristiques de la croûte océanique). **e. Vrai. f. Vrai.**

C. Exprimer des idées importantes...
a. Au niveau des surfaces de discontinuité, la réfraction des rais sismiques est la conséquence d'un changement brutal de vitesse.
b. Les ondes S, ondes de cisaillement, ne se propagent pas dans le noyau terrestre : c'est donc un milieu liquide (du moins, dans sa partie périphérique).
c. Les météorites constituent une source précieuse de renseignement en ce qui concerne la composition chimique de la Terre primitive.
d. La différenciation de la Terre magmatique a été le résultat d'une migration des éléments chimiques suivant leur densité.

Exercice 1, p. 260 : sismogrammes et structure du globe.
1. Station 4 : temps mis par les ondes P = 250 s ; distance épicentrale = 18 ° 6 x 111, 1 km = 2066 km ; vitesse de propagation = 2066 / 250 = **8, 3 km.s^{-1}.**
Station 20 : temps mis par les ondes P = 812 s ; distance épicentrale = 100, 8 ° x 111,1 = 11198 km ; vitesse de propagation **= 13, 8 km.s^{-1}.**
Conclusion : plus les ondes P vont loin (et traversent donc des régions profondes du manteau), plus leur vitesse moyenne augmente.

2. Station 20 : temps mis par les ondes P = 1 100 s ; distance épicentrale = 115, 8 ° x 111, 1 km = 12 865 km ; vitesse de propagation **= 11, 7 km.s⁻¹.**
Station 28 : temps mis par les ondes P = 1 175 s ; distance épicentrale = 150, 8 ° x 111, 1 km = 16 753 km ; vitesse de propagation **= 14, 25 km.s⁻¹.**
La forte baisse de la vitesse moyenne de propagation des ondes sismiques observée entre les stations 20 et 21 est due au fait que les ondes ont été ralenties en profondeur par un « obstacle », le noyau, aux caractéristiques différentes de celles du manteau.
Remarque : l'augmentation des vitesses de propagation des ondes dans le manteau (stations 4 à 20) puis dans le noyau (stations 21 à 28) montre que dans chacun de ces milieux, la densité des matériaux augmente avec la profondeur.

Chapitre 2, p. 282
La composition chimique de la Terre

A. Définissez les mots ou expressions :
Croûte océanique : p. 266. **Croûte continentale :** p. 266. **Manteau externe :** p. 267. **Péridotite :** p. 267 et 271. **Roche grenue :** p. 268, 269 et 271. **Texture microlitique :** p. 270. **Silicates :** minéraux formés de silice associée à différents ions métalliques. **Lumière polarisée :** p. 279.

B. Vrai ou faux ?
a. Faux (aucun forage n'a atteint des profondeurs aussi importantes). **b. Faux** (ce sont les roches de la famille du granite). **c. Vrai. d. Faux** (le basalte contient des phénocristaux et des microlites noyés dans un verre amorphe). **e. Vrai. f. Vrai.**

C. Exprimer des idées importantes...
a. Le granite est une roche formée uniquement de cristaux visibles à l'œil nu : c'est une roche grenue.
b. Le basalte, roche microlitique, et le gabbro, roche grenue, proviennent d'un même magma : ils possèdent en effet la même composition chimique.
c. Notre connaissance du noyau terrestre s'appuie sur des informations indirectes : données sismiques (limite du noyau, état physique) et météorites (qui permettent de préciser sa composition chimique).

Exercice 2, p. 283 : comparaison de deux lames minces.
1. a. Les minéraux colorés de la roche a présentent des clivages formant un angle de 120 ° (bien visibles sur le cristal inférieur) : il s'agit donc d'amphiboles (voir pages 280-281). Le minéral coloré de la lame **b** ne présente pas une telle caractéristique ; c'est donc un minéral différent (pyroxène), contrairement à ce que la ressemblance de couleur pourrait faire penser. En revanche, les grands cristaux gris de la lame **a** et ceux, plus petits, de la lame **b** sont des feldspaths plagioclases : ils possèdent des macles caractéristiques (bandes alternativement grises et noires).
b. La roche **a** est une roche grenue, la roche **b** a une texture microlitique.
La roche **a** s'est formée en profondeur par cristallisation très lente d'un magma : c'est une roche magmatique de profondeur. Dans la roche **b**, la présence d'un verre amorphe entre les grands cristaux et les microlites atteste d'un refroidissement brutal du magma au moment de l'effusion de la lave en surface ; la roche **b** est donc une roche volcanique.
2. L'observation de la lame mince **b** permet de préciser l'ordre de cristallisation.
- Le grand cristal coloré de forme géométrique (pyroxène) s'est formé lentement dans un milieu fluide où rien ne gênait son développement ; il a donc cristallisé en premier.
- Les microlites gris, plus petits, ont cristallisé ensuite et « contournent » le pyroxène qui était donc déjà présent.
- Dans un dernier temps, le verre amorphe (fond noir) s'est solidifié brutalement sans cristalliser.

Chapitre 3, p. 308
La lithosphère et la tectonique des plaques

A. Définissez les mots ou expressions :
Tectonique des plaques : théorie selon laquelle la partie superficielle du globe ou lithosphère est formée de plaques rigides flottant et se déplaçant sur l'asthénosphère moins rigide. **Pangée :** p. 290. **Paléomagnétisme :** p. 292. **Paléopôle :** p. 292. **Plancher océanique :** p. 297. **Période (magnétique)** normale : p. 293. **Point chaud :** p. 298. **Guyot :** p. 299. **Système GPS :** p. 300.

B. Vrai ou faux ?
a. Vrai. b. Faux (elles traduisent des inversions de la polarité du champ magnétique terrestre au cours des temps géologiques). **c. Faux** (ce sont les plaques lithosphériques qui dérivent au-dessus des points chauds). **d. Vrai. e. Faux** (ils ont au maximum 180 à 200 Ma). **f. Faux** (elle est au contraire très mince).

C. Exprimer des idées importantes...
a. Depuis 200 Ma, la dislocation de la Pangée a été réalisée par l'ouverture d'océans qui a entraîné une dérive des continents ainsi séparés.
b. Les lents mouvements de convection dans le manteau terrestre constituent le moteur de la tectonique des plaques.
c. L'expansion du plancher océanique est la conséquence d'une accrétion continue de croûte au niveau de l'axe de la dorsale.
d. L'image d'un plancher océanique fonctionnant comme un double tapis roulant a été démontrée par la découverte de la disposition symétrique des anomalies magnétiques de ce plancher.
e. L'alignement des volcans résultant de l'activité d'un point chaud constitue un enregistrement du déplacement d'une plaque lithosphérique.

Exercice 1, p. 308 : Le paléomagnétisme, un marqueur de la mobilité continentale.
1. Contrairement à ce que l'on peut observer en A (roches récentes), le vecteur inclinaison de l'aimantation rémanente des basaltes du Deccan n'est pas du tout parallèle au vecteur inclinaison du champ magnétique actuel.
2. Pourtant, au moment de la formation de ces basaltes, l'aimantation « enregistrée » par les roches était obligatoirement parallèle au champ régnant dans cette région. Si on admet que l'axe magnétique de la Terre est resté stable, il faut aussi admettre que ces basaltes n'occupent plus la même position à la surface du globe qu'au moment de leur mise en place. Sur le schéma, il suffit de faire glisser le bloc B vers le Sud, pour rendre le vecteur inclinaison tangent aux lignes de force du champ magnétique. Il y a 65 Ma, le continent indien était donc situé dans l'hémisphère Sud (au niveau du point chaud actuellement en activité sous l'île de la Réunion). Depuis cette date, l'Inde dérive vers le Nord et « percute » actuellement le continent asiatique.

Chapitre 4, p. 332
Formation et divergence des plaques lithosphériques

A. Définissez les mots ou expressions :
Plateau continental : p. 314. **Talus continental :** p. 314. **Rift océanique :** p. 314-315. **Solidus :** p. 317. **Liquidus :** p. 317. **Fumeur noir :** p. 318-319. **Asthénosphère :** p. 319. **Faille listrique :** p. 320. **Marge passive :** p.320. **Rift continental :** p. 324-325.

B. Vrai ou faux ?
a. Vrai. b. Vrai. c. Vrai. d. Faux (à température constante, la roche peut fondre par décompression). **e. Faux** (La circulation hydrothermale refroidit le plancher océanique d'une part, de nombreux minéraux sont hydrolysés). **f. Vrai. g. Vrai.**

C. Exprimer des idées importantes...
a. La croûte océanique est formée de basaltes superficiels surmontant des gabbros plus profonds.
b. Dans l'axe de la dorsale, le magma basaltique injecté est le résultat d'une fusion partielle des péridotites du manteau supérieur.
c. Au fur et à mesure que la lithosphère océanique vieillit (c'est-à-dire s'éloigne de la dorsale), sa densité augmente ; à une certaine distance, cette densité devient telle que l'enfoncement dans l'asthénosphère devient inévitable.
d. Les failles listriques qui fracturent une marge passive sont des vestiges des premières étapes de l'ouverture d'un océan.
e. La croûte amincie que l'on observe au niveau d'un rift continental est ensuite fracturée et envahie par le domaine marin : un jeune océan s'installe.

Exercice 2, p. 333 : l'exploration d'une faille transformante.
1a. Dans la zone A, affleurent des péridotites en place sous la croûte océanique : il s'agit donc du manteau supérieur exceptionnellement accessible ici à l'observation directe.
1b. La limite entre croûte et manteau supérieur constitue le Moho, première discontinuité sismique importante.
1c. La zone observée est très proche de l'axe de la dorsale (rift) et les roches observées sur cette coupe ont été mises en place très récemment (géologiquement parlant). Elles n'ont donc pas eu le temps d'être recouvertes par d'épaisses couches de sédiments océaniques.
2. Toutes les roches observées ont des compositions chimiques proches car elles proviennent du même matériau originel, à savoir les roches de type péridotite du manteau supérieur.
Au cours de leur ascension sous l'axe de la dorsale, ces roches ont subi une fusion partielle : le magma ainsi produit s'est injecté dans la croûte préexistante (accrétion) et a donné naissance aux basaltes d'une part, aux gabbros d'autre part. Les péridotites visibles ici représentent le résidu non fondu du matériau initial.

Chapitre 5, p. 346
La Terre, une machine thermique

A. Définissez les mots ou expressions :
Gradient géothermique : p. 336. **Convection :** p. 338-339. **Flux thermique :** p. 337. **Trapps :** p. 340.

B. Vrai ou faux ?
a. Faux (il est en moyenne de 30 °C par km). **b. Vrai. c. Vrai. d. Vrai. e. Faux** (ce n'est pas le point chaud qui s'est déplacé mais l'Inde). **f. Vrai.**

C. Exprimer des idées importantes...
a. Le flux géothermique est la manifestation en surface de l'évacuation de la chaleur interne qui traverse la croûte par conduction.
b. Les mouvements de convection qui assurent le brassage du manteau terrestre représentent le moteur de la tectonique des plaques.
c. Les points chauds, qui correspondent à des remontées de matériel chaud provenant du manteau profond, représentent un mécanisme efficace d'évacuation de chaleur.

Exercice 1, p. 346 : le flux géothermique en Alsace.
1a. Les isothermes correspondant à une profondeur de 1 500 m, la température doit être de l'ordre de 45 à 50 °C si le gradient géothermique est de 30 °C par km. C'est ce que l'on rencontre au niveau du massif vosgien ou de la Forêt Noire.
1b. La plaine d'Alsace est une région où le gradient géothermique est supérieur à la moyenne (il dépasse par endroits 60 °C par km).
2a. Ce gradient géothermique élevé indique un amincissement de la croûte (l'asthénosphère est plus proche de la surface). Par ailleurs, la présence de formations volcaniques (massif du Kaiserstuhl) indique la formation de magmas en profondeur. Enfin, la structure géologique de la région est celle d'un fossé d'effondrement typique d'une zone en extension tectonique (failles en gradins, accumulation de formations sédi-mentaires dans la zone effondrée). Toutes ces caractéristiques sont celles d'un rift continental en formation.
2b. Les roches sédimentaires sont évidemment plus récentes que les granites qu'elles surmontent ; la formation volcanique est elle-même plus récente que la série sédimentaire.
2c. La zone alsacienne semble être à l'aplomb d'une zone chaude du manteau terrestre. Les magmas formés en profondeur se sont injectés dans une des fractures nombreuses dans cette zone étirée et ont atteint la surface.

INDEX

Un index est un outil de travail. Ce n'est pas une liste de mots à connaître absolument.
Certains termes de cet index sont définis dans la rubrique « Lexique » ; la page correspondante est indiquée ici en caractères gras.

CRÉDITS PHOTOGRAPHIQUES

Couverture : *g* : Ph © ICL/STOCK IMAGE ; *dte* : Ph © D. Parker/SPL/COSMOS
p. 8 -9 : Ph © D. BAUDE
p. 11 : Ph © BIOS
p. 14 *ht* : Ph © S. Simpson/PIX
p. 16 *ht g* : Ph © T. Brains/SPL/COSMOS
p. 16 *ht d* et 33 *m* : Ph © Phototake/CNRI
p. 16 *bas* : de Behold Man" Ph © L. Nilsson/ ALBERT BONNIERS FÖRLAG AB/T
p. 17 *g* : Ph © Centre de Drépanocytose/ Hôpital Henri Mondor, Créteil
p. 18 *ht* g et **67** : Ph © M. Renaudeau/ HOA-QUI
p. 18 *ht* : Ph © BIOPHOTO ASSOCIATES
p. 18 *m* et **67** : Ph © A. Mo/PIX
p. 18 *bas g* et **67** : Ph © (S. Cellai/ANA
p. 18 *bas d* : Ph © BIOPHOTO ASSOCIATES
p. 19 : Extrait de « Histologie moléculaire de l'épiderme » Ed Inter-Mede Ph © C. Prost-Squarcioni, M. Heller et S. Fraitag
p. 20 *ht* : Ph © D. Scharf/SPL/COSMOS
p. 23 *ht* : Ph © Biophoto Associates/ SPL/COSMOS
p. 23 *mil d* : Ph © P. Derer/INSERM
p. 23 *bas* : Ph © H. NUBLAT
p. 29 *ht* : Ph © J.-C. Révy/ISM
p. 33 *g* : © SOS GLOBI
p. 38 : © G. HERVE /Laboratoire de Biochimie des Signaux Régulateurs Cellulaires et Moléculaires/CNRS - Université Pierre et Marie Curie
p. 39 : Ph © A. Fernandez/CRBM-CNRS42 *bas g* : Ph © H. CONGE
p. 42 *d et bas d* : D.-M. Prescott/D-M d'ap Pro. Nucléic. Acid Res III, 35 (1964)/T/D-R
p. 43 : Ph © Secchi-Lecaque/Roussel-Uclaf/CNRI/T
p. 45 : Extrait de Angelier et Lacroix, Chromosoma, 1975, Springer Verlag Ph © N. ANGELIER/T
p. 48 *ht g* et *bas d* : « Atlas de Biologie Cellulaire », 4ème édition 1999 par J.-C. Roland, A. et D. Szöllözi et J.-C. Callen © DUNOD/ T
p. 48 *m d* et *bas g* : Extrait de Berkaloff et collab. « Biologie et physiologie cellulaires » Tome I © HERMANN Ed. Paris 1977/T
p. 57 : Ph © E. Hartmann/MAGNUM
p. 58 *ht g* : Ph © J. Bogaerts/ANA
p. 58 *ht d* : Ph © Pr. J. Barraquer/CNRI
p. 58 *bas* : Ph © BIOPHOTO ASSOCIATES
p. 59 *bas g* : Extrait du CD-ROM « Histologie moléculaire de l'épiderme » Ed. INTER MEDE © C. Prost-Squarcioni, M. Heller, S. Fraitag
p. 60 *g* : Ph © F. GALACTEROS/Hôpital Henri Mondor, Créteil
p. 60 *d* : Ph © S. EDELSTEIN/Department of Biochemestry, Genève
p. 61 : Extrait de C. et S. Vendrely et M. Jousset : « La drépanocytose qu'est-ce que c'est ? » Conseiller médical Pr. F. Galacteros avec l'autorisation de SOS GLOBI, Hôpital Henri Mondor, Créteil

p. 62 : Ph © Breast Screening Unit, INGS College Hospital, London/SPL/COSMOS
p. 63 : Ph © H. C. STARY/Louisiana State University Medical Center, New Orleans
p. 67 : © Fabricius et Taylor/Jerrican/ICS/T.
p. 68 : Ph © H. Klein/BIOS
p. 71 : Ph © Forest/BSIP
p. 73 : Ph © M. Rietz/IMAGE BANK
p. 74 *ht d* : Ph © G. Sommer/EXPLORER
p. 75 *ht* : Ph © Lamaison/NATURE
p. 75 *bas* : Ph © D. Bringard/BIOS
p. 77 : Ph © Chaumeton/NATURE
p. 78 *g* et *m g* : Ph © H. CONGE
p. 79 : Ph © J.-R. THIBAULT, 2000
p. 80 *g* : Ph © BIOPHOTO ASSOCIATES
p. 81 *ht g* : Ph © D.CHRIQUI/Laboratoire CEMV/Université Pierre et Marie Curie
p. 81 *ht d* : Ph © R. D. MEICENHEIMER/D.R.
p. 81 *m d* : Extrait de « Physiologie végétale » R. Heller, R. Esnault et C. Lance, 6ème édition. Ph A. Nougarède © DUNOD 2000
p. 81 *bas* : Ph © Y. CARAGLIO
p. 82 *ht* : Ph © H. CONGE/T
p. 82 *bas* : Ph © E. Reschke/Peter Arnold Inc/BIOS
p. 83 *ht* : Ph © J.-R. THIBAULT, 2000
p. 83 *bas* : Ph © R. Hugueney, CMEABG/Université Lyon 1/T
p. 84 : Ph © BIOPHOTO ASSOCIATES
p. 85 : Ph © D. CHRIQUI/Laboratoire CEMV/Université Pierre et Marie Curie
p. 88 : Ph © P. Bourguignon/BIOS
p. 91 *ht g* : Ph © E. Reschke/Peter Arnold Inc/BIOS
p. 91 *bas d* : Ph © H. CONGE
p. 93 : (c) AMAP/CIRAD
p. 94 : Ph © Y. CARAGLIO
p. 95 : extrait de « Information Génétique » Ph © J.-J. Cornuet/CNDP
p. 96 *g* : Ph © A&F Michler/Peter Arnold Inc/BIOS
p. 96 *d* : Ph © D. McCoy/RAINBOW/T
p. 97 : Ph © Pr. Gimenez-Martin/CNRI
p. 98 : Ph © D. THOMAS/T
p. 100 : Extrait de « La Cellule » D. Prescott © JONES AND BARTLETT PUBLISHERS. Reprinted by permission/T
p. 101 : Ph © CNRI/T
p. 102 et **103** *ht g* : Ph © Pr. A.S. Bajer/Coll. Archives Larbor/T (4 docs)
p. 103 *ht d* : Molecular Cell Biology, by H. Lodish, D. Baltimore, A. Berk, S.L. Zipursky, P. Matsudaira and J. Darnell © 1995 W.H. FREEMAN AND COMPANY. Used with permission
p. 103 *m* : Cliché de E. Newcomb et W. Wergin « Atlas de Biologie Cellulaire » de J.-C. Roland, A. et D. Szöllösi et J.-C. Callen © DUNOD, 1999
p. 105 : Ph © H. CONGE
p. 108 : Ph © S. YAKOVLEV/T
p. 109 : Ph © BIOPHOTO ASSOCIATES
p. 110 : Ph © Pr. S. Wolff/Université de Californie, San Francisco
p. 111 : Ph © M. Dobel/MASTERFILE
p. 113 : Ph © V. LEGUE/UMR-INRA-UHP/Université Henri Poincaré, Nancy 1
p. 114 et **115** : Ph © H. CONGE
p. 115 *b* : Ph © BIOPHOTO ASSOCIATES
p. 117 *d* : Ph © H. CONGE
p. 122 : Extrait de « Physiologie végétale » de R. Heller, R. Esnault et C. Lance. Dessin schématique d'après une électrophorèse de Theologis et Ray, 1982. © DUNOD 2000
p. 124 *bas* et **125** : Ph © J.-C. Leplé et G. Pilate/Unité AGPF/INRA
p. 124 *ht d* : Ph © D. BAUDE
p. 130 *g* : Extrait de « Biologie moléculaire de la cellule » Alberts 1986 © FLAMMARION
p. 130 *d* : Extrait de « Atlas de Biologie Cellulaire » J.-C. Roland, A et D Szöllösi et J.-C. Callen © DUNOD, 1999
p. 132 : Ph R. Prat. Extrait de « Organisation de la cellule » de D. Robert et J.-C. Roland © EDITIONS DOIN
p. 133 : Ph © FERTILIGENE
p. 135 : Ph © Pr. Assan/INSERM
p. 142 *ht g* : Ph © BSIP/T
p. 142 *ht d* : Ph © Secchi - Lecaque Roussel/CNRI
p. 142 *m* : Ph © R. Labas/INRA/T
p. 145 : Ph © Carolina Biological Supply Cie/Phototake/CNRI
p. 146 : Ph © D. Hantaz Ambroise/INSERM
p. 147 Ph © CNRI
p. 149 : Traité de Diabétologie, Ed Pradel 1990. Reproduction avec autorisation
p. 159 *bas* : Ph © Rex Features/SIPA Image
p. 159 *ht* : Ph © Voisin/PHANIE
p. 160 : avec l'autorisation du Dr. P.-Y. BENHAMOU/CHU Grenoble
p. 161 : Ph © G. E. LIENHARD
p. 162 : Ph © R. Gaillarde/GAMMA
p. 163 : Ph © P. H. BENNETT/Courtesy of the National Institute of Diabetes and Digestive and Kidney Diseases, USA
p. 164 : Ph © F. VASSEUR/Laboratoire de Génétique des Maladies Multifactorielles / Institut de Biololgie / Institut Pasteur de Lille
p. 167 *ht g* : Ph © Ferrare/REA/T
p. 167 *ht d* : Ph © W. Braga/RAPHO/T
p. 167 *bas* : Ph © M. Pole/CORBIS SYGMA
p. 168 *ht g* : Ph © Pr. J. Barraquer/CNRI
p. 168 *ht d* : Ph © Western Ophtalmic Hospital/COSMOS
p. 168 *m* : Ph © BSIP/VEM/T
p. 168 *bas* : Ph © Ph. Gerbier/CNRI
p. 169 *ht* : Ph © R. Lance/Phototake/CNRI
p. 169 *bas* : Ph © R. D. Curtis/Photo Researcher/COSMOS
p. 173 *bas* et **180** *bas* : Ph © N. Ottawa/Eye of Science/COSMOS
p. 176 *d* : Ph © J. Rey/PHOTOTHEQUE SDP
p. 180 *ht* : Ph © D. Fagès et M.-L. Guenné/T
p. 182 *ht* : Ph © Biophoto Associates/P. Reser/EXPLORER/T
p. 182 *bas g* : Ph © Quest/SPL/COSMOS
p. 182 *bas d* : Ph © Pr. Castano/Overseas/CNRI/T
p. 183 *ht g* : Ph © SPL/COSMOS/T
p. 183 *ht d* : Ph © J.-C. Révy/ISM/T
p. 183 *bas g* : Extrait de "Histologie" Sobota/Hammersen Ph © Urban et Schwarzenberg/T/D-R
p. 183 *bas d* : Ph © Pr. Castano/Overseas/CNRI/T
p. 184 *ht* : Ph © Laboratoire du Professeur Barker/Université de Durham, UK
p. 184 *bas g* : Ph © H. NUBLAT
p. 184 *bas d* : Ph © Dr. Y. MATSUDA, Univ. Ehiné, Japon/T
p. 189 : Ph © D. Iundt/Coll. TEMPSPORT/CORBIS SYGMA
p. 195 : Ph © CNRI
p. 198 p. **199**, et p. **200** *ht* : Ph © A. HAMON/ Laboratoire de Neurophysiologie, Université d'Angers
p. 202 *ht* : Ph © BIOPHOTO ASSOCIATES/T
p. 202 *bas* : Ph © A. HAMON/Laboratoire de Neurophysiologie, Université d'Angers
p. 204 *ht* : Dr. P. de Camilli, avec la permission de Cell-Press/T
p. 204 *bas* : Ph © Dr. D. Kunkel/CNRI/T
p. 205 *ht* : Extrait de Scientific American, Fév. 77, H. Lester : "The response to acetylcholine" Ph © Armstrong/T
p. 205 *bas* : Extrait de Journal of Cell Biology, 1979, vol: 81, 275-300, by copyright Permission of the Rockefeller © University Press
p. 206 *ht g* : Ph © INSTITUT PASTEUR
p. 206 *ht d* : Ph © N. UNWIN, MRC, Cambridge/T
p. 206 *bas* : Extrait de Journal of Cell Biology, 1979, 82: 412, by copyright permission of the Rockefeller University Press/T
p. 208 : Ph © M. PELHATE/Laboratoire de Neurophysiologie, Université d'Angers
p. 211 : Ph © J.-L. Dubois/JACANA
p. 217 : Ph © M. Kulyk/SPL/COSMOS
p. 218 *ht* : Ph © GJPL/CNRI/T
p. 218 *bas g* : Ph © BIOPHOTO ASSOCIATES/T
p. 218 *bas d* : Ph © Glauberman/Photo Researchers/COSMOS/T
p. 220 : Dr. M. ZILBOVICIUS, S. PAPPATA /INSERM/CEA, et Dr. Ph. REMY/AP-HP/CEA © Service Hospitalier Frédéric Joliot/DSV/CEA, Orsay
p. 221 : d'après Belliveau et al., 1991/DR
p. 223 *ht* : Ph © W. Layer/JACANA
p. 223 *m* : Ph © F. Winner/JACANA
p. 224 *g* : Ph © Biophoto Associates/SPL/COSMOS
p. 224 *d* : Ph © P. Derer/INSERM
p. 225 : Ph © D. PURVES
p. 226 : Ph © M. Kage/SPL/COSMOS
p. 227 *g* : Ph © Dr. A. Gelot et Dr. M.-C. Routon/Unité de Neuropathologie, Hôpital Saint Vincent de Paul
p. 227 *d* : Ph © J. Cazals pour Sciences et Avenir
p. 229 *ht* : Ph © Y. Forestier/CORBIS SYGMA
p. 229 *bas* : Ph © T. ELBERT/Université de Constance, Allemagne
p. 231 : Ph © J. Andanson/CORBIS SYGMA
p. 233 : Ph © T. ELBERT/Université de Konstanz
p. 235 : Extrait de Scientific American n° 256 "Plasticity in brain development" Ph © Pr. C. Aoki/New-York University et Pr. P. Siekevitz/Rockefeller University
p. 236 : Ph © A. HEISEY
p. 239 : Ph © Pagnotta/COSMOS
p. 240 *ht g* : Ph © C. Hires/GAMMA
p. 240 *bas* : © Géoscope/IPGP/T
p. 242 : Ph © E. Stuztmann/Géoscope/IPGP
p. 246 *ht* : Ph © G. Roult/Géoscope/IPGP
p. 246 *bas* : Ph © E. Stutzmann/Géoscope/ IPGP
p. 250 *bas* : et p. **251** : Ph © NASA/SPL/COSMOS
p. 251 *g* : Ph © P. Lafaite/MNHM/Minéralogie/T
p. 251 *m* et *d* : Ph © Fotosmith Haag Coll./ CIEL ET ESPACE
p. 257 : Ph © F. TILQUIN
p. 261 et **262** : Ph © E. Stutzman/Géoscope/ IPGP
p. 263 : Ph © J.-P. FLOC'H
p. 264 *ht g* : Ph © Krafft/Images et Volcans/ HOA-QUI
p. 264 *ht d* : Ph © J. HUTIN
p. 264 *bas d* : Ph © J.-P. FLOC'H
p. 266 : Ph © OCEAN DRILLING PROGRAM
p. 267 *ht* : Ph © J. KORNPROBST
p. 272 : Ph © J. PEYRONNEAU/ Laboratoire de Géomatériaux/IPGP
p. 273 : Ph © Fotosmith Haag Coll/CIEL ET ESPACE
p. 277 : Ph © J.-P. FLOC'H/T
p. 280-281 : Ph © J.-P. FLOC'H/T
p. 284 : Ph © J.-P. FLOC'H
p. 285 : Ph © D. Parker/SPL/COSMOS
p. 286 : Ph © G. Pataud/Géoscope/IPGP
p. 288 : © NOAA/NGDC
p. 289 : Ph © CIEL ET ESPACE
p. 292 *g* : Ph © H. Bouquerel/Laboratoire de Paléomagnétisme/IPGP
p. 292 *d* : Ph © J. BOTTET/Archives Larbor
p. 295 : Digital isochrons of the Wordl's Ocean Floor, R.D. Müller, W.R. Roest, J.-Y. Royer, L.M. Gahagan, J.G. Sclater/Journal of Geophysical Research, 102, 3211-3214, 1997 Ph © AMERICAN GEOPHYSICAL UNION
p. 296 : Ph © OCEAN DRILLING PROGRAM
p. 298 : "World Ocean Floor" B. C. HEEZEN and M. THARP © by M. THARP, 1977. Reproduced by permission/T
p. 299 : Ph © Krafft/Images et Volcans/HOA-QUI
p. 301 : © LEGOS-GRGS / CNES
p. 302 -303 et **314** : "World Ocean Floor" B. C. HEEZEN and M. THARP © by M. THARP, 1977. Reproduced by permission/T
p. 311 : Ph © J.-L. CHEMINEE/IPGP
p. 312 : Ph © IFREMER
p. 313 : Ph © J.-L. CHEMINEE/IPGP
p. 315 : © P. J. FOX, N. Grindlay, K. MacDonald
p. 316 *g* : D'après Vera et al. (1990) JGR 95, 15529-15556 © AMERICAN GEOPHYSICAL UNION
p. 316 *d* : Ph © J.-P. FLOC'H
p. 318 *ht* : Ph © IFREMER
p. 318 *bas* : Ph © J.-P. FLOC'H
p. 320 *ht* : JGR, 103, B8:18, 119, 136 by T. Mauduit and J.-P. Brun, 1998 "Development of growth fault - Rollover Systems" © AMERICAN GEOPHYSICAL UNION
p. 320 *bas* : Expérience réalisée par J.-P. Brun et T. Mauduit/Géosciences, Rennes, 1995
p. 321 : Ph © R. Apprioual/IFREMER
p. 322 : Ph © J.-L. Manaud/RAPHO
p. 323 : Ph © Ph. Bourseiller/HOA-QUI
p. 324 *ht* : Ph © J.-R. Roustan/L'EXPRESS
p. 324 *bas* : Ph © Ph. Bourseiller/HOA-QUI
p. 330 : Ph © R. Le Suavé, 2000. Modifié d'après J.-C. Sibuet, 1994/IFREMER
p. 331 *ht* : Ph © R. Le Suavé/IFREMER
p. 331 *bas* : Ph © J.-C. Sibuet/IFREMER
p. 334 : Laboratoire de Géodynamique Sousmarine de Villefranche-sur-Mer/Photeb/T
p. 335 : Ph © S. Fraser/SPL/COSMOS
p. 336 : Ph © B. Marcon/BIOS
p. 338 : Ph © A. DAVAILLE/Laboratoire de Dynamique des Systèmes Géologiques/ IPGP
p. 339 : Ph © J.-P. Montagner/Géoscope/ IPGP
p. 340 *ht* : Ph © Courtesy of J. Mahoney/ Université d'Hawaï
p. 340 *bas* : Ph © J. HUTIN
p. 341 : Ph © N. LAUDENBACH/Institut de Géophysique, Université de Goettingen, Allemagne
p. 347 *ht* : Ph © J.-P. FLOC'H
p. 347 *bas* : © J-C. Mareschal/Université du Québec à Montréal et C. Jaupart/IPGP
p. 351 *bas* : Ph © H. Carmié/Photothèque CSP
Ph © C. Fabre : p. 13, p 14 *b*, p. 17 *d* et 33 *d*, p. 20 *bas*, p. 21, p. 22, p. 24, p. 25, p. 26, p. 27, p. 28, p. 29 *bas*, p. 32, p. 34, p. 35, p. 37, p. 40, p. 44, p. 47, p. 49, p. 55, p. 59 *ht*, p. 74 *ht g*, et *m ht*, p. 76, p. 78 *m d* et *d*, p. 80 *d*, p. 90 *bas* d, p. 112, p. 117 *g*, p. 118, p. 124 *ht g*, p. 137, p. 138, p. 141, p. 142 *b*, p. 143, p. 155, p. 157, p. 175 et 180, p. 176 *g*, p. 178, p. 179, p. 181, p. 186, p. 196, p. 197, p. 200 *bas*, p. 201, p. 203, p. 209, p. 215, p. 219, p. 243, p. 245, p. 256 *ht g*, p. 258, p. 259, p. 260, p. 264 *m* et *bas g*, p. 265, p. 267 *bas*, p. 268 *ht*, p. 269 *ht*, p. 270 *ht*, p. 271 *ht*, p. 278, p. 279, p. 283, p. 300, p. 348, p. 349, p. 350, p. 351. Ph © C. FABRE/T : p. 15, p. 40, p. 41, p. 74 bas, p. 219

Edition : Jacqueline Erb
Fabrication : Josette Guille
Iconographie : Véronique Masini (EcoutezVoir)
Illustrations : Catherine Claveau.
Schémas : Stéphanie Desbenoit
Cartographie : Claire Levasseur
Mise en pages : Michèle Andrault
Conception de la maquette et Couverture : Bruno Loste

Dépôt légal 1er édition : avril 2001 - Imprimerie MAURY - N° d'imprimeur : 82324 S - Achevé d'imprimer en avril 2001 - N° de projet : 10079268 (I) (50) (csbs 90°)